진주 마진마을과
재령이씨가 고문서

장서각한국사강의 31

진주 마진마을과
재령이씨가 고문서

허원영·이민재·라연재·이혜정·신이나·함영대
김승룡·이미진·김건태·정수환·김동일·송양섭
심재우·도주경 지음

한국학중앙연구원출판부

책머리에

　한국학중앙연구원 장서각은 1978년 개원 이래 지금까지 45만여 점에 달하는 고문서를 조사·수집해 왔다. 장서각의 고문서 사업은 전통시대부터 한 지역에 세거해 온 가문이나 향교와 서원 등 전국 각지에 근착한 소장처를 주요한 대상으로 선정하여 진행되고 있다. 이렇게 장서각이 조사·수집해 온 고문서는 문화재로서의 가치는 물론 사료적 가치도 인정받으며 한국의 주요 전적 문화재이자 한국학 연구의 주요 자료로서 주목받아 왔다.

　특히 수백 년에 걸쳐 한 지역에서 생산되고 전래된 자료로서 장서각 고문서는 지역적 이해를 바탕으로 더 풍부한 접근이 가능하며, 또한 지역사 연구의 중요한 사료로서 가치를 지닌다. 장서각은 이에 대한 보다 체계적이고 종합적이며 심화된 연구를 위하여 '고문서와 지역 사회'라는 공동연구 사업을 기획하여 진행하고 있다. 이 공동연구 사업은 장서각 고문서 사업을 통해 확인한 중요 고문서를 기반으로, 여러 전공의 연구자들이 함께 모여 다양한 시각과 방법론을 통하여 지역이라는 공간적 배경, 인물과 가문이라는 행위의 주체, 그리고 고문서와 고서라는 역사적 기록에 접근·분석하고자 하는 연구 기획이다. 이 책은 지난 2021년부터 시작된 첫 번째 기획 '진주 마진마을과 재령이씨가 고문서'의 결과물이다. 그리고 현재 '군포 속달마을과 동래정씨가 고문서', '부여 가곡마을과 함양박씨가 고문서'라는 연구 기획을 순차적으로 진행하고 있다.

　마진마을은 행정구역상 경상남도 진주시 대곡면 마진리로, 남강 하류에 접한 농촌 마을이다. 현재의 재령이씨가 진주 대곡면 마진리에 들어와 살기 시작한 것은 지금으로부터 400여 년 전인 도산공(道山公) 이강(李堈) 대였다. 재령이씨는 남강을 사이에 두고 마진리와 마주하고 있는 가좌촌(加佐村)에서 입향했으며, 민촌(民村)이었던 마진리는 재령이씨의 입향 이후 반촌(班村)으로 변모해 갔다. 이강은 다섯 아들을 두었는데, 이 책의 주인공이 되는 마진 재령이씨는 이강의 후손 중에도 다섯째 아들 이중인(李重禋)을 소종(小宗)으로 하는 소종택이다. 이 집안을 지칭하는 마호당(磨湖堂)은 재령이씨 종택의 사랑채로, 경상남도 문화재자료로 지정되어 있다. 현재 마진리는 법정동으로서 마호당이 소재한 마호마을과 이강이 입향하여 다른 후손들이 세거해 온 마진마을로 구분한다.

마호당은 이중인으로부터 현 종손 이영(李永)에 이르기까지 13대가 이어져 내려온다. 탁월한 경영 능력으로 진주 일대의 대표적인 '천석꾼' 가문으로 손꼽히기도 했다. 마호당이 재부를 확충해 간 것은 특히 이중인의 손자 이보(李葆)와 특히 이보의 아들 이덕관(李德寬)에 의해서였다. 이후로도 상당 기간 "진주 비봉산 동쪽으로는 남의 땅을 밟지 않고 다녔다."고 할 정도로 재력을 유지했다. 한편으로는 기민 구제를 위한 설죽소(設粥所) 운영, 가문과 지역 인재의 과거 급제를 위한 과계(科契)의 조직과 운영, 지역 훈장으로서 마을의 군정과 환정의 운영 등 지역과 관련한 중요한 역할을 지속적으로 주관하여 운영하기도 했다. 이한익(李漢翼) 정도를 제외하고는 과거에 급제하거나 관료로서 현달한 인물을 배출하지는 못했지만, 마호당은 오랜 기간 동안 향촌 사회에서 중요한 영향력을 행사해 온 명문 사족 가문이었다고 할 수 있다.

마호당에는 이중인 대부터 20세기 전반까지 300년의 기간에 걸쳐 생산된 1만 2,000여 점의 자료가 전해진다. 2016년 5월, 장서각이 수집하여 확인한 자료는 총 1만 1,961점으로, 1만 975점의 고문서를 중심으로 970책의 고서와 기타 유물 16점으로 구성되어 있다. 그 외에도 2021년 11월 현지조사를 통하여 『재령이씨가장(載寧李氏家藏)』 등 수십 여 점의 자료를 추가로 확인하기도 했다. 이 가운데 '진주 마호당 고문서 일괄'로 호구 관련 고문서 129건, 분재기 20건, 가산·마을·부세 등과 관련한 성책 자료 43책, 해유문서(解由文書) 3건 등 총 195건이 2012년에 경상남도 유형문화재로 지정되었다.

마호당 소장 자료는 사회, 경제, 문화의 여러 측면에서 조선 후기 양반 지주가의 구체적 삶의 모습들을 보여주는 중요한 자료이다. 동시에 마진 마을에서 진행된 호구 파악과 부세 운영, 노비계의 설치와 운영 등 조선 후기 자연 촌락에서 진행된 구체적인 통치 행위와 마을에 대한 연구를 한 걸음 나아가게 할 수 있는, 희소 가치가 높은 자료도 다수 확인할 수 있다. 그 밖에도 다양하고 많은 전적들이 법제적·사회적·경제적·문화적 측면에서 검토되고 있다.

장서각에서는 2016년 마호당 고문서를 조사하여 수집한 이래 한글 노비계 문서 등 중요한 자료들을 발굴하여 국내외에 소개하는 한편 자료를 정리·분류하면서 그 자료적 가치와 연구의 필요성을 확인했다. 이에 2020년 말에서 2021년에 걸쳐 '고문서와 지역 사회 1: 진주 마진마을과 재령이씨가 고문서' 연구 사업을 기획함과 동시에 이를 원활히 수행하기 위하여 마호당 전적을 전수 촬영하고 주요 자료를 탈초·해제했다.

2021년 4월과 5월에는 자료 자문회의와 고문서 연구 워크숍을 통하여 자료의 가치와 연구 방향을 검토하고 연구 주제와 연구진을 모색해 나갔다. 이를 바탕으로 16명의 연구진을 구성하여 공동연구를 수행, 2021년 12월에는 고문서 연구 워크숍을 통하여 16개 주제에 대한 자료와 연구 방법 등에 대하여 발표하고 논의하는 자리를 가졌다. 이듬해인 2022년 4월에는 진주 경상국립대학교에서 '진주 지역의 고문헌과 학문 연원에 대한 이해'라는 주제로 고문서 연구 워크숍을 진행했다. 이를 통하여 경상국립대학교 경남문화연구원 남명학연구소를 중심으로 연구자와 연구 주제를 추가함으로써 연구 사업의 범위를 보다 확장하게 되었다. 또한 이 기간 동안 현지에 대한 실지 조사도 7차례에 걸쳐 진행했으며 현지 답사와 인터뷰를 통하여 문헌 연구만으로는 알 수 없는 마을의 역사와 문화에 대한 이해를 풍부히 할 수 있었다. 또한 마호당과 마진마을에서 새로운 자료를 발굴하여 수집하기도 했다.

2022년 10월과 11월에는 그간의 연구 성과를 학술대회를 통하여 발표했다. 10월 7일에는 진주 경상국립대학교 남명학관에서 경상국립대학교 남명학연구소와 한국학중앙연구원 장서각의 공동 학술대회 형식으로 '진주 마진마을과 재령이씨가 고문서'라는 제목의 학술대회를 개최했다. 총 10개 주제에 대한 발표가 이루어졌으며, 제1부는 '진주 마진마을과 마호당 전적'이라는 제목으로 4개 주제를, 제2부는 '향촌사족의 학술과 그 경제적 저변'이라는 제목으로 6개 주제를 발표했다. 11월 11일에는 장서각에서 '고문서와 지역 사회 1: 진주 마진마을과 재령이씨가 고문서'라는 제목으로 장서각 학술대회를 개최했다. 총 8개 주제에 대한 발표가 이루어졌으며 제1부는 '마호당의 경제 활동과 마을 운영'이라는 제목으로 4개 주제를, 제2부는 '진주 마진마을과 마호당 전적'이라는 제목으로 4개 주제를 각각 발표했다.

이 책은 이렇게 진행된 연구 사업의 결과물이다. 14명의 연구자가 수행한 14편의 글을 수록하였으며 주제별로 크게 4개 장으로 구분했다. 책의 구성과 수록된 글들을 간단히 소개하면 다음과 같다.

1부 '마진마을과 재령이씨가 고문서'에는 마진마을과 마호당 전적에 대한 이해를 도울 수 있는 네 편의 글을 수록했다.

이민재와 라연재가 공동으로 연구한 「진주 마진리 지역 개관」은 수차례에 걸친 현지 조사와 인터뷰를 통한 민족지적 연구의 결과물이다. 마진리의 자연환경과 행정구역, 역사와 사회, 문화 등을 마호당의 역사와 함께 개관했다. 마호당 고문서의 역사적·지역적 배경을 검토함으로써 마호당 고문서의 의미를 두텁게 해석할 수 있는 토대를 마련하고자 했다. 또한 이를 통하여 점차 사라져 가는 마진마을의 이야기를 채록하고 정리하여 한국의 종가와 마을 기록 보전에도 기여했다.

이민재의 「19~20세기 중반 진주 마진리의 치수 기술과 일상」 역시 현지 조사와 인터뷰를 바탕으로 마호당의 고문서와 지도 등 문헌자료를 분석한 연구이다. 이 글에서는 치수 기술의 변화라는 시각에서 제방으로서 마을 숲의 소멸과 남강댐 준공 이후 경지 정리 사업이 이루어지는 170여 년의 마진리의 역사를 검토했다. 치수 기술의 변화 속에서 마진리 주민과 남강 일대 범람원이 맺는 관계의 변화 과정과 그에 따른 마을 주민의 일상 변화를 밝혔다.

이혜정의 「마진 재령이씨 마호당 장서의 현황과 특징」은 마진 재령이씨 마호당 소장 고서 560종 962책의 현황과 특징을 살펴본 것이다. 마호당 소장 장서를 경사자집으로 분류하면 경부는 53종 126책, 사부는 65종 165책, 자부는 116종 155책, 집부는 326종 516책으로 나타난다. 주로 19~20세기에 간행되거나 필사된 서적을 중심으로 소장하고 있으며 과거 시험을 위한 참고서와 문집·실기 등 남명학파 인물들의 글이 주를 이룬다. 장서인, 장서기, 필사기 등을 통해 많은 서적이 이현도에서 이승호 대에 형성되었음을 알 수 있다. 이를 통해 17~18세기에 마호당에서 경제적인 기반을 갖춘 이후 장서를 마련할 수 있었음을 파악할 수 있다.

장서각은 수집한 자료에 대하여 첫 단계로 상태조사를 실시한다. 장서각은 국내 최고 수준의 지류 보존처리 전문가와 설비를 갖추고 있다. 이들이 수행하는 상태조사는 이후 자료의 관리와 운영·연구를 위한 기초가 되며 그 자체가 지류 문화재에 대한 중요한 연구가 된다. 신이나의 「마진 재령이씨 마호당 전적의 보존 상태 조사」는 장서각 소속 지류 보존처리 전문가가 수행한 마호당 전적 상태조사의 개요이다. 육안 관찰과 과학적 조사, 응급보존처리로 이어지는 일련의 과정을 통하여 마호당 고문서의 재질과 손상 원인 및 유형을 파악하고 보존 상태를 진단했다.

2부 '마진마을 향촌사족의 삶과 문화'에서는 마진 재령이씨 인물들의 학술과 문학을 다룬 세 편의 글을 포함한다.

함영대는 「마호당 고문서에 나타난 향촌사족의 일상」에서 마호당 인물들의 경전 공부와 과거 출사, 향촌 경영과 송림 송사, 그리고 향정(鄕政)과 가정(家政) 등 향촌사족과 일상의 구체적인 측면을 마호당 소장 문헌을 통해 검토했다. 이를 통하여 과거를 통한 발신의 노력도 있었지만 향촌 내 다양한 활동을 통해 향촌사족으로서 역할을 해 온 마호당의 모습을 확인했다. 또한 구체적인 문헌을 통하여 생활 세계에서의 생생한 실재감을 확보함으로써 향촌사족들의 삶을 부지하게 한 구체적인 면모를 살펴볼 수 있다.

김승룡의 「진주 마진 재령이씨가의 만시에 대한 시론적 검토」는 마호당 고문서 가운데 만시(輓詩)가 지닌 시적 성취를 검토하여 지역고전학의 구축과 모색을 시도한 연구이다. 작자와 망자가 적시되지 않은 만시를 온전하게 문학작품으로 읽어 나갔고, 죽음을 매개로 인간과 인간이 관계를 맺고 있는 하나의 고전으로서 바라보았다. 이를 통하여 의례적인 듯한 만시 속에서 갈무리된 또렷한 주제 아래 다양하면서 개성적인 감정들을 관찰했다.

이미진은 「20세기 진주 지역 지식인 굴천 이일해, 한시로 쓴 인생의 기록」에서 20세기 격변의 시대를 살다 간 굴천(屈川) 이일해(李一海)의 한시를 통해 그의 인생 여정을 살폈다. 이일해의 한시에는 폭넓은 교유 흔적과 국내외를 두루 탐방하며 쌓은 학적 견문이 오롯이 담겨 있다. 한학자로서의 면모를 유지하고자 노력했던 20세기 지역 지식인으로서 이일해의 한시에서는 한 인물의 인생 여정뿐 아니라 근대 진주의 모습도 볼 수 있다.

3부는 '마호당의 지주 경영'으로, 마호당의 전답안과 추수기, 호구문서와 노비매매명문, 분재기와 『우도기(牛賭記)』 등의 자료를 통하여 농업 경영과 노비 경영을 비롯한 마호당의 지주 경영에 관해 다루고 있는 네 편의 글을 수록했다.

　김건태는 「19세기 농업 생산성과 농민 경영의 특성: 진주 마진동 재령이씨가 사례」에서 마호당의 가작지 경영을 비롯하여 19세기 농업생산성의 장기 추이와 진주 민란의 주요 원인이었던 환곡 운영, 그리고 19세기 농민 경영의 추이까지 살폈다. 이를 통하여 첫째 재령이씨가의 가작지 생산성이 매우 불안정했고 토지 생산성은 100여 년간 정체되어 있었으며, 둘째 19세기 진주 지역의 전결세율이 과도하게 높은 가운데 결부수를 토대로 환곡량을 산출함으로써 진주 농민들이 과중한 환곡액을 부담했음을 밝혔다. 마지막으로 재령이씨가의 작인들은 많은 토지를 차경하던 소수의 작인도 어느 시점이 되면 차경지 면적을 줄이는 등 전근대 농민 순환의 특징을 잘 보여주었음을 규명했다.

　허원영의 「조선 후기 진주 마진 재령이씨의 노비 경영」은 마호당의 호구문서와 노비매매명문을 중심 자료로 분석하여 노비 보유 추이와 상속과 매매 등 조선 후기 마호당의 노비 경영 전략과 동향을 구체적으로 들여다보았다. 그 결과 마호당의 노비 경영은 대체로 조선 후기의 보편적인 양상을 공유하고 있었지만 노동력을 갖춘 가임기 비를 중심으로 그 자녀를 함께 매득하는 가족 단위의 노비 매득 전략과 상대적으로 컸던 19세기의 노비 보유 규모 등 특징적인 모습도 엿볼 수 있었다.

　정수환은 「18세기 진주 마진 재령이씨의 전답 매매와 관리」에서 이덕관이라는 조선 후기 한 인물의 토지 매매와 관리 그리고 분재에 이르는 경제 활동을 재구성했다. 분석은 1757년 3월에 있었던 분재에서 출발하며 분재기에 기록한 분재 배경과 재산 규모 그리고 분재 관행의 성격을 선행 연구에서 확인했다. 그리고 분재를 위해 혹은 분재 대상 토지를 관리했던 것으로 보이는 대장인 『문서도록』을 분석하여 전체 가산의 규모, 그 중에서 분재 대상 토지의 의미를 밝혔다.

　마지막으로 김동일의 「18·19세기 진주 마진 재령이씨가의 『우도기』와

「우도 경영」은 19세기 초에 진주 재령이씨 마호당에서 생산하여 세전해온 『우도기(牛賭記)』를 분석한 글이다. 『우도기』는 농우(農牛)의 임대 기록으로, 차양인(借養人) 및 농우와 관련된 다양한 정보가 기록되어 있다. 이를 통하여 19세기 초 재령이씨가는 매년 20~40마리의 소를 세입자에게 차양했으며 매해 평균 25냥에 달하는 공가(貢價)를 수취했음을 확인했다. 소를 목장에서 직접 기르지 않고 1년 동안 농부에게 빌려주고 임대료를 수취하는 것은 조선 특유의 목축 방식이었으며 풍흉으로 요동치는 지대(地代)에 비해 안정적인 농우의 임대료는 19세기 초 진주 재령이씨가 소유 토지와 지주 경영을 확대할 수 있는 요소였다.

마지막으로 4부 '마진마을의 협력과 갈등'에서는 마을의 운영과 갈등, 그리고 마을의 노비계를 다룬 세 편의 글을 수록했다.

송양섭은 「1838년 진주 대곡리의 군역 운영과 리중=면중의 역할」에서 마호당에서 전해지는 가좌(家座)·군안(軍案) 등을 중심으로 1838년 진주 대곡리 군역 운영의 단계별 특징을 살폈다. 이를 통하여 향촌사회에서 벌어지는 일상적 군영 운영의 실상과 국가의 부세 압력에 대응하는 밑바닥의 움직임을 생생하게 파악했다. 특히 훈장을 중심으로 한 일련의 사전 작업에서 면중(리중)의 논의 구조가 관과 촌락사회를 매개하면서 군역 자원을 확보하고 배정하는 중심적 역할을 수행하는 모습을 확인했다. 이러한 움직임은 다른 부세 운영과도 궤를 같이하는 당대 전국적 경향성의 하나임과 동시에 지역 차원에서 이루어지는 공동납의 다양성을 보여주는 것이기도 했다.

심재우의 「조선 후기 진주 마진마을의 역사와 동림 갈등」은 마진마을 마호당 종택 자료를 이용하기에 앞서 재령이씨와 마진마을의 역사를 일차적으로 검토할 필요가 있다는 판단하에 마진마을의 동림(洞林) 조성과 갈등 양상을 분석한 글이다. 자료는 마진마을의 동계(洞契)와 금송(禁松) 관련 문서, 재령이씨 가문의 마을 입향과 산림천택 사점(私占) 과정에서 일어난 분쟁 양상을 보여주는 소지(所志) 등을 활용했다. 이를 통해 조선 후기에 치열하게 전개된 마을 앞 동림과 마을 뒤 산림을 둘러싼 소송의 배경과 전개 과정을 복원할 수 있었다.

이 책의 마지막 글은 도주경의 「18세기 진주 마진촌의 노비계 조직과 운영」이다. 이 글에서는 마호당에 전래되어 온 고문서를 통하여 18세기 후반~19세기 전반 마진촌 노비계의 조직과 운영 등 그 실체를 분석했다. 노비계는 공동으로 조성한 전답과 기금을 통해 수입을 얻고 자신 및 부·모·처 등의 상을 당한 계원에게 부조를 지원하는 상포계로서 노비들이 소농 경영의 재생산을 담보하는 데 중요한 역할을 했다. 그러나 무엇보다 노비계는 노비들이 재령이씨 예속 아래 계속해서 포섭되도록 하는 기제였으며 노비제가 해체되어 가는 상황에서 마련된 유인책이기도 했다. 노비계는 노비와 주인, 나아가 사족과 하인의 결합에 경제적 보상이 강조되던 18세기 이후의 시대상을 보여준다.

진주 마진 재령이씨 마호당 고문서는 귀중한 문화유산일 뿐만 아니라 조선 후기 향촌 사회의 모습과 지식인의 생활 및 문화를 구체적으로 살필 수 있는 귀중한 자료이다. 이 책에 수록된 14편의 글들은 개별 연구성과로서도 훌륭하지만 마진마을과 마호당 고문서를 이해하고 연구하기 위한 소중한 길잡이가 될 것이다. 장서각 공동연구 '고문서와 지역 사회 1: 진주 마진마을과 재령이씨가 고문서'를 마무리하면서 연구에 참여해 주신 모든 선생님들께 감사의 말씀을 전한다.

이렇게 책을 내면서 장서각 공동연구를 마무리하기까지 여러 곳에서 많은 분들이 노력을 해 주셨다. 자료의 조사와 수집부터 정리와 보존처리, 촬영 및 기초연구를 수행해 주신 장서각 여러 선생님들의 노력은 연구를 수행할 수 있는 바탕이 되었다. 공동연구의 기획부터 여러 차례에 걸친 출장과 워크숍, 학술대회 등 모든 일정이 원활하게 진행될 수 있도록 행정적으로 뒷받침해 준 박은경 선생님께도 각별한 감사를 드린다. 바쁜 일정 속에서도 훌륭한 책을 내기 위하여 끝까지 노력해 주신 한국학중앙연구원 출판부에도 감사드린다. 마지막으로 무엇보다 이 소중한 자료를 잘 간수하고 장서각에 제공해 주신 마호당의 이영 선생님께 장서각을 대표하여 고마움의 뜻을 전하고자 한다. 이 책이 마호당과 이영 선생님께도 좋은 선물이 되기를 바란다.

2023년 12월
한국학중앙연구원 장서각

차례

책머리에   4

1부   마진마을과 재령이씨가 고문서

진주 마진리 지역 개관   이민재·라연재

1. 머리말   21
2. 마진리의 자연환경과 행정구역   22
3. 진주 재령이씨 도산공파 마호당 종가   25
4. 마진리의 기념공간   28
5. 마진리의 농업   32
6. 마진리의 상업   37
7. 마진리의 명절   38
8. 마진리의 기타 시설   39
9. 맺음말   41

19~20세기 중반 진주 마진리의 치수 기술과 일상   이민재

1. 머리말   43
2. 19세기 동림 축소와 범람원 개간   46
3. 1910~1960년대 수해의 일상화와 범람원 하토   53
4. 1972년 경지 정리 이후 마진리 농업과 상토가 된 범람원   63
5. 맺음말   68

마진 재령이씨 마호당 장서의 현황과 특징   이혜정

1. 머리말   71
2. 마호당 장서의 주제별 분류   73
3. 마호당 장서의 판본 현황과 지역 간행 서적   83
4. 장서 기록의 현황과 내용   89
5. 맺음말   93

마진 재령이씨 마호당 전적의 보존 상태 조사   신이나

1. 마호당 전적의 보관 환경   95
2. 마호당 전적의 보존 상태   97
3. 마호당 고문서의 응급보존처리   128
4. 상태조사 결과   130

2부   마진마을 향촌사족의 삶과 문화

마호당 고문서에 나타난 향촌사족의 일상   함영대

1. 향촌사족 연구의 새로운 경향과 마호당 고문서   135
2. 마호당의 경전 공부와 과거 출사   141
3. 마호당의 향촌 경영과 송림 송사   146
4. 마호당의 향정   151
5. 마호당의 가정   155
6. 맺음말   163

진주 마진 재령이씨가의 만시에 대한 시론적 검토   김승룡

  1. 지역고전학은 무엇으로 구성되는가   165
  2. 만시, 죽음을 노래한 마음들   168
  3. 고전으로서의 만시   179

20세기 진주 지역 지식인 굴천 이일해,
한시로 쓴 인생의 기록   이미진

  1. 머리말   183
  2. 스승 회봉 하겸진을 만나다   184
  3. 시기별 주요 동선과 시적 공간   189
  4. 인생을 함께한 소중한 인연들   210
  5. 20세기 진주 지식인의 한시 짓기와 그 의미   223

3부   마호당의 지주 경영

19세기 농업 생산성과 농민 경영의 특성
— 진주 마진동 재령이씨가 사례   김건태

  1. 머리말   231
  2. 자료   233
  3. 농업 생산성 추이   244
  4. 병작 관행   252
  5. 농민 경영 추이   262
  6. 맺음말   266

조선 후기 진주 마진 재령이씨의 노비 경영	허원영

1. 머리말 … 269
2. 마진마을 재령이씨와 마호당 고문서 … 273
3. 호구문서를 통해 본 마호당의 노비 보유 추이와 특성 … 283
4. 노비 매득에 나타나는 마호당의 노비 경영 전략 … 298
5. 맺음말 … 307

18세기 진주 마진 재령이씨의 전답 매매와 관리	정수환

1. 머리말 … 311
2. 재산 나눔, 깃급분재기 … 315
3. 토지 관리, 문서도록 … 322
4. 토지 확보, 전답매매명문 … 332
5. 맺음말 … 339

18·19세기 진주 마진 재령이씨가의 『우도기』와 우도 경영	김동일

1. 머리말 … 343
2. 진주 마진 재령이씨가와 『우도기』 … 345
3. 『우도기』 기재 방식과 우도 경영 … 353
4. 맺음말 … 372

4부 마진마을의 협력과 갈등

1838년 진주 대곡리의 군역 운영과 리중=면중의 역할 　　송양섭

1. 머리말 　　377
2. 가좌의 작성과 군역자 파악 　　380
3. 사정의 추진과 군역 수괄 　　391
4. 대정의 실태와 소첩 발송 　　399
5. 군액의 리중분배 　　411
6. 맺음말 　　427

조선 후기 진주 마진마을의 역사와 동림 갈등 　　심재우

1. 머리말 　　431
2. 재령이씨의 마을 입향과 동림 조성 과정 　　434
3. 마을 앞 동림을 둘러싼 갈등 양상 　　446
4. 재령이씨와 창녕성씨의 산송 전개 　　453
5. 맺음말 　　458

18세기 진주 마진촌의 노비계 조직과 운영 　　도주경

1. 머리말 　　461
2. 재령이씨의 마진촌 정착과 노비 확보 　　466
3. 노비계 규모와 계원의 특징 　　474
4. 노비계의 재정 운영과 상장례 부조 　　485
5. 맺음말 　　496

참고문헌 · 504

1부

마진마을과 재령이씨가 고문서

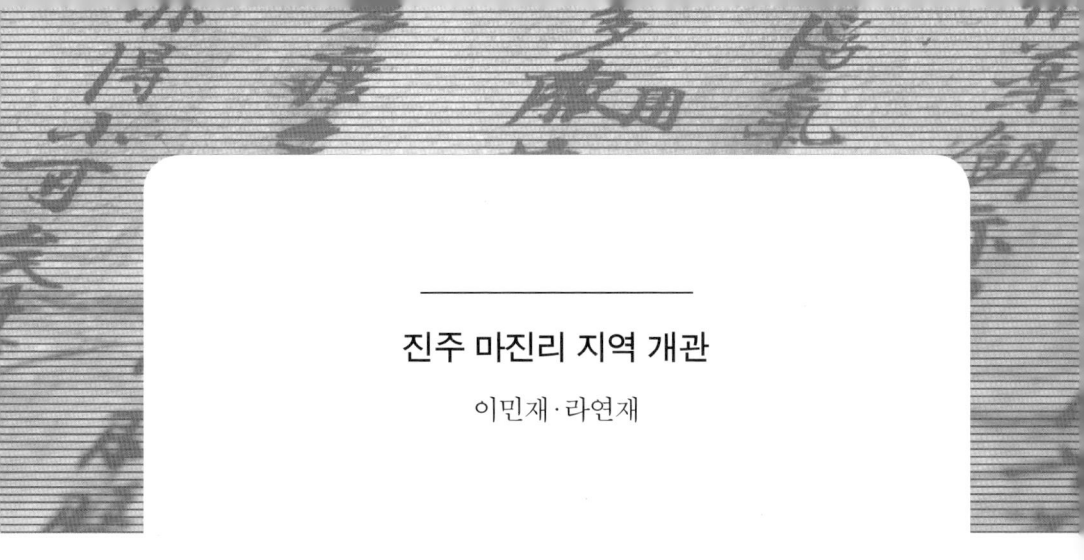

진주 마진리 지역 개관

이민재 · 라연재

1. 머리말

 마진리는 진주시 대곡면의 대표적인 종족마을로 재령이씨(載寧李氏) 도산공파(道山公派)의 집성촌이다. 이번에 마진리에서 발굴된 고문서는 1985년 경상남도 문화재자료로 지정된 고택인 진주 마진리 재령이씨 고가 마호당(麻湖堂)에서 전승·보존해 온 자료이다. 이 자료 중 일부는 2012년 '진주 재령이씨 종가 고문서'라는 명칭으로 경상남도 시도유형문화재로도 지정되었다.
 이 글은 마호당 고문서가 형성된 지역적 맥락을 살피기 위한 것으로, 마호당 고문서를 비롯한 각종 문헌자료에 대한 연구와 2021~22년 마진리에서 실시한 현지 조사를 통해 진행되었다. 이를 통해 재령이씨 도산공파가 세거하기 시작한 17세기부터 현재까지 마진리와 재령이씨 도산공파의 변화 양상을 살핌으로써 마호당 고문서의 의미를 두텁게 해석할 수 있는 토대를 마련하고자 한다.

2. 마진리의 자연환경과 행정구역

마진리의 마호마을은 동북쪽으로 대곡리, 동쪽으로 사봉면, 남쪽은 진성면, 서쪽은 덕곡리에 접해 있고, 마진마을은 동북쪽으로 대곡리, 동쪽으로 지수면과 사봉면, 남쪽은 진성면에 경계해 있다. 마진리의 행정 위치는 위도 35.2207997°N, 경도 128.2150428°E에 해당한다. 그리고 남강을 사이에 두고 진성면 가진리와 맞닿아 있다.

마진리는 배산임수 지형을 전형적으로 보여준다(그림 1). 마을 남쪽으로는 남강이 흐르고 마을은 평지와 산지 사이의 구릉지에 위치해 있으며, 마을 뒤쪽으로는 높지는 않으나 산지가 둘러싸고 있다. 마진리를 둘러싸고 있는 산으로는 동산·소도뫼·도산·무샘산·가풍등 등이 있고, 이 산지는 갓골·가는골·비석골·삼마골·괴방골·새미골·압수골[1]·분두골·숭궁골 등의 골짜기를 이루고 있다.

'마진'이라는 지명은 『일성록(日省錄)』과 1806년 경상감사 윤광안(尹光顔)의 장계에 처음으로 등장했고,[2] 1897년에 작성된 호적에도 현재의 마진

---

1 압속골[鴨巢谷]의 다른 이름으로 추정된다.
2 '마진(麻津)'이라는 지명의 유래로는 삼을 많이 재배하는 지역이었기 때문에 지명에 삼을 뜻하는 '마(麻)'가 들어갔다는 설이 있다. 실제로 1950~60년대까지 마진리 일대에서는 삼이 활발히 재배되었다. 또한 나루터가 있었기 때문에 마진이라 이름 붙여졌다고 하는 설도 있다. 이는 1960년대까지 마진리에 나루터가 있어 동네 주민들이 진성면이나 사봉면으로 나룻배를 타고 건너다녔다는 경험과 부합한다. 그러나 정확한 지명 유래는 현재까지 알 수 없다. 다만

그림 1 마진리 전경. 출처: 마진마을 마을회관

리 일대를 경상남도 진주군 동면 대곡리 마진동으로 표기했다.³ 1914년에 전국 행정구역 개편이 이루어지면서 마진동은 진주군 대곡면 마진리로 변경되었다. 이 과정에서 마진동 이외에 대동 일부가 마진리로 편입되었다.

도산공이 입향할 당시만 하더라도 현재의 마진리 일대에 거주하는 인구는 얼마 되지 않았으나 19세기 전반에 이르면 파악되는 호수만 73호에 이른다. 그리고 마호당 고문서에 있는 1897~1902년 호적을 살펴보더라도 당시 마진동은 238호로 인구가 급격히 늘어났다. 200호 이상의 규모는 1950~60년대까지도 이어졌다. 하지만 1978년에 이르면 이농 현상으로 인구가 줄어들기 시작하여 135호 752명이 되었고, 2017년 현재는

1622~32년 제작된 『진양지(晉陽誌)』에서도 현재의 마진리 일대를 '마법(麻法)'이라 지칭했고 나룻배의 존재 역시 신빙성이 있으므로 삼 재배와 나루터가 합쳐진 것으로 추정된다. 한국향토문화전자대전 디지털진주문화대전 마진리 항목, grandculture.net/jinju/toc/GC00400831 참조.

3   진주 마진 재령이씨 마호당 고문서, 증빙류 1225, F20201-02-W001811.

76가구 112명으로 줄어 대부분 농촌 지역과 마찬가지로 고령화되었다.[4]

인구의 증감뿐만 아니라 마진리의 분화도 주목해야 한다. 박성용은 지명의 분화로 인해 표출되는 정치·사회·지리·심리적 구분을 반영할 필요가 있다고 주지했다.[5] 1914년 이후 마진리는 행정리와 법정리가 동일했다. 그러나 1960년대 중반부터는 법정동으로서의 마진마을과 마호마을로 분리되었다. 마진마을은 소도뫼(蘇道山), 용당뫼, 압속골(鴨巢谷) 일대를 가리키고 마호마을은 관동(官洞: 갓골)과 마법(麻法: 미나리), 덕소(德所) 일대를 지칭한다.[6] 이 가운데 마호마을의 '마호'라는 지명은 마호당에서 유래한 것으로 마호마을에서 마호당이 지니는 영향력을 잘 보여준다.

물론 마진마을과 마호마을 모두 재령이씨 도산공파 계통의 친족 집단이 주류를 이루는 종족마을이고 생활권이 큰 차이가 없어 왕래도 잦았으며 마진리라는 동일한 행정구역에 속하는 마을들로서 긴밀한 관계를 맺고 있다는 것은 분명하다. 그러나 소암공(素菴公)이 분가한 이후 마호마을에는 상대적으로 소암공 이덕관(李德寬)의 자손이 다수 거주한다는 점에서 도산공 종손과 여러 지파가 같이 사는 마진마을과 구체적 친족 집단이 약간 다르다. 이러한 과정에서 종손 이영(李永)이 "마진은 고습(故習)이고, 마호는 진취적인 경향이 좀 있지."라고 마진마을과 마호마을의 차이를 설명할 정도로 마진마을과 마호마을은 분화되었고, 1960년대 이후 현재까지도 이장 선출과 마을회관 운영이 각각 이루어질 만큼 마을 내 자치 체계도 달라졌다.

---

4   대곡면지편찬위원회, 『대곡면지』, 대곡면지편찬위원회, 2017, 671-682쪽.
5   박성용, 「지명의 정치학」, 『지방사와 지방문화』 21-2, 2018.
6   국토해양부 국립지리정보원, 『한국지명유래집: 경상편』, 국토해양부 국토지리정보원, 2011.

3. 진주 재령이씨 도산공파 마호당 종가

재령이씨 도산공파의 종손은 아니었지만 마진리 내에서 큰 영향력을 발휘했던 마호당에서는 여러 대를 거치면서 고문서를 전승·보존해 왔다. 마호당은 입향조 도산공의 다섯째 아들인 수사공(秀士公) 이중인(李重禋)이 분가하면서 지은 집으로, 그의 손자인 이덕관 때에 경제적으로 크게 번성했다. 이중인이 처음 마호당을 지을 당시만 하더라도 현재의 마진마을 일대에 전주이씨 몇 호가 살고 있었고 마호마을 일대에는 마호당 앞까지 거주하는 사람조차 없었다고 전해진다. 마호당이 있는 바로 앞까지 물이 들어왔기에 12개의 솟을대문이 이어지는 집을 지으려는 꿈을 꾸었다고 하는 이야기가 구전된다.[7]

마호당의 종손인 이영은 실제로 마호당에서 생활하면서 고택과 고문서를 전승·보존해 왔다. 경북 지역에서도 고택을 보유한 종가는 전체의 45% 정도이며 보존과 관리가 양호하고 종손과 종부가 실제 사는 사례가 드물다는 점으로 미루어 볼 때,[8] 마호당은 그 옛 정취를 간직하고 있는 문중의 모습을 보여준다고 할 수 있다.

각 지역의 마을 형성 과정에서 문중이 맡은 역할은 지대하며 마진리의 재령이씨 문중 또한 적선지가(積善之家)였던 선조의 이야기를 자랑스럽게 여기고 있다. 종손 이영이 소개하는 7대조의 설화는 이를 잘 보여준다.

내 10대 1,000석하실 때 저 동구 밖에다가 가마솥 11개를 걸어 놓고 그

---

7 이영, 2021년 12월 3일 구술.
8 김미영, 「종가문화의 전승기반과 변화양상」, 『국학연구』 33, 2017.

래가지고 인근 동네에 못 먹고 사는 사람들 밥은 다 못해 주고 죽을 끓여가 기민(飢民)을 하도록 그리 한 번 하고 만 것은 아니겠지. [⋯] 그때부터 그래가지고 흉년 들어가지고 난리 나고 사람이 굶어 죽고 이럴 때는 인자(이제) 또 좀 주고 그랬겠지. 그래 놓으니까 적선지가라는 소리를 들었다.[9]

실제로 마호당 고문서 가운데는 진주목사가 굶주린 백성을 구휼하기 위한 설죽소(設粥所) 도감으로 유학(幼學) 이한복[李漢馥: 이한철(李漢哲)의 초명)]을 임명하는 공문도 있는 것으로 보아, 마호당을 비롯한 마진리의 재령이씨 집안에서는 지역 유지로서 구휼 활동도 했음을 짐작할 수 있다.[10]

이영은 적선지가로서의 면모 덕분에 1894년 진주 동학농민혁명 때에도 화를 벗어날 수 있었다고 설명했다.

동학 난이 나고 나서 피해가 엄청났거든. 이놈들이 들어오면 지방 토호들, 지방을 벳겨가가 부자 되고 서민들 등쳐먹고 사는 기라고 전부 불을 질러 버리고 그랬거든. 그래가지고 여 와가지고 처음에 이리 하나 지나갔어. 그런데 대장이 저쪽에서 따라오면서 그 소리를 해가지고. 그 집은 그 집 대문 앞을 그리 가가는(가서는) 될 집이 아니다. 그러지 말고 소로(小路)로 가라. 그 집은 적선지가라고 소문이 난 집인데 그 집에는 해를 끼쳐서 될 집이 아니고 드가지 마라[들어가지 마라]. 그래 가지고 우리 마을을 지나갔어.[11]

즉 동학농민운동 시기에도 마호당에 큰 피해가 없었던 이유를 누대에

---

9 이영, 2021년 12월 3일 구술.
10 진주 마진 재령이씨 마호당 고문서, 교령류 5, F20201-01-W000005.
11 이영, 2021년 12월 3일 구술.

걸쳐서 지역 유지로서의 구휼 활동에서 찾을 만큼 마호당은 지역 내 유력 세력으로서 자신을 인식하고 실질적 활동을 펼친 것이다.

농가 경영으로 천석꾼으로 거듭난 이덕관의 일화는 재령이씨 문중의 후손들에게 귀감이 되었을 뿐만 아니라 다른 지역에도 널리 알려져 있었다. 이덕관은 재산을 모았을 때 진주 비봉산 동쪽으로는 남의 땅을 밟지 않고 다녔다고 전해질 정도로 유명한 천석꾼이었다. 그러나 점차 시간이 흐르면서 마진리를 중심으로만 토지를 소유하게 되었고 1950년대 농지개혁를 거치면서 마호당의 소유지는 크게 감소했다. 그럼에도 이영의 조모 때까지도 "진양군수 하는 것보다 덕촌댁(당시 조모의 택호) 머슴살이가 낫다."고 할 정도의 재력이 유지되었다.

또한 문중의 너그러움과 관련된 이야기로는 두필(혹은 덕필)이라는 사람의 이야기가 전승되어 왔다. 7대조가 목숨을 구해 준 분이 원래 집안의 일을 도와주고 있었다. 어느 날 그의 동생이 찾아와서 형님은 종손이라 대를 이어야 하니, 대신 자기가 남아 있겠다고 하여 뒤를 이어 마호당의 일을 맡아보았다. 두필은 생이지지(生而知之)한 사람이라 못자리를 잘 보고 여러 곳을 추천해 주었으나 재령이씨 사람들은 호롱자리에 물이 빠지게 화장해야 한다는 조언에 그 자리를 쓰지 않았다. 또한 마을 북쪽 새미골 골짜기에 묘를 쓰려 했으나 물이 너무 많아 결국 쓰지 못했는데 두필이 괭이로 몇 번 쪼고 난 후에 물이 사라지고 괭이로 판 곳에 샘이 생겼다는 이야기도 전해진다.[12]

이처럼 두필이 재령이씨 문중에서 일을 열심히 해 주었기에 그가 자손이 없이 죽은 이후에도 종가에서 묘를 마련해 주고 관리도 맡아서 해 주었다. 벌초는 2021년까지도 계속했으나 문중에 사람이 줄어들면서 관리 인력이 부족해지자 합장하고 마지막 제사를 지내 주었다고 한다.

---

12 대곡면지편찬위원회, 『대곡면지』, 대곡면지편찬위원회, 2019, 마호마을 편, 671쪽.

조선시대에 마호당은 마진리 내외로 노비를 많이 소유했고 분재기에 그 양상이 잘 드러난다. 그리고 현대에도 축적된 부를 바탕으로 집안에 관리 인력을 여럿 두었다. 이영도 어릴 적 집에서 일하던 사람들에 대한 기억을 여전히 갖고 있었다. 그의 부인 역시 1960년대에 시집와서 지낼 때만 해도 마호당에서 일하던 사람이 여럿 있었다고 했다.

마호당에서 일하는 사람이 많았던 만큼, 그들끼리 상호 부조 조직도 구성되어 있었다. 18세기에는 마진리 내 노비가 소속된 계(契)가 존재했고,[13] 1950~60년대에도 마진리에서 일하는 사람들끼리의 상계(喪契)가 조직되어 있었다고 한다. 이영에 따르면, 이들이 결성한 상계의 주축은 마호당에 고용된 사람들로, 그 상계는 이들 사이에 장사(葬事)가 나면 계원들이 상호 부조를 하는 조직이었다. 그러나 상계 구성원들의 경제 수준이 낮기 때문에 쌀, 생선 등을 모아 부조했다고 한다.[14]

4. 마진리의 기념공간

『대곡면지』에 따르면, 대곡면에는 총 92개의 재실이 있다. 그 가운데 마진리 내 재실은 총 13개로 마호마을에 6개, 마진마을에 7개가 있다. 다만 현재 모든 재실이 운영되는 것은 아니다. 현재 남아 있는 마진리 내 재실은 조선시대에 건립된 시설이 아니다. 마호마을 소재 재실로는 주화당과

---

[13] 도주경, 「조선후기 노비의 계 조직과 운영: 18세기 진주 마진촌 한글 노비계 문서를 중심으로」, 『조선시대사학보』 105, 2023.
[14] 이영, 2021년 12월 3일 구술.

호상분암이 1920년, 도산재가 1963년,[15] 소봉재가 1972년, 첨모재가 1983년에 건립되었고, 마진마을 소재 재실로는 압산재가 1930년, 경원당이 1942년, 모의재가 1977년, 제양재가 1978년, 용호재가 1981년, 석류재가 1985년, 삼성재가 2000년에 건립되었다. 즉 13개 중 8개의 재실이 1960년대 이후에 건립된 것이다. 1960~80년대에 활발했던 재실 건립은 마진리만의 현상이 아니었다. 이는 문중 조직을 대대적으로 정비하고 대규모 족보 편찬 사업을 벌이는 등 친족 집단 내 활동이 전국적으로 활발해지는 1970~80년대와 맥락을 같이한다.[16]

현재 마진마을의 이장을 맡으면서 석류재를 관리·운영하고 있는 이동일 역시 마진리 내 재실 건립과 운영을 비교적 최근의 일로 기억하면서 다음과 같이 구술했다.

저 지금 경원당이라고, 저쪽에 국민학교 근처에 그게 오래됐는데 우리 마호에 재령이씨, 입향조. 입향조보다도 여 재실[경원당]이 먼저였거든. 저 입향인 도산공 재실은 얼마 안 되어서 생긴 거고. 그 당시에 내가 어릴 때 보면 시사(時祀)를 그 산에 가서 지냈거든요. […] 마호당 같은 거는 옛날인가 보고, 재실로 쓰는 데는 늦게 지었는데 […] 경원당도 내가 어릴 때는 아닐 건데, 하여튼 그것도 50~60년 전에 지은 거 같아요. 여기[석류재] 이제 우리 아버님이 창원에, 그 당시 창원 땅 세 필지를 살 돈을 가지고 이 재실을 지으셨다고.[17]

---

15 도산재(道山齋)는 입향조 도산공을 기리기 위해 1963년에 지어졌다. 기문에 따르면, 일찍이 조식(曺植)에게 수학했던 도산공은 50세 즈음 마진마을로 처음 입향했다. 집안이 번성하여 묘역에 별묘를 짓고, 강당을 지어 자손들이 모여 제사를 드리고 화목을 강론했다. 그러나 별묘와 강당은 보전되지 못하고 소실되었다. 이에 1962년 문중에서 논의하여 별묘를 건립하기는 어려우니 강당을 짓기로 하여 1963년 도산재를 건립했다.

16 대곡면지편찬위원회(2019), 앞의 책, 재실 편.

17 이동일, 2022년 9월 13일 구술.

석류재는 제헌공(霽軒公) 이형(李衡)·도와공(道窩公) 이덕윤(李德潤) 부자와 도와공의 손자인 이재관을 기리기 위해 세운 재실인데, 1970~80년대에 지어진 마진리 재실 가운데는 도와공과 그 자손의 학문과 어짊을 기리는 것이 많다. 제헌공과 도와공은 효성스럽기로 널리 알려져 있었다. 제헌공 이형은 부모가 병중일 때 부모를 봉양하기 위해 빗속에 그물을 쳤는데 물고기가 스스로 그물 안으로 들어왔다는 이야기가 전해지며, 도와공은 부모가 중환을 앓고 있을 때 대변을 맛보고 손가락을 잘라 간병했다고 한다. 제헌공은 사헌부의 벼슬을 증직받았고, 도와공은 이현일(李玄逸)의 문하에 있었으나 벼슬은 지내지 않았다. 재실이 세워지기 이전부터 재령이씨는 이 두 부자를 기렸으며, 1879년 재령이씨 문중이 두 부자를 기리기 위해 세운 유허비가 그 대표적인 예다.

제헌공이 시묘살이할 때 팠다고 하는 샘이 바로 마진마을 동쪽에 있는 여막샘이다. 지금도 우물터가 남아 있고, 후손인 이병만이 여막샘의 유래가 적힌 표시석을 세웠다. "마을의 선비들이 조정에 효행을 아뢰어 제헌공이 사헌부의 벼슬을 증직받았다. 도와공은 애석하게도 공론이 시행되지

그림 2 여막샘 유래비

못했다. 공은 일찍이 갈암 이 선생[이현일]의 문하에서 학문을 익혔다. 후손이 옛터에 비를 세워 효성을 드러내고자 하니 그 효성은 조상으로부터 이어받은 것이라 할 수 있다."

재령이씨가 소유하고 관리하는 재실 이외에도 진주강씨 재실인 압산재와 모의재도 세워져 있다. 압산재는 진주강씨의 선묘가 마진리 압소동 뒷산에 세워져 있어 1930년 후손들이 이를 기리기 위해 세웠다고 한다. 임진왜란과 정유재란에는 이 사실을 알지 못했으나, 이후 농부들이 마진에 들어와 밭을 개간할 때 비석을 발견하게 되었다고 한다. 모의재는 1977년에 강검(姜儉)과 그의 부인 열부 숙부인 진양정씨를 기리며 지어졌다. 두 사람은 임진왜란 때 산중에서 도적을 만나 꾸짖다가 순절했는데, 인조가 공조참의와 숙부인 벼슬을 내려 그들의 기개를 기렸다.

매호서당은 1977년에 세워진 서당으로, 1919년 파리강화회의에 장서를 보냈던 이수안(李壽安)을 기리기 위해 건립했다. 매호라는 이름 또한 마

그림 3 완산최씨 열녀비

진의 고칭인 마호에서 따와 붙인 것이다. 매호서당의 기문은 하용문(河龍雯)이 작성했고, 이수안의 덕과 학문에 관한 내용이 있다. 이수안의 장손인 이일해(李一海)가 하용문에게 이수안을 위한 글을 지어 달라 부탁했다고 한다. 이수안은 1910년 경술국치로 국가의 운이 쇠퇴함을 비탄하며 진주 서쪽 수곡에 동화재를 짓고 강담(講談)을 열었다. 매호서당은 현재 자주 이용되지는 않지만 그전까지는 문중에서 종종 강학을 열었다고 한다.

열부를 위한 열녀비와 기적비로는 완산최씨 열녀비와 이절부(李節婦) 하씨 기적비가 있다. 완산최씨 열녀비는 이덕유(李德裕)의 처 완산최씨가 남편의 사망 이후 독을 먹고 자진한 것을 기리기 위해 세워졌다. 이절부 하씨 기적비는 이현중(李鉉重)의 부인 진양하씨가 남편이 죽은 후에도 시부모를 봉양한 것을 기리고자 1945년에 세워졌다. 하씨 부인은 황해도 출신으로, 집이 빈곤하여 일본에서 돈을 벌며 집안을 부양했다고 전해진다.

5. 마진리의 농업

과거부터 현재까지 마진리의 주요 생업은 농업이다. 현재 마진리의 경작지는 크게 산지에서 취락 부근까지 이어지는 구릉지와 남강의 범람원이라는 두 지역으로 구분된다. 그렇지만 원래부터 범람원 일대가 경작지로 사용된 것은 아니다. 앞서 살펴보았듯 마진리 일대는 17세기 재령이씨가 세거한 이후 본격적으로 커지게 된 마을이라는 점, 그리고 19세기 초까지 현재 범람원 일대에 수해를 막기 위한 동림(洞林)이 존재했다는 점에서 범람원 일대 경작지는 구릉지보다 늦게 개간된 것으로 추정된다. 그리고 19세기 이후 동림이 점차 사라지면서 범람원 일대가 완전히 경작지가 되었다.

마진리 경작지의 용도는 구릉지와 범람원 일대가 달랐다. 1969년에 시작된 경지 정리 사업 이전까지 구릉지 일대는 논으로, 범람원 일대는 주로 밭으로 경작되었다. 논과 밭은 모두 이모작을 했는데, 1950~60년대까지 마진리에서는 식량작물로 벼, 보리, 콩, 수수, 왜밀(호밀), 땅콩, 고구마 등을 재배했다.

식량작물 가운데 무엇보다 중요한 작물은 벼와 보리였다. 마진리에서 벼는 하지 전에 모내기를 했다. 모내기 이후 벼의 김매기는 총 3번 정도 했는데, 이때 논호미는 쓰지 않고 손으로만 훑어가며 풀을 맸다. 양력 10월경에는 추수를 했고, 이후에는 논과 밭을 다시 일군 후 보리, 밀 등을 파종했다. 보리와 밀의 김매기는 약 2번만 했고, 일반적으로 자루가 짧고 잎사귀 모양 날의 호미로 했다. 보리와 밀을 재배할 때는 김매기를 많이 할 필요가 없었다. 그리고 보리 추수 전에 밭에 콩을 심는 것이 1950~60년대 마진리의 주요 식량작물 재배 방식이었다.[18] 1950년대까지 마진리에서는 이렇게 수확한 곡물을 디딜방아로 찧었고, 1960~70년대 전후로 현재의 보건소 위치에 정미소가 들어오면서 도정 방식도 크게 변화했으나 그 정미소 역시 현재는 사라졌다.

1950~60년대까지 마진리의 대표적 환금작물은 대나무와 삼이었다. 마진마을 이장 이동일은 다음과 같이 대나무 작업을 기억하고 있었다.

> 내가 어릴 때만 해도 2~3년씩 대 팔아가지고 돈을 하더라고. 이런 거 굵은 거는 15개가 한 속, 작은 거는 24개 한 속으로 해서 싣고 나가고 했거든.[19]

---

[18] 이인섭, 2022년 8월 3일 구술; 이상호, 2022년 8월 4일 구술; 이동일, 2022년 9월 13일 구술.
[19] 이동일, 2022년 9월 13일 구술.

이렇게 대나무를 판 돈은 이동일 직계 가족의 대학 등록금을 마련할 수 있을 정도로 1950~60년대 마진리에서 적지 않은 현금 수입원이 되었다. 삼 재배 역시 중요했는데, 삼은 껍질은 삼베를 짜는 원료로 쓰이고 속대는 울타리로 쓰이는 등 활용도가 높았기 때문이다.[20] 그러나 다른 재료로 대체할 수 있는 공산품이 늘어나면서 대나무와 삼 재배는 마진리에서 점차 사라졌다.

대나무와 삼 농사를 대신하여 1970년대부터 마진리 일대에도 비닐하우스를 이용한 원예작물 재배가 보급되기 시작했다. 1970년대 전후로 고추 비닐하우스 농사를 계속 지어 온 이일호에 따르면, 그 당시 비닐하우스는 젊은 농민들을 중심으로 확대되고 있었다. 하지만 당시 비닐하우스는 지금과 달리 대나무가 골조를 이루었다. 철제 파이프가 생긴 것은 이일호가 비닐하우스를 짓고 난 지 몇 년 뒤의 일이라고 했다. 비닐하우스의 규모도 1~3동 정도였고 이일호 자신도 전체 500평 규모의 비닐하우스 2동에서 농사를 지었다고 한다. 또한 난방을 위해 작은 보일러가 설치되어 있었으며 밤낮으로 환기와 보온을 위해 비닐하우스를 열고 덮어 주어야 해서 고되었다. 그렇지만 비닐하우스에서 한 고추 농사로 이일호는 아들을 대학교에 보낼 수 있을 정도였다고 한다.[21]

1990년대에는 배추, 무, 마, 우엉 등의 원예작물이 본격적으로 재배되었고, 마는 특히 마진리의 주요 특산물로 자리잡았다. 2009년 이장이었던 이병창은 강변을 따라 밭에 마를 심었다고 한다.[22] 특히 경지가 잘 정리되어 단목, 덕곡, 마진, 한실들녘은 동력 농기계 사용도 꽤 빠른 편이었다고 한다.[23]

---

20 이상호, 2022년 8월 4일 구술.
21 이일호, 2021년 12월 14일 구술.
22 「심재근의 우리땅 순례 (45) 남강 18- 진주 대곡면~진성면」, 『경남신문』, 2009년 5월 12일.
23 「농사여건 좋고 예절바른 고장」, 『경남신문』, 1984년 5월 30일.

마와 우엉은 진주의 특산물이기도 하며, 마진리와 남강을 두고 맞닿은 지수면에서는 남강우엉·마영농조합법인을 운영하고 있다. 『대곡면지』에 따르면, 대곡면의 마와 우엉 재배는 1992년부터 최진우, 김사랑, 이영호가 마진리 일대에서 시작하여 한때 대곡면에서 60여 농가가 마와 우엉 재배에 종사했다고 한다. 그러나 특용작물와 원예작물을 진주에서 도입하고자 한 사업은 그전부터 계속 있었던 것으로 보인다. 1970년대에는 지역 특산물 도입을 위해 우엉을 포함한 일부 채소에 대해 가격 보상 제도를 시행했다. 또한 우엉 등의 채소 12개 품목을 일본에 시험적으로 수출하고, 김해와 진주에 시범 채소 수출단지를 조성할 계획이 있었다고 한다.[24]

　이같이 농업은 마진리의 핵심 생업이었으나 특별히 농업을 위한 공동노동조직은 없었다. 대신 1950~60년대까지 모내기와 김매기 등 농사 일손이 필요할 때는 품앗이를 통해 노동력을 교환했다. 품앗이는 기본적으로 가족 내 노동력이 동원되는 것이 일반적이었으나 마진리에서는 토지가 많은 주민은 가족이 아닌 머슴 등의 인력을 보내 노동력을 교환하기도 했다.[25]

　1950~60년대 마진리의 사회조직으로는 농악단이 있었으며, 이들은 주로 정월 대보름 때 마을을 돌아다니며 땅을 밟아 복을 가져다주는 의례를 치렀다. 그리고 이 행사를 통해 일정한 금액을 받아 마을 공동 재산으로 활용하기도 했으나 어느 순간 사라졌다. 또한 재실 운영을 위한 여러 계가 조직되었다. 대표적으로 경원당과 용호재 등을 운영하기 위한 계가 현재까지도 운영되고 있다.

　해방 이후 마진리의 사회조직은 국민국가의 영향도 강하게 받았다. 이영과 그 부인의 사회 활동은 이를 잘 보여준다. 이영은 진주농림고등학교를 졸업하고 1967~74년에 새마을지도자로 활동했다. 또한 1980년 초대 대통령선거인단에 선출되었으며 1981~91년에는 민주평화통일 자문위

---

24 「당근등 高等채소12품目 月內로 日本에 試驗수출」, 『매일경제』, 1972년 2월 22일.
25 이인섭, 2022년 8월 3일 구술.

원을 역임했다. 그리고 종부도 새마을부녀회에 활발히 참가하여 종손과 종부가 마을 운영에 도움을 주는 모습을 확인할 수 있다.[26] 다음은 이영과 그의 부인이 새마을회와 새마을부녀회에 참여했던 경험을 구술한 것이다.

> 한 7년 했는가. 옛날에는 새마을운동이네 그래가지고 해놓으면 부녀회하고 새마을지도자하고 여기 이제 한 계통이거든. 그래서 동네 마을에 이제 절미운동을 해가지고, 뭐 한 숟가락씩 떠가지고 걷어가지고 동네 수금하고, 처음에는 그런 게 참 잘됐어. 그리고 바르게살기운동. 그러니까 요새 바르게살기운동하고 그래가 했는데, 거기 뭐 동네에 이제 일이 없고 하니까. 주로 농협을 상대로 해가 부녀회장들이 농협에 가서 이제 물품 팔아 주고 일반 점포에 문의를 하고. 마을에도 이제 얘기를 해가지고 이제 농협에 가서 직매장에 가서 구입, 생필품을 구입을 하고. 술 같은 거 이런 거 뭐 그리 했는데.[27]

마진리 새마을지도자와 새마을부녀회가 주로 맡았던 일은 절미운동, 농협 직매, 환경 정비 등이었으며, 마진마을에서도 절미저축운동을 담당했다고 한다. 또한 안길을 넓히고 마을 공동 우물과 빨래터를 짓기도 했다. 그러나 1970년대 절미운동과 비슷한 결에서 여러 마을에서 실행되었던 혼분식 장려운동이 전개되었는지 물어보는 연구자의 질문에 종손은 혼분식 장려운동은 딱히 전개하지 않았다고 설명했다.[28] 새마을운동이 관의 행위 주체인 새마을지도자, 부녀회장 등의 계획과 각 지역에 따라 격차가 있었기 때문에 마진마을과 마호마을의 새마을운동은 다른 방향으로 전개되었을 것으로 추정된다.

---

26 대곡면지편찬위원회(2019), 앞의 책, 마진마을 편, 677쪽.
27 이영, 2021년 12월 3일 구술.
28 이영, 2021년 12월 3일 구술.

6. 마진리의 상업

『증보문헌비고(增補文獻備考)』에 따르면, 조선시대 말 진주에는 총 10개의 장시가 있었다고 한다. 진주 읍내장, 문산 소촌, 수곡, 미천, 창선, 조창, 반성, 마동, 대곡 북창, 삼천포의 장시다.[29] 장날은 조선 순조 대에 진주장을 2일과 7일, 반성을 3일과 8일, 북창을 4일과 9일로 지정했다. 그리고 고종 대에는 진주장이 2일과 7일, 소촌장이 4일과 9일, 숭산(지수)장은 5일과 10일, 반성장은 3일과 8일에 열렸다. 대곡장은 1일과 6일로 변경되었다.

해방 이후 마진리에서 가장 많이 이용된 시장은 육로로 이어지는 대곡면의 북창장이다. 『임원경제지(林園經濟志)』에서 상업 관련 내용을 다룬 예규지(倪圭志)에는 북창장이 진주 북쪽 30리 설매곡면에 있으며 4일과 9일에 장이 선다고 설명되어 있다.[30] 1960년대 이후 북창장은 특히 우시장이 크게 들어서 유명했으나 현재는 쇠퇴해 '대곡시장'이라는 이름으로 대곡면 광석리에 상설 시장으로서 운영된다.

『대곡면지』의 시장 부분을 살피면 1960~80년대 북창장의 모습을 대략 파악할 수 있다. 대곡면 내 나루터 다섯 군데 중에는 마진리의 나루터도 있었다. 대곡면 나루터를 통해 갈 수 있는 곳은 의령·반성·사봉·진성 등이 있었으며 마을 주민들 다수가 예전에 나룻배를 타고 장에 갔던 기억을 지니고 있다. 근처 대곡마을에서는 김장을 위해서 솔낙엽을 지고 도동들까지 가서 무나 배추로 바꿔 온 기억을 그대로 가지고 있으며 송곡 뱃나

---

[29] 세종대왕기념사업회 역주, 『국역 증보문헌비고』 165, 세종대왕기념사업회, 2000, 부록 향시.
[30] 서유구 저, 임원경제연구소 역, 『임원경제지 예규지』, 풍석문화재단, 2019, 168쪽.

루에서 주민들끼리 짐을 나눠 가졌다고 회고하기도 했다.³¹ 경지 정리 후에는 제방을 쌓고 본격적으로 도로를 건설하면서 나루터를 이용하는 모습이 점차 사라져 갔다.

대곡에 북창시장이 일찍 개설되었지만 마을마다 구멍가게도 있어 간단한 생필품을 판매했다. 또한 마을회관이 들어서면서 마을회관에서도 일정한 물품을 갖추었다. 북창장은 원래 단목시장이 그 기원으로 보이는데, 구술에 따르면 해방 전후로 모습이 갖추어지기 시작했다고 한다. 무엇보다 우시장이 인근에도 알려질 정도로 컸으며 그 주변으로 소 장수과 소 주인들을 위한 돼지국밥집이 유명했다. 우시장은 1989년까지도 유지되었으나 1993년 폐쇄되었다.³²

7. 마진리의 명절

마진리의 명절은 다른 마을과 평이한 수준으로 치러졌던 것으로 보인다. 구술을 통해 1960~90년대의 세시 명절을 지낸 모습에 대해서 대략적으로 들을 수 있었다. 이영은 시제와 명절을 보낼 때 일손이 많았다고 회고하기도 했다. 또한 과일을 올리는 천신제를 지냈던 기억도 있었다.

삼월 삼짇날도 놀았을 거고. 원래 명절 설에서부터 보름까지는 놀고. 머슴들이, 일꾼들이 보면은 보름날, 설에 세배를 오고. 다음에는 보름날, 아

---

31 대곡면지편찬위원회(2019), 앞의 책, 대곡마을 편, 685쪽.
32 대곡면지편찬위원회(2019), 앞의 책, 진주시장 편, 221쪽.

침에 가면 새벽에 이제 보름밥 할 수 있도록 해 주고. 그리고 보름밥을 얻어먹고 가고. 그러면 한 며칠 있다가 오던가, 그때부터가 했는데. 그다음에 3월 3일 날도 놀았지. 4월 달은 없고. 5월 단오. 6월에는 모르겠고 7월 달에 백중.[33]

이 구술에 따르면, 마진리 주민들은 설날, 보름날, 3월 삼짇날, 단오, 백중, 추석을 지낸 것으로 보인다. 그중에서도 머슴과 관련된 명절 이야기가 흥미롭다. 머슴에게 보름날 밥을 주었다는 이야기는 다른 마을에서 보고되는 '큰 머슴', '작은 머슴'과도 상통하는 측면이 있다. 마진마을과 마호마을 근처 대곡마을에서는 음력 정월 초에 새해 농사를 위해 머슴을 구해야 했고, 상머슴인 큰 머슴은 농사를 짓는 일꾼, 반머슴인 작은 머슴은 허드렛일을 하는 머슴이었다. 아마도 마진마을과 마호마을에서도 이런 식으로 머슴을 구하고 보름에 명절 턱을 제공했을 가능성이 크다.

8. 마진리의 기타 시설

마진리의 기타 시설로는 마진국민학교가 있었다. 마진국민학교는 1927년 개교한 대곡국민학교의 분교로 마진마을 부지에 1948년 신축되었다. 1948년 당시 6학급에 아동은 311명, 교직원은 6명이었다. 1953년 마진국민학교로 승격되었으나 도시로 이주하는 가정이 늘면서 1990년 다시 대곡초등학교의 마진 분교로 격하되었다. 1998년에는 대곡초등학교

---

[33] 대곡리 주민, 2022년 8월 3일 면담.

로 통합되었지만 마진마을에는 그 부지가 여전히 남아 있다. 대곡중학교는 1952년 대곡면 유곡리에, 대곡고등학교는 1949년 대곡면 와룡리에 문을 열었는데, 마진리에서 가장 가까운 중학교와 고등학교였다.

다른 주요 시설로는 마진제가 있다. 1950~60년대 주민들의 기억으로는 마진리의 앞까지 물이 들어왔고 원래 낮은 제방이 있었다고 한다. 1969년 남강댐을 준공하고 1973년 마진리 앞의 경작지를 대상으로 경지를 정리하면서 제방이 건설되었다. 이 제방은 수해를 막기 위해 지었지만 1990년대 이후에도 그 피해는 여전했다. 2006년 남강이 크게 범람한 이후에 2008년 마진제를 준공하기에 이르렀다. 주민들은 예전에 수해를 입었던 기억을 또렷이 가지고 있고 마을 곳곳에도 그 흔적이 남아 있다.

또한 마진마을과 마호마을 입구에는 각각 경로당을 겸한 마을회관이 있다.[34] 이는 마진마을과 마호마을을 행정적으로 구분하는 지표로도 기능한다. 마진마을과 마호마을의 마을회관은 1999년에 보수가 이루어졌고

그림 4 대곡 마진 보건진료소

---

[34] 대곡면지편찬위원회(2019), 앞의 책, 마진마을, 마호마을 편, 672, 678쪽.

이 당시 마을 진입로를 확보하고 안길을 포장하는 등 마을의 모습을 갖추어 나갔다. 마호마을 초입에 세워진 보건소는 〈그림 4〉와 같이 2003년에 신축했다.

9. 맺음말

오랜 기간 종가, 고택, 사당을 중심으로 종족마을을 형성해 오면서 한국의 전통 문화유산도 보존될 수 있었다. 고택을 유지해 온 종가가 드물며 해마다 농촌 마을의 고령화가 시급해지는 지금, 마진리의 마진마을과 마호마을은 더욱 관심을 기울이고 살펴야 할 전통문화가 살아 숨쉬는 공간이기도 하다. 특히 종족마을이 점차 해체되어 가고 있어 과거를 기억하는 마을 주민의 목소리를 듣는 일은 무엇보다 시급한 일이다. 연구자가 만난 마진마을과 마호마을의 주민들 역시 이를 깊이 체감하고 있었다.

우리는 저거[고문서] 그냥 다 없어질 것 같아서 걱정했는데, 좋은 일로 하신다. 지금은 이제 집성촌이 남아 있는 곳곳이, 다 이제 어르신들 위주로 남아 있는 곳이 많아요. 경기나 충청도까지만 가도 이제 다른 소지들이 많이 들어오고요. 소성들도 나가고.[35]

마호당에서 소장하고 있는 고문서는 조선시대 진주 마진이라는 공간에 타향의 성씨가 입주하고 번성하여 세를 이루고 산 생활상을 보여준다. 마

---

[35] 마진마을 주민, 2022년 8월 4일 면담.

진마을과 마호마을에서 종가가 오랫동안 유지되고 고문서가 훼손되는 일 없이 남아 있을 수 있었던 까닭은 농사 환경이 갖추어져 인구가 번창했던 것 이상으로 안팎의 분열을 크게 겪지 않았기 때문이다. 지역 개관을 통해 점차 사라져 가는 마진마을과 마호마을의 이야기를 채록하고 정리하여 한국 종가 문화의 보전에 도움이 되기를 희망한다.

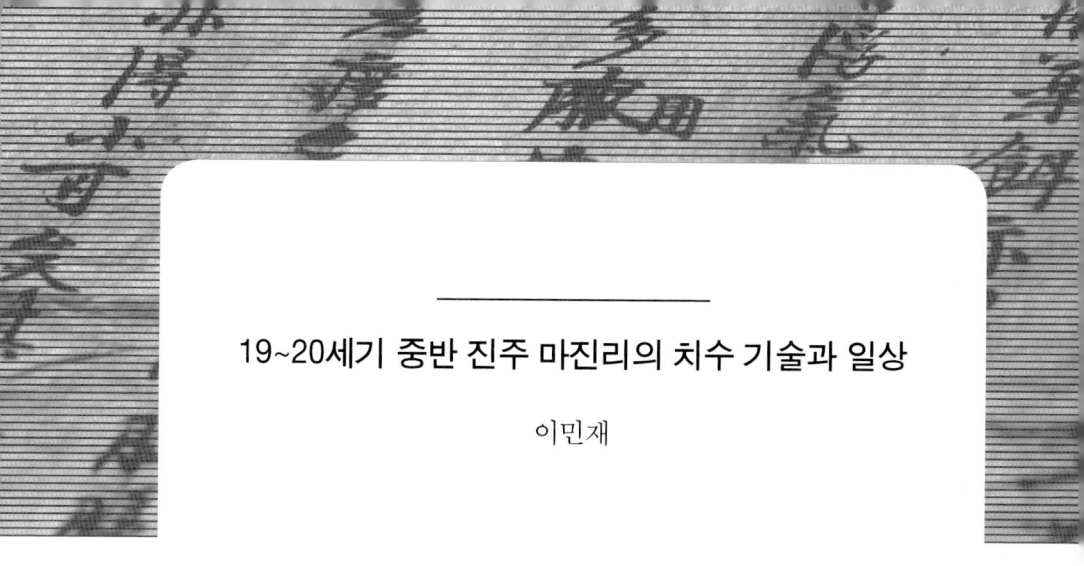

19~20세기 중반 진주 마진리의 치수 기술과 일상

이민재

1. 머리말

　인간의 삶은 언제나 자연과 상호작용하면서 구성된다. 한때 인간이 기술을 통해 자연을 극복할 수 있다고 생각했던 시기도 있으나, 현재 전 지구적 기후위기와 그 영향력을 볼 때 기술을 통해 자연을 완벽히 극복하는 것은 불가능하다. 그러나 기후위기가 발생한 중요한 배경에 인간의 기술 변화가 존재한다는 사실을 고려하면, 기술이 인간과 자연의 관계를 규정하는 중요한 변수라는 점은 분명하다.
　자연환경 가운데서도 강은 인간의 삶과 중요한 관계를 맺어 왔다. 대규모 자본 투입이 어렵고 기차와 차량이라는 교통수단과 도로와 철도 건설 기술이 발달하지 못했던 과거에 육상교통 인프라 구축에는 막대한 비용과 노동력이 필요했다. 반면 강은 배가 다닐 수 있는 최소한의 환경만 갖춘다면 육로보다 적은 비용으로 많은 양의 물자를 운송할 수 있는 교통로였다. 산업화 이전 농경 중심 사회에서 강의 범람원은 치수(治水)만 된다면 평탄하고 유기물이 퇴적되어 있으며 강물을 용수로 사용할 수 있는 이상적인 농경지였다. 그래서 강은 인류가 건설한 여러 문명의 중요한 토대로 여겨졌다.

강과 인간이 맺는 관계는 문명이라는 거시적 관점뿐만 아니라 지역의 역사와 삶을 규정하는 데 결정적인 역할을 했다. 댐이나 대규모 제방을 쌓는 공사가 있기 이전 한반도의 역사에서 오랜 기간 치수의 한 방책으로 채택되어 온 것이 바로 제방으로 숲을 조성하는 일이었다. 이와 관련해 정수환은 경주 갓뒤마을에서 마을 사람들이 비보림이자 제방으로 말림갓이라는 숲을 조성한 후 이 숲을 관리하기 위해 동계를 중심으로 상호 부조와 공동 노동을 했음을 밝혔다.[1] 심재우도 남강의 제방으로써 동림을 가꾸어 왔던 진주 대곡면 마진리의 동계 활동과 이 동림을 둘러싼 19세기 초의 소송을 상세히 다루었다.[2]

제방과 댐 같은 치수 관련 시설 개발은 강과 인간의 관계 변화에서 중요한 분기점으로 여겨졌다. 치수 관련 시설 개발과 지역 변화를 대상으로 한 여러 연구 가운데는 댐 건설에 따른 마을 수몰과 주민의 생활 변화에 관한 것들이 있다.[3] 그리고 마을이 수몰되어 사라진 경우는 아니더라도 각종 치수 관련 시설 개발과 지역민의 생활 변화가 밀접한 상관관계에 있음을 조명한 연구도 있다.[4] 특히 김재호는 시대에 따른 낙동강 치수 기

---

1 정수환, 「18세기 경주 갓뒤마을 동계의 말림갓을 위한 호혜와 협동」, 『歷史學報』 252, 2021.
2 심재우, 「조선후기 진주 대곡 마진마을의 역사와 동림(洞林) 갈등」, 『한국문화』 100, 2022.
3 댐 건설에 따른 마을 변화를 추적한 연구로는 김택규·이영진, 「陜川댐 水沒地域 住民의 移住와 適應에 관한 硏究」, 『人文硏究』 10-1, 1988; 김택규, 「水沒民生活의 文化人類學的硏究: 댐 水沒地域 住民의 移住와 再適應」, 『人文硏究』 12-1, 1990; 이상현, 「댐수몰 이주민의 새로운 생활과 동제전통」, 『실천민속학연구』 2, 2001; 이창환, 「근대 이후 상운암 주민들의 수몰의 역사와 좌절의 경험」, 『지방사와 지방문화』 17-2, 2014; 이진교, 「'80년대' 저항 문화와 민속의 지역사회 귀환: 경북 영양군 '장파천 문화제'에 대한 민속지적 연구」, 『한국민속학』 73, 2021 등이 있다.
4 길기현, 「錦江下流의 汎濫原 地域에 對한 景觀: 扶餘平野를 중심으로」, 『응용지리』 5, 1981; 안

술 변화가 주변 지역, 특히 낙동강 상류 일대에 끼친 변화를 분석했다.[5]

선행 연구를 통하여 조선시대 제방용 숲부터 근현대의 댐에 이르기까지 한반도 사람들은 강의 범람을 막기 위해 다양한 치수 기술을 구사해 왔고, 이 기술은 지역 내 주민의 일상을 변화시키는 중요한 변수였음이 확인되었다. 다만 선행 연구에서는 마을 숲 혹은 댐의 건설을 주된 변수로만 다룰 뿐, 전근대 치수 기술인 마을 숲과 근대의 치수 기술인 댐을 하나의 연속선상에 놓고 치수 기술의 변화가 지역 주민 생활에 미친 영향에는 거의 주목하지 않았다. 강과 인간의 관계에서 근현대 댐과 같은 대규모 개발이 큰 분기점을 이루고 광역에 걸쳐 영향을 끼치는 것은 분명하다. 그러나 댐 건설 이전에도 강은 인간의 삶에 큰 영향을 주었고 인간은 때로는 강에 적응하고 때로는 강을 제어하면서 일상을 영위했다. 즉 남강댐 건설로 인한 변화 양상 역시 그 이전 시기부터 지역 주민과 강 사이의 상호작용이라는 보다 긴 역사에서 바라보아야 한다.

위와 같은 관점에서 이 글은 17세기 이후 다량의 고문서가 발굴된 진주시 대곡면 마진리를 사례로 170여 년에 걸친 제방으로서의 마을 숲이 소멸된 과정과 남강댐 준공 이후 마진리의 경지 정리 사업이 이루어지는 과정을 치수 기술의 변화로 보고자 한다. 그리고 치수 기술의 변화를 핵심 변수로 가정하여 이에 따른 마진리 주민과 남강 일대 범람원이 맺는 관계의 변화 과정과 그에 따른 마을 주민의 일상 변화를 밝히는 것이 이 글의 목적이다. 이를 위해 마진리 마호당에 남아 있는 16~20세기에 이르는 각종 문헌과 지도를 포함하여 2021~22년에 중점적으로 현지조사한 자료를 분석하도록 하겠다.

승택, 「양수리에서의 지역의 시공간적 구성: 기술의 도입과 문화적 전유에 대한 역사인류학적 접근」, 서울대학교 석사학위논문, 1999; 김재호, 「낙동강 개발의 역사와 민속의 토대 변화」, 『한국민속학회』 54, 2011; 홍금수, 「흥해평의 치수와 관개」, 『문화역사지리』 33-3, 2021 등이 있다.

5 김재호(2011), 위의 논문.

2. 19세기 동림 축소와 범람원 개간

　마진리 앞을 지나가는 남강의 발원지는 경상남도 함양군 덕유산으로 이곳에서 발원한 강물은 덕천강과 합류하여 진주를 북동으로 관통하여 다시 함안군 대산면에서 낙동강과 합류한다. 이렇게 흐르는 남강은 진주 일대에 넓은 범람원을 형성해 놓았다.[6] 남강은 마진리 일대에도 넓은 범람원을 형성했고 마진리를 전형적인 배산임수 취락으로 만들어 주는 중요한 요건이다.

　한국의 많은 농촌 마을이 배산임수의 입지 양상을 보인다. 겨울철의 북동풍을 막아 주고 난방과 취사의 연료 공급에 적합하며 농사와 생활을 위한 물 공급에 적합하기 때문이다. 그리고 산과 물이 만나는 곳에는 낮은 경사도의 구릉지나 평야가 형성되어 농경지를 형성하기에 적합하다. 그러나 마을 주변에 흐르는 물의 규모에 따라 배산임수라는 입지 조건은 큰 위험으로 뒤바뀌기도 한다. 흐르는 물의 규모가 클수록 수해의 위험이 크다. 농경지로 사용할 수 있는 범람원과 삶의 기반을 뒤흔드는, 심하면 목숨도 앗아가는 수해라는 위협이 마을 주민의 일상에 같이 존재했다. 즉 마진리의 역사는 마을 주민들이 강과 범람원이라는 자연과 맺는 관계의 역사라고 할 수 있다.

　남강 일대 범람원을 개간하여 농경지로 전환하려는 노력은 오랫동안 시도되었다. 진주시 평거동에 위치한 조선 전기 농경 유적은 이러한 상황을 잘 보여준다. 평거동 일대는 남강의 범람원 지역으로 이 지역에는 선사시대부터 삼국시대, 고려, 조선 전기에 이르기까지 다양한 시대의 농경 유

6　한국민족문화대백과사전 남강(南江) 항목 참조, encykorea.aks.ac.kr.

구가 남아 있다. 교란 가능성이 큰 농경 유구가 시대별로 남아 있다는 것은 그만큼 이 일대 농경지가 남강의 범람으로 자주 폐기되었음을 뜻한다. 이처럼 남강의 범람원을 농경지로 개간하려는 시도는 역사적으로 오래전부터 있었고, 범람원의 농경지가 폐기된 원인은 남강의 끊임없는 범람이었다.[7] 곧 남강 일대에서 농경을 중심으로 일상을 영위하려는 집단에게 남강의 범람을 최소한으로 제어할 대책을 마련하는 일은 필연적이었고 마진리 주민들에게도 마찬가지였다.

마진리에는 고인돌 유적을 통해 적어도 청동기시대 이후부터 사람들이 거주했음을 알 수 있다. 그러나 문헌 기록상에서 마진리 일대에 취락의 존재 여부를 알 수 있는 자료는 1622~32년에 걸쳐 간행된 『진양지(晉陽誌)』이다. 『진양지』에 따르면, 현재 마진리 일대는 진주목(晉州牧)의 동면(東面) 대곡리(大谷里)에 속했다. 『진양지』에 기록된 대곡리의 범위는 대동(大洞)·소동(小洞)·압곡동(鴨谷洞)·마법(麻法)·관내동(官內洞)인데 이중 압곡동·마법·관내동이 현재 마진리 일대로 여겨진다.[8]

『진양지』에는 대곡리 전체 전결이 61결 5부이고 이중 밭이 19결 28부 9속이며 논[水田]은 42결 2부 1속이라고 했다. 『진양지』의 전결 관련 기록은 현재의 대곡리와 마진리를 합쳐 놓은 것임을 감안해도 당시 마진리는 밭보다 논이 많은 지역이었을 가능성이 크다.[9]

마진리 일대 토양의 퇴적 양식을 나타낸 〈그림 1〉을 보면 마진리 일대 범람원은 농사에 적합한 충적층(沖積層)이 넓게 형성되어 있다. 그리고 마진리 일대 표토 토성을 나타낸 〈그림 2〉를 보면 범람원 일대 대부분은 사양토(砂壤土) 혹은 양질사토(壤質砂土)로, 밭을 조성하기에는 적합하나 보수

---

7 윤호필, 「경작유구를 통해 본 중·근세 농업의 경지이용방식 연구」, 『중앙고고연구』 10, 2012, 4-13쪽.
8 『晉陽誌』, 「各里」, "大谷里在州東三十五里. […] 大洞 小洞 鴨谷洞 麻法 官內洞."
9 『晉陽誌』, 「戶口田結」, "大谷里 […] 合結六十一結五負(田十九結二十八負九束水田四十二結二負一束)."

그림 1 마진리 일대 토양의 퇴적 양식. 출처: 흙토람 토양환경지도(soil.rda.go.kr/geoweb/soilmain.do#)

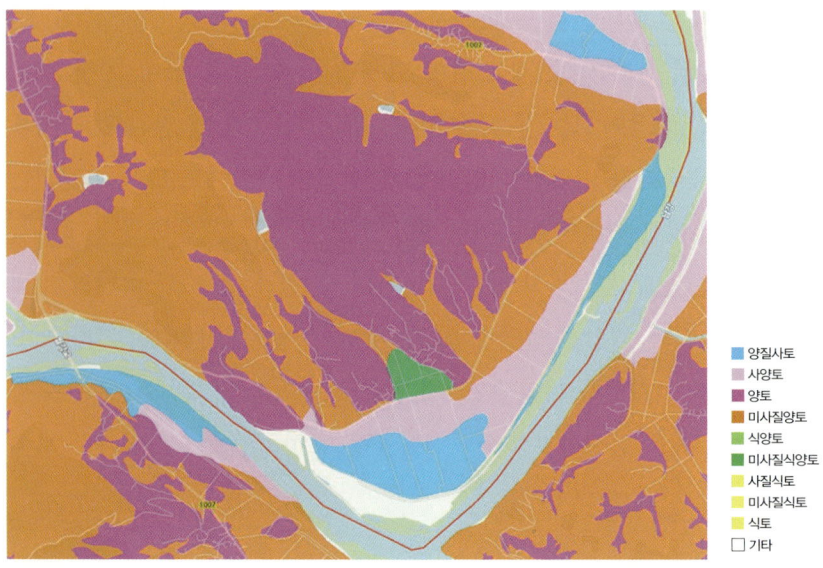

그림 2 마진리 일대 표토 토성. 출처: 흙토람 토양환경지도(soil.rda.go.kr/geoweb/soilmain.do#)

성(保水性)이 약하기에 물을 가두어야 하는 논을 조성하기에는 어려운 토양이다. 실제로 경지 정리 이전 범람원 일대는 밭으로 쓰였고 경지 정리 이후에 논을 조성하기는 했으나 처음 조성되었을 때에는 물을 가두기 어려웠다고 한다.[10]

17세기 초 마진리 일대에는 아직 인구가 그렇게 많지 않았다. 『진양지』에서는 대곡리 전체 호구가 206구이고 이 중 남자가 111구, 여자가 95구였으며 총 호수는 50호라고 했다.[11] 마호당에서 전승되는 입향조와 마호당 건립에 관한 구술 역시 마진리 일대가 현재와 상당히 다른 모습이었음을 짐작하게 한다.

도산공이 50여 살이 든 후 진성면에서 마진리로 건너오셨다. 그때 마진리 일대에는 전주이씨 두서너 집이 살았고 재령이씨가 두 번째로 이 마을에 들어왔다. 처음 들어온 곳은 마호가 아니라 마진 쪽이었다. […] 이 골짜기에 사람이 살지 않았을 때 12대조가 현재 마호당 자리로 처음 제금[12]을 나셨다. 그때는 이 골짜기에 사람이 안 살았다. 우리가 처음 제금 난 것이다. 400년 가까이 됐는데 그때 무슨 사람이 있었겠냐.[13]

마진리 일대에는 17세기 재령이씨가 들어왔을 때만 해도 인구가 적었던 것으로 추정되지만 재령이씨 세거 후 빠르게 증가했다. 1838년 작성된 『대곡가좌(大谷家座)』를 연구한 김준형에 따르면, 마진리에 반호(班戶) 28호, 비반호(非班戶) 45호로 전체 73호가 거주했다.[14] 60여 년이 지난 1897년

---

10   이와 관련한 내용은 4장에서 상세히 다루도록 하겠다.
11   『晉陽誌』,「戶口田結」,"大谷里戶口二百六(男一百十一口女九十五口)戶五十."
12   분가를 뜻하는 진주 지역 방언이다.
13   이영, 2021년 12월 3일 구술.
14   김준형,「19세기 전반 晉州 大谷里의 토지소유 양상과 신흥계층」,『南冥學硏究』 33, 2012, 206-207쪽.

호적을 보면 총 24통 238호가 거주하는 큰 마을로 성장했다. 재령이씨가 마진리로 이주한 시기를 1630년대로 본다면 마진리 인구는 17세기 후반에서 19세기를 거치면서 빠르게 증가했다. 그리고 마진리 인구가 증가할 수 있었던 배경에는 마진리 앞 남강의 범람원을 개간하면서 늘어난 경작지가 있었다.

〈그림 3〉의 작성 시기를 특정하기는 어렵다. 그러나 〈그림 3〉이 동림을 두고 마진리 주민과 외부 세력이 여러 차례 갈등을 빚는 과정에서 작성되었다고 한다면 적어도 19세기 초에 마진리 주변 남강의 범람원 일대는 어느 정도 개간이 진행되고 있었다고 볼 수 있다. 〈그림 3〉을 보면 당시 마진리는 크게 세 구역으로 구분되었다. 먼저 산지와 구릉지 일대를 중심으로 형성되어 있는 취락 지대가 있었다. 그리고 취락 지대와 동림 사이에 대야(大野)가 있었다. 이 대야는 크게 관동(官洞)·마법(麻法)·국대(國大)·수삼(水三) 일대로 구분되었다. 대야와 대강 사이에는 취락과 경작지를 강으로부터 둘러싸듯이 숲이 형성되어 있었다. 이처럼 〈그림 3〉이 작성되었을 당시에는 범람원 전체가 경작지로 사용되지 않았고 범람원과 강 사이에

그림 3 동림이 존재했을 당시 마진리 지도. 출처: 진주 마진 재령이씨 마호당 고문서 소차계장류 86

숲이 완충지대처럼 존재했다.

『진양지』에는 대곡리 일대는 토지의 질이 나쁘며 수해가 많았다고 기술되어 있다.[15] 즉 17세기 전반에도 마진리 일대에 남강 범람에 따른 수해가 빈번했고 마진리 주민들은 그 수해로부터 취락과 경작지를 보호할 필요가 있었다. 〈동중상하금림완문(洞中上下禁林完文)〉(증빙류 656)과 1806년 경상감사(慶尙監司)가 순조에게 올린 장계[16]에서 잘 드러나듯이 범람원과 남강 사이의 숲은 수해를 막아 주는 일종의 제방이었으며, 재령이씨가 마진리에 세거하기 이전부터 19세기 이후까지 마진리 주민들은 수백 년간 신분의 구별을 두지 않고 여러 규약을 계속 제정·실천하며 동림을 관리했다.[17] 즉 수해는 오랫동안 마진리에 거주한 사람들의 삶을 크게 위협하는 요소였고 이 수해를 어떻게 막느냐는 것이 마진리 주민의 삶을 지속하게 하는 중요한 사항이었음을 동림의 조성과 관리를 통해 확인될 수 있다.

동림은 이렇게 오랜 기간 남강의 수해로부터 마을과 경작지를 지켜 왔으나 1914년 측량되어 완성된 지적도를 보면 남강 주변 범람원 일대는 경작지로 모두 사용되고 있으며 동림은 흔적만 남아 있다. 〈그림 4〉와 〈그림 5〉는 이 같은 상황을 잘 보여준다.

〈그림 4〉는 1914년 마진리 지적(地籍) 일대의 이용 양상과 동림의 범위를 나타내고 〈그림 5〉는 범람원 내 동림의 영역을 좁혀서 살펴본 것이다. 두 지도를 종합하여 보면 동림은 범람원 최남단 일대에만 남아 있다. 그리고 나머지 범람원 일대는 대부분 밭으로 이용되었다. 앞서 살펴본 경상감사의 장계에는 마진리 숲이 10여 리에 달한다고 했고 〈그림 3〉에서는 이

---

15   『晉陽誌』, 「各里」, "大谷里 […] 此里土地卑下多被水害."

16   『日省錄』, 純祖 6년 5월 28일, "晉州麻津里有大林藪, 在南江下流連亘十餘里, 古木參天, 一以爲大村水口之障蔽, 一以防沿浦民田之潰決, 非但爲衆民蒙利之地, 亦可謂一邑之形勝."

17   진주 마진 재령이씨 마호당 고문서, 증빙류 70, F20201-01-W000656; 증빙류 71, F20201-01-W000657; 증빙류 72, F20201-01-W000658; 증빙류 74, F20201-01-W000660.

숲이 경작지와 강을 완전히 둘러싼 것으로 묘사했다. 그러나 〈그림 4〉와 〈그림 5〉를 보면 1914년에는 극히 일부만 남아 있다. 또한 범람원 일대의 토지 소유자가 수십 명에 달한다는 사실을 통해 이미 조선총독부의 토지 조사가 이루어졌던 1914년 이전에 범람원과 개간 이전에는 마을 공유지였던 동림 일대의 토지 소유 관계가 명확해진 것으로 보인다.

그렇다면 마진리의 동림은 언제 개간된 것일까? 범람원 일대의 개간은 앞서 살펴보았듯 19세기 이전부터 이루어졌다. 그러나 동림이 완전히 파괴되고 범람원 전체가 밭으로 사용되기 시작한 시기는 19세기 전반으로 추측된다. 그 이유는 마진리의 동림이 1805년 이명범(李命範)과 조문언(趙文彦)이 관여된 병영 속공 문제 때 재목(材木)으로 진주향교의 풍화루(風化樓) 재건에 380그루, 소촌역(召村驛) 문루(門樓) 중건을 위한 5그루를 포함하여 도합 385그루가 벌목되었기 때문이다. 그리고 재목과 같이 큰 나무는 아니지만 말단목(末端木)도 8,000여 속(束)이나 잘렸다.[18] 그래서 1810년 심상규(沈象奎)는 마진리 동림을 장릉(張陵)의 향탄지(香炭地)로 선

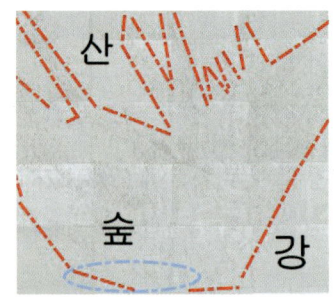

그림 4 1914년 마진리 영역(---)과 동림 영역(---). 출처: 〈慶尙南道 晉州郡 大谷面 麻津里原圖〉을 필자가 편집

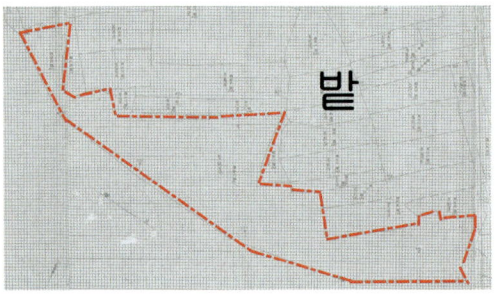

그림 5 1914년 남아 있는 동림 영역(---). 출처: 〈慶尙南道 晉州郡 大谷面 麻津里原圖〉을 필자가 편집

---

18 『日省錄』, 純祖 6年 6月 4日, "義禁府啓言. 慶尙前兵使趙文彦口招. 以爲晉州麻津里林藪事. […] 本官鄕校風化樓重建材木三百八十株召村驛門樓重修材木五株許給. 城內洞里民及各廟修補材木亦爲若干許給. […] 所謂燔炭析柴事. 風化樓林木所斫末端木裁斫者合爲八千餘束付之營繕."

정하자는 주장의 근거로 이미 마진리 동림 일대가 공한지[空閑之地]로서 개간에 적합하다고 서술했다. 그만큼 병영 속공 문제 당시에 마진리 동림이 많이 벌목되었던 것이다.[19] 결국 1914년에 이르면 마진리 동림은 〈그림 4〉와 〈그림 5〉에서 보이듯, 사실상 소멸에 가깝게 축소되었다.

3. 1910~1960년대 수해의 일상화와 범람원 하토

1914년 범람원 내 남겨진 동림과 주변 각 필지에는 〈그림 6〉과 같은 양상으로 소유자가 있었다.[20] 범람원 일대 필지의 소유자는 수십 명으로 동림의 소유자이자 마호당 종손인 이현도(李鉉道)와 같은 재지지주(在地地主)뿐만 아니라 유길준(兪吉濬)과 같은 부재지주(不在地主)도 포함되어 있었다. 김길성의 연구에 따르면, 유길준이 마진리 범람원 일대에 토지를 소유하게 된 배경에는 남강 연안의 전답에 대한 대규모 치수 사업이 계획되었다는 사회적 기대감이 자리잡고 있었다. 유길준은 이러한 남강 연안 개발에 관한 기대감에 편승하여 장기무(張基茂)라는 중매인을 통해 1만 엔을 투자해 진주를 포함한 의령, 함안 일대 토지를 매입해 경영했고 그 가운데 마진 일대 밭 273.16두락도 포함되어 있었다.[21]

유길준과 같은 부재지주가 범람원 일대의 토지를 소유했다는 사실은 그만큼 동림이 거의 사라지고 마을의 공유지였던 곳의 소유권이 빠르게

---

19 『日省錄』, 純祖 10年 1月 14日, "禮曹判書沈象奎啓言去. […] 晉州牧大谷里厥津船頭林藪. 而量外空閑之地. 可合起墾."

20 김길성, 「1910년대 유길준의 경남지역 토지경영: 晉州, 宜寧, 咸安을 중심으로」, 『한국사연구』 177, 2017, 75쪽

21 김길성(2017), 위의 논문, 73-85쪽.

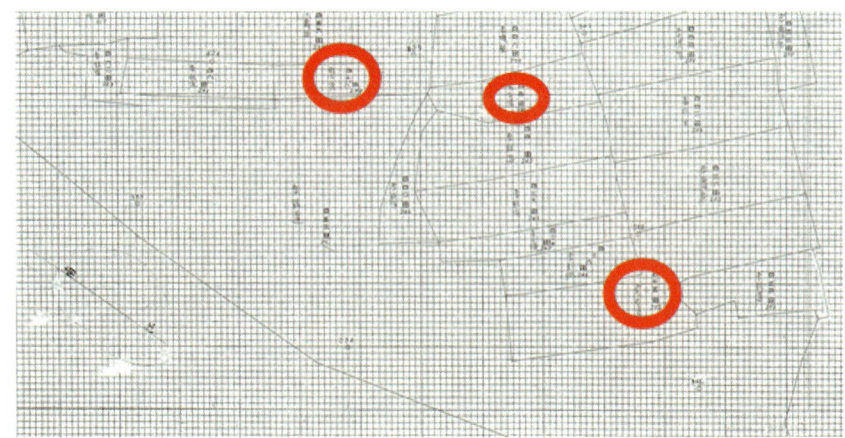

그림 6 1914년 범람원 내 남겨진 동림과 주변 필지. 유길준 소유지는 ○로 표시함. 출처: 〈慶尙南道 晉州郡 大谷面 麻津里原圖〉을 필자가 편집

확립되었음을 단적으로 보여준다. 그리고 20세기 초에는 마진리의 범람원을 포함해 남강 일대 범람원이 치수 시설만 설비된다면 경작지로서 높은 가치를 지니게 될 것이라는 기대가 진주 지역사회를 넘어서 존재했다는 사실도 확인된다.

1910년대 측정된 1914년 지적도와 1917년 측정 마진리 일대 1:50,000 지형도(그림 7)를 종합하여 보면 1910년대 마진리의 토지 이용 양상을 확인할 수 있다. 마진리의 토지는 크게 보면 마진리 내 주거지를 기준으로 등고선을 따라 논이 형성되어 있다. 반면 밭은 상대적으로 평탄지인 범람원 일대에 많이 분포해 있다. 일반적으로 논은 토지가 수평을 이루어야 하고 물 공급의 수월성을 고려하면 강이 가까운 범람원 일대를 논으로 이용해야 한다고 생각할 수 있다. 그러나 앞서 표토 토양을 조사한 〈그림 2〉에서도 확인했듯 마진리 범람원 일대의 토양은 사질(沙質)토양으로 물이 잘 빠진다. 그러나 벼농사, 특히 이앙법으로 벼농사를 짓는 경우, 일정 기간 물을 가두어 두어야만 한다. 즉 범람원 일대의 경작지에서는 모내기 자체가 힘들고 그만큼 벼를 키우는 것 역시 어려웠기에 밭으로 이용

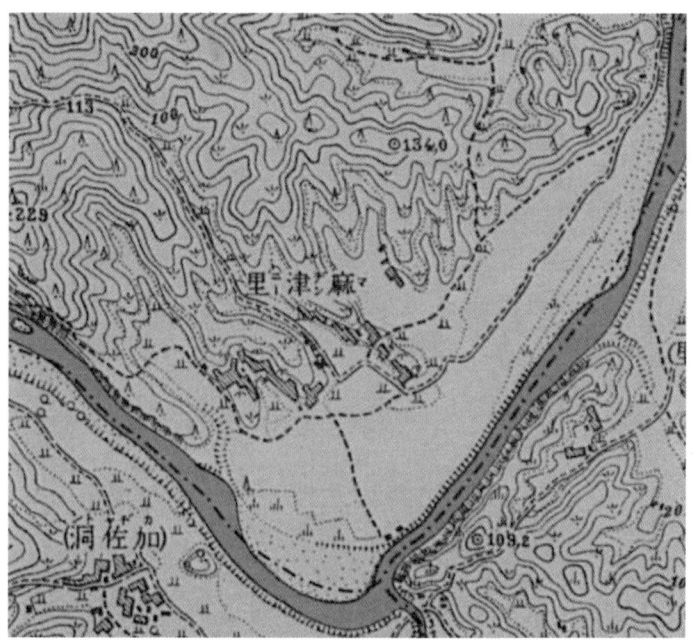

그림 7 1917년 마진리 일대 1:50,000 지형도. 출처: 〈朝鮮五万分一地形圖 晉州〉

할 수밖에 없었다.

　구릉지 일대보다 넓은 면적이었던 범람원이 밭으로 이용되면서 마진리에는 논보다 밭이 더 많아졌다. 이러한 양상은 1950~60년대까지도 이어졌는데 농지개혁 상환 관련 자료로 1954년 작성된 『마호당(麻湖堂)』에는 마진리 전체 농경지 구성이 논 38정보, 밭 55정보로 전체 경작지 중 밭의 비율이 59.1%를 차지하게 되었음을 보여준다. 그리고 밭이 논보다 넓은 양상은 남강의 치수 사업과 마진리 범람원의 경지 정리 사업이 이루어지기 전까지 지속되었다.

　동림이 사실상 소멸된 이후 마진리의 경작지는 넓어졌으나 수해는 더욱 일상화되었다. 이승호(李承浩)가 1927년 작성한 것으로 추정되는 『정묘년일기(丁卯年日記)』에는 1927년 수해 상황이 상세히 기록되어 있다. 1927년 7월 11일에 큰비가 10여 일 내려 강물이 현재 마호마을에 속하

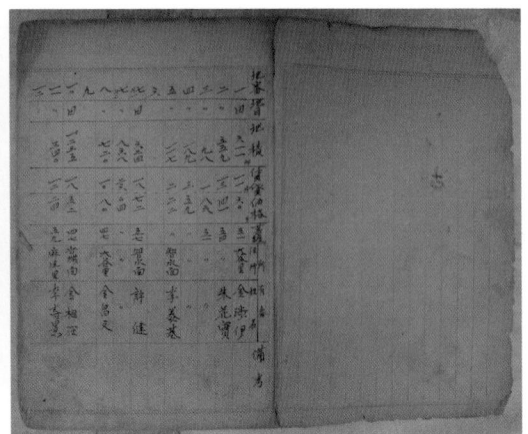

그림 8 『마호당』 내 1956년에 작성된 마진리 농지개혁 관련 자료. 출처: 마호당

는 관동(官洞: 갓골) 입구까지 불어났다. 7월 12일에도 하루 종일 폭우가 내려 동네 우물이 역류할 정도로 강물이 더욱 불어나는 상태였다. 다행히 7월 13일 낮이 되면서 물이 빠지기 시작했다. 그러나 마진리의 농작물은 이미 벼, 콩, 들깨 가릴 것 없이 피해를 많이 입었다고 했다. 그리고 큰 가뭄 뒤에 닥친 홍수 때문에 농민들에게서 즐거움을 전혀 찾아볼 수 없게 되었다고 서술되어 있다.[22]

『정묘년일기』에는 1927년에 일어난 홍수의 상황과 피해만 기록되어 있으나 남강댐 준공과 경지 정리 사업 이전 마진리 주민들의 기억 속에 수해는 '일상적'이라고 할 만큼 자주 있던 자연재해였다.

경지 정리 하기 전에 […] 비만 오면 물 다 먹거든. 그래 옛날에 말이 있어. 그래도 우리들은 조금 높은데 […] 어른 분들이 옛날에 저 건너 진성 저에 나가시면 [진성 쪽 사람이] 마진 물이 얼마나 담았냐[고 물어본다]. 마진 물 12번도 더 담았다. 너는 몇 번 담았냐? 저거는 한 번밖에 안 담았다는

22　『丁卯年日記』, 진주 마진 재령이씨 마호당 고문서, 치부기록류 181.

거야. 저거는 계속 물에 잠겨 있었고. 여는 비가 오면 물이 들어왔다가 빠졌다가 또 비 오면 또 들어오고 맨날 들어왔다가.[23]

이 구술은 수해가 마진리에서 "12번도 더 담았다."고 할 만큼 자주 있는 재해였고, 건너편의 진성면(晋城面)을 포함한 남강 연안 일대 모두가 수해를 일상적으로 겪고 있었음을 확인시켜 준다. 그리고 남강이 범람하면 마진리에 끼치는 피해도 컸다. 다음 구술은 현재 마진리 마진마을에 속하는 소도뫼 일대가 겪었던 수해 상황을 잘 보여준다.

이 앞에 차 있는 자리에 물이 저 정도 잠겨 있다고 보면 돼. 그래가 내가 어릴 때 보면 배가 요 와서 […] 이제 비가 오면 석축에 이 앞에 앉아 가지고 구경했거든 […] 우리집 하고 여기 옆집 몇 채만 조금 뒤쪽에 높이 있는 쪽만 남고 나머지는 물에 잠기 가지고.[24]

마진리에 수해가 나면 소도뫼 일대는 높은 지대에 있는 집 몇 채를 제외하면 많은 집이 물에 잠겼고 물이 빠지기 전까지는 배를 타고 다녀야 할 정도로 물이 많이 넘쳤다. 즉 남강의 범람은 그 연안 지역 전반의 문제였고 마진리에서도 수해를 자주 입었으며 마을 내에서도 배를 타고 움직여야 할 만큼 물이 마을 안으로 많이 들어왔다. 심지어 남강의 범람은 마진리 주변 자연환경도 바꿔 놓을 정도였다. 이영이 어른들로부터 전해 들은 바에 따르면, 1920년 경신년 대홍수 때 마진리 주변으로 남강의 지류가 새롭게 생겼다가 1936년 병자년 대홍수 때 그 지류가 다시 사라졌을 만큼 큰 수해를 겪었다.[25]

[23] 이일호, 2021년 12월 14일 구술.
[24] 이동일, 2022년 9월 13일 구술.
[25] 이영, 2022년 11월 3일 구술.

남강의 범람으로 인한 수해는 마진리 주민들의 일상에도 큰 영향을 주었다. 예를 들어, 현재 마진마을 마을회관 주변 조그만 비탈은 주민들에게 홍수 규모를 나타내는 척도로서 그곳까지 물이 들어왔다는 것은 남강이 크게 넘쳤음을 뜻했고 "마을 내에서도 배를 타고" 다녀야만 할 정도로 큰 홍수였음을 의미했다. 반면 이 비탈까지 오지 않으면 물이 조금 있다 빠진다고 여겼다(그림 9).[26] 또한 남강과 가깝고 평탄한 지역에는 집을 짓지 않았고 가능한 높은 곳에 집을 지으려 했으며,[27] 축대도 높게 쌓아 그 위에 집을 지었다(그림 10). 마을까지 물이 범람하는 것은 당연한 일이었기에 비가 많이 와 '큰물'이 들어온다고 예측되면 평탄지에 가까운 집은 짐을 싸서 미리 구릉지로 옮겨 놓는 "난리"를 쳐야만 했다.[28]

남강의 범람은 마진리 주민들 대부분이 생업으로 삼았던 농경과 농경의 토대가 되는 경작지 분류에도 영향을 끼쳤다. 1960년대까지 마진리 밭농사는 범람원 일대를 중심으로 이루어졌고 경작은 1년 2작 형태가 일반적이었다. 마진리의 밭에서는 전작(前作)으로 고구마, 땅콩, 들깨, 콩 등을 재배했고 후작(後作)으로 보리, 밀, 왜밀 등을 재배했다. 다만 어디에 있는

그림 9 소도뫼에서 수해 때 경계 삼던 비탈   그림 10 소도뫼에서 수해를 고려해 높이 쌓은 축대

26   이상호, 2022년 8월 4일 구술.
27   이일호, 2021년 12월 14일 구술.
28   이영, 2021년 12월 13일 구술.

그림 11 마진리 범람원의 웃들과 아랫들 구분

밭인지에 따라 재배가 가능한 작물이 달랐다. 왜냐하면 범람원 내에서도 밭의 위치에 따라 토양이 달랐기 때문이다.

　마진리에서는 범람원 일대의 밭은 3년 농사를 지어도 1년만 제대로 작물을 수확한다고 할 만큼 남강 범람에 따른 침수 피해가 잦았다.[29] 그만큼 수해가 잦은 범람원 일대도 토질과 수해 피해 정도를 구분했다. 범람원 일대는 크게 웃들과 아랫들로 구분했는데, 마진리 주민들은 웃들보다 아랫들을 작물 경작에 더 적합한 지역으로 여겼다. 왜냐하면 웃들은 새마을운동 당시 그 흙을 그대로 퍼와서 "브록크"를 만들었을 정도로 심한 사질토양이었기 때문이다.[30]

　〈그림 2〉의 표토 토양을 보더라도 웃들은 양질사토가 대부분이고 아랫들은 거의 사양토이기 때문에 웃들은 아랫들보다 보수성(保水性)이 약하다.

29　이영, 2021년 10월 13일 구술.
30　이영, 2022년 11월 3일 구술.

또한 웃들은 아랫들보다 물이 굽이쳐 들어오는 영역이어서 수해도 더 심했다. 그래서 웃들에서는 보리나 고구마 같은 작물을 재배하는 것이 적합하지 않았고 수해를 견뎌낼 수 있는 작물을 재배해야 했다. 따라서 마진리 주민들은 사질토양에서도 잘 자라고 수해에도 강한 땅콩을 웃들에 전작으로 심었고 왜밀을 후작으로 많이 재배했다. 다만 왜밀의 낟알은 밥을 지으면 찰기가 거의 없어 마진리에서는 왜밀을 보리보다 좋지 못한 곡물로 여겼다. 반면 아랫들에서는 고구마를 많이 재배했다.[31] 이처럼 마진리 범람원은 농경지로 이용되었다고는 하나 토양의 성질과 수해 발생 정도에 따라 아랫들과 웃들의 구체적인 이용 방식이 달랐다.

범람원 일대와 달리 구릉지 일대의 경작지는 주로 논으로 사용했다. 마진리의 논에서는 주로 전작으로는 벼, 후작으로는 보리와 밀을 재배하는 방식으로 이모작이 이루어졌다. 마진리뿐만 아니라 진주 일대에서도 논 이모작은 활발히 이루어졌다. 1930년 4월 진주군에서 편찬한 『군세일반(郡勢一班)』에 따르면 당시 진주군 전체 논[畓] 면적은 1만 767.4정보이고 그중 이모작을 하는 논 면적은 4,736.3정보로 44%를 차지한다. 이모작을 하는 논에서 주로 재배하는 작물은 보리[大麥]로 3,392.8정보이고 나머지는 밀[小麥]을 재배했다.[32] 1954년 진양군의 등록된 논 면적은 9,590.5정보이고 이 중 이모작을 하는 논이 4,189.4정보로 전체의 43.6%에 해당했다.[33] 마진리도 진주의 다른 지역과 마찬가지로 논에서 이모작을 했다.

1950~60년대 경지 정리 이전 마진리의 논은 저수지 같은 시설은 따로 없었기에 기본적으로 마진리의 논은 천수답이었다. 그러나 마진리의 구릉지에 있는 논은 "1년 내내 물이 안 떨어졌다."고 할 만큼 물 공급이 원활했다. 그래서 수확할 때가 되어도 논이 잘 마르지 않아 벗은 발로 들어가

---

31 이영 외 3인, 2022년 10월 7일 구술.
32 晉州郡, 『郡勢一班』, 晉州郡, 1930.
33 大韓民國農林部, 『檀紀4288年 版農林統計年報』, 大韓民國農林部, 1955, 44쪽.

벼를 베어서 나와야 했을 정도였다.³⁴ 그만큼 한반도 내 많은 지역에서 천수답의 가뭄 피해를 걱정한 것과 달리 마진리에서의 가뭄 걱정은 상대적으로 크지 않았다. 그리고 강에서 떨어져 있고 지대도 높았기에 침수 피해도 범람원 일대보다 크지 않았다.

이렇듯 마진리에서 논은 1970년대까지 곡물 중 가장 가치가 높은 곡물이자 환금성이 좋은 쌀을 재배하면서 보리와 밀 등의 다른 식량작물을 재배할 수 있는 경작지로 생산성이 높았다. 그리고 범람원에 비해서 수해를 입을 확률도 낮았다. 반면 범람원 일대의 밭은 논이 있는 구릉지 일대보다 넓지만, 토양 조건이 쌀을 재배하기 어려웠다. 그리고 범람원의 밭에서 재배하는 작물은 그 종류가 한정적이었고 가치도 낮았다. 게다가 일상적이라고 해도 좋을 정도로 수해 피해가 잦았다. 이같이 1960년대까지 마진리에서 좋은 땅은 구릉지 일대의 경작지였고 범람원 일대의 밭은 별로 좋지 않은 땅이라고 인식되었다. 다음의 구술은 경지 정리 이전 마진리 주민의 '상토(上土)' 인식을 잘 보여준다.

안골짜기 위로 있는 그게 상토고 밖으로[범람원 일대] 이쪽으로는 일년에 물이 자꾸 담아 싸으니까네 농사도 안 되고 토질이 그닥 좋지 않았지. 저 안골짜기는 그래도 일년 내 두르고 싸 봐야 물 한 번도 안 담고 […] 비가 자주고 하니께네 산골짝 거는 나락이 잘되고. […] 산골짝에 토지 가 있는 사람은 부자다. 이 사람은, 요 들에 있는 사람은 물에 담아 버리면 헛방해 버리고.³⁵

---

34 이영, 2021년 12월 13일 구술.
35 이일호, 2021년 12월 14일 구술.

이 구술에서는 구릉지에 있는 토지가 상토인 이유로 수해가 적다는 점을 들었다. 즉 마진리에서는 상대적으로 가뭄 피해보다는 수해가 일상적 재난이었기 때문에 홍수가 나도 피해가 거의 없는 구릉지 경작지를 상토로 인식했다. 그래서 구릉지에 토지를 가지고 있는 사람은 상토를 많이 가지고 있기에 부자가 되고, 범람원에서 농사를 짓는 사람은 "물에 담아 버리면 헛방"이 되기 쉬웠던 것이다.

심지어 범람원 일대의 밭은 농사를 지었을 때 잘못하면 이익을 얻기보다 손해를 더 크게 입을 수 있는 경작지였다.

> [범람원 일대에] 물이 담으면 전부 다 쓸고 가 버리니까 […] 머슴 아닙니까. 그게 내가 알기로 [새경을] 최고 많이 줄 때가 10섬. 이제 그리했는데 실제로 농비(農費)는 다 들여놓고 이제 물이 담아버리면 주인은 건질 게 아무것도 없어. […] 그래가지고 [주인이] 땅을 그냥 이거 해라 […] 소출이 전혀 안 나면 그냥 땅을 [머슴에게] 줘.[36]

마진리에서는 머슴을 고용할 경우, 1년마다 새경으로 벼 10섬을 지급하고 옷도 1년에 두 번 여름과 추석에 지급해야 했다. 여기에 각종 농비를 들여 농사를 지었는데 수해를 입어 1년 농사의 소출이 거의 없을 경우 밭 주인은 손해를 입을 수밖에 없었다. 그래서 새경 대신 범람원의 땅을 주는 경우까지 있었던 것이다. 그만큼 범람원 일대의 땅은 좋지 않은 토질, 재배 작물의 낮은 가치, 빈번한 수해로 인해 마진리 내에서 좋은 경작지로 여겨지지 않았다. 그러나 1960년대 치수의 기술이 변화하면서 마진리의 상토 역시 변화하게 된다.

---

[36] 이인섭, 2022년 8월 3일 구술.

4. 1972년 경지 정리 이후 마진리 농업과 상토가 된 범람원

　남강의 범람과 그에 따른 수해는 조선시대부터 기록이 있을 정도로 진주에서 오래되었으며 중요한 지역 문제였다. 김희주의 연구에 따르면, 식민지 시기 진주에서도 남강 범람에 따른 수해가 자주 발생했다. 특히 1936년 병자년 대홍수는 진주 인구의 절반이 이재민이 될 정도로 심각한 피해를 끼쳤다. 남강의 범람에 따른 수해가 잦고 컸던 만큼 치수 관련 기술과 시설에 관한 논의, 특히 방수로(放水路) 건설로 남강의 범람을 제어하려 했던 논의는 조선 영조 때부터 시작하여 1930년대까지 꾸준히 있었다. 그러나 실제 공사는 1937년에 들어서야 시작되었고 해방 전후 혼란기 속에서 1969년이 되어서야 남강댐이 완공되었다.[37]

　1969년 남강댐이 준공되면서 마진리에도 강 연안에 제방을 쌓고 범람원 일대 농경지를 정리하는 경지 정리 사업이 추진되었다. 1965년 한국 정부는 식량증산7개년계획을 수립했고 세부 정책 중 하나로 경지 정리 사업에 관한 기본 계획을 세우고 시행하고자 했다. 이러한 한국 정부의 농업 정책 방향 속에서 남강댐 준공 직후부터 마진리의 경지 정리 사업이 시작되었다.

　1969년 시작된 마진리 경지 정리 사업 추진위원장은 대곡면장을 지낼 정도로 지역 내 명망이 있던 재령이씨 사람이 맡았다. 그렇지만 실질적으로 경지 정리 사업을 주도한 사람은 마호당 종손 이영(李永)과 당시 마진리 이장이었다. 마진리 경지 정리 사업을 추진할 때 무엇보다 빨리 정리해야만 했던 것은 바로 범람원 일대의 구(舊) 지번으로, 이영에 따르면, "저거

---

[37] 김희주, 「일제하 진주지역의 수해와 남강치수사업」, 『지역과 역사』 47, 2020, 187-207쪽.

그림 12 1969년 상공에서 본 남강댐. 출처: 국가기록원(archivers.go.kr)

[경지 정리 대상인 범람원 일대의 경지]를 이제 몇 평인지 정확하게 평수를 내어야" 경지 정리 이후 사업에 참가했던 사람들에게 토지를 분배할 수 있기 때문이었다. 그 기초 작업을 위해 이영과 당시 마진리 이장은 한 달 동안 법원에 상주하면서 구 지번을 확인하고 정리하는 작업을 무료로 수행했다.[38] 그렇게 1972년 마진리 범람원의 99정보에 대한 경지 정리가 완성되었다.

경지 정리 사업은 마진리 주민의 생활세계를 변화시키는 중요한 전환점이었다. 우선 경지 정리 후 수해가 급격히 줄어들었다. 남강댐 준공으로 남강의 범람이 제어될 뿐 아니라 마진리에도 제방이 세워지면서 예전처럼 1년에 열두 번도 더 물이 담는다고 하는 상황은 사라졌다. 수해가 잦아

---

[38] 이영, 2021년 12월 13일 구술.

들자 이전에 집이 들어서기 어려웠던 평탄지 쪽으로도 집들이 들어서기 시작했다. 마진리와 외부 지역 간 교통도 변화했다. 1950년대까지만 하더라도 외부에서 마진리로 차량을 통해 들어오는 도로가 없었기에 정기적인 차편이 없었다.

 그러나 경지 정리 사업이 진행되면서 상황이 달라졌다. 1966년 1월 14일 『마산일보(馬山日報)』 기사에서는 마진리를 "오지(奧地)"로 표현했고 마진리를 지나는 산업도로 개설이 계획되었다는 내용도 확인할 수 있다. 그리고 이 기사에서는 산업도로가 "오지인 마진 부락의 문명 혜택과 식량 수송 등 중요한 역할"을 할 것이라 예측했다.[39] 그리고 이 기사의 예측대로 경지 정리를 위해 세운 제방과 그 제방을 따라 건설된 도로를 통해 버스와 자동차가 다닐 수 있는 지역이 되었다.

 무엇보다 경지 정리 사업을 통하여 가장 급격히 변화한 것은 마진리의 농업환경이었다. 물론 경지 정리 사업만으로 범람원 일대의 경작지가 이전과 다른 경작지가 되지는 않았다. 마진리에서 경지 정리 사업을 할 때 전체 99정보에 달하는 면적을 한 구획 "908평"에 맞췄다. 하지만 구획만 되어 있을 뿐 경작지로 사용하기에는 문제가 있었다. 우선 범람원 일대가 사질토양이라는 점이 문제였다. 1970년대까지 작물 가운데 안정적이면서 가치가 높았던 작물은 벼였다. 마진리 주민들은 범람원 일대 경작지를 대부분 논으로 만들어 사용하고자 했다. 하지만 사질토양, 특히 웃들은 "좋은 흙은 다 쓸려 가 버리고 백사장의 흰 모래만" 남아 있다고 할 정도의 사질토양이었기 때문에 논에 물을 담아 둘 수가 없었다. 그래서 한 구획에 "서른 차인가 사십 차인가" 트럭에 황토를 실어 와서 구획마다 흙을 쏟아 부어야만 했다. 경작지에 황토를 실어 와 넣는 것으로 끝이 아니었다. 황토를 넣는 것까지는 좋았지만 논으로 사용하기 위해서 중요한 것은 토지

---

[39] 「躍進一路의 犬谷面」, 『馬山日報』, 1966년 1월 14일.

의 수평이었다. 논에 물이 일정한 높이로 담겨야 모를 심어도 벼 재배가 가능했다. 그러나 "중장비도 없고 중장비 쓸 형편도 못 되는" 당시 마진리의 상황에서 토지 개량에 동원할 것은 사람의 힘밖에 없었다. 토지의 수평을 맞추기 위해 이영과 같이 일꾼을 다수 고용해 경지 정리를 한 논의 토지를 고르는 경우도 있었으나 대부분 개인 또는 가족이 골라야 했다.[40]

그렇게 경지 정리 사업이 종료되자마자 마진리에서 상토는 더 이상 구릉지에 형성된 농경지가 아니라 범람원 일대 경작지로 바뀌었다. 이러한 상토 인식의 변화는 토지 가격에도 바로 반영되었다. 경지 정리 이전만 하더라도 80원에 불과했던 범람원 일대의 땅값이 경지 정리 직후 150원으로 상승했다.[41]

경지 정리 이후 범람원 일대의 토지 가격이 급격히 상승한 배경에는 첫째, 범람원 일대의 경작지가 반듯하게 구획되었다는 점이 있다. 반듯하게 구획된 논은 불규칙한 논보다 정조식 모내기 방식을 적용하기 쉬웠다. 그리고 1970년대부터 한국 농촌에서도 경운기를 시작으로 농업 기계화가 실시되고 있었다. 마진리에서도 1960년대 후반부터 대동공업에서 생산한 경운기를 필두로 농작업에 농기계가 사용되기 시작했고 이 때문에 농기계의 진입과 조작이 편한 경작지가 선호되었다.

둘째, 홍수 피해 감소를 들 수 있다. 앞서 살펴보았듯 마진리 범람원 일대는 수해를 가장 크게 입었고 홍수 피해가 일상적인 만큼 재배 가능한 작물도 제한되었다. 그러나 경지 정리 사업을 통하여 홍수 피해는 마진리 범람원 일대에도 일상적 재난이 아니게 되었다.

셋째, 범람원 일대의 경작지가 수리 안전답이 되었기 때문이다. 〈그림 13〉에서 보듯 구릉지 일대는 수리시설이 없는 수리 불안전답이었다. 앞서

---

40 이영, 2021년 12월 13일 구술.
41 이영, 2022년 10월 13일 구술.

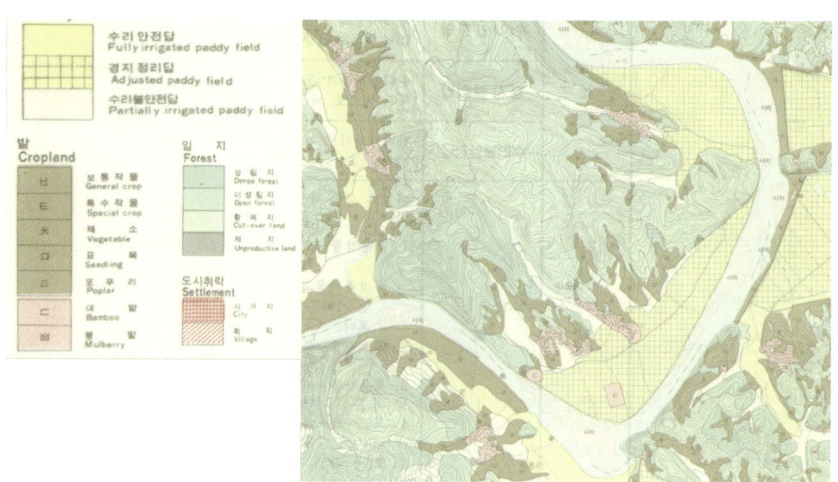

그림 13 1973년 마진리 일대 토지 이용 현황. 출처: 국토지리정보원(ngii.go.kr)

살펴본 바와 같이 마진리의 농업환경에서 생산량에 가장 큰 영향을 끼친 것은 가뭄이 아니라 수해였다. 그래서 농업용수로 쓸 물이 풍족한 것보다 수해를 입지 않는 위치에 경작하는 것이 더 중요했다. 그러나 경지 정리가 되면서 수해의 위험이 현격히 줄어들었고 경지 정리 사업 당시 전기 모터를 이용한 양수 시설이 만들어지면서 논의 생산성을 더 높여 줄 수 있는 안정적인 농업용수 공급이 가능해졌다. 결국 이러한 변화에 따라 경지 정리 이후 마진리에서 상토는 더 이상 구릉지의 논이 아니라 이전까지만 하더라도 가장 좋지 않은 경작지로 여겨졌던 범람원의 경작지가 된 것이다.

5. 맺음말

    종합하자면 19세기 외부와 분쟁 과정에서 동림이 벌목되면서 마진리에서 오랫동안 치수 기술로 존재하던 동림은 대부분 밭으로 개간되었다. 하지만 동림의 축소는 곧 남강의 범람으로 인한 수해의 일상화를 가져왔다. 그리고 수해의 일상화는 마진리 주민들의 생활세계에도 큰 영향을 주었다. 마진리 주민들은 평탄지에 집을 짓지 않고 지형을 이용해 강의 범람 정도를 확인하는 등 수해로 인한 피해를 최소화하기 위해 노력했다. 이 과정에서 경작지의 상토와 하토 구분이 명확해졌다. 가치가 높은 쌀을 생산하고 보리와 이모작도 가능하며 무엇보다도 수해가 덜한 구릉지의 논이 상토로 여겨졌고 구릉지 일대에 경작지를 많이 가지고 있으면 부자로 여겨졌다. 반면 범람원 일대의 경작지는 3년 지어 1번 제대로 소출을 거둔다고 할 만큼 수해의 피해가 잦았고 사질토양이었기 때문에 논으로 이용할 수도 없었다. 그만큼 범람원 일대 경작지, 특히 범람원 가운데서도 사질토양이 많이 포함된 웃들은 마진리에서 대표적인 하토였다.

    그러나 1969년 오랜 기간 공사가 진행되던 남강댐이 준공되고 1972년 마진리 범람원 일대의 경지 정리가 완수되면서 크게 변화하기 시작했다. 우선 수해가 일상적인 재난이 되지 않았고 그만큼 범람원 일대 경작지도 수해에서 어느 정도 벗어났다. 그리고 경지 정리 사업으로 인해 범람원 일대가 수리 안전답으로 탈바꿈하면서 마진리 주민에게 상토란 새롭게 경지 정리를 한 범람원 일대 지역으로 바뀌게 되었다.

    2022년 현재 마진리의 상토는 여전히 범람원이다. 그러나 더 이상 마진리 범람원 일대 경작지는 논으로 사용되지 않는다. 비닐하우스도 여러 동이 있지만 무엇보다 마진리의 특산품으로 유명한 것은 마와 우엉이다.

2000년대 이후 외지인이 처음 재배하기 시작한 마와 우엉은 범람원 일대 경작지에 적합한 작물이었다. 마와 우엉은 사질토양에 특화된 작물이기 때문이다. 그렇게 2000년대 이후 마와 우엉 재배가 큰 수익을 내면서 범람원 일대의 땅은 더욱 가치가 높아졌다. 그리고 웃들과 아랫들에 대한 인식도 변화했다. 왜냐하면 사질토양의 성격이 더욱 강한 웃들이 마와 우엉 재배에 더욱 좋았기 때문에 범람원에서 웃들이 더욱 좋은 땅으로 여겨지기 시작한 것이었다. 마진리에서 상토와 하토의 구분은 마을 주민과 남강의 관계에 따라 계속 달라질 것이다.

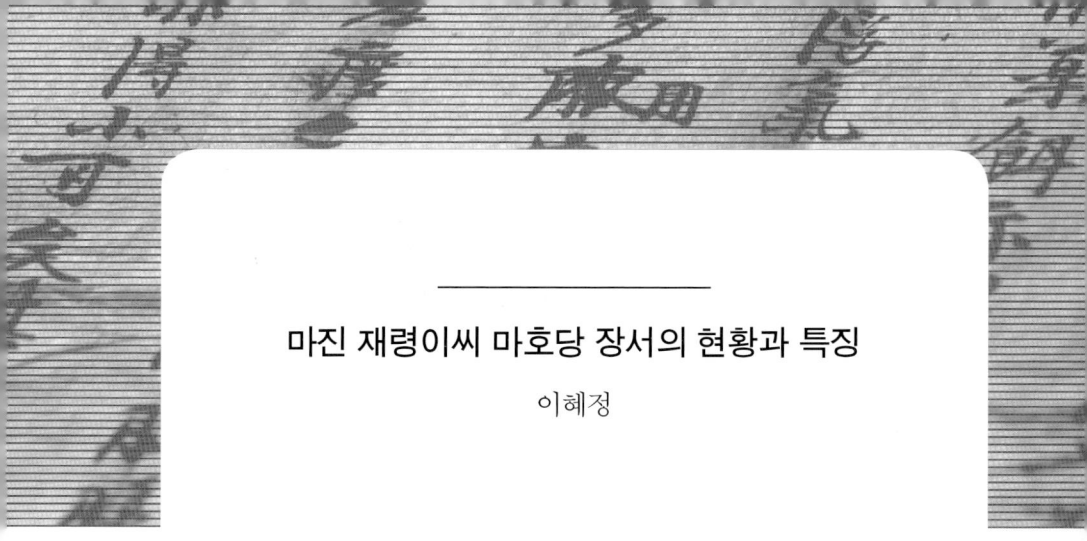

마진 재령이씨 마호당 장서의 현황과 특징

이혜정

1. 머리말

　진주시 대곡면 마진리에 위치한 재령이씨가의 고택 마호당은 18세기 초 이덕관(李德寬)이 신축한 곳으로 1985년 1월 23일에 경상남도 문화재자료 제106호에 지정되어 현재까지 이어져 내려오고 있다.[1] 마진 재령이씨가는 이중인(李重絪)을 거쳐 이보(李葆), 이덕관 대에 재산을 크게 축적했고, 이덕관의 셋째 아들인 이한익(李漢翼)은 무과에 급제하여 중앙 관료로 진출했다.[2]

---

* 이 글은 필자의 「마진 재령이씨 마호당 소장 고서의 현황과 특징」, 『장서각』 50, 2023을 수정·보완한 것이다.
1 문화재청 국가문화유산포털, '진주 마진리 이씨고가'.
2 심재우, 「조선후기 진주 대곡 마진마을의 역사와 동림(洞林) 갈등」, 『한국문화』 100, 2022, 138쪽.

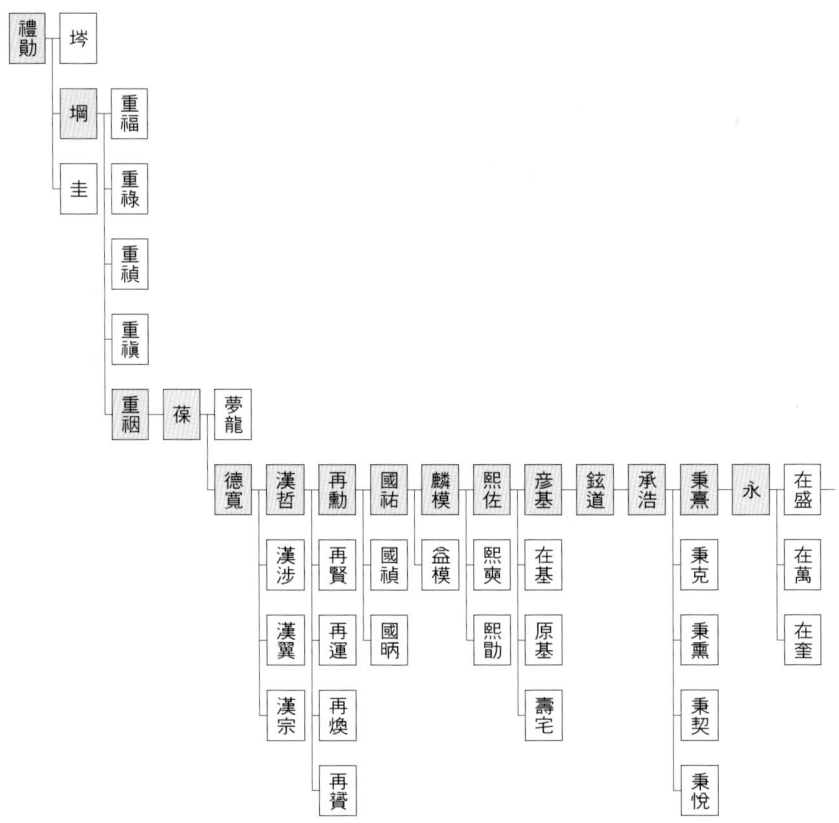

그림 1 마진 재령이씨 마호당 가계도[4]

    이 집안에는 1만 점이 넘는 다양한 고문헌 자료가 소장되어 있어 가문 및 지역의 역사를 살펴볼 수 있다.[3] 이 집안의 자료는 '경남 서부지역 고문헌 자료 조사·정리'라는 제목으로 한국학술진흥재단에서 3개년 연구 사업을 지원하여 수행한 결과물로서 2008년에 출간되었고 자료 현황에 대한 소개가 이루어졌다.[5] 2016년에는 한국학중앙연구원 장서각에서 고문

[3] 소장된 자료 중 17~19세기 성책류 43책, 호구 관련 문서 129건, 분재기 20건, 교지 등 3건, 총 195건은 2012년 7월 26일 경상남도 유형문화재 제522호 '진주 마호당 고문서 일괄'로 지정되었다.

[4] 재령이씨대동보편찬회, 『載寧李氏族譜』, 2000.

서 10,973건, 고서 967건, 유물 16건 등 총 11,956건의 자료를 수집하고, 기본적인 서지사항을 정리했다. 그 정보를 바탕으로 2022년 10월 7일에 경상국립대학교 남명학연구소와 공동으로 학술대회를 개최했으며, 2022년 11월 11일에 한국학중앙연구원 장서각에서 학술대회를 한 차례 더 개최하여 마호당과 관련된 연구가 다방면에서 진행되기 시작했다.

 이 글에서는 수집 자료 중 고서 560종 962책을 대상으로 자료를 정리하고,[6] 주제, 판본, 출판 지역 등에 관한 자료의 전체적인 현황을 파악하고자 한다. 마호당에서는 17세기 이래 축적된 재산을 바탕으로 다양한 서적을 구비할 수 있었던 것으로 보인다. 이 글에서는 우선 마호당 장서의 전체적인 현황과 특징을 살펴볼 것이며, 소장된 서적의 작성 지역을 통해 진주 지역을 중심으로 한 경남의 출판 문화를 확인할 것이다. 아울러 소장된 자료에 날인된 장서인이나 필사기, 장서기 등을 통해 서적을 수집한 주체가 누구인지 파악하고자 한다.

2. 마호당 장서의 주제별 분류

 마진 재령이씨 마호당에는 다양한 분야의 서적이 소장되어 있다. 소장된 고서는 총 962책으로 사부 분류 방식으로 자료를 분류해 보면 경부는 53종 126책, 사부는 65종 165책, 자부는 116종 155책, 집부는 326종 516책으로 절반 이상이 집부에 해당한다.

---

[5] 경상대학교 경남문화연구원 편, 『경남 서부지역의 고문헌 Ⅲ: 함양·함안·통영·거제 지역을 중심으로』, 가람출판사, 2008.

[6] 반납되어 확인하지 못한 4종 5책을 제외했다.

표 1 마진 재령이씨 마호당 장서의 주제별 현황

경부			사부			자부			집부		
소분류	종	책	소분류	종	책	소분류	종	책	소분류	종	책
역류	1	8	정사류	1	10	유가류	14	24	초사류	1	1
서류	4	21	편년류	2	9	농가류	1	1	총집류	204	216
시류	6	24	별사류	6	20	의가류	5	25	별집류	115	292
예류	8	20	잡사류	4	7	천문산법류	89	89	척독류	4	5
효경류	1	1	사평류	1	1	술수류	1	3	사곡류	1	1
사서류	11	28	전기류	26	30	예술류	4	4	소설류	1	1
소학류	22	24	계보류	7	19	유서류	2	9			
			조령주의류	2	2						
			정서류	4	4						
			지리류	8	45						
			서지류	1	1						
			초사류	3	17						
합계	53	126	합계	65	165	합계	116	155	합계	326	516
총합 560종 962책											

1) 경부

경부 서적은 사서삼경류에 해당하는 서적과 예학, 자서류(字書類)와 몽학류(蒙學類) 서적으로 세분화할 수 있다. 사서삼경류 서적에는 『주역전의대전(周易傳義大全)』·『서전대전(書傳大全)』·『서전언해(書傳諺解)』·『시전대전(詩傳大全)』·『시경언해(詩經諺解)』·『논어집주대전(論語集註大全)』·『맹자집주대전(孟子集註大全)』·『대학장구대전(大學章句大全)』·『중용장구대전(中庸章句大全)』 등이 있다. 대체로 19세기에 간행된 목판본으로 확인된다. 다만 춘추류 서적은 확인되지 않는다.

사서삼경류 서적에는 대문만 필사해 놓은 『시전(詩傳)』 등도 있으며 책의 서미에는 책을 음독하기 위한 현토(懸吐) 및 구문을 이해하기 위한 주석 등이 필사되어 있어 당시 마호당에서 경전을 읽은 방식 등을 확인할 수 있다.

사서삼경류 서적 중 『주역전의대전』·『서전대전』·『시전대전』의 앞표지 이면에는 계원(稧員) 7명의 명단이 필사되어 있다. 계원 7명은 이희휘(李熙輝)·이영기(李營基)·이승기(李丞基)·이지도(李志道)·이효기(李孝基)·이창기(李昌基)·이현도(李鉉道)로, 해당 책은 이현도가 과거 공부를 위해 사용했던 책으로 추정할 수 있다. 마호당 소장 서적에는 경부의 사서삼경류 서적 외에도 과거 시험을 준비하기 위한 서적이 상당수 확인되며 과거 시험을 대비하기 위한 과계(科契) 관련 장부들도 여러 건 확인된다. 다만 사서삼경류의 앞표지 이면에 기록된 이 7명의 이름이 쓰여 있는 과계 관련 장부는 확인되지 않아 7명의 계원이 이 책으로 과거 공부를 했던 시점을 정확하게 파악할 수 없다. 다만, 사서삼경류 서적이 19세기에 간행되었고, 1894년(고종 31)을 끝으로 과거 시험이 폐지되었으며, 이현도(1863~1918)의 생몰년을 기준으로 추정해 보면 7인의 과계 활동 시점은 1880~90년대로 추정할 수 있다.

예류 서적으로는 김장생(金長生)의 『의례문해(疑禮問解)』, 신의경(申義慶)의 『상례비요(喪禮備要)』, 이재(李縡)의 『사례편람(四禮便覽)』, 허목(許穆)의 『경례유찬(經禮類纂)』, 허전(許傳)의 『사의절요(士儀節要)』, 이유원(李猷遠)의 『안릉세전(安陵世典)』 등이 있다.

『의례문해』는 김장생이 통례, 관례, 혼례, 상례, 제례 등 예에 관한 문답을 기록한 책으로 1646년(인조 24)에 목판본으로 간행되었다.[7] 『상례비요』는 신의경이 저작하고 김장생이 수정한 것으로 조선의 예설(禮說)이 많이 인용된 17세기 이래 사회 전반에 영향을 많이 준 예학서이고, 『사례편람』은 『상례비요』를 기준으로 송시열의 예론을 첨가한 것이다.[8]

---

[7] 김순희, 「沙溪 金長生 학파의 禮書 연구: 김장생의 『疑禮問解』·김집의 『疑禮問解續』·강석기의 『疑禮問解』를 중심으로」, 『서지학연구』 77, 2019, 176-177쪽, 181-182쪽.

[8] 이승연, 「조선조 예학사에 있어서 『사례편람』의 위치」, 『동양예학』 3, 1999, 89-93, 95쪽; 김윤정, 「조선후기 사례의 전형: 『사례편람』을 중심으로」, 『민족문화연구』 86, 2020.

『안릉세전』은 이유원이 재령이씨 문중의 문집에서 예설과 관련된 부분만을 뽑아 엮은 책으로, 목판본으로 1질, 필사본으로 1질 소장하고 있다. 그중 필사본의 표지 이면에는 이승호의 할아버지가 친히 쓴 수본(手本)이라는 내용으로 이승호가 1931년에 전말을 기록해 두었으며, 권말에는 "을사정월일시초(乙巳正月日始抄)"라고 필사한 시기가 기록되어 있어 1845년(헌종 11)에 이희좌가 친히 필사한 것으로 짐작할 수 있다.

소학류 서적으로는 『어정규장전운(御定奎章全韻)』・『전운옥편(全韻玉篇)』・『초결백운가(草訣百韻歌)』・『추구(推句)』 등 19세기에 간행된 자서류를 확인할 수 있다.

2) 사부

사부류 서적에는 크게 중국 역사서와 우리나라의 역사서로 나눌 수 있다. 중국 역사서에는 『한서(漢書)』・『통감오십편상절요해(通鑑五十篇詳節要解)』・『사략토해(史略吐解)』・『사요취선(史要聚選)』・『역대사략(歷代史略)』・『역대회령(歷代會靈)』・『지씨홍사(池氏鴻史)』・『사기(史記)』 등이 있으며, 우리나라 역사서로는 『목재가숙동국통감제강(木齋家塾東國通鑑提綱)』・『동국기년(東國紀年)』・『용사일기(龍蛇日記)』・『해동야사(海東野史)』 등을 살펴볼 수 있다.

『통감오십편상절요해』는 『소미가숙점교부음통감절요(少微家塾點校附音通鑑節要)』에서 그 사실의 전고를 밝히고 글자의 의미를 풀어서 50권으로 간행한 주석서로, 19세기 전반에 간행되어 역사적 사건이나 인물에 대하여 배울 수 있는 한문 초학서라고 할 수 있다.

『역대회령』은 중국 왕조별 중요 인물의 업적 등에 대해 정리한 책으로 역사 학습에 활용되었던 자료라고 할 수 있다. 이러한 체제를 모방하여 편찬한 『사요취선』도 함께 확인된다. 『사요취선』도 명대까지의 중요한 사건들을 여러 역사서에서 발췌하여 엮은 것으로 역사적 인물들의 중요 사건들을 쉽게 확인할 수 있다는 장점이 있다.

『지씨홍사』는 중국 고대부터 명대까지의 역대 제왕 및 인물들에 대한 내용을 61종의 고전 자료를 참고하여 주요 사건을 중심으로 정리한 인물 중심의 역사서이다.

『목재가숙동국통감제강』은 단군조선에서 통일신라 시대까지의 역사를 편년체로 작성한 우리나라의 역사서로, 홍여하가 편찬한 지 100여 년이 지난 1786년(정조 10)에 안정복(安鼎福)의 서문을 받아서 간행된 책이다.

이 서적들은 많은 가문에서 기본적으로 소장하고 있던 역사서로, 특히 과거 시험을 준비하기 위한 학습서로 활용되었다. 과시(科詩), 과부(科賦) 등의 시험에서는 어떤 사건을 특정 인물의 입장에서 작성하는데, 그 시험을 위한 참고 자료로 사용되기 적합한 참고서였다.[9]

그 외 사부 서적으로는 계보류·전기류·지리류 서적을 찾아볼 수 있다. 계보류 서적은 5종의 재령이씨의 가계 족보를 중심으로 소장되어 있으며, 『외가세계(外家世系)』·『연안차씨세보(延安車氏世譜)』·『동한성보(東韓姓譜)』 등의 서적도 함께 확인할 수 있다. 『외가세계』는 마호당 가문의 외가 쪽 가계를 간단하게 그리고 있는 자료이다. 이예훈(李禮勛)의 처가인 진양강씨(晉陽姜氏), 이강의 처가인 전의이씨(全義李氏), 이중인의 처가인 울산김씨(蔚山金氏), 이보의 처가인 영산신씨(靈山辛氏), 이덕관의 처가인 진양하씨(晉陽河氏)·야로송씨(冶爐宋氏), 이한철의 첫 번째 처가 안동김씨(安東金氏), 두 번째 처가 성산여씨(星山呂氏), 세 번째 처가 평산신씨(平山申氏), 네 번째 처가 성산여씨, 이재훈의 처가인 광주이씨(廣州李氏), 이재훈의 장인 이동구(李東耉)의 처가인 청송심씨(靑松沈氏), 청송심씨의 어머니 쪽 가계인 풍천노씨(豊川盧氏), 이국우의 처가인 부림홍씨(缶林洪氏), 이우모(이인모의 초명)의 처가 풍산류씨(豊山柳氏), 이익모(李益模)의 처가 의성김씨(義城金氏), 이희좌의 처가

---

[9] 이상욱, 「방각본 『사요취선(史要聚選)』 내용 연구」, 『어문연구』 51-2, 2023, 373쪽.

광주이씨(光州李氏), 이희석(李熙奭)의 처가 벽진이씨(碧珍李氏) 및 재령이씨 가문에서 시집 간 누이들의 시가 족보도 함께 필사되어 있다. 이는 이예훈 대 이래로 재령이씨 가문의 처가 및 시가 족보를 모아 놓은 것으로 역대 외가 정보를 파악할 수 있는 자료이다. 마지막이 안동권씨 가문의 세계도이며, 책의 마지막 부분에는 이보·이덕관·이한철·이재훈·이국우·이우모·이희좌·이언기·이현도·이태호(이승호의 초명)의 팔고조도가 필사되어 있어 18~19세기 이국우·이인모·이희좌 대에서 세계도를 정리하고, 그 후대에는 팔고조도를 중심으로 그렸을 것으로 짐작할 수 있다.

『연안차씨세보』는 재령이씨와 연안차씨의 통혼관계를 위하여 족보를 구비한 것으로 보이지는 않으나 1760년(영조 36)에 하양여사(河陽廬舍)에서 목활자본으로 중간한 『차원부설원기(車原頫雪冤記)』[10]도 함께 소장하고 있어 차씨와 류씨의 정체성 문제, 차원부(車原頫)와 정도전(鄭道傳), 하륜(河崙) 등의 갈등 과정을 함께 파악하기 위한 서적으로 짐작할 수 있다.

지리류로는 『진양지(晉陽誌)』·『진양속지(晉陽續誌)』 등 경상도 지역의 지리지를 중심으로 소장되어 있다. 1940년에 간행된 경상도 읍지 『교남지(嶠南誌)』도 76권 15책 전체가 소장되어 있고, 1922년에 출간된 진주의 읍지인 『진양지』와 1932년 『진양속지』, 『진양속지』와 함께 다시 중간했던 『진양지』 모두 소장되어 있다. 『진양지』는 17세기에 성여신(成汝信)·하증(河憕)·박민(朴敏)·조겸(趙㻩)·정승훈(鄭承勳)·하협(河悏) 등이 편찬했으나 당시에 간행되지는 못했다. 이는 여러 집필진들의 공동 집필 작품이었으며 처음 편찬된 이후 필사되어 오는 과정에서 내용이 변환되는 부분이 있어 간행 과정에서 내용의 전체적인 조정이 필요했기 때문에 20세기 초에 저자 중 한 명이었던 하증의 후손 진양하씨 하우식(河祐植)이 맡아서 간행하게 되었다. 『진양지』는 1922년에 4권 3책으로 간행되었으나 17세기까지

---

10 박은정, 「〈車原頫雪冤記〉 異本의 流通과 그 背景」, 『한국사론』 56, 2010, 221-226쪽.

의 내용만이 기록되어 있어 이후의 내용을 반영할 필요가 있다는 의견이 제시되었다.

1927년에는 정광현(鄭光鉉)이 진주의 시초부터 당대까지의 역사를 새롭게 편찬한 『진양지속수(晋陽誌續修)』가 3권 3책으로 간행되었다. 기존에 『진양지』를 간행했던 주체 측은 『진양지속수』의 출판을 반대했으나 출판 허가가 취소되지 않자 새롭게 1932년에 『진양속지』를 간행하게 되었다.[11] 마호당에도 진주 지역 지리지로 『진양지』와 『진양속지』만 소장되어 있을 뿐 『진양지속수』는 보이지 않아 『진양지』 간행 과정 속 갈등의 일면을 살펴볼 수 있다.

전기류에는 대체로 19~20세기에 간행되었던 자료들이 많으며, 『쌍절록(雙節錄)』 등 20여 종의 서적이 포함되어 있다. 『쌍절록』·『우곡정선생실기(隅谷鄭先生實記)』와 같이 고려가 망하고 조선이 건국되었을 당시 관직을 버리고 은거 생활을 했던 인물들의 전기류 서적도 확인할 수 있으며 효행과 관련된 『감효록(感孝錄)』·『종용록(從容錄)』·『진주하씨열행록(晋州河氏烈行錄)』·『정부인안동장씨실기(貞夫人安東張氏實紀)』도 확인된다. 재령이씨 가문의 실기로는 15세기 때 인물인 이맹현(李孟賢)의 『근재선생실기(謹齋先生實紀)』와 이중현(李仲賢)의 『율간선생실기(栗澗先生實紀)』, 이오(李午)의 『모은선생실기(茅隱先生實記)』 등 모두 함안군에서 20세기 초에 간행된 것이 소장되어 있으며, 진양하씨 가문의 실기도 1927년에 간행된 하경복(河敬復)의 『양정공실기(襄靖公實紀)』·『창주선생유사(滄洲先生遺事)』 등을 확인할 수 있다. 1900년에 간행된 유종지(柳宗智)의 『조계선생실기(潮溪先生實紀)』, 정온(鄭蘊)의 『문간공동계선생연보(文簡公桐溪先生年譜)』, 허목(許穆)의 『미수허선생연보(眉叟許先生年譜)』 등의 연보나 실기 자료도 확인된다.

---

11 오이환, 「『晉陽誌』의 출판」, 『동방학지』 155, 2011, 85-88쪽.

3) 자부

자부에 가장 많이 소장되어 있는 책은 천문산법류 서적에 해당하는 시헌서(時憲書) 등의 조선시대 달력이다. 총 88종의 시헌서 등이 마호당에 소장되어 있다. 가장 이른 서적으로는 1777년(정조 1) 시헌서를 들 수 있으며, 1955년 역서까지 확인되었다. 목판본으로 인쇄된 시헌서 각 장의 뒷면에는 일기, 시 등 집안의 각종 기록이 필사되어 있어 당시 생활을 파악하는 데 유용하다.

유가류 서적에는 『이륜행실도(二倫行實圖)』·『삼강행실도(三綱行實圖)』·『소학집설(小學集說)』·『원본소학집주(原本小學集註)』 등 소학과 관련된 4종의 서적, 『주서백선(朱書百選)』·『주서강록간보(朱書講錄刊補)』·『표제구해공자가어(標題句解孔子家語)』·『심경부주(心經附註)』 등의 서적이 포함되어 있다.

유서류 서적으로는 『시학함영(詩學含英)』과 『경사집설(經史集說)』을 살펴볼 수 있다. 『시학함영』은 한시를 작성할 때 참고할 수 있는 서적이며 『경사집설』 또한 경서와 사서에서 중요한 어구를 모아서 분류별로 엮은 것으로 시를 지을 때 활용할 수 있는 참고서라고 할 수 있다.

의가류로는 『동의보감(東醫寶鑑)』·『중정방약합편(重訂方藥合編)』·『경악전서(景岳全書)』·『시두경험(時痘經驗)』·『홍역경험(紅疫經驗)』이 확인되며, 술수류 서적으로는 『건곤법규(乾坤法竅)』 외에는 확인되는 책이 없다.

4) 집부

총집류 서적에서는 과거 시험을 위해 작성했던 과시문류 서적 163점이 소장되어 있다. 이는 전체 560종의 서적 중 29.1%에 달하는 양으로 마호당 소장 서적 중 가장 많은 비중을 차지한다. 이 자료들은 19세기 중반에 작성된 것으로 보이며 사서삼경류 서적, 역사서 등 과거 시험을 준비하기 위해 소장하고 있는 다른 서적과도 궤를 같이하는 것으로 볼 수 있다.

과문에는 과시(科詩), 과부(科賦), 표(表), 책(策), 의(疑), 의(義) 6가지 문체가 있으며, 과거 시험을 준비하기 위하여 집안마다 각각의 문체를 익히기 위한 서적을 준비하는 경우가 많다. 30여 권의 서적에 "계축삼월기망(癸丑三月旣望)" 등과 같이 과문을 작성한 시기가 기록되어 있으며 대체로 1830~80년대에 작성된 것으로 추정된다. 마호당에서 과시는 8종, 과부는 『부야(賦也)』 등 95종, 표는 1종, 책은 『책문(策文)』 등 4종, 오경의(五經義)는 『습사(習射)』 등 35종의 서적이 확인되고 있어 주로 과부와 오경을 중심으로 학습했던 것을 알 수 있다. 사서의(四書疑)는 확인되지 않으며, 오경의 역시 춘추를 제외한 시, 서, 역, 예 4경에 대한 사경의(四經義) 관련 내용만 볼 수 있다. 춘추의(春秋義)는 정조 대에 과거 시험 출제에서 제외되었는데,[12] 마호당에는 춘추의 관련 서적이 확인되지 않아 19세기 이후 주로 과거 시험용 서적이 구입되었을 것으로 보인다.

과문을 공부하기 위해 답안을 필사한 서적, 예상 답안을 정리한 글뿐만 아니라 『부목록(賦目錄)』・『의목(義目)』과 같이 문제만 정리하여 한 권의 책으로 필사해 둔 문제 초집도 함께 소장되어 있어 어떤 문제로 당시 과거 시험을 준비했는지 한 눈에 살펴볼 수 있다.

별집류 서적은 115종으로, 주로 조식(曺植)의 문인을 중심으로 간행된 문집이 소장되어 있다. 조식의 『남명선생집(南冥先生集)』을 중심으로 1906년에 간행되었던 조식의 외손녀사위 김우옹(金宇顒)의 『동강선생문집(東岡先生文集)』과 곽재우(郭再祐)의 『망우선생문집(忘憂先生文集)』을 찾아볼 수 있다. 『남명선생집』은 1609년에 중간한 병오판으로 보이며 『망우선생문집』도 1620년대에 간행된 초간본으로 확인된다.

---

12 『大典會通』, 「禮典」, 諸科; 심경호, 「조선의 과거와 참고서, 그리고 운서」, 『열상고전연구』 46, 2015, 332쪽; 윤선영, 「정조대 사서의 소제 소고」, 『태동고전연구』 37, 2016, 37쪽.

『남명선생집』을 비롯한 남명학파에 속하는 인물들의 문집도 다수 확인되었는데, 1939년에 간행되었던 하수일(河受一)의 『송정선생문집(松亭先生文集)』, 1912년에 간행된 하홍도(河弘度)의 『겸재선생문집(謙齋先生文集)』, 1913년에 간행된 하수일의 고손자인 하세응(河世應)의 『지명당선생문집(知命堂先生文集)』, 김대명(金大鳴)의 증손자인 김명겸(金命兼)의 『삼함재선생문집(三緘齋先生文集)』(1954년 간행), 1927년에 간행되었던 김면운(金冕運)의 『오연선생문집(梧淵先生文集)』과 김면운의 형 김휘운(金輝運)의 『아호유고(鵝湖遺稾)』(1927년 간행), 김진호(金鎭祜)의 『물천선생문집(勿川先生文集)』 등 주로 20세기 초에 진주 지역에서 간행된 진주 출신 인물들의 문집을 많이 볼 수 있다.

또한 하륜의 『호정하선생문집(浩亭河先生文集)』을 시작으로 하홍도의 『겸재선생문집』, 하진(河溍)의 『태계선생문집(台溪先生文集)』 등 진양하씨와 관련된 인물의 문집도 많이 찾아볼 수 있다. 『태계선생문집』은 2질의 목판본이 소장되어 있다. 1질은 본집 3권 2책, 속집 2권 1책, 연보 1책, 총 4책으로 이루어져 있다. 원집 3권 2책의 권말에는 "갑인납월일응석영당속간(甲寅臘月日凝石影堂續刊)"이라는 간기를 통해 1683년(숙종 9)에 간행된 초간본을 1734년(영조 10) 진주 응석영당(凝石影堂)에서 중간한 것이며, 속집과 연보는 1824년(순조 24) 진주 청운암(靑雲庵)에서 간행한 중간본에 해당한다. 다른 1질은 본집 6권 3책, 부록 2권 1책, 총 4책으로 이루어져 있는데, 1894년(고종 31) 동학란으로 인하여 1900년 산청 여사촌종약소(餘沙村宗約所)에서 새롭게 간행한 4간본으로 보인다.[13]

---

[13] 전병철, 「河溍의 정치적 활동과 『台溪集』의 간행 양상」, 『남명학연구』 71, 2021, 235-239쪽.

3. 마호당 장서의 판본 현황과 지역 간행 서적

1) 판본 현황

마호당에 소장된 서적의 41.4%에 가까운 자료는 필사본으로 구성되어 있으며 그중 대부분이 집부 서적에 몰려 있다. 집부 서적 중 과체시에 해당하는 163종의 서적이 모두 필사본이다.

표2 마호당 소장 판본별 종수

	경부	사부	자부	집부	합계
필사본	7	12	8	205	232
목판본	27	29	62	51	169
목활자본	-	17	2	50	69
신연활자본	-	3	11	9	23
석인본	1	3	32	6	42
기타	18	1	1	5	25
합계	53	65	116	326	560

필사본 외에 목판본으로 간행된 책이 많다. 문집이나 전기류 서적과 같은 경우는 진주 지역에서 간행되거나 진주와 인접한 도시에서 간행되었던 서적을 중심으로 소장하고 있다. 이는 당시 마호당에서 교우관계를 맺고 있던 집단의 간행물을 중심으로 소장하고 있는 것으로 해석할 수 있다.

마호당에 소장된 서적 중에서 시기를 확인할 수 있는 대부분의 서적은 19~20세기에 간행된 것으로, 필사본, 목판본, 목활자본으로 분류할 수 있다. 소장된 서적의 16% 정도의 서적만이 신식 인쇄 기술이라고 할 수 있는 신연활자본, 석인본, 인쇄본 등 기타로 분류된다. 이것은 19~20세기에 들어서도 여전히 목판이나 목활자를 중심으로 간행되었을 가능성을 보여준다.

마호당은 타 지역에서 간행된 서적보다는 경상도, 특히 진주와 그 근방에서 간행된 서적을 중심으로 소장하고 있는 것이 특징이다. 기타로 분류한 17종의 서적은 20세기 초 이병계(李秉契)와 이병열(李炳烈)이 사용했던 중등학교 교과서 등으로 당시 신식 인쇄 방식으로 인쇄한 양장본에 해당한다.

2) 지역 간행본

(1) 진주

마호당에서 소장하고 있는 서적 중 일부 자료는 진주 지역에서 간행된 것으로 서원이나 사당 등에서 간행되었다. 우선 1910년까지 진주에 존속한 서원은 모두 13곳으로 경림서원(慶林書院) · 광제서원(廣齊書院) · 대각서원(大覺書院) · 도동서원(道東書院) · 신당서원(新塘書院) · 용강서원(龍崗書院) · 운강서원(雲崗書院) · 인계서원(仁溪書院) · 임천서원(臨川書院) · 정강서원(鼎崗書院) · 종천서원(宗川書院) · 청계서원(淸溪書院) · 평천서원(平川書院)이 있다.**14**

조지서(趙之瑞)의 위패를 모시고 있는 신당서원에서는 『지족당충열기(知足堂忠烈記)』 · 『단포집(丹圃集)』 · 『조암집(槽巖集)』이 간행되었으며, 임천서원에서는 성여신의 『부사선생문집(浮查先生文集)』, 가호서원에서는 정문부(鄭文孚)의 『농포집(農圃集)』 등 해당 서원에 배향된 인물의 문집을 중심으로 서적이 간행되었다. 그중 대각서원과 정강서원에서 간행된 일부 서적이 마호당에 소장되어 있다.

진주 수곡면에 위치하고 있는 대각서원은 하항(河沆) · 손천우(孫天佑) · 김

---

14 윤상기, 「경남 진주의 서원판본에 대한 연구」, 『서지학연구』 40, 2008, 302쪽.

대명(金大鳴)·하응도(河應圖)·이정(李瀞)·유종지(柳宗智)·하수일(河受一)이 배향되어 있는 곳이다. 이곳에서는 1884년(고종 21)에 하항의 문집인『각재선생문집(覺齋先生文集)』을 간행했으나 마호당 소장 전적 중에서는 찾아볼 수 없다. 그 외에 대각서원에서 간행했을 것으로 추정되는 서적으로 1788년(정조 12)에 간행된 하수일의『송정선생문집(松亭先生文集)』을 들 수 있다.[15]

진주 문산읍에 위치하고 있는 정강서원은 정온(鄭溫)·강숙경(姜叔卿)·하륜·유백온(兪伯溫)·이제신(李濟臣)·이염(李琰)·하천주(河天澍)·진극경(陳克敬)·박민(朴敏)·박지서(朴旨瑞)가 배향되어 있는 곳이다. 이곳에서 발행한 판본은 1813년(순조 13) 정강서원에 배향된 9현에 대한 기록, 서원과 관련된 내용을 담아서 편찬한『정산지(鼎山誌)』와 1811년(순조 11)에 중간한 박민의『능허선생문집(凌虛先生文集)』으로 모두 박지서가 편찬한 2종의 서적이다.[16] 이 2종의 서적은 모두 마호당에 소장되어 있으며 이 책을 편찬한 박지서의 문집인『눌암선생문집(訥庵先生文集)』도 마호당에 소장되어 있다.

진주 지역의 사당에서도 서적을 간행했으며 그 일부가 마호당에 소장되어 있다. 마호당에 소장된 자료를 중심으로 살펴보면 진주 사봉면 사곡리에 있는 우곡정(隅谷亭)은 고려 말 우곡(隅谷) 정온(鄭溫)이 지은 정자로 진양정씨 문중에서 관리하고 있는 곳이다. 이 정자에서는 1891년(고종 28)에『우곡정선생실기(隅谷鄭先生實記)』를 목판본으로 간행했으며, 현재 마호당에 1질 소장되어 있다.

진주 미천면 오방리에 위치한 오방재(梧坊齋)는 진양하씨 하륜, 그 아버지 하윤린(河允潾), 할아버지 하시원(河恃源)의 제사를 위해 만들어진 곳이다. 오방재에서는 1821년(순조 21)에 간행한『진양하씨족보(晉陽河氏族譜)』, 1847년(헌종 13)에 목판으로 간행한『호정하선생문집(浩亭河先生文集)』,

---

[15] 윤상기(2008), 위의 논문, 303-309쪽.
[16] 윤상기(2008), 앞의 논문, 313-318쪽.

1897년(고종 34)에 간행한 『창주선생유사(滄州先生遺事)』, 『조천조일기(朝天朝日記)』, 20세기에 간행된 『척암선생문집(拓菴先生文集)』, 1935년에 간행된 『회산문집(晦山文集)』 등이 있으나 마호당에는 하륜의 문집인 『호정하선생문집』과 하증의 『창주선생유사』만 소장되어 있다.

진주 대평면 하촌리에 위치했던 도통사(道統祠)는 공자와 주자, 안자의 영정을 봉안한 곳으로 공자와 관련된 서적을 중심으로 간행했다. 『회헌선생실기(晦軒先生實紀)』·『공자편년(孔子編年)』·『주자연보별본(朱子年譜別本)』·『안자연보별본(安子年譜別本)』·『도통사지(道統祠誌)』·『화행일기(華行日記)』 등을 간행한 것으로 확인된다. 다만 마호당에는 상권이 결락된 하권 『기묘명현록(己卯名賢錄)』 1책만을 소장하고 있다.

진주 대곡면 설매리에는 진양강씨가 임진왜란 때 이주해 살기 시작했는데, 설매리 임계정(臨溪亭)에서 1907년에 『진양강씨세고(晉陽姜氏世稿)』, 삼덕재(三德齋)에서는 1909년에 『혁임재집(赫臨齋集)』을 간행했다. 이 책들은 모두 마호당에서 확인된다.

진주 지수면 청원리에 위치한 임간정(臨澗亭)은 재령이씨의 정자로, 이곳에서 1943년에 간행된 이현갑(李鉉甲)의 『미암유고(薇菴遺稿)』와 1943년에 간행된 이맹현의 『근재선생실기』가 마호당에 소장되어 있다.

(2) 거창

경상도 북서쪽에 위치하고 있는 거창은 진주의 북쪽에 위치하며 1895~96년에는 진주부 거창군에 속했다. 거창군 북상면에는 동계 정온을 기리기 위한 모리재(某里齋)가 1707년(숙종 33)에 중건되었으며, 1806년(순조 6)에 모리재의 정면에 화엽루(花葉樓)를 세우고 1921년에는 사당·동재·서재 등을 배치하여 대대적으로 중건했다. 모리재 화엽루에서는 동계 정온의 연보인 『문간공동계선생연보』를 1817년(순조 17)에 간행했으며 정온의 문집 중간본 원집 4권, 속집 3권, 부록 2권, 연보 총 9책의 『동계선생문집(桐溪先生文集)』을 1852년(철종 3)에 간행했다. 해당 서적 모두 마호당에서 확인할 수 있다.

(3) 합천

경상도 서북부에 위치하고 있는 합천 지역에서는 목판, 목활자 등 다양한 방법으로 서적을 간행했다. 목판본 서적으로는 1609년(광해군 1) 해인사에서 간행한 하연(河演)의 『경재선생문집(敬齋先生文集)』, 차운혁(車云革)의 『쌍청당실기(雙淸堂實記)』, 1815년(순조 15)에 간행한 신계성(申季誠)의 『송계실기(松溪實紀)』, 윤선(尹銑)의 『추담선생문집(秋潭先生文集)』, 윤탁(尹鐸)의 『구산선생문집(龜山先生文集)』, 1627년 박수종(朴壽宗)의 『영모록(永慕錄)』, 1814년(순조 14)에 간행된 박인(朴絪)의 『무민당집(无悶堂集)』, 1810년(순조 10)에 방곡(芳谷)에서 간행된 강대수(姜大遂)의 『한사선생문집(寒沙先生文集)』, 1901년에 간행된 송정렴(宋挺濂)의 『존양재선생문집(存養齋先生文集)』, 1908년에 간행된 안동권씨 권시민(權時敏)과 후손 8인의 실기인 『화산세고(花山世稿)』, 탐진안씨 안극가(安克家)와 안우(安遇)의 시문을 모은 『탐진세고(耽津世稿)』 등이 있다. 목활자본 서적으로는 『구주선생문집(鷗洲先生文集)』 등 70종의 서적이 합천에서 간행된 것으로 확인된다.[17]

그중 마호당에 소장된 서적으로는 『존양재선생문집』, 『종용록(從容錄)』, 『수강문집(守岡文集)』 등이 있다. 『존양재선생문집』은 정온의 문인이었던 송정렴의 시문집이며, 본집 4권 2책, 부록 2권 1책으로 총 3책으로 이루어져 있다. 이현일이 서문을 쓰고 100여 년 후에 허전이 발문을 붙여 1901년에 간행한 것으로 현재 은진송씨 문중에서 목판을 보관하고 있다.

『수강문집』은 1968년에 석인본으로 간행한 심종환(沈鍾煥)의 문집이며, 『종용록』은 1909년에 간행된 김씨 부인의 언행록이다. 김씨 부인의 남편

---

[17] 송정숙, 「경남 합천지역 목활자본 문집의 간행양상」, 『서지학연구』 73, 2018, 214-216, 221쪽.

심재덕이 20대 초반의 나이로 일찍 죽자 김씨 부인도 유서를 남기고 1904년에 따라 죽었는데, 시아버지인 심학환(沈鶴煥)이 4편의 유서와 함께 열행(烈行)에 관한 내용을 정리하여 요산정사(樂山精舍)에서 간행했다.

(4) 함안

진주시 북쪽에 위치한 함안에서는 17종의 목판과 68종의 목활자본이 간행되었다. 목판본으로는 박제현(朴齊賢)의 『송암선생문집(松嵓先生文集)』, 박제인(朴齊仁)의 『황암선생문집(篁嵓先生文集)』, 박도원(朴道元)의 『농은선생문집(農隱先生文集)』, 상주주씨 문중에서 간행한 주세붕(周世鵬)의 『무릉잡고(武陵雜稿)』, 주박(周博)의 『구봉선생유집(龜峯先生遺集)』, 주맹헌(周孟獻)의 『수구재선생문집(守口齋先生文集)』, 이훈호(李熏浩)의 『우산선생문집(芋山先生文集)』, 조열(趙悅)의 『금은선생실기(琴隱先生實記)』, 조근(趙根)의 『손암집(損庵集)』, 조려(趙旅)의 『어계선생문집(漁溪先生文集)』 등이 있으며, 목활자본으로는 『간송선생속집(澗松先生續集)』·『강재집(剛齋集)』·『검계집(儉溪集)』 등의 서적을 확인할 수 있다.[18]

함안에서 간행된 다양한 서적 중에서 마호당에서 확인되는 것은 4종으로, 『사의(士儀)』의 중요 부분을 선별하여 허전이 엮고 제자들이 1873년(고종 10)에 간행한 『사의절요(士儀節要)』가 확인된다. 그 외에는 함안에서 간행된 문집 종류로 1908년에 간행된 이유선(李有善)의 문집 『수재문집(修齋文集)』과 1934년에 간행된 함안 출신 이훈호의 문집인 『우산선생문집』, 고려가 망하자 함안군 모곡리에 은거한 이오의 실기 『모은선생실기』(1937년 간행)를 확인할 수 있다. 『수재문집』·『우산선생문집』·『모은선생실기』 모두 함안에 거주하고 있던 재령이씨 가문의 인물들이 작성한 문집과 실기를 간행한 것이다.

---

18 송정숙, 「경남 함안지역의 목활자본 문집 간행양상」, 『서지학연구』 84, 2020, 70-73쪽.

4. 장서 기록의 현황과 내용

1) 장서인

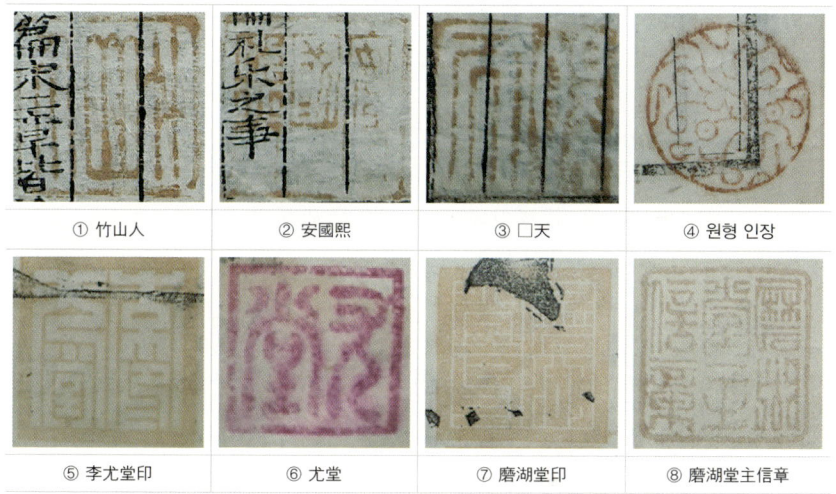

그림 2 마호당 소장 고서의 장서인

　마호당 소장 고서 중 113종의 서적에는 장서인이 날인되어 있다. 재령이씨 가문의 장서인이 날인된 경우도 있으며 다른 가문의 장서인도 확인된다.

　죽산안씨 안국희(安國熙)의 인장(그림 2의 ①~③)이 날인된 책으로는 목판본으로 간행된 『논어(論語)』가 있다. 제1~6책 전권이 마호당에 소장되어 있으며 그중 제1~3책에만 인장이 찍혀 있다. 소종래를 확인할 수 있는 기록이 남아 있지 않아 마호당 이전의 소유주가 죽산안씨 안국희였다는 사실만을 알 수 있을 뿐 서적을 소장하게 된 자세한 경위는 확인하기 어렵다.

20세기 초에 간행된 교과서류에도 장서인이 일부 날인되어 있다. 1930~40년대에 간행된 초·중등학교 국어·수학·과학 교과서 17종이 마호당에 소장되어 있으며, 그중 일부 서적에 이병계와 이병열의 인장이 날인되어 있다. 이승호(李承浩)의 넷째, 다섯째 아들인 이병계와 이병열이 실제로 사용했던 학교 교과서라고 할 수 있다. 이병계의 인장이 날인되어 있는 것으로는 일본 문부성에서 1936년에 간행한 『심상소학산술서(尋常小學算術書)』가 있으며 "나이 17살 때[年十七歳の時]"라는 기록을 통해 이병계가 17살이었던 1937년도에 사용했던 교과서임을 짐작할 수 있다.

이병열의 인장이 날인된 책은 1929년 조선총독부에서 간행한 『중등교육국문독본(中等敎育國文讀本)』 등 중등학교 시절에 사용한 6종의 교과서이다. 6종의 교과서의 뒷표지에는 "제1학년생(28)이병열(第1學年生(28)李秉悅)", "1년대2반이병열(一年隊二班李秉悅)", "제2소학교6년 제2소 이병열(第二小學校六年 第二小 李秉悅)", "1년생이병열(一年生李秉悅)", "제1학년생(28) 이병열[第一學年生(28) 李秉悅]" 등이 쓰여 있어 이병열이 1938~39년 1~2학년 때 썼던 교과서임을 알 수 있다. 1학년 때 사용한 교과서로는 『중등교육국문독본』·『실업제국신한문(實業帝國新漢文)』·『황국농업수신서(皇國農業修身書)』·『최신실업수학(最新實業數學)』이 있으며, 2학년 때 사용한 교과서로는 『초등수신(初等修身)』을 확인할 수 있다. 1941년에 간행된 『국문신선(國文新選)』의 책 마지막 부분에 "4년지2반이가(四年之二班李家)"라고 별도의 글이 쓰여 있어 4학년 때 이병열이 사용한 교과서로 짐작할 수 있다.

원형 인장(그림 2의 ④)은 『사의절요(士儀節要)』 등 63종의 서적에 날인되어 있으나, 인문을 정확하게 파악할 수 없는 장서인이다. 다만 장서인이 날인되어 있는 서적을 살펴보면 1882년(고종 19)에 간행된 『경례유찬(經禮類纂)』, 1899년(고종 36)에 간행된 『죽정실기(竹亭實紀)』, 1900년(고종 37)에 간행된 『조계선생실기(潮溪先生實紀)』 등 19세기 말~20세기 초까지 간행된 것이다. 마호당 인물들의 생몰년을 기준으로 추정해 볼 때 원형 인장은 이현도의 장서로 추정된다.

　이현도의 아들인 이승호의 경우 '이우당인(李尤堂印)'(그림 2의 ⑤)과 '우당(尤堂)'(그림 2의 ⑥) 인장을 날인했으며 이와 함께 '마호당인(磨湖堂印)'(그림 2의 ⑦)과 '마호당주신장(磨湖堂主信章)'(그림 2의 ⑧) 인장을 날인했다. 모두 이승호의 장서인으로 추정된다. 특히 『원본소학집주』는 1926년에 경성의 대창서원(大昌書院)에서 신연활자본으로 간행한 것으로 '이우당인'(그림 2의 ⑤)과 '마호당주신장'(그림 2의 ⑧) 인장이 날인되어 있는데, 인물들의 생몰년을 고려해 보면 이승호의 장서인으로 추정된다. 이승호의 장서인(그림 2의 ⑤~⑧)이 날인된 서적으로는 『전운옥편』·『왕우군초결백운가』·『진양연계안』 등 21종이 있다.

　시헌서에도 여러 인장이 날인되어 있다. 88종의 역서 중 개인 인장이 날인된 것을 살펴보면, 이현도와 이승호의 장서인이 날인된 역서만 14건으로 이 시기에 다른 서적과 함께 시헌서도 마호당에 들어왔음을 알 수 있다. 그 외에 1932년 『소화7년조선민력』에는 이승호의 둘째 아들인 이병극(李秉克)의 인장과 함께 '이덕후(李德厚)'·'숙헌(淑軒)' 등의 인장도 함께 날인되어 있는 등 다양한 개인 인장을 확인할 수 있다. 특히 1906년(고종 43) 『대한광무십년세차병오명시력(大韓光武十年歲次丙午明時曆)』에는 '이현림신(李鉉琳信)'·'남창(南滄)'·'근봉(謹封)'·'전신(傳信)' 등과 함께 '대덕면장지장(大德面長之章)' 인장을 확인할 수 있다.

2) 장서기 및 필사기

　마호당 소장 서적에 나타나는 장서기 혹은 필사기에는 특정 인물을 지칭하는 단어가 나타나는 경우가 확인된다. '자송당(自松堂)'·'석전댁(石田宅)'·'동곡댁(洞谷宅)'·'마호장(磨湖藏)' 등이 그 예이다. 우선 '마호장(磨湖藏)'·'마장(磨藏)' 등 마호당에 소장되어 있다고 기록된 책으로는 『간집(簡

集)』·『초간독(草簡牘)』 등이 있다. 과부를 필사해 놓은 『규망(奎芒)』의 경우 뒷표지 이면에 '마호가장(磨湖家藏)'이 필사되어 있으며, 제1장에는 '신묘사월초길일획린우자송당(辛卯四月初吉日獲麟于自訟堂)'이 필사되어 언제 어디에서 필사한 책인지 정보를 알 수 있다. 자송당(自訟堂)은 족보를 살펴보면 이한철의 호로 확인되지만 신묘년 4월 1일에 자송당에서 필사를 끝마쳤다는 기록을 통해서 필사한 인물이 아니라 자송당이라는 특정 장소를 지칭함을 짐작할 수 있다. 자송당에서 필사한 서적으로는 갑진년에 필사한 『주례정의(周禮正義)』, 경인년에 필사한 『동선(東璇)』, 신묘년에 필사한 『규망(奎芒)』과 『표은(豹隱)』, 임진년에 필사한 『벽휘(璧輝)』 등이 있다.

장서기를 통해 친인척의 장서가 마호당으로 전해진 경우도 확인할 수 있다. 『예석(禮釋)』에는 '책주부림홍복연(冊主缶林洪復淵)'이 기록되어 있는데, 부림홍씨는 이국우의 처가로 이국우의 장인인 홍헌길(洪獻吉)의 손자가 바로 홍복연(洪復淵)이며, 이우모와는 사촌 간이라고 할 수 있다. 결국 외가의 책이 마호당으로 들어온 것으로 파악된다.

책의 주인으로 '석전댁(石田宅)'이 기록된 책으로는 『시경언해』·『논어집주대전』·『통감오십편상절요해』·『소학집설』·『경각(經脚)』·『습사(習射)』·『낙성(洛城)』 등이 있다. 석전댁은 광주이씨와 혼인한 이재훈으로 추정된다.

5. 맺음말

　마진 재령이씨 마호당의 고문헌 자료는 2000년 이후 여러 차례 조사되어 약 1만 점 이상이 학계에 공개되었다. 이 글에서는 그중 고서 560종 962책의 장서를 분석하여 자료의 전체적인 특징을 살펴보았다. 장서의 특징을 크게 나누어 보면 과거 시험 준비를 위한 참고서, 과체시류 서적과 진주 지역 사회와 관련된 저작물, 즉 문인들의 문집·실기·지리지 등으로 나눌 수 있다.

　사부 분류 방식으로 고서를 분류해 보면 경부는 53종 126책, 사부는 65종 165책, 자부는 116종 155책, 집부는 326종 516책으로 나눌 수 있다. 전체적으로 19~20세기에 간행되거나 필사된 서적을 중심으로 소장하고 있다. 17~18세기에 이중인-이보-이덕관 대에서 재산을 크게 축적했기 때문에 이를 바탕으로 과거 시험을 준비하며 장서도 갖출 수 있었던 것으로 파악된다.

　마호당에 소장된 경부 서적으로는 춘추류를 제외한 사서삼경류 서적이 확인되었으며, 이현도의 과계 기록도 함께 살펴볼 수 있어 19세기 말 진주 지역 과거 준비의 일면을 파악할 수 있다. 사부 서적으로는 경부 서적과 마찬가지로 과거 응시에 참고 자료로 사용할 수 있는 서적을 중심으로 소장하고 있으며, 그 외에는 재령이씨 집안 및 외가 족보, 진주 지역을 중심으로 한 지리지, 진주 지역 문인들의 실기 등을 확인할 수 있다. 자부 서적으로는 1777~1955년 사이에 간행된 시헌서 등의 역서가 가장 많이 소장되어 있으며, 소학을 중심으로 한 유가류 서적, 『동의보감』 등의 의가류 서적 등이 있다. 집부 서적으로는 과거 시험을 위해 작성한 다양한 과체시문류 서적이 163종 확인되는데, 이는 마호당 소장 서적 중 약 30%에 달하는 양이다. 19세기 중반에 작성된 것이 많으며 과부와 오경의를 중심으로 소장되었다. 또한 과체시의 문제만을 정리한 문제 초집도 함께 확인된다. 이를 통해 19세기 마호당에서 진행된 과거 공부 양상을 확인할 수 있다. 문집류의 경우 대부분 남명학파에 속하는 문인의 문집 위주로 소장하고 있다.

마호당에서는 주로 진주·거창·합천·함안 등 진주 주변 도시에서 간행된 서적을 소장했으며, 이때 19~20세기에 간행된 자료가 주를 이룬다. 진주·거창·합천·함안 등에서 간행된 모든 종류의 서적이 마호당으로 입수되지는 않았으나 인척 관계인 집안, 지역 사회에서 영향력이 큰 인물,『진양지』와 같이 진주 지역과 관련된 간행물들을 중심으로 소장했다.

마호당에 소장된 일부 자료에는 이현도·이승호·이병계·이병열 등의 인장이 날인되어 있으며 다른 가문의 인장이 날인된 경우도 확인된다. 장서인 외에도 '마호장(磨湖藏)'·'책주석전댁(冊主石田宅)'·'자송당(自訟堂)' 등의 장서기나 필사기도 확인된다.

이 글에서는 마호당 장서의 전체적인 구성과 특징을 살펴보는 데 그치고 있다. 따라서 후속 연구를 통해 장서 중 중요 자료에 대한 세부적인 연구 및 장서 목록과 현존본을 비교하는 작업 등이 필요할 것으로 보인다.

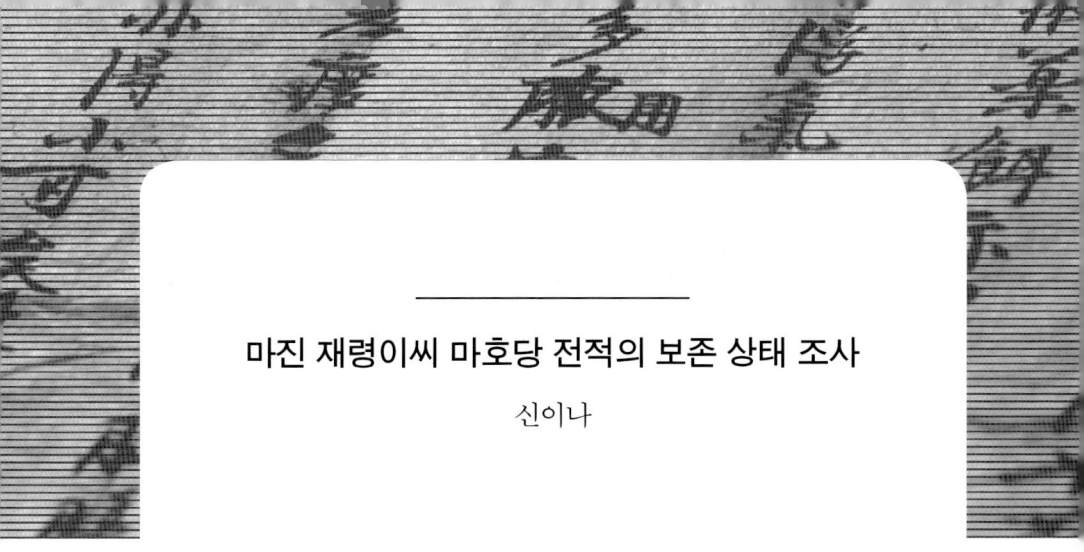

마진 재령이씨 마호당 전적의 보존 상태 조사

신이나

1. 마호당 전적의 보관 환경

17세기부터 20세기 초까지 수 세기 동안 형성된 마호당 전적이 현재 상태로 전해지는 데는 마호당이 위치한 입지가 큰 영향을 주었다. 마호당의 앞으로는 남강이 흐르고 있으며 뒤로는 넓은 숲이 조성되어 있다. 이러한 배산임수 지형은 사람이 살기에 이상적이며 풍수가 좋다고 여겨지지만, 대부분 종이로 만들어진 고문서를 보관하기에 좋은 환경은 아니다. 수해에 취약하며 주변 숲에서부터 벌레가 접근하기 쉽기 때문이다.

마호당 전적은 사랑채 안 2단 벽장에 보관되어 있었다. 1만 점이 넘는 규모를 고려했을 때 보관 공간을 빠듯하게 사용했을 것으로 추측된다. 다만 고전적을 제한된 공간에 보관할 때 공기가 원활하게 순환되지 않으면 미생물이 쉽게 발생하고 번식할 수 있으며 일부분에서 발생한 손상이 서

그림 1 마호당의 위치. 출처: 국토지리정보원(ngii.go.kr)

그림 2 마호당 전적 보관장

로 접하고 있는 면을 따라 퍼져 손상 범위가 확대될 수 있다.

2. 마호당 전적의 보존 상태

1) 조사 대상 및 방법

상태조사 대상은 한국학중앙연구원에서 수집한 진주 마진 재령이씨 마호당 전적 1만 1,961건 가운데 1차 수집 고문서 1만 792건이다. 상태조사는 장서각 자료보존관리팀 보존처리 담당자 6인이 진행했으며, 기간은 2020년 12월부터 2021년 9월까지다. 먼저 육안 관찰을 통해 형태, 재질, 손상 유형 등을 확인하여 A+에서 D-까지 보존 등급을 나누고(표 2), 보존 등급과 손상 형태를 종합적으로 고려하여 보존 과정을 1~6 과정까지 6단

표 1 상태조사 진행 절차

레이블 부착		고유식별자 부여 자료 대상 전량 부착
⇩		
태그 부착		레이블 뒷면에 RFID 태그 부착
⇩		
시스템 등록		태그 부착 완료된 수집 자료에 JARMS 연동
⇩		
상태조사		상태 등급 책정

계로 나누어 책정했다(표 3). 조사에는 무선인식(RFID: Radio Frequency Identification) 태그 리더기를 이용했으며 리더기와 연동된 장서각 자료관리 시스템(JARMS)에 상태조사 내용을 입력했다. 육안조사 이외에도 과학적 분석을 통한 조사도 진행했다. 종이 섬유 분석은 Graff-C 염색법과 이중염색법을 이용했으며 광학현미경으로 관찰했다. 상태조사 과정에서 보존 상태가 매우 불량한 문서는 조사와 함께 응급보존처리를 진행했다.

표 2 보존 등급

분류	상태	보존처리	세부 등급
A	양호	불필요	A+, A, A-
B	양호	필요	B+, B, B-
C	불량	필요	C+, C, C-
D	불량	시급	D+, D, D-

표 3 보존 과정

분류	처리 단계	해체 여부	접착제	작업 기간	상태 등급
1과정	-	-	-	-	A+, A
2과정	건식	×	아교	1h	A-, B+
3과정	건식	×	아교, 소맥전분	3h	B, B-, C
4과정	습식	×	아교, 소맥전분	1d	C, C-
5과정	건식	×	-	1h	D+, D, D-
6과정	습식	○	아교, 소맥전분	-	D+, D, D-

2) 상태조사를 통해 본 마호당 고문서

진주 마진 재령이씨 마호당 고문서의 전체적인 상태조사 내용을 요약하면 다음과 같다. 첫 번째로는 성책고문서와 가철(假綴)문서이다. 성책고문서와 가철문서는 다른 문중의 문서에서도 일반적으로 관찰되지만, 마호

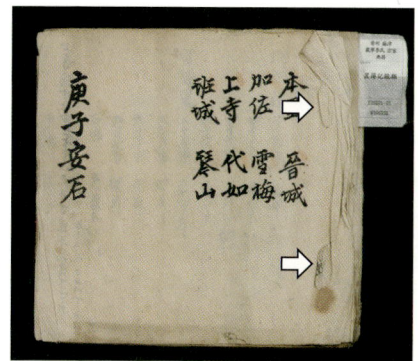

그림 3 마호당 고문서, 치부기록류, F20201-01-W006932.

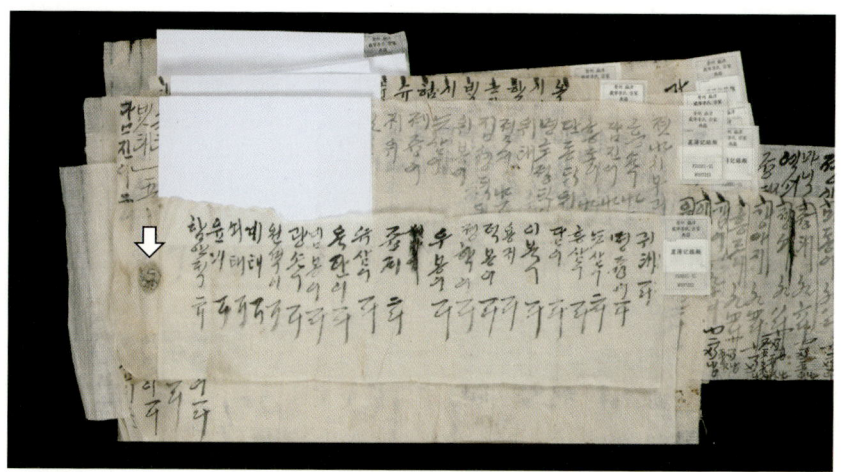

그림 4 마호당 고문서, 치부기록류, F20201-01-W007252~W007282.

당 고문서는 유독 다양한 형태를 가지고 있다. 정형화된 투식이 없는 치부기록류와 시문류 이외에도 교령류를 제외한 모든 형식에서 성책고문서와 가철문서를 확인할 수 있다. 일반적으로 마호당의 성책고문서는 오른쪽에 네 개의 구멍을 뚫고 위에서부터 구멍 두 개씩 지승으로 연결하여 묶었고, 가철문서는 왼쪽에 하나의 구멍을 뚫어 지승(紙繩)으로 묶었다.

이 문서들은 눌리고 당겨지는 등의 자극이 지승이나 끈에 집중되어 그

그림 5 마호당 고문서, 소차계장류, F20201-01-W000051. 가철 부분 찢김

그림 6 마호당 고문서, 서간통고류, F20201-01-W00448. 지승 풀림

주변에 문서가 주름지고 찢기는 물리적 손상이 많았으며, 문서의 결속부가 풀려 이동 및 열람 과정에서 문서 전부 또는 일부가 묶음에서 탈락하는 현상이 조사되었다. 이러한 손상은 불규칙한 크기의 종이를 가철한 문서에서 더 빈번하게 나타났다.

두 번째로는 습기에 의한 손상이다. 습기는 마호당 고문서의 보존 상태에 영향을 준 주요 요인이다. 습기로 인해 발생한 얼룩, 미생물 번식, 지질 약화와 같은 손상은 정도에 차이는 있었지만, 형식 분류와 상관없이 전체적으로 분포되어 있었다. 습기로 인해 종이가 휘거나 지질 약화가 결손으로 진행된 문서도 다수 조사되었다.

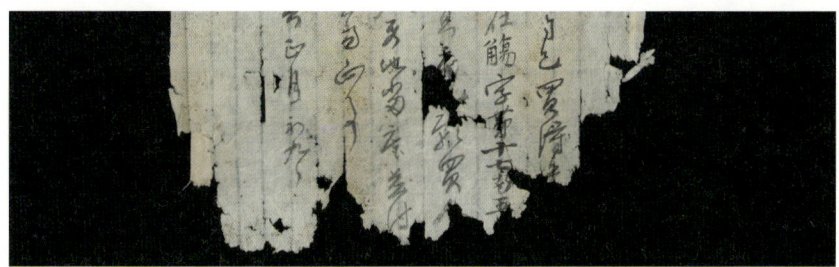

그림 7 마호당 고문서, 명문문기류, F20201-01-W001926. 습기에 의해 발생한 지질 약화 및 결손

세 번째로는 생물에 의한 손상을 살펴보았다. 설치류와 해충의 식(食)으로 인한 결손, 찢김 같은 손상과 배설물과 고치 같은 분비물로 인해 발생한 습기 얼룩 및 이물질이 전체적으로 조사되었다. 분비물의 경우 종이와 반응하여 얼룩이 변색되거나 잔여물이 표면에 남아 있는 손상 유형이 주를 이루었고, 습기에 따른 손상과 같이 종이가 휘거나 지질 약화가 결손으로 진행된 문서도 다수 조사되었다.

전체적으로 나타나는 세 가지 특징 이외에도 다양한 문서 형태와 손상 유형이 조사되었는데, 1만 792건이라는 대량 문서의 상태를 효과적으로 설명하기 위해 조사 결과를 형식 분류별로 나누었다. 다만 2건의 교령류와 6건의 기타 문서는 수치화하기에 수량이 매우 적었기 때문에 별도로 분류하지 않았다. 각 형식 분류별 문서의 수량과 비율은 〈표 4〉에 표기했다.

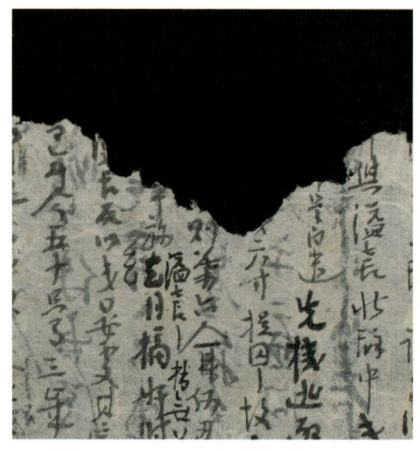
그림 8 마호당 고문서, 소차계장류, F20201-01-W000182. 설치류 식흔

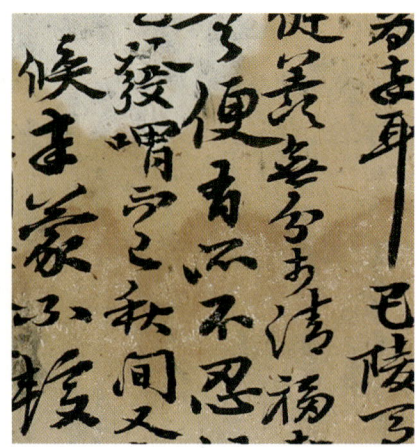
그림 9 마호당 고문서, 서간통고류, F20201-01-W004737. 설치류 분비물 오염

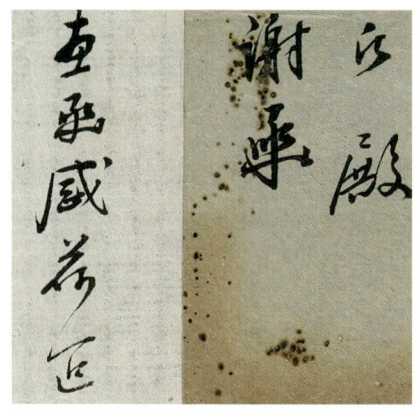
그림 10 마호당 고문서, 서간통고류, F20201-01-W003908. 곤충 분비물 얼룩

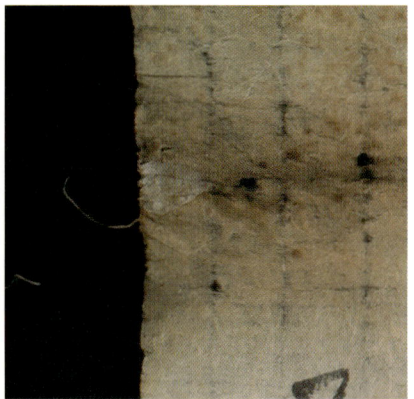
그림 11 마호당 고문서, 소차계장류, F20201-01-W000094. 고치 흔적

표 4 형식 분류에 따른 수량 및 백분율

형식 분류	교령류	소차계장류	첩관통보류	증빙류	명문문기류	서간통고류	치부기록류	시문류	기타
수량(건)	2	249	335	1,259	701	4,396	3,496	348	6
백분율 (%)	0.01	2.3	3.1	11.66	6.49	40.73	32.39	3.22	0.05

(1) 소차계장류

소차계장류는 249건이었다. 문서의 형태는 대부분 낱장이지만 여러 건의 낱장을 지승으로 묶어 보관한 가철문서도 다수였으며 본문 종이와 피봉을 점련(粘連)해 하나의 문서로 만든 형태도 있었다. 본문과 피봉을 점련한 형태의 문서는 소차계장류 외에도 피봉이 있는 모든 형식에서 볼 수 있었다. 성책고문서나 가철문서는 한지에 작성된 문서의 경우 위와 아래 각 두 개의 구멍을 뚫어 철했지만, 인찰지에 작성된 문서는 한 지점에 한 개 또는 두 개의 구멍을 뚫어 철했다. 내구성이 비교적 낮은 인찰지 문서보다 한지에 작성된 문서가 안정적으로 묶여 있는 것으로 보아 재질의 내구성과 무관하게 문서를 철한 것으로 보인다.

소차계장류의 주요 손상 형태는 결손과 찢김, 마모, 주름 등으로, 물리적 충격으로 인해 발생했다. 이외에 먼지와 때 같은 오염 유형의 손상도 조사되었다. 소차계장류의 손상 형태 및 진행은 보관 환경과 함께 열람 빈도가 영향을 준 것으로 판단된다.

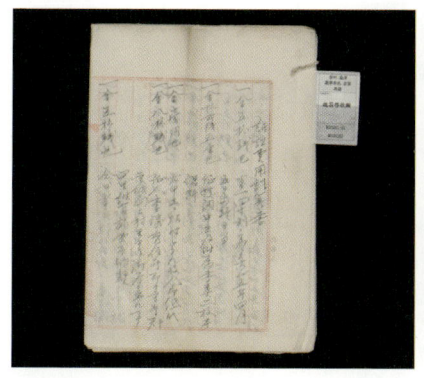

그림 12 마호당 고문서, 소차계장류, F20201-01-W000162. 인찰지

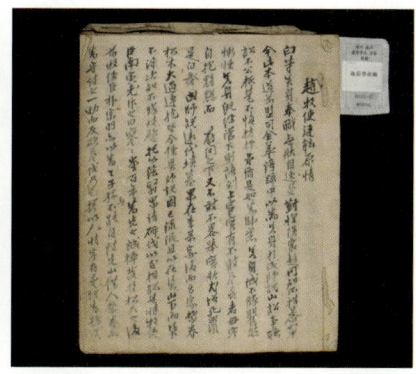

그림 13 마호당 고문서, 소차계장류, F20201-01-W000341. 한지

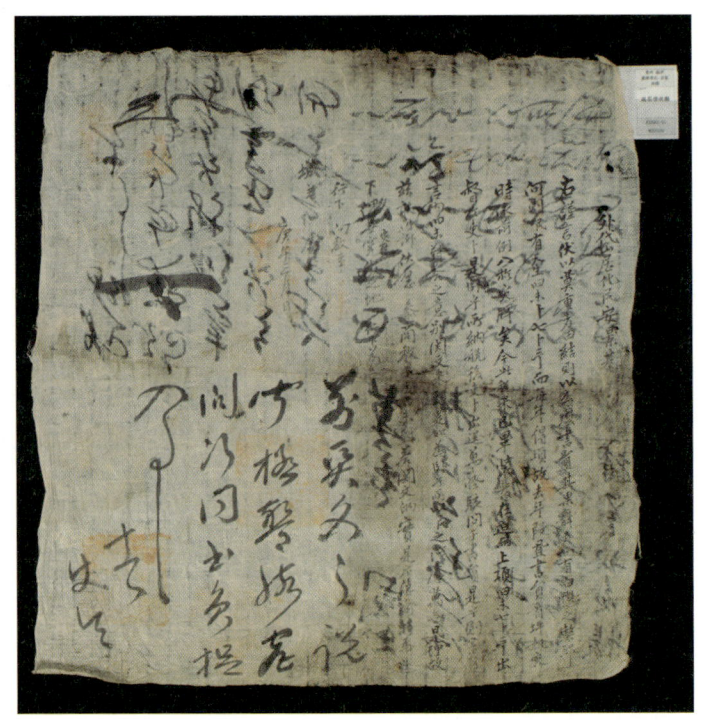

그림 14 마호당 고문서, 소차계장류, F20201-01-W000066. 보관 시 표면에 발생한 오염

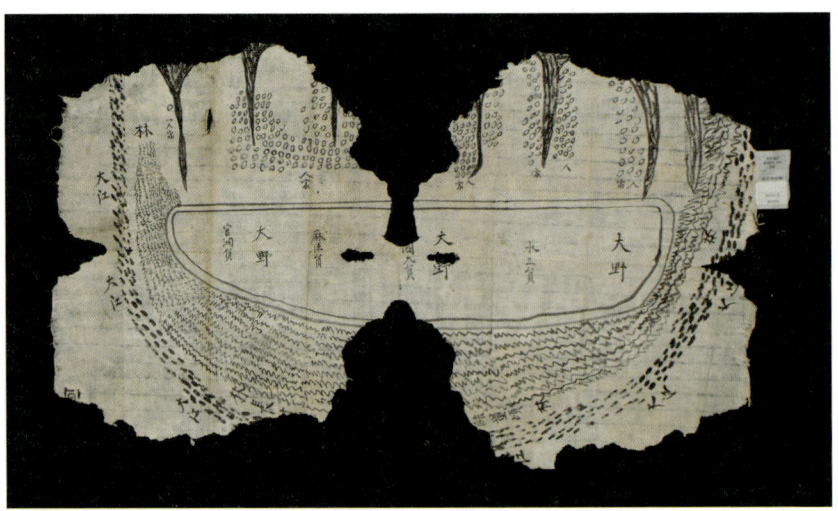

그림 15 마호당 고문서, 소차계장류, F20201-01-W000086. 설치류에 의한 식흔 및 접힘 자국

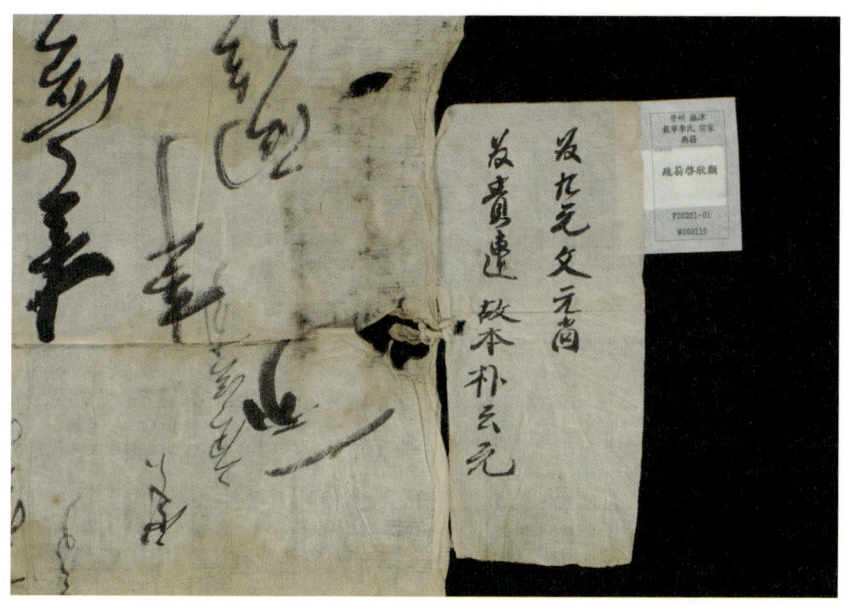

그림 16 마호당 고문서, 소차계장류, F20201-01-W000110; W000111. 가철 부분에 발생한 찢김 및 주름

(2) 첩관통보류

첩관통보류는 335건이 있다. 이 유형으로 분류된 문서들의 특성상 종이를 점련하여 가로로 긴 형태의 문서가 많았다. 성책고문서는 없었고 가철문서는 일반적인 경우와 같이 왼쪽에 구멍을 하나 뚫어 철했다.

첩관통보류는 습기가 원인이 되어 발생하는 손상이 주로 조사되었는데, 습기로 인한 얼룩과 곰팡이, 종이의 섬유화 등 재질 약화를 동반하는 손상이 해당한다. 점련을 통해 문서의 길이를 늘인 경우 크기가 다른 종이가 점련되는 부분에 힘이 가중되며 찢김과 주름이 집중되었다. 긴 문서는 대부분 접거나 말아서 보관하기 때문에 문서 앞부분에 손상이 더 심하며 일정한 형태가 반복적으로 보인다.

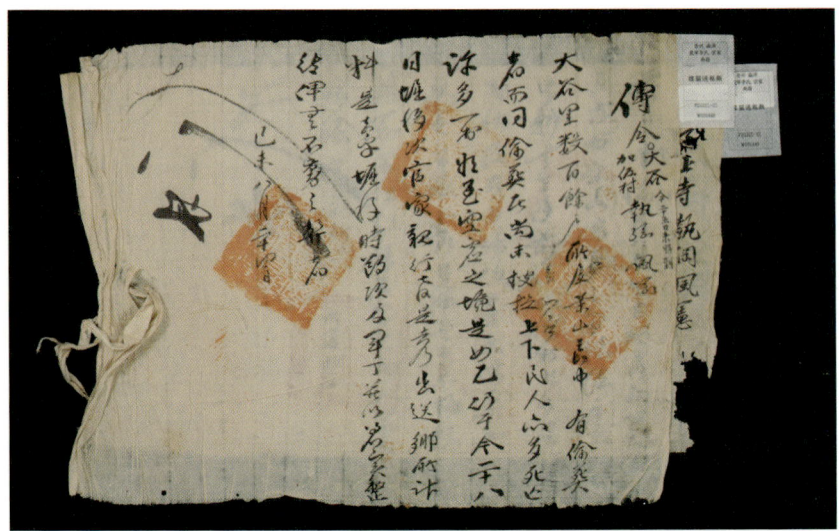

그림 17 마호당 고문서, 첩관통보류, F20201-01-W000448. 가철문서

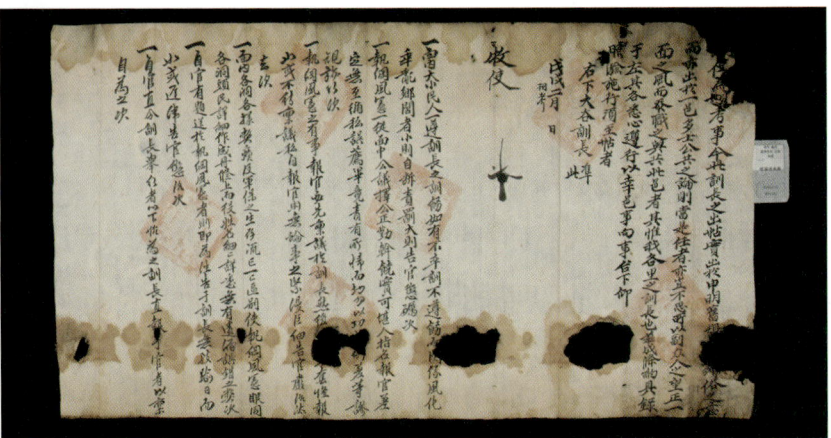

그림 18 마호당 고문서, 첩관통보류, F20201-01-W000351. 반복적으로 나타난 얼룩 및 결손

그림 19 마호당 고문서, 첩관통보류, F20201-01-W000450. 문서 앞부분에 집중된 손상

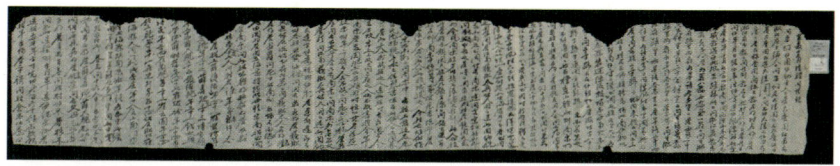

그림 20 마호당 고문서, 첩관통보류, F20201-01-W000460. 반복적인 형태의 손상

(3) 증빙류

증빙류는 1,259건이었다. 다른 형식분류에 비해 크기가 작은 문서들이 많아 보관과 이동이 쉽다는 장점이 있다. 이러한 점은 상태조사를 진행할 때도 편리하게 작용했다.

증빙류의 가철문서 중 재질이 한지인 것은 일반적인 경우와 같이 왼쪽에 구멍을 하나 뚫어 철했지만, 1930년대 양지에 작성된 낱장문서의 경우 문서 양쪽에 문서를 철할 수 있는 충분한 여백이 있음에도 문서 위쪽에 두 개의 구멍을 뚫어 지승으로 철했다.

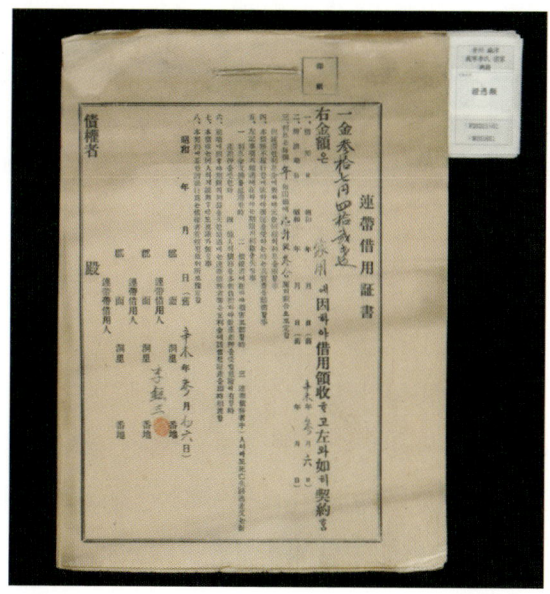

그림 21 마호당 고문서, 증빙류, F20201-01-W001661. 가철문서

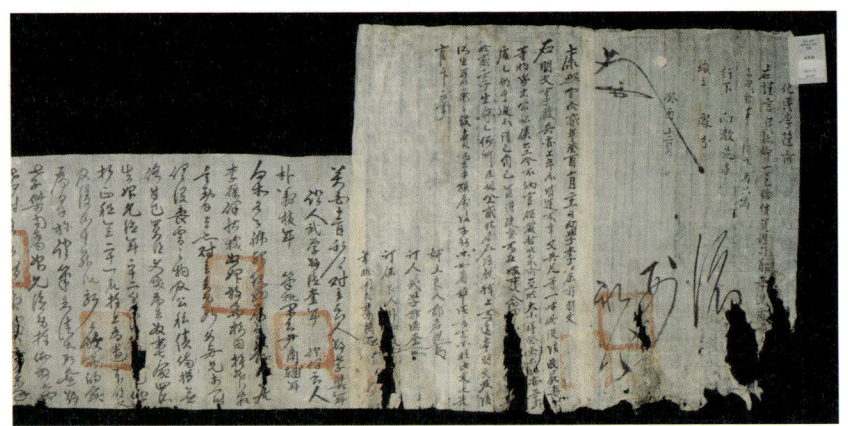

그림 22 마호당 고문서, 증빙류, F20201-01-W000595. 매우 불량한 보존 상태

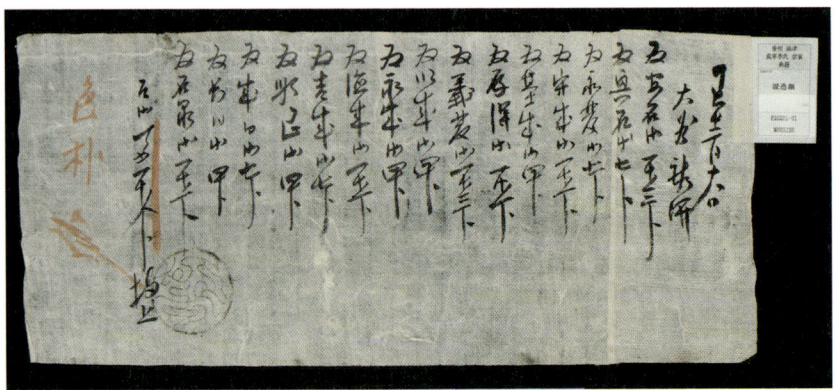

그림 23 마호당 고문서, 증빙류, F20201-01-W001130. 경미한 손상(오염)

    증빙류의 손상은 찢김과 마모, 주름 같은 물리적 손상, 습기와 안료에 의해 지질이 약화되는 화학적 손상, 식흔과 분비물 얼룩 같은 생물학적 손상까지 다양하게 조사되었다. 적색 안료로 발생한 경화와 결손이 특징적이었다. 문서에 사용된 적색 안료가 대기 중의 산소와 반응하여 산성화가 일어났고, 그로 인해 종이의 경화가 발생했을 것으로 보인다. 경화된 종이는 유연성을 잃어 작은 충격에도 부서지기 쉽게 변질되었고 결국에는 결

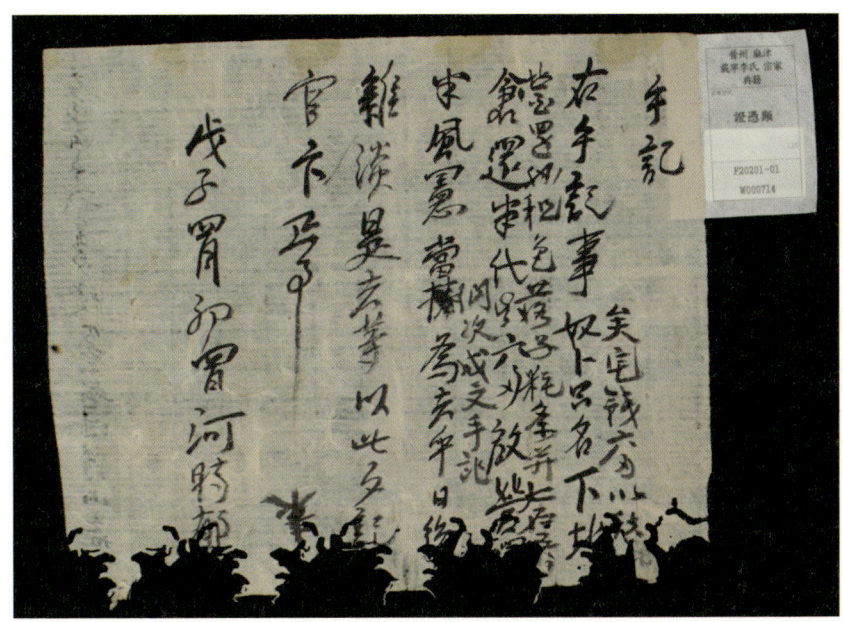

그림 24 마호당 고문서, 증빙류, F20201-01-W000714. 식흔 및 습기에 의한 얼룩

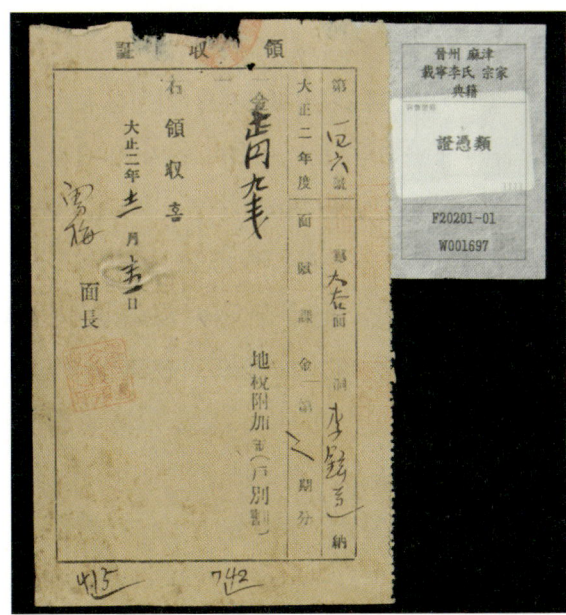

그림 25 마호당 고문서, 증빙류, F20201-01-W001697. 양지의 산성화(표면에 발생한 갈색 반점)

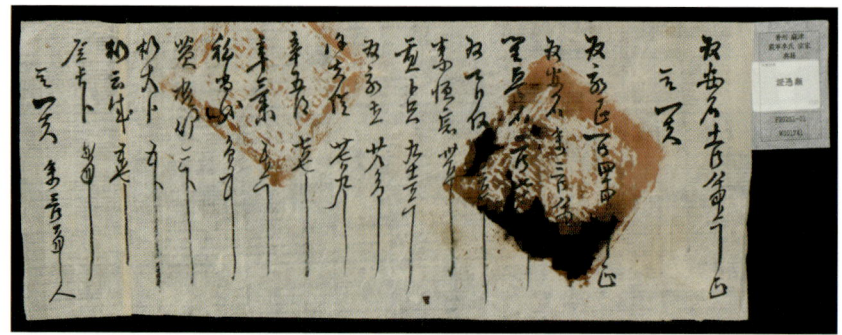

그림 26 마호당 고문서, 증빙류, F20201-01-W001741. 적색 안료 손상

손이 진행되었다. 안료 이외에도 양지에 작성된 문서에서 산성화가 진행되고 있었다. 종이가 제작될 당시에 사용한 첨가제가 산소와 반응하여 종이에 반점 형태로 발생하는 산성화(foxing)와 안료로 인해 양지문서에 발생한 산성화는 종이 전체에 섬유화, 분말화 같은 지질 약화를 일으킨다.

(4) 명문문기류

명문문기류는 701건이었다. 성책고문서나 가철문서는 일반적인 경우와 같이 문서를 묶었다. 손상의 주요 원인은 습기였다. 습기로 인한 손상은 다른 형식분류에서도 나타나는 현상이지만 유독 명문문기류에서 넓은 범위에 손상 정도가 심하게 나타났다. 명문문기류 문서가 보관되었던 장소에 수해가 발생한 후 피해 상황 속에서 문서를 신속하게 분리하지 못하고 다습한 조건에 장기간 놓여 있었을 것으로 추측할 수 있다. 습기로 인해 곰팡이가 발생했고, 곰팡이의 생장이 지질을 약화해 종이의 섬유화, 분말화 등의 손상이 발생한 것으로 추측된다.

다습한 환경에서 발생한 미생물에 의한 결손은 종이를 구성하는 섬유 자체를 약화하기 때문에 설치류나 충(蟲) 같이 물리적 원인으로 발생한 결손과 비교했을 때 손상이 확대·진행될 위험성이 높다.

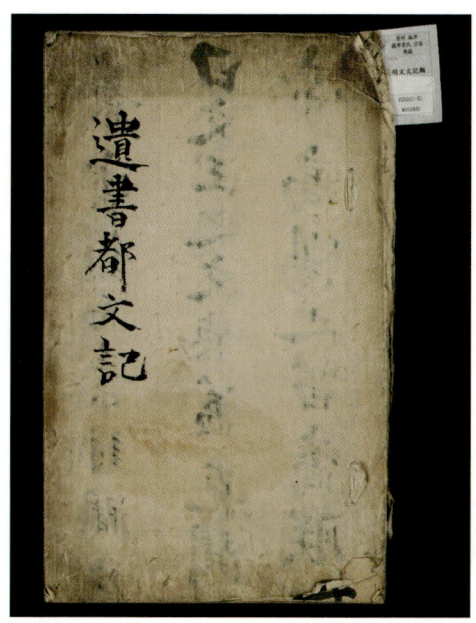

그림 27 마호당 고문서, 명문문기류, F20201-01-W002485. 성책고문서

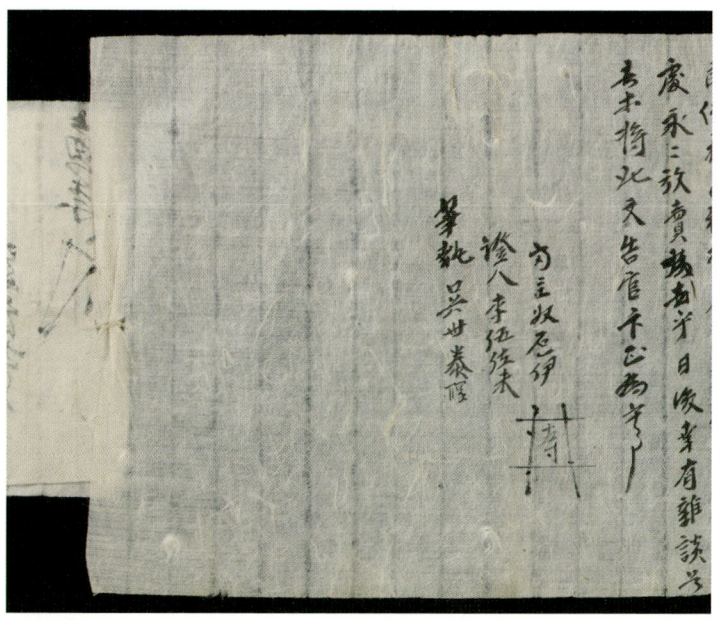

그림 28 마호당 고문서, 명문문기류, F20201-01-W001881. 가철문서

마진 재령이씨 마호당 전적의 보존 상태 조사

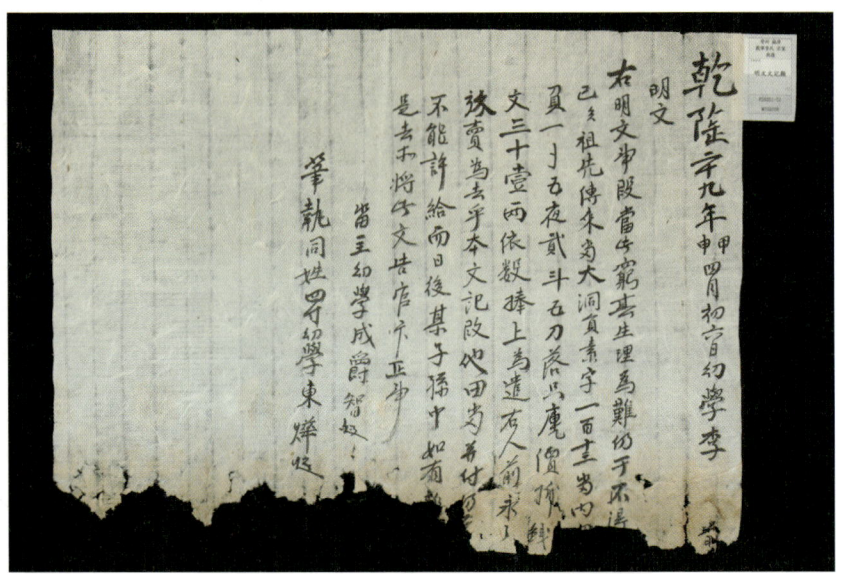

그림 29 마호당 고문서, 명문문기류, F20201-01-W002008. 습기에 의해 발생한 지질 약화

(5) 서간통고류

서간통고류는 4,396건이었으며 마호당 전적 고문서에서 수량이 가장 많았다. 마호당의 간찰과 피봉은 소차계장류에서도 조사되었듯 개별로 보관되지 않고 점련하여 한 개의 문서로 보관되어 있었다. 성책고문서의 묶음은 일반적인 경우와 같았지만, 가철문서는 다양한 묶음 방식을 보였다. 묶음의 방향이 일관되지 않았고 문서의 크기 차이가 크게 날 때에는 여러 번에 나누어 묶음을 해 주었다. 지승이 아닌 접착제를 사용해서 상단 모서리 부분을 고정한 문서도 조사되었다.

서간통고류의 손상은 물리적 손상과 오염이 주로 조사되었다. 서간통고류의 특성상 본문보다 피봉의 물리적 손상도가 더 높았다. 피봉의 본문 보호라는 역할이 원인이라고 볼 수 있다. 다른 형식에서는 잘 발생하지 않는 인위적 손상이 서간통고류에서 빈번하게 나타나는 것도 본문을 확인하기 위해 피봉을 자르거나 찢으면서 손상이 발생하기 때문이다. 물리적

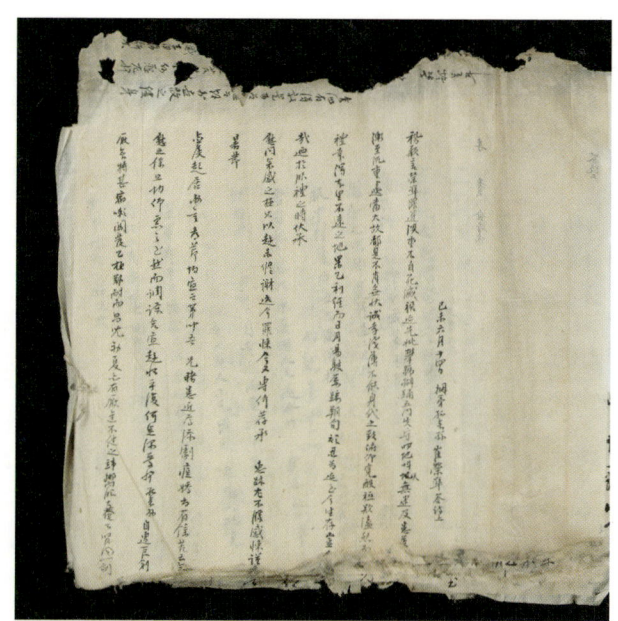

그림 30 마호당 고문서, 서간통고류, F20201-01-W005953~W005987. 왼쪽 지승 묶음

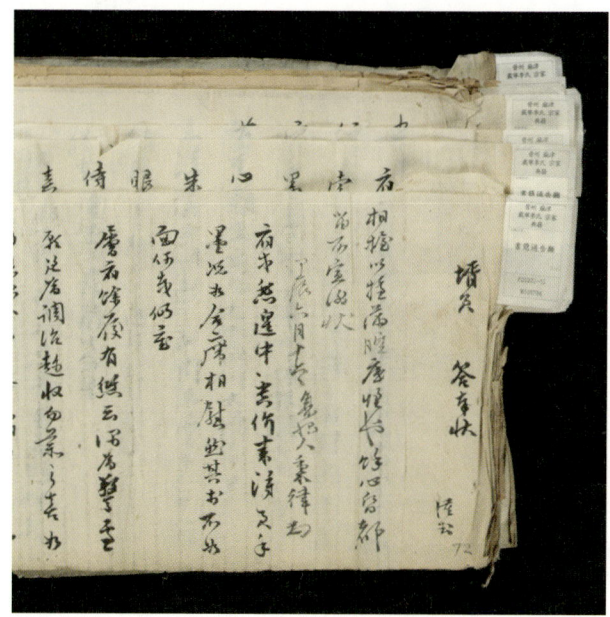

그림 31 마호당 고문서, 서간통고류, F20201-01-W005784~W005952. 오른쪽 지승 묶음

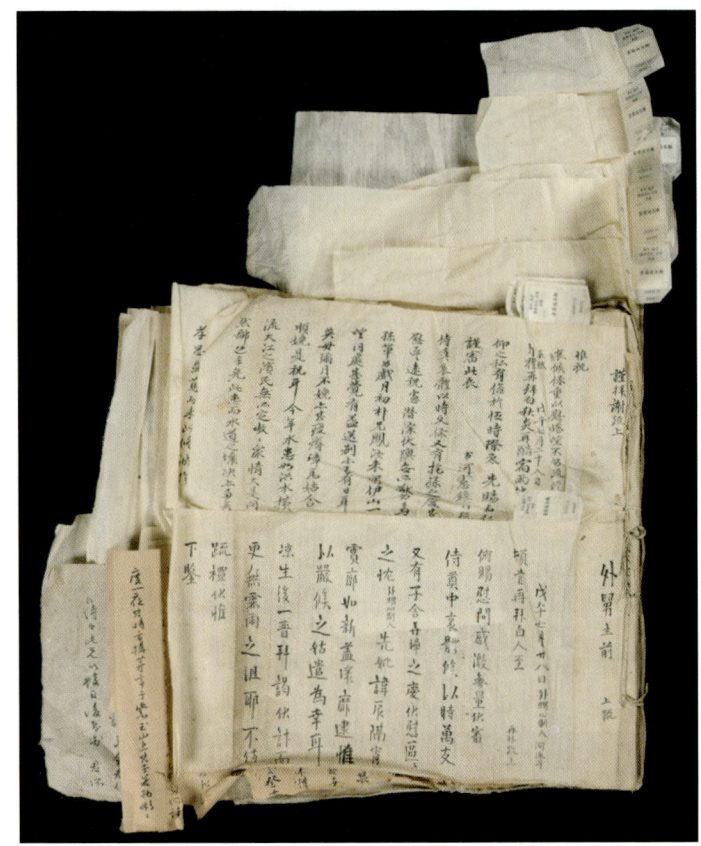

그림 32 마호당 고문서, 서간통고류, F20201-01-W006540~W006636. 크기가 다양한 문서의 묶음

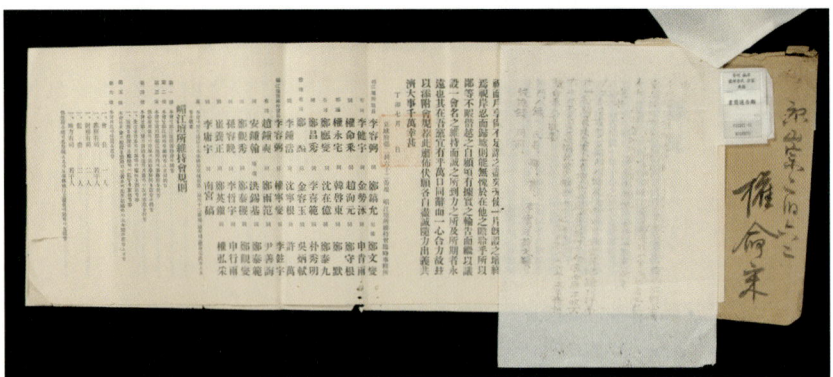

그림 33 마호당 고문서, 서간통고류, F20201-01-W006869~W006872. 오른쪽 모서리 접착제 고정

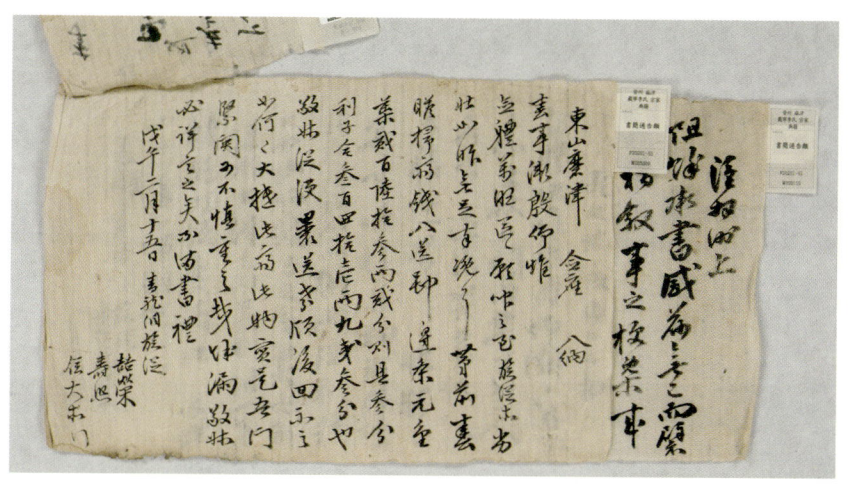

그림 34 마호당 고문서, 서간통고류, F20201-01-W005007~W005010. 왼쪽 모서리 접착제 고정

손상의 다른 원인은 설치류와 충으로 인한 것이었다.

   오염의 경우 보관 환경에서 발생한 먼지 오염과 문서를 열람할 때 발생한 생활 흔적, 설치류와 충의 분비물, 균에 의한 얼룩 등 다양한 원인으로 발생했으며 오염의 형태는 반복적으로 나타났다. 점련 부분의 일부 또는 전체가 떨어진 손상도 있었는데, 사용한 접착제의 성분이 시간의 경과에 따라 약화되거나 사라져 발생한 것이다.

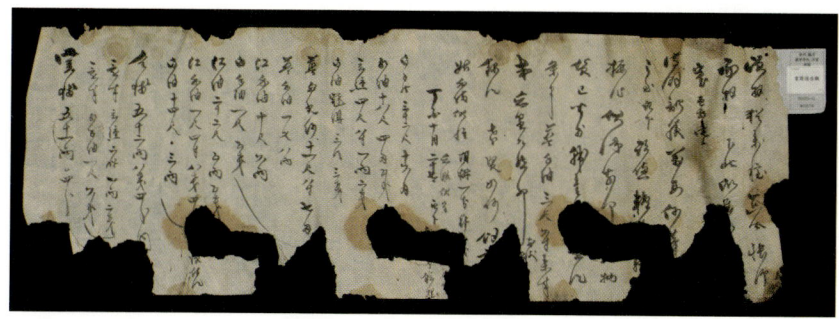

그림 35 마호당 고문서, 서간통고류, F20201-01-W002774. 생물에 의한 손상(식흔 및 얼룩)

그림 36 마호당 고문서, 서간통고류, F20201-01-W003433. 점련부 약화 및 피봉 손상(오른쪽: 점련부 약화 부분 확대)

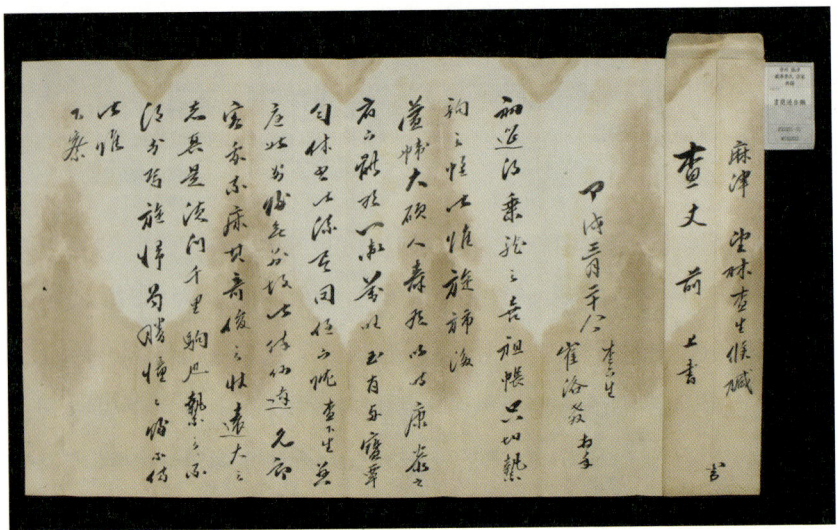

그림 37 마호당 고문서, 서간통고류, F20201-01-W002822. 습기에 의한 얼룩

(6) 치부기록류

치부기록류는 3,496건이었다. 문서의 형태는 성책고문서와 낱장문서가 다수였다. 낱장문서는 종이를 점련하여 길이가 긴 형태가 많았다. 다른 형식분류에 있는 성책고문서의 형태가 직사각형이었던 것에 비해 치부기록류의 성책고문서는 정사각형에 가깝게 제작되었다. 묶은 방법은 일반적인 경우와 같이 오른쪽에 위와 아래에 각 두 개의 구멍을 뚫어 지승으로 묶었다.

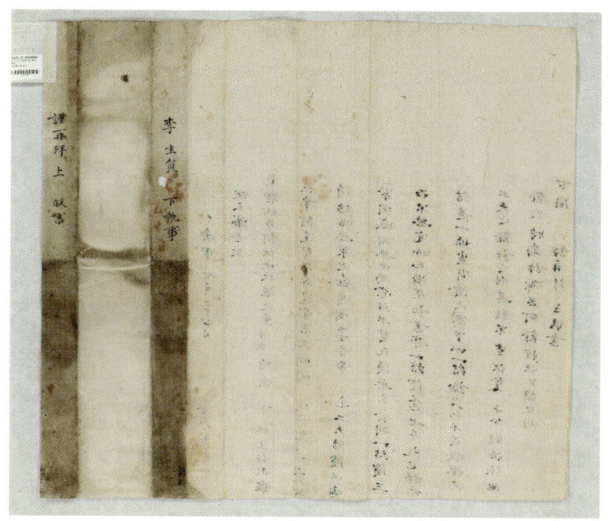

그림 38 마호당 고문서, 서간통고류, F20201-01-W003366. 보관 시 겉면에 생긴 오염

치부기록류 작성에 사용된 종이는 대부분은 두께가 얇고 밀도가 낮아 외부 충격에 취약했다. 마모와 찢김, 결손 때와 오염, 주름, 접힘 등의 물리적 손상이 주로 조사되었는데, 약한 재질과 문서의 잦은 사용으로 이러

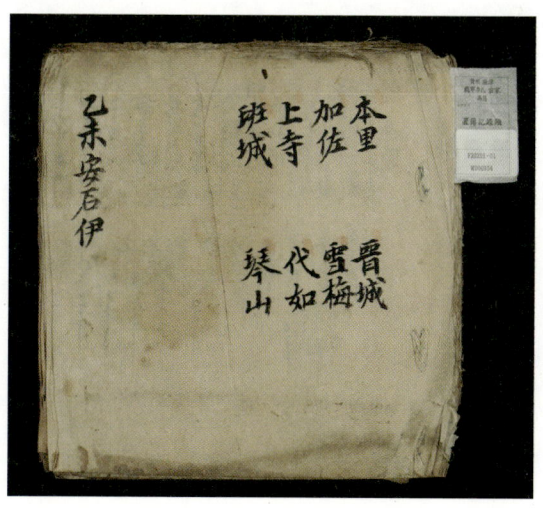

그림 39 마호당 고문서, 치부기록류, F20201-01-W006934.

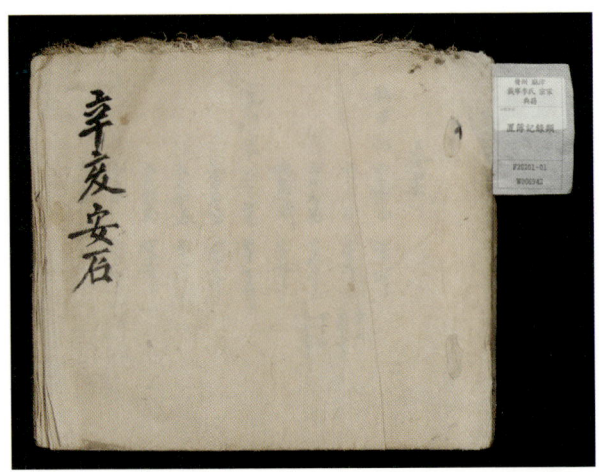

그림 40 마호당 고문서, 치부기록류, F20201-01-W006942.

그림 41 마호당 고문서, 치부기록류, F20201-01-W007018. 다양한 물리적 손상(접힘, 주름, 때, 마모)

그림 42 마호당 고문서, 치부기록류, F20201-01-W009270. 마모와 찢김

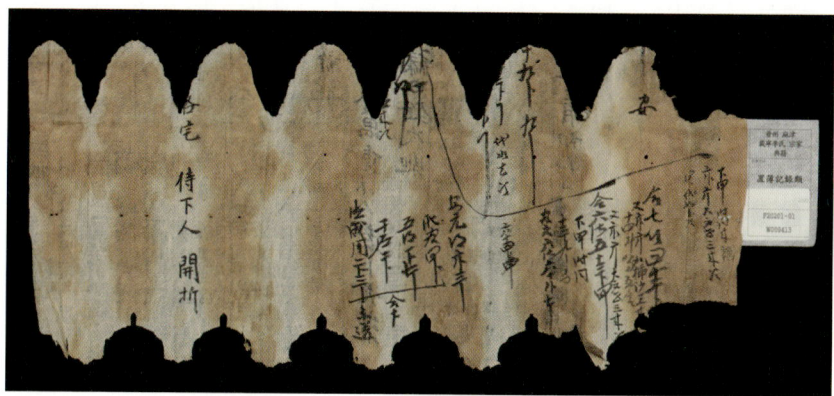

그림 43 마호당 고문서, 치부기록류, F20201-01-W009413. 반복적인 얼룩 및 결손

그림 44 마호당 고문서, 치부기록류, F20201-01-W006932. 성책고문서의 반복적인 얼룩

그림 45 마호당 고문서, 치부기록류, F20201-01-W006945. 성책고문서의 반복적인 결손

한 손상이 발생한 것으로 추측된다. 치부기록류의 긴 문서 역시 반복적인 형태의 손상이 나타난다. 성책고문서의 손상은 점진적이며 대칭으로 아래에서 위, 앞에서 뒤와 같이 방향성을 가진다.

(7) 시문류

시문류는 348건이었다. 시문류 문서에 사용된 종이는 형식의 세부 분류에 따라 다른 크기와 형태를 보였다. 시문류의 가철문서는 다른 형식분류에 비해 작은 종이에 작성되어 있었고, 종이의 윗부분에 구멍을 뚫어 지승으로 묶었다. 성책고문서는 대부분 일반적인 방법으로 묶었지만 〈그림 46〉 문서의 경우 두 개의 구멍이 아닌 한 개의 구멍을 지승으로 묶었다.

시문류 손상의 주요 원인은 생물에 의한 것이었다. 주로 설치류와 충이 손상을 일으켰는데, 대표적으로 배설물 오염과 식흔에 의한 찢김, 결손과 같은 물리적 손상을 들 수 있다. 오염의 경우 중첩 보관된 문서에 설치류의 배설물이 배어들어 여러 장의 문서에 변색과 함께 일정한 형태의 얼룩을 남겼다. 가루 형태의 잔여물이 얼룩에 남아 있다. 설치류와 달리 충에 의한 얼룩은 종이 표면에 여러 개의 작은 점이 밀집되어 있는 형상이었다.

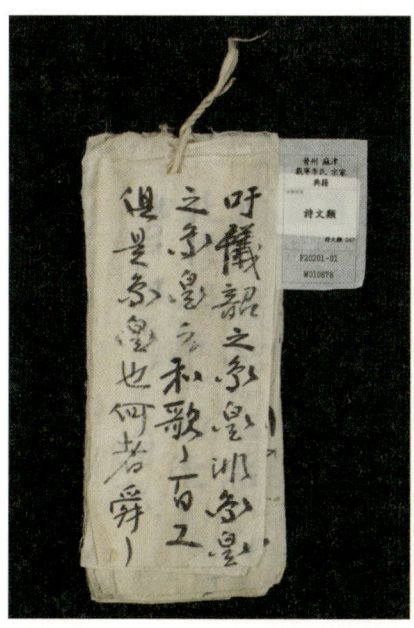
그림 46 마호당 고문서, 시문류, F20201-01-W010678.

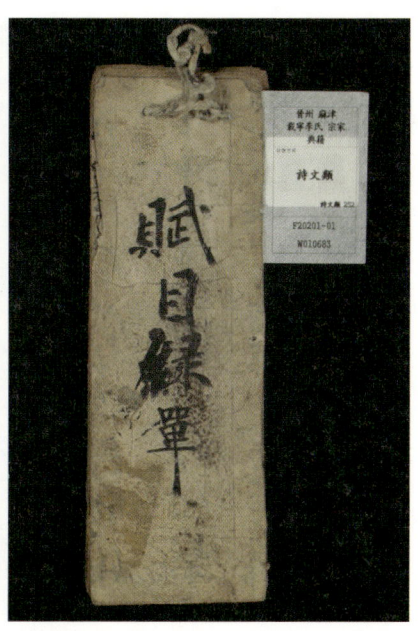
그림 47 마호당 고문서, 시문류, F20201-01-W010683.

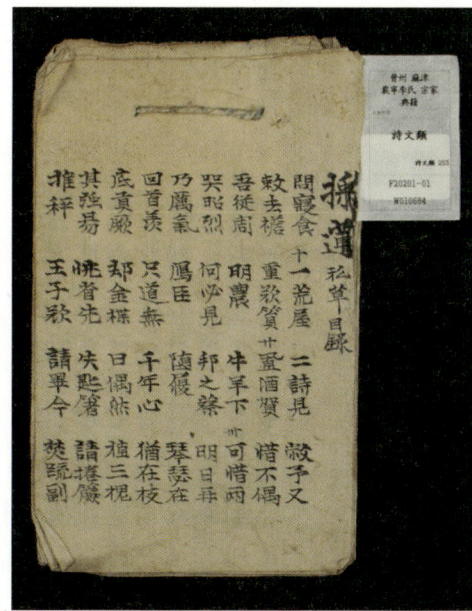
그림 48 마호당 고문서, 시문류, F20201-01-W010684.

마진 재령이씨 마호당 전적의 보존 상태 조사

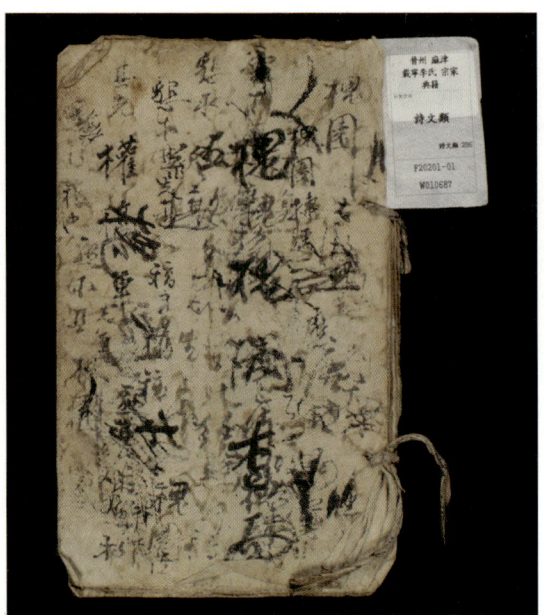

그림 49 마호당 고문서, 시문류, F20201-01-W010687. 성책고문서

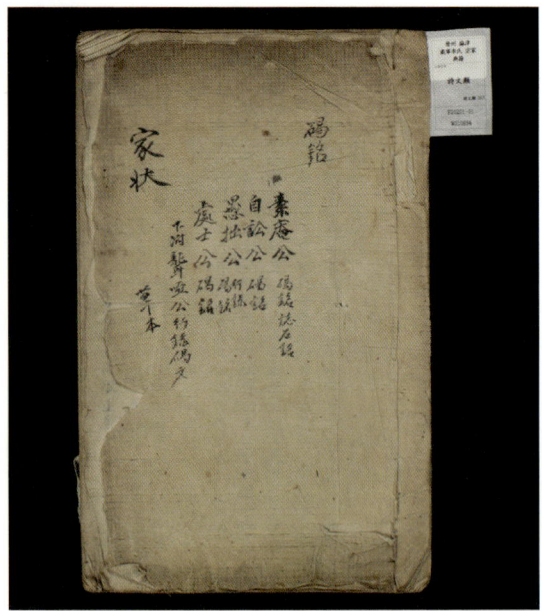

그림 50 마호당 고문서, 시문류, F20201-01-W010694. 성책고문서

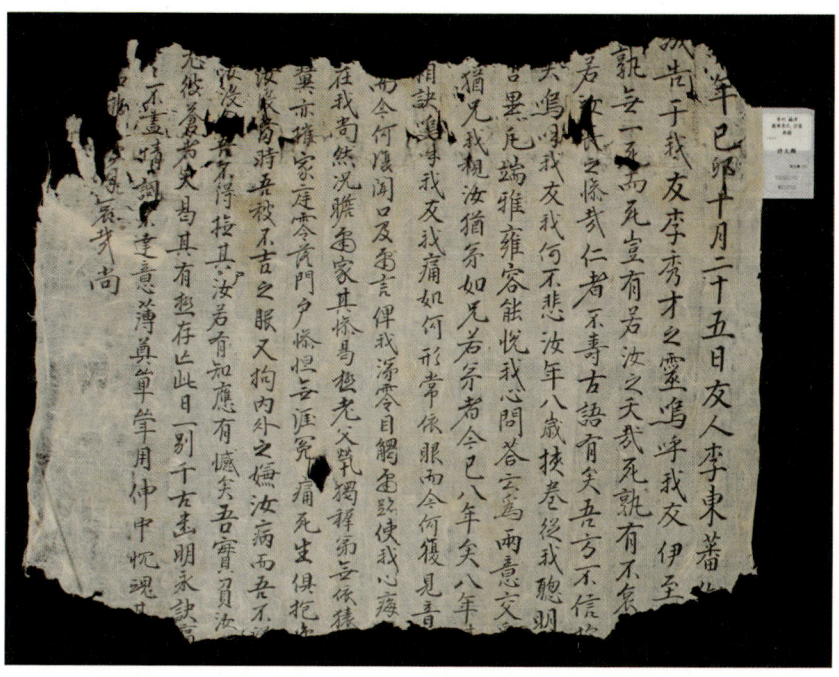

그림 51 마호당 고문서, 시문류, F20201-01-W010712. 습기에 의한 지질 약화 및 결손(식흔)

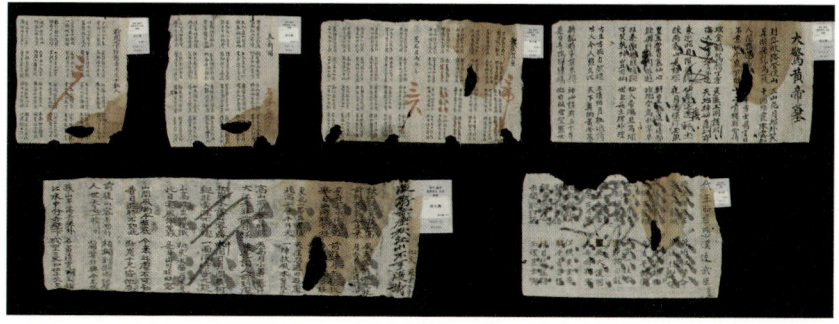

그림 52 마호당 고문서, 시문류, F20201-01-W010612~W010617. 중첩 보관 시 발생한 얼룩 및 결손(생물 피해)

3) 마호당 고문서의 섬유 특성 관찰

진주 마진 재령이씨 마호당 고문서 중 육안조사 과정에서 보편적으로 관찰되거나 특이점을 보였던 종이를 위주로 90건을 선정하여 분석을 실시했다. 분석 시료로는 고문서에서 종이가 손상되어 결락된 조각을 사용했다. 분석 방법은 Garff-C stain 정색 반응과 이중염색에 의한 해부학적 특성을 이용했다.

정색 반응은 섬유의 종류에 따라 물리·화학적 성질이 각각 달라 특수한 시약으로 처리했을 때 섬유의 종류에 따라 특유의 색으로 염색되는 정색의 차이를 이용하여 섬유를 식별하는 방법이다. 섬유별 정색 반응은 〈표 5〉에 나타냈고 Garff-C stain 시약의 제조법은 다음과 같다.

A용액: $AlCl_3 \cdot 6H_2O$ 40g을 증류수 100ml에 용해하여 28℃에서 비중 1.15의 용액 제조

B용액: $CaCl_2$ 100g을 증류수 150ml에 용해하여 28℃에서 비중 1.36의 용액 제조

C용액: $ZnCl_2$ 50g을 증류수 25ml에 용해하여 28℃에서 비중 1.80의 용액 제조

D용액: KI 0.90g과 I_2 0.65g을 증류수 50ml에 용해하여 요오드 요오드화칼륨 용액 제조

A용액 20ml, B용액 10ml 및 C용액 10ml를 잘 혼합하여 혼합액을 만든 다음, D용액 12.5ml를 가하고, 12~24시간 방치 후 상등액을 채취하여 C stain을 제조한다.

해부학적 특성을 관찰하기 위해 실시한 이중염색에는 사프라닌과 아스트라 블루를 이용했다. 이 방법은 섬유의 형태적인 특징뿐만 아니라 섬유

표 5 섬유별 정색 반응

구분	특징
침엽수	황색–노란빛 황색(쇄목 펄프), 밝은 보랏빛 회색–회분홍색(미표백 화학 펄프)
닥나무	적갈색(인피 섬유)
초본류	탁한 청색–회청색
삼지닥	올리브색(인피 섬유)
산닥	밝은 올리브색(인피 섬유)
대나무	탁한 청색–회청색
면	회적색

* 자료: 펄프·종이시험법, (사)한국펄프·종이공학회, 2006.

의 성숙 정도도 평가할 수 있다. 사프라닌은 각종 식물이나 동물 세포의 염색에 사용되는 붉은색을 띤 염기성 염료다. 섬유의 관찰에서 사프라닌은 목화된 세포벽의 리그닌에 염색된다. 이때 리그닌 함량이 높을수록, 즉 섬유가 목화되고 셀룰로오스 이외의 성분이 많을수록 붉은색으로 염색된다.

아스트라 블루는 염료 섬유 속의 셀룰로오스에 염색되며, 성숙 세포일수록 진한 청색을 띠며 미성숙 세포일수록 옅은 색으로 나타난다. 따라서 사프라닌과 아스트라 블루 이중염색을 통하여 원료 섬유의 성숙 정도를 추정할 수 있다. 섬유의 해부학적 특성은 〈표 6〉에 나타냈고 이중염색을 이용한 분석 방법은 다음과 같다.

- 채취된 한지 섬유를 사프라닌 1%+아스트라 블루 1%로 이중염색한다.
- 과량의 염색액을 수세한 후 섬유를 슬라이드글라스 위에 놓아 프레파라트를 제작한다.
- 만들어진 샘플 시료의 섬유를 광학 현미경을 사용하여 관찰하고 그 특징을 촬영한다.

표 6 섬유별 해부학적 특징

섬유	특징
침엽수	침엽수의 특징은 가도관이다. 침엽수 펄프는 대부분 섬유 세포로 구성되어 있고 유세포 등 다른 세포의 양이 매우 적다. 벽공의 대부분은 유연벽공(有緣碧空)이다. 섬유장은 수종에 따라 다르나 대부분 2~4.5mm이고, 섬유폭은 20~70㎛이다.
닥나무	투명막의 존재와 섬유의 마디, 왜곡 등의 존재 여부로써 식별 가능하다. 섬유장은 3~5mm이고 섬유폭은 10~30㎛ 정도이다.
초본류	짧고 가늘며 후벽으로 섬유 끝이 뾰족하다. 유세포는 작고 박벽으로 섬유 안에 다량 존재하며 표피세포가 있는 것이 특징이다.
삼지닥	닥나무 인피 섬유와 유사한 형태를 가지나 투명막이 존재하지 않고 섬유폭이 일정하지 않다. 마디, 왜곡 등은 희미하게 존재한다.
산닥	닥나무 인피섬유와 유사한 형태를 가지나 투명막이 존재하지 않는 특징이 있다.
대나무	다수의 유세포를 가지며 유세포가 덩어리로 뭉쳐 있는 형태의 박벽세포가 있다. 크기가 큰 도관 요소가 특징이다.
면	섬유 전장에 걸쳐 리본 형태의 꼬임을 가지며, 섬유 끝부분은 끊겨 있는 모양을 가지고 있다.

진주 마진 재령이씨 마호당 고문서 90건에서는 7종의 섬유가 관찰되었다. 〈표 7〉은 관찰된 7종의 섬유 특징이 잘 보이는 대표적 분석 결과를 나타낸 것이다. 관찰된 섬유는 침엽수 화학 펄프 47건, 닥나무 인피 31건, 초본류 22건, 침엽수 쇄목 펄프 18건, 삼지닥 3건, 산닥 2건, 대나무 2건, 면 2건이다. 63건은 단일 섬유로 이루어져 있었고, 18건은 2종, 9건은 3종의 섬유가 혼합되어 있었다. 재령이씨 마호당 고문서의 형성 시기가 17~19세기에 걸쳐 있기 때문에 닥나무 인피 섬유에서부터 침엽수 화학 펄프까지 다양한 섬유를 관찰할 수 있었다. 이중염색 결과를 살펴보면 섬유의 종류와 상관없이 대부분의 섬유가 붉은색을 띠고 있어 리그닌 함량이 높고 목질화가 많이 된 섬유를 원료로 하여 만든 종이를 고문서 작성에 사용한 것을 단편적으로 알 수 있다.

표 7 Garff-C stain 정색 반응과 이중염색으로 관찰한 종이 섬유

구분 (자료 ID)	Garff-C stain 정색 반응	이중염색
침엽수 화학 펄프 (W001621)		
닥나무 인피 섬유 (W000189)		
초본류 (W003065)		
침엽수 쇄목 펄프 (W000581)		
삼지닥 (W001731)		

산닥 (W003433)		
대나무 (W002891)		
면섬유 (W002768)		

3. 마호당 고문서의 응급보존처리

응급보존처리는 예방보존의 한 방법으로, 유물에 습식클리닝, 결손부 메움과 같은 직접적인 보존처리를 시행하기에 앞서 유물에 해로운 영향을 줄 수 있는 유해가스 및 오염물질을 차단하고 적절한 온·습도를 유지하는 등 유물의 보존에 유리한 환경을 조성해 줌으로써 현상을 유지할 수 있게 하는 것이다. 좋은 의도와 적합한 방법으로 보존처리를 한다고 해도 처리 후의 유물은 처리 전과 같을 수 없으므로 예방보존을 통해 유물이

그림 69 응급보존처리 과정과 종류

생성되었을 때의 형태나 제작 방법, 제작자의 의도까지 보존할 수 있도록 주의를 기울이고 있다.

재령이씨 마호당 전적의 보존 상태를 조사하면서 문서의 형태를 유지하기 어렵거나 재질이 약화되어 손상될 위험성이 높게 조사된 보존 상태가 매우 불량한 문서 215건에 대하여 응급보존처리를 진행했다. 215건을 형식분류별로 보면 첩관통보류와 기타고문서류 각 1건, 소차계장류 2건, 증빙류 6건, 치부기록류와 고서 9건, 서간통고류 13건, 명문문기류 174건이다. 응급보존처리를 실시한 문서의 약 80%가 명문문기류였다. 손상 형태는 습기에 노출된 부분에 발생한 곰팡이로 인해 지질이 약화되어 문서의 일부가 결손되었거나 결손될 가능성이 높은 것이었다. 이를 통해 습기를 원인으로 하는 손상들의 위험성과 시급성을 알 수 있다. 응급보존처리에 적용한 방법은 문서를 봉(封)하거나 적합한 상자 또는 폴더를 제작하는 것이다. 사용된 재료는 보존성과 안정성이 검증된 것으로 상자와 폴더는 보존용 중성판지 및 골판지를 이용했으며 접착이 필요한 경우에는 보존용으로 제작된 중성풀이나 자재를 사용했다. 각봉(各封)은 2021년 보존처리실에서 실시한 「지류보존처리 재질 안정성 평가 연구」를 통해 유물 보존에 안정성과 우수성이 확인된 폴리에스터 계열의 보존용지를 초음파 엔캡슐레이터(Encapsulator: Polyester Sealing Machine)를 이용해서 제작했다.

4. 상태조사 결과

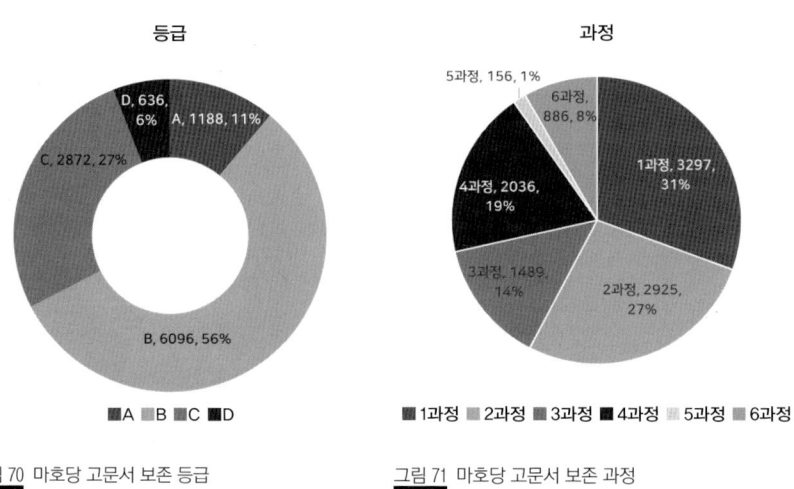

그림 70 마호당 고문서 보존 등급   그림 71 마호당 고문서 보존 과정

재령이씨 마호당 고문서 1만 792건에 대한 전체적인 상태조사 결과는 〈그림 70〉·〈그림 71〉의 그래프와 같다. 보존상태가 양호한 B등급이 6,096건, 56%로 가장 높은 비율로 집계되었다. 다음으로는 C > A > D 등급 순서였다. 보존 과정은 1 > 2 > 4 > 3 > 6 > 5과정 순서였다. 보존 등급과 보존 과정을 종합하면, 약 58%는 보존처리가 불필요하거나 표

표 8 마호당 고문서 형식분류별 보존 등급 조사 결과 [단위: 건(%)]

분류	A	B	C	D
소차계장류	3(1)	160(64)	58(24)	28(11)
첩관통보류	10(3)	219(66)	78(23)	28(8)
증빙류	365(29)	699(55)	134(11)	61(5)
명문문기류	141(20)	288(41)	91(13)	181(26)
서간통고류	339(8)	2,613(59)	1,353(31)	91(2)
치부기록류	330(9)	1,944(56)	1,023(29)	199(6)
시문류	0(0)	170(49)	135(39)	43(12)

면 이물질 제거와 같이 가벼운 수준의 처리와 예방보존을 통해 현상 유지가 가능했으며 약 42%에서 보존처리가 필요한 것으로 집계되었다.

〈표 8〉에 형식분류별 보존 등급을 나타냈다. 마호당 고문서 전체를 통계한 결과와 형식분류별 통계는 차이를 보였다. B등급이 모든 형식에서 가장 높은 비율로 조사된 것은 같았다. 전체와 같은 결과를 보이는 형식은 서간통고류와 치부기록류뿐이다. 소차계장류와 첩관통보류, 시문류는 보존처리가 시급한 문서의 비율이 더 높아 B〉 C〉 D〉 A로 조사되었다. 시문류의 경우 보존 등급에서 A로 분류할 수 있는 문서가 없었다. 증빙류는 B〉 A〉 C〉 D 순서로 상태가 매우 양호해 보존처리가 필요하지 않은 A등급 비율이 모든 형식에서 가장 높았으며 D등급의 비율도 현저히 낮아 마호당 고문서에서 보존 상태가 가장 양호했다. 보존 상태가 가장 좋지 않았던 형식은 명문문기류로 보존 등급은 B〉 D〉 A〉 C 순서였다. 보존처리가 시급한 D등급의 비율이 10% 안팎인 다른 형식 분류와 달리 명문문기류는 26%라는 높은 비율로 집계되었다.

〈표 9〉에 형식분류별 보존 과정을 나타냈다. 5과정의 비율이 가장 낮다는 공통점 외에는 형식분류별로도 보존 과정의 비율 순위가 달랐으며 전체 비율과도 다르게 집계되었다. 명문문기류·증빙류·첩관통보류는 별도의 처리가 필요하지 않은 1과정의 비율이 가장 높았고 소차계장류와 서간

표 9 마호당 고문서 형식분류별 보존 과정 조사 결과　　　　　　　　　　　　　　　[단위: 건(%)]

분류	1과정	2과정	3과정	4과정	5과정	6과정
소차계장류	67(27)	82(33)	53(21)	33(13)	5(2)	9(4)
첩관통보류	116(35)	89(26)	55(16)	40(12)	16(5)	19(6)
증빙류	786(62)	118(9)	109(9)	134(11)	11(1)	101(8)
명문문기류	494(70)	68(10)	11(2)	48(6.7)	2(0.3)	78(11)
서간통고류	1,133(26)	1,319(30)	888(20)	888(20)	58(1)	110(3)
치부기록류	666(19)	1168(33)	365(10)	797(23)	64(2)	436(13)
시문류	35(10)	79(23)	8(2)	95(27)	0(0)	131(38)

통고류, 치부기록류는 건식클리닝을 통한 표면 이물질 및 먼지 제거가 필요한 2과정의 비율이 가장 높았다. 시문류의 경우 전 과정 보존처리가 필요한 6과정의 비율이 가장 높았으며 습식 처리가 필요한 4과정의 비율도 다른 형식분류에 비해 높았다.

　형식분류별 보존 등급과 처리 과정을 종합적으로 고려했을 때 전체적인 보존 상태는 증빙류가 가장 좋았다. 증빙류는 양호한 상태 등급으로 책정된 문서의 비율이 높았고 그 문서들 가운데 1과정으로 분류된 문서가 많았기 때문이다. 보존 상태가 좋지 않은 형식은 보존 등급과 처리 과정이 차이를 보였다. 보존 상태가 양호한 형식은 보존 등급과 처리 과정이 일관되게 나타났지만, 보존 상태가 양호하지 않은 형식에서는 차이를 보였다. 보존 등급에서는 명문문기류가 가장 낮았지만 보존 과정에서 처리가 시급한 것은 시문류였다. 이러한 차이가 나타나는 이유는 시문류의 경우 B등급의 비율은 높았지만 A등급이 없어 1~2과정으로 분류된 문서가 적었고, 명문문기류는 D등급의 비율이 높았지만, A·B등급의 비율도 높게 조사되어 1~2과정으로 분류된 문서가 많았기 때문이다. 두 형식이 수량에서 약 2배 차이가 나는 것도 영향을 주었을 것으로 추측된다.

2부

마진마을 향촌사족의 삶과 문화

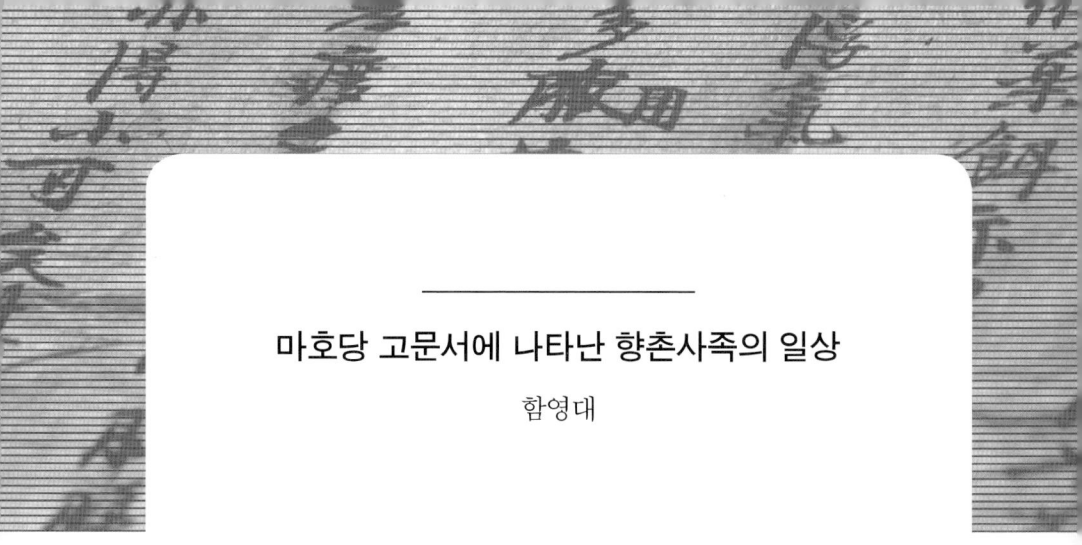

마호당 고문서에 나타난 향촌사족의 일상

함영대

1. 머리말

근래 향촌 연구에서는 향규(鄕規)와 동계(洞契)를 통한 사족의 향촌 지배, 주현 향약(鄕約)을 통한 중앙의 향촌 통치 등 사회집단 내 역학관계를 비롯한 정치·사회사적 거대 담론이 우세한 경향이다. 반면 주민 자치의 촌계(村契)라든지 기층민의 생활사를 세밀하게 살펴보는 연구는 상대적으로 부족했는데, 이제는 그 실상을 세밀하게 고찰할 필요가 있다는 주장이 힘을 얻고 있다.[1]

아울러 향약, 계 등의 구체적인 운영 실상에 다양한 지역의 사례가 추

---

* 이 글은 필자의 「진주 마호당 고문서에 나타나는 향촌 사족의 일상」, 『장서각』 50, 2023을 수정·보완한 것이다.
1 박경하, 「조선후기 향촌사회사 연구의 성과와 과제」, 『중앙사론』 53, 2021.

가될 필요가 있으며 향약과 계 조직을 지배 도구로만 바라보는 관점 역시 재검토할 필요가 있다고 보고되었다. 그에 따라 새로운 자료의 발굴과 활용에 대한 요구도 아울러 높아지고 있다.[2]

이러한 향촌사 연구에 대한 학계의 방법론적 전환을 고려한다면 진주 마진마을 마호당의 다양한 문헌과 고문서는 연구자의 시선을 잡아끄는 적지 않은 매력이 있다. 마호당은 진주시 대곡면 마진리 592(경상남도 문화재자료 제106호)에 위치한 건물이다. 1714년(숙종 40)에 이덕관(李德寬)이 신축한 이래 13대가 이어온 재령이씨의 종택으로, 안채는 3량 팔작지붕에 전후 툇간이 설치되고 사랑채는 들어열개 분합문과 계자난간을 설치한 누마루 형태이다. 마호당은 독서당으로 가문의 번영과 흥망성쇠를 지켜본 건물이다.

근래에 학계에 소개된 이래 마호당에 소장된 고문헌은 경남 서부지역의 역사와 문화를 연구하는 데 중요한 자료가 되고 있다. 『대곡가좌(大谷家座)』를 비롯해 대곡리 산하 각 촌의 가좌성책(家座成冊), 군정성책(軍丁成冊) 등의 자료는 그 규모와 상세함으로 인해 19세기 지방사회의 변화를 연구하는 데 핵심적인 자료[3]로 이해되었다. 소장 자료가 이처럼 풍부한

그림 1 진주 마진마을 마호당

---

2   심재우, 「조선시대 향촌 사회조직 연구의 현황과 과제」, 『조선시대사학보』 90, 2019.
3   마호당의 자료를 활용한 사회사 연구가 학계에 보고되어 있다. 김준형, 「19세기 진주 신흥계층 '幼學'호의 성격」, 『조선시대사학보』 47, 2008; 김준형, 「19세기 전반 진주 대곡리의 토지소유 양상과 신흥계층」, 『남명학연구』 33, 2012; 김준형, 「19세기 전반 軍役充定 과정과 각계층의 대응: 진주 대곡리 지역사례를 중심으로」, 『한국사연구』 170, 2015. 한국사연구회의 일련의 연구는 그 가장 대표적인 것이다.

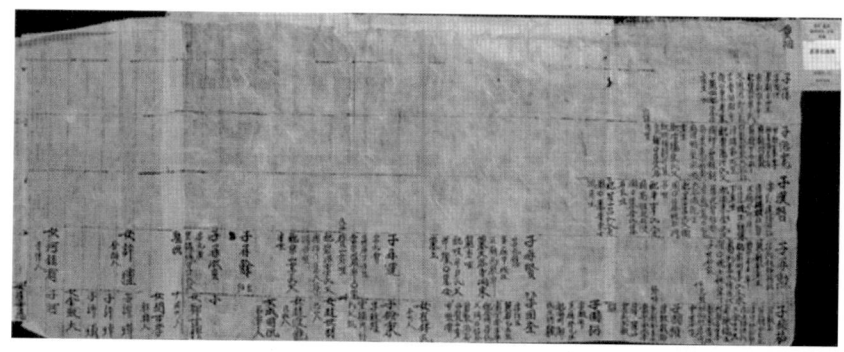

그림 2 마진마을 입향 이후 재령이씨 족보

사례는 전국적으로도 극히 희귀한 경우라고 보고되었다.[4]

한편 이한철(李漢喆), 이한익(李漢翼), 이재훈(李再勳), 이국우(李國祐), 이인모(李麟模), 이희좌(李熙佐) 등으로 이어지는 계보에서 산출된 다양한 생활사 자료는 향촌사족의 일상을 구체적으로 검토할 수 있는 기회를 제공한다. 이인모의 기록으로 추정되는 〈그림 2〉는 마진마을에 입향한 이래 재령이씨의 계보를 면밀히 보여준다. 특히 종계 족보에 더해 "천품이 호방하고 기개와 도량이 맑고 온화했다[天資豪放 氣宇淸和]."라고 기록하는 등 주요한 선조의 성품까지도 상세하게 기록한 자료는 후손들이 추념하기에 요긴하도록 되어 있는데 이는 재령이씨 가문의 특색 있는 전통과 관련하여 유념

[4] 문화재청의 시도 유형문화재 정보에 따르면, 이들 문서는 2012년 7월 26일에 '진주 마호당 고문서 일괄'이라는 이름으로 경남유형문화재로 지정되었다. 이상필·김해영·채휘균·원창애·황영신·김준형이 분담하여 집필한 『경남 서부지역의 고문헌 Ⅲ: 함양·함안·통영·거제지역을 중심으로』(경상대학교 경남문화연구원 편, 가람출판사, 2008)에서 마호당 소장 자료를 유형별로 나누어 개괄적으로 소개했다. 최근 한국학중앙연구원 장서각의 '마진마을과 재령이씨가 고문서 연구팀'에서 규명한 사실을 추가하면 그 전체 규모는 1만여 점을 훨씬 상회한다고 보고되었는데, 한 집안에서 이 정도 규모의 자료가 전해지는 것은 매우 희귀한 사례에 속한다. 토지와 노비 등 재산 규모, 세대별 활동 등 재령이씨 가문의 역사뿐만 아니라 당대 마진마을의 성씨 구성과 부세 문제, 각종 법적 분쟁 등 조선 후기 이 마을의 변화상까지 살펴볼 수 있는 귀중한 자료로 평가된다. 심재우, 「조선후기 진주 대곡 마진마을의 역사와 동림 갈등」, 『한국문화』 100, 2022 참조.

해 볼 만한 대목이다.

우선 재령이씨의 입향 과정을 추적해 보면 『진양지(晉陽誌)』(1632)의 기사에는[5] 경상도 진주목 동면 대곡리의 속방(屬坊)으로 대동(大洞)·소동(小洞)·압곡동(鴨谷洞)·마진(麻津)·관내동(官內洞)이 보이는데 여기에서 알 수 있듯이 마진마을은 당시 행정구역상 대곡리의 여러 자연촌락 가운데 하나였다. 『진양지』에는 당시 대곡리의 사정이 다음과 같이 언급되어 있다.

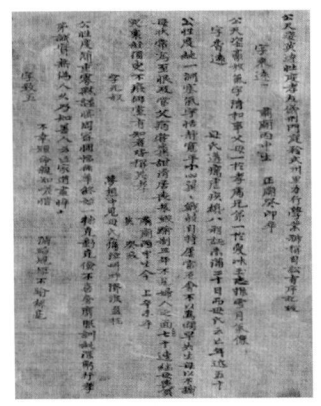
그림 3 마호당 선조 성품 계보도

> 토지가 낮은 곳에 있어 수해를 많이 입는다. 예로부터 사족이 살지 않아 풍속이 완악하고 어리석다. 그 뒤로 사족 두어 집이 가좌촌(加佐村)으로부터 들어와 살았다.[6]

조선 전기까지만 해도 작은 민촌이었던 마진마을은 17세기 전반 재령이씨의 입향으로 반촌으로 성장했다. 마진마을의 재령이씨는 과거를 통해 중앙관료로 진출하기보다는 마을의 향권(鄕權)을 차지하고 향론을 주도하

---

5   17세기 진주목의 읍지인 『진양지』는 성여신(成汝信) 외 조식(曺植)의 후학들이 대거 참여한 가운데 제작되었으며 1622년에 시작하여 1632년에 완성된 것으로 알려져 있다. 1670년에 필사본이 반포되고 1871년과 1835년에 증보되었으며, 1932년에 속지가 발간되고, 1967년에 속지의 증보가 다시 이루어졌다. 김범수, 「진양지해제」, 『국역 진양지』, 진주문화원, 1991 참조. 다만 최근 경상국립대 고문헌도서관 문천각에 입고된 『진양지』의 편찬과 관련하여 남명학파의 후학들이 진행한 『진양지』의 편찬 과정은, 1622년에 이미 상당한 내용으로 『진양지』가 구성되었던 것이 확인되므로, 실제 편찬에 10년의 시간이 경과된 것은 다른 사정이 있었던 것으로 짐작되며 이와 관련해서는 추후 자세한 검토가 요청된다.

6   『晉陽誌』, 「各里」. 참고로 당시 대곡리의 호구, 전답 규모는 88호 630명에 논 53결, 밭 20결로 확인된다. 『晉陽誌』, 「戶口田結」; 심재우(2022), 앞의 논문 참조.

는 지역사족으로서 성장했는데,[7] 특히 전답과 노비 확보를 통해 많은 부를 축적한 데서도 볼 수 있듯이 이재(理財)에 능한 면모를 보였으며 아울러 마을의 현안인 수재(水災)를 극복하고 산림천택(山林川澤)의 혜택을 극대화하기 위한 숲의 조성 활동에도 큰 노력을 경주했다. 하지만 향촌을

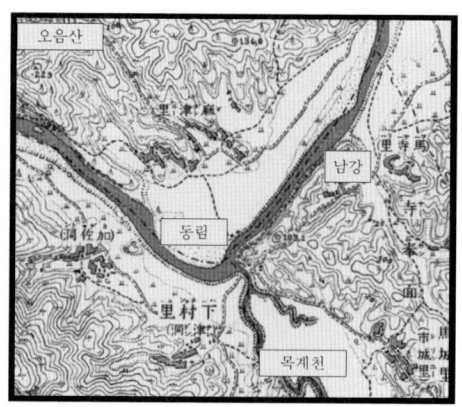

그림 4 1910~30년대 마진리 일대 지형도.
출처: 국토지리정보원(ngii.go.kr)[8]

건사하기 위한 이러한 적극적인 활동은 이후 예상치 못하게 송림과 관련한 송사를 적지 않게 불러일으키기도 했다.[9] 다만 그것은 어디까지나 국가 권력의 향방과 관련하여 아쉬운 방향으로 전개된 것이고 재령이씨의 진정성이 감지되는 향정과 긴 시간을 두고 투여된 노력에 관해서는 별개로 나누어 평가할 필요가 있는 것이다.

그러나 주민 친화적 경영 및 향권 장악, 주민 보호와 노비 상포계의 운영과 협조는 이재훈(李再勳)과 이국정(李國禎)에 대한 행록에서 "바탕이 곧고 화려하지 않으나 실질적인 행실과 덕행이 있다[質直無華 實行實德]."라고

---

[7] 이덕관의 아들 이한철은 향시에 여섯 번 입격했으나 대과에는 실패했고, 이재훈의 아들 이국병(李國昞) 역시 과거 보는 일을 일삼아 여러 번 응시했지만 합격하지 못했다. 이국정의 아들 이정모(李廷模)는 유치명(柳致明)의 문인이고, 이원조(李源祚)의 편액을 받았으나 역시 관직은 없었고, 이국병의 아들 이정모(李正模) 역시 학문에 뜻을 두었다고 했으나 관직은 드러나지 않았다. 『진양속지』 인물조 참조. 향촌의 선비가 오랜 시간을 들여 과거를 준비했음에도 입격하는 결과를 보지 못한 것은 그들의 노력 부족이라기보다는 과거 제도가 이미 일반적인 향촌 선비가 급제하기에는 구조적으로 쉽지 않은 방향으로 전개되어 갔던 것으로 여겨진다. 조선 후기 과거 운영과 관련해서는 박현순, 『조선 후기의 과거』, 소명출판, 2014 참조.

[8] 심재우(2022), 앞의 논문, 135쪽에서 그림 재인용.

[9] 심재우(2022), 앞의 논문.

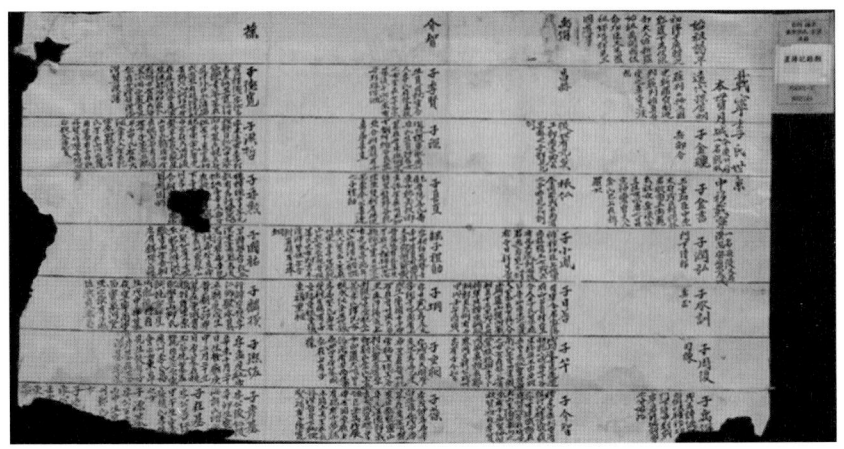

그림 5 마호당 관련 재령이씨 세보

했듯이 그 가문의 처세와 무관하지 않은 것으로 판단된다.[10] 질박하며 정직하고 화려하지는 않지만, 실질적인 행실과 덕행이 있다는 평가는 향촌의 중간층을 형성하고 있던 사대부들에게 내려질 수 있는 가장 적실한 평가로 이해된다. 아울러 마호당의 종계에 대한 각별한 기록은 강렬한 가문의식에 기초한 것으로 볼 수도 있지만, 향촌에 깃들어 사는 향촌 양반이 자신의 가문을 부지하기 위해 기울인 강렬한 생존 노력으로도 볼 수 있을 것이다.

---

[10] 李源祚, 『凝窩集』 卷22, 「處士載寧李公兩世行錄」, "今見其家狀 質直無華 實行實德 皆余之所耳目. 於是乎益歎其家法之正 而益知其言之爲可信也. 遂畧加檃括而書其狀尾而歸之 或冀秉筆君子財擇焉." 이 집안의 가풍과 관련해서는 안승준, 「마진 재령이씨 마호당의 가계와 고문서」, 『2022년 장서각 학술대회: 진주 마진마을과 재령이씨가 고문서』 발표자료집, 2022 참조.

2. 마호당의 경전 공부와 과거 출사

마호당 소장 고서[11]로는 많은 자료가 있고 경부와 예부 등 경전도 적지 않지만, 그 구체적인 내용을 살펴보면 대체로 본격적으로 경학을 공부하기 위한 용도라기보다는 과거 시험을 준비하는 수험용으로서의 용도가 우세했던 것으로 보인다.

〈그림 6〉은 마호당의 경전 공부에 대한 흔적을 볼 수 있는 자료다. 이 책은 『경서정문(經書正文)』으로 정조가 경서의 본문만을 정리하여 경학을 공부하는 학자들의 교재로 활용할 목적으로 활자로 간행한 것[12]인데 마호

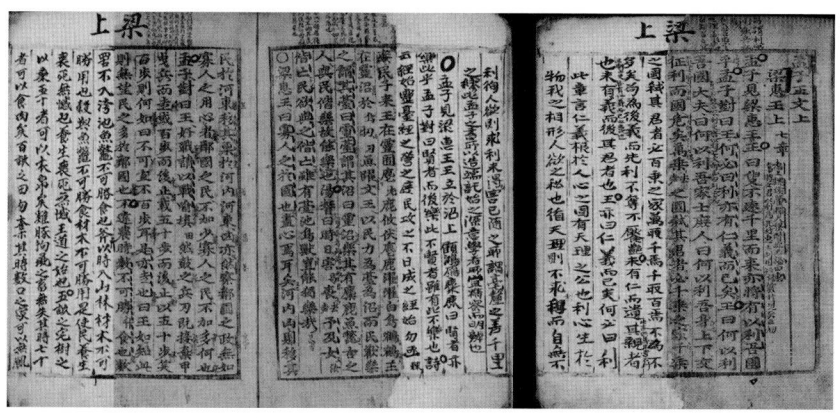

그림 6 마호당의 소장된 『맹자정문(孟子正文)』

---

[11] 이혜정, 「마진 재령이씨 마호당 소장 고서의 현황과 특징」, 『2022년 장서각 학술대회: 진주 마진 마을과 재령이씨가 고문서』 발표자료집, 2022 참조. 특히 과거 준비를 위한 문건이 적지 않은 것으로 확인되었다.

[12] 正祖, 『群書標記』, "經書正文緣起 孟子正文孟子一卷. 乙未 余諭講官曰 三經四書. […] 今若祇取正文刊布 如石經古文 而得康成以前體裁 則亦可爲經生學士深思力究之一助 以活字印行." 성격의 고문처럼 만들어 정현 이전의 체제로 경학을 연구하는 학생들의 공부를 돕는다는 취지는 경학에 대한 정조의 포부를 엿볼 수 있다는 점에서 매우 흥미롭다.

당의 책은 그 일부가 필사본이며 중요한 주석에 대한 필사 보충이 이루어지고 있다. 모두 현토가 표시되어 있어 학습 자료로 활용했다는 여실한 흔적을 확인할 수 있으며 붉게 표기된 관주와 군데군데 반영된 주석은 모두 마호당 후손가의 개별적인 성찰이라기보다는 주자의 설명에 대한 부분적인 발췌로 이해된다.

다만 그 텍스트가 온전한 활자체로 쓰이지 않았을 뿐만 아니라 주자의 집주와 원·명대의 주석이 모두 반영된 대전본이 아닌 경문의 원본만을 베껴 옮긴 정도의 경전을 소유하고 있었던 것은 경전 소유 수준이 영세한 정도였음을 보여준다. 그러한 교재마저도 온전한 것이 아닌 수시로 기운 흔적이 있다는 것은 과거 공부에 대한 준비의 한 측면을 보여주는 것이다.

이렇게 과거 공부에 매진한 흔적은 적지 않게 찾아볼 수 있는데 실제 절목을 만들어 과거를 준비하는 계를 조직하는 방향으로까지 나아간 사실은 무척 흥미롭다. "선비에게 부득이한 것이 과거이며, 과거 준비에서 없을 수 없는 것이 재물"[13]이라고 선언하고, 재물을 모으는 데는 조금씩 여러 사람에게 모으는 것이 가장 효과적이라고 생각하여 그 비용을 마련하는 계를 조직한 것이다. 초시 합격자에게는 5냥, 문과 합격자에게는 20냥을 별도로 지급한다는 매우 구체적인 절목이다. 이 과계(科契)가 결성된 것은 1855년(철종 6)이다. 그 내용의 구체성으로 미루어 명분상의 과계에 그치는 것이 아니라 시험 준비를 위해 매우 실질적으로 운용되었음을 알 수 있다.[14] 그 결과 일부는 성과를 내기도 했는데, 1857년(철종 8) 5월에

---

13 「科契節目序」, "士之不得已者科也 科之不可無者財也."
14 하나의 비교 사례로 서얼 가문이기는 하지만 경기도 포천시에 기거한 창녕성씨 상곡공파는 1748년에 시작하여 1824년까지 76년간 시회(詩會)를 통해 과거 합격을 위한 수험 공부를 진행했다. 그 정황을 성해응은 이렇게 지적했다. 成海應, 『研經齋全集』 續集 冊11, 「竹谷榜會詩序」, "功令文字 雖技之薄者 若能以仁義之言發之 則亦能感移心意 有足以興起者 此會可謂兼之矣." 공령문자가 비록 수준 높은 기술은 아니지만 인의(仁義)의 의미를 발휘할 수 있을 뿐만 아니라 마음을 감응시키고 또 충분히 흥기시킬 수 있다고 하면서 시회의 의미를 인정했다. 이와 관련해서는 손혜리, 「과거를 통해 본 조선후기 서얼가의 학지생성과 가학의 성립」, 『대동한문학』 38,

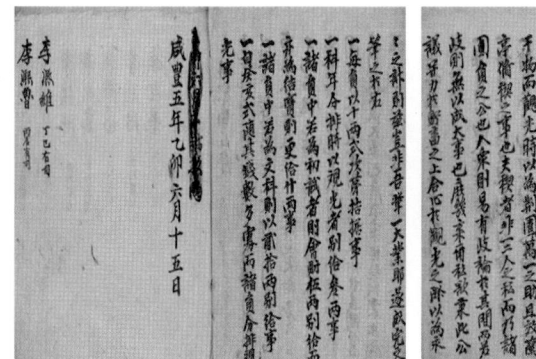
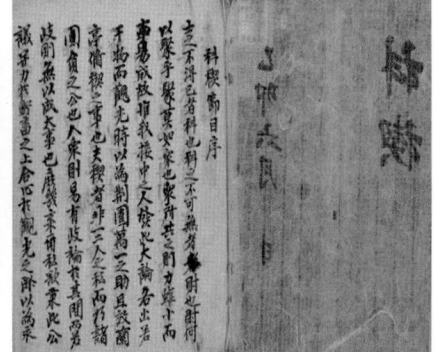

그림 7 마호당에서 과거 준비를 위해 쓴 과계절목서

치러진 소과에서 대곡 출신의 이재빈(李再斌)·이재정(李再挺)·이재육(李再育)은 부(賦)에서 '삼중(三中)'으로 입격하기도 했다. 아울러 그 공부 이력을 보여주는 문건도 있다. 사서삼경은 물론 구체적인 문장 학습까지 진행된 양상이다. 이현도의 공부 기록은 이 과계가 이후에도 꾸준히 이어졌음을 짐작하게 한다.

　그렇지만 모든 문중의 구성원들이 좋은 결과를 얻었던 것은 아니다. 이우진(李宇鎭)의 경우 종손임에도 불구하고 '50年科擧 未見結緖'라 하여 그 성과를 보지 못하고 있는 정황을 드러냈으며 그 결과 '不勝憤惋'이라는 한탄을 불러올 정도로 가문의 안타까움을 드러냈다. 종손들이 모두 문장과 학문에 수준이 높을 수는 없기 때문에 그들이 모두 탁월한 학문적 성취를 이루어 낼 수 있는 것은 아니지만 마호당의 입장에서 이 문제는 작은 문제가 아니었다. 그러므로 다음과 같은 간곡한 청을 올리는 지경에 이르렀던 것이다.

2013 참조; 그것이 경전 학습으로서 가지는 의미에 대해서는 함영대, 「오학론으로 읽는 경전학의 이면: 경학과 과거문장학의 조응」, 『한국한문학회』 83, 2019 참조.

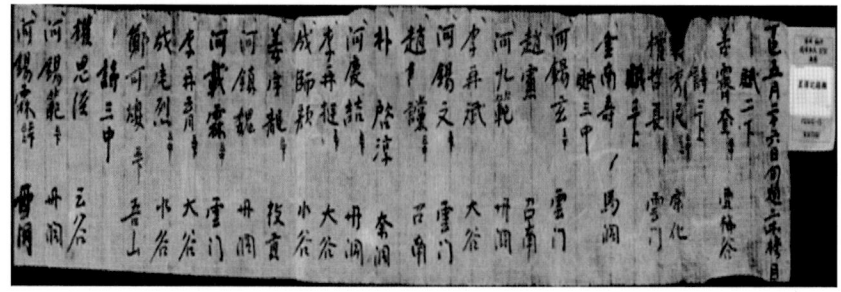

그림 8 1857년(정사) 5월 향시방목

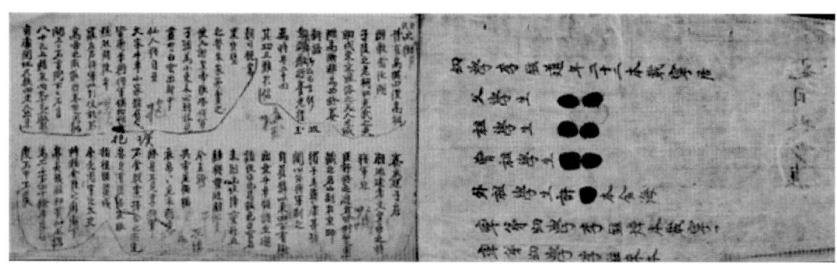

그림 9 과거 준비를 위한 문장 목록

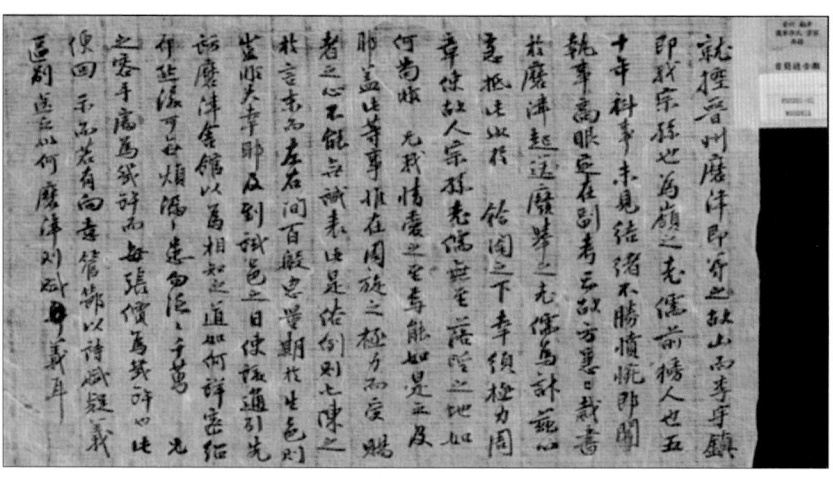

그림 10 이우진의 향시 합격을 주선하는 서간

진주 마진은 곧 저의 고향이고 이우진은 바로 우리 종손입니다. 영남의 연세 지긋한 선비이지만 아직 방(榜)에 오르지 못했습니다. 오십 년 과거 공부가 아직도 실마리를 맺지 못했으니 안타깝고 아쉬운 마음을 이길 수 없습니다. 듣자 하니 집사께서 높은 안목으로 부고사의 자리에 차정되었다고 하시니 […] 통인(通人)을 먼저 마진 사랑에 방문케 하여 서로 알게 하면 어떠실런지요? 상세히 긴밀하게 줄 것을 상의한 뒤에 번거로운 일이 생길까 염려할 것이 없을 것입니다.[15]

이러한 편지는 반드시 관직을 염두에 두고 급제에 뜻을 둔 것이라기보다는 급제했다는 행색으로 향촌에서 그 위상을 유지하려는 노력으로 보는 것이 좀 더 타당할 것으로 보이며, 마호당 후손도 그러한 노력을 하지 않을 수 없었던 것으로 짐작된다. 이토록 마진에서 가문의 위상을 지키는 것은 간단한 일이 아니었고, 위상을 지키는 데는 가문과 주변의 다양한 도움이 요청되었던 것이다.

---

[15] 진주 마진 재령이씨 마호당 고문서, "晉州磨津 卽弟之故山而 李宇鎭卽我宗孫也 爲嶺之老儒前傍人也. 五十年科擧 未見結緖 不勝憤惋 聞執事高眼 定在副考云 […] 通人先訪磨津舍廊 以爲相知之道如何? 詳密給仰然後 可無煩漏之患."

3. 마호당의 향촌 경영과 송림 송사

1806년(순조 6) 5월 29일의 『일성록(日省錄)』에는 경상감사 윤광안(尹光顔)이 전 우병사 조문언(趙文彦)의 죄상에 대해 급히 장계한 내용이 수록되어 있다. 이 내용은 마호당의 송림송사와 관련하여 매우 중요하다.[16]

진주 마진리에 큰 수풀이 있는데 남강 하류에 위치하여 10여 리에 이어져 있습니다. 오래된 나무들이 하늘까지 닿아 한편으로는 커다란 마을의 수구(水口)로서 가려서 막아 주는 역할을 하고 한편으로는 포구를 따라 경작하는 민전(民田)이 무너지는 것을 막아 주고 있으니, 비단 많은 백성이 이익을 얻을 뿐만 아니라 온 고을의 형승(形勝)이라고 할 만합니다. 그런데 작년에 본 마을의 반민(班民) 이명범(李命範)이 자신의 조카가 재목을 몰래 벤 일로 인해 마을 사람들에게 책망과 처벌을 받았고, 이 일로 유감을 품고 병영에 하소연하였습니다. 그러자 전 병사는 이것이 주인 없는 재물이니 마땅히 나라의 소유물로 귀속해야 한다고 하면서 즉시 민정(民丁)을 많이 보내 전부 도끼로 베어다가 차례로 여기저기에 팔았습니다. … 반민 성사열(成師說)의 선산이 이 마을 이재훈의 집 뒤에 있었는데 이재훈이 베지 못하도록 금하여 가꾸는 소나무가 있어 크기는 두 팔로 안을 정도로 거의 수만 그루나 되고, 또 마을 사람이 가꾸는 대나무밭이 있었습니다. 성사열은 소나무와 대나무가 조상의 무덤에 너무 가깝다고 칭탁하며 여러 해 동안 소송 중이었는데, 마을 수풀 사건이 벌어진 후에 성사열이 또 병영에 들추어 고발하니 소나무와 대나무밭 역시 나라의 소유물

---

16 『日省錄』, 純祖 6年 5月 28日 참조.

로 귀속하여 모두 베어다 팔았습니다. 그동안 몇 달 사이에 아전과 장교, 군졸들이 연이어 출입하고 마을 백성들은 마구잡이 요구에 시달리며 나무를 운반하는 데 지쳐 마을 집은 죄다 피폐하게 되었습니다. 그리고 수풀의 나무와 소나무, 대나무를 발매한 값은 병영 소속 비장(裨將)·군교(軍校)들의 첩급(帖給) 및 훔쳐 먹은 것과 몰래 판 것을 제외하고도 무려 수천 금이나 되며, 병사가 사사로이 쓴 것 또한 900냥이나 되는데, 이에 대해서는 답인(踏印)한 봉상기(捧上記)에 기록되어 있습니다. 그 나머지는 번탄(燔炭)과 석시(析柴)로 만들어서 영선고(營繕庫)로 운반해 들여 목하(目下)의 일용(日用)과 앞날의 장부 기록에 충당하였습니다.[17]

그런데 1806년 6월 4일 『일성록』의 기록에 따르면, 병사 조문언은 오히려 이재훈이 문제의 소지가 될 행동을 했다는 주장을 전개한다.

전 경상 병사 조문언의 구초(口招)에 "진주 마진리에 있는 수풀에 관해서 말하자면, 본 마을의 백성 이명범의 5대조가 처음으로 베지 못하게 해서 기른 것인데 이재훈의 조부가 또 이 마을로 들어와 힘을 합쳐 수호하였습니다. 그런데 근래에 이재훈은 도내의 거부(巨富)로서 위세를 믿고 횡포를 부려 수풀을 전부 집어삼켰습니다. 그러자 이명범의 여러 족속이 울분을 이기지 못하고 본영의 성기소(城機所)에 소속시키기를 원하였습

---

[17] 『日省錄』, 純祖 6年 5月 29日, 「慶尙監司 尹光顔以前右兵使 趙文彦罪狀馳啓」, "晉州麻津里 有大林藪在南江下流連亘十餘里 古木參大一以爲大村水口之障蔽 一以防沿浦民田之潰決 非但爲衆民蒙利之地 亦可謂一邑之形勝 而昨年本村班民李命範 因其姪之偸斫材木爲村人所責罰 以此含憾訐訴兵營 前前兵使以爲此是無主之物 合當屬公仍卽多發民丁 沒數斫伐次第散賣. [⋯] 成師說墳山 在於該村李再勳家後 而再勳禁養松大至連抱者幾爲屢萬株 又有村人所養之竹田 師說稱以松竹逼近其塚 相訟積年 及林藪事出後 師說又訐告兵營 松竹田亦使驍公幷爲斫賣 首尾屢朔吏校軍卒絡續出沒 村民困於侵索疲於運輸室閭蕩殘 而林木及松竹發賣價錢除營屬裨校輩帖給及偸食潛賣無慮屢千金 兵使私用者亦爲九百兩載錄於踏印捧上記 其餘則燔炭析柴輸入營繕庫 以充目下日用及前頭記付 而自昨年秋冬至今年春夏等排朔柴炭價錢一千三十兩 以本色取用."

니다. 토지가 없는 가난한 백성들은 개간하기를 원하였고 강 건너 백성들은 이 수풀 때문에 큰 수해를 입으므로 도끼로 베어 달라는 호소가 날마다 끊이지 않아 과연 공가(公家)에 귀속하였습니다. 그리하여 본관(本官)의 향교 건물 중에 풍화루(風化樓)를 중건하는 재목으로 380그루와 소촌역(召村驛)의 문루(門樓)를 중건하는 재목으로 5그루를 허급(許給)하였고, 성내(城內)의 동리 백성 및 각 해사(廨舍)를 보수하는 재목으로 역시 약간을 허급하였습니다. 이는 모두 순영에서 병영에 귀속하도록 허락한 뒤의 일입니다. 그 나머지 수풀은 이재훈이 영문에 정소(呈訴)한 것으로 인하여 영문에서 이재훈은 본관으로 하여금 형추하게 하였고 임목(林木)은 도로 동리 백성에게 내주어 수풀은 예전대로 울창하였으니 어찌 붉게 민둥산이 될 리가 있겠습니까. 이른바 번탄(燔炭)과 석시(析柴)에 관한 일로 말하자면, 풍화루의 재목을 벨 때 말단목(末端木)으로 자르고 벤 것으로 도합 8,000여 속(束)을 영선고(營繕庫)에 붙여 두었으니 이는 강제로 취한 것이 아닙니다. 그리고 8,000여 속의 값도 단지 400여 냥에 지나지 않으니 어찌 1,030냥이나 되었겠습니까. '장교와 나졸을 많이 파견해서 온 마을을 결딴냈습니다.'라고 한 것에 대해서는, 허급한 나무는 그들이 스스로 베어 갔으므로 애당초 본영에서 베러 들어간 일이 없으니 어찌 장교와 나졸을 파견할 리가 있겠습니까. 성사열의 소나무에 관한 일로 말하자면, 이재훈이 성사열의 세장지(世葬地) 계단 앞에 집을 짓고는 대나무를 심고 소나무를 베지 못하게 하여 뿌리가 무덤을 뚫고 들어가게 함으로써 몰래 산을 빼앗을 계획을 꾸몄던 것입니다. 그래서 성가(成哥) 백성들이 감영과 본관에 정소하여 그동안은 이겨 왔는데 끝에 가서는 이재훈에게 눌려 베어 갈 수 없게 되었습니다. 성사열은 단지 무덤에서 나무뿌리를 제거하기 위한 계책으로 스스로 공가에 귀속하기를 원하였고 이 때문에 과연 바람대로 베어 간 것입니다. 그런데 대나무는 이재훈이 심은 것이기 때문에 이재훈에게 내주었고 소나무는 절가(折價)하여

400여 냥이었는데 수풀의 그루터기 값과 합치니 900냥이 되었습니다. 결국 이 두 가지 일은 모두 백성들의 바람을 따른 것이니 강제로 빼앗거나 겁박하여 베어 갔다고 하는 말은 너무나도 애매합니다."[18]

이 송림에 대한 송사는 그 전말을 살펴보면 분란을 일으킨 인물은 마진촌에서 10여 리 떨어진 가정촌(加亭村)에 사는 전주이씨 이명범으로, 그는 마진마을 임수(林藪)의 가치가 수만 금에 달하고 이 동림을 보호하는 데 자신들의 집안에서도 중요한 역할을 했음에도 불구하고 이를 부호(富豪)인 재령이씨 이재훈이 혼자 차지하고 있다는 데 불만을 품고 그 이권을 빼앗기 위해서 경상우병영의 아객 김일순, 비장 심장지, 조윤문 등과 짜고 동림을 속공(屬公)시킨 것으로 파악된다.[19] 그 송림의 송사와 관련하여 제출되었던 마호당의 사정과 관련하여 관가의 자료가 본가의 고문서로 남아 있어 그 사정의 일부를 감지할 수 있다. 이는 당시 본영의 입장을 살펴볼 수 있는 정황으로 의미가 있다.

아울러 장릉 향탄지의 편입과 관련하여 동림을 비롯한 마을 산림이 왕릉의 땔감 확보용 토지로 속공됨으로써 기존에 누려 왔던 재령이씨를 비롯한 마을 주민들의 이곳 산림에 대한 이용 권한은 사실상 박탈되었다.

---

[18] 『日省錄』, 純祖 6年 6月 4日, 「命金吾囚趙文彦從重議處」, "趙文彦口招以爲晉州麻津里林藪事 本里民李命範五代祖創始禁養者 而李再勳祖又入此里竝力守護 近來再勳以道內巨富挾勢豪橫 全呑林藪 命範諸族不勝寃憤 願屬於本營城機所 而無土貧民欲爲起墾越岸 民人等以此林藪偏被水害斫伐之訴 逐日沓至故果爲屬公本官 鄕校風化樓重建材木三百八十株 召村門樓重修材木五株許給 城內洞里民及各廨修補材木亦爲若干許給 此皆自巡營許屬兵營之後 而其餘林藪則 因再勳之呈訴營門 自營門動則 令本官刑推林木則 還付洞民林藪依舊蔚然則 寧有赭盡之理乎? 所謂燔炭斫柴事 風化樓林木所斫末端木裁斫者 合爲八千餘束 付之營繕則此非勒取 而八千餘束價只爲四百餘兩則 豈至於一千三十兩之多乎? 至於多發將羅一村魚肉云云 許給之木 渠自斫去 初無自本營斫入之事則 豈有發遣將羅之理乎? 成師說松木事 李再勳築室於師說世葬之階 前植竹禁松根穿塚上 暗售奪山之計 成哥民et呈于營本官 前後得捷而 終爲再勳所壓不能斫去 師說特以塚上去木根之計 自願屬公故果依願斫去 而竹則再勳之所植故出給再勳 松則折價爲四百餘兩 與林藪末端木價 合爲九百兩 而此兩事 皆從民願則 勒奪劫斫 萬萬曖昧."

[19] 심재우(2022), 앞의 논문 참조.

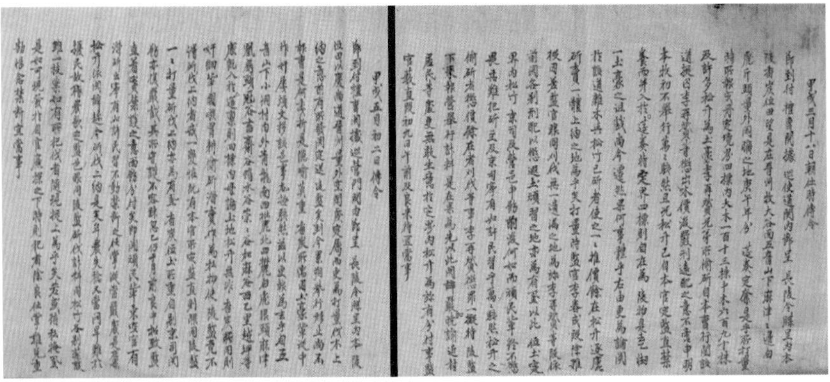

그림 11 1814년 진주목사가 마진 재령이씨에게 내린 전령

〈그림 11〉은 1813년과 1814년에 진주목사가 내린 전령(傳令)으로 재령이씨 집안에서 금령에도 불구하고 동림을 벌목하다가 적발되어 처벌받는 상황이 나타난다. 1814년 3월 18일과 5월 2일의 조정 처분에 의해 조정은 마호당의 이재윤(李再贇) 형제를 '토호(土豪)'로 지목했다.

1814년 3월 진주목사의 전령에는 장릉에 편입된 마을 앞 동림에 대한 재령이씨 집안의 투작(偸斫) 행위가 적발된 사실이 구체적으로 언급되어 있다. 이에 따르면, 이재훈의 동생 이재윤이 대목(大木) 113주, 중목(中木) 690주 등 많은 송죽을 몰래 베어 처분했다는 것이다. 이와 같은 무단토호(武斷土豪) 행위에 대해 중앙 조정에서는 나뭇값을 추심(推尋)하는 것은 물론이고 이재빈을 엄히 처벌할 것을 주문하고 있다. 이러한 관과의 갈등은 1814년과 1815년 두 해에 걸친 대홍수를 계기로 장릉 향탄지로 편입된 마을 임수가 다시 마진마을 주민들에게 환속됨으로써 겨우 해소될 수 있었다.

4. 마호당의 향정

　마호당은 이러한 송림 소송에 휘말려 곤란을 겪는 과정에서도 향촌에서 자신이 맡은 임무에 대해 간과할 수 없었는데 향촌에서 비용이 발생하는 다양한 일에서 적지 않은 역할을 담당했다. 이를테면 각사를 중수하거

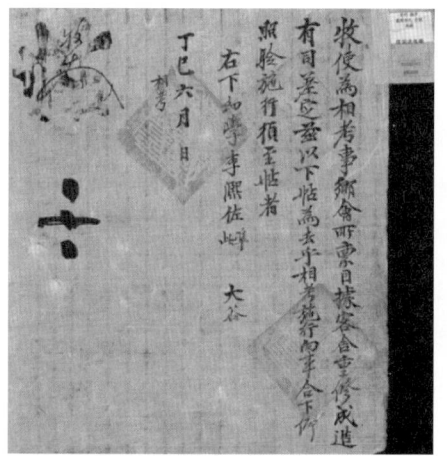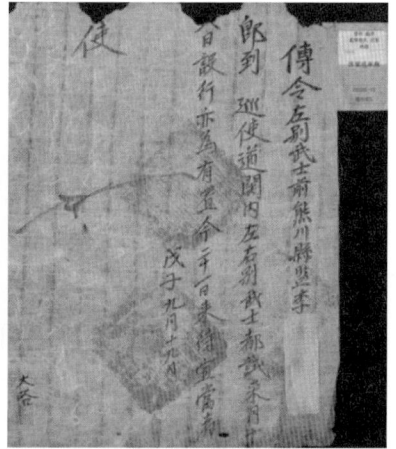

그림 12　향회 등의 유사로 삼는다는 전령

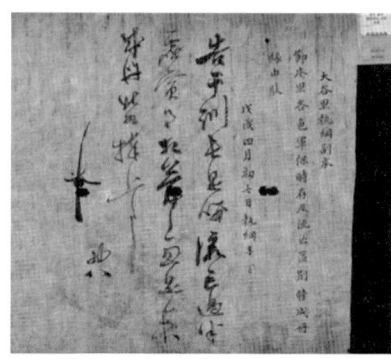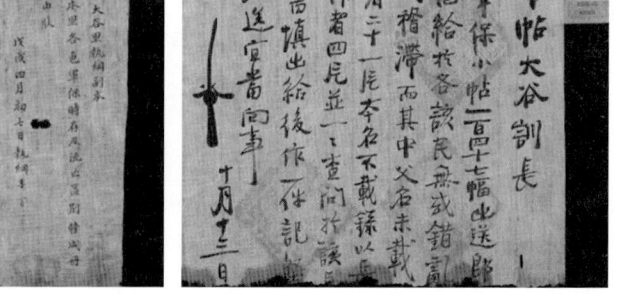

그림 13　대곡훈장 하첩

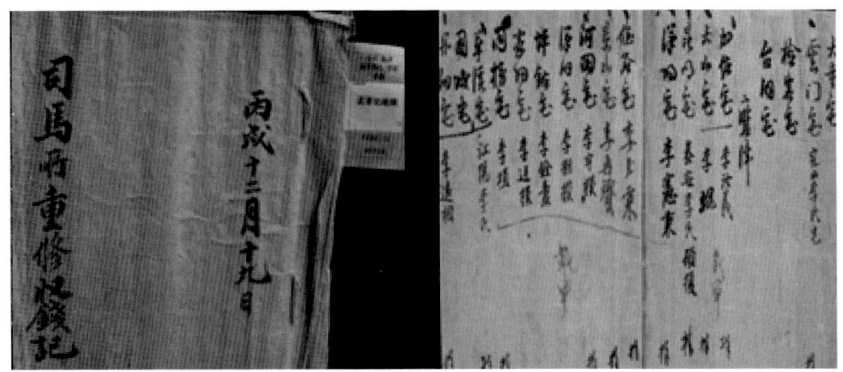

그림 14 사마소 중수 수전기

나 조성할 때 마호당은 유사(有司)의 직임을 맡아 적지 않은 역할을 수행했다.

대곡 지역의 훈장이나 집강 역시 빼놓을 수 없는 향촌에서의 역할이었다. 1838년(헌종 4) 10월 13일에 진주목사에게서 내려온 대곡훈장 하첩에 따르면, 진주에서 내려온 소첩 147쪽을 해당 백성들에게 얼굴을 보고 지급하되 아버지의 이름이 기록되지 않은 21편과 본명이 기록되지 않고 '병지(兵只)'라고만 칭한 4편을 모두 일일이 해당 백성에게 조사하고 하나의 병기(倂記)에 작성하여 보고할 것을 명한 내용이 보인다. 군보(軍保)의 관리에 훈장으로 그 역할을 수행한 것이다. 교육적 기능으로서의 훈장이 아니라 이를테면 지방 수령의 통치를 마을 단위에서 대신 수행한 것이다.[20]

1828년의 사마소를 중수하는 일 역시 응당 감당해야 할 몫이었다. 이희좌(李熙佐)는 1835년(헌종 1) 10월 25일 향회소공사원(鄕會所公司原)과 덕천서원(德川書院)에서 집례(執禮)의 역할을 수행했다. 중수기의 내용과 그 구체적인 활동상에 대해 고문서에는 그 정황이 기록되어 있다. 이뿐 아니라

---

[20] 노인환, 「조선후기 진주지역 훈장의 위상과 역할」, 『2022년 장서각 학술대회: 진주 마진마을과 재령이씨가 고문서』 발표자료집, 2022 참조.

이우모(李宇模)는 사마소단자(1841), 덕천서원 이건 집사(1844), 문집중간소 도검거(1855)의 역할을 충실하게 수행했다. 향촌의 반민이자 부민으로서 지역사회의 중요한 유교 의례에 그 몫을 간과하지 않은 것이다.

특히 덕천서원의 이건과 관련하여 진행된 일련의 활동은 지역 사민의 활동으로도 적지 않은 의미가 있다. 무신란 이후 경상우도 사림의 전통은 그 근원인 조식(曺植)의 학문에서부터 잘못되어 있었기 때문에 여러 문제가 발생했다고 보는 시각도 제시되어 있었다. 따라서 노론 정권의 영남인

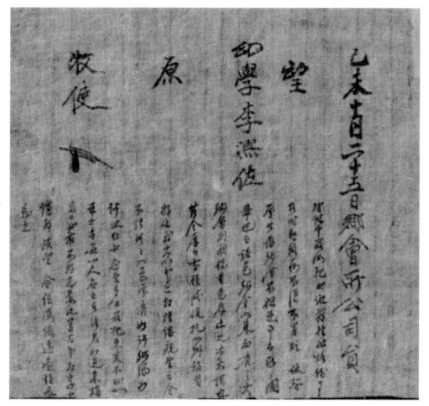
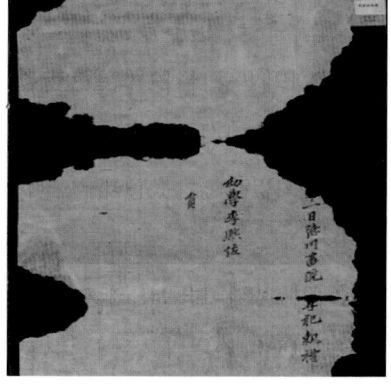

그림 15 향회소공사원과 덕천서원 집례 수행

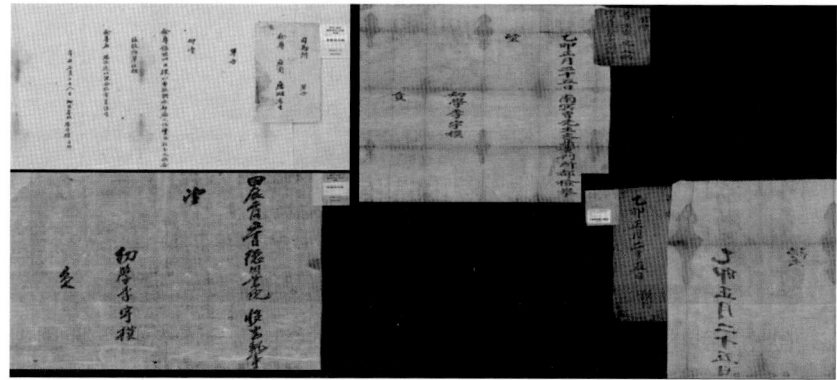

그림 16 덕천서원 이건 집사와 남명선생 문집중간소도검거 수행

에 대한 탄압과 이들의 노론으로의 회유 작업이 전개되는 과정에서 반역향으로 찍힌 경남 서부 사림들이 노론으로 변모해 가는 현상은 어느 곳보다 두드러졌다. 진주에서는 승산리의 김해허씨, 운곡리의 연일정씨 일부, 청주한씨 일부 등이 이에 속한다. 이런 추세 속에서 경남 서부 지역의 남인 입장의 사림들은 전국적으로 중망이 있는 남인 인물과 교유하거나 사제 관계를 맺음으로써 자신의 입지를 강화시키려는 양상도 많이 보이고 있었다. 남인의 경우, 의령에 한때 인연을 맺었던 허목(許穆)·허전(許傳)·채제공(蔡濟恭) 등 기호남인이나 이황(李滉) → 김성일(金誠一) → 장흥효(張興孝) → 이현일(李玄逸) → 이재(李栽) → 이상정(李象靖) → 정종로(鄭宗魯) → 유치명(柳致明) → 이진상(李震相)으로 이어지는 영남 퇴계학파 호파(虎派) 학통의 인물에게 학맥을 연결시키고 있었다.

이와 아울러 덕천서원의 위상을 강화하기 위한 노력도 진행되었다. 그 예로 들 수 있는 것이 18세기 후반 이후 중앙의 높은 관직이나 수령을 지냈던 명망 있는 인물에게 덕천서원 원장을 맡겼던 점이다. 이와 함께 조식이 기거하며 제자들을 가르쳤던 산천재가 1817년에 중건되었다. 이곳은 임진왜란 때 불타 폐허가 된 이후 당시까지 그대로 남아 있었는데, 본손과 사림들이 기금을 모아 중건한 것이다. 다만 이런 운동은 경남 서부 지역 사림 중 주로 남인들에 의해 주도되고 있었고, 노론 입장의 인사들은 여기

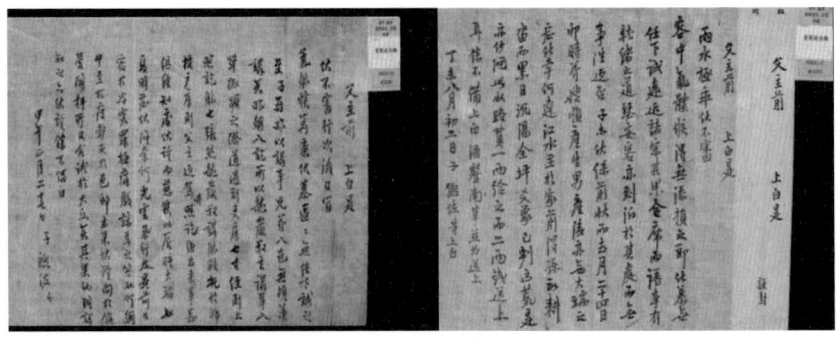

그림 17 이희좌가 부친 이인모에게 보내는 서간

에서 배제되고 있었다. 그런데 19세기로 들어오면서 경남 서부 지역 내에서 사림들의 정파 간 대립이나 경쟁이 전개되면서도 때에 따라 서로 교유하고 협조하는 현상도 적잖게 나타난다. 우선 서원을 운영하고 중수할 때 당파적 입장이 다른 서원이라 하더라도 필요한 부분은 같이 참여하여 협조하는 모습을 보였다. 그 외에 다른 정파에 속한 가문의 조상을 모시는 서원이라도 직임을 수행하거나 중건에 협조하는 예는 자주 나타난다. 이런 적극적인 입장 이외에 많은 가문의 인물들은 대체로 남인 입장을 취하면서도 그 성향을 확연히 드러내지 않는 경우도 많았다.[21]

향촌에서의 이러한 역할 수행에 빠뜨림이 없었던 것은 가정 내에서의 교육이 적지 않은 역할을 했을 것으로 파악되는 바, 이희좌(李熙佐)가 1834년과 1847년에 이인묘에게 보내는 2통의 편지는 그 가정 내에서의 가풍을 엿볼 수 있는 흥미로운 자료가 된다.

5. 마호당의 가정

마호당의 제수 거리를 보여주는 다양한 문헌은 재령이씨의 가정(家政)을 가늠할 수 있는 생활사 자료로서 적지 않은 의미가 있다. 1864년과 1878년의 물목은 당대 사회상은 물론 마호당의 규모를 보여준다.[22] 세 종

---

[21] 김준형, 「19세기 경남 서부지역 유림들의 당파적 입장과 교유 양상」, 『사회적 네트워크와 공간』, 태학사, 2009, 196-197쪽 참조.

[22] 제수 음식의 물목을 기록한 각종 발기류에 대한 연구는 주로 그 자료가 풍부한 궁중발기[件記] 위주로 연구되었으며, 왕실문화 연구의 중요한 자원으로 인식되고 있다. 김봉좌, 「왕실 의례를 위한 발기의 제작과 특성」, 『서지학연구』 65, 2016 참조. 마호당의 제수 음식 발기는 그 연구의 방향을 민간으로 전환할 수 있는 좋은 계기가 될 수 있을 것으로 기대된다.

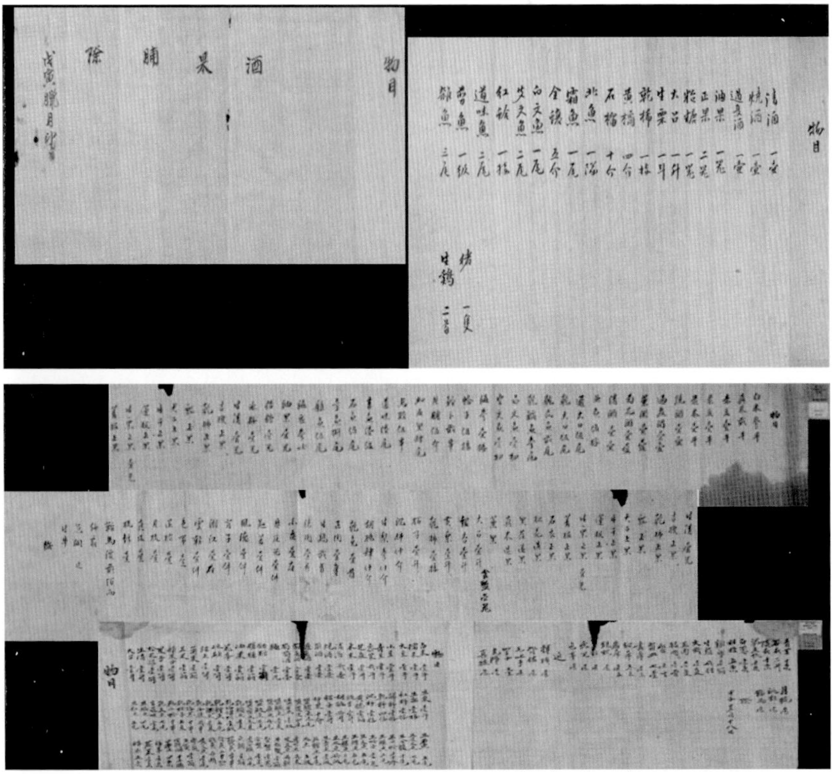

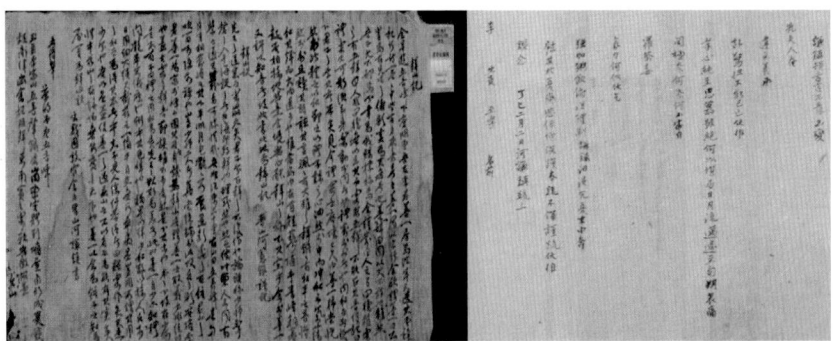

그림 18 마호당의 제수물목

그림 19 하겸진의 기문과 조문

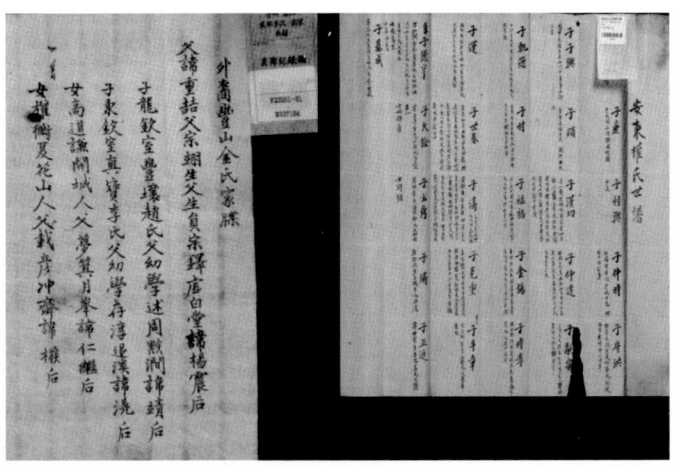

그림 20 풍산김씨와 안동권씨의 가첩

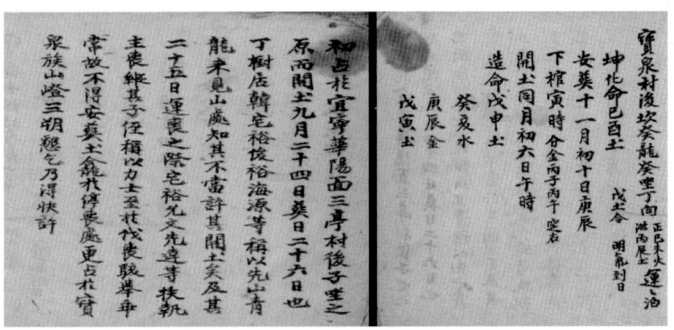

그림 21 마호당의 장지 선정 관련 문건

류의 술과 세 종류의 과자, 다섯 종류의 과일, 여덟 종류의 어류, 돼지와 닭을 준비하는 마호당의 제수는 그 규모가 결코 녹록지 않음을 보여준다.

당대 향촌뿐 아니라 국가적 수준의 유학자로 명성이 상당했던 하겸진(河謙鎭)이 기문과 조문을 보내온 흔적은 마호당이 향촌사회에서 어떠한 위상을 지니고 있었는가를 가늠케 해 준다.

결혼 상대 가문에 대한 엄격한 정보의 획득은 가문을 유지하는 저력이 어떠한 집안의 저변을 바탕으로 할 때 구현 가능한 것인가를 보여준다. 몇

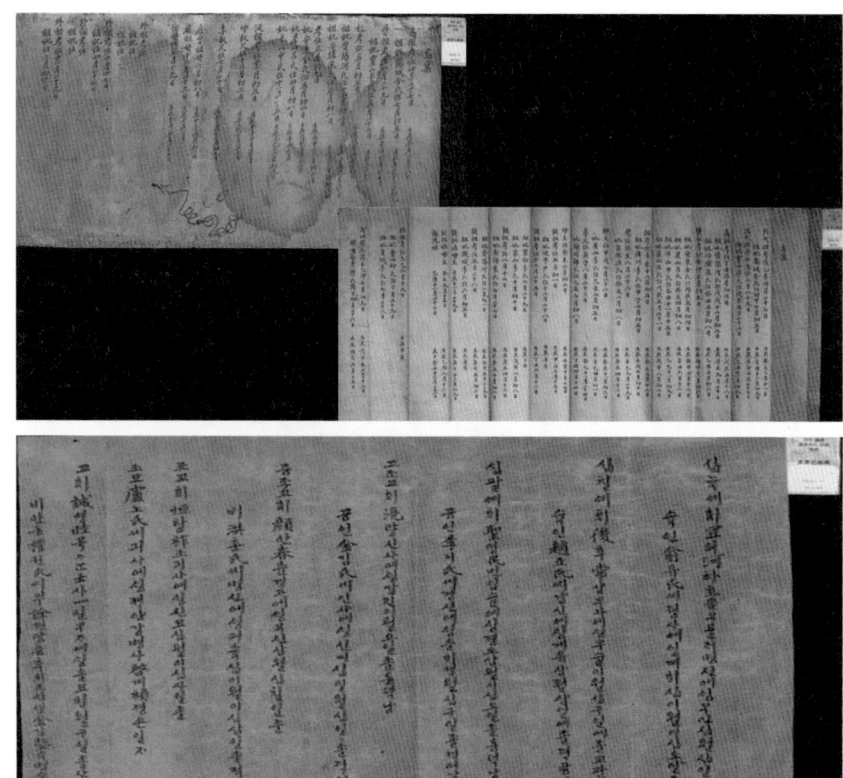

그림 22 마호당의 기안, 하단의 기안은 한글로 쓰여 있다.

대에 걸친 상대방 가문의 결혼 이력을 요구하는 마호당의 집안 배경은 결코 한두 대에 구축하기는 어려운 상당한 내력이 필요할 것으로 짐작된다.

마호당의 장례에 대한 한 장면을 보여주는 〈그림 21〉은 산송의 한 측면이면서도 다른 한편으로는 의연한 사대부 가문의 인식을 보여준다.

아울러 6대까지의 제례를 보여주는 기안(忌案)은 매우 정중한 문체로 작성되어 있으며 한글 기안은 실제 제사를 준비해야 하는 여성들에 대한 배려도 함께 느껴진다.

이러한 집안의 많은 일들을 수행하자면 형제간의 결속은 필수적으로

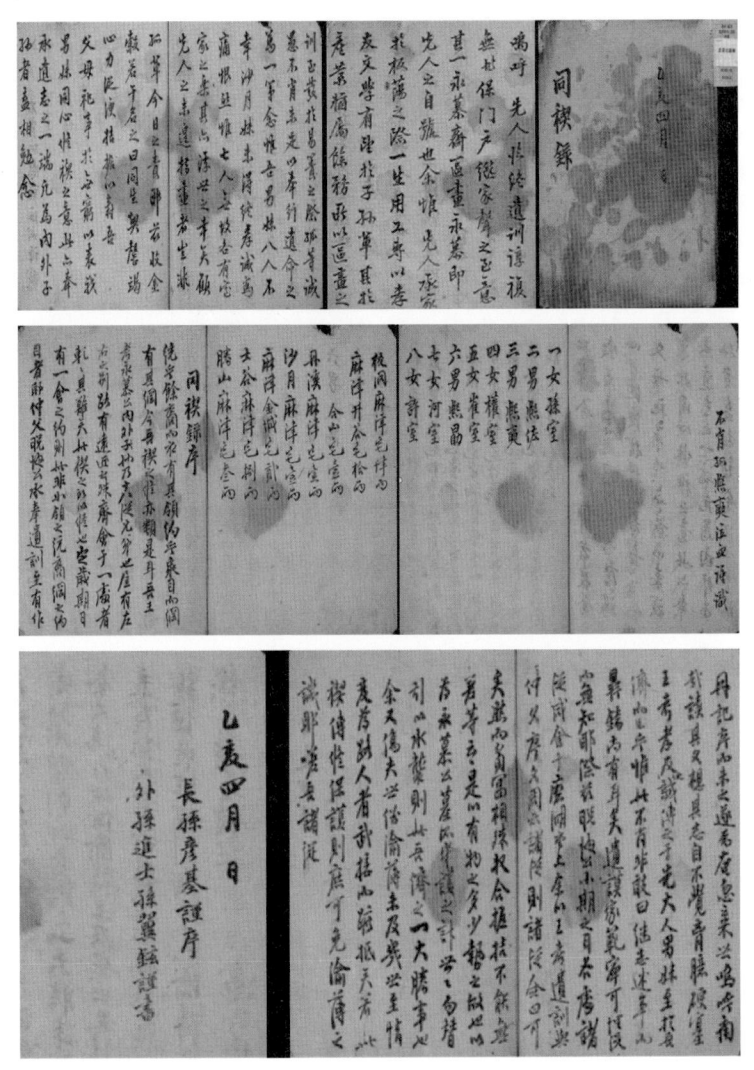

그림 23 마호당의 동계록

요청되는 사안으로 보이며 그 결속을 위한 노력을 보여주는 〈그림 23〉은 이 집안이 어떻게 이토록 유구한 세월을 지나도록 가정 내의 화목을 잃지 않았는가를 가늠케 한다. 제시한 동계는 기본적으로 부모의 제사를 위해 얼마간 재물을 모으는 남매계의 성격을 지니고 있는데 장남이 아니라 삼

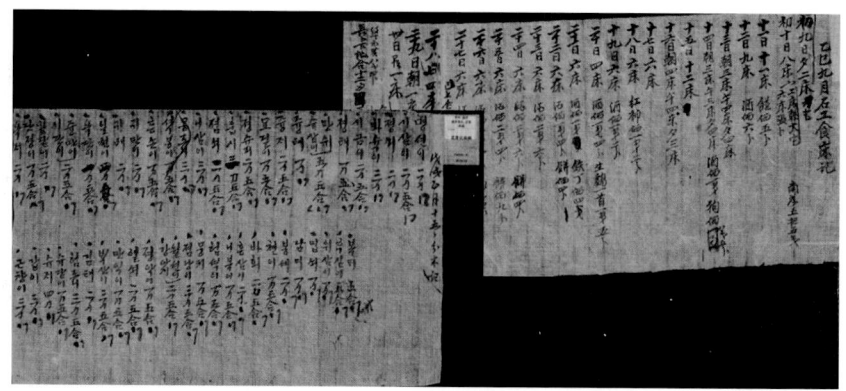

그림 24 석공 식상기와 노비 분미기

남이 그 서문을 쓴 것이 흥미로우며 장손과 외손이 함께 그 내용에 대해 다짐을 두고 있는 것이 더욱 실질적인 진행 여부와 관련하여 신뢰감을 준다. 유산 분배와 선조 제향에 대해 남녀 후손들이 함께 그 재산을 일부 공유하여 모시며 친손자와 외손자를 함께 그 후예로 두어 전통을 잇게 한 정황은 그 사례가 학계에 충분히 보고되지 않은 생활사 자료로서 주목할 필요가 있을 것이다.

아울러 마호당의 노비 관리를 비롯한 집안 단속은 그 꼼꼼함과 엄격함에 놀라지 않을 수 없는데 쌀을 나누어 주는 기록이나 석공들에게 밥을 먹인 것에 대한 깨알 같은 기록은 이 큰 집안을 어떻게 건사할 수 있는가에 대한 일말의 짐작을 두게 한다. 쌀을 나누어 준 기록에 남아 있는 '명선이'·'기삼이'·'화숙이' 등 노비의 이름으로 추정되는 성명들은 매우 토속적으로 느껴지며 '점쇠'·'밉쇠'·'뭉치' 등의 이름은 그 자체로 한글 이름의 문화사적 자료가 될 수 있을 것으로 판단된다. 물건의 출입은 물론 49세가 되는 노비 정심의 일곱 자녀에 대한 꼼꼼하기 그지없는 기록은 자기 재산에 대한 사대부가의 엄격한 경제관념을 보여준다.

기실 대곡리의 부는 이처럼 마진촌에 집중되어 있었지만, 대곡리에서 토지를 하나도 갖지 못한 호가 가장 많은 곳도 마진촌이었다. 대곡리 전체의 토지 미소유 호는 68호인데 이 가운데 마진촌에만 31호가 있었다. 대곡리의 토지 없는 호 절반 가까이는 마진촌에 거주하고 있는 것이다. 그리고 이들의 신분 구성을 따져 보면 대부분 노비였다. 마진촌 민호 45호 가운데 40호가 노비호,[23] 그중 29호가 토지 미소유호로 파악된다.

    마진촌에서 사족을 제외한 나머지 사람들의 신분은 대부분 노비였으며, 그들의 토지 소유는 대곡리 전체에서 가장 저조했다. 토지를 소유하지 못한 노비가 생계를 유지하고 재생산을 담보하기 위해서는 노비주인 재령이씨에게 기댈 수밖에 없었을 것으로 보인다. 이는 마진촌 운영이 경제적으로나 신분적으로나 재령이씨 중심으로 이루어질 수밖에 없었음을 보여준다. 노계는 이처럼 신분에 따른 빈부 격차가 심한 반촌인 마진촌을 배경으로 결성되고 운영되었다.[24] 마호당은 이러한 사회 경제적인 조건 속에서 엄격한 노비 관리를 통해 일가의 자산을 건사할 수 있었던 것이다.

    특히 노비 매득 시 3~4구의 거래가 가장 다수를 차지하며 가임기 여성과 자녀가 딸린 비를 중심으로 매득한다고 알려져 있다. 그런데 〈그림 25〉에서 정심은 49세로 모두 7명의 자녀를 두었다. 첫째 아들 득윤 갑자생, 둘째 아들 득손 정묘생, 셋째 딸 복분 계묘생, 넷째 아들 득불이 을묘생, 다섯째 딸 득연 임오생, 여섯째 아들 원철 을묘생, 일곱째 아들 철이 정묘생이다. 갑진년생인 정심은 스무 살에 첫아들 등윤을 낳았고 세 살 터울로 둘째 아들 득손을 낳았으며 6년이 지나 셋째 딸 복분이를 낳았다. 그리고 다시 6년이 지나 넷째 아들을 낳았고 3년이 지나 다섯째 딸을 득년을 낳았다. 딸임에도 불구하고 첫째와 둘째에게 지어 주었던 '득(得)'자 돌림자를 받았다. 3년이 지나 아들 원철과 다시 2년이 지나 철이를 낳았다.

---

[23] 1838년 당시 대곡리 노비호는 전체 46호로, 가정촌 1호, 하촌 1호, 용봉촌 4호, 마진촌 40호가 있었다. 대곡리 노비호의 87.0%가 마진촌 출신이었다. 김준형(2012), 앞의 논문.

[24] 도주경, 「조선후기 노비계 조직과 계원의 특징: 18세기 진주 마진촌 노계 계안을 중심으로」, 『2022년 장서각 학술대회: 진주 마진마을과 재령이씨가 고문서』 발표자료집, 2022 참조.

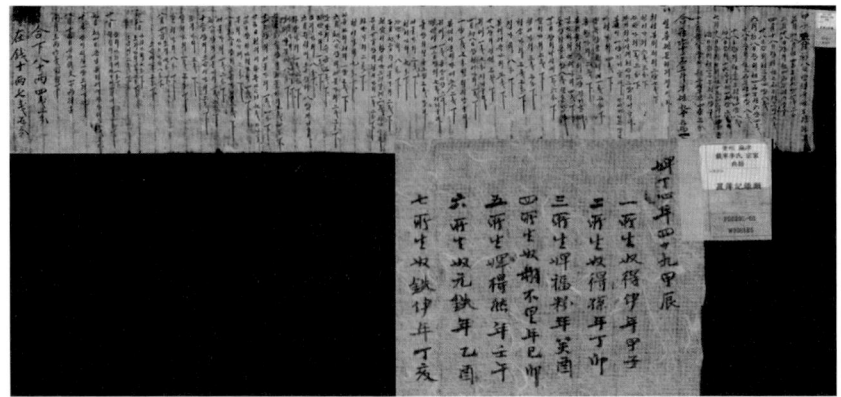

그림 25 노비 명단과 노비 정심의 자녀록

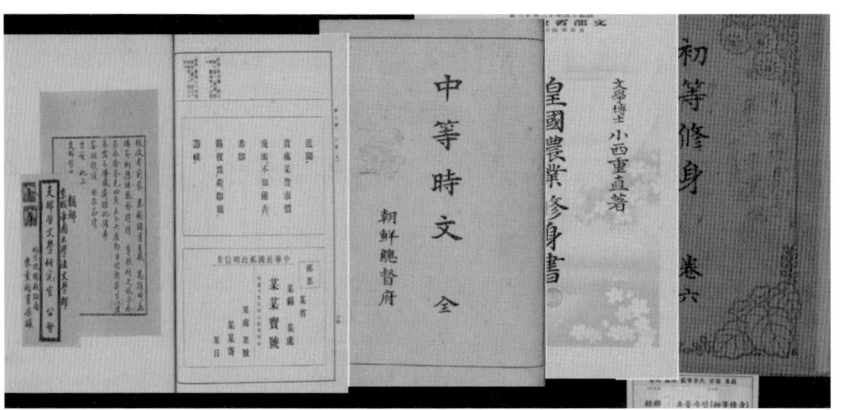

그림 26 일제강점기 이병태의 교과서

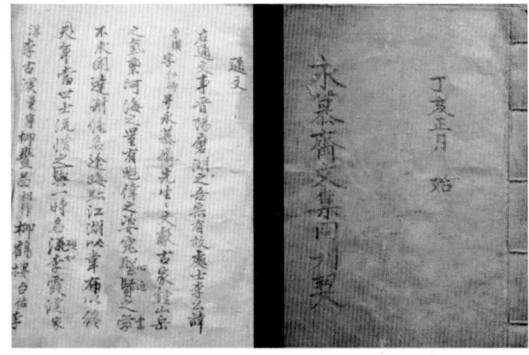

그림 27 영모재문집 동간계

첫아들 이후 23년간 7명의 자녀를 낳았으며, 아마도 그 사이에 출산했으나 키우지 못하고 어릴 때 잃은 자녀까지 고려한다면 적어도 10명 남짓의 자녀를 출산했다는 것을 알 수 있다. 그리고 돌림자의 유무에서 노비의 남편은 한 명에 그치지는 않았을 것으로 추정된다. 이는 생활사의 구체적인 사실을 증명하는 데 매우 의미 있는 자료가 될 것으로 보인다.

근대로 접어드는 마호당의 흔적 역시 이 집안의 유구한 역사의 흔적을 보여주는 것이다. 소복하게 모여 있는 이병태(李秉兌)의 교과서는 이 집안이 어떻게 20세기를 맞이하고 있는가를 증언한다.

아울러 여전히 현조(顯祖) 현양사업의 흔적을 간직한 이 마호당의 역사는 여전히 진행 중이다. 〈그림 27〉은 영모재 문집 간행을 위한 계 문서이다. 영모재는 이우모인데, 그 위상이 결코 동시대의 학서 유태좌(柳台佐) 등과 비견하여도 떨어지지 않는다고 자부하면서 그 문집 간행을 위한 비용 추렴을 청한 것이다. 비용의 합리적인 모금을 지속적으로 시도했던 마호당 가문의 전통을 잇는 방식으로 판단된다.

6. 맺음말

마진마을 마호당의 문서를 통해 필자는 향촌사족의 학술과 그 일상에 대한 구체적인 일면을 검토해 보았다. 과거를 통한 발신의 노력이 없었던 것은 아니지만 결과적으로는 그러한 방향보다는 향촌에서의 다양한 활동을 통해 향촌사족으로서 그 정체감을 지키며 역할을 충실하게 수행한 것으로 확인할 수 있다.

향촌에서 그들의 다양한 활동은 다양한 분야의 구체적인 문헌으로 남겨져 있다. 경전 공부의 저변으로 실제 활용한 텍스트로부터 훈장 활동을 비롯하여 향촌의 실질적인 어른으로 행세하기 위한 다양한 동리 활동, 유향소나 덕천서원 같은 유학 건물들을 이건하거나 그곳에서 문집을 간행할 때에 일정한 역할을 한 것 등 그 하나하나의 생활사에 대한 접근과 검토는 경학이나 성리학, 또는 예학 등과 같은 학리적인 접근에서는 획득하기 어려운 일상에서의 생생한 실재감을 확보할 수 있게 한다는 큰 의의가 있다.

또한 향촌에서의 대외적인 활동뿐 아니라 집안 내 활동과 그 실제적인 생활상의 면모를 확인하는 데에 상당히 요긴한 것을 확인할 수 있다. 일정한 제물을 내어 선조들의 제사를 주관하고 어느 정도는 유력한 가문들과 혼인관계를 맺고, 일정한 노비들을 거느려 가문의 재산을 증식하는 것과 그 적지 않은 수의 노비를 거느리는 구체적인 면모까지 향촌 사대부의 일상을 복원하는 데 이들 고문서는 적지 않은 의미가 있다. 아들과 딸을 구분하지 않고 더 나아가 친손과 외손을 구분하지 않고 선조의 봉제사를 위해 기금을 관리하는 동계(同契)의 경우도 매우 흥미롭다. 이 자료들은 무엇이 재령이씨가 향촌사족으로서의 삶을 부지한 구체적인 면모를 살펴볼 수 있게 한다는 점에서 큰 학술적인 의미가 있는 것으로 판단된다.

학문은 결국 일상의 토대를 통해 구축되는 것이며, 향촌사족들의 생생하고 진진한 활동상과 그 흔적은 관념의 사계가 아니라 생생한 생활세계에 대한 구체적인 탐색을 기대하는 앞으로의 학문 방향에도 큰 도움을 줄 수 있을 것으로 이해된다.

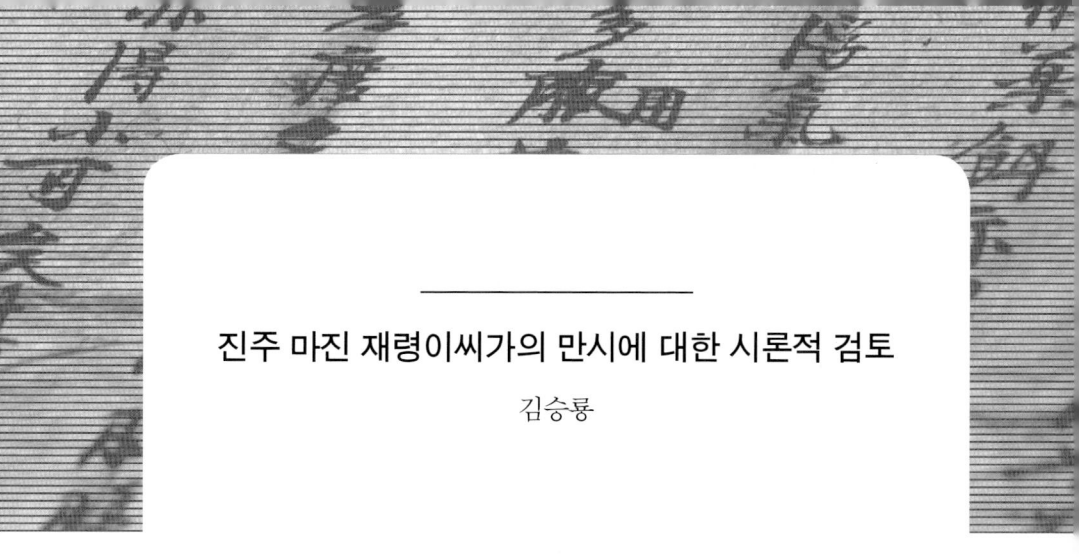

진주 마진 재령이씨가의 만시에 대한 시론적 검토

김승룡

1. 지역고전학은 무엇으로 구성되는가

 이 글은 진주 마진 재령이씨가 고문서 가운데 만시(輓詩)가 지닌 시적 성취를 논하면서 이를 통해 이른바 지역고전학의 과제를 설정하는 것을 목적으로 한다. 재령이씨가 고문서를 살펴보는 것도 만만치 않은 작업이고, 지역고전학의 과제를 설정하는 것도 쉬운 작업은 아니다. 그런 점에서 이 목적은 난제 속에 난제를 거듭 안고 있는 셈이다. 그럼에도 이 작업을

* 이 글은 한국학중앙연구원 진주 마진 재령이씨가 고문서 정리팀의 수고로운 자료 정리에 기반하여 진행되었다. 연구팀은 이 글을 위해 소중한 자료를 선뜻 내어주었고 그 덕분에 이나마 글을 추려 낼 수 있었다. 또한 연구팀과 경상국립대학교 남명학연구소의 공동 학술대회에 참여하여 이 글의 초안을 잡을 수 있었음도 말씀드린다. 두 곳의 배려 덕분에 이 글이 나오게 되었다. 진심으로 연구팀에 감사드린다. 하지만 이 글이 갖는 한계는 전적으로 필자의 책임이다. 아울러 2장의 서술은 '자료'-'마음'-'해설' 순으로 진행한다. 자료에 붙어 있는 번호는 연구팀이 붙인 것을 준용했다.

하는 이유는 다음과 같은 이유들 때문이다.

첫째, 지역에서 생산된 자산을 다루되 소재적 접근을 넘고 싶다.
둘째, 자료의 역사적·사회적 의미를 존중하되 저변에 놓인 인간학적 의미를 찾고 싶다.
셋째, 지역고전학의 구축을 도모하고 탐구 과제를 설정하고 싶다.

이른바 지역고전학은 학계에서 공인되지 않은 개념이다. 그러나 무엇을 가리키는지는 어렴풋하게 알고 있다. 많은 경우 특정 지역에서 산생된 고문헌을 해석하고 의미를 부여하며 이를 통해 당시 사회상을 재구(再構)하는 것을 뜻한다. 그런데 처음에 소재적으로 접근했던 학자들도 그 안에 살아 있는 생생한 현장감에 놀라곤 했다는 증언을 심심찮게 듣는다. 소재를 넘어선 지점을 발견한 것이다. 적어도 필자의 경우는 더욱 그러하다.

지역고전을 탐구하면서 그 자료에 대한 역사적·사회적 의미를 추구하는 가운데 그 저변에 놓인 인간학적 의미를 확인하게 되는 것이다. 이 부분은 아주 중요하다. 늘 알고 있다고 여겼던 상식적인 합의들, 모든 고전 자료의 생산자와 향유자가 인간이라는 점을 놓치는 경우가 허다하기 때문이다. 즉 고전이 산생된 특정 사회나 조직을 재구하거나 이해하는 데에 치중하여 거대서사 중심의 논의를 펼치다가 그 안에 들어 있는 인간의 감정을, 즉 미시적 의미 단위를 소홀하게 놓치는 경우가 발생하는 것이다. 그런데 놀랍게도 고문헌 자료들은 거대서사와 미시적 의미 사이의 양분을 단호하게 거부한다. 명문(明文)이나 증빙기록류에 보이는 서명을 보노라면 대단히 유머러스하다. 또한 무미건조한 문건에서 인간의 무뚝뚝함을 읽어 낼 수도 있다. 인간학은 인간에 대한 모든 것을 주요한 연구 대상으로 한다. 먹고 입고 생각하는 모든 것이 논의될 수 있는 것이다. 어쩌면 우리의 고전학은 옛사람에 대한 모든 인간학적 정보를 바탕으로 구축되는 것이며, 따라서 고문서는 그 근본 자료가 되는 것은 아닐까? 이 글을 준비하는 내내 머릿속을 떠나지 않았던 질문이었다.

　이로부터 자연스레 지역고전학의 구축과 모색이 이끌어진다. 새삼스레 '학'이 붙은 것은 지역고전을 소재로부터 건져 내고 그 안에 들어 있는 인간학적 의미를 찾아내어 하나의 학적 체계를 구축하기를 바라서이다. 고문서는 그런 점에서 아주 중요한 연구 분야다. 사실 필자는 이 글을 준비하기 이전에 고문서를 독립적으로 연구한 경험은 없었다. 그럼에도 이 프로젝트에 참여한 것은 근래 고문서가 지닌 잠재력과 폭발력을 감지하고 있기 때문이었다. 문서 해독상의 난점을 극복하고 고문서를 분석하는 연구 방식의 미숙함을 얼른 벗어나고 싶은 마음뿐이다.

　우선 이 글에서 취한 독법과 그 한계를 이야기하고자 한다. 필자는 재령이씨가의 수많은 고문서 가운데 만시를 주목했다. 처음 고문서 자료를 일견하면서 느낀 것은 절망감이었다. 그간의 공부가 도로(徒勞)였다는 자괴감에 휩싸이기까지 했다. 다시 고문서를 들추어 보고 있을 때 눈에 들어온 것이 바로 만시였다. 사실 조선 후기부터 근대 초기의 한문 고전, 특히 지역고전 가운데 만시는 아주 많은 분량을 차지한다. 아직 이를 읽어 낼 이론적 논리를 갖추지는 못했지만 시라는 점에 착안하여 해독과 분석은 가능하지 않을까 생각했다.

　허나 망자(亡者)가 누구인지 특정할 수 없었고 창작자의 성격과 특장(特長)도 지금으로서는 명확하게 확정할 수 없었음을 고백한다. 작자를 하나하나 족보와 대조하고 후손들의 증언과 자료의 이곳저곳을 같이 엮었을 때 확정할 수 있었을 것이다. 따라서 이 글은 재령이씨가의 만시를 읽는 거친 스케치에 불과하다. 익명화된 작자와 망자의 존재들! 그런데 어쩌면 이것이 만시를 문학작품으로 읽을 수 있도록 했으니 아이러니라면 아이러니랄까. 온전하게 작품을 응시하고 그 안의 시적 논리를 추구하며 그 논리를 따라 흐르는 마음 상태들을 읽어 낼 수 있었던 것이다. 결론을 앞서 이야기하면 이들은 문학적으로 나름 성공했다고 평가할 만하다. 절제하든 폭발하든 감정에 기반한 시상을, 다시 말해 서정 양식으로서의 질을 갖고 있었던 것이다. 이제 그 작품을 보기로 하자. 찬찬히 읽어 가겠다는 마음으로 작품마다 그 안의 마음을 읽어 보도록 한다. 이 만시들을 하나의 논리로 꿰어 내지는 못했다. 다만 읽어가는 동안 시적 대상이 동일할 것이라고 추정할 수 있었고, 아울러 시상에서 동질성을 추감(追感)할 수 있었다.

2. 만시, 죽음을 노래한 마음들

1) 터지는 오열

山河淑氣萃東汾	산하의 맑은 기운이 동분(東汾)에 이르러
鍾得吾公獨出群	우리 공에 모일 사 우뚝 발군하였네.
古家孝友人皆則	고가(古家)의 효우를 사람들 모두 본받고
餘事文章世所云	여사(餘事)인 문장을 세상에서 거론하도다.
猶憐鳳穴柔毛在	그래도 봉혈(鳳穴)에 남은 어린 새끼는 애틋하거니
忍說鴒原隻影分	차마 영원(鴒原)에 짝 잃은 외그림자를 말해 무엇하랴.
可惜昌黎遺灡淚	아쉬워라, 창려는 크나큰 눈물을 남기었거든
靑山明日布衣墳	청산의 밝은 햇빛이 포의의 무덤에 비치도다.

自在通家例	자재로이 으레 통가(通家)했나니
世交倍益深	세교는 더욱 곱절로 깊었다오.
從令無所仰	설령 우러러 하소연할 바 없지만
嗚咽淚盈襟	오열할 사 눈물 옷깃에 질펀해라.[1]

　7언율시와 5언절구 두 수로 구성되어 있다. 7언과 5언은 분량상으로도 차이가 나지만 각각 역할이 다르다. 7언시는 망자의 효우와 문장을 추앙하고 망자의 후손과 형제에 대한 애틋한 마음을 보여주지만, 5언시는 작자의 감정 그 자체를 집중적으로 보여준다. '종령(從令)'으로 시작되는 5언시의 제3구는 누군가에게 하소연하려는 것은 아니요, 죽음을 맞이한 망자를 위해 오열하는 자신의 감정을 진솔하게 보여준다. 터지는 감정이 눈에 선하다.

　7언시의 경우 시적 대상인 '오공(吾公)'의 타고난 자질이 범상하지 않음을 이야기하는 것으로 시작하여 그의 삶을 요약한 것이다. 제2구의 '독출군(獨出群)'의 내용은 함련에서 차근하게 거론된다. 그가 지닌 '효우(孝友)'의 성품과 '문장(文章)'의 재능은 남달라서 세상 사람들의 귀감이 되었다. 그런 그가 세상을 떠나게 되었는 바, 그 허전함을 경련에서 서술했다. '가석(可惜)'으로 자신의 감정을 터뜨렸음에도 제8구에서 하나의 풍경으로만 제시했음은 주의할 필요가 있다. 이는 시적 여운을 만들어 내는 작법 가운데 하나이기에 특이한 개성적 풍모로 보기는 어렵다. 다만 다음에서 살펴볼 만시 가운데 감정의 풍경화 혹은 풍경으로 시상을 맺는 예와 견주어 보면 하나의 특징적인 면모로 거론할 만하다.

---

[1] 「분성후인허기재배통곡만(盆城後人許琪再拜慟哭輓)」, 진주 마진 재령이씨 마호당 고문서, F20201-01-W010732.

2) 누구나 갖는 슬픔으로

吳中凶禍乃如斯	오중(吳中)의 흉사가 이에 이와 같을 사
痛哭吾公適去時	우리 공을 통곡하며 떠나보낼 때라네
鄕黨衣冠歸屬望	향당(鄕黨)의 의관 차린 사람들 촉망을 귀일(歸一)했거니와
言談操履自爲規	언담(言談)도 행실도 그대로 규범이 되었었지
先亭風月盟誰主	앞 정자에서의 풍월은 뉘가 맹주가 되리오
四壁圖書澤尙遺	사방 벽담 안의 책들은 아직도 온기가 남았는데.
子侄孫長何忍謝	아들이며 손자들아, 어이 차마 헤어지랴만
人間萬事苦參差	인간 만사가 모질게도 어긋버긋하놋다.²

시적 대상은 '오공(吾公)'이다. 그를 떠나보내면서 통곡한다고 했다. 화자의 슬픔이 처음부터 터져 나온다. 감정의 과잉이기도 하다. 통곡으로 울음을 터뜨리자 감정이 가라앉았다. 그 기분으로 함련을 내려 썼다.

제2구에서 오공을 거론한 뒤에 제3~4구에서는 그의 성품을 거론했다. 그는 다른 사람들의 촉망을 받아 세상의 규범이 되었다. 그래서 '귀촉망(歸屬望)'과 '자위규(自爲規)'라고 말했다. '귀(歸)'와 '자(自)'는 촉망을 받게 된 사실이 아주 자연스러운 결과였음을 보여준다.

제5~6구에서 정자 앞의 '풍월(風月)'을 통해 주인 잃은 자연에 대한 애상을 도모하고 사방으로 벽을 두른 책에 묻은 손때를 통해 망자의 체온을 느끼게 해 준다. 하나는 허전함을, 하나는 애틋함을 노래하면서 대단히 감각적으로 시를 지었음을 볼 수 있다. 특히 제8구의 '인간만사고참차(人間萬事苦參差)'는 망자의 죽음을 인간사 보편적인 슬픔으로 환원하여 부여잡을

---

2 「경신십월일(庚申十月日) 족제현효재배곡만(族弟鉉孝再拜哭輓)」, 진주 마진 재령이씨 마호당 고문서, F20201-01-W010738

수 없는 슬픔을 이겨 보려고 애씀을 보여준다. 과연 그것이 가능할까? 사실 불가능하다. 슬픔은 그것대로 존중될 필요가 있을 뿐 극복이나 승리해야 할 대상은 아니기 때문이다. 그러나 그렇게 하지 않고는 슬픔을 이겨 낼 수 없다. 죽음을 위로하는 일은 구체적인 대안을 보여준다고 해결되지는 않기 때문이다.

3) 텅 빈 서늘함

仙遊方丈約曾同	선유(仙遊)하온 방장과 일찍이 함께하자 기약했거늘
方丈歸程反哭公	방장은 돌아가시는 길에 되레 공을 곡하누나
文藻江山空古宅	강산은 아름다운데 고택은 비어 있나니
竹林疏冷水雲中	성글고 서늘한 대숲만 물안개 속에 있어라.[3]

제1구의 '방장(方丈)'(선유의 주인인 장석풍 소화방장)을 제2구에서 다시 반복했다. 사실 시어를 놓을 때 같은 시어나 구절을 반복하는 것은 피하는 법인데, 굳이 반복한 이유는 무엇일까? 시적 주체를 강조하는 것을 넘어서 망자의 부재를 대조적으로 드러내려는 것이다. 방장과 공은 함께하자고 약속을 했건만 공이 부재하니 방장은 혼자가 되어 '곡공(哭公)'을 하고 있다.

그런데 제3~4구에서는 '곡(哭)'하는 분위기와 다른 느낌을 자아낸다. 강산은 아름답건만 그 안의 오랜 집은 비어 있다. '문조(文藻)'는 되레 '고택(古宅)'의 분위기가 그렇지 않음을 상대적으로 드러낸다. 짧은 7언 안에 상대항을 만들어 놓고 그로부터 허전함과 무상함을 자아낸 셈이다. 그 쓸쓸함을 제4구가 이어받는다. '죽림(竹林)'은 본래 서늘하다. 게다가 빽빽하게

---

3 「지상고인장석풍소화방장귀로통곡추만(地上故人張錫豊小華方丈歸路慟哭追輓)」, 진주 마진 재령이씨 마호당 고문서, F20201-01-W010741.

자라지 않는다. 빽빽하면 솎아 내어 성글게 만드는 법이다. 성글기에 서늘하다. 그런데 '냉(冷)'하다고 했다. 이는 수운(水雲), 즉 물안개에 젖어 있기 때문이다. 작자의 심태(心態)를 외경을 통해 드러낸 것이다. 앞서 허전함을 말하더니 여기서는 서늘함에 휩싸여 있다고 했다. 혼자 있는 삶은 서늘하다. 온기는 상대가 있어야 가능한 감정이기 때문이다. 작자의 감정 변화를 외경을 통해 간접적으로 제시한 셈이다.

4) 자연스럽게 젖다

孝友根天性	효우(孝友)가 천성에 뿌리내렸고
溫恭種德基	온공(溫恭)이 덕기(德基)에 심겼었지.
交情匪一世	사귄 마음은 일대가 아니었나니
期許已多時	서로 허락하긴 이미 오래되었다오.
霽月儀形在	맑게 갠 달은 그대 위의(威儀)인 듯한데
聲山卒不悲	소리하는 산은 끝내 슬퍼하지 않노라.
山河無限痛	산하는 하염없이 아프거니와
玆語涙健俰	이리 말하며 몹시도 눈물짓노라.[4]

수련의 '효우(孝友)'와 '온공(溫恭)'은 망자의 천성과 덕기를 이룬다. 즉 망자의 아름다운 품성은 마치 타고난 듯 오래전부터 약속된 것인 듯하다며, 나아가 너무도 자연스러운 것이라는 마음을 내보였다. 이런 전제는 그저 망자의 품성 제시로만 끝나지 않았다. 함련과 경련으로 이어지며 천연스럽다는 분위기는 더욱 고조된다.

---

[4] 「재세제진양하재규배곡만(在世弟晉陽河載奎拜哭輓)」, 진주 마진 재령이씨 마호당 고문서, F20201-01-W010745.

즉 함련의 '교정(交情)'과 '기허(期許)'는 인위적인 노력으로 얻는 성과가 아니라 원래 자연스러운 것이었다. 그렇기에 '비일세(匪一世)'이고 '이다시(已多時)'이다. 자연스러움을 시간의 무게로 바꿔 놓은 것이다. 이는 이 시의 장점이다. 그래서 함련을 단순한 횟수의 문제로만 환치하면 밋밋해진다. 우리가 어떤 사물을 보고 자연스럽다고 말하는 것은 대개 그것이 배경과, 혹은 상대와 하나인 것처럼 여겨질 때이다. 이는 오래 묵고 익어야 가능한 일이 아닐까? 시적 화자는 바로 이 지점을 파고들었다.

제5구의 '제월(霽月)'[5]에서 의형(儀形)을 읽어 내는 것도 바로 이 지점과 관련되어 있다. 맑은 기상, 깨끗한 모습을 넘어 자연 그 자체가 되어버린 망자를 표현한 것이다. 그래서 미련의 농도 짙은 슬픔이 나올 수밖에 없다. 산하가 아프다고 했다. 자신의 슬픔을 산하가 겪는 아픔으로 극대화했다. 산과 물의 크기와 폭, 높이와 길이만큼이나 크다고 자신의 슬픔을 과장한 것이다. 특히 '통(痛)'을 주목할 필요가 있다. 통증은 신체적 고통과 이어진다. 마음의 슬픔은 끝없이 신체적으로 화자를 짓누르고 아프게 하더니 끝내 눈물을 떨구도록 만들었다. 이제야 우리는 제8구에서 그간 참았던 눈물을 흘리고야 마는 시적 화자의 속절없이 터져 나오는 슬픔을 읽을 수 있다.

5) 허망하여 무너지다

交期深許妙年逢　교분을 깊이 허락하사 묘년(妙年)에 만났거니
每對令儀輯我容　매양 고운 모습 마주해 내 모습 다듬었지
庄設姑蘇宗盡睦　장원에 고소대 마련해 종친들 모두 화목했고
樽盈北海客常從　동이에 북해주 채우니 손님들 늘 찾았다네

5　제월대(霽月臺)를 말한다. 다음 구의 '성산(聲山)'도 지명이다.

嘉猷不墜詩書禮	훌륭한 계책은 시(詩)나 서(書)나 예(禮)에 밑돌지 않았고
質行皆稱孝友恭	바탕 있는 행실은 모두 효(孝)니 우(友)니 공(恭)이라 불렸지.
悵望南天悲不禁	허망히 남녘을 바라보다 슬픔을 가누지 못할 사
靑山下處葬芝茸	푸른 산 아랫자리에 아름다운 지초를 묻노매라.[6]

시안자는 제7구의 '창(悵)'이다. 희망을 잃거나 사랑하는 님을 잃었을 때 느끼는 감정이다. 고본(古本) 『대학(大學)』에 붙인 공영달(孔穎達)의 주석에 님의 부재에서 애(愛)라는 감정이 나온다고 했었다. 설득력이 있는 해석이다. 묘년에 만났던 이, 그를 볼 때면 나의 모습을 가다듬을 정도로 귀감이 되었던 사람, 지금 그런 사람을 잃었다. 즉 나를 비춰 볼 대상을 잃은 것이다. 비유하자면 매일 쳐다보던 거울이 사라져서 단장을 어떻게 해야 할지 모르게 된 상황이다. 허망함은 우리가 일상을 정상적으로 지낼 수 없도록 만든다. 님을 잃은 이들은 조급하거나 허둥대거나 안절부절못하며 불안해한다. 원래 성격이 그랬던 것이 아니요, 감정이 그렇게 만들었던 것이다.

시의 함련과 경련은 제2구에서 제시한 '영의(令儀)'에 대한 주석적 표현이다. 그러니 이개칠합(二開七閤)의 구조에 준한다고 볼 수 있다. 그런데 제7구에서 그 모습이 세상에서 사라졌다. 그래서 '창망(悵望)'이라고 했다. '비불금(悲不禁)'이 심상치 않은 느낌을 준다. 문자 그대로는 가누지 못할 정도의 큰 슬픔인데, 역설적으로 그 안에는 참으려고 애쓰는 화자의 안쓰러운 모습을 읽을 수 있다. 허망하다 못해 무너져 버린 속내가 오롯이 미련에 나타난다.

---

[6] 「세제진양하재문통곡만(世弟晉陽河載文慟哭輓)」, 진주 마진 재령이씨 마호당 고문서, F20201-01-W010755.

6) 눈물을 넘어 승화된 수미파의 마음

弱歲交遊鬢已皤　약관에 같이 놀았거든 귀밑머리 어느새 세고
那堪漬淚鴈哀歌　슬픈 기러기 울음에 고여가는 눈물 어이하랴.
懸知一片心期在　아련히 알겠나니, 한 조각 마음의 기약 있어
霽月臺前水未波　제월대 앞의 물은 물결조차 치지 않는구려.[7]

관건어는 '현지(懸知)'이다. '아련히 생각하다', '짐작하다'는 뜻인데, '망자의 마음을 헤아린다', 혹은 '망자가 했던 기약을 생각해 본다'는 뜻이다. 주제어는 '심기(心期)'이다. 망자와의 기약이다. 어떤 약속인지는 확실하지 않다. 망자와의 추억일 수도 있고, 학문이나 일상의 어떤 약속일 수도 있다. 문제는 그것이 여전히 화자의 눈에 보인다는 점이다.

그래서 제4구의 '수미파(水未波)'가 주목된다. 물결치지 않는 물은 고요하고 깨끗하다. 지수(止水)와 같다. 약간의 비약이 허락된다면 '미파(未波)'라고 했으니 언제든 흔들릴 가능성에 대한 불안함과 위태로움도 그 안에 뜻을 내포하고 있다. 그럼에도 지수를 지속하고 있으니 더욱 경계하고 조심하는 마음가짐을 드러낸 것으로 읽을 수 있다. 사실 제4구는 제3구의 '심기(心期)'를 형상화한 것이다. 망자와 나누었던 기약은 바로 맑고 고요하며 정결한 마음을 간직하는 것이었다. 제1~2구의 주체하지 못하는 슬픔을 그저 슬픔으로만 받아들이지 않고 망자와의 아름다운 기약으로 승화시키고 있다. 그러고 보면 이 시는 의미상으로 제4구의 '수미파(水未波)', 제3구의 '심기(心期)', 제2구의 '애가(哀歌)', 제1구의 '빈파(鬢皤)'의 순으로 놓여 있다고 하겠다.

---

[7] 「정제진산하겸진통곡만(情弟晉山河謙鎭痛哭挽)」, 진주 마진 재령이씨 마호당 고문서, F20201-01-W010766.

7) 엇갈리는 인연에 눈물짓고

客楫隨風浪	나그네는 노 저어 풍랑을 좇았거든
仙驂赴玉京	선인은 말 몰아 옥경(玉京)에 이르렀구나.
踐荊緣未遂	형극(荊棘)을 밟는 인연을 채 이루기도 전에
哀淚足沾纓	서러운 눈물이 갓끈을 촉촉이 적시누나.[8]

제1~2구는 언뜻 보면 망자의 죽음을 표현하는 듯하다. '객즙(客楫)'이나 '선참(仙驂)'은 모두 망자가 죽음으로 나아가는 것을 묘사한 것이다. 그러나 작자 스스로 '과객(過客)'이라고 했으니 제1구는 작자 자신을, 제2구는 망자를 각각 그리고 있다고 보는 것이 적절하다. 서로를 찾았으되 운명이 엇갈린 것이다. 제1구는 작자와 망자를 이중적으로 츤대(儭對)했다. 그래서 이 시는 서러운 눈물이 시상을 지배한다.

그래서일까? 제4구는 의미가 중첩되어 시적 긴장도가 약간 떨어진다. 즉 '애루(哀淚)'만으로도 충분한데, 눈물이 '점영(沾纓)'했고 그것도 '족(足)'하다고 했으니 독자의 상상을 모두 닫아 놓았다. 독자가 개입할 여지 없이 화자가 모두 말해 버린 것이다. 제1~2구에서 보여 준 대구의 안정감이 제4구에서 감정의 과잉으로 흔들려서 균형을 잃은 셈이다.

그런데 이런 균형 상실은 의도하든 의도하지 않았든 자연스러운 것이 아닐까 생각한다. 죽음을 눈앞에 맞이한 사람이 안정된 구도 속에 노래한다는 것은 아무래도 어색하기 때문이다. 죽음의 슬픔 앞에서 한없이 흔들리는 것이 인간적이지 않을까? 시적 긴장도는 약화되었으되 흔들리는 감정을 지닌 인간을 그려 냈다고 보는 것이 온당하다.

---

8 「하산과객성최령재배곡만(夏山過客成最岺再拜哭輓)」, 진주 마진 재령이씨 마호당 고문서, F20201-01-W010767.

8) 허물어지는 위태로움

風樹餘生淚未乾	풍수탄(風樹歎)의 남은 삶, 눈물은 마르지 않거니와
樑摧大屋屋將顚	동량이 꺾인 대가(大家), 집채는 곧 무너질 듯하이.
淸儀痛哭無尋處	목 놓아 울어도 맑은 의표(儀表)를 찾을 곳 없는데
千古湖心霽月懸	천고의 호수 가운데 개인 달이 걸렸어라.[9]

부모 잃고 탄식하는 것을 '풍수지탄(風樹之歎)'이라고 한다. 그렇게 큰 슬픔에 잠겨 있으니 눈물이 마를 날이 없다. '미건(未乾)'이라고 했으니, 눈물은 시를 쓰고 있는 지금도 흐르고 있다. 화자의 여생에 하염없는 눈물을 안겨준 것은 망자였다. 마치 동량(棟樑)이 무너져 곧 허물어질 듯한 위태로움이 감돌고 있다. 제2구에서 4언-3언의 호흡을 가지면서 '옥(屋)'을 반복하는 것은 망자가 집안의 큰 인물이었기 때문이다. 그의 죽음은 개인의 부재로 끝나지 않고 집안 전체의 붕괴와 닿아 있다. 그만큼 위태롭고 절박하다.

제3구의 목 놓아 우는 이유가 여기에 있다. 그런데 그가 찾던 당자(當者)가 바로 '제월(霽月)'로 나타났다. 이처럼 간절히 바라던 이를 풍경으로 표현하는 것은 시의 상례이기는 하나 뜻밖에도 앞서 본 만시들에서도 자주 등장한 수사이기도 하다. '제월(霽月)'은 제월대(霽月臺)를 가리킨다. 동시에 제월대 위로 떠오른 '개인 달'을 의미한다. 작자는 하나의 시어로 시적 공간과 시적 대상을 함께 표현한 것이다.

---

[9] 「삼종손이재의통곡재배만(三從孫李再毅痛哭再拜輓)」, 진주 마진 재령이씨 마호당 고문서, F20201-01-W010768.

9) 가련함

汾上門欄十世雄	분수(汾水)의 문 난간에서 십대의 호웅(豪雄)이었고
竹林蕭灑老閒翁	소쇄한 대숲 속에서 한가로이 늙어가는 노인이었네.
精神瑤海生新月	정신은 요해에 돋은 초생달이요
氣像春暖天吹風	기상은 따스한 봄날 부는 바람이었지.
架揷聖經傳有業	서가에 성인의 경전 꽂고 전하며 학업을 닦았고
戶盈賓屨樂無窮	문안은 빈객의 신발 가득 즐거움이 끝없었네.
可憐何地不埋玉	가련타, 어느 곳인들 주옥을 묻지 않으랴만
處士高墳起共同	처사의 높은 봉분과 같이 올랐구나.[10]

분수는 하동에 흐르는 강물이다. 화자는 망자를 두 가지로 평가하고 있다. 하나는 '십세웅(十世雄)'이고 다른 하나는 '노한옹(老閒翁)'이다. 얼핏 일치하지 않을 듯한 인간상이 하나로 모여 있다. 십세에 나올까 말까 한 웅자이면서 한가로이 늙어갈 줄 아는 현옹(賢翁)이었다. 그는 성인의 경전을 공부했고, 그의 집은 늘 손님이 가득할 만큼 풍요로운 덕성을 갖추기도 했다.

시의 관건어는 '가련(可憐)'이다. 시인이 망자에게 갖고 있는 마음가짐이다. '매옥(埋玉)'은 재주 있는 현자가 땅에 묻히는 것을 말한다. 그런 그가 처사와 같이 봉분을 올렸으니 그의 무덤이 처사와 같이 했다는 뜻이다. 가련함은 흔히 윗사람이 아랫사람에게 갖는 아쉬움으로 이해하고 있었는데, '정제(情弟)'인 시인이 망자를 두고 '가련(可憐)'이라고 했다. 하지만 가련을 일반적인 용례로만 볼 필요는 없다. 안타까움을 말하고 싶었을 터이기 때문이다. 제1~2구를 보면 망자는 '노한옹(老閒翁)'으로 지칭되었다. 즉 삶을 마감하고 이승을 떠난 사람에게 붙일 수 있는 감정어인 셈이다.

---

10 「정제함안조병규재배곡만(情弟咸安趙炳奎再拜哭輓)」, 진주 마진 재령이씨 마호당 고문서, F20201-01-W010763.

이 시도 이개칠합의 구조를 갖고 있다. 수련에서 시적 대상을 논의하고, 그에 대한 주석적, 혹은 부연적 묘사가 함련과 경련에서 제시된다. 십세옹-노한옹의 정신이며 기상, 학업이며 빈객에 대한 이야기가 그것이다. 그리고 그런 삶을 살았지만 지금은 죽음을 맞이하여 봉분으로 올려져 있으니 가슴 아프다는 뜻이다. 시의 내용을 보면 시적 대상은 요절하지 않았다. 천수를 누리지 못한 데 대한 아쉬움은 없다. 다만 그의 부재에 대한 아쉬움일 뿐이다.

3. 고전으로서의 만시

재령이씨가 고문서 속 만시를 두고 작자 이외의 정보를 특정하기는 쉽지 않다. 다만 시의 내용과 자료 편차로 추측해 보면 망자는 거의 동일하지 않을까 한다. 이는 대단히 흥미로운 지점이다. 한 인물을 중심으로 하여 다양한 시선과 감정을 읽을 수 있기 때문이다. 흔히 망자의 정체와 시인의 관계에 즉하여 글을 쓰곤 하지만, 이 글에서는 그러한 한계를 역이용하여 오히려 시가 가진 서정에 집중하기로 했다. 그래서 창작 배경을 가려둔 채 작품 자체의 심미적 성취를 추적했다. 선지식에 의한 프레임적 해석을 넘어설 수 있지 않을까 하는 내심도 있었다. 물론 조금 더 추적한다면 만시의 대상을 찾아내고 작자와의 관계를 확인할 수 있을 것이다. 이는 작품에 드러난 감정의 농도가 적절한지 그렇지 않은지를 판단할 근거가 될 수도 있다. 시에서 보이는 밋밋함과 절박함 사이는 망자와의 관계에서 일차적으로 유래할 것이기 때문이다. 그러나 그에 앞서 만시 자체가 가진 감정의 무게와 시를 짓는 작자의 심태를 이해하는 것이 우선이라고 생각했고 그것을 찾으려 시도했다.

추모를 통한 선양의 끝은 어디일까? 추도의 만시를 읽으면서 가졌던 의문이었고, 지금도 그 의문은 현재진행형이다. 추모를 통하여 기억을 소환하고 그 기억에 살을 붙여서 정서적 공간을 만든 뒤 다시 서사를 입혀 나가는 작업은 그 의미를 아무리 강조해도 지나치지 않는다. 시는 추모에 적합할 것인가? 시는 순간의 감정을 포착하는 장르로서 서정을 본위로 하는 문학 장르이기에 인물을 전면적으로 이해하거나 드러내는 데에는 많은 제약이 있다. 그렇지만 서사에 짓눌려 추모의 감정이 절제되기보다는 정감 그 자체의 폭발을 주목하는 것이 죽음 앞에 선 자의 태도로서 더 적절하지 않을까 생각한다. 그런 점에서 정제된 제문보다 만시가 더 인간적이라고 하면 억설일까?

사실 앞서 살펴보았던 만시에는 또렷한 인간상은 포착되지 않는다. 하지만 감정은 읽어 낼 수 있었다. 이 만시들은 각각이 감정 덩어리요, 하나의 인간인 셈이다. 그렇다면 추도시를 통하여 무엇을 할 수 있을 것인가? 언뜻 드는 생각으로 시를 통해 형상화된 인물이 당대의 사회적 과제와 어떤 연결고리를 가지는가에 따라, 그리고 그 관계의 강도에 따라 그 추모는 성공할 수도 있고 그렇지 않을 수도 있다. 필자는 바로 이 당대의 사회적 과제와의 관계에 주목한다. 즉 어느 시대이건 그 시대 나름의 과제가 있고, 그 과제를 구현하기 위한 모델을 고전에서 찾아오는데, 추모하는 대상은 그 고전의 범주에 들어갈 수 있지 않을까 생각한다.

고전은 역사적이며 상대적인 텍스트이다. 텍스트는 문자나 건축으로도 존재하며 그림이나 '사람'으로도 존재한다. 보편적 가치로 평가되는 고전은 그만큼 많은 시대의 문제를 해결하는 데 도움을 주지만, 그 고전 안에 어느 시대, 어느 공간에서 통용되는 고갱이를 갖고 있지는 않다. 적어도 시대가 부여하는 과제에 부응하지 못하는 고전은 '고전'이 아니다.

그럼 만시는 어떻게 바라보아야 할 것인가? 만시를 그저 죽음을 애도하는 장르로만 봐서는 곤란하다고 생각한다. 그간 의례적으로 제작되는 경우가 많기에 만시는 연구에서 소홀하게 다루어지곤 했다. 그러나 생각해 보면 만시는 죽음을 매개로 인간과 인간이 관계를 맺고 있는 하나의 고전이라고 할 수 있다. 이 글에서 다루었듯이 특정한 하나의 대상에 대해 다양한 정감의 흐름을 보여준다면 그것만으로도 나름의 시공간에 의해 규정되는 또 하나의 감정 공간, 나아가 인간 세계를 이룬다고 생각한다.

이제 다른 질문을 던져야 한다. 하나의 인간관계로서의 만시는 어떤 의미를 가질 것인가? 만시는 창작되던 시기에, 그리고 지금의 우리에게 어떤 의미를 가질 것인가? 가장 절절하고 막다른 죽음의 경계에서 확인되는 것, 의례적인 형식 안에 감추어진 인간에 대한 존중과 애정을 확인하는 것, 그리고 그 이상의 어떤 가치를 찾아야 할 듯한데 아직은 또렷하진 않다. 필자는 이것도 지역고전학이 고민해야 할 과제라고 생각한다. 특히나 지역고전들은 만시에 많은 정성을 들여 왔다. 재령이씨가의 고문서 역시 마찬가지라고 생각한다. 이들의 시 속에 보이는 감정들은 의례적인 듯하지만 각각이 또렷한 주제 아래 다양하면서 개성적인 면모들을 갈무리해 두었다. 찬찬히 두고 볼 일이다.[11]

---

[11] 본문에서 다루지 않은 만시가 몇 수 더 있다. 자료번호가 쓰인 것은 모두 진주 마진 재령이씨 마호당 고문서에 해당한다. 「三從叔壽壹哭輓」, F20201-01-W010742, "吾門褐何凶 欲語氣塞胸 服未三年閼 身承九代宗 先亭誰得主 後學噫多憙 櫟木今已壞 吾門禍何凶."; 「情弟晉陽河洪運再拜哭追輓」, F20201-01-W010753, "奎倦降丙子 文酒後東坡 疎拙居今罕 錙銖說古多 三霄落水醉 九月錦山哦 六丁收所著 緯布數奇何." "脫悔今何在 汾東氣數凉 吾黨欲無語 雲迷錦水陽."; 또한 기문(記文), 행장(行狀), 행기(行記), 가장(家狀) 등도 참조할 수 있다. 河憲鎭, 「聲山記」, F20201-01-W010652; 李麟模, 「紫薇亭記」, F20201-01-W010659; 李壽弼, 「月雲處士李公行狀」, F20201-01-W010688; 「先考處士府君行錄」, F20201-01-W010689; 李壽弼, 「宗君聲山處士行狀」, F20201-01-W010690; 「先妣孺人豐山柳氏行記」, F20201-01-W010691; 趙鎬來, 「處士永慕李公行狀」, F20201-01-W010692; 「家狀」, F20201-01-W010694.

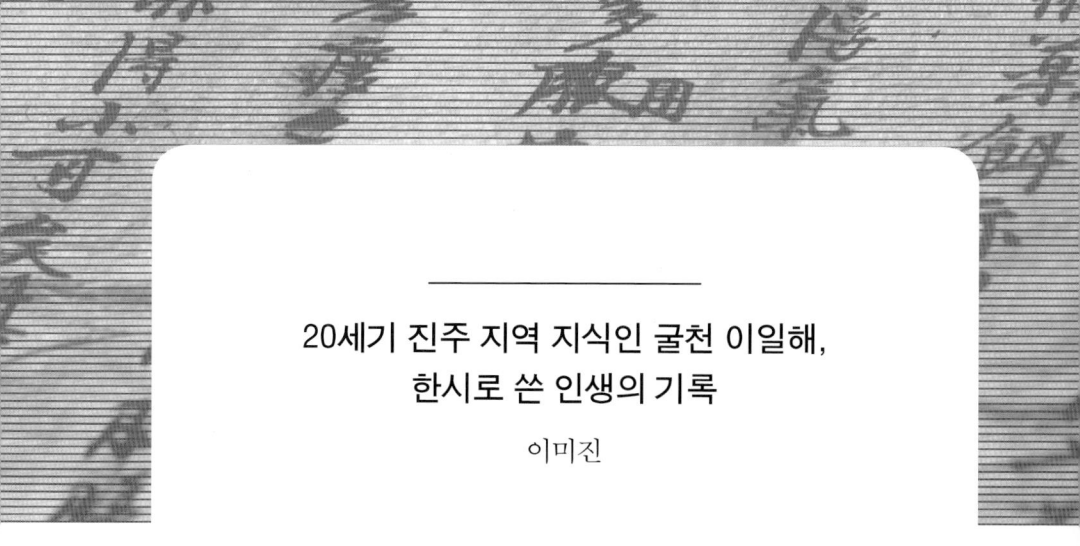

20세기 진주 지역 지식인 굴천 이일해, 한시로 쓴 인생의 기록

이미진

1. 머리말

    이 글은 진주 마진 재령이씨 가운데 20세기를 산 굴천(屈川) 이일해(李一海)의 한시를 조명한 것이다. 이일해는 근세 영남의 대표 유학자 회봉(晦峯) 하겸진(河謙鎭)의 제자로서, 스승의 유고『회봉유서(晦峯遺書)』·『동유학안(東儒學案)』·『동시화(東詩話)』 등의 간행을 주도한 인물로 알려져 있다. 그는 회봉의 수제자로서 진주 인근 학자들과의 교유가 폭넓었고 그에 따른 동선이 생애 전반에 걸쳐 비교적 넓게 분포되어 있다. 따라서 그의 한시에는 진주 인근 지식인들과 교유한 흔적과 국내외를 두루 탐방하며 쌓은 학적

---

* 이 글은 필자의 「20세기 晉州지역 지식인 屈川 李一海, 漢詩로 쓴 인생의 기록」,『장서각』 50, 2023을 수정·보완한 것이다.

견문이 오롯이 담겨 있다. 때문에 그에 대한 조명은 근대 전환기 강우 지역 인물들의 학적 동향을 살피는 데에 의의가 있다고 판단된다. 그의 문집 『굴천문집(屈川文集)』에 실린 한시를 대상으로 생애 주요 동선과 시적 공간, 그리고 교유 인물군까지 살피고자 했다.

전언에 따르면, 굴천은 평생 다작했음에도 평소 원고를 잘 보존해 두지 않았던 까닭에 문집 간행 시 유문 수습에 적지 않은 수고가 들었다고 한다. 그러한 탓인지 『굴천문집』에는 창작 시기순이라 단정하기 어려운 작품이 적지 않다. 이에 이 글은 그의 행장에 드러난 동선을 따라가며 한시로 남긴 그의 인생 기록들을 찬찬히 훑어 내려가는 방식을 택했다. 누군가의 인생을 한시로 살피는 일은, '작품'으로만 간주되어 문예미 탐색에 주력해 오던 그간의 한시 연구 방식에서 벗어나 인물의 생애를 복원하는 또 다른 대안이기도 하다. 20세기 진주 마진 재령이씨가의 인맥과 그들의 교유 양상, 그리고 근현대로 이어지는 시기의 한시 창작 현장을 살피는 계기가 될 수 있을 것이다.

2. 스승 회봉 하겸진을 만나다

굴천 인생에 가장 많은 영향력을 끼친 인물을 꼽으라면 단연 스승 회봉이다. 진주 수곡 사곡리 덕곡서당 인근에는 회봉의 묘소가 조성되어 있는데, 이곳에 세워진 비석에는 굴천이 지은 묘지명이 새겨져 있다. 13세에 처음 회봉을 찾아가 문하생이 된 이래, 41세 스승이 세상을 떠나던 그해까지 30년 가까운 세월 동안 회봉을 근거리에서 모셨던 이가 바로 굴천이었다. 회봉과의 사제의 연은 그의 조부에게서 시작되었다.

굴천 선생 이공은 휘는 일해(一海), 자는 여종(汝宗)이다. 그의 선대는 경주인인데 고려 시중 휘 우칭(偶偁)이 재령군(載寧君)에 봉해져 자손들이 이로 인해 재령을 본관으로 삼았다. 몇 대가 지나 성균관 진사 휘 오(午)는 고려왕조가 운명이 다하리란 것을 보고, 마침내 두 임금을 섬기지 아니하며 자신의 뜻을 지켰으니 이분이 모은(茅隱) 선생이다. 선생의 손자 휘 계현(季賢)은 학문과 덕행으로 천거되어 장예원(掌隷院) 사의(司議)를 제수받았으니 공과는 15대 차이가 난다. 그 후 뛰어난 학자들이 대를 이어 끊이지 않아 성대하게 지역의 저명한 문벌이 되었다. 고조는 휘가 정모(廷模), 호는 주화헌(輳龢軒)이요, 증조는 휘가 희곤(熙坤), 호는 소파(蘇坡)요, 조부는 휘가 수안(壽安), 호는 매당(梅堂)이요, 부친은 휘가 현덕(鉉德), 호가 정산(晶山)이다. 모친은 진양하씨 한철(漢徹)의 따님, 진양하씨 대진(大鎭)의 따님, 청송심씨 상우(相宇)의 따님 등이다.[1]

인용문은 하용문(河龍雯)이 작성한 굴천의 행장 첫 부분이다. 굴천은 1905년 9월 21일 산청 단성면 남사리에서 출생했다. 굴천은 어린 시절 조부의 훈도에 힘입어 본격적으로 한학(漢學)을 시작했으며, 그의 조부는 바로 파리장서운동을 주도한 면우(俛宇) 곽종석(郭鍾錫)의 제자 매당(梅堂) 이수안(李壽安)이다.[2] 조부 매당이 면우 문하로 들어가게 되면서 당시 면우의 제자였던 회봉과 본격적으로 가까워진 듯하다. 매당과 회봉은 주로 진주 수곡에서 만남을 가졌다. 회봉의 낙수암(落水庵)과 매당의 동화정사(東華

[1] 李一海,『屈川文集』, 附錄,「行狀(河龍雯)」, "屈川先生李公 諱一海 字汝宗 其先月城人, 高麗侍中諱偶偁 封載寧君 子孫仍以載寧爲貫. 屢傳 諱午 成均進士 見麗鼎將運 遂罔僕自靖 是爲茅隱先生. 孫諱季賢 以學行薦授掌隷院司議 於公間十五世. 自後 鴻儒碩學 代相不絶 蔚然爲域中著閥也. 高祖諱廷模 號輳龢軒 曾祖諱熙坤 號蘇坡 祖諱壽安 號梅堂 考諱鉉德 號晶山. 妣晉陽河氏漢徹女 晉陽河氏大鎭女 青松沈氏相宇女."

[2] 2022년 8월에 진주 수곡면 덕곡서당 앞에 파리장서비가 건립되었다. 파리장서운동은 1919년 곽종석 등 137명의 전국 유림 대표가 2647자에 이르는 장문의 독립청원서를 프랑스 파리강화회의에 보낸 대표적인 독립운동이다.

精舍)가 모두 수곡에 자리하고 있었기 때문인데,³ 이러한 과정에서 매당이 자신의 손자 굴천을 회봉의 문하로 들였던 것으로 보인다. 이후 1919년에 면우의 장례를 치를 때 회봉과 매당은 함께 호상(護喪)을 맡는가 하면, 굴천은 회봉의 아들 하영윤(河泳允)과 막역하게 지내는 등 굴천 집안과 회봉 부자는 오랜 기간 두터운 세의(世誼)를 다지며 소중한 인연을 이어 나갔다. 다음은 굴천이 조부의 손을 잡고 면우 선생에게 처음 인사드리러 가는 장면이다.

6세에 처음으로 조부 매당 어른께 글을 익혔다. 총명하고 지혜로운 것이 남보다 뛰어나 이따금 뜻밖의 발언을 하였고, 하나를 배우면 세 가지를 깨우치니 매당 어른이 매우 기특하게 여기고 애지중지하며 말하기를, "훗날 가문의 바램에 조짐이 있으리니 마땅히 큰 용광로를 통해 큰 그릇이 될 수 있을 것이다."라고 하셨다. 13세에는 다전으로 데려가서 면우 선생을 찾아 뵙고 가르침을 청하였다. 선생께서 말씀하시기를, "이곳은 궁벽한 곳이라 너 같이 어린아이는 오래 머물 수가 없다. 우선 돌아가서 집안 어른을 모시고 부지런히 글을 읽으면서 게을리하지 않는다면, 이는 늙은 내 곁에 있는 것과 다를 바가 없을 것이다."라고 하셨다. 같은 해에 제자의 예를 갖추어 회봉 선생을 찾아뵈었다.⁴

매당은 13세의 어린 손자 굴천을 데리고 거창 다전에 있는 자신의 스승 면우를 찾았다. 면우는 얼마 남지 않은 자신의 마지막을 예감했던 탓일까.

---

3 이들은 두 곳을 서로 왕래하며 여러 벗들과 회강하고 함께 묵으면서 글을 익혔다. 河龍煥, 『晦峯先生年譜』, "癸亥 先生五十四歲 夏 李梅堂來訪留落水庵三日 會講諸生 其還與柏村諸公 送至西亭 分韻而別. 七月 訪梅堂東華精舍於潮溪 因信宿遊雷淵."

4 李一海, 『屈川集』, 附錄, 「行狀(河龍雯)」, "六歲 始受讀於王考梅堂翁 聰慧絶人 往往發意外之言 擧一能反三 梅堂翁甚奇愛之曰 他日門戶之望 庶有其漸 宜從大爐鞴 可鑄成大器也. 年十三 携往茶田 謁俛宇先生而請教 先生爲言此地僻累 爾若幼少之不可久留 姑歸侍家庭勤讀而不懈 是無異於在老夫之傍也. 同年 贄謁晦峯先生."

그림 1 하겸진 초상. 출처: 경남 산청 유림독립기념관 전시실에서 필자가 촬영
그림 2 이일해 초상. 출처: 李一海, 『屈川文集』

어린 굴천을 마주한 노장의 면우는, 노쇠한 체구와 미약한 심신 탓에 굴천을 차마 문하로 들이지 못했다. "이곳은 어린 네가 오가기에 너무 외진 곳이다. 너의 할아버지의 학문 수준 또한 나 못지않으니 집으로 돌아가 너희 할아버지를 곁에서 잘 모시면서 부지런히 글을 읽는다면 나에게서 공부하는 것과 차이가 없을 것이다. 다만 게을리하지 말아야 한다."라고 하며 집으로 돌아가 조부에게 가르침을 받을 것을 제안한 것이다.

이즈음 굴천은 제자의 예를 갖추어 회봉 문하로 들어갔다. 매당이 늘 회봉을 '내 친구 선생[吾友先生]'이라 일컬을 정도로 벗 회봉에 대한 매당의 신뢰가 두터웠기에 가능한 일이었다. 결국 세상을 먼저 떠난 회봉의 죽음에 매당은 "내 벗은 가까이로는 면우 선생을 바탕으로 삼았고, 멀게는 남명과 퇴계 선생을 이었으니 그 학문이 속유(俗儒)들과 다를 수 있었지. 예로부터 세상에 큰 변혁이 있으면 반드시 그 모임에 걸맞게 사문을 주장하여 유학의 일맥이 전해져 후학들에게 태평을 열어 주는 법이니, 내 친구가 어찌 그러한 인물에 가깝지 않겠는가."[5]라고 하여 회봉은 매당에게 친구

---

[5] 李一海, 『屈川文集』卷3, 「祭晦峯先生小祥時文」, "在昔先子嘗吾友先生而言曰 吾東盛於道學者 有山海退陶尼東 吾友近資尼東 遠紹山海退陶 是以其學爲能異於俗儒 自古世之有大變革 必有

그 이상의 존재였음을 알 수 있다. 회봉 역시 매당의 학문 수준을 높이 평가했으니[6] 서로 학문적 동지 의식을 공유하고 있었던 것으로 보인다.

이렇듯 서로에 대한 두터운 신뢰는 굴천의 든든한 학문적 기반이 될 수 있었다.[7] 조부를 통해 맺은 회봉과의 사제의 연은 『면우집(俛宇集)』 간행 즈음 돈독해지기 시작한 듯하다. 굴천은 1924년 거창 다전에서 면우의 유문(遺文)을 교열하고, 이듬해에 서울로 올라가 직접 간역(刊役)에 참여하면서 본격적으로 회봉의 제자로서의 행보를 걸었기 때문이다. 그뿐만 아니라 굴천은 회봉 사후에는 『회봉선생유서(晦峯先生遺書)』와 『회봉선생연보(晦峯先生年譜)』, 그리고 『동유학안(東儒學案)』과 『동시화(東詩話)』에 이르기까지 스승의 역저 편찬을 주도할 만큼 발군의 제자였다. 굴천은 학업을 청하러 오는 제생들에게는 그 사람이 가진 역량을 살펴 일러준 이로 회봉을 기억하고 있었다.

평소 지내실 적엔 책을 보고 글을 쓰면서 해가 저물도록 조용히 앉아 한 마디 말씀도 하지 않으셨다. 때때로 집안 뜨락을 산책하실 적에는 작은 지팡이를 짚고 다니셨는데, 나라 잃은 감회, 도학이 실추된 근심, 홀로 터득하여 자신하는 기쁨 등이 미간 사이에 번갈아 이르고 서로 뒤엉킬 때면 돌아오는 것을 아득히 잊어버리는 것이 오래도록 이어졌다. 제생들이 학업을 청하면 반드시 그 사람의 지조의 깊이와 장단점을 살펴본 뒤에 판단하셨다.[8]

當其會而主斯文 一脉之傳 以開泰平於來後者矣 若吾友豈不誠庶幾其人哉."

[6] 河謙鎭, 『晦峯先生年譜』, "辛未 先生六十二歲 先生服闋 春 校李梅綱遺集 歎曰 吾始讀梅堂隨記 自謂能知梅堂深處 今校全書 覺往時之知 尙有未盡 甚可恨也 遂爲序以發之."

[7] 『면우집』 권43과 속집 권5에는 「答李可允」라는 제목으로 매당에게 보낸 여러 통의 편지가 수록되어 있다.

[8] 河龍煥, 『晦峯先生年譜』, 「墓誌銘(李一海)」, "居平 卽手卷肘硯 澹坐竟晷無一語 有時步旋庭除 細杖躅地而行 子遺之感 喪墜之憂 獨見自信之喜 迭集交凝於眉宇之上 窅然喪其所返者久之, 諸生請業 必視其人所操之淺深長短而裁之而已."

항상 책을 읽고 글을 쓰는 모습, 지팡이를 짚고 거닐다 시대에 대한 근심과 자득의 기쁨으로 한참 동안 사색하던 스승의 모습은 제자를 자극하기에 충분했다. 회봉은 자신에게 배움을 청하는 이가 있으면 그 사람의 식견과 지조를 잘 살핀 뒤에야 제자로 받아들였다고 하니, 굴천의 인간됨과 타고난 재능을 회봉이 얼마나 아꼈을지 충분히 짐작할 만하다.

3. 시기별 주요 동선과 시적 공간

굴천은 특히 시에 일가견이 있는 것으로 당대 정평이 나 있었다. 담원(薝園) 정인보(鄭寅普)는 "남쪽 지역 선비 중 시는 이일해가 가장 뛰어나다."라고 극찬했고, 이가원(李家源)은 "나는 처음 [굴천의] 시명(詩名)을 듣고서 회봉에게 편지를 보내어 그를 만나 보려 했지만 회봉이 이에 응하기도 전에 세상을 뜨고 말았다."[9]라고 했듯 20세기 초 서울 인사들에게도 굴천의 시재가 이미 알려져 있었던 듯하다. 스승 회봉 역시 굴천의 문장에 대해 "그의 문장은 이미 옛 작가들의 경지에 이르렀다."라고 평가했을 정도로 굴천은 당대 스승과 선배 학자로부터 뛰어난 글재주를 가진 이로 인정받았다.

그대는 어버이를 봉양하면서도 고향과 뱃길을 이리저리 다니면서 멈추어 그치지 않았지. 그러나 그대는 늘 공부를 그만두지 않고 강직한 뜻을 품고자 더욱 힘써 이에 고사(高士)의 명성을 얻었다네. 시는 우리나라의 작가 명미당(明美堂) 이건창(李建昌), 창강(滄江) 김택영(金澤榮) 같은 여러

9 李家源, 『玉溜山莊詩話』.

사람들과 그 물살을 거슬러 오르고 그 자취를 좇았었지. 비록 잠시 이승만 박사가 세운 정부에 등용된 날도 있었지만 뜻과 기개를 또한 펼치지 못하였으니, 또 그 누가 우리가 평소 지닌 뜻이 펼쳐지려다 곧 움츠러진 줄 알겠는가.[10]

1987년 굴천이 사망하던 그해, 그의 벗 권택용(權宅容)이 기억하고 있었던 굴천의 모습이다. 그가 평생 여러 지역을 쉼 없이 다녔다는 사실, 학업에 열중하여 선비의 명성을 얻었다는 사실, 그리고 이승만 정권에 잠시 등용되었다는 사실 등 굴천의 생애에서 특징적인 장면들이 담겨 있다. 특히 시에 특장을 지녀 당대 이건창과 김택영과 비견될 정도라 했으니, 시에 대한 굴천의 탁월한 감각만큼은 벗들 사이에서도 인정된 것으로 이해된다.

『굴천문집』의 발문에 따르면, 굴천의 삼종형(三從兄) 이병도(李秉道)의 적극적인 유문 수집 덕에 굴천 사후 1년 뒤 1988년에 부산에서 문집이 간행되었다고 한다.[11] 총 4권 2책으로, 권1은 부(賦)와 사(辭) 각 1편, 시(詩) 여러 편, 권2는 서(書) 13편, 기(記) 45편, 서(序) 31편, 발(跋) 3편, 권3은 제문(祭文) 37편, 고성문(告成文) 3편, 봉안문(奉安文) 1편, 상량문(上樑文) 2편, 양송(梁頌) 3편, 재명(齋銘) 5편, 비명(碑銘) 13편, 묘표(墓表) 50편, 묘지명(墓誌銘) 60편, 권4는 묘갈명(墓碣銘) 69편, 행장(行狀) 5편, 전(傳) 7편, 습유(拾遺) 7편 등이 실려 있으며, 그 외 부록이 있다. 시의 경우 연대순으로 수록된 듯하나[12] 저작 시기를 확정할 수 없는 작품이 적지 않다. 이에 이 장에

---

[10] 權宅容, 『惕窩遺稿』, 「李屈川子一海誄辭」, "君乃奉親 流離棲屑於鄉於港 無所底止. 然君常不廢講學 益勵蕢桂之志 乃得高士之名 詩與故邦作家如李明美金滄江諸公 遡其流而追其跡也. 雖暫登庸於李博士設政府之日 而志氣亦不舒 又孰知吾之素志 將伸而旋縮也."

[11] 이 글은 경상국립대학교 고문헌도서관 소장본(『屈川文集』, 부산 삼성사, 1988, 古 (물천) D3B H 이69ㄱ)을 검토 대상으로 삼았다.

[12] 권1의 후반부에는 '十九花木堂稿'과 '自照室稿'라는 이름 아래 따로 한시가 편차되어 있다. '십구화목당'이란 굴천의 행장에 의거할 때 하동 도량마을로 이거한 후 붙인 당호로 확인되는 바, 여기에 수록된 한시는 1931년 2월 이후 작품으로 추정되며, '자조실'은 진주 마진으로 복귀한

서는 굴천의 행장에 드러난 주요 동선을 따라 창작 시·공간이 확인되는 작품을 중심으로 논의를 전개하고자 한다. 혹 굴천의 인생에서 주요 동선으로 반드시 언급되어야 할 사안임에도 미처 언급되지 못한 작품이 분명 있을 것이다. 이는 어디까지나 필자의 부족한 식견을 탓할 수밖에 없다.

1) 10대: 거창 다전으로의 문안

굴천은 조부 매당의 손을 잡고 면우를 찾아 뵙기 위해 거창(居昌) 다전(茶田)으로 향했다. 그의 나이 12세(1917)의 일이었다. 앞서 언급했듯 면우는 노장의 몸이라 어린 굴천을 받아 주지 못했지만, 당시 짧고도 강렬했던 면우와의 인연 덕분이었는지 면우 사후 1921년, 굴천은 천장(遷葬) 시 제문(祭文)을 작성하기에 이른다. 이때 굴천의 나이 겨우 16세였다.

> 정사년(1917)이 되어 소자를 부르시더니 "나는 선생께 문후 드리러 간다. 너는 따라올 수 있겠느냐?"라고 하시기에, 소자는 실로 절을 드리며 춤을 추었고, 좋아 펄쩍 날뛰며 길에 올라선 겨드랑이에 양 날개가 없음을 한스러워 했습니다. 몇 날을 걸어가서야 비로소 가야산 아래 도착했고 할아버지께서는 이곳이 선생의 거처라고 말씀하셨습니다. [⋯] 할아버지께서는 "절을 올려라. 이분이 선생이시다."라고 하셨습니다. 아! 선생께선 백발이 성성하고 노쇠한 모습이었습니다. 소자의 마음이 따스해지며 기쁨이 이어지다가도 절로 두려워졌습니다. 이로 인해 문하에 머무르며 선생을 모시며 여러 어진 이들과 함께 빗질도 해 드리고 머리도 감겨 드리고 싶었습니다. 선생께서 말씀하시기를 "아, 소자의 그 마음은 아름다

이후 자신의 방에 붙인 이름이니 이 역시 여기에 수록된 한시는 1943년 이후 작품으로 추정된다.

우나 나는 지금 병이 들었구나. 장차 너는 잘 수양하여 네 조부의 뜻을 이어야 하니, 이것이 네가 애초에 내 곁에 있을 수 없는 점이다. 어찌 굳이 무릎을 맞댄 뒤라야 가능하겠느냐."라고 하셨습니다.¹³

처음 조부의 손을 잡고 면우 선생을 뵈러 가던 그날의 기억은 굴천의 뇌리 속에 강렬하게 남았다. 유년 시절부터 면우의 명성을 익히 들어 왔던 터라 뵙고 싶은 마음은 늘 간절했지만, 조부의 말씀을 기다려 12세가 되어서야 찾아뵙게 된 것이다. 거장을 직접 만나 본 감격도 잠시, 백발이 성성하고 파리한 안색의 면우의 모습을 보고는 어린 굴천은 사뭇 두려운 기운을 느낀 듯하다. 당시 노쇠한 몸으로 신병을 앓고 있던 면우는 "어린 시절에 바름을 기르는 것은 성인이 되는 공부이니, 그들의 경지에 이를 수 없다고 생각하지 말거라."¹⁴라고 하며 혹여 마음이 상하지는 않을까 염려하는 마음으로 어린 굴천의 마음을 헤아리며 돌려보냈다.

굴천은 면우 문하에서 학업을 익히지는 못했지만 이후 회봉 문하에 입문한 뒤『면우집』간행에 동참하면서 그의 제자와 다름없는 행보를 걸었다. 이러한 연유로 이후『면문승교록(俛門承敎錄)』에서 역시 굴천의 이름을 확인할 수 있다.¹⁵ 다전을 왕래하며 낭산(朗山) 이후(李垕), 수재(修齋) 김재식(金在植) 등 인근 학자들과 함께 여재(如齋)에서 유문을 교열하고, 이후

---

13 李一海,『屈川文集』卷3,「祭俛宇先生文」, "及歲之丁巳 王父呼曰 唯我往候先生 汝能從乎. 小子實拜舞 踊躍登道 兩腋之不翅 行數日 始至伽倻山下. 王父曰 此 先生居也. […] 王父曰 拜 先生是也. 嗚乎 白髮蒼顔 先生老矣 小子之心旣溫. 然以喜繼之 以惕然自懼 因欲留侍門屛 與群仁共其梳沐. 先生曰 嗟 小子其可嘉 吾今病矣 且汝善修以承汝祖父之志 是汝未始不在我側也. 何必接膝而後可哉."

14 굴천에게 건넨 면우의 이 말은『俛宇集』에도 수록되어 있어 굴천과의 관계를 가늠하는 데에 매우 의미 있는 기록으로 여겨진다.『俛宇集』續集 卷12,「呼贈李一海」, "蒙以養正 聖功也. 古之人自幼蒙而其所志已如此 吾何獨不爾哉. 汝母以古人爲不可及也."

15 崔兢敏,『俛門承敎錄』, "李一海 字汝宗 載寧人 居晉州麻津 高宗乙巳生 壽安孫 鉉德子." 경상국립대학교 고문헌도서관 소장(1974.崔兢敏(1883-1970)撰. 線裝1冊(88張): 四周雙邊 半廓 18.8×13.6 cm, 有界, 10行25字, 上下向2葉花紋魚尾; 27.0×18.0 cm. 古 (물천) B9C 최18口).

서울 한성도서관에서 이루어진 『면우집』 간역에 적극적으로 동참한 데에서 제자의 반열로 인정받은 것이다. 이는 스승 회봉에 대한 사제의 도를 행하는 것이기도 했다.

면우와 굴천 집안의 이렇듯 가깝고도 깊은 관계는 1919년에 파리장서운동에서도 드러난다. 면우가 프랑스 파리에서 개최한 만국평화회의에 유림 대표로서 독립청원서를 발송하려 할 적, 매당 역시 서명에 동참했을 뿐 아니라 굴천의 부친 이현덕은 당시 심산(心山) 김창숙(金昌淑)과 상해 행차를 도모할 정도로 부자가 모두 파리장서운동의 핵심 구성원으로 활동했다.[16] 그러나 면우는 이 일로 대구 감옥에 수감되었고 얼마 후 병으로 석방되었지만, 결국 그해 8월 24일 세상과 이별하게 된다. 거창 가조면(加祚面) 광성리(廣星里) 문재산(文載山)에 장사를 지냈고, 이후 5년 뒤 1924년 11월에 가조면 율리(栗里) 모덕산(慕德山) 아래로 이장할 적 굴천은 다음과 같은 시를 지었다.

伽倻山水天下香　가야산의 산수는 천하에 향기로와
新兆占來古縣傍　옛 고을 곁에다 새 묏자리 점을 쳤네
隔水書堂還與近　개울을 사이한 서당과 도리어 가까워졌으니
雲煙草樹特蒼蒼　구름 안개 낀 초목만이 다만 푸르고 푸르네

「면우 곽선생의 묘소 이장 시에 눈물을 훔치며 쓰다[俛宇郭先生改卜之阡 抆涕而書]」 중 일부이다. 비록 직접 가르침을 받지는 못했지만 세상을 떠난 면우를 대하는 감회는 제자 그 이상이었다. 면우 사후 어느 겨울날 거창 다전에 이르러 지은 「다전으로 들어가던 날 밤, 바람과 눈이 매우 혹독했

---

16 당시 서명 인사 중에 진주의 경우, 회봉 하겸진, 백촌 하봉수, 매당 이수안 등이 참여했으며, 굴천의 재종숙 소정(小亭) 이현표(李鉉杓)는 당시 김창숙과 상해행을 도모하기도 했다. 『屈川文集』, 「再從叔小亭公墓表」.

그림 3 곽종석 초상. 출처: 경남 산청 유림독립기념관 전시실에서 필자가 촬영

그림 4 거창 다전마을 면우유적비

지만 도중에 달이 뜨고 눈이 그치니 밤은 이미 깊어 있었다(夜入茶田 風雪甚惡 途中月出雪亦止 既至夜己半矣)」에는, "세상 떠나신 뒤 이곳에 온 것 한스러운데, 누구를 쳐다보고 다시 누구를 위로할까. 이런 생각에 서글퍼 갈 길을 잃었으니, 이미 짚신 벗겨진 줄도 몰랐네[所恨逝既到 誰看復誰慰, 念此悵忘路 不覺己脫屛]."라고 하여 선생을 잃은 깊은 상념이 담겨 있다. 눈바람이 휘몰아치고 해가 저물어 앞길은 당최 보이지 않는데, 신발이 벗겨져도 알아채지 못한 경황 없는 자신의 모습 등을 빌려 면우에 대한 그리움을 녹여낸 것이다.

2) 20대: 서울 체류와 하동 강학, 그리고 호남 유람

1924년 여름, 거창 다전에서 면우의 문인들이 모여 유문을 교열한 뒤 본격적인 간역을 위해 이듬해 2월 산청의 이동서당(尼東書堂)에 다시 모였다. 서울에 간소(刊所)를 차려 연활자(鉛活字)로 인행할 것과, 면우의 장자(長子) 곽윤(郭奫)의 주도 아래 간행에 하겸진·김재식·김수·권상경·김황 등이 동참할 것을 확정 짓기 위해서였다. 3월에 서울 관훈동 소재 한성도서주식회사[17]에 간역소를 마련한 뒤,[18] 굴천은 하겸진·조현규(趙顯珪)·정석기 등 세 분의 어른을 모시고 상경길에 올랐고[19] 이후 서울 간소에 도착하여 아래 「면우집 간소에서 짓다[俛宇集刊所有作]」를 지었다.

一十年來師道晦	십년 이래 스승의 도가 어두워지고
六洲澹澹黑波橫	온 세상 넘실넘실 검은 파도 가로지르네
砥流何幸斯文在	물결 속 지주 다행스럽게도 사문에 남아 있으니
幾英公道從今賴	공도는 지금껏 그 덕에 그 얼마나 영광스러운가
天地經綸一策陳	천지의 경륜 하나의 책략으로 펼쳐
編來猶覺氣如新	책으로 엮으니 도리어 새로운 기운 느끼네
試看九廟洋洋地	드넓은 천자의 땅 한 번 바라보니
凄雨凄風恨甚人	처량한 비바람에 몹시 서글프네

굴천은 여름에 상경길에 올랐고 그해 11월에 『면우집』이 간행되었으니 대략 3~4개월 동안 서울에 머물지 않았나 한다. 굴천은 상경길에 당시 대구에 머물고 있는 조긍섭(曺兢燮)과 변영만(卞榮晩)을 만나기도 하고, 서울에 도착해서는 정인보를 찾아가 종종 담소를 나누기도 했다. 틈이 나는 대로

---

[17] 한성도서주식회사는 주식회사 형태의 국내 최초 출판사로서, 서울 종로 견지동에 1920년에 창설되었고, 이후 1946년 화재로 소실되어 현재는 해당 터에 표지석만 남아 있다. 일제강점기 우리나라 출판 발전에 기여했다고 평가받는 곳이다.

[18] 면우 곽종석이 1919년 8월 사망한 이후 그의 문인들은 유문을 수습했고, 이듬해 2월에 그의 아들 곽윤의 주도하에 본격적인 유문 정리가 시작되었다. 1921년 봄에는 유문의 필사가 완료되고 여름에는 유문의 교정과 본격적인 간역 논의가 시작되었지만 어떠한 일 때문인지 바로 간행되지 못했다. 이후 1924년 여름에 다시 문인들이 모여 유문을 교정한 뒤, 이듬해 1925년 2월이 되어서야 간역 논의가 확정되었던 것으로 보인다. 3월에는 서울에 간소가 설치되었고, 11월에는 서울 관훈동에 소재한 한성도서주식회사를 통해 연활자로 인행되었다. 한국고전번역원DB(db.itkc.or.kr)의 '면우집' 해제 참조.

[19] 李一海, 『屈川文集』, 「陪晦峯先生及趙復齋(顯珪)鄭止軒兩丈 發晉治」.

시를 남겼는데, 눈앞에 펼쳐진 한강을 바라보며 감회를 남기기도 하고, 간소에서 함께 일하는 이들과 더위를 피하며 시도 짓기도 했으며(「月夜 與刊所諸公 步鍾路散暑 口號以屬」), 간소에 방문한 손님과 술을 마신 일화를 시로 남기기도 했다.[20] 또한 서울에 머무는 동안 여건이 될 때마다 경복궁·창경원·남산·육신묘·한강교·청량리·탑골공원·삼청동 등 조선의 사적을 두루 다니며 일제가 들어선 수도 서울의 모습과 그간의 소회를 시로 남겼다.[21]

1927년(22세)은 하동 안계에서 조부를 모시고 강학에 집중하던 시기이다. 안계는 현재 행정구역상 하동군 옥종면에 소속되어 있지만 이전에는 진주목(晉州牧)에 편제된 곳이었다. 이곳에 있는 모한재(慕寒齋)는 겸재(謙齋) 하홍도(河弘度)를 기리는 사당으로, 1879년(고종 16)에는 두산(斗山) 강

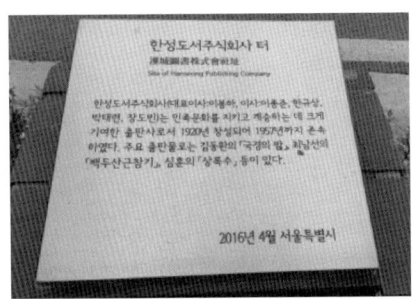

그림 5 한성도서주식회사 표지석

그림 6 하동 안계 모한재

20 임상종은 경남 합천 출신으로 서울 인사동에서 고서화와 골동품을 수집하여 많은 부를 축적한 유명 인사였다고 한다. 굴천 일행이 당시 진주에서 올라왔다는 소식을 듣고는 타지에서 만난 고향 친구 같다며 자신의 집으로 초대하여 술상을 차려준 것이다.

21 회봉은 당시 서울에 도착한 직후 금강산으로 떠났다. 이때 굴천이 지은 시는 「晦峯先生將往金剛作歌」; 「幻燈觀金剛山歌」 등이 있다. 굴천 일행이 대구에 들렀을 때 지은 시는 「抵大邱」; 「夜訪卞山康(榮晩)南城寓舍」; 「陪三丈共曹深齋(兢燮)卞山康有作 二首」 등이고 서울에 도착한 이후 지은 시는 「渡漢江」; 「漢陽五首」; 「景福宮」; 「昌慶苑五絕」; 「登南山鼇頭岡」; 「觀東人勒銘碑戲題」; 「六臣墓」; 「昌慶苑晚眺」; 「漢江橋詞二首」; 「後漢橋詞二首」; 「淸涼途中」; 「淸涼寺」; 「林海廬尙鍾 招同刊所諸公及京中名彦數三 飮其家 旣歸 追此以寄」; 「是日 聽劉公彈琴 亦有贈」; 「塔洞園」; 「浴三淸洞」; 「再登鼇頭岡作」; 「雨夜獨吟」; 「食瓜塔園 忽念山樹夏間風流諸事 悵然傷神 因得五首 寫寄同遊諸君」 등이 있다. 이들 시는 모두 李一海, 『屈川文集』에 수록되어 있다.

병주(姜柄周)와 계남(溪南) 최숙민(崔琡民)이, 1915년에는 담헌(澹軒) 하우선(河禹善)이 강학하는 등 겸재 사후 줄곧 인근 학자들의 강학 공간으로 활용되었다. 굴천의 조부 매당 역시 이곳에서 글을 익혔던 연유로 굴천은 이곳에서 조부의 문하생들과 자주 회합을 가졌다. 다음은 1927년 2월, 이일해가 모한재에서 친구 하구선(河九善)·이상은(李商隱)·이화재(李華宰) 등과 함께 인근의 몇몇 학동들을 모아 놓고 지은 시 중 일부이다.

小雨山部二月	보슬비 내리는 산촌의 2월
家家長短菜畦	집집마다 길고 짧은 밭두둑에서 나물 캐네
好是東坡笠屐	좋구나, 소동파처럼 삿갓 쓰고 나막신 신었으니
不妨到處泥滕	가는 곳마다 진흙에 행전 빠질 일 상관치 않아도 되지
浪跡江湖幾歲	강호에 머문 지 몇 해던가
玆山恰稅行滕	이 산은 흡사 세금 걷는 주머니 같네
一帶溪聲林翠	일대엔 시냇물 소리에다 비췻빛 숲 펼쳐졌고
半邊琴几書燈	한쪽에는 거문고 안석 책 등잔이 놓여 있구나
澗月窓花相得	개울에 뜬 달과 창가에 핀 꽃이 서로 어울리니
人來不用點燈	사람 찾아와도 등불 켤 필요 없다네
曉起更添幽賞	새벽에 일어나니 더욱 감상에 젖어드는데
雲間數火燒畦	구름 사이로 밭두둑 사르는 불빛만이 보이네.[22]

굴천은 당시 모인 학동들에게 운자(韻字) 3개를 제시한 뒤 시를 짓도록 했다. 학동들이 난색을 드러내자 굴천은 보란 듯이 위 6언시 세 수를 연달

---

[22] 李一海, 『屈川文集』, 「丁卯春, 早與河君子範(九善), 入慕寒齋居之 義山尙茂等來聚童子又若干人 一日夜拈課韻三字 諸生皆有艴色 遂先書六言三首示之 三韻迭爲首末 庶以鼓發其枯渴之思云」.

아 지어 보이며 이들을 한껏 고무해 주었다. 3개의 운자는 증(蒸)자 계열의 '塍[밭두둑]' '縢[행전]' '燈[등잔]'이었으니, 운자로 잘 쓰이지 않는 글자라 학동들이 난색을 표한 건 너무나 당연한 일이었다. 그러나 굴천은 호기롭게 3개의 운자를 세 수에 번갈아 사용했을 뿐 아니라 6언으로 지어 냈으니 학동뿐 아니라 곁에 있던 벗들도 제대로 기가 꺾였을 듯하다.

굴천은 이즈음 모한재뿐 아니라 진주 수곡 모천정사(某川精舍)에서도 자주 강학을 했다. 1930년(25세)에는 하구진·하인진·성환혁·이상은·하윤근·하자정 등과 시문을 지으며 여가를 보내는가 하면,[23] 이듬해 1931년(26세)에는 하동 도량마을로 이거하여 십구화목당(十九花木堂)이라는 당호(堂號)를 걸고 학업에 매진한 것으로 확인된다.

1934년(29세)에는 회봉을 모시고 부안 구례 등 호남 지역을 여행했는데, 이때 조현규와 하윤근이 동행한 것으로 보인다. 당시 부안 변산을 지나며 월명암(月明庵)에서 서해를 조망하고 채석강(采石江)을 굽어보며 "노인의 땔나무는 마치 개미가 등에 인 것 같고, 아이들 글 읽는 소리는 꾀꼬리 울음 같네. 무성한 잎사귀는 둥그렇게 집을 감추고 있고, 기울어진 벼랑은 굽이져 오솔길 당기는 듯[翁薪如蟻戴 兒讀似鶯嘶. 密葉圓藏屋 傾崖曲引蹊]."이라 하여 변산의 정겨운 풍경을 시구에 담았다. 또한 구례 화엄사에 들러선 "복된 땅 산 깊은 곳 십이천에, 석가모니 천년을 살았다네. 다리를 건너자 구름 속 달빛이 어지러이 떨어지니, 베개 걷고 일어나 보니 풍경소리 잔잔히 전해오네[福地山深十二天 琳宮釋老一千年 過橋雲月紛紛墜 推枕鍾魚細細傳]."라고 하여 산사의 아름다운 밤 정경을 묘사했다.[24]

---

23   모천정사에서 머물며 지은 시는 李一海, 『屈川文集』, 「庚午春後子政掃某川精舍於鹿門山中而招余同課讀」; 「朝行」; 「河春卿(仁鎭)夜至 與子政及成士瞻(煥赫)李義山(商隱)河仲涉(潤根)同賦」; 「和子政春宵吟 次韻」; 「子政自携機寫影 戲贈一絶」; 「次春卿借克中子政 夜入某川韻三首」; 「子政睡久失詩窘於趁課 走筆奉調」; 「一日諸益皆去夜 以溪上有堂還獨宿誰人無事肯重來 爲韻 自吟自寫 深更而罷 非以求多聊開懷緖焉耳」 등이다.

24   부안·변산·구례를 방문하여 지은 시는 李一海, 『屈川文集』, 「扶安邊山峽中紀所見」; 「月明菴」;

3) 30대: 일본 여행과 영남 방문

35세(1940년)에는 일본을 다녀왔다. 이해 7월 23일 배에 올라 현해탄(玄海灘)을 건넌 뒤 오사카에 도착한 이후 약 한 달간 일본에 체류했던 것으로 보인다. 먼저 오사카성을 방문하여 도요토미 히데요시[豊臣秀吉]가 백성들과 부하들에게 잔혹한 행위를 자행하던 역사를 떠올리고(「大阪城」), 가가와현[香川縣]에 있는 텐노지[天王寺]를 방문한 뒤 효고현[兵庫縣]의 다카라즈카[寶塚]에서 유명한 가극단 공연을 관람했다(「寶塚觀伎」). 다음은 단풍이 아름답기로 유명한 비와코[琵琶湖] 경관에 대해 지은 「아라시야마를 유람하고 돌아온 손님 중에 비와코를 꼭 관람하라고 말하는 이가 있어 팬시리 이 시를 지어 훗날의 기약으로 정하노라[游嵐山歸客有言琵琶湖不可不一觀者 率爾賦此以訂後約]」이다.

琵琶湖	비와코는
水如碧玉沙如珠	물이 벽옥 같고 모래는 구슬 같다하지
鷗鳴鶴飛一百里	갈매기 울고 학이 나는 일백 리 천공에
秋月倒挂紅珊瑚	붉은 산호 거꾸로 매단 듯 가을달 떠있네
聽君談令我驚	그대의 말을 들으니 나를 놀라게 하니
絶勝嵐峽眉目姝	아라시야마의 절경에 눈이 밝아진다 하네
嵐峽向怪無詩人	아라시야마에 시인이 없는 것 이상한데
詩人有在其湖乎	시인은 아마 비와코 호수에 있겠지
畵舫搖波落天末	아름다운 배 흔들리는 파도 저 멀리 떠나니
爲報相俟黃公壚	나를 위해 황공의 주막에서 기다리고 있겠노라

「求禮華嚴寺」 등이다.

비와코를 다녀온 어떤 객이, 벽옥처럼 맑은 호수와 구슬처럼 영롱한 모래 빛깔이 찬란한 곳을 보고 싶다면 꼭 비와코를 가보라며 굴천에게 귀띔을 했던 모양이다. 그 매혹적인 경관에 눈이 밝아질 정도로 하니 굴천은 가을 달빛 아래 비와코의 절경을 자신의 눈에 직접 담겠노라 마음 먹었다. 아름다운 풍광 앞에서 절로 시가 쓰여질 테니 진정 나와 시로써 대작할 이는 분명 비와코에 있으리라 기대해 마지않았던 것이다. 감수성 짙은 시인으로서의 굴천의 면모를 볼 수 있는 작품 중 하나로 여겨진다.

그의 일본 방문은 단순한 유람 목적은 아니었던 듯하다. 오사카 인근에 머물고 있던 친족과 지인을 두루 방문한 흔적이 보이는데, 그중 오와리[尾張]에서 족숙(族叔) 이현학(李鉉鶴)을 찾아뵌 뒤 "다시 서풍을 향하자니 떠나는 이와 머무는 이 서글픈데, 하늘 끝에서 두 쑥뿌리에 소슬한 바람 불어오네(「再去尾張 留別族叔鉉鶴」)"라고 하여 지인과의 이별에 아쉬움을 노래했다. 또 오사카 인근 백제촌(百濟村)에 사는 지인 정해(正海)를 만나 "우리 아우 타향살이 오히려 다행스러우니, 전셋집은 시골 전원 두르고 있네. 고향땅과 천만리 떨어져 있지만, 여기 이르니 마음 잠시나마 따뜻해지네(「百濟村正海弟寓舍」)."라고 하여 객수에 젖은 이들의 외로움을 달래주곤 했다. 굴천은 일행과 일본에서 머무는 동안 향혜(香蕙)라는 동포를 우연히 만났는데, 그는 일본으로 건너와 개명을 한 뒤 미나미카와치군[南河內郡]에서 숨어지내는 30대 여성이었다. 그는 마침 탁월한 시재(詩才)를 지니고 있어 굴천은 일본에서 머무는 동안 여러 차례 함께 수창하며 그의 뛰어난 작시 능력에 찬사를 보내기도 했다(「寄贈香蕙」).[25]

1942년(37세)에는 스승 회봉을 모시고 대구를 거쳐 영천과 안동, 그리

---

[25] 일본을 여행하며 남긴 시는 「七月二十三日早朝 玄海舟望 二首」; 「大阪城」; 「天王寺園 紀見」; 「寶塚觀伎」; 「游嵐山歸客有言 琵琶湖不可不一觀者 率爾賦此以訂後約」; 「記夢」; 「再去尾張留別族叔(鉉鶴)」; 「寄松巖宗丈(鉉沃)兼呈河某山某」; 「柬寄姜子孟(炳觀)」; 「許尙善(有)書至 感吟得二律詩寄謝 兼訊克中士瞻」; 「百濟村正海弟寓舍」; 「贈金亭基」; 「寄贈香蕙」; 「尾道舟往四國」; 「福岡招魂詞」 등이다.

고 단양과 제천을 두루 순행했다. 이 행차는 단순 유람이 아니라 73세의 노구로 힘겨워하는 스승의 병간호를 위한 것이었으며, 이때 지은 십여 편의 시문은 당시 강좌 지역 탐방에 대한 일종의 기행시의 성격을 지니고 있다.[26] 아래는 그중 영천에 있는 조양각(朝陽閣) 아래에서 쉬어 갈 적 지은 「영천도중(永川途中)」 제2수이다.

龜翁冠服老逾奇　회봉 선생의 옷차림은 늙어갈수록 우아하니
碧水丹山有所思　푸른 물결 붉은 산 바라보며 생각에 잠기네
好事未妨經小疾　좋은 일에는 작은 병치레야 상관할 바 아니니
朝來看草寄兒詩　아침 되면 아이에게 부칠 시를 살펴봐야지

　스승은 불편한 몸으로 기력이 쇠한 상태였지만 갓을 쓰고 도포를 입고 계신 모습만큼은 기품이 흘러넘쳤다. 푸른 강물과 붉게 물든 산을 마주한 채 이런저런 상념에 젖은 스승의 모습을 바라본 굴천은, 좋은 공기를 마시며 아름다운 풍광을 마주하는 이 순간만큼은 스승의 병세가 호전되기를 간절히 염원했다. 그와 동시에 길 떠나온 아버지를 그리워하고 있을 아이를 떠올리며 내일 아침엔 꼭 시를 지어 안부를 전하겠노라 다짐하는 자상한 모습도 담겨 있다.
　당시 굴천 일행은 안동에 들러 고려 공민왕이 직접 편액을 써서 걸어 두었다는 영호루(映湖樓), 유성룡(柳成龍)이 직접 축조했다는 하회마을 옥연당(玉淵堂), 산이 병풍처럼 둘러쳐진 병산서원(屛山書院)을 두루 탐방했다.

---

[26] 당시 강좌 지역을 두루 다니며 지은 시는 李一海, 『屈川文集』, 「留達府三日 爲晦峯先生侍疾 復齋趙丈朴君祐鍾姜君炳觀 暇往染谷 過期不來 曉坐 戲用東坡梅花詩韻賦此」; 「永川途中二首」; 「安東感遇」; 「柳文忠公河回玉淵堂」; 「屛山六言」; 「自屛山還至花府 晦峯先生療養得効 以詩酬河砥峯(中煥)有示喜甚 和呈」; 「竹嶺窟」; 「堤川義林池」; 「島潭峽口」; 「陶山」; 「望淸凉山押孟字韻」; 「謁臨川院祠 望鶴峯精舍 感念吾州壬癸故事 爲賦長句四韻」; 「烏山驛 送祐鍾炳觀二兄先歸」; 「夜過炳觀話別二首」 등이다.

그즈음 회봉은 병세가 제법 호전되었는지 당시 동행했던 하중환(河中煥)에게 시를 지어 준 뒤 이를 굴천에게 보여주었고, 이를 받아 본 굴천은 기쁜 마음으로 화답시를 지어 스승에게 바쳤다(「自屛山還至花府 晦峯先生療養得効 以詩酬河砥峯(中煥)有示 喜甚和呈」). 그 외 단양 죽령굴(竹嶺窟)과 도담(島潭), 제천 의림지(義林池), 안동 도산서원(陶山書院)과 임천서원(臨川書院)을 찾아 주변 경관을 시로 남겼다. 이후 1943년(38세) 즈음에는 진주 마진으로 돌아와 '자조실(自照室)'이라는 편액을 걸고 학업에 매진한 것으로 보인다.

4) 40대: 한국전쟁과 부산 우거

그의 40대는 그야말로 인생의 격변기였다. 40세가 되던 1945년, 그토록 염원하던 광복을 맞이했지만 이듬해 인생의 나침반과도 같았던 스승 회봉이 세상을 떠나고 말았다. 2년 뒤 1948년에 정인보의 추천으로 이승만 비서실에서 잠시 근무하다가, 1950년에는 한국전쟁으로 부산으로 피난길에 올랐으니 그야말로 혼돈의 세월이었던 것이다. 시대의 격변을 마주한 시기였던 탓인지 이 시기에 지은 시는 문집에서 잘 확인되지 않는다. 굴천의 행장에 "경인년(1950)에 북측의 침공이 크게 일어났고, 갑오년(1954)에는 동래에 우거하였다[庚寅北訌大作 甲午寓東萊]."라고 한 기록과, 49세(1954년)에 지은 것으로 추정되는 「만성 권영운에게 부치다[寄權晚惺寧運]」를 보면 한국전쟁 발발 직후 1954년 전후로 굴천은 부산 동래를 왕래하며 우거 생활을 했던 듯하다. 다음은 당시 부산에서 가깝게 지내던 권영운(權寧運)에게 보낸 시이다.

娟娟天風海水波　한들한들 바람에 바닷물 일렁이니
孤舟一泊歲年多　배 타고 와 머문 지 여러 해 지났네
女郞八百齊遮道　팔백여 명의 여학생 일제히 길을 막아서니

試問寇君較若何	도적떼들과 비교해 보면 어떠한가
屈指情緣香欲愁	정의와 인연 꼽아 보니 아득히 근심스러운데
兩年三度客萊州	두 해 동안 세 번 동래에서 객살이 하였네
秋晴月隱成連宅	맑은 가을 하늘에 뜬 달들은 집과 잇닿아 있는데
歲晏霜吹季子裘	세모에 서리바람 불어오니 누추한 소진(蘇秦)의 신세로다

이 시의 수신자 권영운은 당시 부산 동래여자고등학교의 초대 교장이었다. 동래여고는 부산 근현대사를 관통할 정도로 오랜 역사를 지니고 있는 학교로, 당시 권영운의 권유로 굴천은 동래여고에서 잠시 학생을 가르쳤다고 전한다.[27] 권영운의 『만성집(晩惺集)』 서문을 굴천이 작성해 준 것으로 보아 둘은 단순한 친분을 넘어 학문적으로 인정할 정도로 두터운 관계였던 것으로 여겨진다.

한국전쟁이 발발했을 무렵, 정인보의 납북 소식이 전해졌다. 굴천을 비롯해 진주의 지인들은 서울에서 지내는 정인보가 북한의 남침으로 인해 분명 진주로 피난올 것이라 생각했지만, 안부는 고사하고 납치되었다는 비보를 접한 것이다. 당시 굴천은 비보를 전해 듣고 참담한 심경을 가누지 못한 채 원통하고 분개한 마음을 담아 다음 시를 지었다.

北方有聖人	북방에 있는 성인은
妙法說無祖	조상 없다는 묘법 설파했었지
一言易天下	한마디에 천하가 뒤바뀌어

---

[27] 『屈川詩集』 번역본 472쪽 각주에 따른 정보이다. 동래여자고등학교의 전신은 부산진일신여학교이며 1895년에 최초 설립되었다. 이후 1940년 구산학원(현 동래학원)이 설립되면서 동래고등여학교로 개교한 뒤 그해 5월 초대 교장으로 권영운이 취임했다. 『굴천문집』에는 권영운의 죽음을 애도하며 지은 「哀權」이 확인된다.

相呼子食父	서로 부르짖으며 자식이 아비를 잡아먹네
大衆驚涕泣	뭇 사람들 놀라 눈물을 흘리는 광경
得未曾聞睹	일찍이 듣지도 보지도 못한 일이네
渺渺滄海東	아득하고 드넓은 동해바다에
落落神壇樹	신단수가 축 늘어져 있네
樹長五千春	신단수는 오천 년 장수한다지만
摧割忍孰主	꺾기고 말았으니 차마 누가 주인이었나
文采鄭鄕老	문장의 뛰어남은 정씨가 으뜸이고
義聲儀前古	의로운 명성은 전고의 법도였지
荊棘奠新邪	가시밭에다 어찌 새로 제사를 올릴까
山河半故土	산하의 반은 고향땅인 것을
艱難取日計	어렵사리 날마다 책략을 잡아보지만
能無干彼怒.	저들의 분노 막을 수 없구나[28]

굴천은 이즈음 부산으로 피신한 덕에 전란의 피해는 다소 면할 수 있었지만, 전쟁의 여파 때문이었는지 운신이 어려워 외부 출입이 여의치 않았던 것 같다. 서울에서 지내는 정인보가 남쪽으로 피신해 오리라 예상했지만, 결국 그의 안부는 듣지 못한 채 전쟁이 발발하고야 말았다. 그런데 몇 달이 지난 뒤 허유(許有)의 아들이 찾아와 정인보의 납북 소식을 전한 것이다. 정인보는 실제 1950년 7월 31일 서울에서 공산군에 의해 납북되었고 그해 9월 7일 황해도에서 폭격을 받고 사망한 것으로 알려져 있으니, 위 시는 1950년 8월 전후로 지어진 것이 아닐까 한다. 이 외에도 굴천은 평소 정인보에 대한 그리움을 종종 시로 남겼다.

---

[28] 李一海, 『屈川文集』, 「漢京報破 余謂克中尙善 舊公其早晩于晉乎 皆領之曰然 既而舊公不至而兵塵先及 余廑而後免 伏病窮蔀 不以外接一往 屢月寇退治起 則尙善男炘歸 報舊公前不得脫已械繫而北行矣 噫 何酷也. 是夕 因懷痛作憤 作詩以自洩」.

5) 50~60대: 진주 복귀와 설악산 여행

한국전쟁의 여파로 이 시기에 지어진 시 역시 확인되는 것이 많지 않고, 확인된다 해도 저작 시기가 분명치 않다. 1964년(59세)에 부친상을 당해 진주 마진으로 돌아와 부친의 유문을 수습하여 『정산집(晶山集)』을 간행하는가 하면, 인근의 몇몇 지인들과 설악산 유람을 다녀오기도 했다.

갑진년(1964, 59세)에 부친상을 당해 이전 모친상에 그 예를 다하지 못하였음에 가슴 아파하며 더욱 극진히 예를 다하여 지나치게 슬퍼하다 몹시 여월 정도였다. 유문을 『정산집』 8권으로 간행하여 세상에 내놓았다. 상을 마친 뒤 동지 여러 명과 설악산으로 유람갔다가 계를 만든 뒤 돌아왔다. 이듬해 계사(契舍)를 진주성 안에 마련하고 '설강정(雪江亭)'이라 편액을 걸었다. 공이 자주 찾아와 설강정에 앉아 있으면 원근에서 모여든 자의 신발이 항상 가득 찼다. 시서(詩書)를 이야기하고 고금을 논하기를 종일토록 이어 갔지만 피로해하는 기색을 보이지 않았다.[29]

설악산을 다녀와 남긴 「설악동유기행문(雪岳同遊紀行文)」[30]에 따르면, 당시 유람은 1965년 음력 3월 26일~4월 5일까지 총 9일간의 일정으로, 굴천을 포함해 총 9명이 함께 한 여정이었다. 진주를 출발한 이들은 양산 통도사를 거쳐 경주 반월성·석굴암, 울진 성류굴, 삼척 죽서루, 강릉 경포대, 양양 낙산사 등을 거쳐 설악산에 도착하여 주변 명승을 둘러본 후, 서울을

---

[29] 李一海, 『屈川集』 附錄, 「行狀(河龍雯)」, "甲辰 丁外憂 痛前喪之未盡其禮 尤極盡節而柴毀踰度. 遺文晶山集八卷 印行于世 制闋而與同志十數人 遊雪岳山 修契而還. 明年 置契舍於矗城中 題顏爲雪江亭. 公以時月來坐于亭上 則遠近來會者 戶屨常滿. 談詩書論古今終日而不見疲倦之氣."

[30] 이 글은 『굴천문집』에는 수록되어 있지 않은 한글 기행문으로, 굴천의 아들이 운영하는 네이버 블로그 포명헌(blog.naver.com/streamjr)에서 확인했다. 게시물의 기록에 따르면, 설악동인계는 그 직계 후손들을 중심으로 지금도 이어지고 있다.

거쳐 공주·부여, 목포, 대전, 합천 등을 경유하여 진주로 복귀하는 그야말로 남북을 가로지르는 종단여행이었다. 설악산에 도착한 이들은 그 유명한 울산바위와 비선대, 그리고 비룡폭포의 장관에 압도되었고, 이곳에서 '설악동인계(雪岳同人契)'라는 이름의 계를 결성하게 된다. 이들은 현장에서 적지 않은 시를 지었을 것으로 예상되지만, 『굴천문집』에는 진주로 돌아와 지난 일정을 회고하는 차원에서 지은 「설악동인계시(雪岳同人契詩)」만이 남아 있다.

拂袖靑峯躡劍鋩　소매 떨치고 대청봉에 오르니 칼끝을 밟은 듯
星芒百尺生枯腸　하늘 위 별빛에 메마른 창자가 살아 숨쉬는 듯하네
當時已結今時夢　당시 모임을 맺었던 일, 지금은 꿈만 같으니
五載海雲深處鄕　오년 전에 해운이 자욱한 마을에 다녀왔었지

설악산 푸른 봉우리에 오르자 칼끝을 밟고 올라선 듯 짜릿한 기분이 들었던 것일까. 하늘을 수놓은 별빛들을 바라보는 순간, 메말라 있던 시심(詩心)이 절로 일어났던 모양이다. 제3구의 '당시 이미 맺다[當時已結]'는 말은 설악산에 올랐을 적 설악동인계를 맺은 사실을 이르는 듯하다. 유람을 함께했던 일원들은 이후 진주로 돌아와 진주성 내에 '설강정(雪江亭)'이라는 계사를 마련하여 계를 이어 갔다고 한다. 위 시에 이어 수록된 작품을 통해, 이후로도 줄곧 사천 곤명 은사리 영모재(永慕齋), 진주 대곡 월배마을 월강정사(月岡精舍), 진주 금산 사촌 가방리 정종기(鄭鍾奇)의 집, 진주 진성면 예산정사(禮山精舍), 진주 수곡 만수정(萬壽亭) 등 계원들의 거주지를 순회하며 계회를 열었다는 사실을 알 수 있다.[31] 계원들은 대부분 회봉의 문인으로 확인된다.

31　계회를 하며 지은 시는 李一海, 『屈川文集』, 「雪岳契會于隱士洞永慕齋」; 「雪岳契會于月拜月岡精舍」; 「雪岳契會於沙村鄭鍾奇家」; 「雪岳契會于晉城禮山精舍」; 「雪岳契會于土谷萬壽亭」 등이다.

6) 70~80대: 고향 진주 마진에서의 인생 회고

이즈음 굴천은 친지들의 만년과 그간 자신의 인생에 대해 회고하는 시를 두루 남겼다. 만시(挽詩), 수시(壽詩), 회인체(懷人體) 한시에 해당하는데, 이러한 작품들은 대체로 수신자 혹은 망자를 염두에 둔 장르라 작시 시점이 어느 정도 가늠은 되지만, 수신자의 생몰년이 불명확한 경우 역시 적지 않아 정확한 작시 시기를 알 수 없다. 만시·수시 등은 내용의 특성상 주로 노년을 앞둔 한 인간으로서의 고뇌와 성찰이 묻어나 있는 작품이 대부분인데, 굴천도 시대의 격변을 마주해 다사다난한 삶을 겪은 뒤 고향으로 돌아와 노년의 삶을 정리해 나가는 자신의 모습을 고스란히 담았다. 이 시기에는 세상을 떠난 선조에 대한 그리움이 컸던 탓인지, 주변을 하나씩 정리해 나가는 모습이 포착된다. 1977년(73세)에는 진주 수곡 동화재(東華齋)에서 조부와 함께 강학했던 문도들과 함께 그의 학덕을 기리고자 마호(痲湖)에 매호서당(梅湖書堂)을 건립했고, 부친 이현덕을 기리기 위해 역약재(亦若齋)를 건립했다. 다음은 하용문이 작성한 「매호서당기(梅湖書堂記)」 중 일부이다.

진주 동쪽 50리에 있는 마호리(痲湖里)는 안릉(安陵: 옛 재령) 이씨의 세장(世庄)이다. 예전 매당 선생은 도타운 행실과 심오한 학문으로 남쪽 고을에서 뛰어난 인물로 알려졌다. 세상을 떠난 뒤 오랜 세월이 흘러 그의 풍모가 점점 아득해지자 평시 문하생과 후학들이 그 집안의 여러 친족들과 선생께서 이루어 놓은 사업이 사라져 전해지지 않을까 몹시 두려워하였다. 그리하여 먼저 유집을 간행해 배포하고 후에 서당을 건립하여 매호서당이라 편액하였다. 매호는 지금 마호리의 옛 명칭으로, 선생께서

그림 7 굴천이 글씨를 썼다고 전해지는 매호서당 편액

일찍이 이를 취하여 호로 삼으셨기 때문이다.³²

    1981년(77세) 12월에는, 「신유년 그믐날 밤 회인체를 지어 여러 벗들에게 부치다[辛酉除夕 賦懷人體 寄諸友]」라는 제목으로 벗 10명에 대한 추억과 감회를 녹여냈다. 5언 율시 총 10수의 연작시로 이루어져 있으며, 각 수 말미에 하성근(河聖根)·최인찬(崔寅讚)·최규환(崔圭環)·이순미(李淳采)·하용문(河龍雯)·손창수(孫昌壽)·정해영(鄭海永)·진용문(陳龍文)·하동근(河東根)·이병렬(李丙烈) 등 수신자의 이름이 보이는데 모두 회봉의 문인이자 설악계원으로 확인된다. 다음은 하성근·최인찬·진용문 등에게 건넨 시 일부인데, 율시 형태지만 지면상 4구만 끊어 제시한다.

老佛照恒河	석가모니는 갠지스강에 자신을 비추며
嘗試問渠誰	일찍이 그 사람 누군지 물었었지
內腴苟自葆	내면은 여위어도 진실로 스스로 보전했으니

---

32 河龍雯, 「梅湖書堂記」, "晉治東五十里廒湖里 安陵李氏世庄也, 故有梅堂先生以敎行邃學 爲南鄕著望. 旣沒而世遠 風徽漸邈 則平日門生後徒 與其門親諸族 深懼其先生結業之泯而無傳 先以遺集刊布 後以堂舍營建 扁之曰梅湖書堂. 梅湖, 今廒湖之古稱 而先生嘗取而爲號者也." 원문은 네이버 블로그 포명헌(blog.naver.com/streamjr)에서 확인했다.

何傷面皺皮	주름진 얼굴이야 무엇이 가슴 아프리오	(하성근)

君居古城陰	그대는 진주성 북쪽에 살면서	
淸淨如雲衲	청아한 그 모습 운수승 같았지	
一束龜岡集	회봉 선생의 문집을 엮어 낼 때	
山光靑半榻	산빛이 걸상을 푸르게 비추고 있었다네	(최인찬)

笠屐憩竹根	외출 차림으로 대나무 아래서 쉴 때면	
定有吟淸發	시 읊는 맑은 음성 꼭 들려 왔었지	
何無一箋寄	어찌하여 편지 한 장 부쳐오지 않는가	
洗我塵睡兀	내 먼지 씻고 안석 베고 잠에 드노라	(진용문)

위 작품은 『굴천문집』 한시 중 가장 마지막에 수록된 작품이다. 12월 마지막 날, 벗에 대한 그리움을 담담하게 풀어냈다. 세월과 함께 늙어 버린 자신의 모습을 돌아보며 회봉의 문하에서 함께 공부하던 그때를 떠올렸다. 선생이 살아 계실 적 같이 공부하러 다니던 때 대나무 숲에서 늘 시를 외우던 벗의 목소리가 귓가에 맴도는 듯 아련한데, 벗의 소식은 들리지 않으니 답답한 마음 금할 길 없다. 굴천은 이 작품을 짓고 6년 뒤 1987년 83세의 나이로 세상을 떠났다.

4. 인생을 함께한 소중한 인연들

앞 장에서 살펴본 바와 같이 굴천은 평생 관직을 역임하지 않은 것에 비해 생애 동선이 남북에 비교적 넓게 분포되어 있었고, 그로 인해 다양한 공간에서 다양한 사람들과 교제한 사실을 확인할 수 있었다. 이 장에서는 그와 시를 주고받았던 주요 인물을 대상으로 굴천 인생의 몇몇 인연들을 소개하고자 한다.

1) 천리 밖의 인연, 담원 정인보

담원 정인보는 이 시기 여타의 문사들과 달리 한문과 한글을 넘나들며 창작활동을 한 학자로 알려져 있다. 그는 난곡(蘭谷) 이건방(李建芳)의 제자로서, 당시 서울을 중심으로 왕성하게 활동하며 전국적으로 명성을 얻고 있었던 터라 영남 유림들 사이에도 익히 이름이 알려져 있었다. 특히 1930~40년 즈음엔 언론·강연 등 공식적인 활동을 일체 중단한 뒤 진주 지역 문사들과 주로 교유했던 것으로 전한다.[33] 이즈음 회봉은 담원의 명성을 듣고 그의 글을 접한 뒤 편지를 전했다고 하며, 이로 인해 굴천과의 만남으로 자연스럽게 이어지지 않았나 한다. 회봉은 담원에 대해 "저 세상이 황량해지고 문자가 사라진 오늘날, 대가가 될 만한 사람을 꼽아 본다면 오직 그대 한 사람일 뿐입니다. 매우 외로운 일이지만 그래도 그대 한 사람이 있으니 또한 작게 보아서는 안 됩니다."[34]라고 하면서 한학을 부흥할

---

[33] 여희정,『정인보의 글쓰기와 민족문화 기획』, 학자원, 2023, 258쪽.
[34] 河謙鎭,『晦峯先生遺書』卷16,「答鄭景施寅普○庚午」, "夫以宇內茫茫文種絶敗之今日 而擬望爲大家數 只有足下一人 甚矣其孤也. 然而猶有足下一人 是亦不可以自少也."

인물로 기대하는가 하면, "옛말에 젊음은 귀하다 하였고, 나도 글에서 또한 그렇게 말했었지요. 나는 갈증 내듯 그대를 알고자 했고, 그대는 항상 부지런히 나를 알아 가려 했다오."[35]라고 하여 20살 이상의 나이 차에도 매우 경도되어 있었던 듯하다. 이는 담원 역시 마찬가지였다. 아래는 담원이 회봉 사후 지은 「하회봉선생상사(河晦峯先生傷辭)」중 일부이다.[36]

自喪蘭翁	난곡 어른이 세상을 떠난 뒤
又萃百惱	온갖 번뇌가 이르렀었지
汾水晋山	당시 서울과 진주를 왕래할 적
望言慰抱	위로하고 감싸주는 말씀 바랐었지
藝衰道喪	문예가 쇠퇴하고 도학이 사라졌으니
少微竟晦	소미성은 결국 어두워져 버렸구나
哀哀人寰	슬프디 슬픈 인간 세상에서
疇復我愛	누가 다시 나를 사랑해 줄까[37]

담원은 당시 양명학의 대가였던 난곡 이건방을 평생 스승으로 모셨는데, 1939년 난곡이 세상을 뜬 뒤로는 회봉을 자신의 다음 스승으로 선택했던 듯하다. 이러한 둘의 관계로 인해 회봉의 최측근에 있었던 굴천 역시 동지 의식을 가질 수 있었던 것으로 보이며, 이후 둘은 시문을 주고받으며 안부를 물었고 서울과 진주를 왕래하며 정의(情誼)를 다져 나갔던 것으로

35　河謙鎭, 『晦峯先生遺書』 卷5, 「旅舍無聊賦此寄景施寅普字鄭君求觀近作詩文此求異乎. 人之求也景施當必領意也」, "古語少則貴 吾於文亦云. 我知君如渴 君知我常勤."
36　이 작품은 『詹園文錄』에 수록되어 있으며, 이외 회봉에게 지어 준 시로 「李文卿招會開運寺迎餞河晦峯丈人謙鎭」;「邀晦峯夕餐 因用前韻爲別 三首」 등이 확인된다. 정인보 저, 정양완 역, 『詹園文錄』, 태학사, 2006.
37　『詹園文錄』 卷下, 「河晦峯先生傷辭」.

보인다.38 1942년에 회봉의 역저 『동시화(東詩話)』에 담원과 굴천이 각각 서문과 발문을 썼던 것은 이러한 관계를 그대로 보여준다. 또한 1948년에는 이승만 정권에서 국정감찰위원장으로 있었던 담원의 추천으로 굴천이 비서직을 2년간 수행할 정도로 둘 사이는 매우 각별했다.39 다음은 서울에서 담원을 만난 뒤 작별할 때 지은 「위당 정인보를 남겨둔 채 이별하며[留別鄭爲堂(寅普)]」 중 2수이다.

最難忘處漢城閣	가장 잊을 수 없을 때는 한성각에서 만났을 적
幾度璇風駕鶴尋	몇 번이나 바람 맞으며 학 타고 내게 왔던가
閣上至今淸夜月	지금 한성각 위에 뜬 맑은 달빛 가운데
三分顔色七分心	삼푼은 그대 얼굴이고 칠푼은 그대 마음이라지

迎秋西畔綠蘿扉	가을을 맞이한 서쪽 푸른 넝쿨집 있으니
橫巾風塵不敢欺	두건을 비껴쓴 채 세상사 감히 속일 수 없네
記得孤燈凉簟上	외로운 등불 켠 서늘한 대자리 위에서
夜闌同說阮亭詩	밤새 함께 완정의 시 외우던 그때를 기억하노라

첫 번째 시에 등장하는 한성각(漢城閣)은 바로 면우집 간소가 마련되어 있던 한성도서주식회사를 의미한다. 이 작품의 세주(細注)에, "다산 선생(면

---

38 『舊園文錄』에는 담원이 회봉뿐 아니라 「李文卿招會開運寺迎餞河晦峯丈人謙鎭」; 「邀晦峯夕餐因用前韻爲別三首」; 「與成士瞻煥赫論支書」; 「晉州河克中泳允來訪 君於故友子愼瑞鎭爲於姪 有數客伴至 一人愼所厚也 感舊泫然有作」; 「晉州成士瞻讀書山亭 夜夢訪余甚歡. 覺而寄詩 旣和其韻郵之 夜長無眠 又疊至七首 又寄. 時癸未 余寓居楊州」; 「晉州許尙善寄詩 疊次謝之」; 「尙善又和 又次」; 「尙善詩思不窮 應接不暇 和者祗自愧也. 乙酉」 등 하영윤, 성환혁, 허유 등 진주에 있는 벗들에게 보낸 시문이 여럿 확인된다.

39 『굴천문집』에는 이승만을 대신하여 중국 국민당 중앙집행위원을 역임한 이욱영에게 지어 준 「回李煜瀛牘(代李大統領)」과 이철성에게 지어 준 「回李鐵城牘(代李大統領)」이 수록되어 있다.

우 곽종석) 문집 간역이 한성도서관에 마련되었을 때 담원이 자주 찾아와 안부를 물었기에 나는 이로 인해 그와 만날 수 있었다[茶山先生集役 設於漢城 圖書閣 君數數過問 余因得與之遇焉].”라고 되어 있는데, 실제 『면우집』 간행이 1925년에 이루어졌고, 회봉의 연보에는 “담원이 1924년에 회봉을 만나러 진주에 왔다[鄭寅普來訪].”라고 기록되어 있어서, 굴천과 정인보의 만남은 간역이 이루어지던 이즈음 빈번하게 이루어졌던 것으로 보인다.[40] 당시 정인보는 효자동에 살고 있었던 터라 굴천은 간역 틈틈이 그의 집으로 찾아갈 정도로 매우 적극적으로 교제한 듯하다.[41]

굴천은 서울을 직접 왕래하며 대면했을 뿐 아니라 편지로도 자주 안부를 물었다. 담원에게 써 보낸 시에서 “청산에 손을 써서 오랑캐 기운 도려낸다면, 당시에 이미 큰 공훈 있었으리. 돌아와 재상의 중책 맡아도 무방하리니, 돌아와 이장군이라 불러도 되지 않을까[試手青山抉虜氛 當時已自大功

그림 8 정인보 초상

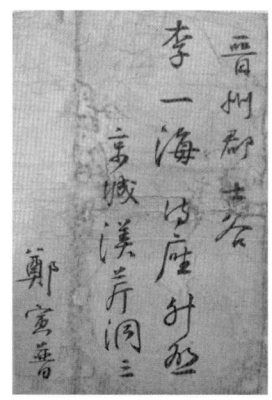

그림 9 정인보 친필. 출처: 이일해 저, 이경 역, 『屈川文集』, 다원, 2020

[40] 김진균, 「식민지시기 경향 한학자들의 교유」, 『한문학논집』 60, 2021에서 정인보가 진주로 내려와 1931년 겨울에 회봉과의 첫 만남이 성사되었다고 했는데 이는 수정이 필요해 보인다.
[41] 인용문에 제시된 두 번째 작품의 세주에 “위당은 효자동에서 살고 있었는데, 나는 일찍이 밤중에 찾아가 만나기도 했다[君居在孝資洞 余嘗乘夜往訪].”라고 되어 있다.

助. 歸來不妨黃扉重 肯否還呼李將軍]."라고 하는가 하면(「雜詩鄭薝園」), 꿈에 나타난 담원의 모습을 보고선 "푸른 산 아래 외로운 객점 밖, 석양은 행인 주위를 감싸는구나. 지팡이 짚은 채 저멀리 안부를 묻노니, 언제 한강 나루 건너실까[靑山孤店外 落日帶行人. 拄杖遙相問 幾時渡漢津]."라고 하는 등(「曉作 憶薝園之夢 覺而悵然 記以小詩」) 그에 대한 그리움과 애정을 자주 시로 남겼다. 그러나 애석하게도 그토록 기다렸던 담원의 안부는 받지 못했으니, 그토록 바라던 광복을 맞이했지만 정인보의 납북으로 굴천은 오랜 기간 동안 힘겨워했을 듯하다.

2) 든든한 친형제 같았던 우정 성환혁

전언에 따르면 굴천과 가장 막역했던 이로는 단연 우정 성환혁이라 한다. 우정은 진주 수곡 효자동 정협(井峽)에서 출생했으며, 자(字)는 사첨(士瞻)이고 성여신(成汝信)의 12대손이다. 선대로부터 물려받은 넉넉한 가산 덕에 일제강점기에도 오랜 기간 부를 누리며 학문에 전념할 수 있었고 그 덕에 다양한 인맥과 폭넓은 교유를 할 수 있었다. 그는 굴천보다 세 살 어렸지만 친형제처럼 서로 매우 가깝게 지냈으며, 동문수학한 인연으로 학문적인 동지 의식도 공유하고 있었던 것으로 보인다.[42] 아래는 우정이 자신의 집에 방문하던 날 지은 「우정 성환혁이 오다[成于亭(煥赫)至]」 4수 중 제1수이다.

百曲行過碧玉流   온 굽이 가는 곳마다 벽옥 같은 물 흘러가니
見君淸氣見眉頭   그대의 맑은 기상 보려면 눈썹을 보아야지

---

[42] 우정은 회봉의 금강산 행차에 동행하였으며 이후 유람록을 남겼는데, 굴천은 여기에 서문을 짓기도 했다. 李一海, 『屈川文集』 卷2, 「成士瞻(煥赫)北遊錄後序」.

年來聞讀文章罷	올해 들어 글 짓는 일 마쳤다고 들었으니
到處眞成錦篋收	도처에서 시문 수습하는 일 진정 이루겠구려
笛起梅花寒欲瘦	피리 불자 매화는 추위에 시들려 하고
簾輕山雨晚增愁	주렴 날리자 산비에 저물녘 더욱 시름겹네
風光如此吾將醉	풍광이 이렇듯 나를 취하게 하려 하는데
對記樽前潦倒不	술잔 앞에 그대와 마주한 나도 노쇠해진걸까

우정은 굴천의 진정한 시우(詩友)이기도 했다. 그와 학문적인 교감도 상당했던 것으로 보이는데, 굴천이 우정에게 보낸 시[굴천집 수록]보다 우정이 굴천에게 건넨 시[우정집 수록]가 더 많이 확인된다는 점은 이러한 정황을 보여준다. 보통 준수한 용모와 높은 기상을 평가할 때 이마와 눈썹[眉宇]을 지칭하는데, 제2구에서 이러한 언급은 투식이 아니라 실제 우정의 평소 모습에 기반한 것이었다. 실제로 소설가 나림(那林) 이병주(李炳注)는 그의 『동서양고전산책』에서 성환혁을 넉넉한 풍채에다 상투를 자르지 않은 채 늘 갓을 단정히 쓰고 다녔으며 사계절 두루마기 차림으로 중엄한 분위기를 자아내던 인물로 기억하고 있기 때문이다. 우정은 이즈음 글 짓는 일을 그만두고 훗날 간행될 자신의 문집을 위해 유문을 하나씩 정리해 나가기 시작한 듯하다. 그러한 벗의 근래 안부를 들으며 술 한잔 하노라니 세월과 함께 늙어 있는 자신의 모습을 돌아보게 된다.

우정 역시 담원과도 가깝게 지냈다. 담원은 우정을 '해동 유일의 청사(淸士)'라고 평했고, 그의 글을 두고 "고인의 경지에 나아갔다."라고 극찬할 정도로 그를 매우 아꼈다. 굴천의 시 중에는 담원과 함께 수창했던 예전 시의 운자를 따 지은 작품이 몇몇 확인되는데, 다음은 그중 한 수이다.[43]

---

43 李一海, 『屈川文集』, 「士瞻携家歸故山 余適至蘆下見之 送以數詩 士瞻前此 有與鄭舊園唱酬州字韻十四首 余仍借用其四首」 제2수.

硯背孤燈夜話悠　벼루 등 외로운 등불 밤새 이야기하였으니
爲君回首憶前秋　그대 위해 고개 돌려 지난 가을 추억하네
名山松菊應相問　명산에 심은 소나무와 국화 분명 안부 물을테니
是個同州是異州　이곳은 같은 마을인지 다른 마을인지

고향으로 가는 우정을 촉석루에서 만나 지어 준 이별시이다. 세주에 따르면, 이전에 굴천과 우정은 소나무와 국화를 함께 심으며 훗날 함께 은거하자는 계획을 세웠던 것 같다. 그러나 결국 뜻을 이루지 못하고 우정은 가족들을 데리고 고향으로 건너가게 되니 홀로 남겨진 굴천은 서글픈 심정을 헤아릴 수 없었다.[44] 굴천은 일본으로 건너가 있을 때에도 허유를 통해 성환혁의 안부를 묻곤 했다.[45]

그림 10 성환혁 초상. 출처: 『于亭集』

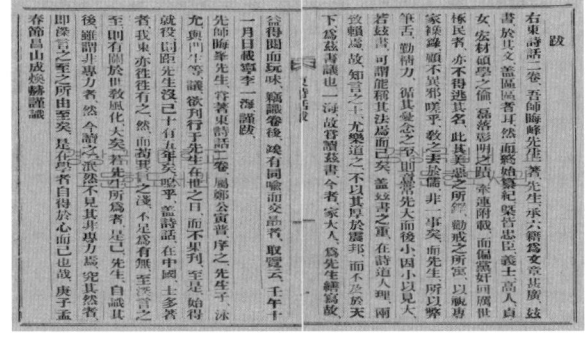

그림 11 이일해·성환혁 찬 동시화 발문

44　李一海, 『屈川文集』, "余前秋 過士瞻留宿 相與語同隱之事 意蓋在河陽地也 余成一律詩 示之 其末一句曰 名山料理他年事 便種松高種菊低 士瞻喜而有和 今余東君西反 落落益遠 何其可噫哉."

45　「許尙善(有)書至, 感吟得二律詩寄謝, 兼訊克中士瞻」이 이에 해당한다. 이 외에도 성환혁 혹은 그를 염두에 두고 지은 시로는 「李成實士瞻見過余自外至已一宿而去矣, 賦此以寄」; 「河春卿(仁鎭)夜至 與子政及成士瞻(煥赫)李義山(商隱)河仲涉(潤根)同賦」; 「次士瞻韻 送李再觀(年承)」 등이 있다.

3) 둘도 없는 벗, 하구진과 하영윤

『굴천문집』에 수록된 한시 중 많이 등장하는 인물을 꼽으라면 하구진(河九鎭)과 하영윤(河泳允)이다. 먼저 하구진을 살펴보자. 자가 자정(子政), 호는 설원(雪園)이며 굴천과 동갑내기 친구이다. 다음은 『진주통지(晉州通志)』 권3 인물조에 기록된 하구진에 대한 내용이다.

> 하구진. 자는 자정이니 서진(瑞鎭)의 종부형제다. 통재(通才)가 있어 문필 음악 및 외국어문을 약관 이전에 정통하였다. 특히 그 문장은 순심(醇深)하다는 정담(鄭詹) 원인보(園寅普)의 평을 받았다. 나이 이십팔에 요사(夭死)하니 문친이며 동학인 하영윤은 같은 동학 이일해와 합력하여 그 산고(散稿)를 2권 책자로 수습하고 교정하여 설원고(雪園稿)라 이름하니 설원은 구진의 자서(自署)하든 아호다.

하구진 역시 담원과 교제했고 이른 나이에 세상을 떠나 굴천이 그의 유문을 모아 문집을 간행했다는 사실을 알 수 있다. 그의 요절 사연은 굴천이 건넨 편지와 시에서 일부 드러난다. "근래에 그대가 부산항으로 갔다는 소식을 들었다오. 나 역시 깊은 산골에서 지내면서 지난 시절을 회상하며 생각을 되풀이하다 곧 글을 지어 내기는 했지만 보잘것없구려. 비록 그대의 좋은 말에는 당해 낼 수 없겠지만 기분은 좀 펼 수 있지 않을까 하오. 그대의 병세가 진정 멎어서 빨리 돌아오길 기도하나니, 그렇게 되면 내 마음은 절로 가눌 수 없을 것이오."[46]라고 하여, 하구진은 생전 타국에서 병을 앓느라 굴천과 한동안 안부를 주고받지 못했던 것 같다. 그러다

---

[46] 李一海, 『屈川文集』, 「與河子政」, "比者 聞子之往釜港 而吾亦竄跡於窮山之僻峽 撫事感時 循環思想 乃有發於詞句 蕪拙也 雖不足當佳話 可以開發心氣 其於祝子之疾良已而歸來速 則情有不能自己者."

1932년 봄, 하구진의 부고가 전해졌다. 28세의 젊은 나이로 세상을 떠난 것이다.

임신년(1932) 봄, 세상을 떠난 벗 자정이 해동요원(海東療院)에서 서울에 있는 나에게 편지를 보내오길 '내 한창 옛날을 추억하는 기록들[憶舊錄]을 엮고 있으니 완성해서 머지 않아 그대에게 보여주리다. 그대는 기다려 주오.'라고 하였다. 그런데 얼마 있지 않아 자정은 세상을 떠나고 말았다. 전쟁으로 상황이 좋지 않아 고향으로 돌아온 뒤 억구록에 대해 물어보았지만 막연하여 설명할 수 있는 이가 없었다. 금년에 극중(克中: 하영윤)이 비로소 이 원고를 찾아내어 나에게 자정의 다른 시문처럼 비평과 교정을 하도록 요청을 해왔다. 나는 시문을 읽고선 눈물을 흘린 뒤에야 자정이 이를 기록한 것이 닥쳐올 자신의 죽음을 대비하기 위한 것임을 알게 되었다.[47]

위는 굴천이 하구진의 원고를 모아 엮은 뒤 지은 「하자정 억구록 발문[河子政憶舊錄跋]」 중 일부이다. 하구진은 병석에서 지내는 동안 벗과의 지난 추억들을 힘겹게 기록해 나갔고, 그의 사후 벗 굴천과 하영윤이 억구록의 초고를 하나씩 수습해 나갔다. 병마와 싸우던 벗의 당시 모습을 회상하자니 굴천은 후회와 자책에 몸서리쳤다. 소싯적 매섭고 격렬한 언변을 일삼았던 자신을 한결같이 굳센 뜻으로 경계해 준 벗의 얼굴이 떠올랐고, 불만을 늘어놓거나 경솔하게 행동하는 자신을 항상 초연한 마음가짐으로 대해 준 그의 모습이 떠올랐기 때문이다. 이러한 마음을 담아 굴천은 지난

[47] 李一海, 『屈川文集』 卷2, 「河子政憶舊錄跋」, "壬申春 亡友子政 自其海東療院 報書余漢城有曰 吾方輯憶舊錄 其成而示吾子不遠 吾子其埃之. 既而 子政歿 災難洶洶 余歸問是錄 漠然無有能擧似者. 至今年 克中始搜得之 屬余批改如子政佗詩文 余讀之涕下 然後知子政之爲是錄 所以準備將死也."

날 자신의 못난 모습을 반성하며 세상을 떠난 친구에 대한 사죄와 그리움을 담아 『억구록(憶舊錄)』을 엮었다.[48] 다음은 하구진이 세상을 떠나기 전 1932년, 굴천이 보낸 「막 서울에 도착하는 대로 해동요원에 있는 자정에게 부치다[初到漢城 寄子政海東療寓二首]」 중 제2수이다.

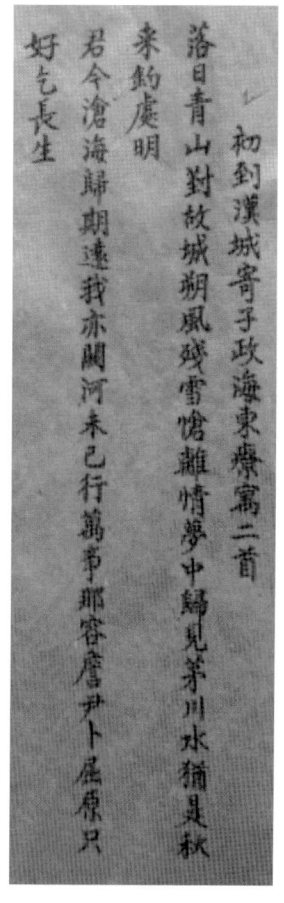

그림 12 굴천 친필 원고[49]

君今滄海歸期遠	그대는 지금 바다에 있으니 돌아올 날 멀었고
我亦關河未已行	나 또한 객지에 있어 아직 여정 끝나지 않았네
萬事那容詹尹卜	만사를 어찌 첨윤의 점괘로만 받아들이겠나
屈原只好乞長生	굴원도 다만 장생하길 조이 빌었는 것을

편지를 받아본 당시 하구진은 일본에, 그리고 굴천은 서울에 있었다. 세상만사 어찌 될지 아무도 모르는 일이니 운명이 정해져 있다 한들 점괘를 다 믿을 수는 없다며 병석에 있는 친구의 장수를 기도했다. 다만 당시 일본에 머물고 있던 하구진이 이 시를 받아 보았는지는 확인할 수 없다. 굴천이 위 시를 보

---

48 이외에도 「詩讖」이라는 글에서, 평소 애호하던 시로 하구진은 두보의 시구를, 굴천은 유장경의 시구를 언급한 적이 있다. 이는 모두 가까운 이와의 이별을 내용으로 하는 시이니 마치 시참인 듯하다며 슬퍼한 기록이 있다.

49 네이버 블로그 포명헌(blog.naver.com/streamjr)에 탑재된 이미지를 그대로 옮긴 것이다.

낸 그해에 하구진은 세상을 떠났기 때문이다.

그로부터 8년이 지나 1940년에 굴천은 일본에 건너가 지은 「후쿠오카에서의 초혼사[福岡招魂詞]」에, "검은 바다와 푸른 산 두른 후쿠오카, 그대 죽은 이곳엔 구름만 조각조각. 매화 피던 9년 세월 차마 눈물로 추억하니, 만리 가을 파도에 머리만 긁적이네. [⋯] 굴원이 남긴 초혼가는 길이 슬프고 수심 겨운데, 하물며 그대 시문 산정하는 내 마음 어떠하리. 금빛 모래밭에서 반드시 글자를 잘 교정하고, 장차 붓을 씻은 뒤 행장 지어서 전하리라."50라고 하여 하구진과의 추억을 떠올리며 죽은 벗의 영혼을 달랬고, 이후 하구진의 유문을 수습하여 『설원고』를 세상에 내놓았다.51

하영윤. 자는 극중이요 호는 백당이니 회봉 하겸진의 아들이다. 효성이 극진하여 어버이에게 뜻과 몸으로 하는 봉양을 극진히 하였다. 명민하고도 지혜로운 성품은 사물을 관찰하는 데 특징을 보였고, 뛰어난 재주가 있어 그의 시는 어버이의 인정을 받았다. 그러나 항상 겸손하고 과묵하였기에 더욱 남에게 배로 추중받았다. 유고 2권이 있다.

굴천의 또 다른 벗, 하영윤에 대한 『진주통지(晉州通志)』의 기록이다. 하영윤은 앞서 하구진의 '억구록'의 실체를 찾아내고 『설원고』 간행에 동참했던 3살 연상의 벗이다. 하구진과 같은 일가이면서 회봉의 아들이기도

50　李一海, 『屈川文集』, 「福岡招魂詞」, "海黑山靑福岡縣 故人死處雲片片. 梅花九年忍淚憶 秋濤萬里搔首見 [⋯] 楚客有招長悲愁 況我手定君詩文. 金沙必揀魚魯分 行且吮筆草狀傳."

51　하구진에게 건넨 시는 「又雪憶寄河子政(九鎭)」; 「詠瘦寄子政 子政先有詩贈 感慨可讀 率意走筆 作此詩」; 「次韻仲涉義山觀燈日出洞之作 寄雪園城寓」; 「戲屬子政」; 「寄河子政二首」; 「報河子政」; 「簡子政」; 「庚午春後 子政掃某川精舍於鹿門山中而招余同課讀」; 「河春卿(仁鎭)夜至 與子政及成士瞻(煥赫)李義山(商隱)仲涉(潤根)同賦」; 「和子政春宵吟 次韻」; 「子政自携機寫影戲贈一絶」; 「次春卿偕克中子政 夜入某川韻三首」; 「子政睡久失詩窘於趁課 走筆奉調」; 「臘月二日夜 自潮溪至土谷子政宅 春卿先在座 拈韻要賦」; 「簡寄子政」; 「初到漢城 寄子政海東瘳寓二首」; 「子政以書來覆幷致其冬間賞梅見憶之作 復此和寄二首」 등이 있다.

하다. 『굴천문집』에 하구진과 주고받은 시문이 특정 시기에 집중되어 있는 것에 비해, 하영윤에게 보낸 시는 소싯적부터 만년에 이르기까지 비교적 너르게 분포되어 있다. 이는 아마 회봉에게 입문한 뒤로 오랜 기간 인연이 이어졌기에 가능한 일이 아닐까 한다. 달밤에 홀로 앉았을 때나 어딘가를 방문할 때면 늘 그와의 추억을 되새기며 하영윤에게 안부를 묻고자 시를 지어 보낸 것이다.52 다음은 하영윤과 함께 의령(宜寧)에 있는 문산정(文山亭)을 방문해 지은 시이다.

夜聞板橋鳴	밤새 널다리에서 울리는 소리 들리더니
瀟瀟靑山雨	푸른 산 저편 주르륵 비가 내리고 있었네
歲晏還爲客	한 해가 저물 즈음 도리어 객이 된 채로
聽雁下江渚	강가로 내려온 기러기 소리 듣노라
赤葉碉泉底	붉은 잎은 샘물 바닥에 펼쳐져 있고
寒烟石橋處	시린 안개는 돌다리 곳곳 깔려 있네
送君君已遠	그대 보낸 뒤 그대 이미 멀리 떠났으니
孤懷竟誰語	외로운 내 맘 끝내 누구에게 말할까53

문산정은 의령 정곡면에 문산(文山) 이홍석(李洪錫)이 건립한 정자로, 그의 손자 이병각(李秉珏)이 유년 시절에 한학을 수학한 곳으로 전해진다.54

52　하영윤과 함께 혹은 그에게 건넨 시는 「上元夜 獨坐觀月 有懷河克中(泳允)」; 「因望士谷 去年觀月 懷克中 是夕也 省得續吟」; 「簡書要聽柏」; 「與河克中(泳允) 赴李伯玉(秉鈺)之招於宜寧 旣入文山亭 一日別克中先去是夜雨作」; 「答克中問我西湖詞之作」; 「次韻 酬克中」; 「次春卿偕克中子政 夜入某川韻三首」; 「入槊西孫氏墳庵居之簡克中」; 「許尙善(有)書至 感吟得二律詩寄謝 兼訊克中士瞻」; 「是夜 西江寓舍 獨臥無寐 用前韻 賦寄克中」; 「暮投曲店崔山人(根洪)莊宿焉. 克中以半日前過此向大察去矣. 翌朝書此 授山人 使俟其返而與之」 등이 있다.

53　「與河克中(泳允) 赴李伯玉(秉鈺)之招於宜寧 旣入文山亭 一日別克中先去 是夜雨作」.

54　이병각에게 지어 준 시는 「對酒 口號贈伯玉」; 「李君秉麟 余一再見 貌甚端好 及是 爲專致香物一器 伯玉勸以詩贈答」; 「與河克中(泳允) 赴李伯玉(秉鈺)之招於宜寧 旣入文山亭 一日別克中先去是夜雨作」; 「文山亭小詠」; 「文山南山」; 「贈伯玉」; 「留贈伯玉」 등이 있다.

이병각의 초대로 의령 문산정을 방문한 어느 날, 하영윤이 먼저 떠날 채비를 했던 모양이다. 때는 늦은 가을, 비 내리는 밤이었으니 후두둑 내리는 빗소리가 굴천의 귓가에 맴돌았다. 가을비로 젖은 단풍잎은 샘물 바닥에 깔려 자리를 이루고, 돌다리를 감싼 연무를 보고 있자니 홀로 진주로 돌아갈 생각에 문득 외로움이 밀려왔던 듯하다. 이병각은 삼성그룹 창업주 호암(湖巖) 이병철(李秉喆)의 형이자, 회봉의 둘째 사위이며, 회봉이 금강산 행차를 떠날 때 우정과 함께했던 제자이기도 하다. 의령 정곡면에서 태어나 유년 시절 이곳에서 줄곧 지냈는데, 굴천이 머물던 마진은 의령과 지리적으로 가까운 데다 회봉과의 인연 덕에 자주 왕래한 듯하다.

회봉의 문하에 오랜 기간 머물렀던 굴천이었던 만큼 하영윤과의 인연은 만년까지 지속되었다. 다만 하영윤 역시 굴천보다 먼저 세상을 떠났다. 굴천이 작성한 묘표(墓表)에 "살펴보건대 군은 홀로 출입하며 부모를 받들어 모심에 어긋남이 없어 감탄하거나 칭찬하는 말이 없는 적이 없었기에 하늘이 군을 선생에게 보내준 것이라 여겼다. 군의 외면은 정숙하고 내면은 지혜로와 부친의 뛰어난 점을 이어받았다."[55]라고 한 데에서, 스승에 대한 존경심을 그의 아들에게도 고스란히 간직했던 것으로 여겨진다.[56]

그림 13 의령 정곡 문산정

그림 14 의령 정곡에 위치한 이병각 부부 묘소

---

[55] 李一海,『屈川文集』卷3,「聽栢堂墓表」, "見君以獨身出入 侍奉無違 莫不一辭嗟賞 以爲天以君 授先生 蓋君貞外而惠中 幹蠱其所長也."

5. 20세기 진주 지식인의 한시 짓기와 그 의미

이 글에서는 20세기 격변의 시대를 살다 간 굴천 이일해의 한시를 통해 이 시기 지역 지식인의 인생 여정을 대략적으로 살펴보았다. 삶의 주요 동선을 따라가며 그의 한시를 살핀 결과, 진주 수곡을 거점으로 인근의 하동·사천·함안·의령 등지를 오가며 활동했고, 종종 스승을 따라 서울과 영·호남 지역을 다니며 인맥과 견문을 넓혔으며, 일본으로 건너가 지인의 안부를 확인하는 등 시적 공간이 비교적 넓게 분포된 사실을 알 수 있었다. 시적 공간이 이렇듯 광범위한 사례는 전근대 지방관을 두루 역임했거나 여러 지역으로 유배 혹은 유람을 다닌 인물이 아니라면 흔히 드러나지 않는다.

20세기 인물에 대한 한문학계의 관심은 근래 들어 매우 고무적이다. 다만 서울·근기 지역이 아닌 그 외 지역 지식인에 대한 관심은 아직 고전을 면치 못하고 있는 듯하다. 진주 지역의 경우, 예로부터 경상우도(慶尙右道)의 중심지로서 그만의 고유의 문화를 간직해 온 역사·문화도시로 회자된다. 진주는 조선시대에는 진주성전투(晉州城戰鬪), 근대에 이르면 형평운동(衡平運動)을 비롯해 소년운동, 진주농민항쟁 등 의미 있는 역사적 사건들이 발발한 곳으로, 수도가 아님에도 이렇듯 한 지역에서 다양한 역사적 사건들이 전개되었다는 점은 근대 진주에 대한 접근이 학술적으로도 의미 있는 공간임을 말해 준다.

56 이 외에도 독립운동을 했던 강수환(姜燧桓)과 교유한 시도 보인다. 진주 대곡 설매리(雪梅里)에 거주한 인물이며, 그는 면우의 문인으로 회봉과도 절친했다. 그에게 강병창·강병관(姜炳觀)·강병도 등 세 아들이 있었으며, 굴천은 특히 강병관과 돈독했던 듯하다. 「束寄姜子孟(炳觀)」;「烏山驛 送祐鍾炳觀二兄先歸」;「夜過 炳觀話別二首」;「炳觀席上 子集拈韻 請賦」;「再過 陝川 憶姜炳度」 등이 있다.

굴천이 지내 온 시기에는 일제강점기가 보여주는 양면성이 모두 녹아 있다는 점에서 더욱 그러하다. 진주는 20세기 초(1895~1925) 경남도청의 소재지였던 이유로 당시 많은 일본인이 거주하고 있었다. 그로 인해 일본인에게 부당한 대우를 받았던 백정 혹은 기생들처럼 일제에 저항하는 계층이 있었던가 하면, 도살업이 성행할 정도로 유흥을 즐겼던 진주의 풍요로운 모습이 그 이면에 자리하고 있었던 점은 부인할 수 없다.[57] 즉 이 시기 진주에는 일본인에게 갖은 고충과 학대를 받은 이도 있지만, 일본을 오가며 경제적 이득을 취한 이도 적지 않았다. 이러한 측면에서 1905년 진주 출생 굴천 이일해의 한시를 들여다보는 일은 그의 인생 여정뿐 아니라 근대 진주의 모습을 상상해 볼 수 있다는 점에서 필자에게 매우 의미 있는 기회로 다가왔다. 근대 진주, 그리고 마진 재령이씨에 주목해야 할 이유는 이외에도 너무나 많다.

굴천은 일제강점기 진주 마진이라는 작은 마을에서 태어났으나 생애 전반에 걸쳐 활동한 범위는 매우 넓었다. 생애 동선과 그에 따른 시적 공간은 그가 1905년생임을 염두에 둘 때 흥미로운 부분이 적지 않다. 유년 시절 조부를 따라 거창 다전으로 면우 선생을 찾아간 일을 시작으로, 『면우집』 간행을 위해 서울에 장기간 체류한 일, 호남의 장서가를 만나러 가는 길, 스승의 요양을 위해 영남을 순행한 일, 일본에서 한 달간 체류한 일, 의령에 사는 이병철 형제와 교제한 일, 설악산을 탐방한 일 등은 필자의 시선을 끌기에 충분했다. 전근대 한 지역에 줄곧 머물며 인근 학자들과의 교유를 통해 평생 학업에만 전념하던 재야 학자의 일반적인 모습과는 사뭇 달랐기 때문이다. 그래서인지 그의 시에는 주목할 만한 장면이 적지

---

[57] 여기에는 다양한 원인이 있겠지만, 지리산과 남해와 인접해 있어 다양한 식자재가 공급 가능했던 진주 지역의 지리적 특성에서 기인한 점도 많을 듯하다. 이는 진주인들의 경제학적 의식의 소산으로도 연계될 수 있으며, 일제강점기를 겪은 우리나라 대기업 총수들의 고향이 진주 인근에 포진해 있다는 사실도 이와 관련이 있지 않을까 한다.

않았다. 서울 한성도서주식회사에 차려진 간역소, 상경길에 대구에서 변영만과 조긍섭을 만나는 장면, 한국전쟁을 전후하여 정인보와 한시로 교유하는 장면, 일제강점기 일본으로 건너가 친척들과 해후하는 장면, 부안·구례 등 호남 지역을 왕래하는 장면, 삼성 창업주로 알려진 이병철 형제들과 유년시절 교제한 장면, 부산에서 피난살이 하는 장면 등은 그간의 전근대 문인들의 문집에서는 결코 발견할 수 없는 흥미롭고도 생동감 넘치는 장면이었다.

이토록 넓은 그의 행보는 일제강점기라는 '시간'과 진주 마진이라는 '공간'에서 비롯된 것이다. 국권이 침탈되어 운신이 어려운 시기를 관통하며 살았지만, 그가 태어난 진주 마진은 그에게 많은 사람을 안겨 준 공간이었다. 특히 수곡에 살았던 스승 회봉을 만난 것은 그에게 더 없을 행운이었다.[58] 그가 주로 교제했던 인물 대부분은 회봉을 비롯해 인근 수곡과 안계에 사는 진양하씨들이 대부분이었고, 서울로의 잦은 왕래는 회봉과 관련한 일을 처리하기 위해서였으며, 영·호남 및 설악산으로의 유람 역시 동문수학한 이들과의 동행이 대부분이었다. 서울에 사는 정인보와의 만남을 주선해 준 이도 스승이었고, 의령에 사는 이병철 집안과 교제를 하게 된 것 또한 회봉이 그 집안과 사돈지간이었던 데서 비롯된 것이었다. 굴천은 스승의 영향력 아래 다양한 인물들과 폭넓게 교유함으로써 사고와 시야가 자연히 깊고 넓어질 수 있었고, 이는 그를 한 곳에 머물게 하지 않은 삶의 동력이 될 수 있었다. 그로 인해 그의 한시에는 자연히 전근대 지식인들의 문집에서는 읽어 낼 수 없는, 일제강점기와 한국전쟁 등 근현대사가 녹아들 수 있었으니, 굴천에게 일제강점기라는 '시간'과 진주 대곡 마진이라는 '공간'은 그래서 더욱 의미심장하게 다가온다.

---

[58] 회봉은 평생 15회에 달하는 여행을 다녔다. 여기에는 선현 참배를 목적으로 하는 경우도 있었고 수십 명이 동행한 대규모 단체 여행도 포함된다고 한다. 김기주, 「회봉 하겸진의 학문 활동과 성리학적 특징」, 『한국학논집』 70, 2018.

활동 시기와 지역을 염두에 둔다면, 그의 한시 창작은 어떠한 의미를 지니고 있을까. 국권을 빼앗긴 시점에서 이전의 문자 체계인 한문으로 시를 지었다는 사실에서 우리는 무엇을 읽어 낼 수 있을까. 19세기에서 20세기 초에 이르는 이 시기, 국문과 한문이라는 표기 언어의 공존은 당시 지식인의 내면세계를 매우 복잡하게 했을 듯하다. 대구에서 변영만을 만나고 서울에 있는 정인보와 가까이 교제했던 사실은 굴천의 글쓰기 방향을 정립하는 데에 의미 있는 장면이라 생각된다. 정인보는 특히 언론 매체와 접속이 가능하던 시기에만 국문 글쓰기에 주력했던 반면, 한문 글쓰기는 생애 지속적으로 수행했다고 하는데, 이는 굴천의 한시 짓기와도 관련 있는 지점이라 생각한다(물론 그렇다고 해서 굴천이 국문 글쓰기를 완전히 도외시한 것은 아니다).

근현대에 접어들면 한시의 생명력이 온전히 소멸되었으리라 생각하지만, 20세기에도 한시는 여전히 향유되고 있었다. 물론 한문 글쓰기와 한시 짓기가 당시 보편적인 문자 행위는 아니었지만 그렇다고 해서 굴천의 이러한 행위를 단순한 기호와 취향으로만 바라볼 수도 없다.[59] 굴천이 유년기부터 이어져 온 한학이라는 가학 전통을 받아들이고 한말의 유학자인 회봉을 스승으로 두었던 점을 염두에 둔다면 한시 짓기는 그에게는 결코 역사적 수명이 다한 문자 행위가 아니었기 때문이다. 그는 결코 근대적 의미의 작가 혹은 시인을 자처하지 않고, 다만 자신의 삶과 일생을 한문이라는 양식을 빌려 기록으로 남겼을 뿐이다. 그의 글쓰기는 외세에 저항하기 위해 전통을 고수하려는 애국계몽가들의 산물도 아니며, 한문학이 쇠퇴해 가는 시기의 퇴행적인 행위로도 볼 수도 없다. 물론 광복 이후 한문

---

[59] 물론 그의 한시를 바라보는 시각은 독자 혹은 연구자마다 상이할 수 있다. 굴천의 한시를 그의 감수성과 문예미가 함축된 작품으로 감상하는 것 역시 매우 의미 있는 일이다. 그는 당대 뛰어난 시재로 정평이 나 있었으니, 그의 한시를 통해 고전적 한문학 양식이 현대에 들어와 어떻게 미학적으로 변주되었는가를 살펴보는 것은 한시를 감상하는 또 다른 방법이 될 수 있을 것이다.

글쓰기에 근신했을 가능성을 배제할 수는 없겠지만, 그의 생애 전반에 걸친 작시 행위는 한문 세대 지역 지식인의 마지막 여정을 살피기 위한 유의미한 행보로도 읽어 낼 수 있지 않을까. 그렇다면 굴천을 한학의 전통을 계승하고자 노력했던 지역 지식인 정도로 이해하는 것은 어떠할까.

3부

마호당의 지주 경영

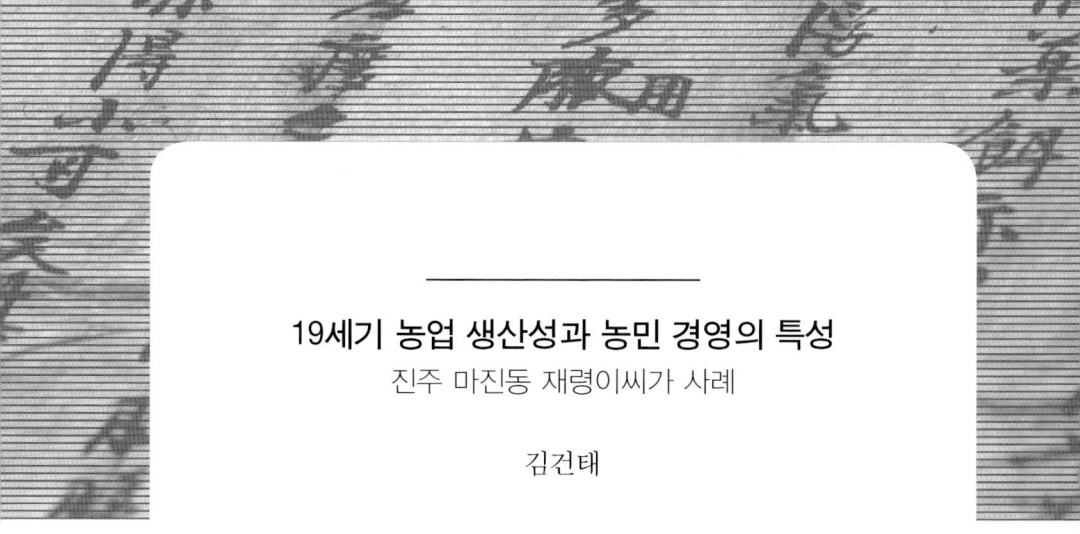

19세기 농업 생산성과 농민 경영의 특성
진주 마진동 재령이씨가 사례

김건태

1. 머리말

　19세기 농촌에는 중앙 관료를 꿈꾸면서 살아가는 양반들로 가득 차 있었으며, 지주의 대부분도 향촌에 거주하던 양반이었다. 지주들은 전답 규모의 끝없는 확대재생산을 꿈꾸지 않고 지출을 감당할 수 있는 정도만 가지는 것에 만족했다. 그리고 농업 생산성 향상을 위한 농법 개량에도 별 관심이 없었다.[1] 지주들은 자급자족을 최선으로 여겼기 때문에 농산물에

---

* 이 글은 필자의 「19세기 농업생산성과 농민경영의 특성: 진주 마진동 이씨가 사례」, 『한국사론』 69, 2023를 수정·보완한 것이다.

1 김건태, 『조선시대 양반가의 농업경영』, 역사비평사, 2004; 정진영, 「19~20세기전반 한 '몰락양반'가의 중소지로의 성장과정」, 『대동문화연구』 52, 2005; 정진영, 「19세기 중반~20세기 초반 재촌 양반지주가의 농업경영」, 『대동문화연구』 62, 2008; 정진영, 「19세기 중반~20세기 초반 재촌 양반지주가의 농업경영(2)」, 『역사와경계』 67, 2008; 김건태, 「19세기 어느 성리학자의 가작과 그 지향」, 『한국문화』 55, 2011a; 김건태, 「19세기 농민경영의 추이와 지향」, 『한국문화』 57, 2011b; 김건태, 「19세기 집약적 농법의 확산과 작물의 다각화」, 『역사비평』 101, 2012.

대한 지주들의 수요도 그리 많지 않았다. 즉 지주들이 시장에서 구입한 농산물의 양은 극히 적었다.[2] 그 결과 농촌과 인근의 도시에는 상설시장이 없었다. 나아가 정기시장도 5일장 체제에 머물러 있었다. 그런데 19세기 중국·일본의 농촌 모습은 조선과 사뭇 달랐다. 농촌에서 정치권력자, 대부호, 대상인들을 보기 어려웠는데, 그들 대부분 도시에 살았기 때문이다. 그래서 농산물에 대한 사회적 수요도 매우 많았다. 이에 농민들은 농산물 공급을 늘리려고 애썼고 그 결과 18~19세기 중국과 일본에는 농업 생산성이 크게 향상되었다.

한편 19세기 조선 농촌 모습을 다르게 묘사하는 연구도 적지 않다. 조선 후기에는 농업 생산성이 크게 향상되었고, 토지 소유의 양극분해가 날로 심화되었다는 견해도 있다.[3] 그러한 가운데 자신의 토지를 대규모로 경작하는 지주와 타인의 토지를 많이 빌리는 작인이 점점 늘어났다고 보기도 한다. 그런데 통설로 여겨지는 이들 연구는 실증이 뒷받침되지 않은 사상누각에 가깝다. 통설과 달리 조선 후기 농민 경영은 하향 평준화되며,[4] 19세기에는 농업 생산성이 크게 떨어져 사회가 위기에 직면하게 되었다는 견해도 있다.[5] 농민 경영의 추이는 실증이 뒷받침되었지만 19세기 농업 생산성의 추이는 신뢰성이 매우 낮다. 즉 지대량 하락의 주된 원인으로 생산량 하락을 들었다. 그런데 이들은 지대량은 지대율과 생산성이라는 두 요소의 영향을 받는다는 사실을 애써 무시했다. 다시 말해 지대율이 하락해도 지대량이 줄어들 수 있다.

2　안병직·이영훈 편저, 『맛질의 농민들』, 일조각, 2001.
3　김용섭, 『조선후기농업사연구 I』, 일조각, 1970; 김용섭, 『조선후기농업사연구 II』, 일조각, 1971; 김용섭, 「18·9세기의 농업실정과 새로운 농업경영론」, 『대동문화연구』 9, 1972; 김용섭, 『조선후기농학사연구』, 일조각, 1988.
4　이영훈, 『조선후기 사회경제사』, 한길사, 1988.
5　정승진, 「19~20세기 전반 농민경영의 변동양상」, 『경제사학』 25, 1998; 이영훈, 「호남고문서에 나타난 장기추세와 중기파동」, 『호남지방 고문서 기초연구』, 한국정신문화연구원, 1999; 안병직·이영훈 편저(2001), 앞의 책; 이영훈 편, 『수량경제사로 다시 본 조선후기』, 서울대학교 출판부, 2004.

이러한 기존 연구를 염두에 두고 18~19세기 진주 마진동(麻津洞—마진마을) 재령이씨가를 주목하고자 한다. 재령이씨가 사례를 통해 다음 세 가지를 확인하고자 한다. 첫째, 19세기 농업 생산성의 장기 추이는 어떠했는가? 즉 생산성이 정체되었는지 향상되었는지 하락했는지를 살펴보고자 한다. 둘째, 농민 경영의 추이는 어떠했는가? 재령이씨 소유지를 빌린 작인들의 경영 추이와 그 성격을 해명하고자 한다. 마지막으로 진주 지역에서 격렬하게 전개되었던 임술민란의 배경을 살펴보고자 한다.

2. 자료

마진동은 조선 후기까지 진주목 동면 대곡리(大谷里) 산하 여러 자연촌 가운데 하나였고, 대한제국기에 들어 독립된 행정단위가 되었다. 마진동 지형은 전형적인 배산임수형이다(그림 1). 중앙부 바로 아래 흰 부분 일대가 마진동 영역인데, 마을 서북쪽에 오음산(五音山)이 자리하고, 남강이 서북쪽에서 흘러와 마을을 휘돌아 동북쪽으로 빠져나간다. 그러한 지형 탓에 마을 앞에 들이 넓게 펼쳐져 있다.

마진동뿐만 아니라 이웃 마을 또한 남강 주변이어서 대체로 들이 좋았다. 남강 북안을 보면 서쪽에서부터 덕곡(德谷)·하촌(下村: 중촌 포함)·마진·대곡(大谷)마을이 위치하고 남강 남안을 보면 동쪽에서부터 대필(大筆)·마사(馬寺)·시성(市城)·진동(津洞)·가좌(加佐)마을이 자리하고 있었다. 수량이 풍부한 남강이 마진동 앞을 지났지만 농사에는 별 도움이 되지 못했다. 남강 주변 마을 사람들은 흐르는 강물을 그저 바라만 볼 뿐 끌어다 쓸 방법을 찾지 못했기 때문이다. 그래서 농지는 논보다 밭이 더 많았다.

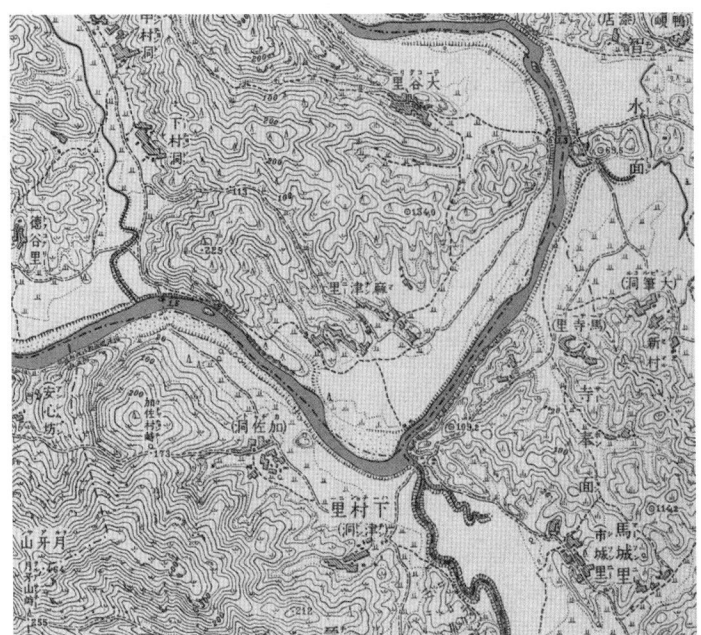

그림 1 1917년 마진동 일대 개황

예컨대 조선 후기 마진동 농지에서 논이 차지하는 비중이 30%도 되지 못했다.[6]

마진동은 17세기까지도 사족이 별로 없는 마을이었으나,[7] 1634년 이주해 온 이강(李堈)의 후손들이 그곳에 터를 잡고 살게 됨으로써 19세기에는 다수의 사족들이 거주했다. 1838년 『대곡가좌(大谷家坐)』에서 당시의 실상을 살필 수 있다.[8] 『대곡가좌』는 마진동을 비롯한 10개 마을의 정보가 담

---

6   토지 조사 사업 때 작성된 마진리 지적도에는 농지(가대 포함) 831필지가 등재되어 있다. 그리고 이씨가에서 소장한 농지개혁 때의 토지대장에서 825필지의 면적이 확인된다. 참고로 두 자료를 통해 면적을 알 수 없는 6필지는 모두 밭이다. 825필지는 논 12만 9,811평(전체의 27.9%), 밭 33만 5,341평으로 구성되었다.

7   심재우, 「조선후기 진주 대곡 마진마을의 역사와 동림(洞林) 갈등」, 『한국문화』 100, 2022.

8   『大谷家坐』, 진주 마진 재령이씨 마호당 고문서, F20201-01-W007321; 『대곡가좌』에 대한 설명은 송양섭, 「1838년 진주 대곡리의 군역운영과 리중=면중의 역할」, 『2022년 장서각 학술대회: 진주 마진마을과 재령이씨가 고문서 발표자료집』, 2022.

겨 있으나, 이 글에서 별도의 설명 없이 『대곡가좌』라고 할 때는 마진동 부분만 대상으로 한 것이다. 『대곡가좌』는 7월에 조사한 49호, 8월에 조사한 28호, 총 77호를 싣고 있다. 77호는 양인호(학업자 및 직역 불명) 32호, 노비호 45호로 구성되었다(표 1). 학업자 가운데 18호가 재령이씨다. 한편 노비호의 대부분은 재령이씨와 여타 양인호에서 소유한 노비와 그 가족이었을 가능성이 크다.

재령이씨들은 신분제와 경제력을 적절히 활용하여 하민들을 쉽게 지배할 수 있었다. 마진동 가좌책은 당시의 실상을 구체적으로 전한다. 분석에 앞서 가좌책의 특징에 대해 간략히 설명해 둔다. 현재 1838년 7월과 8월

표 1 1830년대 재령이씨가 깃기의 안석이 결부 현황　　　　　　　　　　(단위: 결-부-속)

연도 지역	1835				1836			
	序頭	본문 합	陳 除	移去 除	序頭	본문 합	陳 除	移去 除
本里	6-54-1	9-48-8	7-52-3	6-53-4	6-63-9	9-35-7	7-43-4	6-63-2
加佐	2-76-5	2-94-2	2-85-9	2-81-9	2-76-5	2-94-2	2-85-9	2-81-9
上寺	17-8	27-5	17-8	17-8	15-3	27-5	17-8	0
班城	76-7	76-7	76-7	76-7	76-7	76-7	76-7	76-7
晉城	41-1	41-1	41-1	41-1	41-1	41-1	41-1	41-1
雪梅	1-04-1	1-87-4	1-36-7	1-04-1	1-00-8	1-87-4	1-36-7	1-10-4
今山	31-7	31-7	31-7	31-7	31-7	31-7	31-7	31-7
계	12-02-0	16-07-4	13-42-2	12-06-7	12-06-0	15-94-3	13-33-3	12-05-0
연도 지역	1837				1839			
	序頭	본문 합	陳 除	移去 除	序頭	본문 합	陳 除	移去 除
本里	훼손	9-35-7	7-43-4	7-34-6		8-92-3	6-75-1	5-96-8
加佐	훼손	2-94-2	2-85-9	2-81-9		2-94-2	2-87-7	2-78-9
上寺	17-8	27-5	8-1	7-3		27-5	18-3	0
班城	76-7	76-7	76-7	76-7		76-7	76-7	76-7
晉城	41-1	41-1	41-1	41-1		41-1	38-1	38-1
雪梅	1-00-6	1-99-7	1-49-0	1-22-7		1-51-4	1-36-7	1-10-4
今山	5-0	31-7	31-7	5-0		5-0	5-0	5-0
계	?	16-06-6	13-35-9	12-69-3	11-62-4	14-88-2	12-37-6	11-05-9

에 조사한 내역을 담고 있는 『대곡가좌』와 1838년에 작성된 『마진촌(麻津村)』[9]이 전한다. 후자를 『마진가좌(麻津家坐)』라 칭하기로 한다. 7월에 작성된 『대곡가좌』와 『마진가좌』는 모두 49호를 싣고 있고, 그 내용 또한 극히 일부를 제외하면 동일하다. 『마진가좌』는 7월 『대곡가좌』를 작성할 때 초본으로 제출된 것으로 보인다.[10]

두 가좌책은 인구뿐만 아니라 개별 호의 경제력과 관련된 정보도 싣고 있다. 가좌책은 마진동 38호의 결명(結名)과 그와 연관된 결부수를 파악하고 있다. 그런데 가좌책은 결부의 성격에 대해서는 어떠한 언급도 없다. 38호의 결부수는 그들의 소유지일까?[11] 아니면 해당 호에서 납부하는 전결세와 관련된 것일까? 가좌책과 재령이씨가의 깃기를 함께 살펴보면 궁금증이 해소된다. 『대곡가좌』는 재령이씨가의 '결명 안석이(安石伊), 7결 97부'로 기재하고 있다. 재령이씨가에는 1838년을 전후한 시기의 깃기가 전하는데, 거기에도 결명이 '안석이'로 되어 있다. 재령이씨가의 깃기 일부에는 시작 부분에 지역[里, 村]별 결부수가 적혀 있다. 그래서 깃기에 기재된 결부를 서두(시작 부분), 본문, 진전 제외(본문에 진전을 제한 수치), 이거 제외(본문에서 진전과 이거를 제외한 수치) 등 4종류로 나누어 볼 수 있다(표 1). 깃기 작성자들은 매 필지의 성격을 꼼꼼히 살폈는데, 그러한 사실은 개별 필지

---

9 『麻津村』, 진주 마진 재령이씨 마호당 고문서, F20201-01-W007352. 동 가좌책에 실린 사람 대부분은 『대곡가좌』에서 확인되는데, 사람들의 연령이 두 장부에서 동일하다.

10 『마진가좌』가 『대곡가좌』의 등사본일 가능성도 있다. 하지만 다음과 같은 사실로 미루어 볼 때 『마진가좌』가 『대곡가좌』보다 먼저 작성된 것으로 판단된다. 『대곡가좌』에는 『마진가좌』와 동일하게 기록했다가 뒤에 수정된 부분이 있다. 만약 『마진가좌』가 『대곡가좌』의 등사본이라면 순리상 수정된 내용이 그곳에 반영되어야 한다. 그 부분을 구체적으로 소개하면 다음과 같다. 『麻津家坐』, "九統一戶 私奴束伍 有日 年三十九 本名 士得』, 『大谷家坐』"九統一戶 私奴束伍 有日 年三十九 本名 士乙得.";『대곡가좌』는 "本名 士得"으로 썼다가 "乙得"으로 수정했다. 『대곡가좌』의 마진동 부분에 기재된 모든 사람에게 꺽쇠(ㄱ) 표시가 되어 있는데, 이는 모든 내용을 일일이 점검했음을 의미한다. 즉 내용을 점검하다가 『마진가좌』의 내용이 틀렸음을 확인하고 수정했던 것이다.

11 김준형은 다음 글에서 가좌책에 실린 전답이 소유지라고 파악했다. 김준형, 「19세기 전반 晉州 大谷里의 토지소유 양상과 신흥계층」, 『南冥學研究』 33, 2012.

의 성격을 3종류로 나눈 데서 알 수 있다. 진전 필지에는 꺽쇠가 있고, 이거(다른 사람 결명으로 전결세를 납부)된 필지에는 아무 표시가 없고, 그 외 필지에는 모두 붉은색 점이 찍혀 있다.

1838년 전후 깃기를 살펴보도록 하자. 깃기 서두의 결부는 본문의 결부 수와 큰 차이를 보이고 있고, 진전과 이거를 제한 수치(표 1의 '이거 제')와 비슷하다. 특히 1835년 설매와 1837년 금산은 양자가 일치한다(표 1의 음영 부분). 하지만 진전과 이거를 제한 수치도 가좌책의 결부 수와 대체로 큰 차이를 보인다. 깃기가 작성된 다음 진전과 이거가 다시 발생했기 때문에 그렇게 된 것으로 보인다. 다음 1836년 깃기 앞부분 기록을 통해 그렇게 유추할 수 있다.

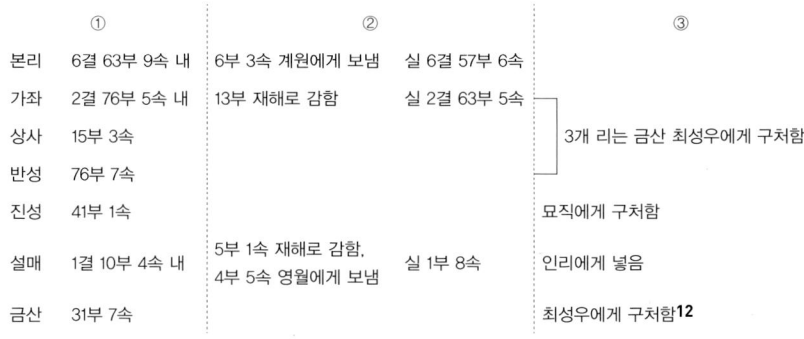

1836년 깃기 앞부분에 적힌 결부는 〈표 1〉이 12결 6부이다(위 자료의 ①). 점선은 필자가 임의로 그은 것이고, ③의 실선은 원 자료에 있는 것이다. ①은 깃기 본문을 작성할 때 기록한 것이다.[13] ①을 작성한 후 다시 재해를 입은 곳과 이거된 필지의 결부를 제외했다(②). ①·②의 작성 시점이 다

12 『丙申 安石伊』, 진주 마진 재령이씨 마호당 고문서, F20201-01-W006971.
13 『辛巳 安石伊』, 진주 마진 재령이씨 마호당 고문서, F20201-01-W006933. 이 깃기 서두와 본문을 보면 일일이 붉은색 점을 찍어 가며 확인하다가 수정할 내용이 있으면 붉은색으로 고쳐 썼다. 이는 위 인용문 ② 부분이 ① 부분보다 나중에 작성되었음을 의미한다.

르다는 사실은 글씨 크기가 다른 데서 확인된다. ③은 8결 작부(作夫)할 때의 기록이다. ③과 1836년 깃기 말미의 기록을 보면 본리 결부는 취월(取月)과 강복지(姜卜只) 이름으로 작부하는 곳에 넣었고, 다른 6개 리의 결부는 최성우·묘직·인리 등에게 보냈다.[14]

이같이 재령이씨가 자료는 깃기 작성 과정을 자세히 보여주고 있다. 서원들은 진전과 이래이거된 필지를 파악하여 1차로 깃기를 작성했다. 이때에는 당해 연도 작황이 반영되지 않는다. 즉 재령이씨가 깃기를 보면 진전은 모두 이전부터 묵던 곳이다. 이때 지역별 현황, 즉 위의 ①을 기록하기도 했다. 참고로 이씨가 깃기 가운데 지역별 현황이 없는 것도 적지 않다. 서원배들은 1차로 깃기를 작성하고 나서 당해 연도 재해와 이래이거 현황(②)과 작부 실상(③)을 1차 작성한 깃기에 추가하기도 했다. 이씨가 깃기 가운데 이 추가 부분이 있는 것은 얼마 되지 않는다.

한편 『대곡가좌』에 기재된 7결 97부는 당해 연도 재해와 이래이거 현황(②)이 반영된 것인지 아니면 작부하는 데 넣은 결부만(③) 대상으로 한 것인지 분명하지 않다. 참고로 1837년에도 깃기를 작성할 때 지역별 현황(①)을 기재하고, 후일 거기에 당해 연도의 재해와 이래이거와 작부 현황(②·③)을 추가했다. 그런데 안타깝게도 일부가 훼손되어 전모를 알 수 없다.[15]

이렇듯 깃기는 재령이씨가에서 자신의 결부를 이거시킨 경우가 많았음

14　『丙申 安石伊』, 진주 마진 재령이씨 마호당 고문서, F20201-01-W006971, "六結免稅 入作取月夫內 卄一卜九束人吏 每卜價二戔三分 取月安石餘一結六卜二束 盧卜只五十四卜二束 崔興石一結三十九卜六束 三結名 得安處區處 入作姜卜只夫內 三結每結二十兩 加佐 安石二結六十二卜八束 […] 班城 安石七十六卜七束 […] 上寺 安石十五卜三束 琴山 安石卅一卜七束 合卜五結四十八卜二束 以二十二兩結區處於今山崔聖右."; 여타 재령이씨가 깃기를 보면 작부 단위가 8결임을 알 수 있는데, 예를 들면 다음과 같다. 『戊辰 安石』, 진주 마진 재령이씨 마호당 고문서, F20201-01-W006999, "安石七結卄五卜二束 取義一結十一卜九束 卜只五十五卜六束 一夫 餘一結二卜七束."

15　『丁酉 安石伊』, 진주 마진 재령이씨 마호당 고문서, F20201-01-W006994, "(훼손) 免稅 二結入於受還 餘卜入於人吏." 이 부분은 7개 리 결부의 합계란 아래에 기록되어 있다.

을 보여주는데, 개인의 결부가 이래이거된 사례는 가좌책에서도 확인된다. 사례를 소개하면 다음과 같다.

『마진가좌』 8통 3호 사노아병 快七 년43 결명 快哲 1결 50부 3속
『대곡가좌』 8통 3호 사노아병 快七 년43 결명 快哲 1결 8부, 先折 26부 7속, 得材 29부, 殷卜 15부 6속(합 1결 79부 3속)

『마진가좌』 8통 5호 사노성정 以孫 년42 결명 一得 52부 5속
『대곡가좌』 8통 5호 사노성정 以孫 년42 결명 一得 6부 6속 東旭 45부 9속

『마진가좌』 9통 5호 사노 元得 년57 결명 自名 73부 6속
『대곡가좌』 9통 5호 사노 元得 년57 결명 自名 46부 宗才 27부 6속[16]

위에서 보듯이 3개 호의 결명은 『마진가좌』에서는 하나였지만, 『대곡가좌』에서는 두 종류 이상으로 수정되었다. 참고로 『대곡가좌』에서 2개 이상의 결명을 가진 사례는 위 3개 호가 전부다. 『마진가좌』를 토대로 『대곡가좌』를 작성할 때 위 3개 호의 경우 여러 명의 결부가 하나로 합산되었음을 발견하고, 원래 결명에 따라 결부를 기재한 것으로 보인다. 한편 『대곡가좌』를 작성하면서 첫 번째 쾌철과 관련 있는 '득재(得材) 29부'가 『마진가좌』에서 빠진 것을 발견하고 추가했다.

결부 이동은 보내 주는 사람 입장에서는 이거, 받은 사람 입장에서는 이래가 된다. 즉 위에 소개한 3개 호에는 이래된 다른 사람의 토지가 섞여 있는 것이다. 재령이씨가 추수기는 당시의 실상을 이해하는 데 도움을

---

16 『麻津家坐』, 진주 마진 재령이씨 마호당 고문서, F20201-01-W007352; 『大谷家坐』, 진주 마진 재령이씨 마호당 고문서, F20201-01-W007321.

준다. 『대곡가좌』에서 결명을 가진 노비호는 12개인데, 그중 위에 소개한 3호와 갑종(73부 5속)의 결부 수가 50부 이상이다. 그런데 이들 4명 중 3명이 1838년 재령이씨가 답을 차경했다. 원득은 6필지 8두락, 갑종과 이손은 각각 1필지 2두락을 병작했다. 이들이 재령이씨가의 밭과 여타 지주의 땅도 병작했을 가능성도 있다. 두 가좌책에 기재된 결부가 모두 그들 소유지의 것이라면 많은 전답을 소유한 그들이 왜 다른 사람의 땅을 빌렸는지 쉽게 이해되지 않는다.

이같이 가좌책에 실린 결부는 개별 호의 소유지가 아니라 전결세 납부 현황을 전해 준다. 다시 말해 지주들의 결부는 실제보다 과소평가되고 소토지 소유자는 실제보다 과대평가된 경우가 적지 않았다. 이러한 사실을 감안하고 가좌책을 통해 1838년 마진동 주민들의 경제 상황을 살펴보도록 하자(표 2). 재령이씨 호는 약 3분의 1에 불과하지만 그들이 납세한 35결 56부 9속은 79호 납세결의 70%를 넘었다. 1838년 마진동에서 가장 많이 납세한 사람은 이우모(李宇模, 麟模에서 개명)인데, 우리의 분석 대상인 재령이씨가의 주손이다. 상층 가운데 전결세를 전혀 납부하지 않은 경우가 있는데, 이들은 무토지 농민이었을 것으로 보인다. 실제로 재령이씨가의 추수기에는 상층 작인이 적지 않게 등장한다. 상층과 달리 노비는 무토지 농민이 대다수였다. 전결세를 직접 납부한 노비도 12명인데, 앞에서 보듯이 이들 가운데는 부재지주가의 전결세를 대납한 사례도 적지 않았다. 19세기 전반 마진동은 토지를 빌리려고 지주가를 드나드는 빈민들로 가득 차 있었다고 해도 과언이 아니다. 전결세 납부 결수가 50부 미만인 호가 54호로 전체의 절반을 훨씬 상회하는 데서 당시의 정황을 짐작할 수 있다.

우리가 살펴볼 재령이씨가는 입향조 강(堈)의 다섯째 아들인 중인(重裀)의 맏아들 계열인데, 그 가계를 소개하면 다음과 같다.

표 2 1838년 『대곡가좌』의 전결세 납부 현황   (단위: 결-부-속)

구간	계층 상층		노비		기타		합계	
	호	토지	호	토지	호	토지	호	토지
5결 이상	1	7-97-0					1	7-97-0
2~5결 미만	6	19-86-4					6	19-86-4
1~2결 미만	6	8-24-7	1	1-79-3	1	1-97-2	8	12-01-2
50부~1결 미만	4	2-81-6	3	2-00-0	2	1-44-3	9	6-25-9
50부 미만	7	2-13-8	8	1-74-7	1	34-1	16	4-21-6
0	3	0	33	0	1	0	39	0
합계	27	41-03-5	45	5-53-0	5	3-75-6	77	50-32-1

* 이우모는 준호구의 직역을 참조했고, 이명윤과 이희정은 사망한 아버지 직역을 계승한 것으로 간주함.

重祒(1623~1655) → 葆(1651~1708) → 德寬(1688~1757) → 漢哲(1716~1783) → 再勳(1743~1811) → 國祐(1761~1803) → 麟模(1790~1855) → 熙佐(1811~1860) → 彦基(1831~1880)

이들은 일찍부터 치산이재에 많은 관심을 가졌다. 그러한 사실은 1734년 추수기가 현존하는 사실에서 어느 정도 드러난다. 재령이씨가는 일찍부터 추수기를 작성했지만 1780년 이전 것은 거의 전하지 않는다. 추수기는 1781~1879년까지 95개년(1784·1787·1788·1798년 누락) 것이 현존한다. 6대에 걸쳐 약 100년 동안 해마다 추수기를 작성하는 것도 쉬운 일이 아니지만 그 문서를 200년 이상 보관하는 것은 더욱 어려운 일이다. 재령이씨가는 추수기를 소책자로 엮었는데, 현재 52책이 전한다.[17] 1책에 적게는 1개년, 많게는 6개년의 추수 상황이 담겨 있는데, 1년 치가 담긴 추수기는 단 1종뿐이다.[18] 〈그림 2〉에서 보듯이 재령이씨가는 추수기를

[17] 진주 마진 재령이씨 마호당 고문서, F20201-01-W007019~F20201-01-W007068 사이에 추수기가 있다.
[18] 추수 상황을 담고 있는 연도를 기준으로 보면 1년 치 1책, 2년 치 26책, 3년 치 11책, 4년 치 7책,

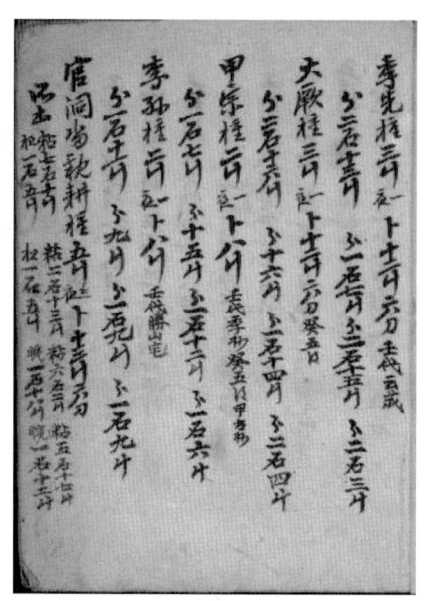

그림 2 1841~43년 추수기 일부

매우 정교하게 작성했는데, 첫 필지를 옮겨 보면 다음과 같다.

(順秋) 季先 種三斗 一夜 卜十二斗六刀 壬代云成

分二石十三斗 分一石七斗 分二石十五斗 分二石三斗

필지마다 소재지[순추], 작인[계선], 면적[3두락], 배미[1야], 전결세[12.6두] 등을 밝혀 두고, 작인 변동이 있으면 그 사실을 추가로 기재했다[임인년(1842)부터 운성이 대신 경작]. 그리고 나서 행을 바꾸어 1841~43년의 지대량을 기록했다.

재령이씨가는 추수기를 정교하게 작성했을 뿐만 아니라 같은 해 추수기를 여러 종 만들기도 했다. 이렇게 한 이유를 알 수 없다. 아무튼 95개

5년 치 4책, 6년 치 3책이다.

년 가운데 36개년은 2종이 전하고 10개년은 3종이 전한다. 같은 연도 추수기가 2종 이상 만들어진 경우 개별 추수기의 정보량이 다르다. 일례로 1820년 추수기를 보도록 하자. 1820~23년, 1819~21년, 1818~20년 추수기를 담고 있는 책에서 1820년의 상황을 확인할 수 있다(표 3). 이같이 1820년 추수기는 개별 책에서 첫 번째로 나오기도 하고, 두 번째 등장하기도 하고, 세 번째에 자리하기도 한다.

특정 연도의 추수기가 여러 곳에 등장하는 경우 추수기에 따라 필지가 다르다. 1820년의 경우 첫 번째가 가장 적고 세 번째가 제일 많지만, 모든 추수기에서 그런 현상이 발견되는 것은 아니다. 연도에 따라 첫 번째 추수기의 필지 수가 가장 많은 경우도 있다. 작인 기재율(B/A*100)은 크게 차이 나는데, 첫 번째가 가장 높고, 세 번째는 아주 낮다. 재령이씨가의 경우 추수기 위치(첫 번째, 두 번째 등)와 작인 기재율은 매우 높은 상관관계를 나타낸다. 즉 작인 기재율은 첫 번째 자리하는 경우가 가장 높고, 그 뒤로 갈수록 낮아진다.

개별 연도의 추수기가 여러 종 있을 경우 기재 내용을 서로 비교해 보면 거의 일치하는 항목도 있고 적지 않은 차이를 보이는 경우도 있다. 첫 번째 자리하는 추수기와 두 번째 자리하는 추수기 지대량을 비교해 보면

표 3 1820년 추수기 기재 현황 (단위 : 필지)

순서 내용	해당 책에서 등장하는 순서					대조			
	첫 번째 자리		두 번째 자리		세 번째 자리		첫째 ↔ 둘째		첫째 ↔ 셋째
필지(A)	146		155		200				
작인 기재(B)	127	(87.0)	125	(80.6)	72	(36.0)			
동일 필지(C)							144		142
작인 기재(D)							123	(85.4)	70	(49.3)
地代 不同(E)							4	(3.3)	4	(5.7)
作人 不同(F)							19	(15.4)	17	(24.3)

* 괄호 안 수치는 %임.

(D, E) 대부분 동일하고(123필지 중 120필지), 4필지에서만 다르게 나타난다. 그리고 첫 번째 추수기와 세 번째 추수기의 지대량을 비교해 보아도 양자가 거의 일치한다. 추수기가 여러 종 남아 있는 여타의 경우에도 동일 필지의 지대량이 거의 일치한다. 기록한 사람의 실수로 소수의 필지에서 지대량이 서로 다르게 나타났다고 볼 수 있다.

지대량에 비해 작인명은 적지 않은 차이를 보인다. 첫 번째와 두 번째를 비교해 보면(D, F) 123명 중 19명(15.4%)의 이름이 다르고, 첫 번째와 세 번째를 비교해 보면 70명 중 17명(24.3%)의 이름이 다르다. 이는 작인에 대한 관심이 지대량보다 적었음을 의미한다. 즉 첫 번째에 자리하는 추수기의 작인명은 추수기를 새로 작성할 때 파악했기 때문에 실상을 정확히 반영한다. 그에 비해 두 번째 이하에 자리하는 추수기의 경우 작인명을 정확히 파악하면 좋지만 그렇게 하지 않아도 큰 문제가 없기 때문에 변동 상황을 제대로 기재하지 않았던 것이다. 재령이씨가 추수기의 작인은 대체로 뒤쪽에 자리하는 추수기일수록 그 정확성이 떨어진다.

3. 농업 생산성 추이

재령이씨가의 전답은 여기저기 흩어져 있었다. 1757년 재령이씨가 전답 658필지 2032두락[19]은 17개 마을[리·동·촌] 798개 지역[평·원·곡]에 소

---

19 일부 전답의 두락 수가 불명인데, 이 경우 두락 수와 결부 수가 확인되는 곳의 정보를 활용하여 추정했다. 답, 30결 80부 4속은 773두락이고, 2결 12부 1속은 두락 수 불명이다. 결부 수와 두락 수가 확인되는 곳의 관계를 두락이 확인되지 않은 곳에 적용하여 두락 수를 구하면 53.2두락이다. 전, 15결 83부 5속은 1,130두락이고, 1결 6부 2속은 두락 불명이다. 앞의 방식대로 두락수를 추정하면 75.8두락이 된다.

재했다(표 4).²⁰ 이후에도 이씨가의 토지는 여러 곳에 산재했다. 한해와 수해 같은 자연재해를 극복하기 어려운 시기에는 토지를 여러 곳에 흩어 놓는 것이 한곳에 모아 놓는 것보다 지주 경영의 효율성을 높일 수 있다. 그렇게 하면 관리비용은 더 들지만 재해가 들 경우 피해를 줄일 가능성이 높기 때문이다.

표 4 1757년 재령이씨가 전답 분포 현황

지명 순서	里·洞·村	坪·員·谷
1	大谷(15)	加亭(7), 官洞(78), 國大(15), 衿坪(7), 大洞(33), 德谷(9), 德橋(6), 麻法(98), 凡沙(5), 小洞(12), 所坪(1), 松亭(1), 水三(34), 柳谷(7), 楮田(1) – 314필지
2	加佐村(10)	大島(25), 反寺(2), 盤野(4), 釜山(5), 石梯(21), 松項(1), 田反(1), 甑山(1), 靑石(4), 虛項(1) – 65필지
3	上寺(14)	孔岩(1), 槐花(1), 仇音(2), 多勿(2), 勿丹(3), 上寺(2), 水餘(7), 雙槐(4), 蟻旨(4), 林亭(4), 池巢(1), 昌善(5), 黃山(6), 孝子(9) – 52필지
4	龍奉(7)	釜山(1), 上石橋(1), 所余(2), 所他(3), 鹽倉(1), 吐谷(8), 虛谷(3) – 19필지
5	班城(7)	公須(5), 別邊(10), 沙邑(1), 於隱(4), 亐門(11), 柳田(3), 孝子(5) – 39필지
6	加樹(1)	松亭(9) – 9필지
7	晉城(4)	沙坪(3), 順原(4), 池渠(12), 稷洞(1) – 20필지
8	雪梅(5)	書齋(3), 石橋(2), 直洞(3), 川外(6), 浦內(2) – 16필지
9	代如村(3)	官前(1), 德堂(3), 驛坪(1) – 5필지
10	琴山(7)	介川(1), 大廣(2), 蛇洞(2), 新橋(1), 堤下(1), 枝下(1), 倉岩(4) – 12필지
11	冬勿谷(9)	强城(9), 仇夜(1), 冬勿浦(3), 北堂(3), 北寺(5), 鵲坪(2), 中梁(3), 下洞(9), 後洞(9) – 46필지
12	楮洞(2)	沙注(7), 草田(2) – 9필지
13	大安里(4)	舊司(4), 小龍(3), 竹橋(1), 竹條(3) – 11필지
14	中安里(1)	瓦窟(4) – 4필지
15	沙竹(2)	南坪(2), 車院(1) – 3필지
16	禿川(1)	卜多(2) – 2필지
17	加次禮(6)	乾方(9), 禁山(4), 麻斤(3), 所入旨(4), 栗古音(6), 坪田(6) – 32필지

* 괄호 안 숫자는 평, 필지 수.

20 『文書都錄』, 丁丑 3月 ?日, 진주 마진 재령이씨 마호당 고문서, F20201-01-W007427. 1757년 3월 9일 분재기 작성 직전에 소유 토지를 정리한 자료다.

재령이씨가 파시조 이중인이 1669년 부모로부터 물려받은 토지는 76.5두락에 불과했다(그림 3). 재령이씨가는 18세기 초까지만 하더라도 중소지주였으나 이덕관(1688~1757)대에 들어 대지주로 성장했다. 재령이씨가 분재기[21]는 실상을 잘 보여준다. 이덕관이 1710년 상속받은 전답은 88.9두락(그림 3에서 아래 회색 부분)에 불과했지만 1757년 상속 때 자식들에게 전답 1,409.2두락을 물려주었다. 1757년 분재기에는 이덕관이 관리하고 있던 조상의 제위전은 빠져 있다. 예컨대 1698년 상속에서 제위전으로 책정된 249.5두락(그림 3에서 중간 부분)이다. 이덕관이 관리하고 있던 선대 제위전과 그가 자식들에게 상속해 준 전답을 모두 합하면 1757년 재령이씨가 전답은 앞에서 보았듯이 2,032두락이다. 그 후 재령이씨가의 토지는 일시적으로 증가하기도 했지만 분할 상속 탓에 점차 줄었다. 추수기가 그 실상을 구체적으로 전한다.

이씨가 답 규모는 시기에 따라 크게 차이가 났다.[22] 〈그림 4〉를 보면, 1780년대 초반 570두락이었던 답은 1785년 447.2두락으로 줄어들고, 1790년에는 341.8두락으로 감소한다. 이러한 현상은 가장인 이한철(李漢哲)이 1783년 사망한 이후 분재가 이루어졌기 때문에 빚어진 것으로 보인다. 이한철은 늘그막(1782년)에 분재기를 작성해 두었지만, 자식들이 아버지의 재산을 나누어 가진 때는 삼년상을 치른 뒤였던 것 같다. 1780년대 후반 추수기에 실린 답은 장자 이재훈(李再勳)의 몫에다 이 가계의 모든 봉사답이 합쳐진 것으로 여겨진다.[23]

---

21 『遺書都文記』, 진주 마진 재령이씨 마호당 고문서, F20201-01-W002485.
22 개별 연도의 추수기가 여러 종 남아 있는 경우 가작답 규모가 가장 큰 추수기를 선택했다. 개별 책에서 분석 대상이 된 추수기의 위치를 보면 첫 번째 자리 50종, 두 번째 자리 18종, 세 번째 자리 11종, 네 번째 자리 9종, 다섯 번째 자리 4종, 6번째 자리 3종이다. 세 번째 자리 이후에 위치하는 경우는 대체로 해당 연도의 추수기가 1종 전하는 경우다.
23 분재기에서 확인되는 재령이씨가의 봉사답은 1782년까지 251.9두락이고, 1782년 이재훈이 받은 답은 86.8두락이다.

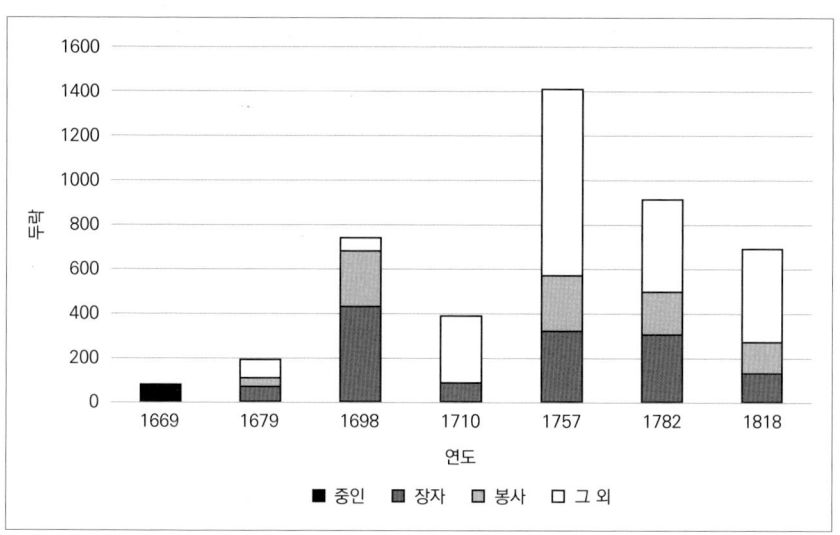

그림 3 17~19세기 재령이씨가 전답 상속 현황

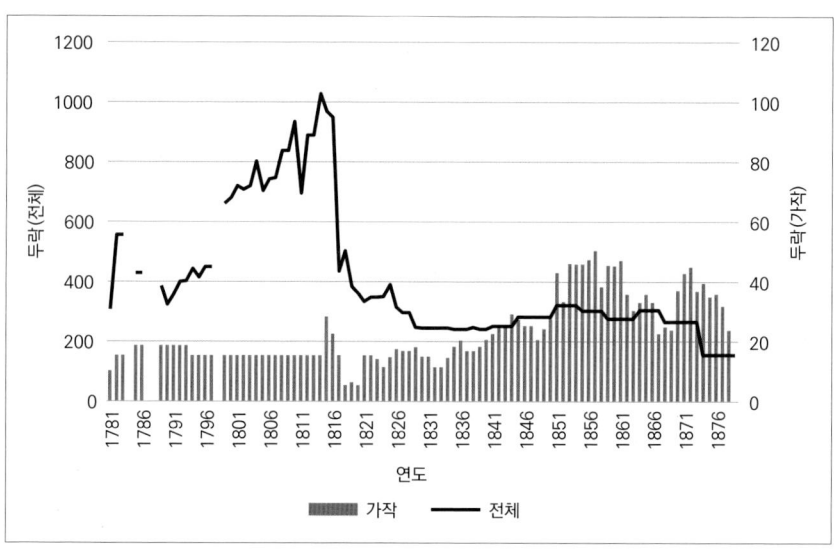

그림 4 1781~1879년 재령이씨가 소유 답 및 가작답 규모

 답 규모는 1791년 이후 빠르게 늘어나 1814년에는 1042.9두락으로 늘어났다. 평균으로 따지면 해마다 30두락 정도 늘어난 셈인데, 적극적으

로 매득한 결과였다고 생각된다. 답 규모는 1817년 다시 한번 크게 줄어들어 449.9두락이 된다.[24] 1811년 이재훈의 사후에 대규모 방매가 이루어진 것으로 보인다. 이씨가의 답은 1818년 상속이 이루어짐으로써 1819년 400두락 이하로 줄어든다. 이후 답 규모는 증가와 감소를 반복하다가 1874년 이후에는 200두락 미만으로 감소한다. 1819년 이후부터는 재령이씨가의 전답에서 제위전이 차지하는 비중이 매우 높아진다. 예컨대 1848년 깃기에 등재된 전답 중 제위전이 차지하는 비중은 결부 기준 63.6%에 달한다.[25] 19세기에 사람들이 재령이씨가를 종가(宗家)라고 불렀는지는 분명하지 않지만 개념적으로 볼 때 1820년 이후 재령이씨가는 대규모의 제위전을 관리하는 '종가형 지주'의 전형이라 할 수 있다.

재령이씨가의 가작(家作)[26] 답 규모 또한 전체 답 규모 못지않게 그 변화가 심하다(그림 4에서 세로 막대). 1839년까지 대체로 15두락 전후였다가 1840년 이후에는 증가와 감소를 반복하면서 조금씩 늘어났다. 1840년에는 20두락이 넘었고, 1851년에는 50두락을 넘겼다. 전체 답 규모가 줄어들자 가작답 규모를 조금씩 늘려 갔다고 볼 수 있다. 이렇듯 재령이씨가는 19세기 중엽부터 적극적으로 가작에 나섰다고 할 수 있다. 다시 말해 조선 후기 지주들의 가작답 면적은 30두락 이하가 많았다. 예컨대 답 850여 두락과 앙역노비 50구 이상을 보유하고 있던 칠곡 광주이씨가의 18세기 가작답 규모는 많을 때가 30두락 정도였다.[27] 전답 200여 두락을 소유했던 19세기 예천박씨가도 가작답은 30두락 정도였다.[28] 그리고 전답

---

[24] 1817년 추수기에 재령이씨가의 실상이 잘 반영된 것으로 보인다. 재령이씨가의 분재기에서 확인되는 봉사답은 1782년까지 251.9두락이고, 1818년 자식에게 상속된 이재훈의 답은 278.8두락이다. 따라서 분재 직전 재령이씨가의 답은 530.7두락이 된다.

[25] 『丙午 安石』, 진주 마진 재령이씨 마호당 고문서, F20201-01-W006978, 깃기에서 안석의 전답은 15결 39부인데, 그중 9결 78부 7속이 제위전이다.

[26] 추수기에는 '親耕'으로 기재했다.

[27] 김건태(2004), 앞의 책.

500여 두락과 앙역노비 30여 구를 보유하고 있던 19세기 후반 안동 의성 김씨가의 가작답은 10두락이 채 되지 않았다. 의성김씨가는 가작을 많이 하지 말고 가능한 한 많은 전답을 빈민에게 병작으로 대여하라는 일종의 '가훈(家訓)'을 마련해 두기도 했다.²⁹ 가작을 많이 하던 지주도 가끔 있었다. 19세기 후반 울산에 거주하던 심원권(沈遠權)은 고공, 일고(日雇), 두레 등을 적절히 활용하여 가작에 적극적으로 나섰는데, 그의 가작답은 60두락 정도였다.³⁰ 심원권은 소지주였을 때는 가작에 적극성을 보였으나 어느 정도 부를 축적한 다음부터는 가작 규모를 대폭 줄였다. 예컨대 1910년 그는 답 25두락을 가작했다.³¹ 따라서 소지주는 대체로 가작에 적극적이었고, 중소지주나 대지주는 대체로 소극적이었다고 할 수 있다.

가작답 생산량은 연도에 따라 크게 차이 나지만 100년간 장기 추이는 큰 차이가 없고, 94개년 평균은 25.8두다(그림 5). 19세기 농업 생산력이 매우 불안정했고 토지 생산성은 정체되어 있었음을 알 수 있다. 재령이씨가의 가작답 생산량 추이는 농업 선진 지역으로 꼽히는 삼남 지방 토지 생산량 추이를 잘 반영하고 있다고 판단된다. 1814년 재령이씨가는 가작답에서 벼 한 톨도 수확하지 못했는데, 이해는 19세기를 통틀어 가장 극심한 흉년이 든 해로 꼽힌다.³² 재령이씨가 가작답 생산량 추이는 17세기 후반부터 19세기 후반까지 논농사에서 이앙 시기, 제초 횟수, 거름 사용량 등이 거의 변하지 않았던 사실³³과 부합한다. 따라서 17세기 후반부터

28 김건태(2012), 앞의 논문.

29 김건태(2011a), 앞의 논문.

30 沈遠權, 『沈遠權日記』, 1880年 5月 11日, "今年農事五十九斗畢."; 沈遠權, 『沈遠權日記』, 1881年 5月 24日, "六十一斗農場有 水畓四十二斗落移秧 乾畓十九斗落."

31 沈遠權, 『沈遠權日記』, 1910年 5月 12日, "羅浮谷上二斗只移秧後 秧板三處移種 所農二十五斗只移秧畢."

32 Sungwoo Kim, "Successive Volcanic Eruptions (1809-1815) and Two Severe Famines of Korea (1809-1810, 1814-1815) Seen through Historical Records," *Climatic Change* 176-1, 2023.

33 김건태(2012), 앞의 논문.

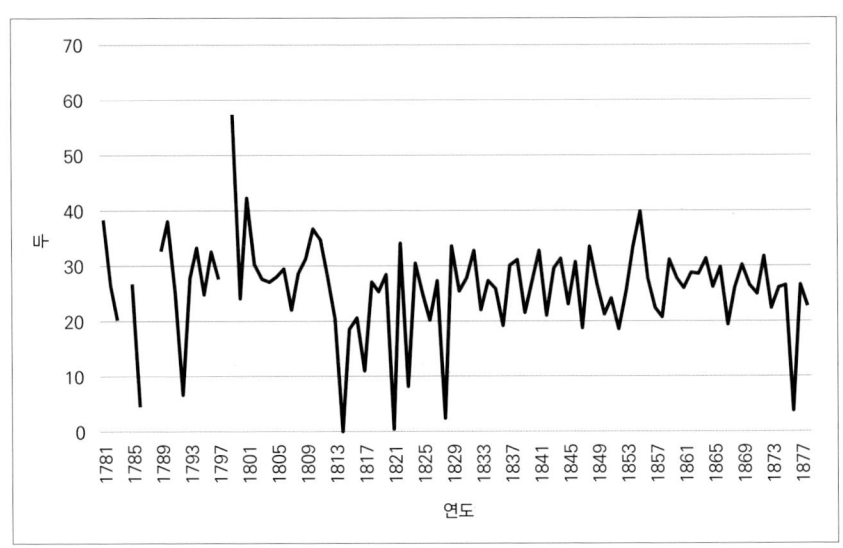

그림 5 1781~1878년 재령이씨가 가작답 1두락 생산량

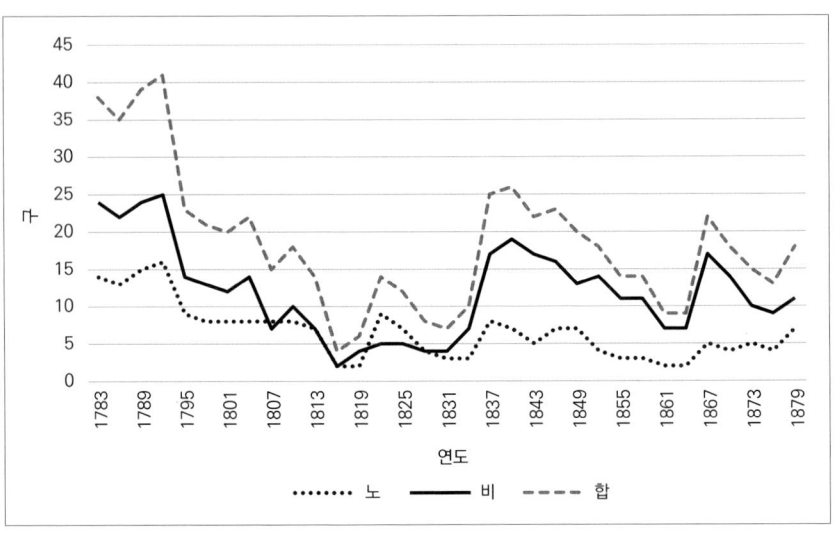

그림 6 1783~1879년 재령이씨가 노비 소유 현황

18세기 후반까지도 농업생산력이 매우 불안정했고, 토지 생산성 또한 큰 변화가 없었던 사실[34]을 감안하면 조선 후기 200년 동안 논농사는 큰 변

화를 경험하지 않았다고 할 수 있다.

재령이씨가는 가작에 주로 노비를 동원했고 가끔 일고를 활용했던 것으로 보인다. 다시 말해 재령이씨가는 1879년까지 가작에 동원할 수 있는 노비를 적지 않게 보유했다. 노비 보유 현황은 준호구[35]를 통해 그 대강이 드러난다. 작성 시기가 추수기와 겹치는 준호구가 다수 현존하는데, 1783~1879년까지 한 식년도 빠짐없이 남아 있다. 1783년 38구였던 노비는 시간이 흐름에 따라 감소와 증가를 반복하면서 조금씩 줄어들어 1879년에는 18구가 된다(그림 6).[36] 이 노비들은 재령이씨가 근처 혹은 옆 마을에 거주했기에 주인의 부름에 응할 수밖에 없었다.[37]

---

[34] 김건태(2004), 앞의 책.

[35] 진주 마진 재령이씨 마호당 고문서, F20201-02-W000062~W000150 사이에 해당 준호구가 있다.

[36] 1783~1879년 준호구에 연인원 1,891명이 실려 있는데, 개인 코드(ID)를 부여해 보니 모두 273명이었다. 이들 가운데 절반 이상은 도망노비였다. 재령이씨가 준호구 '도망' 기록은 부실한 편이다. 즉 노비에 따라 특정 식년에 '도망'으로 기재되어 있고, 그 이후에는 '도망' 표시가 없는 경우가 적지 않다. 예컨대, 비(婢) 연분(連分)은 1855·1858년에는 '고(故) 도망(逃亡)'으로 기재되어 있으나 1861~73년에는 그 표시가 없다. 비 연분과 같은 사례는 표시가 없는 해에도 모두 도망으로 처리했다. 273구 가운데 재령이씨가의 관리하에 있던 노비는 136명(연인원 613명)에 불과하다.

[37] 〈그림 6〉에 포함된 노비는 모두 136명(연인원 613명)인데, 그 대부분은 마진동에 거주하고 일부가(20명) 마진동 인근에 거주했다. 거주지와 그곳의 노비 수는 다음과 같다. 가좌(加佐) 6명(20회), 설매곡(雪梅谷) 4명(29회), 상사(上寺) 4명(15회), 사죽(沙竹) 2명(25회), 소촌(召村) 1명(5회), 진성(晋城) 1명(4회), 용봉(龍奉) 1명(4회), 강주(江州) 1명(1회). 이들 지명은 추수기에서 대부분 확인된다. 한편 사죽에 거주하던 연복(連卜 또는 連福)은 1825~34년 준호구에는 '앙역(仰役)'으로 기재되어 있는데, 이러한 사례는 더 있다.

4. 병작 관행

1) 집조와 도지

재령이씨가는 병작지 대부분에 집조(執租: 추수기의 分)를 적용하고, 일부에 도지(賭只: 추수기 地定[38])를 적용했다(그림 7). 전체 병작지에서 집조답(그림 7의 꺾은선 그래프)이 96.9%, 도지답(그림 7의 막대 그래프)이 3.1%를 차지한다. 도지 답 면적은 연도에 따라 큰 차이를 보인다. 95개년 가운데 도지답이 없는 해가 무려 27개년이나 된다. 대체로 10두락 미만이지만(30개년) 30두락이 넘는 해가 8개년이나 되는데, 그중에는 96.5두락(병작지의 14.0%)이나 되는 해도 있다.

이 시기에는 농업 생산성이 불안정했던 만큼 두락당 집조액도 해마다 큰 차이를 보인다. 〈그림 8〉의 '1두락 집조액' 그래프를 보면, 95개년 평균 집조액은 1두락당 7.8두였다. 그리고 88개년 평균 지대율(1두락 집조액 대비 가작답 1두락 소출)은 30.2%였는데, 이는 집조답에서 지대율이 소출의 3할 정도였다는 20세기 기록과 거의 일치한다. 한편 가뭄이 들어 이앙을 하지 못한 곳에서는 밭 작물을 수취하기도 했다. 극심한 흉년이 든 1814년에는 병작지 337필지 가운데 벼를 전혀 수취하지 못한 곳이 무려 240필지나 되었는데, 그중 25필지에서는 목맥(木麥)·직(稷)·속(粟)·태(太) 등을 0.2~5두 수취하기도 했다. 그리고 벼를 수취한 곳 가운데 10필지에서는 목맥, 직, 속 등을 0.3~3두 받아들이기도 했다.

---

[38] 『丁卯』,「丁卯年」(1807), 진주 마진 재령이씨 마호당 고문서, F20201-01-W007040, "秋收記 (北倉) 淡才 種二斗 卜十六斗八刀 地定七石四刀 六石六斗納 未收十四斗四刀." 지정 140.4두 중 126두를 수취하고 14.4두를 수취하지 못했다. 따라서 지정이 도지임을 알 수 있다.

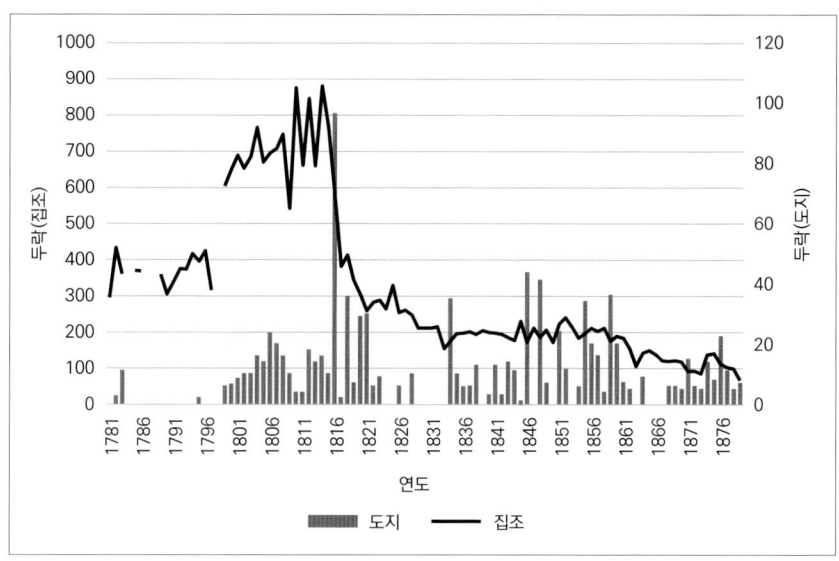

그림 7 1781~1878년 재령이씨가 집조답과 도지답 현황

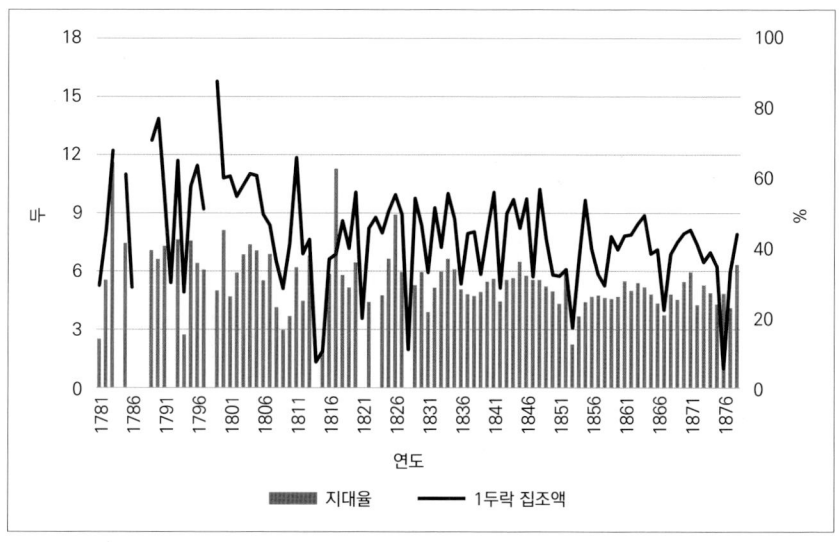

그림 8 1781~1878년 재령이씨가 집조답 1두락 수취량과 지대율 현황

* 가작답 소출이 지나치게 적어 지대율이 너무 높게 나오는 다음 6개년은**39** 그림에서 제외함.

39   1786년 115.5%, 1792년 81.5%, 1814년 가작답 소출 0. 1821년 767.5%, 1823년 108.1%, 1828년 81.3%.

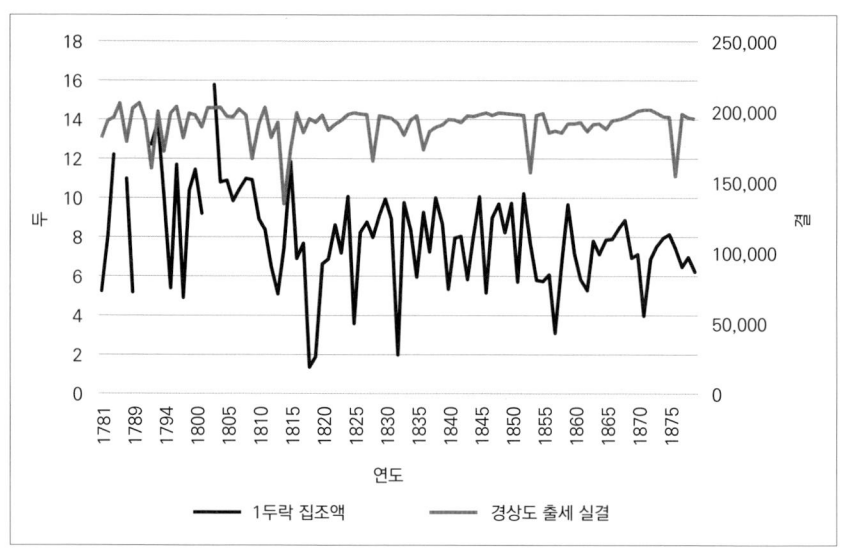

그림 9 1781~1879 재령이씨가 답 1두락 집조액과 경상도 출세 실결 수 추이

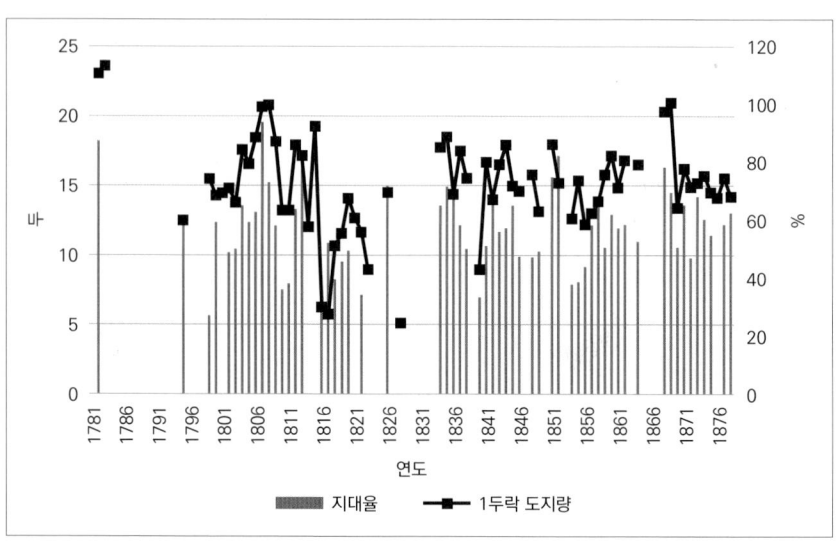

그림 10 1781~1878년 재령이씨가 도지답 1두락 수취량과 지대율 현황

* 가작답 소출이 지나치게 적어 지대율이 100%를 상회하는 7개년**40** 지대율은 그림에서 제외함.

40 1783년 117.0%, 1814년 가작답 소출 0, 1815년 104.1%, 1821년 2714.3%, 1823년 110.9%, 1828년 210.4%, 1876년 383.0%.

집조답의 지대율이 30% 정도가 된 까닭은 종자와 전결세를 작인이 부담했기 때문이다. 다시 말해 1두락 집조액(평균 7.8두)에다 그곳의 종자(1두)와 전결세(평균 4.2두)를 더한 값(13.1두)이 가작답 소출(25.8두)의 절반(12.9두) 정도다. 따라서 작인의 실질 수입은 병작반수[타작]나 집조나 큰 차이가 없었다. 이같이 집조답의 지대율이 소출의 30% 정도에서 결정된 것은 모두 이유가 있었던 것이다. 다시 말해 지주가 후덕해서도 아니고, 작인들이 거칠게 저항한 결과도 아니다. 한편 단순 수치만 놓고 보면 타작과 집조의 차이가 없지만 작인 입장에서 보면 타작에 비해 집조가 불리했다고 할 수 있다. 왜냐하면 소출은 연도에 따라 큰 편차를 보이지만 이시기 출세 실결 수, 즉 전결세량은 풍흉을 제대로 반영하지 못했기 때문이다. 연도별 차이를 보면 재령이씨가 1두락 집조액이 경상도 출세 실결 수보다 훨씬 더 크다(그림 9). 큰 흉년이 든 해에는 전결세를 납부하고 나면 작인의 수중에 남는 것이 얼마 되지 않았던 것이다.

도지답 지대액도 연도에 따라 약간씩 변화하지만 그 양상이 집조액만큼 심하지 않다(그림 10). 67개년 평균 도지액은 1두락당 15.1두로 가작답 생산량의 58.5%였다. 60개년 평균 지대율(도지 답 1두락 소출/ 가작답 1두락 소출)은 56.8%로, 소출의 절반 정도였다고 할 수 있다. 도지답의 지대율이 타작(50%)과 유사한 현상은 조선 후기 여타 지주가에서 보편적으로 확인된다.[41] 도지답에서 종자와 전결세를 지주가 부담한다는 사실을 감안하면 지주 손에 남는 곡물량은 집조답과 큰 차이가 없다. 예컨대 1835년 봄에 6필지를 도지를 조건으로 병작으로 주었다가 가을에 집조로 지대를 수취했는데, 도지액과 집조액+전결세+종자량이 정확히 일치한다.[42]

---

[41] 김건태(2004), 앞의 책.
[42] 도지액 246.5두, 집조액 119.9두+전결세 104.6두+종자 22두=246.5두

2) 종자와 전결세 부담 주체

타작[병작반수]이 일반적이던 18세기 중반까지 병작지 종자는 지주가 부담하는 것이 관행이었다. 그런데 20세기 초 집조가 적용되던 병작지에서는 작인이 종자를 부담하는 것이 일반적이었다. 집조지에서 작인이 종자를 마련해야 한다는 인식은 서서히 정착된 듯하다. 다시 말해 재령이씨가는 일부 작인에게 추수가 끝난 후 이듬해 종자를 미리 나누어 주기도 했다. 예컨대 1785년 지대를 수취한 다음 1786년 종자 명목으로 97필지 작인에게 237.3두를 지급했다.[43] 재령이씨가는 1786년 추수 후 나누어 주었던 종자를 받아들였던 것으로 보인다.[44] 즉 작인이 집조지 종자를 부담했다. 그렇다 하더라도 양식마저 구하기 힘든 봄철에 지주가 종자를 무상으로 대여하는 것은 시혜나 다름없다. 그런데 집조지 종자 대여는 1820년 전후에 중단된 듯하다. 재령이씨가는 종자 대여와 관련된 기록을 두 가지 형태로 남겼는데, 하나는 일종의 '종자지급기(種子支給記)'라 할 수 있는 문서이고, 다른 하나는 추수기다. 전자는 현존하는 것이 별로 없기 때문에 여기서는 추수기를 통해 그 실상을 살펴보기로 한다(그림 11). 추수기에서 종자 대여 관련 기록[種給]은 1800년 처음 나타나는데, 시간이 흐를수록 종자 대여율이 떨어진다. 그러다가 1817년을 끝으로 더 이상 종자 대여 기록이 보이지 않는다. 이러한 사실로 미루어 볼 때 진주 지방의 경우 1820~30년대가 되면 집조지 종자를 작인이 마련하는 관행이 정착되었다고 생각된다.

작인들은 농사가 끝난 뒤 전결세를 납부했다. 1두락 전결세는 1780년대는 4.7~5.0두 정도였으나 이후 점차 하락하여 1830~40년대는 대략

---

[43] 『乙秋巳』, 『丙午種子』, 진주 마진 재령이씨 마호당 고문서, F20201-01-W007036.

[44] 다음과 같은 사실은 재령이씨가에서 나누어 준 종자를 추수 후 받아들였음을 보여준다. 『田畓文案十七丈』, 「壬辰牟麥秋收」, 진주 마진 재령이씨 마호당 고문서, F20201-01-W007035, "渭才 種十二斗 分十七斗 鄭岳只 種七斗 分十七斗 施永 麥種二斗 分九斗 秋收種分二石十三斗."

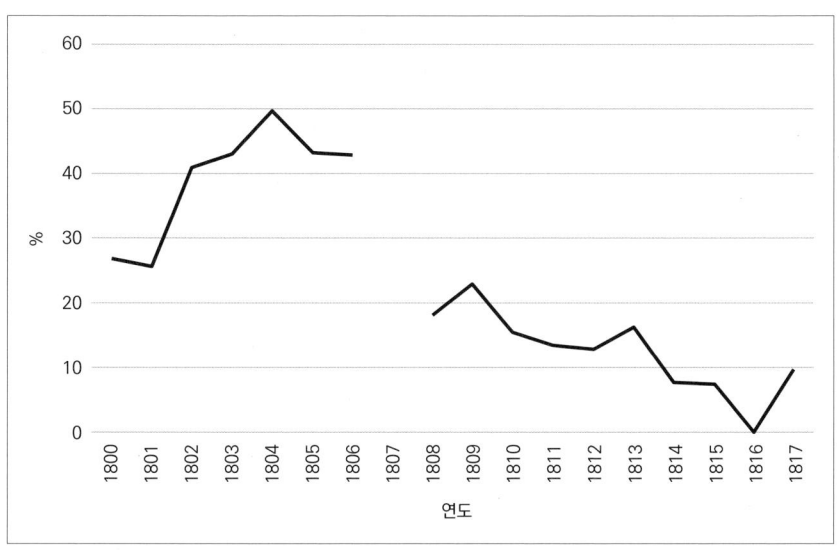

그림 11 1800~1817년 재령이씨가 집조답 종자 지급 현황

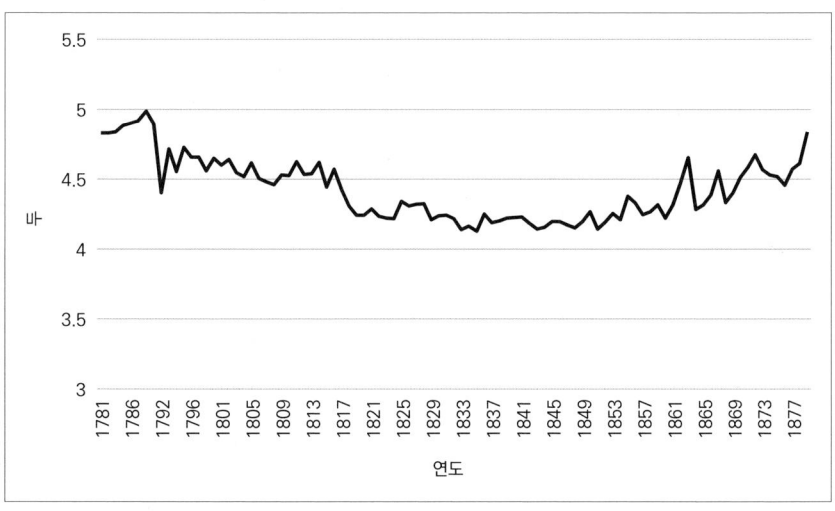

그림 12 1781~1879년 재령이씨가 답 1두락 전결세

4.2두 정도에서 정체하다가 1850년대 들어 상승하기 시작하여 1877년에는 4.8두까지 늘어난다(그림 12). 1781~1878년 작인들이 부담한 전결세는

1두락당 평균 4.4두로, 이는 가작지 1두락 소출 대비 약 17.1% 정도였다. 전결세는 작인들에게 큰 부담이었을 것으로 보인다. 그런데 〈그림 12〉에서 확인되는 전결세는 재령이씨가 작인들이 실제로 부담한 것이 아니고, 서원들이 전결세 부과와 수취 때 활용하기 위해 작성한 행심책 내용을 옮겨 온 것이다. 즉 당해 급재(給災) 내용이 반영되지 않은 상태다. 따라서 흉년이 든 해에는 이보다 적게 부담했다. 예컨대 가작지에서 벼 한 톨도 수확하지 못할 만큼 큰 흉년이 들었던 1814년에 작인들이 부담한 전결세는 양안을 토대로 책정된 양의 절반 정도였다.[45] 극흉이 든 해에는 전결세를 대폭 감해 주었지만 그러한 해는 경상도 출세 실결 수 추이에서 보았듯이 얼마 되지 않는다. 다시 말해 재령이씨가 작인들이 부담한 전결세는 생산량의 15% 이상이 되었다고 할 수 있다.

한편 재령이씨가 답 1결당 전결세는 여타 지역과 큰 차이가 없었다. 19세기 후반 전라도 장흥[46]과 경상도 풍기 지역[47] 답 1결당 전결세는 100두 정도였는데, 1859년 이씨가 답 1결의 전결세는 103.5두였다.[48] 하지만 소출 대비 전결세는 19세기 여타 지역에 비하면 매우 많은 양이다. 1887~92년 경주 여주이씨가는 답 1두락 전결세를 평균 1.5두 납부했는데, 이는 생산량의 6.5%에 해당하는 양이다.[49] 1871~94년 풍기 지역 답을 도지로 경영하던 예안 진성이씨가는 답 1두락 전결세로 평균 5.3두를 납부했는데, 이는 지대액의 24.0%에 해당한다. 앞에서 보았듯이 도지액이 통상 소출의 절반 수준이었으므로 풍기 지역 전결세는 생산량의 12%

---

[45] 재령이씨가는 1814년에 44필지에 대해 전결세 수취에 관한 기록을 남겼다. 그중 39필지의 전결세를 원래의 절반만 받았다. 참고로 44필지의 전결세는 두락당 평균 4.87두였다.

[46] 김건태, 「19세기 회계자료에 담긴 實像과 虛像」, 『고문서연구』 43, 2013.

[47] 김건태, 「19세기 후반~20세기 초 부재지주지 경영」, 『대동문화연구』 49, 2005.

[48] 1859년 답 57필지 156두락의 결부는 6결 67부 1속이고, 그곳의 전결세는 691.1였다. 따라서 전결세는 1두락에 4.4두, 1결에 103.5두가 된다.

[49] 김건태, 「결부제의 사적 추이」, 『대동문화연구』 108, 2019.

정도였다고 할 수 있다.

19세기 진주 지역 생산액 대비 전결세량, 즉 전결세율이 다른 지역에 비해 과도하게 높다는 사실은 면적과 비옥도가 같을 경우 진주 지역이 다른 지역에 비해 결부가 높게 책정되었음을 의미한다. 높게 책정된 결부는 1862년 진주 인민들이 거세게 난리를 일으킨 원인의 하나로 작용했다고 할 수 있다. 진주 민란의 주된 원인은 환곡이 많았기 때문인데,[50] 19세기 진주 지역 환곡량은 결부 수를 토대로 산출되었다.[51] 그 결과 진주 농민들은 수입이 같은 다른 지역 농민에 비해 더 많은 환곡을 부담하게 되었던 것이다.

3) 경작 기간

이렇듯 19세기 진주 지역은 살기 어려운 곳이었다. 그러한 사실은 재령 이씨가 추수기에서도 짐작할 수 있다. 적지 않은 작인이 해마다 교체되었는데, 그 교체율은 해마다 들쭉날쭉했다(그림 13). 존속률은 필지마다 특정 연도의 작인과 그 전해의 작인을 대조했을 때 작인이 동일한 비율을 의미한다. 예컨대 1783년 존속률은 1782년과 1783년 작인이 모두 확인되는 167필지에서 작인이 같은 필지 비율이다. 이렇듯 작인 교체는 어떤 때에는 거의 없었고 어느 해에는 심하게 이루어졌다.

활발한 인구 이동 현상은 재령이씨가 추수기뿐만 아니라 18~19세기 호적에서도 확인된다. 18세기 경상도 단성현 호적에 실린 호는 대체로 3년에 20% 정도 물갈이되다가 큰 흉년이 들면 3년에 40% 정도 바뀐다.[52]

---

50 이영호, 「1862년 진주농민항쟁의 연구」, 『한국사론』 19, 1988.
51 그러한 사실은 재령이씨가 깃기에서 확인된다. 사례를 소개하면 다음과 같다. 『甲辰 安石』, 진주 마진 재령이씨 마호당 고문서, F20201-01-W006947, "安石 十一結八十四卜二束 受還 合一夫 餘作永昌夫內 奴永昌 十一結一卜四束 受還 合一夫 餘三結一卜四束 入於人吏."
52 김건태, 「호구출입을 통해 본 18세기 호적대장의 편제방식」, 『대동문화연구』 42, 2003.

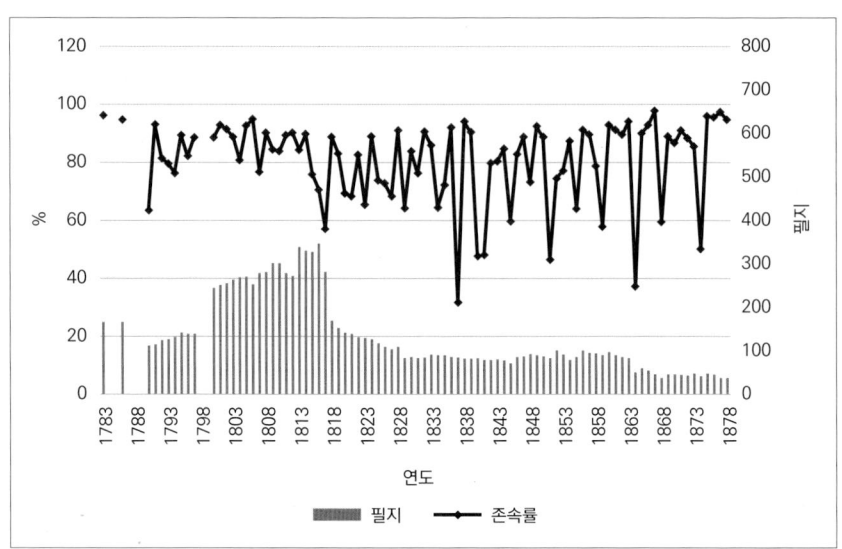

그림 13 1782-1878년 재령이씨가 작인 연간 존속률

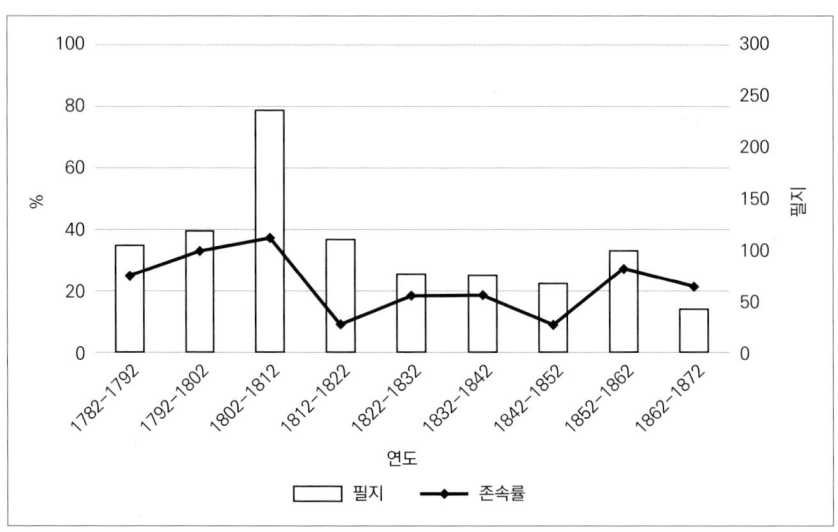

그림 14 1782~1878년 재령이씨가 작인 중 11년간 동일 필지를 경작한 비율

그 결과 장기간 한곳에 거주하는 가계는 그리 많지 않았다. 예컨대 경상도 단성현 법물야면 1717년 호적에 368호가 등재되었는데, 그 후손이

1789년 호적에서 확인되는 사례는 77호(21%)에 지나지 않는다. 그리고 1825년 법물야면 호적에 567호가 실렸는데, 그 후손이 1882년 호적에서 확인되는 사례는 59호(10%)에 불과하다.[53] 대구부 서상면 1681년 호적에 등재된 807호는 731가계로 구성되었는데, 그 후손이 1795년 호적에서 확인되는 사례는 163가계(22%)에 지나지 않는다.[54]

18~19세기에는 인구 이동이 매우 활발했기 때문에 장기간 특정 필지를 경작하는 작인은 소수에 불과했다(그림 14). 11년간 동일 필지를 경작한 작인 비율, 즉 존속률은 높을 때가 37.3%, 낮을 때는 9.0%에 불과했다. 짧은 경작 기간은 18~19세기 농업 생산성이 정체되는 데에도 적지 않은 영향을 미쳤다고 할 수 있다. 농민들이 수시로 경작지를 바꾸게 되면 비용이 많이 들어가는 수리시설이나 토질 개선 사업을 꺼리게 된다. 왜냐하면 들인 비용을 회수하기도 전에 떠날 가능성이 높기 때문이다.

이러한 현상은 두 가지 이유 때문에 비롯되었다. 하나는 작인들이 거주지를 옮겼기 때문이다. 다른 하나는 지주가 농사를 열심히 짓지 않은 작인을 교체했기 때문이다.[55] 이같이 조선 후기에는 인구 이동, 곧 작인 교체가 빈번했기 때문에 작인의 경작권은 봄철 논갈이 때부터 가을 추수 때까지만 인정되었다. 즉 추수가 끝나면 지주는 마음대로 작인을 교체할 수 있었다. 그래서 작인들은 지주에게 잘 보이려고 애썼다. 지대를 상납하러 가는 작인들의 지게에 닭이 얹혀 있는 모습을 쉽게 볼 수 있었다. 예컨대 1802년에는 작인 27명이 닭을 상납하고 1명은 계란을 바치기도 했다. 19세기에 작인들의 선물 상납은 관행이었던 것 같다. 19세기 안동 지역 작인들도 지주가에 닭을 상납했다.[56]

---

53 이영훈·조영준, 「18-19세기 농가의 가계계승의 추이」, 『경제사학』 39, 2005.
54 이유진, 「18세기 대구 호적을 통하여 본 도시지역의 특징」, 『한국사론』 57, 2011.
55 김건태(2011b), 앞의 논문.
56 김건태(2011b), 앞의 논문.

5. 농민 경영 추이

재령이씨가 작인의 성격은 이름 형태에 따라 양반과 비양반으로 구분할 수 있다. 재령이씨가가 양반임을 감안하면 ○○댁과 ◇생원으로 기록된 작인은 양반으로, 성명과 이름이 기재된 작인은 비양반으로 분류할 수 있다. 앞에서 살핀 것과 같이 1838년 마진동에서 토지를 전혀 소유하지 못한 사람들의 대부분은 노비였고 양반들은 일부에 지나지 않았다. 재령이씨가에서는 빈한한 양반들의 생계를 걱정하기보다 토지를 활용해 노비와 상민을 지배하는 데 더 많은 신경을 썼던 것으로 보인다. 그러한 사실은 시기별 작인 수와 작인 신분을 함께 살펴보면 어느 정도 확인된다(그림 15).

〈그림 15〉에서 작인 수를 보면 1820년대 작인 수가 1830년대 이후보다 더 많다. 그리고 양반 작인의 비율 또한 1820년대가 1830년대 이후

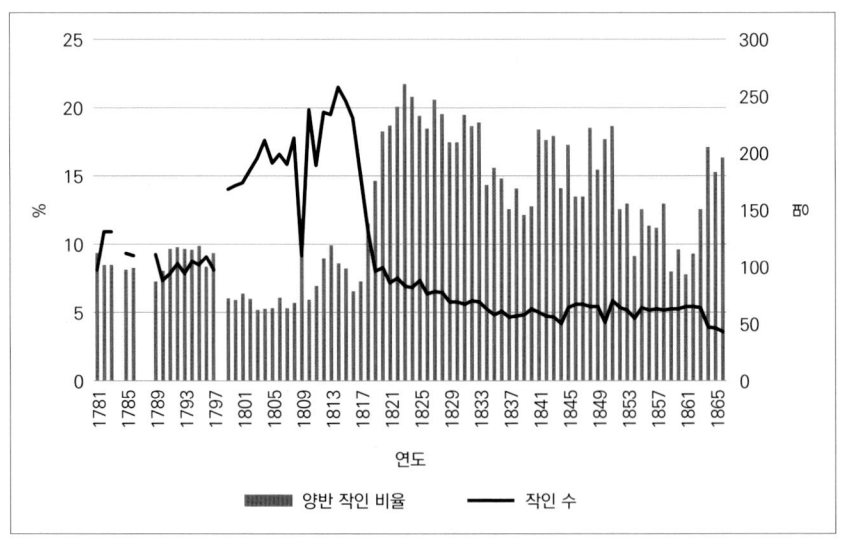

그림 15　1781~1866년 재령이씨가 답을 경작하는 양반 작인 현황

보다 더 높다. 재령이씨가는 병작지로 대여할 토지가 줄어들자 그들의 통제하에 있던 노비와 상민들에게 우선적으로 전답을 빌려 주었음을 의미한다. 지주의 눈밖에 벗어나는 순간 토지를 회수당한다는 사실을 알고 있던 작인들은 재령이씨가 앞에서는 순한 양이 될 수밖에 없었을 것이다. 재령이씨가는 신분제를 유지하는 데 토지를 적절히 활용했다고 할 수 있다.

재령이씨가는 여러 사람에게 병작지를 조금씩 빌려주었다. 〈그림 16〉의 면적 합을 보면 대체로 70~75%의 작인에게 답 5두락 미만을 빌려주었는데, 그렇게 함으로써 더 많은 사람을 지배할 수 있었다. 더 나아가 인구 이동이 잦은 시기에 지대를 떼이는 피해를 줄일 수 있었다. 앞에서 보았듯이 조선 후기에는 인구 이동이 매우 잦았다. 한편 재령이씨가에게서 토지를 10두락 이상 빌리는 사람도 간혹 있었다(그림 16). 그런데 병작지 규모가 비슷한 1820년 이후 14개년에는 10두락 이상 경작하는 작인이 없었다.[57] 이 같은 두 가지 사실을 통해 개인이 일생 동안 넓은 면적을 경작한 기간이 한정되어 있었음을 알 수 있다.

농민들이 특정 시기에만 넓은 면적을 경작한다는 사실은 재령이씨가의 답을 병작하던 만익(萬益)의 사례에서 구체적으로 확인된다. 재령이씨가의 노였던 그는 1795년 준호구에 처음 나타나는데, 당시 나이는 46세였고 재령이씨가에서 조금 떨어진 설매곡(雪梅谷)에 거주하고 있었다. 그는 82세였던 1831년 준호구에서 마지막으로 확인된다. 그가 언제부터 재령이씨가의 토지를 경작했는지는 알 수 없으며 현존하는 추수기 중 가장 오래된 1871년 추수기에 등장한다(그림 17). 당시 32세였고 답 2두락을 경작했다. 그의 병작 답은 41세 되던 해에 갑자기 크게 늘어났고 64~66세 때 가장 넓었으며 이후부터 빠르게 줄어들어 78세 이후에는 없다. 만익이 병작하던 땅을 그의 특정 자식이 경작했기 때문에 이런 현상이 일어난 것은

---

57 1826년, 1828-35년, 1841-44년, 1846년.

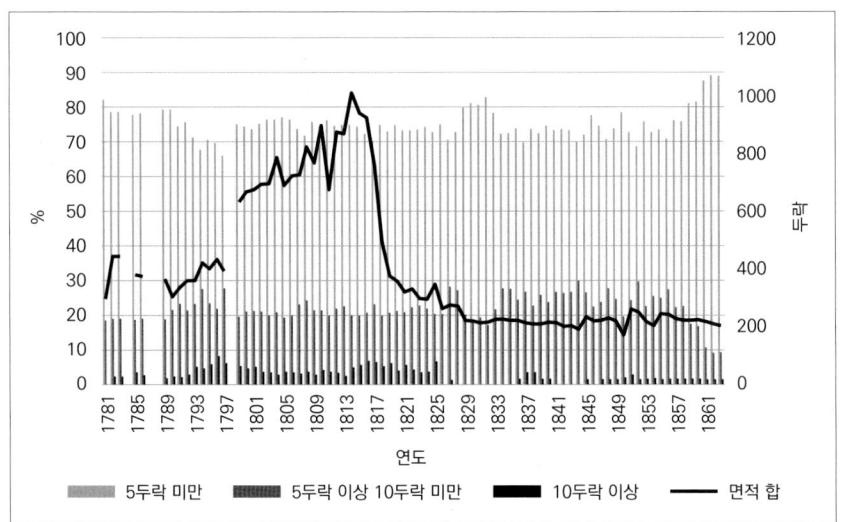

그림 16 1781~1863년 재령이씨가 답 작인 경작면적 현황

* 1864년 이후에는 병작지가 200두락 미만으로 줄어들어 분석에서 제외함.

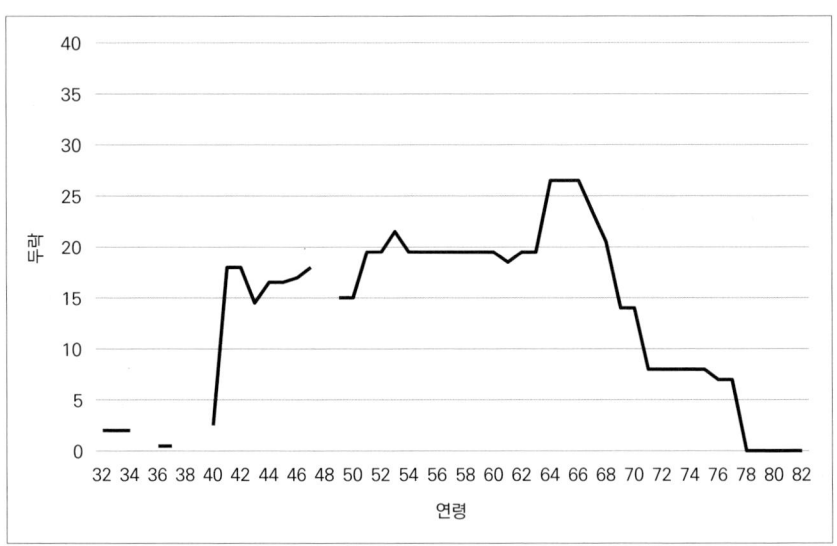

그림 17 1781~1831년 만익의 병작답 현황

* 선이 이어지지 않은 곳은 추수기가 누락된 연도임.

아니다. 그의 경작지는 여러 명에게 분산되었다.⁵⁸

경작 면적을 늘려 가다가 어느 시점부터 줄여 가는 작인은 재령이씨가 추수기에서 만익 이외에도 다수 확인된다. 더 나아가 그러한 사례는 19세기 다른 지역에서도 다수 확인된다. 1892~1904년 경남 김해 내수사장토에서 당시 상황을 구체적으로 살필 수 있다.⁵⁹ 이런 현상은 조선 후기에만 나타난 것이 아니고 전통시대 농업사회에서 일반적으로 나타났다. 일반적으로 전통시대 농민 순환은 다음과 같이 이해된다. 부부가 아직 자녀를 갖고 있지 않으며 부모도 노동 능력이 있을 때는 가족 내에 순소비 인구가 없기 때문에 경제 상황이 가장 좋다. 그 후 미성년 자녀가 늘어나고 부모가 늙어감에 따라 경제 상황이 점차 나빠진다. 노인이 죽고 자녀가 성년이 되면 하나의 순환이 완성되어 경제는 다시 회복된다. 이 과정에서 부양가족이 늘어남에 따라 경작 규모를 늘렸다가 부양가족이 줄어들면 경작 규모를 축소하고 남는 시간은 레크리에이션에 투자한다. 이 순환 속에서 빈농은 자연히 부유해질 수 있고 부농은 자연히 빈궁해질 수 있다. 파동은 주기성을 갖고 있을 뿐만 아니라 일정한 변동 폭도 갖고 있어서 양극화가 무한히 진행되는 국면을 조성하지 않는다.⁶⁰

---

58 1813년(64세) 만익이 병작하던 26.5두락의 1818년 경작자는 다음과 같다. 만익 8두락, 득봉 6.5두락, 득이 6두락, 득재 3두락, 군택 2두락, 불명 1두락.
59 이영훈, 『조선후기 사회경제사』, 한길사, 1988.
60 A. V. Chayanov, *The Theory of Peasant Economy*, Madison, Wis.: University of Wisconsin Press, 1986.

6. 맺음말

　200여 년간 재령이씨가 전답 규모 추이는 조선 후기 여타 지주가에서 흔히 볼 수 있는 모습이었다. 17세기 후반 파시조 이중인이 부모부터 물려받은 토지는 100두락이 되지 않았으나 그의 손자 이덕관은 18세기 중엽 2,000두락 이상을 소유했다. 하지만 이런 대지주의 지위는 오래가지 못했다. 분할 상속과 방매 결과 1870년대 재령이씨가 전답은 크게 줄어들었는데, 1870년대 200두락 미만과 적지 않은 전을 소유했다. 이같이 재령이씨가에서 무한 팽창하는 지주제의 모습을 살필 수 없다. 재령이씨가의 가작지 생산성은 매우 불안정했고, 토지 생산성은 100여 년간 정체되어 있었다. 재령이씨가의 생산성 추이는 17세기 후반부터 19세기 후반까지 논농사에서 이앙 시기, 제초 횟수, 거름 사용량 등이 거의 변하지 않았던 사실과 부합한다. 재령이씨가는 답 대부분을 집조로 대여하고 극히 일부를 도지로 빌려주었다. 그런데 작인의 입장에서 보면 집조와 도지의 차이를 크게 느끼지 못했다. 즉 양자 모두 실질 부담률은 생산의 50% 정도였다.

　한편 집조의 경우 작인들의 부담율이 50% 정도여서 수치로 보면 타작과 큰 차이가 없어 보인다. 그런데 작인 입장에서 보면 집조가 타작에 비해 불리했다. 왜냐하면 전결세는 지대에 비해 풍흉을 반영하는 정도가 낮기 때문이다. 즉 흉년이 들어도 전결세가 크게 줄어들지 않았기 때문에 작인들의 수입이 크게 줄어드는 것이다. 한편 19세기 진주 지역 생산액 대비 전결세량, 즉 전결세율은 다른 지역에 비해 과도하게 높았다. 그런 가운데 진주관이 결부수를 토대로 환곡량을 산출했기 때문에 진주 농민들은 수입이 같은 다른 지역 농민에 비해 더 많은 환곡을 부담했다.

재령이씨가 작인들은 빈번히 교체되었기 때문에 장기간 특정 필지를 경작하는 작인은 소수에 불과했다. 짧은 경작 기간은 18~19세기 농업 생산성이 정체되는 데에도 적지 않은 영향을 미쳤다. 작인들이 비용이 많이 들어가는 수리시설이나 토질 개선 사업을 꺼렸기 때문이다. 작인 교체가 빈번히 이루어진 원인으로 두 가지를 꼽을 수 있다. 하나는 작인들이 거주지를 옮겼기 때문이다. 다른 하나는 지주가 농사를 열심히 짓지 않은 작인을 교체했기 때문이다. 이같이 조선 후기에는 인구 이동, 곧 작인 교체가 빈번했기 때문에 작인의 경작권은 봄철 논갈이 때부터 가을 추수 때까지만 인정되었다. 즉 추수가 끝나면 지주는 마음대로 작인을 교체할 수 있었다.

　재령이씨가의 신임을 얻어 많은 토지를 빌리는 작인도 간혹 있었다. 하지만 그 기간은 길지 않았다. 즉 토지를 많이 빌리던 작인도 어느 시점이 되면 차경지 면적을 줄였다. 이같이 재령이씨가 작인들은 전근대 농민 순환의 특징을 잘 보여준다. 전근대 농민은 지출이 늘어나면 거기에 맞추어 경작 면적을 확대하고 지출이 줄어들면 경작 면적을 축소시켰던 것이다.

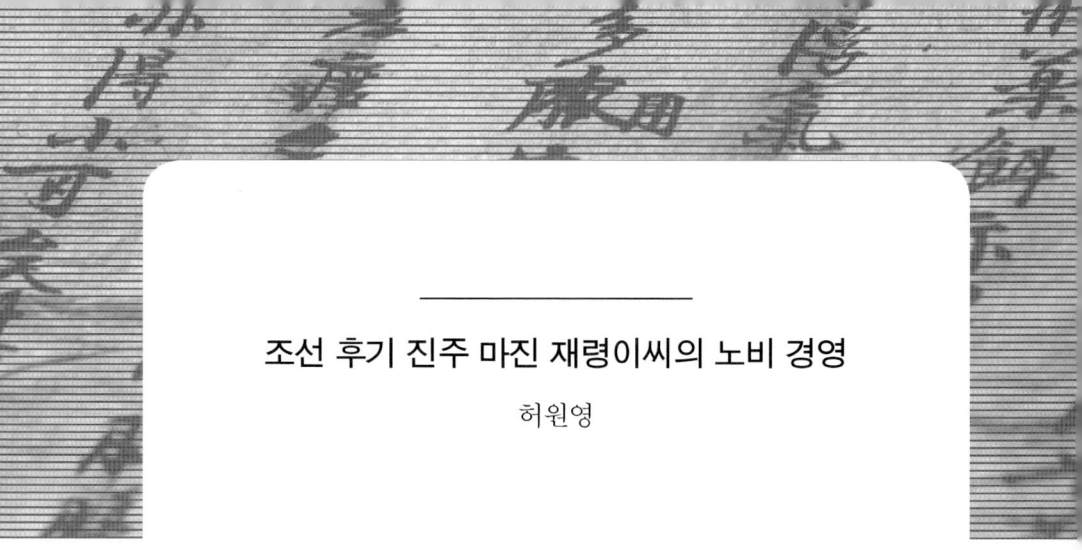

조선 후기 진주 마진 재령이씨의 노비 경영

허원영

1. 머리말

　조선시대 노비는 토지와 더불어 양반 지주의 사회적·경제적 지위를 유지하기 위한 가장 중요한 자산이었다. 노비는 그 자체가 매우 중요한 재산이었으며 이와 동시에 중요한 노동력이었다. 또한 양반 지주 계층이 조선사회의 엘리트 역할을 수행할 수 있도록 하는 기본적인 수단이기도 했다.

　조선의 노비는 그 주가(主家)에 대한 의무의 형태에 따라 앙역노비와 납공노비로 구분하며 주가에 대한 거주 형태에 따라 솔거노비와 외거노비로 구분하는 것이 일반적이다.[1] 그러나 이와 같은 구분은 고정적인 것은

---

* 이 글은 필자의 「조선후기 晉州 麻津 載寧李氏 磨湖堂의 노비경영」, 『경제사학』 82, 2023을 수정·보완한 것이다.

1 조선시대 노비는 기본적으로 공노비와 사노비로 구분된다. 공노비는 중앙의 각사에 속한 각사

아니었으며 경우에 따라 유동적이었다. 즉 외거하며 납공을 하던 노비가 주가에 들어와 살며 앙역을 하기도 했으며 그 반대의 경우도 존재했다.[2] 한편 주가에 대한 의무와 거주 형태가 유의미하게 연결되기도 하지만 반드시 그런 경우만 있는 것도 아니었다. 기본적으로 주가에 거주하는 가내노비의 경우 앙역을 의무로 수행했으며, 주가와는 멀리 떨어진 지역에 거주하는 외방노비의 경우 납공을 의무로 수행했다고 할 수 있다. 그러나 주가에 인접하여 독립된 가옥에 거주하는 노비의 경우 주가에 대한 앙역의 의무, 특히 주가의 가작지(家作地)에 대한 농업 노동력을 제공하는 역할 등을 수행했다. 외방노비의 경우라 할지라도 타처에 거주하는 상전의 가옥 및 선산과 묘역 등을 관리하는 것으로 의무를 수행하는 경우 역시 존재했다.[3]

노비는 주가의 각종 사역을 수행했다. 주가의 농경을 위해 동원되는 것은 물론, 노의 경우 다양한 가내 사환, 즉 물품의 구매, 선물과 편지 등의 장거리 전달 및 교환, 교군 등에의 동원, 외부에서 동원된 노동력을 감독하는 역할 등을 수행했다. 반면 비의 경우에는 다양한 가사 노동을 비롯하여 근거리 잔심부름과 주인을 대신한 문병이나 조문, 인근 친족들에게 편지나 세찬 등을 전달하는 사환의 역할 등을 수행했으며 바느질, 양잠, 목화 및 면포 작업, 제초 및 수확 등의 농사일에도 참여했다.[4] 주가의 농업 경영에 대해서는 주가 인근 가작지의 농사에 동원되거나 원거리에 있는

노비(各司奴婢 또는 寺奴婢)와 궁방에 소속된 내노비(內奴婢 또는 宮奴婢), 각종 관에 소속된 관노비 등을 아우른다. 반면 사노비는 개인과 민간에 속한 노비로, 가장 대표적인 노비주는 양반 지주라 할 수 있다. 이 글에서 노비는 일반적으로 양반 지주가 소유한 사노비를 지칭한다.

2 정진영, 「18세기 일기자료를 통해 본 사노비의 존재형태: 百弗庵 崔興遠의 《曆中日記》(1735~1786)를 중심으로」, 『古文書硏究』 53, 2018, 105-106쪽.

3 임학성, 「조선시대 奴婢制의 推移와 노비의 존재 양태: 동아시아의 奴婢史 비교를 위한 摸索」, 『역사민속학』 41, 2013, 82-87쪽.

4 전경목, 「양반가에서의 노비 역할」, 『지방사와 지방문화』 15-1, 2012; 김현숙, 「19세기 중반 양반가 일기에 나타난 노비와 노비노동: 호서지역 김호근 가를 중심으로」, 『조선시대사학보』 67, 2013; 이정수·김희호, 『조선후기 노동양식 연구: 奴婢, 雇工과 挾戶의 비교』, 민속원, 2016.

주가의 토지를 병작하기도 했다.

조선의 노비 인구는 16세기경 전체 인구의 40% 전후에 달하는 것으로 추산된다. 그러나 18세기 말경에는 이미 급격히 감소하여 10%에도 미치지 못하고 있었으며, 공식적으로 노비제가 혁파된 1894년 갑오개혁 이전에 이미 실질적인 해체 단계에 있었던 것으로 평가된다.[5]

15~16세기에 과중한 부세 부담으로 인하여 양인들이 몰락해 갔고 이렇게 몰락한 양인들은 양반 지주들의 농장으로 몰려들게 되었다. 지주들은 농장으로 투탁해 온 양인들을 자신들의 노비와 혼인시켜 노처(奴妻)와 비부(婢夫)를 양산했고 양천교혼(良賤交婚)을 적극 권장함으로써 비교적 손쉽게 노비를 늘려 갈 수 있었다. 이는 일천즉천(一賤則賤)의 원칙에 따라 노비와 양인 사이에서 태어난 자식들이 노비가 됨으로써 가능했다.[6]

지주들은 이렇게 확보한 노비 및 그에 준하는 예속인을 통하여 16세기까지 농장 경영을 수행할 수 있었다. 그러나 조선 후기 농업 기술과 농법의 발달에 따라 토지 생산성과 농업 생산력이 급격히 향상되어 가는 한편, 노비 인구가 감소하고 노비들의 저항이 심해지면서 17세기 중엽부터는 점차 병작제 경영으로 바뀌어 가는 모습을 보였다.[7] 이런 과정에서 농업 노동력으로서의 노비에 대한 공급과 수요가 함께 감소했고,[8] 18~19세기 노비제도는 급격히 쇠퇴하여 실질적인 해체 단계에 이르게 된다.

정책적인 측면에서 조선 후기 노비제의 방향을 급격하게 전환한 계기가 된 것은 1731년 종모종량법(從母從良法)의 실시였다. 이전까지는 부모

---

5 이정수·김희호, 『조선시대 노비와 토지 소유방식』, 경북대학교출판부, 2006, 4쪽.
6 김건태, 『조선시대 양반가의 농업경영』, 역사비평사, 2004, 24-25쪽.
7 이세영, 『조선시대 지주제 연구』, 혜안, 2018, 653-658쪽.
8 조선 후기 토지 소유-농업 경영과 노비제의 쇠퇴에 대해서는 토지 소유의 집중화와 광작 경영이 노비 수요를 감소시켰다는 주장과 토지 소유 규모의 하향 평준화와 소농 경영 발전이 노비 수요를 감소시켜 노비제를 와해시켰다는 주장이 존재한다. 또한 이에 대해서 조선 후기에는 광작 경영과 소농 경영 형태가 공존했는데, 소농 경영은 임노동의 공급을 확대했고 광작 경영은 임노동의 수요를 확대했으며, 그 결과 임노동 시장이 발달하게 되고 노비시장은 노비 수요의 감소로 쇠퇴했다는 주장이 제기되기도 했다. 이정수·김희호(2006), 앞의 책, 231-232쪽.

가운데 한 명만 노비이면 자식 역시 노비가 되는 일천즉천에 기초한 종천법(從賤法)이 기본이었다. 그러나 종량법의 실시로 비록 아버지가 노비일지라도 어머니가 양인이면 그 자식들은 어머니를 쫓아 양인의 신분을 취득하게 되었다. 이후 종량법이 노비제도의 기본적인 입장이 된 위에서 1801년에는 각사노비를 혁파했고 1886년에는 노비세습제를 폐지했으며 1894년 최종적으로 노비제도를 혁파했다. 이 밖에도 노비 신공의 축소, 공노비에 대한 추쇄 금지, 사노비의 속량 기회 증가, 노비에 대한 체형 금지, 죄인 자손에 대한 노비 연좌제 폐지, 채무노비 금지 등 노비 정책은 노비에게 유리한 방향으로 진행되는 경향을 보였다.[9]

더불어 태업과 도망 등 노비의 저항이 늘어났는데, 이것은 노비의 생산성 감소와 관리 비용의 증가를 초래했다. 이러한 정책적 변화와 사회적 분위기의 반전은 노비의 공급이 감소됨과 동시에 노비에 대한 수요도 축소되는 결과를 초래했다. 노비 수요의 축소는 전반적인 흐름이었던 것으로 보이며, 특히 농업 경영에서 그러했다. 한편에서는 병작이 확산되었고, 다른 한편에서는 가작지 경영에 있어 고공(雇工)과 같은 고용 노동이 노비 노동력을 대체해 나갔다.[10] 반면 양반 지주가에서 다양한 사역을 위한 앙역노비에 대한 수요는 비록 다소간의 축소는 있을지라도 꾸준히 존재했다.

결국 조선 전체를 염두에 두고 말한다면 15~16세기에 절정을 보이던 노비는 이미 17세기에는 감소 추세를 보였으며, 1731년 종모종량법을 계기로 급감 추세를 보이는 속에서 19세기가 진행되면서 사실상 노비제의 해체 수순을 밟고 있었다고 할 수 있다. 개별 양반 지주가의 사례에서는 해당 가문의 역사에 따라 보유 노비의 절정이 16~18세기까지 넓게 분포하나 18세기 후반부터 19세기에 걸쳐 보유 노비가 축소되고 있는 현상은

---

[9] 이정수·김희호(2006), 앞의 책, 190-191쪽.
[10] 이정수·김희호(2016), 앞의 책, 22쪽.

거의 공통적으로 나타나고 있다.[11]

양반 지주가의 노비 보유와 경영에 대한 기존의 사례 연구는 대체로 준호구(準戶口)와 호적단자(戶籍單子) 같은 호구문서, 노비매매명문과 분재기 등 재산 문서, 그리고 일기를 비롯한 치부와 기록류 자료들을 토대로 진행되었다. 이 글은 경남 진주 마진마을에 400여 년간 세거해 온 재령이씨에 대한 사례 연구이다. 이 글 역시 재령이씨의 종택인 마호당에서 생산·전래되어 온 고문서 자료 중 호구문서와 노비매매명문을 중심으로 분석했다. 이를 통하여 마진 재령이씨가에서 노비가 어떤 방식으로 확보되고 운영되었는지를 검토해 보고자 한다.

2. 마진마을 재령이씨와 마호당 고문서

1) 마진마을과 재령이씨 마호당

마진마을의 재령이씨는 도산공(道山公) 이강(李堈)이 입향한 이래로 오늘날까지 400여 년에 걸쳐 진주시 대곡면 마진리에 세거해 왔다. 조선시대에 마진마을은 대곡리의 자연촌락 가운데 하나였으며, 1632년 편찬된 『진양지(晉陽誌)』에는 대곡리가 "낮은 곳에 위치해 수해를 많이 입으며, 예

---

[11] 권기중, 「조선후기 경주 최부자댁의 가족구성과 노비경영: 호구단자를 중심으로」, 『사림』 76, 2021; 김의환, 「17~19세기 진천 평산 신씨의 노비 소유와 노비의 존재양상」, 『韓國學論叢』 44, 2015; 문숙자, 「18~19세기 載寧李氏家 호구단자를 통해 본 노비 家系」, 『藏書閣』 21, 2009; 박경하·황기준, 「조선 후기 忠淸 懷德縣 宋村里 지역의 私奴婢 존재 양상: 恩津宋氏 同春堂 後孫家 호적자료를 중심으로」, 『역사민속학』 53, 2017; 전경목(2012), 앞의 논문; 정진영, 「조선후기 호적자료를 통해 본 사노비의 존재양태: 대구 경주최씨가를 중심으로」, 『지방사와 지방문화』 11-1, 2008c; 허원영, 『한국 근대 양반지주가의 경제활동』, 혜안, 2022.

로부터 사족이 살지 않아 풍속이 완악하고 어리석었으나, 그후 몇몇 사족이 가좌촌(加佐村)에서 들어와 살고 있다."고 설명되어 있다.[12]

대곡리에 대한 이러한 설명은 대곡리에 속한 마진마을에도 적용되었다. 마진마을은 남강 하류에 접한 마을로 수해를 자주 심하게 입었다. 남강의 범람에 따른 수해에 대비하고자 마진마을에서는 재령이씨가 중심으로 동림(洞林)을 조성하고 토지 개간을 수행하기도 했다. 이와 관련하여 18세기 말에서 19세기 초에는 동림의 조성과 소유를 둘러싼 갈등이 마을 내에서 발생하기도 했다.[13]

또한 『진양지』에 따르면, 마진마을이 포함된 대곡리는 애초 민촌(民村)이었는데, 이후 몇몇 사족이 가좌촌에서 이주해 온 것을 알 수 있다. 가좌촌은 현재 진주시 진성면에 속하는 지역으로, 마진마을과 남강을 사이에 두고 마주하고 있다. 『진양지』에 언급된 사족 중의 하나가 재령이씨였으며, 17세기 초에 재령이씨가 마진마을로 이거한 이래 점차 마진마을은 반

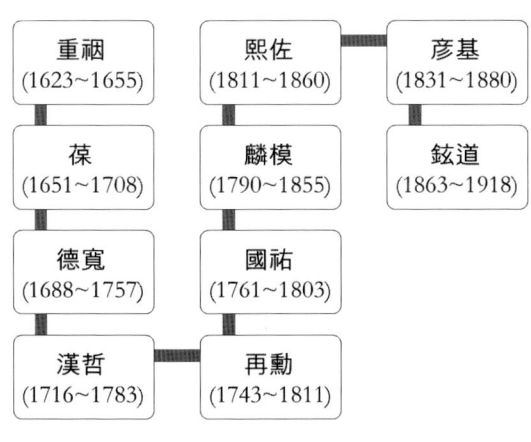

그림 1 마진 재령이씨 마호당의 계보

---

12 『晉陽誌』卷1,「各里條」.
13 심재우,「조선후기 진주 대곡 마진마을의 역사와 동림(洞林) 갈등」,『한국문화』100, 2022.

촌(班村)으로 변모해 갔다.

마호당은 이강의 다섯째 아들 이중인(李重祵)을 시작으로 현 종손 이영(李永)에 이르기까지 13대가 이어져 내려오는 마진 재령이씨가의 소종택이다. 이 글에서는 마호당의 시작이 되는 이중인으로부터 10대에 걸친 이현도까지, 연도로는 1666년부터 1897년에 이르는 230여 년의 시간을 다루도록 한다.

마진의 재령이씨가는 당초 영해 재령이씨에서 분기했으며 조선 초 모은공(茅隱公) 이오(李午)의 손자 이계현(李季賢) 대에 처음 진주로 옮겨 온 것으로 알려져 있다. 이후 이오의 5대손 성재공(誠齋公) 이예훈(李禮勛)이 진주 진성면 동산에 정착했고, 그의 두 아들 가운데 차자인 이강이 대곡 마진마을로 이거해 마진 재령이씨의 입향조가 되었다. 마호당은 마진의 재령이씨 중에서도 이강의 다섯째 아들 이중인을 시작으로 하며 이중인의 손자 이보(李葆) 대에 토지와 노비 등 재령이씨 집안의 재부가 크게 번성했다. 이 무렵 마진마을은 점차 재령이씨 집성촌으로 변모했다. 마호당의 재부는 이보의 아들 이덕관(李德寬, 초명은 德一) 대에 더욱 번창했다. 그러나 이어지는 이한철(李漢哲)을 거쳐 이재훈(李再勳)·이국우(李國祐) 대인 18세기 말~19세기 초에 마을 앞 동림과 관련해 지역민과의 극심한 분쟁이 집중적으로 일어나는 등 집안에 큰 어려움이 닥치게 된다. 이후 마호당의 가계는 이인모(李麟模)·이희좌(李熙佐)·이언기(李彦基)·이현도(李鉉道)·이승호(李承浩)·이병희(李秉熹)를 거쳐 현재의 종손 이영으로 이어 온다.

마호당의 종손 외에 중요 인물로는 이덕관의 셋째 아들 이한익(李漢翼)이 있다. 그는 무과에 급제하여 조정에서 사헌부 감찰을 거치고, 웅천(熊川) 수령도 역임하는 등의 사환 이력을 지닌 인물이다. 이한익 이후에 과거 합격자가 배출되지는 않았지만 재령이씨는 여러 대에 걸쳐 안동권의 유력 사족들과의 통혼을 통해 족세(族勢)를 강화할 수 있었다. 이처럼 마진 재령이씨는 지역 내에서 일정한 영향력을 행사할 수 있는 명문 사족 가문으로 성장했지만, 이한익 외에는 과거를 통해 중앙 관직에 진출한 인물이 나오지 않아 지역 향반으로 자족했다고 볼 수 있다.[14]

　마호당은 재령이씨 종택의 사랑채로, 현재 경상남도 문화재자료로 지정되어 있다. 이중인의 손자 이덕관이 1714년에 정초(定礎)하여 1718년 안채와 중사랑채, 마호당 등을 완공한 이래 현재까지 13대에 걸쳐 종택으로 이어지고 있다. 중간에 중사랑채와 별묘 등이 소실되었지만 1865년 이현도가 1차로 중수했고, 이후 1937년 안채를 개축하고 1961년과 1989년에 마호당과 대문을 중수하여 현재에 이르렀다.[15]

　1838년 8월 작성된 『대곡가좌(大谷家座)』에 따르면, 마진마을은 재령이씨가 중심이 된 반촌임을 알 수 있다. 『대곡가좌』의 마진촌에는 25호의 양반호와 45호의 평·천민호, 그리고 4호의 협호가 등재되어 있다. 이 가운데 양반호 25호의 다수인 18호가 재령이씨였다. 평·천민호는 양민호 3호와 역노호(驛奴戶) 2호를 제외한 나머지가 모두 사노비호였는데, 그 상당수가 재령이씨의 노비들이었다.[16]

　한편 마호당의 토지 보유 양상을 살펴보면 이중인이 1669년 부모로부터 물려받은 토지는 76.5두락에 불과했으며 18세기 초까지만 하더라도 중소지주 정도의 토지를 보유하고 있었다. 이후 이덕관 대에 대지주로 성장했는데, 이덕관은 1710년 88.9두락의 전답을 상속받았지만 1757년 자식들에게 전답 1,409.2두락을 물려주었다. 이덕관이 관리하고 있던 선대의 제위전(祭位田)과 그가 자식들에게 상속해 준 전답을 모두 합하면 1757년 마호당의 전답은 2,032두락에 달했다. 이후 마호당의 토지는 일

14　심재우(2022), 위의 논문, 137-138쪽.
15　현재 마진리는 자연촌락에 따라 마호당이 위치한 곳을 마호마을, 이강이 애초 입향하여 다른 후손들이 거주하는 곳은 마진마을로 구분하여 부르고 있다.
16　김준형, 「19세기 전반 軍役充定 과정과 각계층의 대응: 진주 대곡리 지역사례를 중심으로」, 『한국사연구』 170, 2015, 283쪽; 심재우(2022), 앞의 논문, 139쪽.

시적으로 증가하기도 했지만 점차 감소하는 추세를 보였다. 그러나 1819년 이후부터 마호당의 전답에서 제위전이 차지하는 비중이 매우 높아져 1848년 깃기[衿記]에 등재된 전답 중 제위전이 차지하는 비중은 결부 기준 63.6%에 달했다. 이와 같은 토지 보유 양상으로 볼 때 1820년 이후 재령이씨가는 대규모의 제위전을 관리하는 '종가형 지주'의 전형적인 모습을 보였다.[17]

2) 마호당 전적과 분석 자료

현재 마호당에는 이중인으로부터 20세기 전반까지 300년의 기간에 걸친 1만 2,000여 점의 고문서와 고서가 전해진다. 이 가운데 호구문서 129점과 분재기 20점, 고신과 해유문서 및 가산·마을·부세 등과 관련한 성책 자료 43점 등 총 195점이 경상남도 유형문화재로 지정되어 있다. 이 자료들은 토지, 노비 등 마호당 가산의 취득과 상속, 운영을 보여줌으로써 양반 지주가의 경제 활동 연구에 중요한 가치를 지니고 있다. 또한 마을의 호구 파악과 부세 운영, 노비계의 설치와 운영 등 조선 후기 기층 단위의 통치와 마을 연구를 위한 자료로도 주목된다. 이 밖에도 다양하고 많은 전적들은 법제·사회·경제·문화적 측면에서 연구가 검토되고 있다. 이 글에서는 그중 호구문서와 노비매매명문을 중심적으로 분석하고자 한다.

(1) 마호당의 호구문서

호구문서를 통한 양반 지주가의 노비 분석에서는 주의할 점이 있다. 그것은 호구 자료에 나타나는 양반가의 소유 노비 기록은 반드시 실제를 반영하는 것이 아니라 주가의 의도에 따라 증감될 수 있었다는 점이다. 그것

---

[17] 김건태, 「19세기 농업 생산성과 농민경영의 특성: 진주 마진동 이씨가 사례」, 『한국사론』 69, 2023.

은 특히 외거노비와 도망노비에 대한 기록에서 두드러졌다.[18] 따라서 소수의 호구문서를 통한 파악보다는 장기간에 걸쳐 촘촘히 존재하는 호구문서를 통하여 비교 분석하고 그 추세를 검토함으로써 보다 실체에 가깝도록 접근할 필요가 있다.

준호구와 호적단자를 포함하는 조선 후기 마호당의 호구문서는 총 125점의 자료가 전해지는데, 시기상으로는 이중인의 처 울산김씨가 호주로 올라 있는 1666년 준호구를 시작으로 1897년 이현도의 호적단자까지 232년의 기간에 걸쳐 있으며 식년으로는 같은 기간 77개 식년을 대상으로 90% 이상인 70개 식년분의 자료가 남아 있다.[19] 이는 같은 식년에 작성된 호구문서가 50건 이상이 존재한다는 것으로, 호적단자와 준호구가 동시에 남아 있는 경우를 포함하여 초본이 남아 있거나 방계를 호주로 하는 호구문서가 함께 전해지고 있다. 이처럼 장기간에 걸쳐 촘촘하게 남아 있는 호구문서는 해당 기간에 걸친 마호당의 노비 보유 추이와 그 특성을 살필 수 있게 해 준다.[20]

마호당에 전래되는 125점의 호구문서 가운데는 마호당 이외의 호에 대한 호구문서도 포함되어 있다. 물론 마호당의 종손 및 그 배우자가 호주로

---

18 정진영(2008c), 앞의 논문, 189쪽; 전경목(2012), 앞의 논문, 219-222쪽.

19 그밖에 대한제국기에 작성된 81점의 호적표와 통표도 함께 전해지고 있다.

20 마호당 호구문서의 종류에 따른 시기별 추이를 보면, 진주 지역의 조선 후기 호적 식년시 호구문서의 작성 및 성격과 관련된 변화를 살필 수 있다. 마호당 호구문서는 1723년 이전의 시기에는 1717년 이덕일 호적단자를 제외하면 모두 준호구만 존재한다. 반면 1771년 이후의 시기에는 예외 없이 호적단자만 존재한다. 그리고 1726년부터 1768년의 중간 시기에는 준호구와 호적단자가 함께 존재하는 모습을 보여준다. 이를 통해 시기별 특성을 살피면, 18세기 초까지는 호적 작성 시 제출한 호적단자를 거의 돌려주지 않았으며 별도로 준호구를 발급받아 호구 내용을 확인·증명할 수 있었던 시기로 보인다. 이어지는 18세기 중엽에는 호적 작성 시 제출한 호적단자를 관에서 확인하고 돌려주었으며, 동시에 별도로 준호구도 발급받고 있는데, 이는 관에서 확인한 후 돌려받은 호적단자가 아직 호구에 대한 확인 및 증명의 역할을 하기에는 충분치 못했던 과도기적 상황을 보여준다고 할 수 있다. 18세기 후반부터 과도기를 넘어서는데, 이 시기에는 호적 작성 시 제출하여 관의 확인 후 돌려받은 호적단자가 준호구의 역할을 대체하면서 준호구의 발급 필요성이 감소한 시기라 할 수 있다.

등장하는 호구문서가 86점으로 다수를 차지한다. 하지만 차자 이하 방계 재령이씨 호의 호구문서도 35점이 존재하며, 1681년 이보의 사비인 돌례(乭禮) 호의 준호구와 1714년 공주목의 역리(驛吏)였던 육상의(陸尙矣) 호의 준호구도 함께 전해진다. 또한 같은 식년 동일한 호의 호구문서가 중복하여 존재하는 경우도 16개의 사례가 존재한다. 1750년 이덕관 호의 경우 2점의 준호구와 1점의 호적단자가 존재하며 1822년 이인모 호의 경우는 호적단자 1점과 초본 2점이 함께 존재한다. 이 글에서는 마호당의 종손이나 그 배우자가 호주로 등장하는 호구문서를 대상으로 하되 한 식년에 둘 이상의 호구문서가 존재하는 경우에는 초본이 아니면서 내용이 충실한 문서를 분석 대상으로 선택했다. 그 대상은 준호구가 18점이고 호적단자가 52점으로 총 70점이다.[21] 이들 호구문서를 통하여 마호당의 노비 보유 추이 및 노비 경영의 특성을 살필 수 있다.

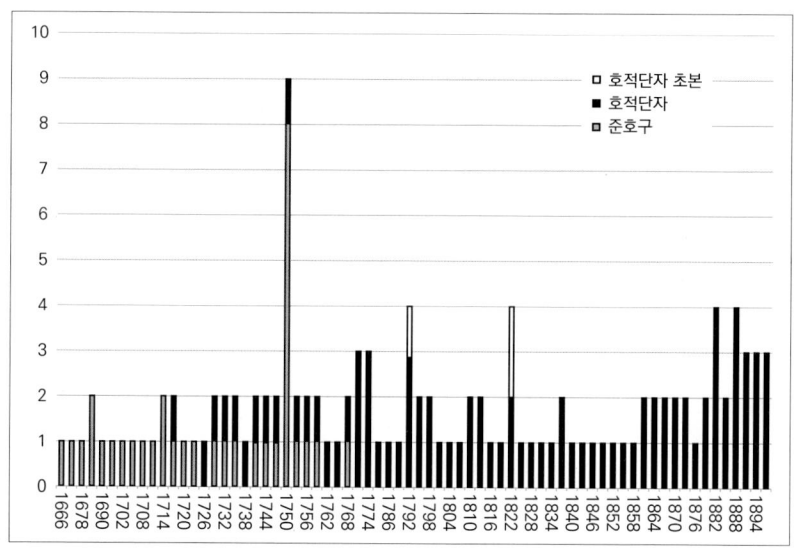

그림 마호당 호구문서의 종류에 따른 시기별 추이

21 1786년 이재훈 호구단자의 경우 앞부분이 결락되었기 때문에 전후 식년의 호구단자와 비교하여 누락된 것으로 추정되는 노비 18구를 채워 넣었다.

표 1 마호당의 호구문서(분석 대상 70건)

식년	문서 종류	호주	식년	문서 종류	호주	식년	문서 종류	호주
1666	준호구	이중인처 울산김씨	1759	호구단자	이한철	1840	호구단자	이인모
1675	준호구	이보	1762	호구단자	이한철	1843	호구단자	이인모
1678	준호구	이보	1765	호구단자	이한철	1846	호구단자	이인모
1681	준호구	이보	1768	호구단자	이한철	1849	호구단자	이인모
1690	준호구	이보	1771	호구단자	이한철	1852	호구단자	이인모
1693	준호구	이보	1774	호구단자	이한철	1855	호구단자	이인모
1702	준호구	이보	1783	호구단자	이한철	1858	호구단자	이희좌
1705	준호구	이보	1786	호구단자	이재훈	1861	호구단자	이언기
1708	준호구	이덕일	1789	호구단자	이재훈	1864	호구단자	이언기
1711	준호구	이덕일	1792	호구단자	이재훈	1867	호구단자	이언기
1714	준호구	이덕일	1795	호구단자	이재훈	1870	호구단자	이언기
1717	준호구	이덕일	1798	호구단자	이재훈	1873	호구단자	이언기
1720	준호구	이덕일	1801	호구단자	이재훈	1876	호구단자	이언기
1723	준호구	이덕일	1804	호구단자	이재훈	1879	호구단자	이언기
1726	호구단자	이덕일	1807	호구단자	이재훈	1882	호구단자	이현도
1729	호구단자	이덕관	1810	호구단자	이만형	1885	호구단자	이현도
1732	호구단자	이덕관	1813	호구단자	이인보	1888	호구단자	이현도
1735	호구단자	이덕관	1816	호구단자	이인보	1891	호구단자	이현도
1738	호구단자	이덕관	1819	호구단자	이인보	1894	호구단자	이현도
1741	준호구	이덕관	1822	호구단자	이인보	1897	호구단자	이현도
1744	준호구	이덕관	1825	호구단자	이인모			
1747	준호구	이덕관	1828	호구단자	이인모			
1750	호구단자	이덕관	1831	호구단자	이인모			
1753	준호구	이덕관	1834	호구단자	이인모			
1756	호구단자	이덕관	1837	호구단자	이인모			

(2) 마호당의 노비매매명문

호구문서를 통하여 장기간에 걸친 노비 보유의 추이와 특성을 살필 수 있다면 노비매매명문을 통해서는 마호당이 노비를 매득하는 구체적인 양상을 확인할 수 있다. 매매는 상속과 더불어 조선시대 재산으로서 노비의 유통 방식을 대표하는 것으로, 소유주의 입장에서 상속은 노비의 세대 간

이동을 의미하며 매매는 내부 또는 외부로의 횡적 이동이라 할 수 있다.[22] 조선에서 상속은 정도의 차이는 있을지라도 항상 제자녀 분할의 원칙하에 진행되었기 때문에 세대 간 상속은 재산으로서 노비 규모의 축소를 동반했다.[23] 반면 매득은 적극적인 경제 행위로서 직접적으로 노비의 확대를 초래했으며 경제 행위 주체의 의도까지 파악할 수 있는 중요한 경제활동이다.

조선 후기 마호당은 매우 활발하게 경제활동을 수행해 나갔으며 그중에는 토지와 노비 등의 거래도 포함된다. 현재 마호당에 전해지는 621점의 매매문서를 통하여 마호당의 거래 양상을 살필 수 있다. 621점의 매매문서 중 대부분을 차지하는 것은 전답으로, 전체의 90%에 가까운 552점이 전답매매명문이다. 노비매매명문은 59점으로 10%가 못 되는 수준이나 숫자로는 적은 수가 아니었다. 그밖에 5점의 가사매매문기를 비롯하여 산지와 나무, 우마, 포목 등을 거래하는 문서들이 현전한다.

59점의 노비매매명문 가운데 마호당이 노비를 매득하면서 작성된 문서는 49건이다. 최초 1680년 1월 유학 박래로부터 비 1구를 매득한 것을 시작으로, 1877년 노 일문의 처자식 4구를 매득하는 데에까지 이르고 있다. 나머지 10점의 문서에는 1712년 이덕관 형제들이 자신의 얼매(孼妹)를 종량(從良)하면서 작성한 문기를 비롯하여 5점의 구문기와 동일 매매건에 대한 사본 등 중복 문서들이 포함된다.

---

22 문숙자, 『조선 양반가의 치산(治産)과 가계경영』, 한국학중앙연구원 출판부, 2016, 135쪽.
23 마호당에는 1661년 이중인 처 울산김씨 4남매 간에 이루어진 화회문기(和會文記)를 시작으로 1818년 종숙부가 주관하여 이국우 등 4남매 몫의 재산을 나눈 분급문기(分給文記)까지 화회와 분급 및 별급(別給)을 합하여 총 24점의 분재기가 존재한다. 그중 마호당의 재산 형성과 규모, 그리고 분재의 구체적인 내용을 살필 수 있는 분급문기와 화회문기도 10여 점이 존재한다. 이 글에서는 노비와 관련하여 필요한 부분만 간단히 살펴보며 전답을 포함한 마호당의 분재와 상속의 양상 및 성격에 대해서는 별도의 분석을 통하여 보다 구체적으로 추적해 보고자 한다.

표 2 마호당의 노비 매득 문서 현황

매득연도	문서 종류	매도인	매수인	매매 대상
1680	사급입안	유학 박래	유학 이보	비 1구
1688	매매명문	김소사	宅婢 월선	노비 2구
1691	매매명문	맹인 전희민	유학 이보	노 1구
1692	사급입안	유학 송세유	유학 이보	노비 3구
1692	사급입안	유학 정상무	유학 이보	노비 3구
1693	사급입안	양인 정효걸	유학 이보	비 1구
1696	사급입안	업무 성청수	유학 이보	비 1구
1696	사급입안	保人 강운일	유학 이보	비 1구
1696	사급입안	유학 성이엽	유학 이보	비 1구
1698	매매명문	유학 김중록	유학 이보	비 1구
1701	사급입안	유학 이덕후	유학 이보	비 1구
1701	사급입안	유학 이덕현	이보	비 1구
1706	사급입안	유학 김덕구	유학 이몽량	노비 10구
1711	사급입안	유학 최수전	유학 이덕일	비 1구
1714	사급입안	유학 이덕형	유학 이덕일	비 1구
1714	매매명문	성필달	유학 이덕일	비 3구
1716	사급입안	업무 박계환	유학 이덕일	노비 3구
1716	사급입안	유학 유농갑	유학 이덕일	노비 4구
1716	사급입안	유학 조성구	유학 이덕일	비 2구
1717	사급입안	고 이만화 처 정씨	이덕일	비 2구
1720	사급입안	유학 유재필	유학 이덕일	노 2구
1720	사급입안	利仁驛吏 임상천	유학 이덕일	노비 4구
1720	매매명문	김수증	유학 이덕일	노비 5구
1726	사급입안	유학 이채	유학 이덕일	노비 3구
1726	사급입안	喪人 허황	유학 이덕일	노비 4구
1727	사급입안	업무 황위창	이생원댁 戶奴 돌상	노 1구
1727	사급입안	강동석	진주 이생원 노 돌상	노비 3구
1727	사급입안	유학 하도명	유학 이덕일	비 1구
1728	사급입안	유학 노사천	유학 이한우	노비 4구
1728	사급입안	유학 김성대	유학 이덕일	비 1구
1730	사급입안	私奴 백지	이생원댁 호노 돌상	노비 4구
1731	사급입안	奇保 노상건	이생원댁 호노 돌상	비 1구
1734	사급입안	유학 박홍운	유학 이덕관	노 2구
1734	사급입안	유학 조태무	유학 이덕관	비 1구

1738	사급입안	유학 강태구	유학 이덕관	노비 4구
1738	사급입안	代奴 태정	이생원댁 호노 돌상	비 1구
1747	사급입안	김구정	유학 이덕관	노비 2구
1748	사급입안	허생원댁 호노 매이	이생원댁 호노 돌상	노비 3구
1748	사급입안	유학 이한청	이덕관	비 4구
1750	사급입안	손생원 호노 두성	이생원댁 호노 돌상	노비 5구
1756	사급입안	유학 여만	유학 이한철	노비 3구
1758	사급입안	노 점금	이생원댁 호노 봉선	비 1구
1770	매매명문	유학 강윤상	유학 이한철	노 2구
1772	사급입안	유학 정도겸	유학 이재훈	노비 4구
1797	매매명문	한량 임만흥	이생원댁 노 만익	비 1구
1851	자매문기	父 최송아지	노 영발	비 1구
1854	자매문기	父 최송아치	이생원댁 노 영발	노 1구
1876	자매문기	婢父 최일문	右宅	비 1구
1877	자매문기	노 일문	상전댁	노비 4구

　매득은 노비를 확보하기 위한 가장 적극적인 방법이라 할 수 있다. 그러므로 노비매매명문을 통해서 마호당이 언제 어떠한 방식으로 노비를 매득했으며 그것이 마호당의 노비 경영에 어떻게 영향을 미쳤는지를 검토할 수 있다.

3. 호구문서를 통해 본 마호당의 노비 보유 추이와 특성

1) 마호당의 노비 보유 추이

　앞서 언급했듯 준호구와 호적단자는 물론이고 호적대장과 같은 조선시대 호구 자료상의 기록은 실제 사실을 있는 그대로 기록한 것은 아니다. 이것은 양반 지주가의 호구 자료에 나타나는 노비 기록도 마찬가지이며

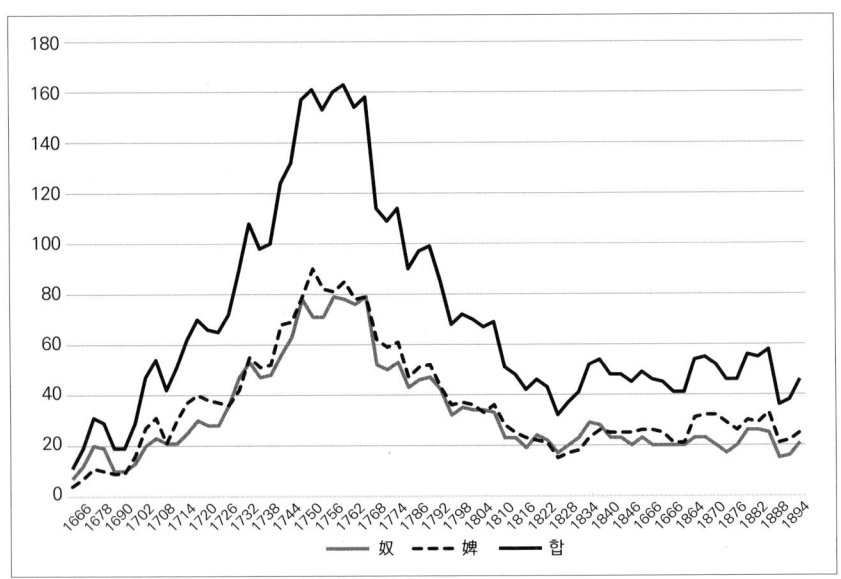

그림 2 호구문서를 통해 본 1666~1897년 마호당의 노비 보유 추이

주가의 의도 등에 따라 노비의 등재 여부가 달라질 수 있다.[24] 하지만 그러한 자료적 한계에도 불구하고 동일한 성격의 자료가 장기간에 걸쳐 작성되었다는 점에서 호구문서를 바탕으로 노비 보유의 추이를 살피는 것은 충분한 의미를 지닌다고 할 수 있다. 〈그림 2〉은 1666년에서 1897년의 기간 내 70개 식년에 걸친 125점의 호구문서 가운데 마호당 직계가 호주로 등장하는 호구문서 70점의 노비질 기록을 바탕으로 마호당의 노비 보유 추이를 그래프로 나타낸 것이다.

분석의 대상으로 삼은 70개 식년의 호구문서 70점에 등장하는 노비는 총 4,848구에 달한다. 이 가운데 노는 2,299구이고 비는 2,549구이다. 이 수치에는 노비가 아닌 예속인들이 다소 포함되어 있는데, 노에는 5구의 고노(雇奴, 雇工奴 포함)와 28구의 비부가 포함되어 있으며 비에는 8구의 노

---

24 정진영(2008c), 앞의 논문, 189쪽.

처가 포함된다.

〈그림 2〉의 그래프를 통하여 나타나는 마호당의 노비 보유 추이는 크게 네 시기로 구분할 수 있다. 첫 번째 시기는 1666년에서 1750년까지 이중관과 이보, 이덕관의 3대로 이어지는 시기로, 이 시기에 마호당의 보유 노비는 11구에서 157구로 급증했다. 이어지는 두 번째 시기는 1750년에서 1768년까지 이덕관·이한철 부자가 마호당을 운영하던 시기로, 160구 전후의 노비를 보유하는 것으로 나타나는, 노비 보유 면에서 마호당의 절정기였던 시기라 할 수 있다. 세 번째 시기는 1768년에서 1828년까지 이한철에서 이재훈과 이인모로 이어지는 시기로, 158구에서 32구로 보유 노비가 급감하는 시기이다. 그리고 마지막 네 번째 시기는 1828년에서 1897년까지 이인모에서 이언기와 이현도로 이어지는 시기로, 마호당의 노비 보유가 30~50구 정도에서 등락을 보이던 상대적 안정기라 할 수 있다. 이와 같은 마호당의 노비 보유는 17세기 중엽에서 18세기 중엽까지 급증하여 20년 정도의 절정기를 경과한 다음 18세기 후반에서 19세기 초까지 급감한 후 이후 상대적 안정기를 보였다고 할 수 있다.

마호당의 노비 보유는 이중인과 이중인 처 울산김씨가 각각의 부모 사후 이루어진 화회를 통하여 상속받은 재산이 기반이 되었다. 이중인 처 울산김씨가 포함된 5남매의 화회는 1661년에 이루어졌으며 김씨는 5남매 가운데 넷째였다. 그로부터 8년이 지난 1669년에 이중인이 포함된 6남매의 화회가 이루어졌는데, 이중인은 5남 1녀 중 다섯째 아들로 그 아래로는 여동생이 하나 있을 따름이었다. 이중인은 1655년에 이미 사망한 상태였으며, 두 화회는 부인 울산김씨가 주체로 참여했다. 두 건의 화회를 통한 노비 분재로 이중인 내외가 상속받은 노비는 24구였으며 이 가운데 울산김씨가 상속받은 것이 20구로 다수를 차지했다. 이때의 화회는 각각 제자녀 균등과 제자 균등의 방식으로 이루어졌고, 봉사조의 비중이 적었기 때문에 이중인 내외에게 불리하지 않은 분재였다. 이후 마호당은 봉사조의 설정, 딸의 차별과 아들 간 균등 분재, 제사에 있어 장자의 권한 강화 등의 과정을 거치면서 종가형 지주를 성립시키고 적장자 우대의 노비 분재로 나아간다.[25]

　18세기 후반과 19세기 초의 시기에 양반 지주가의 보유 노비가 감소하는 현상은 다수의 사례에서 확인되는 일반적 현상이었다고 할 수 있다. 그러나 마호당의 경우 안팎으로 충격을 받는 일들이 발생했고, 이것이 보유 노비가 급격히 감소한 이유가 아닐까 생각된다. 마호당 밖으로부터의 사건은 18세기 말에서 19세기 초에 발생한 동림의 소유와 점유를 둘러싼 분쟁이었다. 마진마을의 동림과 산림에 대한 권한을 재령이씨가로부터 옮겨 오려는 주민들과의 다툼이 치열하게 진행되었고, 분쟁이 전개되는 과정에서 동림과 산림이 병영에 속공되어 훼손되는 우여곡절도 거쳤다. 넓은 마을 앞 동림은 중앙의 왕릉 제사 때 쓸 땔감 조달용 토지로 편입되기도 했으며 재령이씨가에서도 이재훈을 비롯한 여러 인물들이 옥고를 치르며 큰 화를 입기도 했다.[26] 내부의 비극은 19세기 초 마호당 구성원들의 연이은 사망으로 인한 위기를 들 수 있다. 1811년 마호당을 지키던 이재훈이 사망하는데, 이재훈은 1804년에 이미 사망한 부인 광주이씨와의 사이에서 세 아들을 낳아 혼인시킨 상황이었다. 그러나 1811년 당시 첫째 이국우 부부는 모두 1803년에 사망했고, 둘째 며느리 성주이씨 역시 사망한 상태였다. 둘째 아들 이국정(李國禎)과 셋째 아들 이국병(李國昞) 및 처 해주정씨는 아직 생존해 있었으나 이국정과 이국병의 처 해주정씨 역시 1814년과 1815년에 사망하고 만다. 이재훈 이후 마호당을 지킨 것은 이국우의 장남 이인모였는데, 당시 마호당의 어려운 상황은 1818년 재산 분

---

[25] 1782년 이한철의 7남매에 대한 분급에 이르러서는 85구의 노비 중 장자인 이재훈에게 70구를 몰아서 분급하는 등 철저한 적장자 우대를 통하여 분재로 인한 노비 규모의 축소에 대응해 갔다. 이때 봉사조로 설정한 노비는 3구에 불과했는데, 이같이 봉사조의 축소를 동반한 극단적 적장자 우대 상속은 마호당의 특징적인 노비 상속의 형태라 할 수 있다.

[26] 심재우(2022), 앞의 논문.

급의 상황을 통해서도 엿볼 수 있다. 1818년의 재산 분급은 재주인 이재훈 부부와 피상속인인 세 아들 내외 대부분이 사망한 상황에서 이재훈의 종형제들이 이재훈의 유지에 따라 그 손자들에게 세 아들의 몫을 나누어 주는 형식으로 진행되고 있었다. 이와 같은 안팎의 위기는 특히 19세기 초 마호당의 노비 경영에 어려움을 가중시키는 원인이 되었다고 볼 수 있다.

노비의 성비 추이를 살펴보면 대체적인 흐름에 있어 노와 비는 대체로 비슷한 수치를 보이며 함께 증감하고 있는 모습을 나타낸다. 이러한 노와 비의 성비 추이는 자연 상태의 성비가 반영되고 있는 것으로 볼 수 있다. 이 같은 마호당 노비의 성비 구성과 그 추이는 노비를 개별 인신 단위로 관리·운영하기보다 가족 단위의 구성을 유지·경영해 갔기 때문으로 추정해 볼 수 있다.

그러나 그러한 상황 속에서도 주목할 만한 부분이 존재한다. 최초 노비 수가 30구 이하였던 1666~81년에는 성비가 1.7~1.9로 노가 많이 나타나고 있었다는 점과 그에 반해 급증기의 앞부분에 해당하는 1702~26년에는 0.7~0.8로 비의 비중이 더 많은 모습을 보인다는 점이 그것이다. 또한 상대적 안정기에 접어든 1849년 이후에도 0.6~0.9의 수치를 보여 비의 비율이 높게 나타난다는 점도 주목할 만하다. 이것은 급증기의 초기에 비를 중심으로 노비를 확보함으로써 이후 노비를 보다 용이하게 급증시켜 갈 수 있었음을 보여주는데, 1731년 종모종량법의 시행을 고려한다면 그 직전 시기에 이루어진 비의 확보는 이후 노비의 확보에 매우 중요한 배경이 되었다고 할 수 있다. 19세기 중반 이후 비의 비중이 높은 것은 노비제의 쇠퇴 속에서 가내 사역을 위한 노동력으로서 비의 역할과 수요가 증대된 상황이 반영되고 있다고 하겠다.

이와 같은 마호당의 노비 보유 추이는 대체로 조선 후기 양반 사족의 노비 보유에서 확인할 수 있는 모습과 유사성을 지니나 구체적인 측면에서는 마호당의 특성을 보여준다고 할 수 있다. 조선의 노비 추이가 15~16세기를 절정으로 하여 점차 감소해 갔다고는 하지만 그것은 조선 전체를 놓고 봤을 때의 상황이었고, 개별 양반 지주 가문의 경우 그 시작과 경제적 전성기가 각이했던 만큼 구체적인 면면은 다양하게 나타날 수밖에 없다. 대체로는 시작에서 전성기까지의 급증과 이후 19세기 말까지의 감소 현상, 그리고 19세기의 전개 속에서 노비제도가 해체되어 가면서 보유 노비가 연소화·여성화하는 경향을 보인다는 점 정도를 보편적인 현상으로 들 수 있을 따름이다.

기존 연구의 사례를 살피면 개별적인 다양성 속에 나타나는 이러한 보편적 경향을 엿볼 수 있다. 전라도 부안의 우반동 부안김씨의 경우, 100명 이상의 많은 노비를 소유했으나 1726년을 정점으로 소유 노비가 점차 감소하다가 19세기 초반에 격감하는 모습을 보여주었으며,[27] 충청도 진천의 평산 신씨의 경우 1705년까지 303구의 많은 노비를 보유했으나 1726년 27구로 급감했고 이후 18세기 중반 이후에는 20~50구 정도를 유지하다가 19세기에는 10구 이하에서 19세기 말 1구까지 감소하는 모습을 보여준다.[28] 경주 최부자집의 경우에는 1681년 3구에 불과하던 노비 수가 18세기 말 80구 내외까지 증가했다가 1804년 44구로 급감하는 모습을 나타낸 후 1830년경 68구로 증가하는 등 시기별 등락은 있지만 1897년 15구까지 큰 흐름 속에서 감소하는 추세를 보여준다.[29] 대전 은진송씨 동춘당 송준길(宋浚吉) 집안의 경우 17세기까지 20구에 못 미치던 노비는 1770년을 전후한 시기에 200구 수준까지 증가하며 절정을 보인 후 다소간의 증감은 있었으나 1888년 24구까지 감소 추세를 보여주었다.[30] 공주

[27] 전경목(2012), 앞의 논문, 219-222쪽.
[28] 김의환(2015), 앞의 논문, 236-241쪽.
[29] 권기중(2021), 앞의 논문, 244-245쪽.
[30] 박경하·황기준(2017), 앞의 논문, 170-171쪽, 표 3.

경주이씨의 사례에서는 1679년 79구를 시작으로 1792년 107구로 절정에 이르기까지 증가했다가 이후 감소하여 1807년에는 73구로 줄어들었고 이후 대체로 50~90구의 노비를 보유했음을 확인했다.[31] 강릉 선교장의 경우 1735년 단 4구에 불과했던 노비는 1790년 무렵 60구로 증가했고, 이후 비교적 늦은 1830년대 80구 내외까지 증가하여 절정을 보이다가 이후 1843년에는 52구로 급감하는 모습을 보여준다.[32] 전라도 영광의 연안김씨가의 사례에서는 1732년 34구를 시작으로 18세기 중·후반에 50~60구까지 증가했다가 1790년 전후 감소 추세로 전환하여 19세기 중엽 이후에는 10구 수준으로 감소했다.[33]

이상의 사례에서 노비 보유의 절정기는 진천 평산신씨와 우반동 부안김씨의 18세기 초부터 강릉 선교장의 19세기 초까지에 걸쳐 있지만 많은 경우 18세기 후반에 가장 많은 노비를 보유했던 것으로 나타나며 비교적 짧은 절정기 이후 거의 예외 없이 감소 및 급감하는 추세를 보여주었다. 마호당 역시 18세기 중·후반의 짧은 절정기 이후 급감하는 모습을 보이는 점은 다른 사례의 대체와 궤를 함께한다고 할 수 있다. 마호당의 특징이라면 1828년 이후 19세기의 모습이라고 할 수 있는데, 이전의 감소 추세가 계속 이어지는 것이 아니라 30~50구의 등락을 보이면서 노비가 유지되었다는 점이다.

18세기 중·후반의 절정기에 비해서는 상당히 적은 수이지만 19세기에 보유한 노비 30~50구는 결코 적은 수가 아니다. 이 정도 규모의 노비를 지속적으로 보유했다는 사실은 가내 사역뿐만 아니라 인근의 전답에 대한 농업 경영에도 노비 노동력을 적극적으로 활용하고 있었던 사실을 반영한다.

---

31 박경하·황기준(2017), 앞의 논문, 179-180쪽.
32 허원영, 「조선후기 강릉 船橋莊의 지주경영 연구」, 『인문과학연구』 61, 2019, 170-171쪽.
33 허원영(2022), 앞의 책, 141-142쪽.

실제 마호당은 호구문서를 통해 확인할 수 있는 노비보다 훨씬 많은 수의 노비를 보유하고 있었다. 이것은 1838년의 상황을 담은 『대곡가좌』에서 확인할 수 있었던 마진촌에 다수 거주하던 재령이씨가 노비호를 통해서도 짐작할 수 있으며 1822년에 작성된 이인모 호적단자의 정본과 초본을 비교함을 통해서도 확인할 수 있다. 1822년 이인모 호적단자의 초본에 수록된 노비는 76구로, 정본의 46구에 비해 30구나 많은 수의 노비를 수록하고 있다. 46구의 정본 수록 노비는 단 1구를 제외한 45구를 초본에서 확인할 수 있으며, 초본 수록 노비 중 정본에서 확인할 수 없었던 29구의 노비는 전후 식년 호적단자를 통하여 상당수가 확인된다. 즉 마호당은 19세기에도 호구문서를 통해 확인할 수 있는 노비보다 많은 70구 이상의 노비를 보유하고 있었음을 알 수 있다. 이들은 대체로 독립된 호를 구성하여 마진마을에 거주하고 있었으며 마호당은 상황에 따라 선별적으로 이들을 호구문서에 등재했던 것으로 보인다.

이와 같은 노비 보유와 노비 노동력 활용은 마호당의 특징적인 모습으로 볼 수 있다. 19세기가 되면 양반 지주가에서는 대개 노비에 대한 수요가 감소하면서 가작지에 있어서도 노비 노동력 대신에 고공 등 단기 고용노동을 적극적으로 활용하고 있었던 것으로 알려져 있다.[34] 그러나 마진마을 마호당의 경우에는 예전에 비해 위축되기는 했지만 노비 노동력의 역할이 꾸준히 존재하고 있었다고 할 수 있다.

2) 노비 경영의 특징

여기에서는 호구문서의 노비질에서 파악할 수 있는 노비의 기원과 거주, 도망 등의 기록을 통하여 마호당의 노비 경영에서 나타나는 특징을 검

---

[34] 이정수·김희호(2016), 앞의 책.

토한다. 우선 호구문서에 등장하는 매득노비를 살펴보면 마호당 호구문서에 처음 등장하는 매득노비는 1676년의 노 유남(柳男)이었다. 이후 1705년까지 매득노비는 확인할 수 없거나 단 1구만이 등장했다. 하지만 1708년 14구의 매득노비가 출현한 이래 1750~53년의 22구까지 꾸준히 증가한다.[35] 그리고나서는 19세기 초, 1825년의 0구까지 지속적으로 감소했다. 이후 19세기 중엽인 1837~55년의 시기에 1~4구의 매득노비가 확인되기도 했지만 1858년부터는 다시 자취를 감추었다.

〈그림 3〉을 보면 마호당의 매득노비가 전체 노비 보유에 미친 영향을 알 수 있다. 이를 살펴보면 18세기 초 노비 매득이 활성화되면서 매득노비가 점차 증가하는데, 당연히 이 추세와 약간의 시차를 두고 매득노비 소생인 노비의 수가 함께 증가했다. 감소에서도 마찬가지로 매득노비와 매득노비 소생의 수가 함께 감소하는 추세를 보여준다. 그리고 이 매득노비와 그 소생의 증가와 감소분이 그대로 마호당 전체 노비의 증가와 감소를 초래하고 있음을 알 수 있다.

이것은 노비 매득이 마호당 노비 경영의 핵심이었음을 의미한다. 마호당은 특히 비를 중심으로 매득하는 전략을 취하고 있었으며 이 전략은 상당히 유효했다. 호구문서에 등장하는 총 누적 매득노비는 613구였는데, 노가 176구임에 비해 비는 437구로 2.5배가량이 더 많았다. 그리고 매득노의 소생인 노비는 39구만이 확인됨에 반해 매득비의 소생은 645구나 등장하고 있다. 물론 이것은 부모가 모두 노비인 경우 소생 노비의 소유권이 모계에 따라 결정되는 이유가 반영된 것이기도 하다. 그럼에도 1731년 종모종량법의 실시로 인하여 노의 양천교혼을 통한 노비의 재생

---

[35] 1708년부터 이덕일, 즉 이덕관이 새로 호주로 등장했다는 점에서 1708년 매득노비의 급증은 호주 교체에 따른 호적 등재 방식의 차이로 볼 수도 있으며 그에 앞선 이보 대에서도 매득노비가 일정 수 존재했지만 '매득'을 기재를 하지 않았을 수 있다. 하지만 이를 고려한다고 하더라도 1750년까지의 지속적인 증가 추세 자체는 바뀌지 않는다.

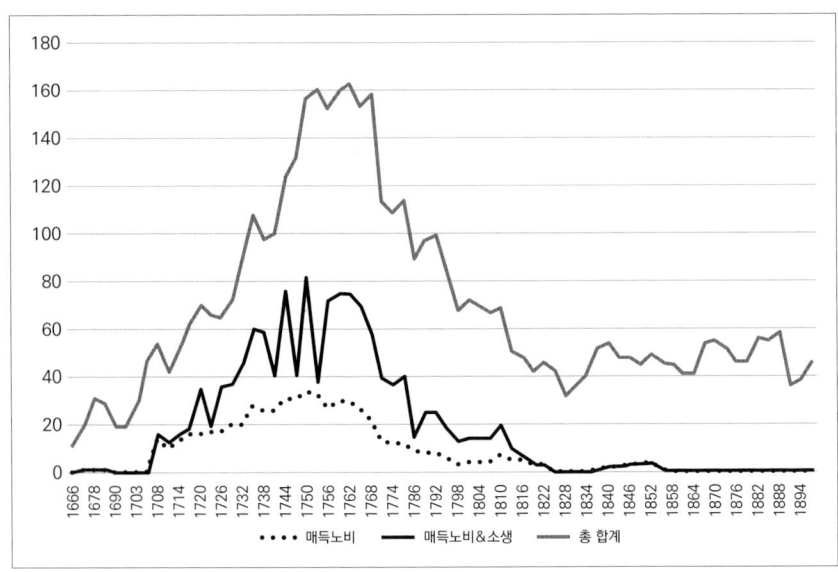

그림 3 마호당의 매득노비와 그 소생 및 전체 노비 추이

산이 어려워진 상황이 노보다 비에 집중하는 마호당의 노비 매득으로 나타난 결과라고 할 수 있다.

18세기 후반 노비 매득의 축소와 19세기 사실상의 소멸은 마호당의 노비 경영 방향이 변해 간 것을 반영한다고 볼 수 있다. 이제까지 적극적으로 노비를 매득하여 노동력을 확보하려 했다면, 18세기 후반부터는 인근에 독립하여 거주하는 노비나 일반 민을 활용함으로써 이제까지 매득을 통해 확보한 노비 노동력을 대체해 나갔다고 하겠다.[36]

마호당의 호구문서를 통해 노비의 거주 지역을 살피는 것은 쉽지 않다. 많은 경우 노비의 거주 지역에 대한 기록이 매우 부실하기 때문이다. 노비의 거주지가 가장 충실히 기록된 1750년 이덕관 호구단자에서도 총 160구

[36] 김준형, 「19세기 전반 晉州 大谷里의 토지소유 양상과 신흥계층」, 『南冥學硏究』 33, 2012, 215쪽; 김준형(2015), 앞의 논문, 283쪽.

표 3 1750년 마호당 노비의 거주지

도	읍	구수	비고
경상도	진주(대곡면)	11	
	진주(대곡면 외)	29	1구 도망
	고성	2	
	함안	4	
	의령	1	
	창원	3	
	하동	1	
전라도	광양	5	도망노비
	태인	7	도망노비
거주지 확인 노비 합계		63	
거주지 미기재		97	

의 노비 가운데 63구의 거주지만을 확인할 수 있을 따름이다. 충분하지는 않지만 이를 통하여 마호당 노비의 거주지를 살펴보면 〈표 3〉과 같다.

거주지를 확인할 수 있는 63구의 노비 중 마호당이 소재하는 대곡면에 거주하고 있던 노비가 11구, 진주로 확대하면 총 40구로 60% 이상이 마호당과 같은 고을에 거주하고 있다. 거주지를 기록하지 않은 노비의 경우도 대부분 진주에 거주한다고 가정할 수 있는데, 호구문서는 외거노비들의 거주지가 상전이 거주하는 군현일 경우 대부분 생략하고 다른 군현에 살고 있는 경우에 이들을 외방노비로 분류하여 거주지를 표시했기 때문이다.[37] 이를 감안할 경우 진주에 거주하는 노비는 전체 160구의 80~85%에 달한다고 추정할 수 있다.

나머지 노비의 다수도 진주 인근 고을에 거주했다. 경상도를 벗어나 거주하는 경우는 전라도 광양과 태인에 거주하는 12구였는데, 이들은 모두 도망노비였다. 즉 마호당의 노비는 그 대부분이 진주와 그 인근에 거주했

[37] 박경하·황기준(2017), 앞의 논문, 174쪽.

으며 마호당 인근에 집중적으로 거주했다. 이와 같은 양상은 1735~86년의 사례를 분석한 대구 경주최씨 백불암(百弗庵) 최흥원(催興遠) 가문 호적 자료에서도 유사하게 나타난다. 이 기간 300여 명의 노비 중 181구의 외거노비는 서울에 거주하는 1구를 제외하고 전부가 경상도 지역을 벗어나지 않았다.[38]

진주 이외의 지역에 거주하는 외방노비는 23구였는데, 이들은 대체로 마호당에 신공을 납부하던 납공노비로 추정된다. 비슷한 시기 백불암 최홍원의 『역중일기(曆中日記)』에 따르면, 노비의 신공량은 노와 비 각각 2필과 1필 반이었으며 당시 포 1필은 2냥에 해당했다.[39] 한편 경주 최부자집의 사례를 보면 외방노비는 19세기로 접어들며 그 비중이 급감하다가 1843년을 마지막으로 더 이상 호구문서에 등장하지 않고 있는데, 19세기 이후 호적 자료에서 외방노비의 소멸은 일반적인 현상으로 이해된다.[40] 반면 마호당의 호구문서에서 외방노비는 1897년까지 지속적으로 등장한다. 그렇지만 마호당의 경우 19세기 외방노비의 대부분이 도망노비였으며 특히 1849년 이후는 단 1구를 제외하고 모두 도망노비로 확인된다. 이것은 마호당 역시 19세기가 진행되면서 외방노비에 대한 영향력을 점차 상실해 갔으며 사실상 외방노비가 소멸했음을 의미한다.

마지막으로 도망노비의 추이를 살펴보도록 한다(그림 4). 마호당의 도망노비는 누계 2,047구로, 전체 노비 누계 4,848구에서 42.2%의 비중을 차지한다. 그 추이는 대체로 전체 노비의 추이와 함께하는 모습을 보여준다. 전체 노비에서 차지하는 비중을 추적하면 1774년 65.1%까지 증가한 후 1807년까지 감소 후 증가했다가 1846년 20.8%까지 감소한 후 1858년 66.7%까지 급증, 이후 26.1%까지 감소하고 있다. 19세기에 증감의 진폭

---

38 정진영(2018), 앞의 논문, 105쪽.
39 정진영(2018), 앞의 논문, 115쪽.
40 권기중(2021), 앞의 논문, 251쪽.

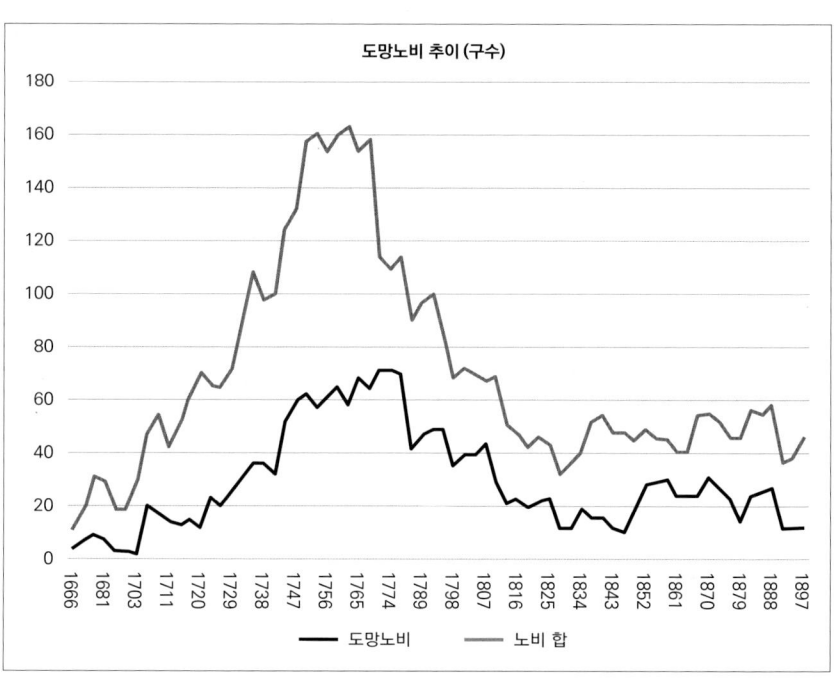

A 도망노비의 추이(수)

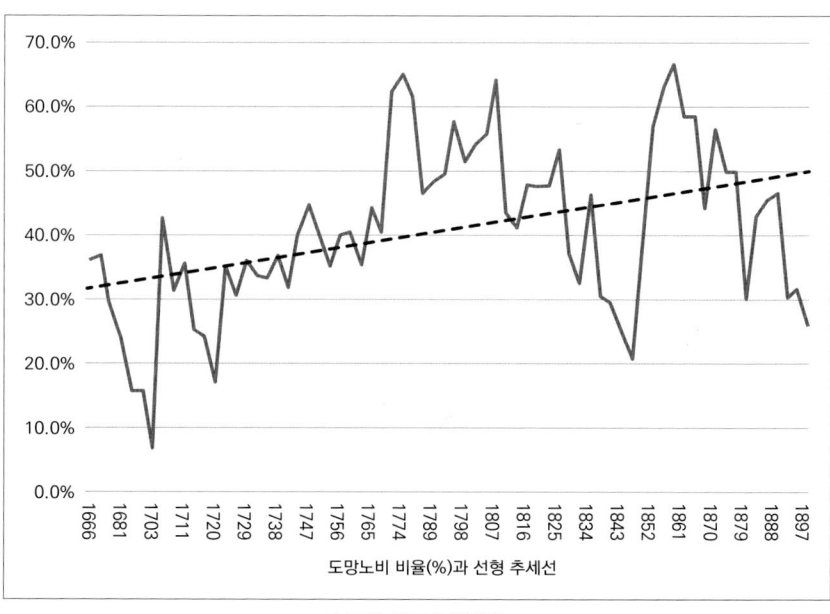

B 도망노비의 추이(비율)

그림 4 마호당 도망노비의 추이

이 크기는 하지만, 전체적으로 볼 때 시간이 갈수록 도망노비의 비중이 증가하는 추세임을 확인할 수 있다.

마호당의 도망노비는 이제까지 소개된 다른 양반 지주가에 비해 높은 비중을 보였다. 진천 평산신씨의 경우 호적 자료 누계 1,463구의 노비 중 도망노비는 349구로 23.9%의 비중을 차지했다.[41] 재령이씨 영해파 종가의 경우도 전체 노비의 20~30%를 유지했으며,[42] 경주 최부자집도 23.2%,[43] 대전 은진송씨 동춘당 송준길가의 경우도 1777년 23.9%가 가장 절정이었다.[44] 이렇듯 다른 양반 지주가에서 파악되는 도망노비의 비중이 20% 선을 나타내는 데 비해 마호당은 42.2%로 매우 높은 비율을 나타냈다.

도망노비의 비중이 이렇게 높게 나타난다는 것은 마호당의 노비 경영에 대한 지속적인 관심이 반영된 것으로도 볼 수 있다. 그것은 마호당이 19세기에도 노비 추심을 실현하고 있었다는 점을 통해서도 드러난다. 마호당에는 「1825년 거제사또 입지(立旨)」가 전해지는데, 이것은 마호당의 호노 돌상이 거제 관에 올려 발급받은 입지이다. 그 내용은 거제에 도망한 전래 비 말매 등의 추심에 대한 관의 증명으로, 이에 따르면 마호당은 이 때 비 말매와 소생 비 3구, 그리고 비부까지 총 5구를 일괄 추심하고 입지를 발급받았다.

하지만 노비 경영에 대한 관심이 지속되었다고 하더라도 그것은 상대적인 것이었고, 마호당의 노비 경영 역시 19세기 초까지 급격히 위축되었다. 그 배경에는 앞서 언급한 18세기 말에서 19세기 초에 벌어진 마호당 안팎의 위기를 비롯해 여러 요인이 놓여 있었다. 그 가운데 1770년을

---

41 김의환(2015), 앞의 논문, 251쪽.
42 문숙자(2009), 앞의 논문, 119-120쪽.
43 권기중(2021), 앞의 논문, 249쪽.
44 박경하·황기준(2017), 앞의 논문, 170-171쪽, 표 3.

전후한 시기에 마호당 노비 경영의 절정기를 마감하며 보유 노비의 급감을 초래한 직접적 원인은 형제간 분재로 인한 마호당 노비 수의 축소였다. 호구문서를 통하여 확인할 때 1768년 이한철 호적단자에 등장하는 노비는 158구로 절정의 마지막 시기였다. 그로부터 3년 후인 1771년 이한철 호구단자에는 114구로, 44구가 감소된 것으로 기록되고 있었으며, 그 감소분은 형제인 이한익과 이한성의 호구단자에 각각 24구와 22구가 등재되고 있었다. 당시 마호당의 재산 분재 방식이 형제간 균분 분재가 아닌 장남 우대 분재였음에도 형제간 재산 분할로 인한 노비 규모의 축소는 어쩔 수 없는 상황이었던 것이다.

형제간 분재 외에도 이미 살핀 18세기 후반 이후 노비 매득의 축소와 19세기의 소멸, 그리고 그로 인한 매득노비와 그 소생의 축소가 마호당 노비 경영 축소의 중요한 원인이었다. 또한 1731년 종모종량법의 확정 시행 후 노가 양처병산을 통해 생산한 노비의 수가 급감하면서 1790년대 이후 사라진 것도 주요한 원인 가운데 하나라고 할 수 있다.

이렇게 위축된 노비 노동은 고공의 등장으로 대체되어 간 것으로 이해된다. 고공의 등장은 노비제에도 큰 영향을 미쳤는데, 고공이 등장하면서 노비 소유주는 태업이나 도망 등 노비의 저항으로 인해 노비를 보유하는 기회비용이 커지면서 노비를 팔고 그 대신 고공을 고용할 수 있게 되었다. 이를 통하여 노비는 더 이상 신분제 사회에서 신분과 토지를 유지해 주는 수단이 아니라 고용노동을 대체하는 경제적 수단으로 성격이 점차 변화했고, 이러한 사회 변화는 노비의 사회적 자의식을 발달시키면서 노비의 신분 상승 욕구를 표출, 다시금 태업과 도망으로 이어지면서 노비 수요를 감소시키고 고공에 대한 대체 노동 수요를 급격히 증가시키는 결과를 가져오게 된다.[45]

---

[45] 이정수·김희호(2016), 앞의 책, 21쪽.

19세기가 되면 고공을 통한 노비 노동의 대체가 광범위하게 나타나고 있었다. 노상추(盧尙樞)의 경우 일기에 나타나는 가작지 동원 인력을 보면 청년기 때는 노비 노동력을 주로 사용했지만 노년기 때는 노비 외에 고공이나 협인 등의 노동력을 적극 활용하고 있는 모습을 보인다.[46] 충남 홍성 안동김씨 김호근 가 기계유씨 부인이 1849~51년 기록한 일기에서도 농사는 외부 노동력 의존도가 높았으며, 계절적으로 노동력이 많이 투하되는 시기에 단기 고용 노동을 선호하는 모습을 확인할 수 있다.[47]

마호당 역시 기본적인 흐름은 마찬가지였다고 생각된다. 그러나 마호당은 19세기에도 보유 노비 수를 30~50구로 유지하고 있었으며 도망노비를 제외해도 15~40구에 달했다. 심지어는 19세기 후반의 시기에조차 도망노비를 제외한 30구 내외의 노비를 계속하여 보유하고 있었다. 이러한 노비 보유는 마호당에서 노비 경영이 위축되었어도 가내 사역으로만 제한되지는 않았으며 여전히 농업 경영 등에 노비 노동력을 활용하고 있었다는 추정을 가능하게 한다.

4. 노비 매득에 나타나는 마호당의 노비 경영 전략

1) 마호당의 노비 매득 추이

조선 후기의 노비 매매는 17세기 후반에서 18세기로 넘어가면서 급격

---

[46] 이정수, 「조선후기 盧尙樞家 奴婢의 역할과 저항」, 『지역과 역사』 34, 2014, 203쪽.
[47] 김현숙(2013), 앞의 논문, 449쪽.

히 증가하다가 18세기 후반부터 점차 감소 추세로 돌아서서 19세기 후반에는 급격히 감소하는 양상을 보이며 노보다 비의 매매 건수가 약 20% 정도 더 많이 나타난다.[48] 이와 같은 양상은 마호당의 노비 매득에서도 공통적으로 관찰된다. 마호당의 노비 매득은 17세기 말 이보에 의해서 시작된 후 급증하여 1720년대 절정을 보인 후 급감하고 18세기 후반부터 상당히 위축된 양상을 보여준다. 특히 19세기 전반의 노비 매득은 확인되지 않는다. 또한 노비 매득이 비교적 활발했던 18세기 중엽까지 노에 비해 비를 집중적으로 매득하고 있음을 확인할 수 있다.

인물로 보면 이보와 이덕관 부자, 특히 이덕관에 의한 노비 매득이 가장 활발했다. 이보는 12건의 거래를 통하여 17구의 노비를 매득하여 거래당 평균 규모는 1.4구/건이었다. 반면 이덕관은 거래 건수에서도 28건으로 마호당 전체 거래의 57% 정도를 차지했는데, 이를 통하여 매득한 총 노비의 수는 81구로 70%에 가까운 비중을 보이며 평균 거래 규모는 2.9구/건에 달한다. 이와 같은 이덕관의 거래 규모는 가족과 같이 혈연관계에 있는 노비를 한 번에 매득하는 방식을 통해 가능했는데, 1706년 10구의 노비를 한 번에 매득한 것을 비롯하여 3~5구의 노비를 매득하는 거래를 다수 체결했다. 그 결과 이보와 이덕관 양대에 매득한 총 노비의 수는 98구에 달하고 있다.

노보다는 비를 중심으로 노비를 매득하는 경향은 마호당뿐 아니라 경주 최부자집이나 강릉 선교장 등 여타의 양반 지주가에서도 일반적으로 나타나는 현상이다.[49] 하지만 18세기 후반 이후 마호당의 노비 매득 양상은 이와는 사뭇 다른 모습을 보이는 듯하다. 이 시기 마호당은 노비를 매득하는 건수와 구수 자체가 상당히 감소하여 1770년대 이후 7건의 거래

---

48 이정수·김희호, 「조선후기 奴婢賣買 자료를 통해 본 奴婢의 사회·경제적 성격과 奴婢價의 변동」, 『韓國民族文化』 31, 2008, 370쪽.
49 권기중(2021), 앞의 논문, 248-249쪽; 허원영(2019), 앞의 논문, 170-171쪽.

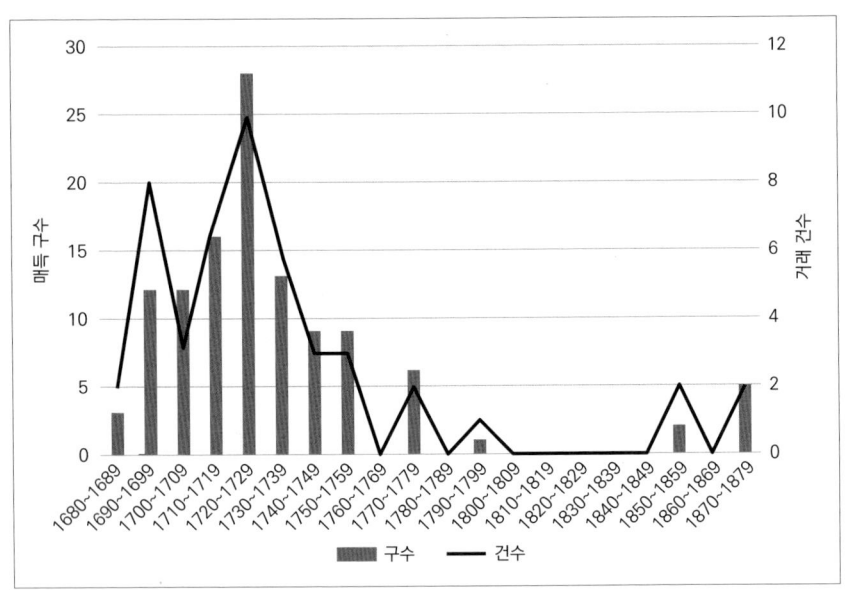

A 노비 매득 건수 및 구수의 추이

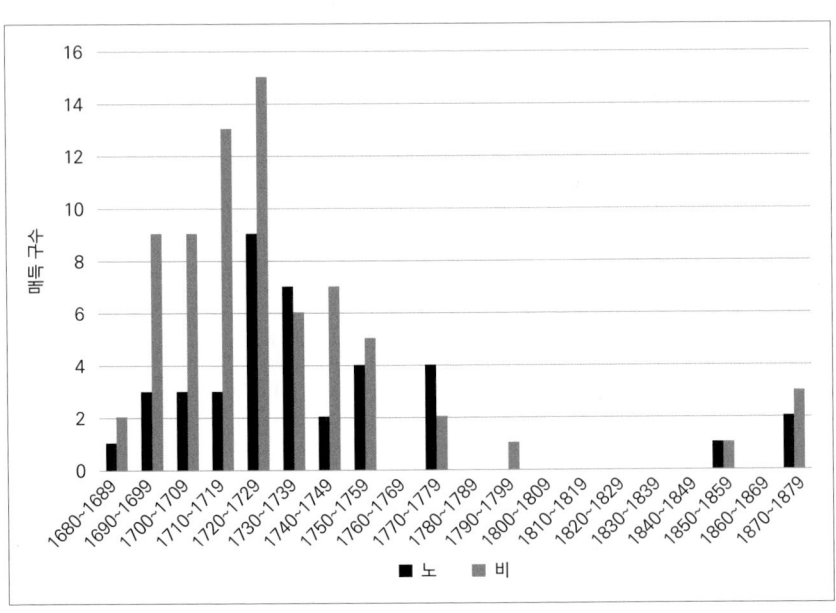

B 매득 노와 비의 추이

그림 5 마호당의 노비 매득 추이

표 4 마호당의 매득 주체별 노비 매득 양상

매수 주체	매수 기간	건수	구수	구/건
이보	1680~1701	12	17	1.4
이덕관	1706~1750	28	81	2.9
이한철	1756~1770	3	6	2
이재훈	1772~1797	2	5	2.5
이인모	1851~1854	2	2	1
이언기	1876~1877	2	5	2.5
합계		49	116	2.4

를 통하여 14구의 노비를 매득했을 따름이다. 그런데 각각 7구씩으로 동일한 수의 노와 비를 매득했다. 그러나 거래의 실체를 보다 구체적으로 들여다보면 이 역시 노비 매득의 중심에는 비가 놓여 있음을 확인할 수 있다. 18세기 후반 이후 매득한 14구의 노비는 20대를 넘어가지 않고 있었는데, 10대 후반에서 20대는 모두가 비였고, 노는 비의 자식으로 10대 초반의 연령을 넘어서지 않았다. 당시 일반적인 경향이었던 노비 매매에 있어 연령의 연소화와 비 중심 매매의 양상이 마호당에도 관철되었음을 확인할 수 있다.

대체로 1731년 종모종량법의 실시를 계기로 노와 양녀의 교혼을 통한 노비 재생산이 어려워짐에 따라 이후로는 비를 중심으로 하여 노비 재생산을 도모하는 경향이 일반적으로 나타난다. 특히 19세기 초반 이후로는 비의 매매가 전체의 70% 이상을 차지할 정도로 노에 비해 비의 거래가 급격히 늘어나고 있다는 연구 결과가 제시되기도 했다.[50] 이와 같은 양상은 사회적으로 비에 대한 수요가 노에 비해 증가했다는 것을 의미하는데, 이것은 1731년 종모종량법의 법제화를 비롯하여 노비제의 쇠퇴 속에서 노비 매매의 목적이 농업 노동력에서 가내 사역 노동 등으로 변화한 데

---

50 이정수·김희호(2008), 앞의 논문, 370쪽.

따른 것이기도 하다. 비가 노에 비해 관리와 감독이 좀 더 용이하다는 점과 양잠, 면직 등 겸업 노동이나 밭농사 등 노동 생산성을 높일 수 있는 여지가 높다는 점도 비에 대한 수요를 증가시킨 이유가 되었다.[51]

마호당에서 18세기 중엽 이후 노비 매득이 급감하고 있다는 사실은 마호당 역시 노비 노동력에 대한 수요가 축소되는 추세였음을 반영하는 것이라 할 수 있다. 대체로 이렇게 축소된 노비 노동력은 일고(日雇)와 계고(季雇) 같은 임노동의 성격을 지니는 고공을 통하여 메워졌다. 이 시기는 마호당이 거느리던 노비 수 역시 큰 폭으로 감소하던 시기로, 마호당의 노비 노동 역시 상당 부분 고용 노동으로 대체되었을 것으로 추정된다.

물론 19세기 전반까지도 마진마을에는 재령이씨가의 노비호가 상당수 거주했다. 이들은 여전히 마호당의 주요한 노동력이 되었을 것이다. 그러나 19세기가 되면 노비의 성격 역시 상당한 변화를 보이면서 고공과의 구분이 점차 사라져 갔다.

19세기 중엽 충남 홍성 안동김씨 김호근 가에서는 독립적인 가정과 살림을 영위하던 노비를 주가가 차출하여 사역하는 경우 일반 고공들처럼 그 대가로 노동 횟수와 양에 따라 임금을 계산하여 지불하기도 했다.[52] 또한 18세기 말 노상추 가의 경우에는 스스로 고공이 되기를 원하는 노비에 대하여 조건 없이 허락하는 경우도 존재했다.[53] 이러한 경우는 '노비의 고공화' 현상을 잘 보여주는 사례라 할 수 있다.

다른 한편에서는 특히 장기 고공을 중심으로 '고공의 노비화' 현상 또한 나타나고 있었다. 개별 양반 지주가의 사례 연구를 통해 밝혀진 사실과는 달리, 대구와 언양 등지의 호적대장을 분석한 결과 19세기 중후반 노비 인구는 오히려 증가하며 장년화·남성화하는 정반대의 경향을 보였다.

---

51 이정수·김희호(2008), 앞의 논문, 384쪽.
52 김현숙(2013), 앞의 논문, 450-454쪽.
53 이정수·김희호(2016), 앞의 책, 132쪽.

이것은 호적대장에 고공으로 등장하던 장기 고공들이 노비화된 결과에 따른 것이었다. 노비 신분이 당대에 그치는 자매노비(自賣奴婢)의 경우 장기 고공과 사실상 차이가 별로 없었다. 그리고 실제 이 시기 많은 양반가의 기록에서 고공을 노비와 별다른 구분 없이 '고(雇)', '고노(雇奴)', 심지어는 '노비'로 지칭했다.[54]

노비의 고공화와 고공의 노비화가 진행되었다는 것은 신분제가 본격 해체되면서 고공과 노비의 기능적·신분적 차이가 사라지고 신분과 관계 없이 임금을 대가로 노동력을 제공하는 임노동의 형태를 갖추기 시작했음을 의미한다.[55] 노비의 입장에서 본다면 이것은 노비 신분 자체보다는 노동력 제공 기능이 강조된다는 것으로, 그와 같은 노비의 성격을 가장 잘 드러내는 것이 자매노비였다.

자매노비는 고공에 가장 접근해 간 노비라는 점에서 한국 노비제의 역사에서 최후의 노비 형태라 할 수 있다. 조선왕조는 이전까지 유지해 왔던 양인의 자매 행위 금지를 18세기 후반에 들어 포기했고, 그 대신 자매노비의 세습과 전매를 금지하고 '자원속환(自願贖還)'을 허용함으로써 장기계약 노동자라고 할 수 있는 고공과 동일한 범주로 간주하고자 했다.[56] 이후 자매노비는 보다 빈번하게 나타나기 시작했으며 18세기 말이면 이미 전체 노비 매매에서 자매노비가 차지하는 비율이 급격히 증가했다.[57] 마호당의 경우도 19세기에 이루어진 4건 7구의 노비 매득이 모두 자매노비였다는 점에서 당시의 시대상이 적극 반영되었음을 알 수 있다.

---

54 이정수·김희호, 「19세기 중후반 언양 지역 노비의 노동성격 변화:『慶尙道彦陽戶籍大帳』을 중심으로」, 『지역과 역사』 37, 2015, 175-177쪽.

55 이정수·김희호(2016), 앞의 책, 399-401쪽.

56 김재호, 「自賣奴婢와 인간에 대한 재산권, 1750-1905」, 『경제사학』 38, 2005, 33쪽.

57 이정수·김희호(2016), 앞의 책, 413쪽.

2) 마호당 노비 매득의 특징

1680년부터 1877년의 시기에 진행된 마호당의 노비 매득은 같은 시기에 진행되어 간 일반적인 노비 매매 양상 및 노비의 성격 변화와 궤를 함께했다. 여기에서는 마호당의 노비 매득에서 확인되는 거래 상대와 방매 사유, 거래 규모 및 노비 연령 등의 내용을 조금 더 구체적으로 검토하여 마호당의 노비 매득에서 나타나는 특징을 살펴본다.

우선 거래 상대는 양반 또는 그에 준하는 신분이 다수로 확인된다. 매도자의 직역이 '유학'인 경우가 24건이며, '생원'이 2건, 그리고 부녀자의 호칭으로 '씨'가 지칭된 1건을 합하여 27건이 우선 확인된다. 그리고 무반 직역인 '업무'와 '한량'이 4건이 확인되며, 노비가 거래 주체로 등장하는 3건과 상중임을 뜻하는 '상인(喪人)'의 1건도 양반에 준하는 경우로 판단하면 8건이 추가되어 총 35건이 양반 및 양반에 준하는 신분의 매도자였다. 확인할 수는 없지만 매도자의 성명이 기록된 5건 중에도 양반에 준하는 경우가 존재할 수 있다. 매도자가 평·천민으로 분명하게 확인되는 경우는 9건에 불과한데, 이 가운데 19세기 후반의 자매에 해당하는 4건을 제외한 나머지 5건은 모두 보인(保人)과 역리(驛吏), 양인(良人), 조이[召史] 등 평민들이었다.

마호당에 노비를 방매한 매도인의 다수는 양반 및 그에 준하는 신분이었지만, 방매 사유 가운데 가장 많은 비중을 차지한 것은 생계상의 이유였다. 흉년과 생계, 세금 납부, 채무 상환, 상사(喪事)로 인한 곤란 등 생계와 관련한 사유가 25건으로 절반이 넘는 방매 사유로 등장했다. 이와 같은 생계의 이유로 인한 방매는 "쓸 곳이 있어서[要用所致]"나 "형편상 어쩔 수 없어서[勢不得已]" 및 사유가 기재되지 않아 방매 사유를 알 수 없는 19건보다 상당히 많은 비중을 차지하는 것이다. 이러한 생계의 이유에 따른 양반의 노비 방매는 마호당과 같이 성장하는 양반 지주의 반대편에 다수의 양반들이 영세화하고 있었던 당시의 사회상을 잘 보여준다.

나머지 5건은 이매(移買) 및 그에 준하는 사유로 인한 방매로, 모두 양반에게서 매득한 경우였고 3~5구 규모의 상대적으로 큰 거래라는 공통점을 지니고 있었다. 이 5건의 거래는 모두 진주에 거주하지 않는 노비주가 진주에 거주하는 자신의 노비를 이보와 이덕관에게 방매하는 것이었다. 이 가운데 2건은 "이매차(移買次)"라고 이매의 방매 사유를 분명히 밝혔으며, 나머지 3건은 "멀리 거주하고 있는 노비에 대한 신공을 거두기가 어렵다."는 이유를 밝혔다. 즉 방매하는 측에서는 외방에 거주하는 노비에 대한 관리의 어려움이 이유가 되었으며, 매득하는 측에서는 주가와의 근접성이 주요한 이유가 되었다. 이로 볼 때 마호당은 인근에 거주하는 노비를 적극적으로 매득한 것으로 보이는데, 이와 같은 경향은 조선 후기 양반 지주가의 전답 매득에서도 보편적으로 나타나는 양상이었다.

마호당이 매득한 116구의 노비 가운데 비가 74구, 노가 42구로 비의 비중이 훨씬 높게 나타난다. 1구의 노비만을 매득한 22건 중 19건이 비를 매득하는 거래였으며, 전체 49건을 놓고 봐도 43건이 비가 포함된 거래로, 비를 위주로 하는 마호당의 노비 매득 경향을 분명히 알 수 있다.

표 5 마호당의 노비 매득 규모(좌)와 연령별 분포(우)

거래 규모	건수	매득 구수	비고
1구	22	22	8~25세 분포, 다수인 15구가 15세 이상
2구	7	14	3건이 모자녀관계, 2건이 형제·남매관계
3구	8	24	6건이 모자녀관계, 2건이 남매관계
4구	9	36	1건이 부자녀관계, 8건이 모자녀관계
5구	2	10	2건 모두 모자녀관계
10구	1	10	모-녀-손자녀 구성
합계	49	116	

연령대	노	비	합
1~10세	21	22	43
11~20세	8	14	22
21~30세	4	20	24
31~40세	1	9	10
41~50세	1	3	4
미상	7	6	13
합계	42	74	116

마호당의 노비 거래 규모를 보면 1구를 매득한 경우가 22건으로 가장 많았지만, 2~4구를 매득한 경우도 7~9건으로 적지 않았다. 4구를 매득한 경우가 9건, 3구를 매득한 경우는 8건으로 거래한 노비는 각각 36구와 24구이다. 매득한 노비 구수로는 3~4구 매득이 다수를 차지했다. 규모가 가장 큰 거래는 1706년 이덕관이 이성 7촌 조카 권사헌에게 노비 10구를 한꺼번에 매득한 거래였다. 이 거래의 대상이 된 10구의 노비는 당시 43세이던 비 진화를 중심으로, 그 세 딸과 세 딸의 자녀들까지 모계 삼대로 구성되어 있었다.

삼대를 한 번에 매득한 거래는 1706년이 유일했지만 가족 단위의 매득은 상당히 많이 나타났다. 여기에는 형제를 매득하는 경우도 있었지만, 부모-자식으로 형성된 가족 단위 매득이 보다 많았으며, 특히 어머니를 중심으로 하는 모계 2대의 가족 단위 매득이 가장 중심이 되었다. 관심을 두고 보아야 할 점은 매득할 때 중심이 되는 비는 예외 없이 20~30대 가임기 여성이었고 자연스럽게 그 자녀들은 모두 나이가 어린 상황이었다는 사실이다.

노의 경우 20세 이하의 어린 연령대가 대부분을 차지했으며, 이 경우 대부분 부모, 특히 모와 함께 매득한 경우였다. 비의 경우도 20세 이하 어린 연령대가 다수로 나타나지만 20대가 20명, 30대가 9명으로 충분한 노동력을 갖춘 가임기 비의 비중이 상당히 높게 나타나고 있음을 확인할 수 있다.

이상의 양상을 통하여 마호당의 노비 매득에 드러나는 중요한 특성을 파악할 수 있다. 우선 노동력을 중심으로 고려할 경우, 노보다는 오히려 비의 노동력을 중심으로 매득했다는 점이다. 그리고 노동력과 생산 능력을 갖춘 비를 중심으로 하는 가족 단위 매득이 마호당의 가장 중심적인 노비 매득 전략이었다는 사실이다.[58] 이와 같은 마호당의 노비 매득은 당장 투입 가능한 노동력과 미래의 노동력을 함께 확보하면서 노비의 재생산을 함께 도모할 수 있다는 점, 그리고 비와 어린 자식들의 구성이라는 점에서 관리와 감독이 상대적으로 용이하기 때문에 안정성을 확보함으로써 관리 비용을 줄일 수 있다는 장점을 지니고 있었다.[59]

5. 맺음말

진주 대곡면 마진리의 마호당 재령이씨 가문은 오늘날까지 400여 년에 걸쳐 이 지역에 세거해 온 사족 가문이었다. 비록 정치적으로 현달한 인물

---

[58] 이와 같은 양상은 해남의 해남윤씨 녹우당의 사례에서도 동일하게 나타난다. 녹우당 역시 가족 단위 매득이 중심이었고 매득한 노비들이 대부분 해남 지역에 거주했으며, 이러한 매득은 17세기 중반 이후에 나타나고 있었다. 문숙자, 「17~18세기 초 海南尹氏家의 노비 매입 양상: 노비 매입 목적과 流入 노비의 성격에 대한 추론」, 『藏書閣』 28, 2012, 153-154쪽 참고.

[59] 한편 마호당의 노비매매문서를 통해 조선 후기 진주 지역 노비 매매에서 거래 수단의 변화를 살필 수 있다. 다음의 표는 마호당 노비매매문서 54점의 거래 수단을 시기별로 나타낸 것이다.

연도 거래 수단	1680~ 1699	1700~ 1719	1720~ 1739	1740~ 1759	1760~ 1779	1780~ 1799	1800~ 1819	1820~ 1839	1840~ 1859	1860~ 1879	합
牛馬	4	0	0	0	0	0	0	0	0	0	4
正租	8	7	5	1	0	0	0	0	0	0	21
錢文	0	4	11	5	2	2	0	0	2	2	28
미상	0	0	1	0	0	0	0	0	0	0	1
합	12	11	17	6	2	2	0	0	2	2	54

표를 보면 시기별로 거래 수단이 어떻게 변해 갔는지를 알 수 있다. 우선 1680년에서 1699년까지 17세기 후반에는 정조의 우세 속에 우마가 노비 거래 수단으로 혼용되었다고 할 수 있다. 아직 전문은 등장하지 않은 것에서 중심적인 거래 수단은 곡식이었으며, 노동력으로 가치를 지니는 노비의 특성상 우마가 거래 수단으로 혼용되었다고 할 수 있다. 그러나 18세기가 되면 거래 수단으로 우마는 찾아볼 수 없으며 전문이 본격적으로 등장했다. 1700년부터 1759년까지 18세기 초·중엽의 시기는 정조와 전문의 혼용기라고 할 수 있는데, 시간이 갈수록 그 중심이 정조에서 전문으로 옮겨가는 경향을 살필 수 있다. 그리고 1760년 이후에는 전문이 유일한 거래 수단으로 사용되었다. 결국 진주 지역의 노비 매매 시장에서 거래 수단으로서의 전문이 18세기에 본격적으로 등장하면서 대세로 정착, 18세기 후반이면 이미 유일한 거래 수단으로 정착했음을 확인할 수 있다.

을 배출하지는 못했지만, 사회·경제적인 성장을 바탕으로 문중 내에서는 종가형 지주로 성장해 갔고 지역 내에서는 상당한 영향력을 행사할 수 있는 주요 향반으로 자리매김했다.

호구문서를 통해 조선 후기 마호당의 노비 보유 추이를 검토하면 17세기 후반 10구 내외에서 시작하여 18세기 중·후반 160구 내외로 성장하여 절정기를 거친 후 19세기 초 30구 내외로 급감하여 이후 30~50구의 추이를 보이며 등락했다. 이와 같은 마호당의 노비 보유 추세는 대체로 조선 후기 양반 지주가에서 일반적으로 확인되는 추세와 유사한 모습이었다.

마호당 노비 경영의 토대가 된 것은 이중인 내외의 상속이었다. 이중인 내외는 각각 제자녀 균등과 제자 균등 방식의 상대적으로 유리한 화회를 통해 24구의 노비를 확보했다. 이후 마호당은 봉사조의 설정, 딸의 차별과 아들 간 균등 분재, 제사에 있어 장자의 권한 강화 등의 과정을 거치면서 적장자 우대의 상속을 진행하며 종가형 지주를 성립시켜 갔다.[60]

마호당의 노비 증감을 이끈 것은 노비 매득이었다. 이보와 이덕관의 2대에 걸친 적극적인 노비 매득과 매득노비 소생들의 증가가 마호당의 노비 증가를 가져왔고, 이후 노비 매득의 축소와 사실상의 소멸 속에 노비의 급감 현상이 초래되고 있었다. 마호당의 노비 매득은 노동력을 갖춘 가임기 비를 중심으로 그 자녀를 함께 매득하는 가족 단위의 매득이 중심적인 전략이었다. 이를 통해 당장의 노동력과 미래의 노동력을 확보함과 동시에 1731년 종모종량법에 대응한 노비의 재생산을 도모했으며 비와 어린 자녀의 가족 구성에서 비롯되는 안정성과 관리 감독의 용이성을 통하여 관리 비용도 줄여 나갈 수 있었다.

---

60 마호당의 종가형 지주로의 성장에 대해서는 별도의 분재기 분석을 통하여 보다 분명하게 제시할 예정이다.

마호당의 노비는 대부분이 마호당이 위치한 대곡리를 중심으로 진주와 그 인근 고을에 거주했다. 19세기가 되면 조선 전반에서 외방노비를 중심으로 하는 노비의 도망이 활발하게 전개되면서 양반 지주가가 외방노비에 대한 영향력을 상실해 갔다. 마호당 역시 노비 도망이 매우 활발했으며, 그 비중은 시간이 갈수록 더욱 증가하는 추세였다. 마호당의 노비에서 도망노비가 차지하는 비중은 42.2%로, 여타 양반 지주가의 20~30%에 비해 매우 높은 수치였다.

　18세기 후반에서 19세기 초의 시기에 마호당의 노비 경영이 급격히 위축된 데는 여러 배경이 작용하고 있었다. 가장 직접적인 것은 형제간 분재로 인한 노비 수의 축소로, 당시 마호당의 분재는 형제간 균분이 아닌 장남 우대의 방식이었음에도 분재로 인한 노비 규모의 축소는 불가피했다. 그밖에 18세기 후반 이후 노비 매득의 축소와 소멸로 인한 매득 노비와 그 소생의 축소, 1731년 종모종량법의 확정 시행 후 노가 양처병산을 통해 생산한 노비의 수가 급감한 것도 주요한 원인이 되었다.

　양반 지주가에서 보편적으로 나타나는 이 시기 소유 노비의 축소와 고공을 통한 노비 노동의 대체는 기본적으로 마호당 역시 동일했다고 생각된다. 그러나 마호당은 19세기에도 30~50구의 상대적으로 많은 노비를 보유하고 있었으며 마진마을 내에는 마호당과 독립한 호를 구성하여 거주하는 노비호들도 다수 존재했다. 따라서 19세기 들어 마호당의 노비 경영이 예전에 비해 위축된 것은 사실이지만, 노비 노동이 가내 사역으로만 제한되지는 않았으며 여전히 농업 경영 등에 노비 노동력을 활용하고 있었다고 할 수 있다.

　물론 고공의 노비화와 노비의 고공화가 광범하게 진행되고 있던 19세기 조선의 상황을 고려할 필요가 있다. 마호당 역시 당시의 사회상에서 예외적일 수는 없었으며, 따라서 19세기 마호당의 노비 경영은 이전과는 다른 성격의 노비를 배경으로 진행되었다. 이는 19세기 후반 마호당이 매득한 4건 7구의 노비가 모두 고공과 동일한 범주로 간주되던 자매노비였다는 사실을 통해서도 확인할 수 있다.

이렇게 살펴본 1661년부터 1897년에 이르는 마호당의 노비 경영은 조선 후기 노비제와 양반 지주가의 노비 경영이 보여주는 보편적인 흐름 속에 위치한다고 할 수 있다. 그러나 19세기에도 상대적으로 규모를 유지하고 있는 노비 경영이나 가임기 비를 중심으로 하는 가족 단위 노비 매득 등 마호당의 특징적인 모습들도 확인된다.

이 글은 마호당의 노비 보유 양상과 그 특성 및 배경 검토에 집중한 연구로 의미를 지닌다. 따라서 마호당의 구체적인 노비 경영을 제시하기에는 미흡하며 이를 본격적으로 살펴보기 위한 기초 작업이라 할 수 있다. 마호당 노비 경영의 구체적인 모습을 복원해 내기 위해서는 추수기나 전답안 등 토지·농업 자료 분석을 통한 마호당의 농업 경영에 대한 검토가 함께 요청된다.[61] 또한 부세 및 마을 운영 자료와 무엇보다도 노비계 자료를 검토함으로써 당시 마진마을과 노비 사회의 동태에 대한 분석도 요청된다.[62] 이러한 종합적인 연구를 통하여 조선 후기 진주 마진마을의 노비 존재 양상을 구체적으로 드러낼 수 있으며 노비주이자 지주가인 마호당과 맺고 있는 사회·경제적 관계를 확인하게 될 것이다.

---

61   김건태(2023), 앞의 논문.

62   도주경, 「조선후기 노비의 계 조직과 운영: 18세기 진주 마진촌 한글 노비계 문서를 중심으로」, 『조선시대사학보』 105, 2023.

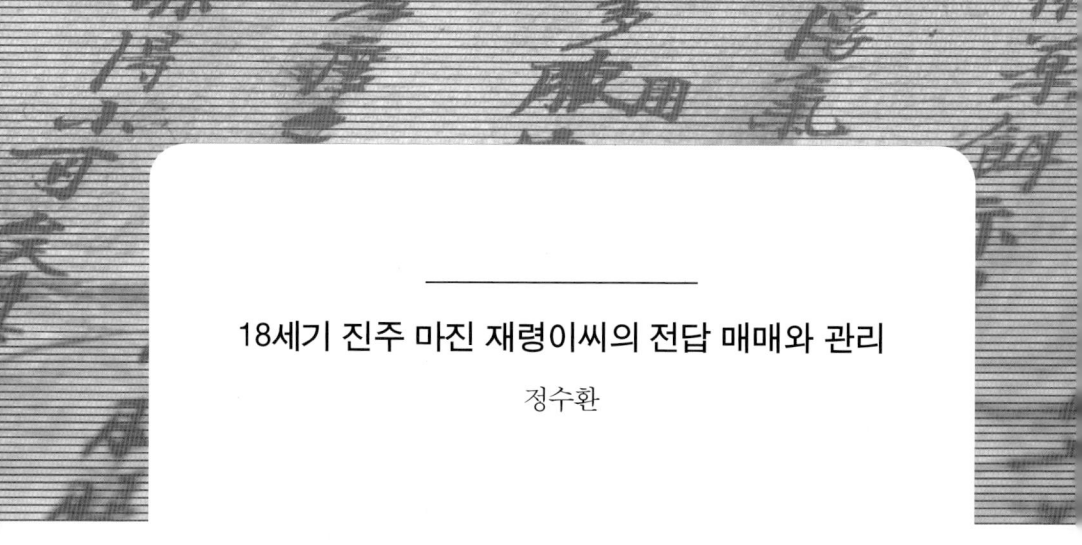

18세기 진주 마진 재령이씨의 전답 매매와 관리

정수환

1. 머리말

　조선 후기 경상도 진주목 마진리에 세거하던 재령이씨 가문은 현재까지 고문서 약 1만 1,980점을 축적했다. 이들 자료 중 전답매매명문이 545점으로 간찰 등과 더불어 가장 큰 비중을 차지한다.¹ 또한 토지 매매와 관련하여 토지를 재산으로 관리한 『문서도록(文書都錄)』혹은 『깃기도록(衿記都錄)』이 18세기를 전후하여 4점, 그리고 자녀들에게 분급한 분재기

---

* 이 글은 필자의 「18세기 전답 매매, 도록 그리고 분재를 통한 가산관리: 1757년 진주 마진리 재령이씨」, 『동양고전연구』 92, 2023을 수정·보완한 것이다.

1 자료 중 서간통고류가 40.73%, 치부기록류가 32.39% 그리고 명문문기류가 6.49%이다(신이나, 「마진 재령이씨 마호당 전적의 보존상태 조사」, 『2022년 장서각 학술대회: 진주 마진마을과 재령이씨가 고문서 발표자료집』, 2022, 78-79쪽). 이 글에서 진주 마진리 재령이씨 가문은 같은 마을 재령이씨 중 마호당(磨湖堂)을 가리킨다.

다수가 현재 남아 있다. 매매명문, 도록, 분재기는 토지의 획득, 관리, 분재와 긴밀한 관계에 있는 자료이다. 이에 따라 이 글에서는 이들 자료를 중심으로 조선 후기 재령이씨의 토지 집적·관리·분재 양상을 살펴보고자 한다. 그럼으로써 조선 후기 재령이씨의 가산 규모와 그 관리·경영의 특징을 도출하고자 한다. 이를 위한 시범 연구로서 1757년(영조 33) 이덕관이 사망 직전 실시한 분재를 중심으로, 이를 전후한 시점의 토지 집적과 관리 사례를 분석할 것이다. 자료 해석과 연구 종합을 위한 바탕이 되는 선행연구 성과는 크게 세 가지 방향으로 요약할 수 있다.

먼저 지금까지 전답 매매 행위와 전답매매명문 분석은 조선시대 사회 혹은 경제생활 변화라는 거시적 흐름을 확인하는 성과로 이어졌다. 또한 현대 부동산 거래와 토지 소유권의 전사를 확인하기 위해 매매명문의 내용과 형식에 대한 검토로 토지제도와 매매 관행에 대한 규명이 있었다.[2] 아울러 명문에 담긴 정보를 대상으로 매매 시기, 매매 가격, 매매 수단, 양안과의 관련성, 매매 주기 등을 분석하여 경제환경의 변화에 따른 토지 거래의 양상을 비교사적으로 접근하고 해석했다.[3] 이들 연구 성과는 전답매매명문, 특히 진주 마진 재령이씨의 가전 전답매매명문을 사료로 활용하여 경제 주체로서 개인 혹은 가문의 경제 생활과 토지 경영에 미시적 접근 기회를 제공한다.

분재기를 활용한 분재 관행에 관한 연구 성과는, 특히 전답과 관련하여 개인, 가족 그리고 가문의 경제 규모와 경제 활동에 대한 분석 기회로 이

---

[2] 周藤吉之,「朝鮮後期の田畓文記に關する硏究(一)」,『歷史學硏究』7-7~7-9, 1937; 박병호,『韓國法制史攷: 近世의 法과 社會』, 法文社, 1974.

[3] 이재수,『朝鮮中期 田畓賣買硏究』, 集文堂, 2003; 이정수·김희호,『조선후기 토지소유계층과 지가 변동』, 혜안, 2006; 정수환·이헌창,「조선후기 구례 문화류씨가의 토지매매명문에 관한 연구」,『古文書硏究』33, 2008; 오인택,「조선후기 量案과 토지문서」,『조선후기 경자양전 연구』, 혜안, 2008; 정수환,「17세기 화폐유통과 전답매매양상의 변화」,『藏書閣』23, 2010; 이용훈,「조선후기 토지거래의 비교사적 의미: 인간관계와 가격윤리의 측면에서」,『古文書硏究』60, 2022.

어진다. 선행 연구에서는 가계 내력에 따른 분재 규모의 변화와 경제력의 전수를 연결하여 지식인 혹은 지배층에 해당하는 사림파의 형성 및 전개를 설명하고, 분재 행위에 따른 가족 내 관계와 상속 관행의 변화를 규명했다.[4] 그 결과 17세기를 전후하여 토지와 노비 등 경제 기반의 수수를 통한 지배층의 형성과 그 속에서 분재 관행과 가족 의식에 큰 변화가 일어난 사실을 확인했다. 이런 성과를 바탕으로 분재를 중심에 두고 매매 관행, 전답 관리, 가계 경영에 대한 분석도 시도되었다.[5] 그렇지만 전답에 한정할 경우, 분재기를 분석한 내용이 그 시점의 경제 규모나 매매와 관련한 경제 활동을 모두 반영했는지, 직접적인 관련성이 높은지 여부에 여전히 의문이 남는다. 따라서 분재기와 전답매매명문을 함께 보아 가장이나 가족 구성원 등 경제 활동 주체가 전답 매매 및 분재 활동에 기울인 내용을 보다 정밀하게 추적할 필요성이 남는다.

마지막으로 개인 경제 활동으로서 전답 매매와 전답 관리, 개인이나 가족의 경제 활동이라는 측면에서 가계 경영의 실제에 접근한 성과가 있다. 전답 등의 가산 관리를 통해 부를 성공적으로 전수한 사례 소개도 있다.[6] 전답매매명문과 분재기 등을 연계한 접근은 가계 경영 실제에 대한 분석과 연결된다. 그리고 이러한 성과를 적용하기 위한 사례로서 조선시대 경상도 진주의 마진 재령이씨 고문서가 있다. 이 고문서에 대한 선행 검토 성과는 토지를 이용한 가계 경영을 추적하는 계기를 제공한다. 한편 김준

---

[4] 이수건, 『嶺南士林派의 形成』, 嶺南大學校出版部, 1979; 정구복, 『고문서와 양반사회』, 일조각, 2022; 문숙자, 『조선시대 재산상속과 가족』, 景仁文化社, 2004.

[5] 문숙자, 「17~18세기 해남윤씨가의 토지 확장 방식과 사회·경제적 지향」, 『고문서연구』 28, 2012; 정수환, 「18세기 강릉 전주이씨 선교장의 전답매매활동과 전략」, 『東洋古典研究』 75, 2019; 정수환, 「조선후기 분재와 가정경영 그리고 지역사회」, 『민족문화논총』 79, 2021b; 문숙자, 「舊文記 분석을 통해 본 조선시대 토지매매 양상」, 『지역과 역사』 51, 2022.

[6] 김건태, 「조선후기 칠곡 석전(石田) 광주이씨가(廣州李氏家)의 농업경영문서」, 『역사와현실』 25, 1997; 허원영, 「조선후기 강릉 船橋莊의 지주경영 연구」, 『인문과학연구』 61, 2019; 정수환 (2021b), 위의 논문.

형은 진주 지역사회의 구조와 신분을 분석하면서 19세기 마진마을과 재령이씨의 처지에 주목했다.[7] 그리고 뒤이어 동림(洞林) 및 노비 관리, 전답 및 우도(牛賭) 경영 등에 대한 후속 연구가 잇따랐다.[8] 이들 연구 성과를 바탕으로 마진 재령이씨 고문서를 활용하여 18세기 중엽 개인의 경제 활동과 가계 경영 실제에 접근할 수 있다.

이 글은 조선 후기 진주 마진마을의 재령이씨 고문서를 활용하여 전답매매·분재 등 가계 경영의 사례를 추적한다. 특히 1757년(영조 33)을 기점으로 당시 재령이씨 가문 혹은 특정 인물의 토지 매매 활동과 분재 그리고 토지 관리를 분석한다. 먼저 분재기를 활용하여 이덕관(李德寬)이 자손들에게 물려준 전답의 현황과 분재 배경을 선행 연구와 연결하여 확인한다. 그리고 현전하는 『문서도록』을 활용하여 '가산'의 개념을 적용하면서 분재가 있기 이전까지 형성한 토지 중심의 재산 현황을 확인한 다음, 전답매매명문으로 개인의 매매 활동과 가산의 성격 및 관리 내용 등을 추적한다.

---

[7] 김준형, 「19세기 전반 軍役充定 과정과 각 계층의 대응: 晉州·大谷里 지역 사례를 중심으로」, 『韓國史硏究』 170, 2015; 김준형, 「19세기 전반 晉州 大谷里의 토지소유 양상과 신흥계층」, 『南冥學硏究』 33, 2012; 김준형, 「19세기 진주의 신흥계층 '幼學'호의 성격」, 『朝鮮時代史學報』 47, 2018.

[8] 한국학중앙연구원장서각·경상국립대학교 남명학연구소, 『공동학술대회: 진주 마진마을과 재령이씨가 고문서』, 2022; 한국학중앙연구원 藏書閣, 『2022년도 장서각 학술대회: 진주 마진마을과 재령이씨가 고문서』, 2022; 심재우, 「조선후기 진주 대곡 마진마을의 역사와 동림(洞林) 갈등」, 『한국문화』 100, 2022; 도주경, 「조선후기 노비의 계 조직과 운영」, 『朝鮮時代史學報』 105, 2023; 김동일, 「18·19세기 진주 재령이씨가의 牛賭記와 牛賭經營」, 『한국문화』 102, 2023; 김건태, 「19세기 농업 생산성과 농민경영의 특성: 진주 마진동 이씨가 사례」, 『한국사론』 69, 2023; 허원영, 「조선후기 晉州 麻津 載寧李氏 磨湖堂의 노비경영」, 『경제사학』 82, 2023.

2. 재산 나눔, 깃급분재기

1757년(영조 33) 3월 9일 진주 마진리 재령이씨 가문은 깃급분재(衿給分財)를 실시했다. 분재기에 기재된 분재 관여 인물들을 분재기와 족보 등을 바탕으로 재구성한 내용은 〈그림 1〉과 같다.

1757년(영조 33)의 분재는 마진리 재령이씨의 경제 규모가 극에 달한 시점으로 알려져 있다. 재령이씨는 15세기 후반 즈음 진주와 연을 맺는데, 이침(李琛)이 경상도 함안에서 진주의 가좌리에 정착한 다음 그의 증손자 이강(李堈)이 마진리에 입향했다. 이강이 1634년(인조 12) 같은 마을에서 사망한 이후, 그의 아들 이중인(李重姻)에서 증손자 이덕관에 이르는 3대 동안 재령이씨 집안의 재부가 크게 늘었다.⁹

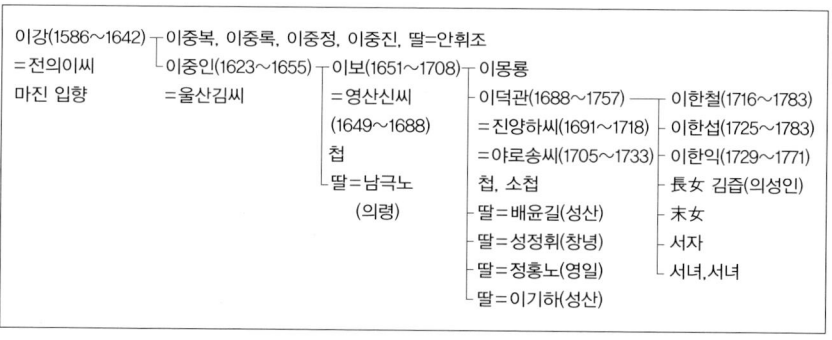

그림 1 경상도 진주 마진 재령이씨 가계도 **10**

---

9   『載寧李氏族譜』(1716년 丙辰舊譜), 李堈 條; 심재우(2022), 위의 논문, 137쪽; 1625년 즈음 간행된『진양지』에 가좌촌에서 마진으로 이거한 기록이 있어, 이 내용은 이강의 마진 거주를 방증한다(成汝信 原撰,『晉陽誌』, 규장각한국학연구원, 古4790-17).

마진리 재령이씨는 17세기 동안 구축한 재원을 바탕으로 18세기는 물론 19세기까지 치산이재를 통한 부의 유지가 가능했다. 그렇다면 이중인·이보·이덕관 3대가 100년에 걸친 경제 활동으로 축적한 재부의 규모는 이덕관이 자녀들에게 분급한 분재 내용에서 확인할 수 있는 측면이 있다.[11] 선행 연구에서 분재기를 바탕으로 분재 시점의 경제 규모를 추정한 성과를 참고할 때 그렇다. 이런 점에서 분재 내용 중 특히 토지에 집중한다면 1757년(영조 33)의 분재기가 재령이씨의 가계 경영 실제를 보여준다고 볼 수 있으며, 이를 통해 18세기 경제 상황을 간접적으로 추적할 수 있다.

　분재의 주체는 이덕관과 그의 자녀 등이었다. 재주는 이덕관으로, 분재는 그의 자녀 3남 2녀와 두 첩 그리고 서모를 대상으로 했다. 분재 시점은 1757년 3월 9일로, 이덕관이 같은 해 5월 3일 종신했다는 족보 기록으로 보아 이 분재는 그가 세상을 떠나기 두 달 전에 실시되었다.[12] 그렇다면 이 분금 분재는 이전에 별도의 분재가 없었다고 가정한다면 이덕관이 경영한 재산 규모의 전모를 반영한 것이라고 볼 수 있다.

　전체 분재 규모는 노비 78구와 더불어 전답 3,648부 6속 이상이었다(표 1).[13] 분재기에는 토지의 경우 관부의 과세와 관련한 결부를 기준으로

---

[10]　〈그림 1〉의 가계도는 가전 자료 중 분재기와 족보를 참고로 작성했다.『載寧李氏族譜』, 丙辰舊譜, 1716年;『載寧李氏家藏』, 附碣誌銘;『載寧李氏派譜草單』, 甲午 9月 初1日;《乾隆22年(1757년)丁丑3月9日子女等分給成文》.

[11]　17세기 전반 마진리의 재령이씨 집안에서 이중연이 마을 서쪽의 전답을 분재받는 것을 계기로 이거를 했고, 그의 손자 이덕관이 1718년 마호당을 짓고 마을을 개발하여 후손이 세거하고 있다고 전한다(이민재,「진주 마진리의 지역 개관」,『공동학술대회 자료집: 진주 마진마을과 재령이씨가 고문서』, 2022, 62쪽; 허원영,「조선후기 진주 마진 재령이씨 마호당의 노비 경영」,『공동학술대회 자료집: 진주 마진마을과 재령이씨가 고문서』, 2022, 136쪽). 현전하는 고문서는 마호당 후손가의 자료로서 이중연 이후 형성한 자료이다.

[12]　『載寧李氏派譜草單』, 李德寬條, 甲午 9月 初1日.

[13]　이덕관이 작성한 1756년 호구단자에는 전체 노비 152구 중 물고나 도망노비 72구를 제외하고 현존한 노비는 80구가 적혀 있다. 이들 중 78구를 자녀 등에게 분재한다고 하여 호구 자료와 분재기의 기록이 대략 일치하고 있다(도주경,「조선후기 노비계 조직과 계원의 특징」,『2022년도 장서각 학술대회 고문서와 지역 사회 1: 진주 마진마을과 재령이씨가 고문서』, 2022, 29쪽).

표 1 1757년 재령이씨가 노비와 전답 분재 현황

구분	祀位	長子衿	仲子衿	末子衿	長女衿	妾衿	庶母祀位	末女祀位	別置條	小妾衿	합계
노비	7	16	22	21	3	6	2	1	–	–	78
전	112–4	268–2	310–2	204–8	58–1	75–2	19–3	9–1	149–6	10–2	1,138–7
답	153–4	575–6	572	612–6	196–9	166–2	28	26–3	175–9	17–6	2,506–9
대전	–	□	3	–	–	–	–	–	–	–	3+
소합	7구 265–8	16구 843–8+	22구 885–2	21구 817–4	3구 255	6구 241–4	2구 47–3	1구 35–4	– 325–5	– 27–8	78구 3,648–6+

* 長子衿의 대전은 결부가 없음(토지는 결부임).
** 小妾衿과 別置條 논 17부 6속 중복. 仲子衿과 末子衿 밭 78부 4속은 중복.
*** 토지 결부 표기: 부–속.

먼저 적은 뒤 두락을 부기했다. 토지 결부 기록은 누락 혹은 중복 등 오류가 발견되는 한계가 있다. 그리고 분재 내용은 18세기 중엽 자녀 차등 분재와 가내 사정을 반영한 결과이다. 먼저 이덕관과 그의 두 부인을 위한 봉사조에 해당하는 사위(祀位)를 설정하고, 그의 두 첩의 몫은 별도로 남겼다. 이들 부부의 3남 1녀의 몫이 분재 내용의 중심이었다. 끝으로 일찍 세상을 떠난 막내딸과 이덕관의 서모를 위한 사위도 정했다(그림 1). 분재에서 이덕관이 고려했던 집단 사정은 분재기의 서문에서 밝혔다.

> 나는 독하게 재앙과 불행을 겪었다. 일찍이 부모를 여의고 홀로 괴로움과 어려움 속에서 자랐다. 팔자가 곡절이 많아 다시금 전·후실의 상을 당하고 다만 3남 2녀만 곁에 거느리고 부지런히 잘 돌보고 길러 냈다. 이로써 어버이가 당한 화가 자식에게 미치지 않을 것을 기대했으나 남은 재앙이 그치지 않았다. 애처롭게도 막내딸이 성인이 되기 전에 어린 나이에 일찍 죽은 슬픔에 너무도 가슴 아픈 마음을 어떻게 말로 하겠는가?[14]

---

[14] 《乾隆22年(1757년)丁丑3月9日子女等分給成文》.

이덕관의 가계에 따르면, 그가 태어나고 2달 뒤 모친 영산신씨가 세상을 떠났으며,[15] 나이 20세에 아버지의 죽음으로 홀로 되었는데, 분재기 서문에는 이런 사정이 담겨 있다. 두 부인 진양하씨와 야로송씨가 먼저 세상을 떠나고 남은 자녀 3남 2녀 중 막내딸도 명을 달리한 사정을 적었다. 분재기 서문에서 이런 고난했던 가내 사정을 서술한 배경은 분재 대상 자원, 특히 토지의 확보에 그가 노력을 기울이고 열중했던 이유를 암시한다. 역경을 이겨 내고 분재 자원을 달성했다는 일종의 회고였다.

분재기에는 토지 규모가 열기되어 있어 1757년(영조 33) 분재가 있을 당시 이덕관이 축적한 재산 규모를 가늠할 수 있다. 토지 규모는 결부와 두락을 연결하여 자세히 기록했다. 몇 개의 기재 보면 다음과 같다.

- 長子衿: 官洞員 玆字 29田14負5束, 30田 5束, 33田內 2負1束, 34田 5負6束, 35田 2負, 36田 3負7束, 44田 2負, 50田 4負 8作幷13斗
- 別置條: 官洞員 務字 38畓 4負6束, 39畓 2負, 41畓 7負6束, 42畓 6束, 139畓 2負8束 內3斗5刀地
- 小妾衿: 官洞員 務字 38畓 4負6束, 39畓 2負, 41畓 7負6束, 42畓 6束, 139 2負8束 內 南邊 3斗地

장자몫의 사례에서 보듯이 대곡리 관동원의 동일 자호 내의 8개 토지에 대해 결부를 밝힌 다음 이들 토지에 대한 두락을 적었다. 이처럼 결부에 따른 자호별 토지 두락의 합을 분재기에 일관되게 기재하는 것이 원칙이다.[16] 이런 기재 방식은 예로 든 별치조와 소첩금의 기재 방식과 내용에

15 『載寧李氏派譜草單』, 李葆 條, 甲午 9月 初1日.
16 다만, 별치조(別置條)의 '凡沙員 奈字 41畓' 1건에 대해서는 결부와 두락 내용이 없다. 분재기는 전답도 소재지와 면적, 작인의 이름까지 상세하게 담아 즉흥적으로 작성하기 어렵고 초문서(草文書)를 작성한 다음 완성본인 원문서(原文書)를 작성하는 신중한 과정의 결과물이었다(문숙자, 「조선시대 分財文記의 작성과정과 그 특징: 草文書原文書複文書의 제작과 수취를 중심

서도 확인할 수 있다. 이런 기록 규칙에 따른 분재 규모는 노비 78구에, 전답이 36결 48부 6속이었다.[17] 기록의 오류도 있다. 장자금 대전의 규모를 기재하지 않거나, 중자와 말자 그리고 별치조와 소첩금의 토지 내용이 중복하여 기재한 사례도 있다. 그러나 인용문의 별치조와 소첩금의 경우 결부는 중복되고 있음에 반해, 두락에 대해서는 각기 3두 5도락 혹은 3두지로 구분하여 기록했다. 이런 기술 자세에 따라 두락을 기준으로 분재 토지의 규모를 보다 정확히 확인할 수 있다. 두락 기준 전답의 분재 내용은 〈표 2〉와 같다.

표2 분재 전답의 두락 규모

구분	祀位	長子衿	仲子衿	末子衿	長女衿	妾衿	庶母祀位	末女祀位	別置條	小妾衿	총 합계
전	2-37.0	4-90.5	5-91.0	4-99.0	1-28.0	43.0	12.0	9.0	1-25.0	3.3.0	17-437.8
답	39.5	150.5	139.2	130.8	48.3	39.2	6.0	7.0	40.9	3.0	604.4
대전	–	5	2	–	–	–	–	–	–	–	7
소합	2-76.5	4-246.0	5-232.2	4-229.8	1-76.3	82.2	18.0	16.0	1-65.9	6.3	17-1049.2

* 토지 두락 표기: 석-두.승.

분재 대상, 즉 이덕관이 확보한 토지의 두락 규모는 17석 1,049두 2도락 규모였다. 이들에 대해 1결을 20두로 적용하면 토지 규모는 밭 777두 8도락, 논이 604두 4도락, 대전이 7두락으로 모두 1,389두 2도락 정도였다.[18] 이러한 규모는 비교적 방대한 토지를 분재한 사례로 볼 수 있는 1557년(명종 12) 안동 고성이씨 분재 사례에서 986두락, 1618년(광해군 10) 영해 재령이씨 사례에서 1,645두락, 1631년(인조 9) 영해 무안박씨 분재에

으로」,『嶺南學』 18, 2010, 223-224쪽).
17 가내 구전에는 이덕관이 '천석꾼'의 큰 재산을 축적했다고 한다. 이민재(2022), 앞의 글, 63쪽.
18 분재기에서 末子衿의 '麻法員 俶字 26田 20負9束 18斗地'와 妾衿의 '水三員 勸字 8田 17負6束 15斗地' 등의 사례를 통해 20두 1석을 적용했다.

서 1,300두락 이상인 내용과 비교할 수 있다.[19] 1757년 이덕관이 실시한 분재 토지의 규모도 집안에서 전하는 내용과 같이 '천석꾼' 규모의 재산이었을 가능성을 보여준다.

재령이씨의 토지 확보는 이덕관에 이르러 정점에 올랐을 가능성이 있다. 분재기의 내용을 고려하면서 추수기를 참고할 수 있다. 추수기로 추정한 재령이씨 소유 논의 규모는 1780년대 초반 570두락이던 것이, 1785년(정조 9) 447.2두락, 1790년(정조 14) 341.8두락으로 감소했다.[20] 그리고 마진 재령이씨의 70개 식년 70개의 호구문서의 추이를 보면, 1666~1750년 사이 이중관-이보-이덕관 시기에 11구에서 157구로 노비가 급증했으며, 1750~68년 이덕관-이한철 시기는 160구 전후의 노비를 보유하여 이 가계에서 노비를 최다 보유하던 시기였다.[21] 이로 본다면 재령이씨 가문의 역사에서 이덕관 대에 토지와 노비 규모로는 최고의 부를 축적했다고 볼 수 있다.

분재기의 분재 규모와 내용은 선행 연구 성과와 부합한다. 이덕관은 17세기 이전의 자녀균분상속이 아닌 자녀차등분재를 실현하면서도 아들에 대해서는 각기 몫에 대해 균분 분재의 모양을 갖추었다. 봉사조를 제외한 자녀들의 토지 분재 규모를 보면, 아들의 몫은 균분상속의 모습을 갖추었으나 장녀의 경우 장자 대비 29.5%에 불과한 사실에서 알 수 있다. 그리고 아들 중에서도 장자에게 경계와 관리가 분명한 토지를 우선 분급했다고 볼 여지가 있다. 차자들에 대해 가좌촌의 밭을 분재했는데, 동일 자호에 대해 '남변(南邊)'과 '북변(北邊)'을 각기 1석씩 분급해 뜻하지 않은

[19] 문숙자(2004), 앞의 책, 222, 230쪽; 정수환, 「16세기 영해 무안박씨의 매매와 분재를 통한 가계경영 전략」, 『인문학연구』 27, 2019a, 163-164쪽.

[20] 김건태, 「18~19세기 마진 이씨가의 농업경영」, 『2022년도 장서각 학술대회 고문서와 지역 사회 1: 진주 마진마을과 재령이씨가 고문서』, 2022, 12쪽. 김건태는 19세기 재령이씨의 논이 1814년(순조 14) 1,042.9두락으로 늘어난 요인을 적극적인 매득에서 찾았다.

[21] 허원영(2022), 앞의 글, 145쪽.

분쟁의 소지가 있었다.[22] 그리고 이덕관의 이런 분재 결정은 봉사조의 설정에서 두드러진다.

> 제사의 일은 오로지 큰아들 집에서 감당하게 하는 것이 나의 뜻이니 잘 받들어 따를 것이다. 그리고 세상을 떠난 형의 제사를 위한 토지와 노비는 돌아가신 아버지께서 남긴 뜻을 받들어서 또한 장자에게 모두 전해주고 서모의 제사는 둘째 아들에게 별도로 나누어 준다. 막내딸의 원혼은 너무도 불쌍하니 달리 사위(祀位)를 정해서 막내아들에게 주어 제사를 받드는 바탕으로 한다.[23]

봉사조, 즉 이 분재기에서 이덕관이 설정한 '사위'는 본인의 의지, '여의(餘意)'에 따라 큰아들에게 전급하고, '망형사위(亡兄祀位)'에 대해서도 아버지의 '유의(遺意)'에 따라 또한 장자에게 '전급(傳給)'했다. 그리고 아들들에 대해 서모와 요절한 막내딸의 봉사조도 각각 둘째와 막내아들에게 분급했다. 이로써 봉사를 이유로 철저한 장자 우대라는 전제를 따라 자녀 차별의 분재를 실현했으며, 이는 18세기 중엽 분재와 관련한 사회적 분위기를 반영하고 있다. 그리고 이덕관은 분재에서 '별치조(別置條)'를 설정했는데, 이는 장자 우대 분재 속에서도 마진 재령이씨 가문의 경제적 안정을 통해 사회적 위상을 유지하려던 것이다.

> 몫을 나눈 것 외에 별도로 전답을 내어서[別置] 종가와 지손을 가리지 않고 자손 중에 어쩌다 문과나 무과 중에 출신(出身)이 있으면 가져서 갈아 먹다가 뒷날 출신을 기다려 돌아가며[輪回] 기다린다.[24]

22　'加佐村 大島員 漆字 34田 50負5束'에서 南邊 1石地, 北邊 1石地를 중자와 말자 몫으로 기재했다.
23　《乾隆22年丁丑(1757년)3月9日子女等分給成文》.
24　《乾隆22年丁丑(1757년)3月9日子女等分給成文》.

분재기 별치조에는 전답의 현황을 수록하고 있는데, 이를 설정한 배경은 분재기 서문에서 알 수 있다. 이들 전답은 종가와 지손가의 자제 중 과거 급제자를 육성하기 위한 대비책이었고, 이는 곧 자손만을 위한 배타적 가산에 해당했다. 과거 급제자는 별치조 전답을 경작하되, 그렇지 않으면 세 아들의 후손들이 윤회 경식하도록 하여 일종의 가산으로 활용하도록 조치했다.

한편 분재기 서문에서 이덕관이 밝힌 분재 내용을 본문에서 확인할 수 없는 부분이 있다. 이덕관이 서문에서 언급한 '망형사위(亡兄祀位)', 즉 그의 요절한 형 이몽룡의 봉사조이다. 분재기 서문에서 언급한 망형사위를 분재 내용에는 달리 기록하지 않았다. 이로 본다면 이 분재기에 나열한 전체 분재 대상 노비 78구와 더불어 전답 3,648부 6속 혹은 1,389두 2도락 외에도 다른 내용이 더 있었음을 알 수 있다. 따라서 분재기 내용을 기준으로 가계 경제 규모를 추정하기에는 한계가 있다고 볼 수 있다. 특히 전답의 경우 이덕관이 거의 칠십 평생, 혹은 가장이 된 이후 축적한 토지 그리고 18세기 재령이씨 가문의 규모를 반영한 것이라고 단정하기는 어렵다.

3. 토지 관리, 문서도록

이덕관이 사망 직전에 단행한 자녀와 가족을 대상으로 했던 깃급분재가 본인 단독 혹은 그와 그의 가족이 일생동안 토지를 경영한 결과물인지는 좀 더 확인이 필요하다. 이런 사유와 관련하여 현재 남아 있는 가전 고문서 중 '도록'으로 명명한 자료는 가족 토지 경영의 결과물을 추정할 수 있는 단서를 제공한다. 이 자료에는 토지의 매득 사실과 위치·규모 등의 현황들이 낱낱이 기록되어 있기 때문이다. 도록의 이런 특징과 연관하여 고려할 수 있는 선행 연구도 있다. 분재 과정에서 대상이 되는 노비와 토지 등 재산의 물목을 나열한 장부와 대장의 존재는 일찍이 추정하고 있었다. 그래서 분재를 위한 초문서(草文書)와 원문서(原文書)의 존재를 확인하고 이들 자료의 노비 기록을 분재기와 서로 비교하기도 했다.[25] 이에 따라 분재기와 초문서 혹은 원문서의 실체가 일부 확인되었다. 이로 본다면 도록은 분재와 관련하여 초문서, 원문서 혹은 이를 위한 장부일 가능성이 있다.[26] 그렇다면 비단 노비만이 아니라 토지에 대한 분석도 필요하고 이런 측면에서 토지 현황을 기록한 도록을 이용하여 이덕관 혹은 그의 가족이 함께 일생 확보한 토지를 추적할 수 있다.

재령이씨 마호당 고문서 중, 1757년(영조 33) 3월 9일 깃급분재와 관련한 일종의 장부 혹은 대장에 해당하는 자료로서『문서도록』이 있다. 이 자료에 대한 분석에 앞서, 이『문서도록』과 분재기 혹은 분재와의 관련성을 정확하게 확인할 필요가 있다.『문서도록』내용과 분재기 기록과의 상호 연결성을 보다 엄밀히 살펴보기 위해 두 자료를 비교한다. 몇 가지 참고 사례가 있다.

두 자료에 수록한 내용의 관련성을 확인하기 위해 기록이 '일치'하는 사례와 '부분일치', 그리고 '불일치'하는 경우로 구분해 볼 수 있다. 〈표 3〉의 ㉮는 대곡리 마법원 '묘자(畝字)' 토지에 대한 기록이다. 토지 소재 평원(坪員)과 자호 그리고 결부와 두락을 포함하여 '사위(祀位)'로 분류한 사실도 모두『문서도록』과 분재기의 내용이 일치한다. 이런 사례는 두 자료의

---

25 문숙자(2002), 앞의 글.
26 현재 남아 있는 '도록'은 표제가 없거나『他人不見』,『文書都錄』,『衿記都錄』등으로 기재되어 있는데, 기재 양식이나 방향이 동일한 특징이 있다. 이 부분을 고려했을 때,『문서도록』은 '깃기도록'과 같이 분재를 위한 자료로 활용하기 위해 작성했을 가능성이 높다.

표 3 『문서도록』과 분재기의 토지 기록 내용 비교

구분	『문서도록』	분재기
㉮	大谷里 麻法 畝 62畓7負1束1夜2斗地姜希景壬子買 祀位	麻法員(祀位) 畝字 62畓7負1束1夜2斗地
㉯	大谷里 官洞 務 38畓4負6束 39畓2負 40畓7負6束 別置(南邊3斗地小妾衿) 42畓6束 139畓2負8束5作幷 夜6斗5刀地鄭致太處壬申買	官洞員(別置條/小妾衿) 務字 38畓4負6束(別置條/小妾衿) 39畓2負(別置條/小妾衿) 41畓7負6束(別置條/小妾衿) 42畓6束(別置條/小妾衿) 139畓2負8束(內3斗5刀地)(別置條) /內南邊3斗地(小妾衿)
㉰	大谷里 麻法 畝99田2負8束 　100田1負內5束外反川在5束 　101田6負9束內1卜反川外在5卜9束 　102田7負3束 別 　103田7束 置 　104田1負5束 　105田4負5束內2卜5束外反川在2卜 　106田5負3束8作幷皮牟1石10斗地姜晉甲壬戌買 我130田7束 別置 131田7束 2作姜晉甲壬戌買	麻法員(別置條) 畝字 99田2負8束 100田1負 101田6負9束 102田7負3束 103田7束 104田1負5束 105田4負5束 106田5負3束 我字 130田7束 131田7束 皮牟1石10斗地

내용을 '일치'로 분류한다. ㉯는 대곡리 관동원의 '무자(務字)' 논의 내용 중 일부이다. 분재기에서는 별치조와 소첩금(小妾衿)으로 분류하고 결부를 기재하고 두락의 합을 각기 제시했다. 『문서도록』은 자호와 지번 순으로 결부를 열기한 다음 주묵으로 '별치'와 '소첩'을 기재했다. 두 자료의 별치(조)와 소첩(금)의 두락 규모는 『문서도록』의 6두 5도지에 대해 분재기에서는 각기 3두 5도락지와 3두락지로 적고 있어 산술적으로 일치한다. 다만 '40답'과 '41답'은 자호의 차이를 제외하고 결부는 일치한다. 이런 사례는 '부분일치'로 분류할 수 있다. 그리고 ㉰는 대곡리 마법원의 '묘자(畝字)'와 '아자(我字)'의 사례에 대한 상호 비교이다. 분재기에는 '별치조'로 일괄 기재되고 있는 내용을 기준으로 『문서도록』의 기록을 비교했다. 두 자호에 대해 분재기 별치조의 내용이 『문서도록』에서 주묵으로 '별치'라고 적혀

있어 내용과 일치한다. 다만 소재지와 자호 그리고 분재 항목에 대한 일치에도 불구하고 부분적으로 두락과 결부에 대한 기재의 차이를 보여 부분일치로 판단한다. 이런 구분은 기본적으로 『문서도록』과 「분재기」의 내용 연결성을 전제로 엄격히 적용한 것이다.

『문서도록』에는 토지 현황이 기재되어 있으며, 정보는 754건에 이른다. 이에 비해 이덕관이 실시한 깃급분재기 수록 토지 관련 내용은 452건으로 『문서도록』과 차이가 있다. 따라서 분재기를 기준으로 『문서도록』과 기재 내용의 연관성을 비교할 수 있다. 사례 건수에 따라 정리하면 〈표 4〉와 같다.

분재기의 기록 452건을 기준으로 『전답도록(이하 도록)』의 기록을 대조한 결과, 76.1%에 해당하는 344건의 내용이 상호 정확하게 일치한다. 이 경우 토지의 자호는 물론 결부와 두락도 예외가 아니다. 부분일치에 해당하는 22.1%의 100건에 대해서도 두락, 결부 등이 개별적으로 사소한 차이가 있을 뿐 그 외의 내용은 일치한다.[27] 그리고 불일치하는 사례 8건은 자호의 누락과 결부와 두락의 차이가 모두 있는 경우로 전체의 1.76%에

표 4 분재기 기록 기준 『문서도록』 내용과의 관련성

구분	祀位	長子衿	仲子衿	末子衿	長女衿	妾衿	庶母祀位	末女祀位	別置條	小妾衿	합계
일치	19	83	83	61	23	29	6	3	35	2	344
부분일치	1	20	17	29	6	7	1	4	15	0	100
불일치	0	3	1	3	0	0	0	0	1	0	8
소합	20	106	101	93	29	36	7	7	51	2	452

* 別置條와 小妾衿 중복 기록 5건 중 4건은 일치, 1건은 부분일치임.
** 仲子衿과 末子衿 중복 기록 2건은 모두 일치하며, 仲子衿과 別置條 중복 기록 1건은 불일치.
*** 표는 중복 대상 8건은 우선 기록된 '별치조', '중자금'으로 반영.

27 『문서도록』과 분재기를 비교한 사례는 다음과 같다. 『문서도록』의 "官洞 農 61畓 5負4束 2作幷 夜3斗地金東晉處丙寅買"와 분재기의 長子衿 "官洞員 農字 61畓 7負1束 1夜 2斗地"의 경우 자호는 일치하나 결부의 차이가 있다.

불과한 소수 사례뿐이다.[28] 분재기 수록 내용에 대한 『도록』의 기록은 일치와 부분일치의 사례를 고려할 때 98.2%의 높은 관련성을 확인할 수 있다. 분재기 작성 과정에서의 수정이나 오류를 1.76%로 상정한다면 두 기록 사이의 강한 연결성을 생각할 수 있다. 그렇다면 『문서도록』은 1757년 이덕관이 깃급분재 이전까지 전답을 관리하기 위해 혹은 분재하기 직전에 작성한 장부 혹은 대장으로 볼 수 있다.

분재기와 『문서도록』의 연결성은 『문서도록』의 기재 내용에서 더 분명하다. 『문서도록』에는 동리·평원·자호·지번·결부를 기본으로 두락 등이 함께 수록되어 있다. 전답의 현황을 마을과 평원, 자호를 기준으로 754건의 내용을 하나씩 나열했다. 그런 다음 주묵을 이용하여 부기 내용을 적었다(그림 2). 주점으로 하나씩 전답의 기재 내용을 확인하거나 주묵으로 분류하여 기록했다. 분류한 내용은 〈그림 2〉의 사례만 보더라도 '사매(私買)', '소첩자(小妾自)'와 같은 전답을 확보하게 된 소종래를 밝힘과 함께 '중자금(仲子衿)'·'별치(別置)'·'장자금(長子衿)'과 같은 분재와 관련한 것들이었다. 이처럼 『문서도록』의 수록 내용과 기록 항목을 고려했을 때, 『문서도록』은 분재 혹은 분재기와 깊은 관련성이 있다는 사실을 알 수 있다. 특히 『문서도록』 첫 면의 '정축 3월일(丁丑三月日)' 기록으로 작성일을 추정할 수 있는데, 이는 바로 1757년 3월이다. 이로 본다면 『문서도록』은 같은 달 9일에 있던 깃급분재와 긴밀하게 연결되어 있으며, 선행 연구를 고려한다면 분재를 위한 대장이나 장부임을 분명히 할 수 있다.

분재기와 분재를 위한 장부로서 『도록』의 성격은 이 자료에 분재 몫과 관련한 내용 그리고 그 이상을 포괄하고 있다는 점에서도 드러난다. 1757년 깃급분재기에 기록한 각 몫은 여러 봉사조와 자녀와 첩을 포함한 10개 조로 구성하고 있다(표 4). 그렇지만 분재기 서문에서 언급한 봉사조

---

28 분재기의 長子衿 "班城 垈田 5斗地"의 경우 『문서도록』에서는 확인할 수 없다.

중 '망형사위(亡兄祀位)'에 해당하는 토지와 노비 현황은 분재기 본문에 적지 않았다.[29] 분재기에 수록한 토지의 경우, 분재 당시의 전체 가산 현황을 전면 반영하고 있다고 보기 어려운 측면이 여기에 있다. 반면 『도록』에는 주묵으로 '형주사위(兄主祀位)'가 부기되어 있어 곧 '망형사위'인 사실을 알 수 있다(그림 1). '형주', 혹은 '망형'인 이몽룡을 위한 봉사조는 3석 58두 8도락, 즉 118두 8도락

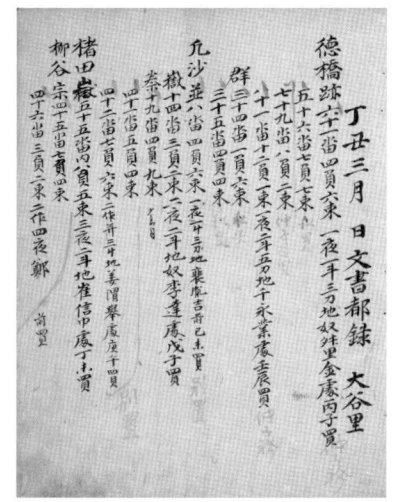

그림 2 『문서도록』 첫 면

규모였다.[30] 이는 이덕관의 제사를 위한 사위가 116두 5도락인 점과 유사한 규모인데, 한편으로 분재 서문에서 망형의 봉사조를 장자에게 전한다고 밝힌 점을 상기할 필요가 있다(표 1). 분재기에 밝히지 않은 망형 봉사조의 규모를 『도록』에서 확인한 내용을 바탕으로 분재기의 장자 몫을 합하면 전답은 모두 444두 8도락으로 다른 형제들에 비해 112~135두락 이상 많은 규모였다. 따라서 이덕관은 토지의 경우 자녀차등상속이라는 기조 속에서도 확연한 장자우대상속을 은근히 실현했다.

　분재기를 기준으로 『도록』의 내용을 비교한 결과 두 기록이 강한 연관성을 갖는다. 그렇지만 『도록』에 수록되어 있는 전답 현황은 분재 대상 재산에만 한정하지 않고 폭이 넓다는 특징이 있다. 『도록』의 기재 내용은 크게 두 부분으로 나눌 수 있다. 먼저 별도의 부제 없이 전답을 열기한 내용이 대부분을 차지한다. 그리고 이어서 '자기매득질(自己買得秩)'로 구분하여

29　각주 23의 인용문 참조.
30　이들 중 밭이 3석 23두락(83두락) 논은 35두 8도락지로, 밭이 두 배 이상 많았다.

적은 부분이 있다. 그리고 '자기매득질'은 다시 '철금이자기매득질(哲金伊自己買得秩)', '중자자기매득질(仲子自己買得秩)' 그리고 '말자자기매득질(末子自己買得秩)'로 구분하여 정리했다.

자기매득질은 철금이를 비롯한 두 아들의 전답 매매 결과를 정리한 결과이며, 내용은 분재 대상에 포함하지 않은 전답이었다. 먼저 철금이는 분재기의 가족이나 노비 기록에서 확인할 수 없지만, 이덕관이 한 해 전 진주목에서 발급받은 준호구에서 '쇠금이(金金伊)', 즉 '철금이'를 확인할 수 있다.[31] 『도록』에 구분해 기재하고 분재 대상에서 제외한 사실과 연계하여 철금이 자기매득질은 이덕관 본인의 경제 활동과 관련이 없을 수 있다. 현재 재령이씨가에 전하고 있는 전답매매명문 중 이덕관의 매매 활동과 관련한 가노(家奴) 혹은 수노(首奴) 현황을 확인하기 위해 그의 생시인 1688~1757년을 적극 적용하면 해당되는 명문은 총 357점이 있다. 이 시기 전답매매명문 중 이덕관 혹은 재령이씨가를 대신하여 '이생원댁 호노' 등으로 매매 활동을 했던 노비는 24명 이상 확인이 가능하다.[32] 그렇지만 여기에서도 재령이씨가 노비 중 '철금이'는 확인할 수 없다.

철금이가 노주(奴主)를 위한 매매 활동을 대행하지 않았다면, '기상(記上)'의 이유를 상정할 수 있다.[33] 선행 연구에 따르면, 노비는 조선 후기까지 매득이나 금득에 의해 전답을 소유하고 있었으나, 법전의 규정이 있음에도 16세기 이후 전답 소유를 둘러싸고 상전과 갈등이 발생하면서 신분

---

[31] 준호구(진주 마진 재령이씨 마호당 고문서, F20201-02-W00081)에는 "婢命今1小生奴金金伊年 58己酉"로 기록되어 있다. '金金李'는 분재 전해에 호구기록에 등장한 뒤 분재기 기록에서 사라졌다는 점에서, 그리고 그의 나이가 58세인 점과 관련하여 이미 세상을 떠났다고 볼 수 있다. 이런 사연으로 기상(記上)의 계기가 마련되었을 수도 있다고 추정한다.

[32] 이들 현황을 정리하면 구문·귀발·귀세·돌상·득이·백세·병상·봉선·봉세·순옥·승발·시만·원금·위흥·유원·율발·이원·일춘·천석·천세·천순·최봉·춘복·춘손과 같다. 이들 중 돌상·백세·위흥·천석이 다수의 매매에 참여했으며, 특히 분재기에서 확인할 수 있는 노(奴)는 최봉이다.

[33] 『경국대전』에는 자녀 없이 세상을 떠난 노비의 재산이 상전에게 귀속하는 기상 대상으로 규정되어 있다. 『經國大典』卷4, 刑典 公賤條.

적 예속 상황에 따라 생전에 상전에게 기상하는 일이 빈번했다.³⁴ 이와 관련해서 재령이씨가에 『사송유취(詞訟類聚)』가 가전하고 있는 점을 참고할 수 있다. 이 책에는 '기상'에 대한 내용이 포함되어 있다.³⁵ 재령이씨가는 『사송유취』의 표제를 『대명률(大明律)』로 기재하여 책에 권위를 부여하고 재산 관리 및 경제 활동과 관련하여 참고하면서 전답 획득과 소송 지침으로 적극 활용했다고 볼 수 있다. 이로 본다면 철금이 자기매득질은 이덕관이 가노로부터 기상받은 전답을 재령이씨가에서 완전히 점유하기에 앞서 구분하여 관리할 목적으로 작성했다고 추정 가능하다.

그러나 한편으로 자기매득질의 구성에서 중자와 말자의 매매 활동 결과를 함께 기재한 사실을 주목할 필요가 있다. 철금이 자기매득질은 장자 이한철(李漢哲)의 자기매득 결과일 수 있다. 철금이를 적으며 노비 여부나 '고(故)'와 같은 부기가 없기 때문이다.³⁶ 이와 관련해서 이덕관의 장자 이한철(李漢喆)은 호구기록에 따르면, 1732년 이한상(李漢相)에서 이한식(李漢植)으로, 1735년 이한복(李漢馥), 1750년 이한철로 각각 개명했다. 이덕관이 세상을 떠나고 장자인 그가 주호로 등장하는 1759년 호구단자에 44세의 유학 이한철(李漢哲)이 확인된다. 그렇다면 이한철은 이덕관이 종신하기 직전 '李漢喆'에서 '李漢哲'로 개명했을 개연성이 있으며, 이에 따라 『도록』에 아들을 지칭하는 철금이로 기재했을 가능성이 있다. 이 부분은 뒤이어 중자와 말자의 자기매득 내용이 이어진다는 점에서도 그렇다.

이덕관이 『도록』을 정리하면서 자기매득질로 구분한 이유는 본인이 전

---

34 전형택, 「朝鮮後期 奴婢의 土地所有: 記上田畓을 중심으로」, 『韓國史研究』 71, 1990, 81-82쪽; 이정수, 「16세기 奴婢의 記上田畓과 性格」, 『역사와 경계』 59, 2006, 136-137쪽.

35 『詞訟類聚』, 公賤條, "私賤卽幷具財産許本主區處". 『사송유취』는 1585년(선조 18) 간행한 이후 여러 번 간행되었으며, 지방 수령이 소송지침서로 활용했다(김명화, 「조선시대 수령의 소송지침서 《詞訟類聚》의 편찬과 활용」, 『書誌學研究』 66, 2016, 362-363쪽).

36 『문서도록』에는 上寺의 槐花員 墅字 41畓에 대해 '貴年畓'이라 적혀 있다. 귀년은 이덕관의 호구기록이나 분재기에서 확인할 수 없는 이름이다. 하지만 분재기에 귀덕·귀발·귀섬·귀태·귀재 등의 이름을 확인할 수 있어 귀년 또한 이덕관의 노비로 추정할 단서는 있다.

답 매매 활동을 직접 주관하지 않았기 때문이다. 그가 가노에게서 기상을 받았거나 받기 위한 기록이라 할지라도 이덕관은 이 내용을 분재 대상에 포함하지 않음으로써 자신의 경제 활동이 아닌 것으로 보았다. 그리고 만일 세 아들의 매매 활동 기록을 기재한 결과라고 한다면, 이덕관이 『도록』을 작성할 때 자신과 아들들의 매매 활동을 구분했고 그렇기에 분재에서도 제외했다고 보는 것이 합리적이다. 그렇기에 '자기매득질'이라고 내용을 정확히 밝혀 적은 것이다.

이덕관이 분재에 앞서 혹은 그 이전에 작성한 『도록』의 기록에서 자신과 자식들의 경제 활동을 함께 파악하고 있다는 점은 가산 개념을 갖고 이를 적용했을 가능성을 보여준다. 가산은 조상으로부터 전래받은 재산인 조업(祖業)과 구분하여 가장이 매득 혹은 상속받은 노비와 전답의 처분에 부부, 친자, 형제, 근친이 어느 정도 관여할 수 있는 재산을 말한다.[37] 당연히 이 경우에도 가장이 관리·처분에 깊숙이 관여할 수 있었기에 가장의 재산일 수 있는 성격이 있었다. 이런 측면에서도 이덕관의 『도록』 기재 자세를 보면 그가 본인과 자식들의 경제 활동에 대해 가산의 개념으로 이해하고 있었다고 볼 수 있다. 이런 의식이 있었기에 『문서도록』의 표지에 '타인불견(他人不見)'이라 부기하여 가산 내역 열람 범위를 가족, 특히 본인과 아들로 한정하려 했다.

전답을 가산으로 인식하면서, 가족 단위의 경제 공동체라는 의식이 작용했다고 볼 수 있는 부분은 자기매득질 외에도 『도록』의 분재 대상 전답에 대한 기록에서도 확인할 수 있다. 〈그림 2〉에서 보듯이 『도록』에는 주

---

[37] 박병호(1974), 앞의 책, 147-154쪽. 실제로 1669년(현종 10)의 별급문기에는 재주가 두 아들에게 분재하며 "各出家産 使之奉行祭祀"라고 당부하여 가장이 형성하고 봉사를 위해 분급하는 재산을 '가산'이라 적었다(한국정신문화연구원, 『扶安金氏愚磻古文書』, 한국정신문화연구원, 1983, 205·569쪽). 그리고 1841년(현종 7) 토지 매매에서도 매매 사유와 매매물을 "如干家産 沒數火燒是遣 無路生活 自己買得"으로 밝힌 사례로 보아 가산 개념이 폭넓게 있었음을 알 수 있다(한국정신문화연구원, 『光山金氏烏川古文書』, 한국정신문화연구원, 1982, 225쪽).

묵으로 각기 분재 몫을 구분하여 적으면서도 대상 토지의 유래에 대해 밝혔는데, 그 사례는 다음과 같다.

> 傳來, 私買, 仲子私買, 小妾自, 少妾自, 小妾自己買得, 仲子自, 仲子自買, 妾, 妾自

『도록』에 기록된 754건 중 47건에 대해 위와 같은 내용이 주묵으로 표기하고 있는 분재 몫에 대한 기록과 함께 있다. 이들 기록은 크게 전래, 사매, 자기매득으로 구분할 수 있다.[38] 『도록』 수록 대상에 전래전답을 포함하면서 이덕관은 이른바 조업과 가산을 엄격히 구분하지 않았다. 그리고 소첩을 포함해 첩이나 중자의 자기매득 내용도 기록 대상에 포함했다.[39] 이러한 기록 범위를 고려한다면 『도록』이 이덕관 개인의 경제 활동이 아니라, 전답을 기준으로 조상전래를 포함하여 가족 모두의 경제 활동 결과를 반영한 것이라 하겠다.

   전답에 대한 『도록』의 기술 자세를 참고할 때, 전답은 가산의 개념으로 가족 공동의 가계 경영을 실현하고 있었다고 본다. 이 부분은 '사매(私買)'를 자기매득과 구분하고 있는 점에서 더 분명해진다. 이는 가족의 협의 없이 개인의 결정에 의한 매매 활동이 있었음을 암시한다. 그렇지만 이러한 토지를 대상으로 한 경제 활동도 『도록』에 담으면서 결국 전래 토지와 함께 사매로 획득한 토지도 가산으로 포괄하여 경영했음을 알 수 있고, 그 중심에 가장으로서 이덕관이 있었다.

---

[38] '自'로 기록한 妾, 仲子 등의 사례들을 볼 때 '자기매득'의 약자로 『문서도록』에 표기했다고 볼 수 있다.

[39] 仲子가 자기매득한 사례는 3건으로 대곡리 덕교원(德橋員), 곽동원(官洞員), 마법원(麻法員)에 있는 전답이다. 이들 중 마법원의 토지를 제외하고 모두 '중자자기매득질'에서 확인할 수 있다.

4. 토지 확보, 전답매매명문

『도록』이 이덕관을 가장으로 한 그 가족의 토지 매득과 경영 결과물이라고 가정한다면『도록』의 기재 내용을 좀 더 살펴볼 필요가 있다. 우선 매매명문과 『도록』의 연결성을 찾을 수 있다. 『문서도록』에는 전답의 소재지와 규모에 대한 기본 기록과 더불어 대상 토지를 매득한 시기와 방매자에 대한 내용도 포함하고 있다(표 3, 그림 2 참조). 그리고 재령이씨 고문서 중에는 전답매매명문이 현재 545점 전하고 있다. 이들 매매명문 중에는 거래 과정에서 구문기로 전수받았거나, 신문기와 함께 도문기로 관리되면서 재령이씨와 관련이 없는 매매 사례도 포함하고 있다.[40] 현전하는 매매명문은 소유권을 확보하고 증명하는 수단이라는 측면에서 기본적으로 재령이씨 가계의 여러 인물들이 실행했던 매매 활동의 결과이다. 그렇지만 현재 남아 있는 토지매매명문은 토지제도의 변혁과 소유권 증명의 변화를 고려한다면 19세기 말까지 재령이씨가에서 매매활동을 한 결과로 볼 수 있다. 따라서 현전하는 전답매매명문이 18세기 중엽 분재와 『도록』작성 시점의 이덕관과 그 일가 토지 매득의 결과를 모두 반영한다고 보기에는 제한적이다.

재령이씨 가문에 전하는 매매명문은 이와 같은 한계도 있지만 『도록』의 성격을 이해할 수 있는 좋은 단서도 제공한다. 전답매매명문을 포함한 명문문기류는 습기로 인한 곰팡이, 종이의 섬유화와 분말화에 따른 결손

---

[40] 문숙자는 구문기와 분재기를 비교했다(문숙자, 「17~18세기 海南尹氏家의 토지 확장 방식과 사회경제적 지향」, 『古文書硏究』 40, 2012). 그리고 조선시대 매매명문에서 구문기의 전수 및 첨부와 관련한 표현은 전라도 해남의 경우 17세기 중엽에 두드러지고, 경상도 안동은 18세기에 두드러지는 등 시차가 있다[문숙자(2022), 앞의 논문, 368쪽].

으로 보존 처리가 시급한 불량 자료가 26%로 다른 문서류에 비해 많았다.[41] 이런 자료 상태로 다수가 전답매매명문의 매자 등 매매 토지에 대한 내용을 파악하는 데 한계가 있다. 이런 제약에도 불구하고 〈표 3〉에서 보듯이 『도록』에 기재한 매매 기록에 해당하는 재령이씨가의 매매명문과 비교할 수 있는 사례도 있다. 당연히 『도록』의 매득 기록과 관련한 전답매매명문을 모두 확인할 수는 없다. 이미 언급했듯이 이덕관 사후의 매매로 인한 흩어짐과 함께 보존 상태의 문제로 인한 내용 파악의 한계가 있기 때문이다. 그렇지만, 〈표 3〉의 『문서도록』의 매매 기록과 현전하는 전답매매명문이 일치하는 3가지 사례를 참고로 살펴본다. 이러한 전답매매명문을 〈표 3〉과의 관련 속에서 ㉮, ㉯, ㉰ 순서대로 확인하고 정리하면 다음과 같다.

㉮ 1732년(영조 8) 임자년 12월 24일 이덕관께 하는 문서이다. 이 문서를 하는 이유는 연이은 흉년으로 살아갈 도리가 어렵고 형세가 어쩔 수 없기 때문이다. 조상으로부터 전래해서 갈아먹던 마법원의 묘자(畝字) 62답(畓) 7부 1속으로, 실종(實種) 1야(夜) 2마지기 곳을 값으로 정조(正租) 모두 6섬의 수대로 받고 밭을 이 사람에게 영원히 팔아 버린다. 본문기는 다른 논밭과 함께 붙어 있어서 건네주지 못한다. 뒷날 자손 중 만일 잡담하거든 이 문서를 가지고 바로잡을 일이다. 논 주인은 강희경(姜熙慶), 증인 참고는 동생 아우 우창(遇昌), 문서 작성은 동성 3촌 원석(元碩)이다.

㉯ 1752년(정조 28) 임신 3월 28일 이생원 호노 봉세(奉世)에게 하는 문서이다. 이 명문을 하는 일은 나의 처변으로 금득한 대곡리 관동원의 무자(務字) 38의 4부 6속, 39의 2부, 41의 7부 6속, 42의 6속, 139의 2부 8속

---

41 신이나(2022), 앞의 글, 80-81쪽.

으로 실종(實種) 논 6마지기 5도락지 곳을 먼 데 있어 경작하기 어려워 어쩔 수 없이 이 논을 전문 100냥의 수대로 값을 쳐서 받고 이 사람에게 본문기 4장과 함께 영원히 팔아 버린다. 뒷날 자손 중 만일 잡담하거든 이 문서를 가지고 관에 아뢰어 바로잡을 일이다. 논 주인은 정치태(鄭致太), 증인은 처3촌 김대성(金大成), 문서는 유학 강원석(姜元碩)이 쓴다.

㉰ 1744년(영조 20) 12월 일 유학 이덕관께 하는 문서이다. 이 문서는 긴요하게 쓸 곳이 있어서 한다. 전래해 오던 마법원의 묘자(畝字) 99전 2부 8속, 100전 1부, 101전 6부 9속, 102전 7부 3속, 103전 7속, 104전 1부 5속, 105전 4부 5속, 106전 5부 3속과 아자(我字) 130전 7속, 131전 7속 등 피모(皮牟) 1석 10마지기 곳을 정조 19석 10말을 수대로 값을 받는다. 그리고 이 사람께 방매하니 뒷날에 만약 잡담하거든 이것으로 바로잡을 일이다. 재주, 유학 강진갑(姜晉甲)이 문서를 쓴다.

이들 3건의 사례는 『도록』 및 분재기와 연결할 수 있는 전답매매명문이다. 여기에서 토지 매매 활동과 관련한 주변 정황, 즉 매매 사유, 매매자와의 관계 그리고 매매가 등을 확인할 수 있다. ㉠는 『도록』과 분재기의 기록이 일치하는 사례에 대해 전답매매명문의 실물을 확인한 결과이다. 『도록』에는 강희경이 임자년(1732년)에 매득했다고 밝혀져 있으나 매득 주체는 알 수 없다. 하지만 매매명문에서는 매매 대상 토지의 세부 내용이 모두 일치하는 것은 당연하고, 그해 12월 이덕관이 직접 매득한 사실도 기록되어 있다. 그리고 매득 배경은 겨울에 곡식 값이 상승하는 시기인 데다 연이은 흉년으로 강희경이 조상 전래의 토지를 부득이 매매할 정도로 방매자가 불리한 상황이 작용한 결과였다.

㉯는 『도록』과 분재기의 기록이 부분일치하는 사례에 대해 전답매매명문의 실물을 확인한 결과이다. 『도록』에는 정치태로부터 임신년(1752년)에 매득했다고 적고 있으나 매득 주체는 알 수 없다. 하지만 매매명문 내용은

분재기의 자호와 결부 내용이 정확히 일치하고 『도록』과도 자호의 차이만 있을 뿐 대부분 일치한다. 그리고 그해 3월 이덕관의 매매를 호노 세봉이 대행한 사실을 확인할 수 있다. 매매 사유는 긴요한 소용처라고 적고 있지만 매매 시점에서 보듯이 춘궁기와의 관련성을 추론할 수 있다. 또한 대상물이 처변전래의 토지라는 사실도 알 수 있다.

㉰는 『도록』과 분재기의 기록이 부분일치하는 사례에 대한 전답매매명문이다. 『도록』에는 강진갑으로부터 임술년(1744년)에 매득했다고 밝히고 있으나 매득 주체와 '묘자(畝字)'와 '아자(我字)' 토지 매매가 동시에 혹은 분리하여 실행되었는지 불분명하다. 하지만 매매명문에 기록된 매매 대상 토지의 결부는 분재기는 물론 『도록』과 정확히 일치했다. 다만 『도록』의 별치 내용과 관련한 부기 내용은 부분일치한다. 그리고 같은 해 12월 유학 이덕관이 직접 매매를 시행한 사실도 매매명문에서 알 수 있다. 매매 사유로 12월 겨울의 곤궁한 사정을 '요용소치(要用所致)'로 서술한 내용을 알 수 있다. 이처럼 『도록』의 매매 기록은 매매명문으로 확인할 수 있으며, 이 경우 매매와 관련한 배경, 즉 매매 주체와 매매 사유 그리고 매매가를 보다 정확하게 파악할 수 있다.

매매명문에 담긴 풍부한 매매 정보에도 불구하고 『도록』과의 비교를 통해 상호 확인 및 분석할 수 있는 내용은 제한적이다. 다만, ㉮·㉯·㉰의 사례에 대한 매매명문에서 결부와 두락의 관계는 의미가 있다. ㉮·㉯의 경우 매매명문에 각각 결부와 함께 2두와 6두 5도락의 내용이 적혀 있으며, 『도록』에서 이를 확인할 수 있다. 매매명문을 기준으로 『도록』을 작성했으며, 『도록』에 다수의 결부 기록이 열기되어 있지만 두락을 기준으로 토지 규모 파악과 관리가 있었음을 알 수 있다. 두락을 기준으로 매매가 있었고 그것이 바로 매매명문과 도록의 기록에 관련이 있다고 추정할 계기가 된다.

㉰와 같이 각기 다른 자호로 『도록』에 분리하여 기재한 사례도 그렇다.

이덕관은 두 자호의 토지를 일시에 매득했지만, 『도록』에 대곡리 마법원의 밭에 대해 자호별로 기재하면서 각기 분리하여 등재하고 관리하고 있었다. 두 자호에 대한 매매명문과 『도록』의 토지 기록은 모두 정확히 일치한다. 그렇기에 『도록』에서는 매매명문을 토대로 자호별로 분리하여 기록을 재구성했다는 것을 확인할 수 있다. 그러나 토지 규모는 1석 10두로, 묘자와 아자의 밭 규모를 두락으로 종합했다. 『도록』의 두락 기록을 기준으로 토지 매매와 관리가 이루어졌다고 볼 수 있는 부분이고, 나아가 두락 기준의 토지 규모 확인이 분석에 조금 더 용이할 가능성을 보여준다.

『도록』과 매매명문의 비교를 통해 이덕관은 분재하기 전 혹은 그보다 앞서 가산으로 관리하는 토지의 규모를 파악하고 있었음을 알 수 있다. 그리고 『도록』은 매매명문 혹은 매매문기를 토대로 자호별로 재구성하여 정리한 기록인데, 이를 매매명문과 관련한 매매 행위 분석에 활용하기 위해서는 두락 단위로 파악하는 방향이 더 효율인 측면이 있다. 『도록』과 매매명문의 관계를 고려하면서 『도록』에 수록한 전체 전답 현황을 정리하면 〈표 5〉와 같다.

이덕관 대에 토지는 대곡리를 중심으로 가좌촌, 상사, 동물곡 등 거주지 인근에 집중하여 분포했다. 1757년 분재를 전후한 시점에서 마진 재령이씨의 전답 규모는 25석 1,639두 4도락이었다. 이 중 밭은 모두 24석 754마지기 3도락, 논은 1석 875마지기 1도락이다. 밭이 논에 비해 약 28% 이상 많은, 밭이 논의 128% 이상에 달해 전체 토지 중 밭의 비중이 높았다.

『도록』의 전답 규모는 〈표 2〉의 분재기 소재 전답 현황과 비교할 수 있다. 1석을 20두로 적용할 경우, 『도록』의 전체 토지는 2,139두 4도락인데 비해 분재기에서는 1,389두 2도락이었다. 규모만으로도 『도록』은 분재기 대비 약 35% 많은 토지를 수록하고 있으며, 그 규모는 750두락이 넘었다. 밭과 논을 각기 살펴보면, 밭의 1,234두 3도락은 분재기의 777두

표 5 『전답도록』 수록 재령이씨 전답 두락 규모

구분	大谷里	加佐村	上寺	冬勿谷	加次禮	班城	雪梅	晉城	龍奉	琴山
전	22-571.8	156.5	15	4	2-2	-	5	-	-	-
답	1-242.2	74	113.2	91.8	67.7	54.2	32	44	32.3	21.5
대전	-	-	-	-	-	-	10	-	-	-
소합	814	230.5	128.2	95.8	69.7	54.2	47	44	32.3	21.5

구분	固城九萬	代如村	加樹	中安里	大安里	沙竹	省乙山里	楮洞	禿川	합계
전	-	-	-	-	-	-	-	-	-	24-754.3
답	21	20.5	16.2	13	12.5	7	4	4	4	1-875.1
대전	-	-	-	-	-	-	-	-	-	10
소합	21	20.5	16.2	13	12.5	7	4	4	4	25-1,639.4

* 두락 표기: 석-두, 승

8도락보다 37% 이상 많았다. 논은 『도록』이 895두 1도락으로 분재기의 604두 4도락에 비해 33% 이상 많게 나타났다. 이로 본다면 분재기에 수록된 분재 대상 전답보다 『도록』의 기록이 35% 더 많다고 볼 수 있다. 그리고 『도록』의 기록이 더 정확하다는 전제에 따르면, 17세기 중엽 재령이씨 가산 중 전답은 2,139두락 이상으로 추정할 수 있다. 따라서 분재기의 분재 대상 토지는 이덕관이 분재하던 1757년 3월 당시 전체 가산의 약 65%에 그쳤다고 볼 수 있다.

이덕관이 분재 대상으로 포함하지 않았던 토지 750두락의 성격은 정확히 알기 어렵다. 다만 『도록』에서 분재기에 언급한 내용 외의 사위에 해당하는, 이른바 조업을 염두에 두고 분재 대상에서 제외한 내용일 수 있다. 사위의 경우 부모 70두 5도락, 조부모 36두락, 내용을 밝히지 않은 사위 76두 5도락 그리고 망형을 위한 사위 118두 5도락이었다. 이들을 모두 계산해도 466두락 정도에 불과하여 분재기의 분재 대상 토지보다 많이 『도록』에서 확인한 전답 750두락에도 284두락이 못 미친다. 다시 말하면, 봉사조로 분재에서 제외한 이들 466두락 이외에도 『도록』 내용 중 분재 대상에 포함하지 않은 토지가 284두락이다. 이들 토지는 어쩌면 이덕관과 그 가족의 매매 활동 결과가 아니었던 것이 이유일 수 있다.

『도록』에는 매매명문을 기준으로 토지 현황이 정리되어 있다. 이덕관을 기준으로 그의 매매 활동 결과가 아닌 경우, 즉 조업의 성격을 지니는 토지는 분재 대상에서 제외했다고 생각해 볼 수 있다. 이와 관련하여 『도록』에 기록한 내용을 토대로 토지 매득 시기를 검토하면 〈표 6〉과 같다.

매득 시기를 남긴 자료는 모두 320건이다. 『도록』의 매매 기록 중 간지와 함께 연호를 병기한 사례 10건이 있으며, 이 경우는 '건륭' 1건을 제외하고 모두 '강희'이다. 이 경우 연도 추정이 용이하다. 다만 간지로만 표기한 사례는 확인이 필요한데, 『도록』과 매매명문을 함께 검토하여 연도를 확인할 수 있다. 대표적인 사례를 들자면, 무인년 매매의 사례 2건이 있다. 무인년에 노 예봉에게서 3두락의 논을 매득한 『도록』의 기록에 대해, 매매명문에서는 재령이씨가에서 호노 춘복으로 하여금 '康熙 37年 戊寅 3月'에 매매했다고 기록하고 있다. 이에 따라 『도록』의 무인은 1698년(숙종 24)으로 확정할 수 있다. 또 다른 『도록』의 무인년 매매는 강득위에게서 답 7두락을 매득한 경우인데, 이 내용은 매매명문에 재령이씨가의 호노 춘복이 강득위로부터 '康熙 37年 戊寅 2月'에 매득했다는 기록이 있어 역시 연도를 확정할 수 있다.

〈표 6〉은 이덕관을 기준으로 그의 연령대별 매매 건수 분포를 정리한 것이다. 18세기 강릉 전주이씨는 가계 경영에서 30세를 전후하여 경제 활동의 주체로 전답 매매를 전개한 사례가 있다.[42] 이에 따라 이덕관의 경우

표 6 『전답도록』의 전답 매매 기록 분포

연도 (나이)	1663~1717 (30세 이전)	1718~1730 (31-43세)	1731~1745 (44-58세)	1746~1757 (58세 이후)	합계
건수	84	77	78	81	320

* 자기매득질은 제외함

도 30세 이전, 30대에서 40대 초반, 40대 후반에서 50대 후반, 50대 후반에서 사망하기까지로 구분하여 비교할 수 있다. 그 결과 이덕관은 대체로 고르게 매매 활동을 전개한 사실을 알 수 있다. 다만 이 경우『도록』기록의 특성상 개인 이덕관만 아니라 이덕관 본인을 포함하여 가족의 매매 활동과 전래 내용 등을 포괄하는 의미가 있다. 이런 한계에도 불구하고 이덕관이 경제 활동의 주체가 된 이후 연도별로 대체로 고르게 전답 매매 활동을 전개했음을 유추할 수 있다.

『도록』의 매매 기록에서 이덕관이 분재 대상에 포함하지 않은 전답 750두락, 혹은 284두락의 전모를 파악할 수는 없다.『도록』의 매매 기록은 이덕관을 중심으로 한 재령이씨 일가의 전답 매매 활동의 경향을 파악할 수 있는 정도이다. 그리고 토지 관리와 관련해서는『도록』의 기록이 전체 토지에 대해 일부만 분재 대상으로 삼았다는 점과 분재에서 제외된 토지가 봉사조 등 조상 전래와 관련이 있다는 가능성을 확인해 준다.

5. 맺음말

이 글은 조선 후기 한 가문의 매득을 통한 토지 집적과 관리 그리고 분재 과정을 추적하면서 가산 관리를 통해 부를 축적하고 확산하는 내용을 살펴보기 위한 시도이다. 분석 대상은 경상도 진주 마진리 재령이씨로, 토지 매매 그리고 가산으로 토지 관리를 보여주는 대표 모집단으로서의 한계는 있다. 그렇지만 다량의 전답매매명문, 토지를 관리한『문서도록』그

42　정수환(2019a), 앞의 논문.

리고 이를 분재한 분재기가 유기적으로 남아 있어 매매와 가산 관리, 분재에 이르는 일련의 흐름을 재구성하기 쉬운 측면이 있다. 분석을 위해 전답매매명문 545점과 『문서도록』의 754건 그리고 분재기 토지 정보 452건을 활용했다. 연구 시기는 분재가 이루어졌던 1757년(영조 33)이다.

1757년 이덕관이 자녀를 대상으로 몫을 나눈 깃급분재기에서 당시 재령이씨 가문이 1,389두 2도락 규모의 토지를 확보한 사실을 확인했다. 이러한 내용은 17세기 중엽에서 18세기 중엽에 이르는 100년간 재령이씨 가문 부의 축적 경향을 반영하고 있으며, 그 중심에 이덕관이 있었음을 방증하는 듯하다. 그리고 분재는 자녀차등상속으로 아들 중심의 부를 전수하던 18세기 중엽의 관행을 따른 것으로 확인했다. 그러나 분재기 서문에는 언급했으나 본문에는 '망형사위' 등의 분재 내용이 없는 데에서 분재기를 통한 재령이씨의 재산 규모를 확정하기에는 한계가 있었다.

재령이씨가 자료 중『문서도록』은 1757년 이덕관이 분재 직전에 토지 보유 현황을 정리한 내용을 수록하고 있어 분재와 토지 관리의 성격을 분석할 수 있는 기회를 제공한다. 『문서도록』은 분재기 내용을 98.2% 이상 포괄하면서 이덕관이 토지의 관리와 분재를 목적으로 이 자료를 작성한 사실을 보여준다. 그리고『문서도록』에서는 분재기에서 내용을 밝히지 않았던 '형주사위'의 토지 규모 118두 8도락을 확인할 수 있다. 이들 토지는 분재기 서문의 언급에 따라 장자에게 귀속되면서 자녀차등상속과 함께 장자우대상속을 드러나지 않게 실현한 수단이었다. 다만『문서도록』에는 이덕관의 세 아들이 독자적 경제 주체로 매득한 토지를 자기매득질로 분류하면서도, 한편으로는 아들, 첩 등의 다른 가족이 매득한 내용도 자신의 토지 매득 경제 활동과 달리 분류하지 않고 함께 기록하고 관리한 부분도 있다. 이러한 기술 자세는 이덕관이 가장으로서 자신뿐만 아니라 가족 구성원이 매득한 토지에 가산 개념을 적용하여 경영했다는 점을 보여준다.

『문서도록』에 수록된 토지의 성격은 전답매매명문과 비교·분석하면 좀 더 분명해진다. 『문서도록』에서 밝힌 매득 시기와 방매자를 현전하는 매매명문에서 확인한 결과 일치하는 부분이 있다. 그리고 이를 토대로 『문서도록』의 토지 정보가 매매명문을 기준으로 정리되어 있다는 점과 두락을 기준으로 그 규모를 파악하고 관리를 했다는 사실을 확인했다. 그 결과 『문서도록』 수록 전답은 모두 2,139두 4도락으로 파악되었으며, 이는 가장 이덕관과 가족의 매매 활동 결과이자 전체 가산의 규모로 볼 수 있다. 다만 『문서도록』의 전답 중 65% 정도만 분재 대상이 되었고, 분재에 포함하지 않은 토지 750두락 정도가 있었다. 분재에서 제외한 토지를 아들의 독자적 경제 활동 결과 혹은 조상의 봉사조로 설정하더라도 284두락의 여지가 남았다. 그리고 매매명문과 『전답도록』을 함께 살핀 결과, 이덕관이 가장으로 활동할 당시 마진리 재령이씨 가문은 대체로 고르게 토지를 매득했던 사실을 알 수 있었다.

 이덕관은 18세기 전반 가장으로서 다른 가족 구성원과 함께 대체로 고르고 지속적으로 전답을 매득하여 토지를 집적했다. 그리고 이들 토지를 『전답도록』에 정리하면서 본인과 가족의 전답 매매 활동과 조상 전래 토지를 가산 개념으로 경영하면서도 한편으로는 아들이 경제 주체로 활동한 사례는 구분하는 자세를 취했다. 그리고 1757년 분재할 당시 전체 가산을 분재 대상으로 삼지는 않았다. 이처럼 재령이씨는 매득한 토지를 가산으로 관리하여 규모의 토지 경영을 실현하고 분재에 아들을 우선하여 그들에게 기반을 제공하는 한편, 결국 분재 대상에서 제외한 토지의 상당 부분을 장자에게 귀속하도록 설계했다. 이를 통해 마진리의 마호당 종가가 장자에게 안정적인 전답 기반을 전수함으로써 종가가 계속해서 이른바 '천석꾼'의 경제적 규모를 유지할 수 있도록 토지를 경영했다는 사실을 알 수 있다.

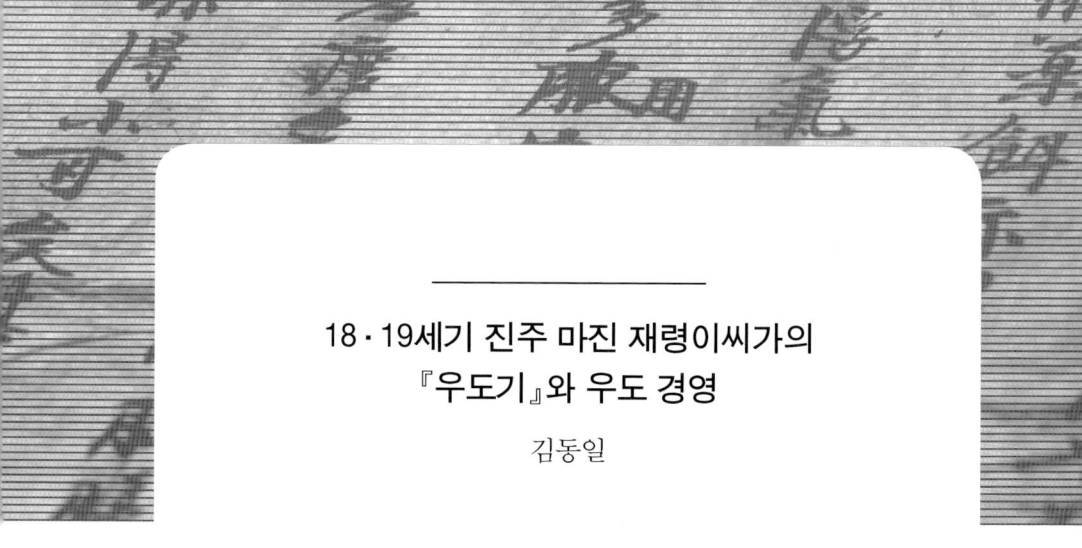

18·19세기 진주 마진 재령이씨가의 『우도기』와 우도 경영

김동일

1. 머리말

 소 도살을 금지하는 우금(牛禁)은 송금(松禁), 주금(酒禁)과 더불어 삼금(三禁)으로 불렸으며 조선왕조 전 시기 동안 유지되었던 정책이다. 농우의 중요성이 컸기 때문에 농자천하지대본(農者天下之大本)을 천명했던 조선왕조에서는 소 도살을 금지할 수밖에 없었던 것이다. 전통시대 소는 농가의 가장 귀한 동산 중 하나였다. 농우는 성인 장정 10명 이상의 노동력을 제공했고, 심경(深耕)이 가능하게 했던 농가의 보배였다.
 조선시대 소를 주제로 다룬 연구는 많지 않지만, 우금·도살에 관한 연구와 우도(牛賭)·세우(貰牛)에 관한 연구로 양분된다. 첫째, 우금·도살에 관

---

* 이 글은 필자의 「18·19세기 진주 재령 이씨가의 우도기(牛賭記)와 우도경영(牛賭經營)」, 『한국문화』 102, 2023을 수정·보완한 것이다.

한 연구는 김대길과 전경목의 연구가 대표적이다. 김대길은 우금 정책을 분석하며 그 실효성에 의문을 제기했다.[1] 한편 전경목은 소 도살에 관련된 고문서를 통해 소 도살이 빈번했음을 입증하며 우금 정책을 회의적으로 평가했다.[2]

둘째, 우도·세우에 관한 연구는 김건태·허원영·송양섭이 수행했다. 김건태는 20세기 초에 작성된 『우도기(牛賭記)』를 통해 밀양박씨가의 우도 경영과 세우 관행을 실증했다.[3] 유일한 『우도기』 분석 연구로 조선시대 우도 경영과 세우 관행을 짐작할 수 있게 해 준다.

한편 허원영은 1774년 작성된 『순천부서면가좌책(順天府西面家座冊)』을 분석해 18세기 후반 순천부 농민들이 보유한 우마 현황을 명시했다. 317호의 농가는 자기우(自己牛)가 120필, 세우를 33필 보유한 것으로 확인된다. 대략 1호가 0.5필의 소를 보유하고 있었던 셈이다.[4] 허원영의 연구는 가좌책 분석을 통해 농우 보유가 선행 연구의 추론과는 달리 흔했고 세우 비율도 적지 않음을 논증한 의미가 있다.

송양섭은 동래부 고문서를 통해 18세기 관우대출(官牛貸出)의 실상을 분석했다. 동래부 동하면은 관우를 각 동리에 분배하고 사육인을 신중하게 고르고, 소를 임대하고 받은 고세(雇稅)로 환곡의 모손(耗損)에 보충하도록 했으나 관우 대출은 오래가지 못했다.[5] 송양섭의 연구는 고문서를 통해 18세기 관우대출을 세밀하게 분석한 의미가 있다.

이 글은 희귀한 자료를 찾아 역사적 의미를 부여한 이상의 선행 연구에 기대어 있다. 그런데 조선시대 양반가의 우도 경영 및 농민의 세우 관행에

---

1 김대길, 「조선후기 牛禁에 관한 연구」, 『사학연구』 52, 1996.
2 전경목, 「조선후기 소 도살의 실상」, 『조선시대사학보』 70, 2014.
3 김건태, 「제8장 식민지화의 충격」, 『조선시대 양반가의 농업경영』, 역사비평사, 2004.
4 허원영, 「18세기 후반 순천부 농민의 존재양태와 농업경영: 『順天府西面家座冊』(1774) 분석을 중심으로」, 『역사문화연구』 47, 2013.
5 송양섭, 「18~19세기 동래부 동하면의 '면중(面中)'과 잡역운영」, 『역사와 현실』 112, 2019.

관한 연구는 소략하다. 자료가 많이 남아 있지 않기 때문이다.

경상남도 진주시 대곡면 마진마을의 재령이씨 마호당(磨湖堂)에는 다량의 고문서·고서가 소장되어 있는데, 방대한 자료로 조선 후기 진주 지역 사회경제상을 풍부하게 고찰할 수 있었다.[6] 한국학중앙연구원 장서각의 최근 조사에 따르면, 고문서 수량은 1만 1,961건이며, 공동연구가 진행되고 있어 학계의 큰 주목을 받고 있다.[7] 필자는 진주 마진 재령이씨가 고문서에서 조선시대 우도 경영과 세우 관행을 읽을 수 있는 『우도기』를 발견했다. 이에 이 글을 통해 조선시대 『우도기』의 실물을 학계에 최초로 소개하고, 『우도기』의 형식과 기재 내용을 분석할 것이다. 아울러 『우도기』 분석을 통해 진주 마진 재령이씨가의 우도 경영을 해석하고자 한다.

2. 진주 마진 재령이씨가와 『우도기』

1) 진주 마진 재령이씨가의 가산 경영

고문서를 소장한 진주 마진 재령이씨 마호당의 가계는 선행 연구를 통해 밝힐 수 있었다. 재령이씨가는 이개지(李介智)의 4남 이계현(李季賢) 대에 분기했고, 성재공파(誠齋公派)는 16세기에 살았던 성재(誠齋) 이예훈(李禮勛)

---

[6] 김준형, 「19세기 진주 신흥계층 '幼學'호의 성격」, 『조선시대사학보』 47, 2008; 김준형, 「19세기 전반 晉州 大谷里의 토지소유 양상과 신흥계층」, 『南冥學硏究』 33, 2012; 김준형, 「19세기 전반 軍役充定 과정과 각계층의 대응: 진주 대곡리 지역사례를 중심으로」, 『한국사연구』 170, 2015a.

[7] 심재우, 「조선후기 진주 대곡 마진마을의 역사와 동림(洞林) 갈등」, 『한국문화』 100, 2022; 김건태, 「19세기 농업 생산성과 농민경영의 특성: 진주 마진동 이씨가 사례」, 『한국사론』 69, 2023; 송양섭, 「1838년 晉州 大谷里의 군역운영과 里中=面中의 역할」, 『藏書閣』 50, 2023.

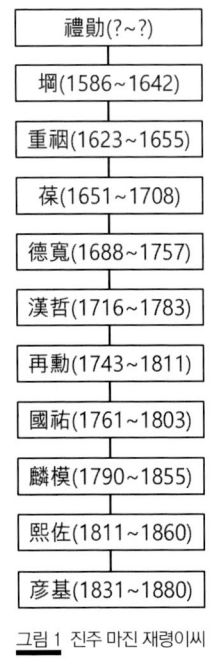

그림 1 진주 마진 재령이씨 주손 가계도

을 파조로 한다. 이예훈의 아들은 이강(李堈)이고, 이강의 5남이 이중인(李重禋)이다. 현재 주손 이영(李永)씨가 거주하고 있는 마호당을 건축한 인물이 이보(李葆)이다. 진주 마진 재령이씨의 족보[8]를 바탕으로 마진 재령이씨 주손가(胄孫家)의 계보를 정리하면 〈그림 1〉과 같다.[9]

현재 주손이 거주하는 진주시 대곡면에 소재한 고택인 마호당은 이계현의 5대손인 이보가 축조한 것이다. 향반(鄕班)이 된 대부분의 양반가 고문서가 그러하듯, 진주 마진 재령이씨가에서 소장하고 있는 고문서도 대개 주손가에서 생산한 고문서일 것이라 추측된다.[10] 현전하는 재령이씨가 대부분의 고문서는 시기로는 17세기 중엽 이후, 가계로는 이보 대 이후로 추정된다.

진주 재령이씨가는 치부(置簿)에 남다른 정성을 쏟았는데, 1669년부터 1782년까지 8건의 분재기를 따로 정리·정서하여 『유서도문기(遺書都文記)』를 작성했다. 이 『유서도문기』를 통해 진주 재령이씨가의 재산과 상속 내역을 일목요연하게 파악할 수 있다.[11]

진주 재령이씨가는 파조 이예훈 이래, 이덕관의 차자 이한익(李漢翼)이 웅천현감 등의 관직을 지낸 것을 제외하고는 과거 급제나 사환을 한 경우

---

[8] 『載寧李氏族譜』卷1·2, 진주 마진 재령이씨 마호당 고문서, F20201-02-X000002, F20201-02-X000003; 『載寧李氏族譜』, F20201-01-W002485.

[9] 상세한 계보 및 가계 전반은 심재우(2022), 앞의 논문, 136-138쪽에 정리되어 있다.

[10] 다만 이보의 아들 이덕관(李德寬)의 차자 이한익(李漢翼)이 무과에 급제하여 사환을 한 이력이 있기 때문에 이덕관 및 그 후손가의 고문서도 혼입되어 있다. 그런데 이 글에서 분석하는 『우도기』는 매년 30마리에 달하는 소를 외양하고 있었기 때문에, 재산을 크게 증식한 18세기 전반의 이보·이덕관이나 18세기 후반인 이한철·이재훈 당시일 것이라 추측된다.

[11] 『遺書都文記』, 진주 마진 재령이씨 마호당 고문서, F20201-01-W002485.

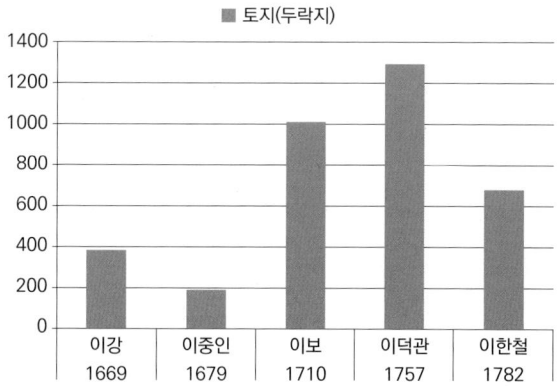

그림 2 진주 재령이씨 전답 소유 규모

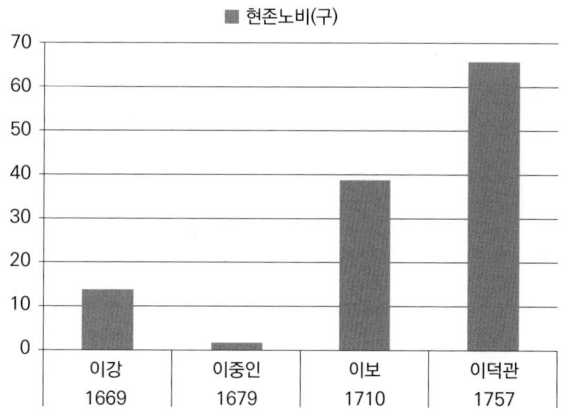

그림 3 진주 재령이씨 소유 현존노비

가 없다.[12] 조선시대 양반가의 재산 증식이 사환을 통해 이루어졌다는 점을 고려해 보면,[13] 사환을 하지 않았으나 18세기 재산을 크게 증식한 진주 재령이씨가의 가산 경영에 남다른 비결이 있을 것이다.[14]

12　『承政院日記』, 英祖 43年 12月 20日, "李漢翼爲熊川縣監."
13　김건태(2004), 앞의 책, 237-240쪽.
14　진주 재령이씨가의 농업경영 및 치부 전반은 김건태(2023), 앞의 논문 참조.

주지하듯이 농업과 농우는 불가분의 관계였고, 18세기 중엽 1,000여 두락지에 달하는 대토지를 경영한 18세기 이후 마진 재령이씨가 역시도 적지 않은 농우를 기르고 있었다. 그 풍부한 기록이『우도기』속에 남아 있어 주목된다.

2)『우도기』의 작성 연대와 작성자

『우도기』는 표지가 떨어져 나가 있지만, 비교적 반듯한 글씨로 '雌'·'雄'·'牛'·'隻' 등이 쓰여 있기 때문에 우도기라는 것은 쉽게 판별할 수 있었다.

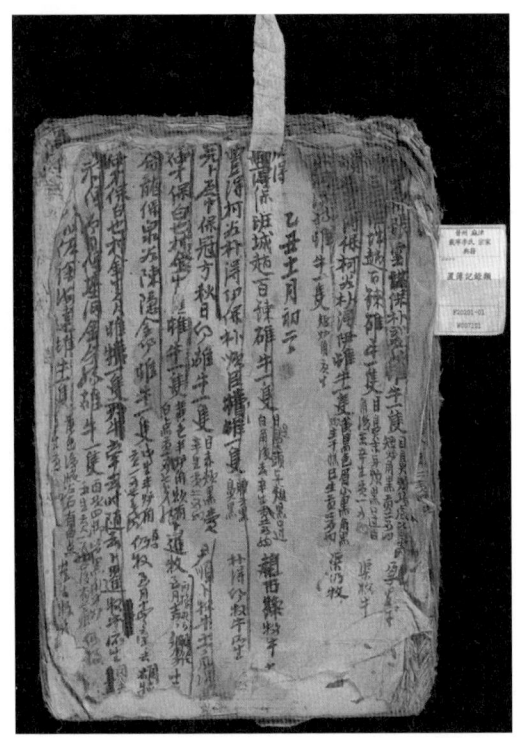

그림 4 『우도기』, 1면, 1805년. 출처: 한국학중앙연구원 장서각

이 글에서 분석할 『우도기』는 문서번호 F20201-01-W007101[15]이며, 이미지는 위와 같다.

이미지는 전체 18컷인데, 첫 번째 면은 첨지가 있어 두 번 촬영했다. 6컷은 아무 글씨가 쓰어 있지 않은 상태이다.

우도기는 간지와 월을 쓰고, 그 왼편에 소 임대 상황을 기록했다. 흥미로운 것은 간지가 연속된다는 것이다. F20201-01-W007101의 간지를 정리해 보면 다음과 같다.

(甲子), 乙丑, 丙寅, 丁卯, 戊辰, 己巳, 庚午, 辛未, 壬申, 癸酉, 甲戌, 乙亥

F20201-01-W007101는 을축년부터 갑술년까지 11년간 연속해서 쓰였다. 한편 표제가 없고 낙질인 이 우도기는 을축년 앞에도 일부 내용이 기록되어 있는데, 간지가 연속된다는 점을 고려해 보면 갑자년으로 추정된다. 아마도 앞선 시기부터 계속해서 작성되었을 것인데, 보관하는 과정에서 분리되고 유실된 듯하다. F20201-01-W007101는 을해년에 작성되다가 중단되었던 듯하다.

F20201-01-W007101에는 소를 빌려간 차양인의 이름도 기재되어 있다. 만약 분재기, 호적 등 인명이 기재된 다른 자료를 통해 이 우도기에 기재된 이름을 확인한다면 작성 연대를 비정할 수 있을 것이다. 분재기와 계 관련 자료에서 확인되는 인명을 정리하면 〈표 1〉과 같다.

F20201-01-W007101는 마진 재령이씨가 이보가의 주손에게 전해져 내려왔을 것이다. 『우도기』 속 인명 중 중재(仲才)·수재(守才)·덕룡(德龍)·몽돌(夢乭)·명중(命中)·진만(眞萬)은 「1782년 부 이한철 깃급문기」에서 장자 이재훈(李在勳)의 몫으로 획득한 노비로 확인된다. 간지가 쓰인 첫해인

---

[15] 진주 마진 재령이씨 마호당 소장 고문서를 한국학중앙연구원 장서각에서 촬영하며 일련번호를 부여했고, 문서명은 아직 부여되지 않았다.

표 1 F20201-01-W007101 내 인명 확인

인명	자료명	특이사항
중재	「1782년 장자 이한철 등 분재기」	이한철의 장자(이재훈) 몫
수재	「1782년 장자 이한철 등 분재기」	이한철의 장자(이재훈) 몫
덕룡	「1782년 장자 이한철 등 분재기」	이한철의 장자(이재훈) 몫
몽돌	「1782년 장자 이한철 등 분재기」	이한철의 장자(이재훈) 몫
명중	「1782년 장자 이한철 등 분재기」	이한철의 장자(이재훈) 몫
진만	「1782년 장자 이한철 등 분재기」	이한철의 장자(이재훈) 몫
윤악이	「1786~1828년 진주 마진마을 평천민 계문서」	윤악이 임신(1812) 4월 모상(母喪) 때 상포 40자

을축년부터 확인해 보면, 분재기로 특정되는 1782년에 근접한 을축년은 1745년과 1805년이다.

1757년에는 이한철의 부 이덕관이 장자 이한철 등에게 재산을 나누어 주었다. 따라서 1745년에 『우도기』가 작성되었다면, 위의 노비가 이한철의 형제들에게 나누어졌을 것이고, 이덕관의 장손 이재훈이 모두 소유하게 되었다고 보기 어렵다. 또한 F20201-01-W007101는 1782년 분재 이후에 작성되었다고 보는 것이 합리적이다. 만약 1745년이라면, 분재가 이루어지기 이전이었을 것이고, 노비명에는 장자 이한철 몫뿐 아니라 그의 형제들의 몫으로 나누어진 노비들의 이름도 있을 것이기 때문이다. 따라서 첫해인 을축년을 1805년으로 보는 것이 합리적이다.

한편 윤악이(尹岳伊)는 『우도기』에서 임신년 지월(至月) 7일에 이름이 쓰였는데, 「1786~1828년 진주(晉州) 마진(麻津)마을 평천민(平賤民) 계문서(契文書)」[16]에서 한글로 '윤악이'로 쓰인 것이 확인되고, 임신년은 1812년으로 비정되었다. 따라서 임신년은 1812년으로 확정할 수 있으며, 을축년~갑술년은 1805~15년으로 확정할 수 있다.

---

16 「1786~1828년 진주(晉州) 마진(麻津)마을 평천민(平賤民) 계문서(契文書)」, 한국학중앙연구원 한국고문서자료관. archive.aks.ac.kr/link.do?dataUCI=G002+AKS+KSM-XG.1786.4817-20211230.B088a_D26_00003_XXX.

F20201-01-W007101는 이한철의 장자 이재훈이 작성했다. 부 이한철이 사망한 이후 이재훈이 가계 경영을 했을 것이므로, 위의 『우도기』는 아마 이한철이 사망한 1783년 1월 이후 작성하기 시작했을 것이다. 그리고 1814년(갑술) 앞뒤로는 빈 장이 많이 남아 있는데, 모종의 이유로 작성이 중단된 듯하다.

F20201-01-W007101의 서체는 일정하지 않다. 글씨가 쓰인 10면 중 앞의 8면, 1805년(을축)부터 1811년(신미)까지의 서체와 1812년(임신)부터 1815년(을해)까지 뒤의 3면의 서체가 상당히 다르다. 서로 이어지는 해인 1811년(신미)과 1812년(임신)을 비교해 보면 차이가 확연하다.

1811년(신미)까지 앞의 8면은 행서·초서를 섞어 썼는데, 앞쪽 면은 대체로 반듯하게 썼지만 뒤로 갈수록 글씨를 흘려썼고, 판독하기가 어렵다. 1812년(임신)부터 1815년(을해)까지는 깨끗한 해서 정자로 썼으며 읽기 쉽다.

서체로 판단해 보았을 때 이 F20201-01-W007101의 작성자는 두 명으로 추정된다. 동일한 작성자가 해마다 서체를 달리해서 썼을 가능성도 제기되지만, 추기사항을 봤을 때 동일한 작성자라고 보기는 어렵다. 1809년(기사)부터 1811년(신미)까지의 F20201-01-W007101 중 우도 변동 내역을 추가로 기입한 일부 글씨가, 1812년(임신)부터 1815년(을해)까지의 서체와 동일하다.

따라서 1805년(을축)부터 1811년(신미)까지 제1의 작성자가 작성했고, 모종의 이유로 인해 제1의 작성자가 더이상 문서를 작성하지 못하고 1812년(임신)부터 1815년(을해)까지는 제2의 작성자가 기록했다. 제2의 작성자는 제1의 작성자가 기록한 것에 소차양인에 관한 내용을 추가로 기입하기도 했다.

F20201-01-W007101는 대체로 동짓달인 음력 11월에 작성되었다. 따라서 1811년 음력 11월부터 1812년 음력 11월 사이, 어떤 이유로 인

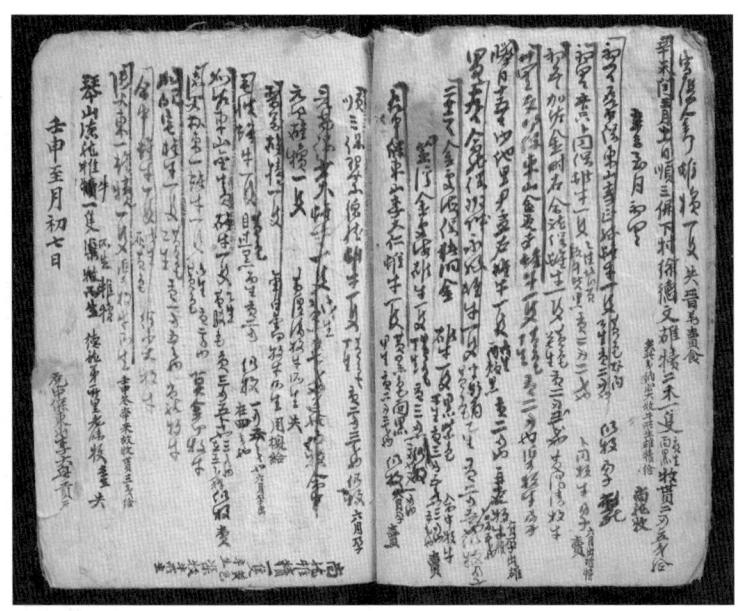

그림 5 『우도기』, 8면. 출처: 한국학중앙연구원 장서각

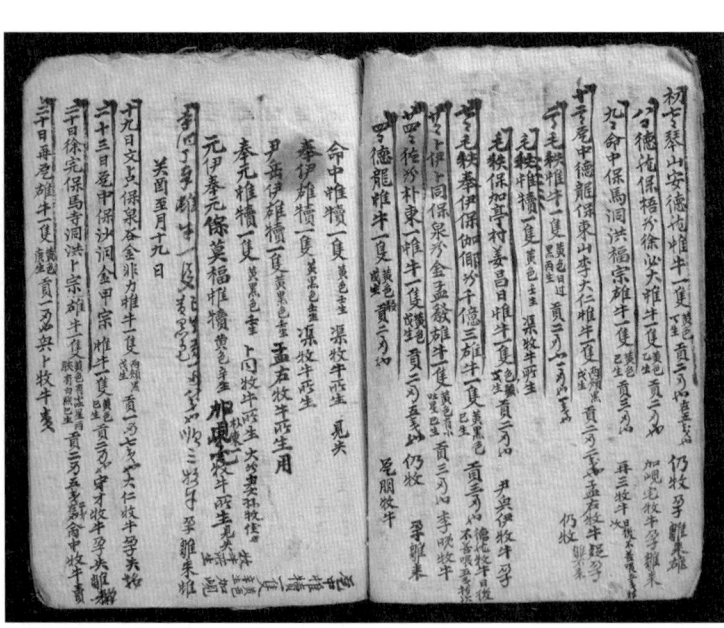

그림 6 『우도기』, 9면. 출처: 한국학중앙연구원 장서각

해 작성자가 바뀌었다고 볼 수 있다. 족보를 확인해 보면 흥미로운 사실을 확인할 수 있다.

이재훈은 1743년 3월 출생하여 1811년 12월에 사망했다. 그런데 이재훈의 장자 이국우(李國祐)는 1761년 9월에 출생하여 1803년 8월, 부 이재훈보다 먼저 사망했다. 이재훈의 장손이자 이국우의 장자인 이인모(李麟模)는 1790년 4월 출생하여 1855년 4월 사망했다.

이 우도기는 주손이 직접 작성했거나, 혹은 호노가 작성했을 것이다. 그런데 앞선 시기 서체는 대체로 행초서로 작성되었는데, 일부 난초(亂草)가 포함되어 있기도 하다. 양반가의 호노는 토지·노비 매매 및 조세 납부를 담당하고 소지를 올리기도 하는 등 한문에 대한 일정한 식견이 있었지만, 행·초서에 이어 난초까지 습득했다고 보기는 어렵다. 따라서 우도기의 앞부분은 이재훈이 직접 작성했다고 추측할 수 있으며, 뒷부분 역시도 손자 이인모가 조부 이재훈이 직접 작성하던 것을 이어받았다고 추측하는 것이 합리적이다. 따라서 F20201-01-W007101은『1804~15년 이재훈·이인모 우도기』로 명명하는 것이 적절하다.

3.『우도기』기재 방식과 우도 경영

1) 기재 방식과 내용

필자는『1804~15년 이재훈·이인모 우도기』의 탈초·입력을 모두 끝마쳤고, 200자 원고지 61매의 분량이 나왔다. 뒤쪽은 읽기 쉽고 반듯한 해서로 쓰여 있어, 이를 통해 앞쪽의 행초서로 쓰인 읽기 어려운 글자들을 판독할 수 있었다.

『1804~15년 이재훈·이인모 우도기』는 일정한 형식에 따라 기록되었다. 모두 동일하지는 않고, 순서의 변화가 있기도 하지만 대체로 하단의 형식을 준수했다.

거주지, 보인명, 차양인명, 소 종류, 마리 수, 소의 출생년, 소의 외모, 공가 및 미납액, 임신 여부, (송아지일 경우 어미소 차양인명), 이전 목우자(牧牛者), 이후 목우(牧牛) 변동 상황, 기타(불선외양조 등)

『1804~15년 이재훈·이인모 우도기』 중 가장 읽기 난해한 것은 〈그림 5〉의 8면인데, 탈초한 원문은 다음과 같다.

F20201-01-W007101의 8면

01) 雪隱金伊 雌犢一隻 失 晉萬賣食
02) 辛未 閏三月 十一日 順三保 下村 徐德文 雄犢二禾一隻 庚生 面黑 牧貰二兩五戔給
03)   矣此戔納必大牧牛所生雄犢給 尙龍牧
04) 辛未 至月 初四日
05) 初一日 乭中保 東山 李正孫 雌牛一隻 黃色炉角 乙生 貢二兩納 仍 牧 孕 斃
06) 初四日 文卜只 卜同保 雌牛一隻 乙生皆黃 頭身皆黑 貢二兩二戔納 卜同牧牛 孕 六月出雄犢 賣
07) 初五日 加佐 金時右 命龍保 雌牛一隻 黃色 癸生 貢二兩三戔納 黃渭淸牧牛
08) 卄四日 奉伊保 東山 金乭奉 雌牛一隻 黃色 丁生 貢二兩納 渠牧牛 孕 六月孕 出雄

09) 臘月 十五日 沙他里 尹孟右 雌牛一隻 戊生 兩頰黑 貢二兩納 再艺
　　牧牛犢 一兩五戔納

10) 同月 十九日 命龍保 班城 永孫 雌牛一隻 半炉角 黃色 乙生 貢二兩
　　五戔納 仍牧 孕

11) 二十二日 金處海保 猪洞 金 雄牛一隻 黑紫色 丁生 貢三兩五戔內
　　三兩納五戔納 命中牧牛 賣

12) 芝溪 金處海 雄牛一隻 黃色 丁生 貢三兩內二兩納又一兩納 仍牧 賣

13) 艺中保 東山 李大仁 雌牛一隻 黃黑色面黑 甲生 貢二兩三戔納 仍
　　牧 六月孕 賣

14) 順三保 琴山 德龍 雌牛一隻 黃色 丁生 貢二兩三戔納 仍牧 六月孕

15) 元尙保 必大 雌牛一隻 戊生 貢一兩七戔納 送給 仍牧 命中

16) 元伊 雄犢一隻 黃渭淸牧牛所生 失

17) 晋萬 雄犢一隻 金白金伊牧牛所生 用換給

18) 毛秩 雌牛一隻 黃色目邊黑 丙生 貢二兩 仍牧 一兩六戔納在四戔納
　　六月孕出

19) 加谷 東山 金生員 雄牛一隻 乙生 黃駁色 貢三兩五戔內 三戔納在
　　五戔捧 仍牧 賣

20) 德谷 朴東一 雌牛一隻 戊生 黃色 貢二兩納 莫金伊牧牛

21) 加峴宅 雌牛一隻 黃色 乙生 貢一兩五戔納 尙龍牧牛

22) 命中 雌牛一隻 戊生 灰黃色 徐必大牧牛

23) 德谷 東一 雌犢一隻 渠牧牛所生 壬申冬牽來 故牧貰三戔給

24) 琴山 德龍 雌犢[牛]一隻 渠牧所生[所生雌犢] 德龍弟所里老味牧 壬生 失

25) [좌하단] 尙龍雌犢一隻 黃色 辛生 渠牧牛所生

26) 壬申至月初七日　[첨지]艺中保東山李大興 貢■(二)■…■

위의 사료에서 흥미로운 표현 중 하나는 위의 5, 6, 8, 9, 12, 15, 16, 20번째 줄에서 보이는 '孕'과 20번째 줄에서 보이는 '孕出'이다. '孕'은 말 그대로 임신했다는 의미이고, '孕出'은 출산을 뜻한다. 이러한 기록이 의미하는 바는 재령이씨가에서 임대한 암소의 임신 여부를 면밀히 관찰하고 있었다는 사실이다.

6번째 줄의 '六月孕 出雄', 8번째 줄의 '六月孕', 14번째 줄의 '六月孕', 18번째 줄의 '六月孕出'을 보면 6월에 임대한 소를 일괄 점검했던 사실을 알 수 있다. 대개 소의 임대 계약이 매년 음력 11월 갱신되었고, 6월은 그 중간에 해당하는 해이다. 이때 소의 상태를 확인했던 것이다.

소가 임신하고 출산하는 것은 재령이씨가의 치부에는 좋은 일이었지만, 그렇지 않은 일도 있었다. 위의 F20201-01-W007101의 9면 첫 번째 줄에는 설은금이(雪隱金伊)가 빌린 암송아지[雌犢] 한 마리[雌犢一隻]를 잃어버렸다[失]고 기록되어 있다. 그런데 암송아지는 진만(晉萬)이 팔아먹은[賣食] 것이었다.

소의 상태에 대해서도 기록되어 있는데, 소가 죽은 경우 '폐(斃)'라고 썼고, 방매한 경우에는 '매(賣)'라고 써 놓았다. 한편 '隨去', '牽來', '牽去'라는 표현도 있는데, 재령이씨가에서 소를 본가로 데리고 온 경우라고 판단되며, 주로 송아지에 해당했다. 암소가 송아지를 출산하면 암소의 차양인에게 송아지를 먹이도록 하거나 본가에 데리고 왔다.

현재 한국에서 축산용으로 기르는 대부분의 소는 몸 전체의 색이 황색인 황우(黃牛)이고, 우리는 이 황우를 한국의 전통 품종인 한우라고 부르고 있다. 한편 최근에는 이 황우가 일제강점기 일본에서 들어온 개량 품종이며, 한국의 전통소는 세로 무늬줄이 있어 호랑이처럼 보이는 칡소 혹은 호반우(虎斑牛) 내지 적우(赤牛), 흑우(黑牛), 백우(白牛) 등 황색이 아닌 다양한 털색이었다는 사실이 지적되고 있다.[17]

『1804~15년 이재훈·이인모 우도기』에는 소의 외모에 관한 상세한 내용이 기록되어 있다. 예를 들어, 1804년(갑자) 반성(班城)에 거주하는 조백련(趙百鍊)이 빌린 수소[雄牛] 1마리는 "눈·코 끝과 뺨이 흑색이고 입 주변은 백색이며 뿔은 후에 제거했다."[18]고 외양을 구체적으로 썼다. 2번째 줄에는 1811년(신미) 윤3월 11월에 순삼이 보증을 선 하촌 서덕문에게 2살 먹은 숫송아지[雄犢] 1마리, 경생에 얼굴이 흑색인 2냥 5전의 목세를 받고 빌려주었다고 했다. 흥미로운 것은 이 소가 얼굴이 흑색[面黑]이라고 써 놓았다는 점이다. 9번째 줄, 1811년 음력 12월 15일 사타리(沙他里)에 거주하는 윤맹우(尹孟右)가 빌린 암소 1마리는 양 볼이 흑색[兩頰黑]이라고 써 두었다. 10번째 줄을 보면, 같은 달 19일 명룡(命龍)이 보인(保人)이 되어 반성에 거주하는 영손(永孫)에게 암소 1마리를 빌려주었는데, 반로각(牛炉角)과 황색이라고 외양을 기록했다. 반로각이라는 표현이 종종 나오는데, 어떤 의미인지 파악하기 어렵다. 한편 그 하단 12번째 줄에는 같은 달 22일에 김처해가 보증을 서서 저동에 사는 김에게 수소 1마리를 빌려주었는데, 털색이 흑자색(黑紫色)이라고 했다. 13번째 줄의 소는 황흑색에 얼굴은 흑색[黃黑色面黑], 19번째는 황색 점박이색[黃駁色], 22번째 줄은 잿빛 황색[灰黃色], 25번째 줄의 소는 황색이라고 써 두었다.

  소의 외양이 기록된 8마리 중에서 황우는 단 2마리에 불과하다. 나머지 6마리의 소는 흑색, 혹은 흑색이 섞여 있거나, 잿빛 황색, 황색 점박이색이었다. 한편 위의 사료 외에도 소의 외양은 다양하다. 일부만 발췌해서 써 보면 다음과 같다. 1면 1805년(을축) 기동에 거주하는 김금손이 빌린 웅우는 "머리부터 네 발까지 모두 흑색이고 뿔은 반로이고, 오른쪽 뒤에 상흔이 2군데 있다[自項四脚皆黑角牛炉右後有二痕]."고 기록되어 있다. 이 외에

---

17 김진수, 『칡소를 묻다: 토종 얼룩소에 대한 왜곡과 진실』, 도서출판 잉걸, 2015, 101-107, 115-124, 133-141쪽.

18 『牛賭記』, 진주 마진 재령이씨 마호당 고문서, F20201-01-W007101, 1쪽, "順三保 班城 趙百鍊 雄牛 一隻 目鼻末与頰黑口邊白角後去 辛生 貢一兩納 渠牧牛."

표 2 소의 종류별 두수와 비율

종류	두수	비율(%)
雌牛	119	47.6
雄牛	51	20.4
牛	1	0.4
雄犢	36	14.4
雌犢	32	12.8
犢	10	4
미지	1	0.4
합계	250	100

도 소의 외모는 다양한데, 점박이(駁), 점(点), 토성(吐星), 삵색(狸色) 등의 표현이 있다.

한편 소의 성별이나 크기도 소상하게 쓰여 있어 250마리 중 대부분 소의 성별과 크기를 알 수 있다. 송아지는 '犢' 혹은 '雛'라고 썼는데, '犢'으로 통일했다.

기록된 250마리의 소 중 성우(成牛)는 171마리였는데, 그중 암소(雌牛)가 119마리로 47.5%를 차지해 가장 많았고, 수소가 51마리로 20.4%를 차지해 두 번째로 많았다. 성별을 알 수 없는 소가 1마리 있었다. 송아지는 총 78마리로 있었는데 그중 숫송아지는 36마리로 14.4%를 차지했고, 암송아지는 32마리로 12.8%, 성별을 알 수 없는 송아지가 10마리로 4%를 차지했다. 소에 관해 어떠한 정보도 알 수 없는 경우도 1건 있었다.

19세기 초 진주 재령이씨『1804~15년 이재훈·이인모 우도기』는 소의 외모와 성별, 출생 연도를 상세히 기록했는데, 18세기 중엽 동래부 동하면의 관우(官牛)가 "대우(大牛), 중우(中牛), 소우(小牛), 신산아독(新産兒犢)"[19]으로 기록된 것과 차이가 있다. 소를 분실한 경우 되찾고 공증받기 위한 문

---

19 송양섭(2019), 앞의 논문, 250쪽.

서인 입지(立旨)에는 소의 외모가 반드시 들어가야 했기 때문에,[20] 소유권을 보장받기 위해 소에 관한 정보를 상세히 기록했던 듯하다.

진주 마진 재령이씨가의 『1804~15년 이재훈·이인모 우도기』는 1년을 주기로 작성되었다. 매 『우도기』에 가능한 한 많은 정보를 포함하려고 했는데, 이전 목우자를 기록하고 있어 소 임대의 추이를 살펴볼 수 있다. 1805년과 1806년을 비교해 보겠다. 1805년 목우자는 30명, 소 두수는 40두였다. 1806년의 목우자는 22명, 소 두수는 25두였다.

임대한 소가 죽었을 경우, '斃'라고 기록했고 대신할 소를 사서 차양인에게 주었다[買給]. 아마도 이 경우는 차양인이 도살했거나 차양인의 과실로 인해 죽은 것이 아니라고 판단되었을 것이다. 그리고 공가(貢價)를 기재해 놓기도 하였는데, 공가 분석은 후술하겠다.

1806년을 기준으로 1805년과 소의 외양, 간지를 비교하여 동일한 소라고 판명되는 경우를 정리하면 〈표 3〉과 같다. 소에 관한 정보(외모, 나이)와 차양인의 정보를 굵은 글씨와 밑줄로 표기했다. 연결할 수 있는 차양인은 진은금이(陳隱金伊)·담손(淡孫)·김광해(金光海)·정악(鄭岳)·원상(元尙)·홍성업(洪成業)·김금손(金今孫)·김성삼(金聖三)·몽돌(夢乭) 9인이다. 1806년 기준, 22명의 차양인 중 9명(41%)가 확인된다.

한 차양인이 같은 소를 연속해서 임차할 경우 '仍' 혹은 '仍牧'이라고 썼다. 만약 차양인이 바뀔 경우, 제일 하단의 '夢乭牧牛'처럼 전 차양인의 성명을 쓰고 '牧牛'를 덧붙였다.

한편 1805년과 1806년에 연속해서 기록된 소의 성별이 모두 암컷이라는 것이 확인된다. 암소의 경우 임신을 하기 때문에 1년 주기로 임신과 출산 여부를 확인하고 임대 갱신을 했던 듯하다. 수소는 아마 2년 이상의 주기로 임대 갱신이 되었던 듯한데, 추후 분석할 예정이다.

20 朴龍秀, 『嘉林報草』 卷2, 1739년 3月 17日.

표 3 1805년과 1806년 『우도기』 비교

1805년	1806년
命龍保 泉谷 陳隱金伊 雌牛 一隻 戊生 半角 貢一兩七 戔納 孕 仍牧 至月十四日牽去雄犢	東山 加峴宅 雌牛一隻 戊生 半角 陳隱金伊 牧牛 孕
小洞 淡孫 雌牛一隻 短角 庚生 雄犢乙生 仍牧 仍牧	尙秋保 葛谷 金岳金伊 雌牛一隻 庚生 短角 貢一兩九 戔納 淡孫牧牛 孕
順三保 大谷 金光海 雌牛一隻 黃色半角 丙生 貢一兩三 戔納 朴雪隱牧牛	鄭岳保 竹谷 金生員 雌牛一隻 黃色半角 丙生 貢二兩 納 光海牧牛 ○
(鄭岳 雌牛一隻 身黃面黑 短火角 頭有白点 丙生 仍牧 丙 生 雄犢 鄭岳聖來更去 丙下去)	鄭岳保 冠方 秋齊右 雌牛一隻 黃黑色頰白 貢一兩一戔 內一戔未收納 鄭岳牧牛
元尙 眞萬 雌牛一隻 壬生	命龍保 馬谷 洪聖業 雌牛一隻 黃色頰白 壬生 貢一兩五 戔納 元尙牧牛
■…■龍 馬寺 洪成業 □(豊)□(得)保 梧谷 成宗□(鐵) 雌牛一隻 半角 己生 黃色 貢一兩納 明年不善喂養 則七戔納次 □…□	㐃中保 松谷 姜卜 雌牛一隻 黃色火角 貢一兩七戔納 洪成業牧牛 ○
元卜保 尙日保 基洞 金今孫 雄牛一隻 自項四脚 皆黑 角 半 壬生 貢二兩納 右後有二痕 仍牧	尙日保 金今孫 雄牛一隻 黑色 貢二兩納 八戔內 五戔納 未收三戔 仍牧
(仲才保 金聖三 新塘 雌牛一隻 身黃面与目邊黑右角折 甲 生 貢二兩納 仍牧)	仲才 雌牛一隻 黃色 甲生 金聖三牧牛 日命
(夢㐖 雄牛一隻 壬生 貢)	小洞 淡孫 雄牛一隻 壬生 黃色 夢㐖牧牛 斃 代雌牛一 隻 買給

이렇듯 마진 재령이씨가에서는 소의 외양과 출생 간지, 그리고 차양인의 기록을 통해 우도 경영에 만전을 기하고 있었다.

2) 우도 경영의 추이

진주 마진 재령이씨가 『1804~15년 이재훈·이인모 우도기』는 1804년부터 1815년까지 기록되었다. 낙질인 1804년과 작성되다 중단된 1815년을 제외하면, 1805년부터 1814년까지 10년간의 기록은 완전한 셈이다.

우도기 탈초를 마치고 한글 파일에 원문을 입력한 후, 항목별로 셀을 나누어 엑셀에 입력하는 작업을 수행했다. 임차한 소가 새끼를 낳은 경우,

임대한 소는 아니지만 전체 두수에는 포함했다. 우도 경영은 18세기 중엽 동래부 동하면의 관우 대출과 20세기 초 나주 밀양박씨가 사례처럼, 1년을 단위로 경작을 마친 후 계약을 갱신하고 보인을 세웠던 점은 공통된다.[21]

『1804~15년 이재훈·이인모 우도기』 전체 데이터 레이블은 250개이다. 이 중 차양인 정보가 있는 행은 201개인데, 소의 출생으로 인해 추가한 행이 49개이다. 따라서 소를 기준으로 보면 데이터는 250개이고, 차양인을 기준으로 잡으면 201개가 된다.

이하 진주 재령이씨가의 임대 및 출생 소 두수와 그 비율을 정리하면 〈표 4〉와 같다. 1804년과 1815년은 불완전한 기록이라 신뢰할 수 없다. 신뢰할 만한 1805~14년 마진 재령이씨가에서 임대한 소의 두수는 1814년이 최저 11마리, 1805년이 최대 40마리였다. 10년간 진주 재령이씨가에서 임대한 소는 총 195마리로, 연평균 19.5마리였다.

한편 출생의 경우, 1805년이 11마리로 최대였고 1809년이 0마리로 가장 적었다. 10년간 출생한 송아지는 총 49마리로 연평균 4.9마리가 출생했다. 10년간 총 119마리의 암소가 49마리의 송아지를 낳았으므로 암소 한 마리가 매해 0.4마리의 송아지를 낳은 셈이다. 『우도기』에는 기록되어 있지만 재령이씨가에서 직접 먹이던 소까지 합치면 〈표 4〉에서 확인되는 숫자보다 더 많았을 것이다. 〈표 4〉를 바탕으로 그래프를 그려 보면 〈그림 7〉과 같다.

『1804~15년 이재훈·이인모 우도기』에는 기록이 남겨진 이후 임대 놓은 소가 어떻게 되었는지 추기(追記)한 경우도 있어 임대 소 두수의 변화를 분석할 수 있다. 1804년에는 소가 폐사하여 새로 구입해서 차양인에게 주기도 했다.

---

[21] 송양섭(2019), 앞의 논문, 250쪽; 김건태(2004), 앞의 책, 427-428쪽.

표 4 재령이씨가 임대 및 출생 소의 두수와 비율

연도	임차		출생		총 두수
	두수	비율(%)	두수	비율(%)	
1804	4	100	0	0	4
1805	29	72.5	11	27.5	40
1806	20	80	5	20	25
1807	25	96.2	1	3.8	26
1808	28	90.3	3	9.7	31
1809	15	100	0	0.0	15
1810	25	89.3	3	10.7	28
1811	18	72	7	28	25
1812	14	60.9	9	39.1	23
1813	14	70	6	30	20
1814	7	63.6	4	36.4	11
1815	2	100	0	0	2
계	201		49		250

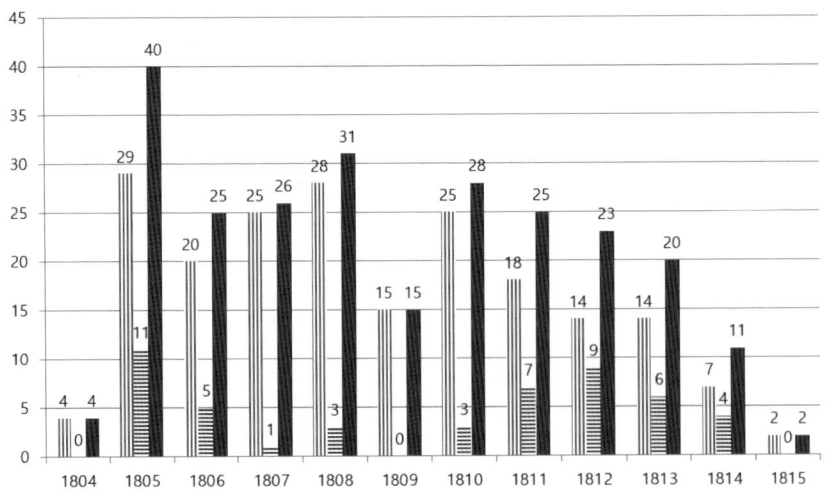

그림 7 연도별 소 두수

18세기 중엽 동래부 동하면의 관우 70마리,[22] 20세기 초 나주 밀양박씨가의 100여 마리에 가까운 수량[23]을 임대한 데 비하면 재령이씨가는 연 20마리를 임대했으므로 그 규모는 작은 편이었다.

한편 『1804~15년 이재훈·이인모 우도기』에는 우도 경영의 변동사항도 들어가 있었다. 차양인의 거주지와 성명 혹은 호칭이 기재되었고, 18세기 중반 동래부 동하면 관우 대출과 20세기 초 나주 밀양박씨의 사례처럼 보인이 있는 경우가 많았다.[24] 전술한 대로 이전 목우자가 누구인지 기록해 놓은 경우가 많기 때문에 소 차양인이 그대로인지 바뀌었는지 알 수 있다. 이를 정리하면 〈표 5〉와 같다. 임대한 전체 소의 수는 250마리이지만, 임대인 기준으로 보면 201명이므로 201명을 기준으로 정리했다.

전체 201건 중 차양인이 바뀐 경우가 가장 많은 128건이었는데, 비율은 51.2%로 절반이 넘었다. 한편 이전 해의 차양인이 그대로 임차한 경우는 45건으로 18%였다. 송아지가 새로 태어난 경우는 49건으로, 19.6%였다. 기록이 없어 알 수 없는 경우는 27건으로 10.8%였다. 임대한 소가 죽어 새로 소를 매입하여 차양인에게 제공한 경우가 1건으로 0.4%였다.

재령이씨가는 차양인과 매년 동짓달에 소 임대 계약을 맺었고, 6월에 소를 점검했다. 이때 소의 존재 여부와 상태뿐 아니라 임신 및 출산 여부도 확인했다. 나아가 차양인의 목우 태도도 살폈는데, 불량한 경우 '불선외양(不善喂養)'으로 벌금을 부과하기도 했다.

1806년 함안(咸安) 최가(崔哥)에게 불선외양 명목으로 2전을 받았다.[25] 그런데 대부분 불선외양은 내년을 기약하는 경우가 많았다. 만약 추후 외

---

22 송양섭(2019), 앞의 논문, 250쪽.
23 김건태(2004), 앞의 책, 425-426쪽.
24 송양섭(2019), 앞의 논문, 250쪽; 김건태(2004), 앞의 책, 427-428쪽.
25 『牛賭記』, 진주 마진 재령이씨 마호당 고문서, F20201-01-W007101, 3쪽, "姜書房保 咸安 崔哥 雄牛一隻 貢一兩三戔納 不善喂二戔貢捧次 黃色 癸生 咸安趙生牧牛."

표 5 차양인 변동 내역

연도	변동		잉목		정보 없음	전체
	두수	비율(%)	두수	비율(%)		
1804	0	0	2	50	2	4
1805	9	31.0	13	44.8	7	29
1806	17	85	3	15	0	20
1807	11	44	4	16	10	25
1808	23	82.1	4	14.3	1	28
1809	15	100	0	0	0	15
1810	16	64	5	20	4	25
1811	9	50	9	50	0	18
1812	10	71.4	2	14.3	2	14
1813	13	92.9	1	7.1	0	14
1814	5	71.4	1	14.3	1	7
1815	0	0	1	50	1	2
총합계	128	63.7	45	22.4	28	201

양에 충실하지 않으면, 1805년 풍득(豊得)에게 7전,[26] 1807년 의령(宜寧) 김생원(金生員)에게 2전,[27] 1808년 조동(槽洞) 김색불이(金索佛伊)에게 3전,[28] 1812년 마동(馬洞) 홍복종(洪福宗)에게 5전[29]과 가야곡(伽倻谷) 천억삼(千億三)에게 5전을 부과하기로 했다.[30]

[26] 『牛賭記』, 진주 마진 재령이씨 마호당 고문서, F20201-01-W007101, 2쪽, "□(豊)□(得)保 梧谷 成宗□(鐵) 雌牛一隻 半炉角 己生 黃色 貢一兩納 明年不善喂養 則七戔納次 □…□."

[27] 『牛賭記』, 진주 마진 재령이씨 마호당 고문서, F20201-01-W007101, 4쪽, "仲才保 宜寧 金生員 雌牛一隻 尾短後脚左右有白点身黃 貢一兩五戔 明年不善喂更捧二戔次 沈三水牧牛."

[28] 『牛賭記』, 진주 마진 재령이씨 마호당 고문서, F20201-01-W007101, 5쪽, "槽洞 族叔保 槽洞 金索佛伊 雌牛一隻 牽去 日命牧 貢一兩七戔納 若不善 喂三戔捧孕."

[29] 『牛賭記』, 진주 마진 재령이씨 마호당 고문서, F20201-01-W007101, 9쪽, "九日 命中保 馬洞 洪福宗 雌牛一隻 黃色 己生 貢三兩納 再三牧牛 日後不善喂 五戔捧次."

[30] 『牛賭記』, 진주 마진 재령이씨 마호당 고문서, F20201-01-W007101, 9쪽, "七日 毛秩 奉伊保 伽倻谷 千億三 雄牛一隻 黃黑色 己生 貢三兩納 德龍牧牛 日後不善喂 五戔捧次."

그림 8 차양인 변동 비율 그래프

전체 201건 중 소 차양인의 변동 상황을 알 수 있는 경우는 173건으로 86.1%에 해당했고, 변동 기록은 충실히 이루어졌다. 소 차양인이 변화한 경우는 128건으로 63.7%였고, 변하지 않고 그대로 둔 경우(잉목)는 45건으로 22.4%였다. 소 차양인이 연이어 임차한 경우는 드물었고, 대체로 해마다 교체되었던 듯하다. 20세기 초 나주 밀양박씨가의 차양인 존속률이 40~70% 수준이었던 것을 감안하면,[31] 진주 재령이씨가의 차양인 교체는 훨씬 잦았다.

기록이 부실한 1804년과 1815년을 제외한 1805~14년까지 10년 평균을 내면, 해를 바꾸어 차양인이 변화한 경우가 69.2%였고 그대로 둔 경우는 19.6%에 불과했다.

한편 소를 임대한 이후의 일이 기록되어 있는 경우도 있다. 전체 데이터 레이블 250건 중 절반 이상에 달하는 171건, 68.4%는 이후 행방이 기

[31] 김건태(2004), 앞의 책, 429-432쪽.

록되어 있지 않다. 이 중 기록이 있는 경우는 79건으로 전체의 31.6%에 불과하다.

임대 놓은 소는 방매된 경우가 가장 많았는데 30건이었다. '隨去', '牽去', '牽來' 등 차양인에게서 소를 본가로 갖고 온 경우에 해당하는 표현은 '수거'로 통일했다. 수거 항목은 대부분 송아지에 해당했는데 24건이었다. 소를 잃어버린 경우 '실(失)'은 15건으로 6%에 해당했다. 소가 죽은 '폐(斃)'는 5건이었다. '용(用)'은 재령이씨가에서 제사 등을 지내기 위해 소를 도축하여 고기를 사용한 경우에 해당한 것으로 추정되는데, 2건이었다. '매식(賣食)'은 차양인이 소를 팔아먹은 경우로 2건이 있었다. 잃어버린 송아지를 찾은 경우는 '실추래납(失雛來納)'으로 1건이 있었다.

진주 재령이씨는 소를 빌려줄 때 대부분의 경우 보인을 세워 두었다. 그런데 〈표 6〉처럼 소를 잃어버리거나 치폐하거나 팔아먹은 경우도 있었는데, 이 경우 관에 정소하여 대응했다. 차양인이 소를 팔아먹고 갚지 않은 경우 관에 소지를 올려 반환을 요청했는데, 차양인은 관에 가서 납초하고도 갚지 않는 경우가 있었다.[32] 또 차양인이 소를 팔아먹고 잠적한 경우도 있었는데, 재령이씨가는 보증인에게 소의 반환을 요구하는 소장을 올렸고 보증인이 숨은 차양인을 찾은 후 소지를 올리기도 했다.[33]

진주 재령이씨는 차양인의 공가 납부도 상세히 기록해 두었다. 대부분의 공가는 '貢○兩'으로 기록되어 있다. 가령 1812년(임신) 11월 8일 오곡(梧谷)에 거주하는 서필대(徐必大)는 암소의 공가 2냥을 납부했고,[34] 9일 마동(馬洞)에 거주하는 홍복종(洪福宗)은 수소 1마리의 공가를 3냥을 납부

---

[32] 「계묘년 용봉리 노 국명 소지」, 진주 마진 재령이씨 마호당 고문서, F20201-01-W00138.
[33] 「무진년 대곡리 노 천석 소지」, 진주 마진 재령이씨 마호당 고문서, F20201-01-W00018.
[34] 『牛賭記』, 진주 마진 재령이씨 마호당 고문서, F20201-01-W007101, 9쪽, "八日 德龍保 梧谷 徐必大 雌牛一隻 黃色 乙生 貢二兩納 加峴宅牧牛 孕 雛來."

표 6 『우도기』 기재 이후 변동 내역

연도	방매	수거	실	폐	매식	용	실추 래납	합계
1804								0
1805	3	8						11
1806		1		1				2
1807	2	2				1		5
1808	6	5	1	3				15
1809								0
1810	3	2	1			1		7
1811	5	1	2	1				9
1812		4	2					6
1813	8	1	3		1		1	14
1814	3		6		1			10
1815								0
합계	30	24	15	5	2	2	1	79
비율(%)	38.0	30.4	19.0	6.3	2.5	2.5	1.3	100.0

했다.[35] 여러 차례에 걸쳐서 분납하는 경우가 있었는데, 이 경우도 꼼꼼하게 기록해 두었다. 같은 달 7일 금산에 거주하는 안덕룡(安德龍)은 암소 1마리의 공가로 2냥을 먼저 내고 남은 5전을 나중에 납부했다.[36]

그런데 미납액이 있기도 했다. 같은 달 2일 모질(毛秩)은 빌린 암소의 공가 2냥 중 1냥을 우선 납부했고 추후 1전을 납부했다.[37] 2냥 중 1냥 1전을 납부했으므로 9전의 미납액이 있는데, 더 이상 기록이 없으므로 미수액이라고 보아야 한다. 한편 『우도기』에는 소의 성별과 성체 여부[牛犢]도 기재

35 『牛賭記』, 진주 마진 재령이씨 마호당 고문서, F20201-01-W007101, 9쪽, "九日 命中保 馬洞 洪福宗 雄牛一隻 黃色 己生 貢三兩納 再三牧牛 日後不善喂 五戔捧次."

36 『牛賭記』, 진주 마진 재령이씨 마호당 고문서, F20201-01-W007101, 9쪽, "初七日 琴山 安德龍 雌牛一隻 黃色 丁生 貢二兩納在五戔納 仍牧 孕 雛來雄."

37 『牛賭記』, 진주 마진 재령이씨 마호당 고문서, F20201-01-W007101, 9쪽, "二日 毛秩 雌牛一隻 黃色目邊黑 丙生 貢二兩內一兩納一戔納."

표 7 소 종류별 공가

종류	두수		공가 합		공가 평균
	두수	두수 비율(%)	공가 합(兩)	공가 합 비율(%)	
암소	101	68.7	176.25	63.7	1.75
수소	42	28.6	94.80	34.3	2.26
수송아지	2	1.4	4.0	1.4	2.0
암송아지	1	0.7	-0.30	-0.1	-0.30
미상	1	0.7	2.0	0.7	2.0
합계	147	100	276.75	100	1.88

되어 있었다.

공가가 기록된 경우는 147건이었는데, 암소가 가장 많은 101건으로 68.7%, 수소가 두 번째로 많은 42건으로 28.6%를 차지했다. 숫송아지가 2건으로, 암송아지[雌犢]가 1건으로, 알 수 없는 경우가 1건 있었다. 한편 공가가 -0.3냥인 암송아지는 1811년(신미) 12월 22일 덕곡에 거주하는 동일이 빌려간 암소가 출산한 암송아지를 끌고 왔기 때문에 목세 3전을 지급한 것이었다.[38]

공가 합은 총 276.75냥이었는데, 그중 암소가 가장 많은 176.25냥으로 63.7%을 차지했고, 수소가 94.80냥으로 34.3%의 비중을 차지해 다음을 이었다.

수소는 힘이 더 좋아서 농사에 더 큰 효용을 창출할 수 있었고, 암소는 송아지를 낳아 재생산을 도모할 수 있었다. 따라서 소의 성별을 통한 공가의 차이를 보면, 생산과 재생산 중 어디에 더 비중을 두고 공가가 결정되었는지 알 수 있다. 암소의 공가는 1.75냥인 데 반해, 수소는 2.26냥으로

---

[38] 『牛賭記』, 진주 마진 재령이씨 마호당 고문서, F20201-01-W007101, 8쪽, "德谷 東一 雌犢一隻 渠牧牛所生 壬申冬牽來 故牧貰三戔給."

29% 더 비쌌다. 소의 공가 선정은 농사의 효용, 즉 생산의 문제에 초점이 맞추어져 있음을 유추할 수 있다.

『1804~15년 이재훈·이인모 우도기』에는 소의 임대가에 해당하는 것으로 추정되는 공가가 기록된 경우가 많았는데, 공가 항목을 정리하면 〈표 8〉과 같다.

『1804~15년 이재훈·이인모 우도기』에 기록된 진주 마진 재령이씨가 1804년부터 1814년까지 11년간 소를 빌려주고 받은 공가의 총액은 274.8냥이었다. 연간 공가 합계는 1804년과 1814년을 제외하면 최저인 1809년의 18.2냥부터 최대인 1808년의 42.2냥까지 분포하고 있다.[39] 대체로 매해 공가 수입은 20~40냥 수준으로 책정되었는데, 매해 평균 25냥이었다.

한편 공가 평균의 평균값은 1.87냥이었는데, 공가 합계에 비해 대단히 일정했다. 대부분 1.5냥에서 2냥 사이였다. 이 값은 임대한 소의 공가가 1804~14년간 일정했다는 것을 의미한다. 공가 평균이 가장 작았던 해는 1809년으로 1.52냥이었고, 가장 높았던 해는 1812년으로 2.17냥이었다. 18세기 중엽 동래부 동하면의 관우 대출에서 사육자가 연 1냥의 고세 부담했던 것과 비교하면,[40] 진주 재령이씨가의 고세는 약 87% 더 비싼 편이었다.

그런데 정해진 공가를 모두 수취한 것은 아니었다. 실제로는 274.8냥 중 미수액이 15.65냥이 있었다. 미수액은 공가의 5.7%에 불과했고, 공가는 94.3%는 문제없이 수취되고 있었다. 이는 20세기 초 나주 밀양박씨가의 우도 수취율이 30~60% 수준이었던 점을 감안하면 비정상적으로 높

---

[39] 공가 수입이 가장 낮았던 1809년은 임대한 소가 15마리로 가장 적었고 출생한 송아지도 없었다. 1809년은 우도 경영에 차질이 있었던 해였다.

[40] 송양섭(2019), 앞의 논문, 250쪽.

표 8 연도별 공가 정리

연도	공가 회수	공가 합계(兩)	공가 평균(兩)	미수액 합계	실 수취량
1804	3	5	1.67		5
1805	15	26.9	1.79	3.55	23.3
1806	16	27.1	1.69	4.1	23
1807	17	30.7	1.81	0.6	30.1
1808	22	42.2	1.92		42.2
1809	12	18.2	1.52	0.4	17.8
1810	15	32.1	2.14	2.6	29.5
1811	18	38.2	2.12	2.7	35.5
1812	12	26	2.17	0.9	25.1
1813	14	24.2	1.73	0.8	23.4
1814	3	4.2	1.4		4.2
합계	147	274.8	1.87	15.65	259.1

은 수치이다.[41] 기록이 부실하거나 해석에 오류가 있을 수도 있다. 한편 미수액을 빼면 실 수취량의 총액은 11년간 259.1냥, 매년 평균 23.6냥 수준이었다.

한편 소를 방매한 경우도 있었는데 방매가가 기록된 경우는 1건에 불과하다. 1813년 금산에 거주하는 안덕룡(安德龍)이 차양한 암소를 8냥에 방매했다.[42]

진주 지역의 논 가격 및 미가 정보는 아직 연구되지 않았다. 18세기 중엽부터 19세기 초까지 해강부(海江部)가 준통합(準統合)을 이루고 있었다는 연구를 따르거나,[43] 최근 제출된 조선 후기 곡물시장 통합 수준이 산업혁

---

[41] 김건태(2004), 앞의 책, 434쪽.
[42] 『牛賭記』, 진주 마진 재령이씨 마호당 고문서, F20201-01-W007101, 10쪽, "二十七日 得龍保 琴山 安德龍 雄牛一隻 黃色有小吐星 己生 貢二兩內在八爻 孟發牧牛 八兩賣."
[43] 이영훈·박이택, 「농촌 미곡시장과 전국적 시장통합: 1713-1937」, 『조선시대사학보』 16, 2001, 163-172쪽.

명 직전 서유럽 수준이라는 연구[44] 중 어느 것을 따르더라도 19세기 초 진주 지역의 미가·지가를 추측하는 데 큰 어려움은 없다.

19세기 초 논의 명목 가격을 쌀 값으로 나눈 실질 가격은 약 한 두락당 쌀 5~7섬[石]이었다.[45] 최근 연구에 따르면, 19세기 초 답(畓)의 가격은 대략 두락당 10냥이었다.[46] 19세기 초 진주 재령이씨는 우도 경영을 통해 연간 약 25냥의 공가를 수취하고 있었으므로, 답(畓) 2.5두락을 구매할 수 있었다. 10년간 우도 공가의 실 수취량 총합이 약 250냥이었으므로, 답(畓)을 약 25두락을 매득할 수 있는 경제적 효용이 있었다.

19세기 초 진주 재령이씨가 소유 답(畓)은 1791년 이후 빠르게 증가하며 1814년 1042.9두락에 달했다. 해마다 약 30두락이 증가한 셈인데, 적극적인 매득의 결과였다.[47] 한편 19세기 초 집조답 1두락당 수취량은 1.5~12두로 크게 요동치고 있었다.[48] 풍흉에 따라 지대 수취가 크게 요동치는 와중에도 18세기 말에서 19세기 초 진주 재령이씨가의 소유 토지가 크게 증가한 것에는 우도 경영의 공가 수입이 10% 정도의 기여를 하고 있었다.

---

[44] 우대형, 「조선 후기 곡물시장의 통합에 관한 재검토, 1743~1910」, 『한국경제학보』 29, 2022, 39-40쪽.

[45] 이헌창·차명수, 「우리 나라의 논가격 및 생산성, 1700-2000」, 『경제사학』 36, 2004, 132-133쪽.

[46] 이용훈, 「18-19세기 조선 토지가격의 변화와 그 의미」, 『한국사론』 62, 2016, 327-328쪽.

[47] 김건태(2022), 앞의 논문, 449-451쪽.

[48] 김건태(2022), 앞의 논문, 455-456쪽.

4. 맺음말

　진주 재령이씨가 선택한 목우 방식, 즉 목장을 설치해서 직접 사육하지 않고 차양인에게 1년을 주기로 차양을 맡기고 공가를 거뒀던 경영 방식은 장단점이 있었다. 장점은 비용이 거의 들지 않았다는 점이다. 만약 직접 20~40마리의 소를 사육할 경우, 규모가 있는 외양간과 넓은 초지가 필요했고 전업 관리인도 필요하여 사료 등 비용을 지속적으로 투자해야 했다. 반면 소를 차양인에게 1년 내내 맡길 경우 비용 없이 임대료만 수익으로 거둘 수 있었다.

　그러나 단점도 뚜렷했는데, 빌려준 소의 상태를 보장받을 수 없었다. 재령이씨는 매년 6월 소의 상태를 확인했지만, 소를 잡아먹거나 팔아먹거나 잃어버리는 일이 종종 있었다. 특히 재령이씨가의 주손 이재훈이 죽고 손자 이인모가 가장이 된 이후 잃어버리거나 팔아먹은 소가 크게 증가했다. 소 임대인의 권위와 영향력, 차양인과의 관계가 빌려준 소의 유지·반환에 큰 영향을 미쳤다고 볼 수 있다. 20~30년마다 한 번씩 있었던 세대 교체는 안정적인 우도 경영을 저해하는 요소였던 것이다.

　그런데 어째서 진주 재령이씨가는 매년 20~40마리의 소를 목장에서 키우며 농번기에만 한시적으로 임대하지 않고 1년씩 차양인에게 맡겼을까? 재령이씨의 우도 경영과 세우 관행이 조선 전체를 대표한다고 보기는 어렵지만, 현재 유일한 사례이며 역사적 의미를 해석하지 않는 것보다는 해석을 시도해 보는 것이 낫다. 그 원인으로 한반도의 기후와 식생, 작물의 특성과 영양소, 정책의 영향을 들 수 있다.

　첫째, 한반도의 기후와 식생이다. 한반도의 기후와 식생은 가축 방목에 유리하지 않았다. 한국은 기후적 특성으로 인해 자연 초원은 형성되지 못했다. 벌목이나 산불로 인해 기존 식생이 파괴된 장소나 방치된 농경지에서 작은 규모의 초원이 일정 기간 존속했을 뿐이다.[49] 따라서 가축에게 먹일 사료를 자연으로부터 무상으로 충분히 공급받기 어려웠다.

『산림경제(山林經濟)』에 따르면, 소의 사료는 볏짚[藁], 풀, 소죽[糜粥], 콩잎·닥나무잎·쌀뜨물·풀·쌀겨·밀기울 죽, 면병(棉餠) 등이 있었다.[50] 소에게 먹이는 사료는 모두 탈곡 후 부산물이었고, 조선시대에 가축 사료를 생산하기 위한 농경은 이루어지지 않았다. 따라서 목장을 경영하며 농우 다수를 사육하려면 자기 소유 토지의 부산물만으로는 사료를 자급할 수 없었다.[51] 대다수의 농가에서 자기 소유이거나 차양한 소를 보유하고 있었던 점을 고려하면,[52] 다른 농가에서도 소 사료를 자급자족했을 것이기 때문에 사료를 구입하기 어려웠을 것이다.

둘째, 작물의 특성과 영양소이다. 밀에는 단백질이 거의 포함되지 않았기에 밀을 주식으로 섭취하는 문화권에서는 필수 영양소인 단백질을 섭취하기 위한 다른 식품을 찾아야 했다. 그러나 쌀에는 소량의 단백질이 포함되어 있었기 때문에 쌀을 주식으로 삼는 문화권에서는 굳이 단백질만을 섭취하기 위한 식품을 찾아서 섭취할 필요는 없었다. 또한 쌀 문화권에서는 양질의 식물성 단백질 식품인 콩을 재배하여 섭취했으므로 동물성 단백질이 반드시 필요한 것은 아니었다. 따라서 농가에서는 소 1~2마리만 축력 제공을 위해 필요했을 뿐이다.

셋째, 정책의 영향이다. 농업을 장려했던 조선 정부는 소를 식용이 아니라 축력을 제공하는 가축으로 생각했다. 따라서 전 시기에 걸쳐 우금 정책

---

49 이성규, 「한국의 자연초지」, 『한국초지학회지』 12, 1992, 50쪽.
50 『山林經濟』 卷2, 牧養, 養牛.
51 정윤영, 「개발 주체들의 불화와 농가의 기회 박정희 정부 시기 기업형 축산정책의 굴절, 1964-1969」, 『역사문제연구소』 44, 2020, 387-388쪽.
52 허원영(2013), 앞의 논문, 54-55쪽.

과 도살자 처벌을 시행했다. 소를 도살하기 위해서는 소지를 올려 관의 허가를 받아야 했을 만큼 까다로웠다. 따라서 축력 이용이 아닌 식용으로 소를 기르기 어려운 환경이었다.

　소를 목장에서 직접 기르지 않고 차양인에게 1년씩 임대하는 진주 재령이씨의 우도 경영은 자연초지가 부족한 한반도의 자연적 환경, 식물성 단백질을 공급받을 수 있는 작물의 재배, 소 도살을 금지한 우금 정책의 결과로 발생한 조선 특유의 외양(外養)이었다. 이것은 서유럽의 삼포농업과는 다른 조선의 농업과 축업의 결합 양식이었다. 또한 축산업 확대가 농경지 침탈을 야기해 농민이 토지에서 유리되는 인클로저운동이 있었던 영국과는 달리, 조선 후기의 목축업은 농민과 목축업이 조화롭게 병존하는 역사적 경로를 밟고 있었던 것이다.

4부

마진마을의 협력과 갈등

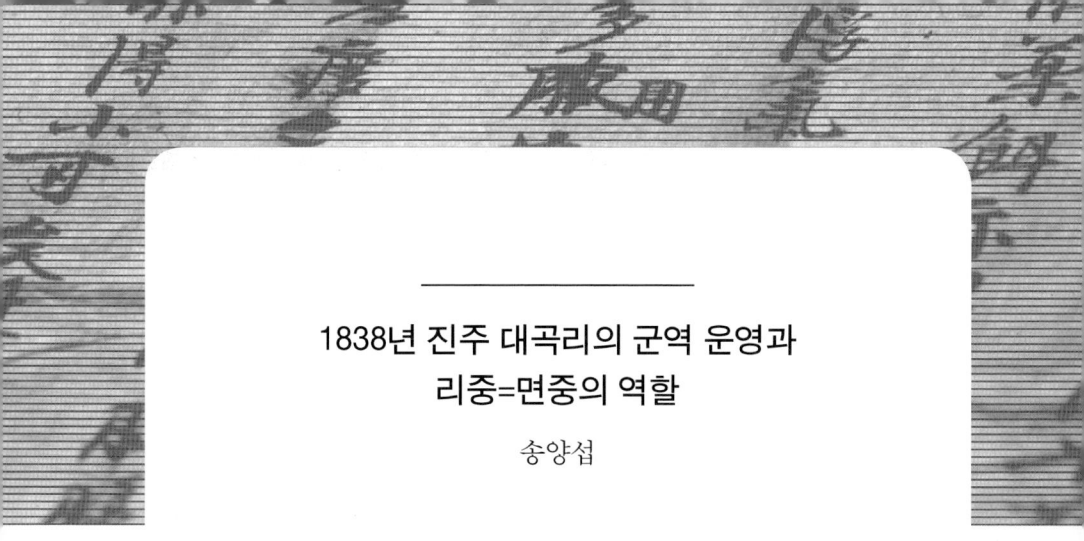

1838년 진주 대곡리의 군역 운영과 리중=면중의 역할

송양섭

1. 머리말

   진주 대곡면 마진리 재령이씨 마호당(磨湖堂) 종택에는 1만 건 이상의 방대한 문서군이 소장되어 있는데, 여기에는 군역 부과, 호구 파악 등과 관련된 자료도 많은 양을 차지한다. 1838년을 중심으로 생산된 각종 가좌책(家座冊)과 군안(軍案)·성책류(成冊類) 등은 많은 부분 미해명의 과제로 남아 있던 촌락사회 내부의 호구 파악과 군역 운영의 실상을 생생히 담고 있다는 점에서 매우 중요한 가치를 가진다. 1838년 목사 이겸수(李謙秀)가 추진한 대대적인 사정(査定) 작업은 오랫동안 지역의 골칫거리였던 군역 문제에 대한 대책으로, 마진마을 재령이씨가의 영모재(永慕齋) 이우모(李宇

---

* 이 글은 필자의 「1838년 晉州 大谷里의 군역운영과 里中=面中의 역할」, 『장서각』 50, 2023을 수정·보완한 것이다.

模)는 당해 훈장의 직임을 맡아 리(里)=면(面) 단위 업무를 총괄했다. 관련 자료 상당수가 집안에 전해지게 된 것은 이러한 연유 때문이다.

이들 자료가 발굴되어 빛을 보게 된 것은 경상대학교 경남문화연구소 조사팀에 의해서였다.[1] 특히 김준형이 진행한 일련의 연구는 자료의 정리와 해제 수준을 넘어 이들 문서군을 본격적인 연구 대상으로 올려 놓게 되는 결정적인 계기가 되었다. 그는 밀양박씨·경주김씨·전주이씨·달성서씨·파평윤씨·진주강씨·전주최씨 등 신흥 계층이 교생·원생·군관 등을 거쳐 유학 직역을 칭하면서 군역에서 벗어나고자 하는 모습과 이들이 향촌사회 내부에서 구래의 사족층에 대항해 자신들의 입지를 강화해 나가는 양상을 밝혀냈다.[2] 이어 군역 충정 과정에서 드러나는 신흥 계층의 움직임과 과다한 군역 부과로 인한 사노층(私奴層)의 반발을 중심으로 각 계층의 대응 양상을 살펴보고 군역 운영 과정에서 나타나는 여러 가지 난점을 허액충정(虛額充定)과 공동납이라는 형태로 봉합해 가는 모습을 살펴보았다.[3] 또한 유학층에서 군역자까지 광범위하게 사용되고 있는 가좌의 결명(結名)을 분석하여 등재인들의 토지 소유 실태를 분석했다. 이를 통해 비반호(非班戶)의 반 이상이 50부 이상의 토지를 소유하고 있다고 결론 내리면서 비슷한 시기 토지 소유 양상의 전반적 영세화라는 기존 연구에 의문을 표했다. 반호(班戶)의 토지 소유 규모 분화 현상, 그리고 비반호의 평균 토지 소유 규모가 비교적 큰 마을에는 신흥 계층 가문이 밀집해 있었던 점도 지적되었다.[4]

수첩군관, 성정군, 별무사 등 직역별 토지 소유에 대한 검토도 병행

---

1 경상대학교 경남문화연구원 편, 『경남 서부지역의 고문헌 Ⅲ: 함양·함안·통영·거제 지역을 중심으로』, 가람출판사, 2008.
2 김준형, 「19세기 진주의 신흥계층 '幼學'호의 성격」, 『조선시대사학보』 47, 2008.
3 김준형, 「19세기 전반 軍役充定 과정과 각계층의 대응: 진주 대곡리 지역사례를 중심으로」, 『한국사연구』 170, 2015a.
4 김준형, 「19세기 전반 晉州 大谷里의 토지소유 양상과 신흥계층」, 『南冥學硏究』 33, 2012.

했다. 수첩군관과 별무사의 경우 토지 소유 규모는 상대적으로 넉넉한 편이었고 가계별 차이는 그러한 직역이 상위 계층으로 올라가는 사다리 역할을 하고 있기 때문이라고 했다. 반면 성정군의 토지 소유 규모는 매우 영세했고 주로 기반이 약한 양인이나 노비층을 대상으로 징발되었다고 했다.[5] 이상 김준형의 연구는 19세기 신분제 변동을 배경으로 새롭게 대두한 '신흥 계층'의 존재에 주목하고 군역 운영 과정에서 나타나는 이들의 움직임과 갈등 양상을 다각도로 규명하는 동시에, 직역별 경제력과 신분의 상관관계를 밝히는 데 시종일관 초점을 맞추었음을 알 수 있다. 이를 통해 유학을 비롯한 각종 직역의 토지 소유 양상과 가좌와 군안에 투영된 사회상을 밝히는 데 크게 이바지했음은 물론 이들 문서군의 유형과 성격에 대한 정리를 바탕으로 후속 연구의 기반을 마련한 점도 그의 공로로 높이 평가되어야 마땅하다.

　이 글에서는 이상의 연구에 힘입어 동 시기 대곡리 군역 운영의 단계별 특징을 가좌, 군안 등을 중심으로 살펴보고자 한다. 대곡리의 사례는 지금까지 그다지 알려지지 않았던 향촌 사회 내부의 일상적 군역 운영의 실태뿐 아니라 군역 사괄이라는 국가의 부세 압력에 대응하는 향촌사회 밑바닥의 움직임이 어떠했는지 전해 주는 구체적인 내용을 담고 있다는 점에서 중요한 의미를 가진다. 이해 사정 사업은 어찌 보면 일회성 성격이 강하지만 여기에도 오랫동안 정착된 군역 운영의 절차와 관행이 담겨 있을 수밖에 없다는 점에서 대곡리의 사례는 향촌 사회 내부의 군역 파악과 대정(代定)의 실상을 살필 수 있는 연구 대상으로 더없이 제격이다. 훈장을 중심으로 한 일련의 사정 작업에서 '리중(里中)=면중(面中)'의 논의 구조는 관과 촌락사회를 매개하면서 군역 자원을 확보하고 배정하는 중심적 역

---

[5] 김준형, 「조선후기 수첩군관의 신분적 지위: 진주의 수첩군관과 성정군의 비교에 초점을 맞추어」, 『역사교육논집』 64, 2017; 김준형, 「조선후기 경상도 별무사의 운영과 경제적 지위」, 『역사와 경계』 97, 2015.

할을 수행했다. 여타 부세 운영과도 궤를 같이하는 이 같은 움직임은 동시기 전국적으로 포착되는 하나의 경향이기도 하거니와 지역 차원에서 이루어지는 공동납의 다양한 내용에 대한 규명은 같은 시기 촌락사회의 부세 운영에 대한 구체적인 접근이라는 점에서 나름의 의미를 부여할 수 있지 않을까 생각된다.

2. 가좌의 작성과 군역자 파악

경상도 서남부에 위치한 거읍(巨邑) 진주는 서북부에 소백산맥의 지맥이 펼쳐져 있고 상대적으로 평탄한 동남부 지역에는 낮은 산지가 분포해 있다. 덕유산에서 발원한 남강은 진주의 중심을 관통하면서 서쪽에서 북동쪽으로 흘러 낙동강과 합류한다. 진주는 또한 영남 서남부 지역 교통의 거점으로 호남지역으로 넘어가는 요충지이기도 했다. 이러한 입지는 물류와 정보의 집결지이자 풍부한 물산을 배경으로 한 독자적 문화의 중심으로서 진주 지역이 자리잡게 되는 자양분이 되었으리라 여겨진다. 도내 행정적·경제적 중심지인 진주는 경상우병영이 소재한 군사적 거점이기도 했다. 진주에 소재한 경상우병영은 예하에 거창·하동·합천·초계·함양·곤양·사천·남해·삼가·의령·산청·안의·단성 등이 편제되었다. 아울러 진주는 안동전영·대구중영·경주후영·상주좌영과 함께 진주우영의 소재지였고 인근 연해에는 통제영과 우수영 소속 수군진이 배치되어 있었다. 이러한 군사적 환경은 지역의 군역 운영을 직접적으로 규정하는 객관적 요인이었다.

『진양지(晉陽誌)』(1832년경)에 나타난 군액(軍額)은 〈표 1〉에서 드러나듯

표1 1832년경 진주의 군액

중앙			지방					
소속처	역종	액수	소속처	역종	액수	소속처	역종	액수
訓鍊都監	砲保	72	左水營	水軍	18	晉州牧	馬軍	230
御營廳	御營正軍	83		防軍	4		城丁軍	1,404
	御營資保	83		城丁軍	7		牙兵軍	464
	卜馬十匹資保	7		隨率軍	10		善放砲手	35
	御保	783		別牙兵	12		烽燧軍	400
	降作保	98		硫黃軍	1		負墓軍	600
禁衛營	禁衛正軍	112		親牙兵	266	昌善牧場	牧子	489
	禁衛資保	112		能櫓軍	238	兵營	兵營屬作隊火兵	108
	卜馬匹資保	10		射夫	60		雇馬倉募軍	73
	禁保	1,043		火砲手	20		各色匠保	297
	降作保	151		砲手	74		軍器焰硝軍	200
兵曹	扈輦隊	43	赤梁鎭	戰船能櫓軍	145		硫黃軍	100
	騎步兵	55		射夫	28		守直軍	100
	有廳軍	6		火砲手	10		弓人	25
掌樂院	樂生	1		砲手	34		矢人	20
	樂工	4	栗浦鎭	防軍	1,452		魚膠軍	28
	樂工保	13	唐浦鎭	防軍	548	中營	中營屬修理募軍	88
忠翊衛	忠翊衛	397	蛇梁津	防軍	360		良余軍	35
均役廳	選武軍官	322	加背梁鎭	防軍	544		水鐵軍	5
摠戎·守禦廳	義僧軍	8	兵營	州鎭軍	363	鎭營	鎭營屬炊飯軍	30
불명	諸色匠保	135		良余軍	42		鎭吏保	16
	物膳軍	24		炊飯軍	11		軍牢保	24
	水鐵軍	12	晉州牧	束伍軍	1,872			
중앙 역종 합		3,562	지방 역종 합		10,890	전체 합계		14,464

중앙 소속 3,562명, 지방 소속 1만 890명으로 집계된다. 총 1만 4,464명의 군액은 18세기 중엽 『양역실총(良役實摠)』의 중앙 3,691명, 지방 3,009명, 총 6,700명의 두 배 이상이 되는 수치이다. 물론 이는 군액의 절대 증가가 아닌 보다 세밀하고 구체적인 군액 파악의 결과로 보는 것이 타당하다. 중앙 소속 역종에는 병조를 비롯해 훈련도감, 금위영, 어영청의

도성 삼군문과 함께 장악원·충익위·균역청·총융청·수어청 등의 역종이 분포해 있다. 지방 소속 군액은 좌수영과 그 예하의 적량·율포·당포·사량·가배량진 소속 역종이 나타난다. 병영 중영과 우영 진영 소속 군액도 함께 배정되었다.

군현 단위로 배정된 군액은 면(面) 단위의 액수가 어느 정도 정해지고 이는 다시 동(洞)·촌(村)의 마을 단위로 할당된다. 대곡리에 배정된 군액은 여러 가지가 있지만 각종 성책의 이상조(已上條)에 정리된 군액은 그 항목이 대부분 일정하다. 〈표 2〉에서 보듯 대곡리에는 『진양지』에 나타난 각급 기관의 군액이 역종별로 분포해 있다.

표 2 대곡리의 주요 군역 액수

소속	기관	역종	군액			소속	기관	역종	군액		
			A	B	C				A	B	C
중앙	訓鍊都監	砲保	1	1	0	지방	左水營·鎭堡	水軍	38	38	34
	禁衛營	禁軍	1	1	0		晉州牧 右兵營 晉州鎭營	馬軍	13	16	14
		禁保	12	13	12			城丁軍	53	53	54
	御營廳	御軍	1	2	1			束伍軍	69	62	57
		御保	9	9	9			鎖匠保	1	2	2
		資保		6	6			牙兵	7	20	20
	兵曹	兵布	3	6	5			良余	3	3	3
	工曹	工曹匠	1	1	0	지방 합계			184	194	184
중앙 합계			28	39	33	전체 합계			212	233	217

* A는 『大谷里家座役姓名成冊』(3월)과 『大谷里各軍保役姓名成冊』(4월), B는 『大谷軍都錄官座成冊抄』(7월), C는 『원부합록』(시기불명)의 수치임.

〈표 2〉는 대곡의 가좌를 비롯한 각종 성책류에 나타나는 주요 역종별 액수를 정리한 것이다. 역종별 군액에는 세 가지 수치가 존재하는데 A는 3·4월의 수치이고 B는 7월의 수치, C는 리중에서 파악한 수치로 시기는 알 수 없다. B가 A·C에 비해 약간 많지만 두드러진 차이점은 찾기 힘들

고 어느 것이 이해 실제 적용된 것인지도 불확실하다. 역종별 액수의 상당수가 일치하는 데서 보듯 면 단위 군액은 정액의 형태로 관리되고 있다. 앞서 살펴본 『진양지』(1832) 군액과 비교해 보면 소속처를 확정할 수 없는 경우도 있고 대곡리에만 나타나는 역종도 있다. 수군(水軍)의 경우 좌수영과 예하 수군진 소속 병종이 뒤섞여 있었고 방군(防軍)·사부(射夫)·능노군(能櫓軍) 등도 수군으로 통칭되는 경우가 많기 때문에 딱히 소속처를 확정하기 힘들다. 양여(良余)는 병영·중영에 모두 동일 역종이 있고 아병(牙兵)은 좌수영의 별아병(別牙兵)·친아병(親牙兵), 진주의 아병군이 있는데 이 또한 소속처를 확인하기 힘들다. 이는 자료의 성격이나 부과 역종의 변동과 관련되었을 수 있다. 여타 쇄장보·공조장·병포 등은 『진양지』에는 나타나지 않는 역종이다. 추가적인 검토를 요하지만 촌락사회에서 보자면 역종의 소속처는 물론 구체적인 역종의 명칭조차 그리 중요하지 않았을 가능성이 크다. 이들 대부분은 대곡에 분정된 군포 부담액으로서 의미가 강하고 실역으로서의 의미는 제한적이라고 봐도 좋을 것이다.

대저 군액이 민구(民口)를 초과하는 것은 근래 흉년에 죽음에 이르고 운기(運氣)에 죽음에 이르러 호구의 감축은 덜어내지 않아도 스스로 덜어내져 어지간한 민호(民戶)는 목숨을 보전한 나머지 많은 이들이 무망(無亡)하고 각종 공전(公錢)이 좌우로 침학(侵督)하여 백성들이 의지하여 살아갈 수가 없고 동징(洞徵)과 리징(里徵)으로 살아도 안도하지 못하기 때문입니다.[6]

1838년 『대곡리거민등장(大谷里居民等狀)』에 나타난 대곡의 호구와 군역 운영은 군액이 민구수를 상회할 정도로 심각했는데 이는 흉년과 재해로

---

6 『大谷里居民等狀』.

인한 백성들의 사망과 유망, 여기에 동징, 리징 등 각종 공전(公錢)의 징수가 겹쳤기 때문이라고 말하고 있다. 어쨌든 이해 군역의 문제는 대곡리에서 오랫동안 이어져 내려온 고질적인 문제로 아마도 역대 지방관에게도 커다란 숙제였으리라 생각된다.

대곡리 군적의 상당수는 당해 사정 작업이라는 특수한 상황의 산물이지만 일상적인 군적 개수 과정의 틀을 그대로 고수했을 가능성이 크다. 특히 사정 작업이 시작되기 전인 3~4월 어간 작성되어 대곡에 전하는 군안·가좌와 이에 딸린 각종 성책류는 군적 개수를 위한 근거로 일상적 군적 작성의 과정을 고스란히 보여준다는 점에서 중요한 가치가 있다. 군적과 군안에는 소속 부대, 병종, 성명, 신장, 주특기, 거주지, 보인, 용모파기, 대정자 등이 기재되었는데 이 또한 시기와 지역에 따라 형식과 내용이 다르다.

군적은 호적과 같이 식년을 단위로 작성되었는데[式年改都案] 이는 매년 작성되는 세초(歲抄) 문서, 10년 단위로 개수되는 대도안(大都案)과 연동되면서 하나의 제도적 골격을 구성했다. 세 가지 종류의 문서는 각기 다른 기능과 역할을 하면서 상호 보완 관계에 놓여 있었다. 이 같은 방식은 대체로 17세기 무렵 정착된 것으로 추측된다. 통상 군적 또는 군안이라 하면 바로 식년 단위의 개도안(改都案)을 지칭하는 경우가 대부분이거니와 현존하는 19세기 군적은 대부분 내용의 형식화로 수록된 정보 자체에 의미를 부여하기에는 많은 한계가 있다.[7] 대곡의 호구 파악과 군역 운영은 1833년 마진촌의 다음과 같은 언급을 통해 엿볼 수 있다.

마진 한 촌(村)은 모두 88호인데 여기에서 반호(班戶) 46호(戶)를 제외하면 민호는 42호로 군병수(軍兵數)가 87명이기 때문에 유망(流亡), 백골(白

---

7 송양섭, 「조선후기 군적의 종류와 개수실태」(미발표).

骨), 황구(黃口), 일신양역자(一身兩役者), 일호삼역자(一戶三役者)가 거의 과반에 이릅니다. 백성 가운데 어찌 이같이 원통하고 억울한 자가 있겠습니까?[8]

마진촌의 호총 88호 가운데 반호 46호를 제외하면 민호는 42호에 불과한데 여기에 부과된 군액이 87명이나 되기 때문에 군역 부담자에는 유망자·사망자·황구·첩역자 등이 과반 가깝게 섞여 있는 실정이라는 것이다. 대곡리 전체 군적도 이와 다르지 않았으리라 짐작되거니와 당시 지역의 가좌와 군적은 실상과 괴리된 부실한 내용으로 채워져 있었을 것임을 능히 짐작할 수 있다.

3~4월에 접어들면 소정의 절차에 따라 가좌가 작성되고 군역 관련 성책들이 만들어지기 시작했다. 가좌책은 원칙적으로 통호(統戶)와 호주(戶主)를 비롯해 솔하의 자(子)·제(弟)·질(姪)·고공(雇工)의 직역·성명·나이, 가사(家舍), 행랑(行廊), 전답, 우마 수(牛馬數) 등을 기재하여 '경내 민인의 인구의 다과(多寡)와 가계의 빈부를 상세히 파악하고' 이를 통해 '군역·환곡·부역·진휼 등을 비롯한 제반 업무에 빈번하게 참고'하도록 한 것이었다.[9] 정약용(丁若鏞)도 가좌책에 호주의 이름 아래 신분이나 직역[品], 세거대수[世], 객호[客], 생업[業], 군역[役], 가옥의 칸수[宅], 전답[田], 보유 금액[錢], 노비를 포함한 호내 솔구의 현황[丁·女·老·弱·恤·奴·婢], 재산[種·畜·船·鉒] 등은 물론, 토지, 가옥 등을 비롯한 자산 상태를 망라하여 기재하도록 했다. 표준 양식은 없었던 듯하지만 대체로 해당 가호와 가호의 경제력을 파악할 수 있는 각종 정보를 담는 것이 가좌 작성의 대체적인 지침이었던 듯하다.[10] 정약용에 따르면, 당시 가좌책은 조잡하고 방만하여 수령들이 활

---

8 『大谷里居民等狀』, 8月 日.
9 『甲午式成冊規式』; 『牧綱』, 家座法.
10 가좌에 대해서는 다음과 같은 논고가 있다. 김용섭, 「조선후기 無田農民의 문제:『林川郡家座草冊』의 분석」, 『증보판조선후기농업사연구 Ⅰ』, 지식산업사, 1995; 이종범, 『19세기 후반 부세제

용할 수 없는 실정이었다.[11] 대곡의 가좌도 마찬가지였다. 협호(挾戶)·이거(移去)라고 핑계 대고 임의로 호의 등재와 누락이 자행되고 자(子)·질(姪)·제(弟)나 노정(奴丁) 같은 경우 같은 집에 거주하면서도 누락되기 일쑤였다. 생사나 존망에 대한 정보도 뒤바뀌기 십상이었다.[12]

3·4월 대곡리에서 마을 단위로 만들어진 성책류는 크게 호구를 파악한 가좌 계통과 군역 부담자의 현황을 정리한 군적 계통으로 나눌 수 있다. 편의상 전자를 '촌별가좌류(村別家座類)', 후자를 '촌별존망성책류(村別存亡成冊類)'로 지칭하기로 한다. 〈표 3〉은 마을 단위로 전해지는 두 계열의 성책류 현황이다. 이는 아마도 사정 작업과 무관하게 매년 이루어지는 군역 운영의 일상적 절차로 봐도 좋을 듯하다.

〈표 3〉에서 보는 바와 같이 촌별가좌류는 3월에 작성된 것과 4월에 작성된 것이 있는데 3월본은 마진촌 이외의 모든 마을의 것이, 4월본은 유곡촌·신촌·가정촌·덕곡촌·덕교촌의 것이 남아 있다. 이 중 가정, 덕곡, 덕교촌 등 3개 마을의 것은 하나의 문서로 되어 있는데 이는 이 세 마을의 가좌가 여타 마을과 성격이 달랐을 것임을 짐작케 해 준다. 촌별가좌류 4월본으로 확정할 수 있는 것은 유곡촌과 신촌의 것이다. 촌별존망성책류 또한 3월본과 4월본이 있는데 3월본은 죽방·마진촌을 제외한 8개 마을의 것이 남아 있고 4월본은 유곡·신촌·마진촌을 제외한 7개 마을의 것이 전한다. 촌별가좌류에 비해 상대적으로 보존 상태가 좋다.[13] 이를 보다 구

도의 운영과 사회구조: 전라도 구례현의 사례」, 『동방학지』 89·90; 허원영, 「18세기 후반 순천부 농민의 존재양태와 농업경영: 『순천부서면가좌책』(1744) 분석을 중심으로」, 『역사문화연구』 47, 2013; 송양섭, 「정약용의 호구운영론: 『목민심서』를 중심으로」, 『대동문화연구』 110, 2020; 김건태, 「조선후기 호적대장 호구차정 원리: 언양현 가좌책을 중심으로」, 『대동문화연구』 110, 2020.

11 丁若鏞, 『牧民心書』 第6部 戶典6條 戶籍.
12 「帖」, 戊戌 8月 29日, "今此查正之擧 亶出於官民孚信之意 而以言乎家座 則或稱挾戶或稱移去 而存拔無常 以言乎人口 則若子若姪 若弟若奴丁 同室而居者 漏落許多 又有以生爲死 以存爲亡者 […] 姑以令申之意 又此更飭 則卽處以査出 無復如前隱漏 一一追成冊修正 趁初三日來呈 無至紛紜生梗之弊向事」.
13 죽방촌은 작성자가 없는 것을 근거로 일단 4월 작성본으로 판정했다.

표 3 3·4월 대곡리의 촌별가좌류와 촌별존망성책류 현황

마을	촌별가좌류		촌별존망성책류	
	3월 촌별가좌	4월 촌별가좌	3월 존망성책	4월 존망성책
가정촌	佳亭村家座役姓名成冊		佳亭村各軍布兵存亡成冊	佳亭村各軍役姓名成冊
덕곡촌	德谷村家座成冊	(家座成冊)	德谷村各軍布存亡成冊	德谷村役姓名生存無亡成冊
덕교촌	德橋村家座成冊		德橋村各軍布存亡	德橋村役名生存無亡成冊
대동촌	大洞村家座役姓名成冊		大洞村軍布成	大洞村役名生存無亡成冊
유곡촌	柳谷村家座成冊	柳谷村家座成冊	柳谷村各軍兵存亡成冊	
신촌	新村家座成冊	新村家座成冊	新村各軍布存亡成冊	
중촌	中村家座姓名成冊		中村各軍布存亡成冊	中村各軍役姓名成冊
하촌	下村家座成冊		下村軍布役姓名成冊	下村各軍役姓名成冊
죽방촌	竹方村家座役姓名成冊			竹方村軍兵生存無亡成冊
마진촌			麻津村軍丁成冊	

체적으로 살펴보자.

우선 촌별가좌류는 '○○촌가좌성책(村家座成冊)'·'○○촌좌역성명성책(村座役姓名成冊)'·'○○촌가좌역성명성책(村家座役姓名成冊)' 등으로 마을별로 표제가 조금씩 다르고 형식도 차이가 난다. 하촌[3월]의 경우는 촌별존망성책류와 유사하게 생존질(生存秩)과 무망질(無亡秩)로 구분되어 있고 죽방촌[3월]은 『대동촌가좌역성명성책(大洞村家座役姓名成冊)』의 말미에 첨부되어 있는데 결락이 많은 듯하다. 3월본 촌별가좌류에는 공원(公員) 강창문(姜昌文·가정촌), 공원 김성옥(金聲玉·대동촌), 공원 하일구(河日九·덕교촌), 공원 구신국(具臣局·중촌), 공원 서원유(徐元裕·하촌), 공원 문용택(文龍宅·유곡촌) 등과 같이 작성자가 명기되어 있다. 이는 이들 문서가 마을 차원에서 자체적으로 작성되었다는 증거이다. 촌별가좌류에는 직역, 성명, 이래이거(移來移去), 유무적(有無籍), 부명(父名), 솔구(率口), 거주(居住), 타처파정(他處疤定) 등의 정보가 기재되어 있는데 이 또한 촌별로 약간씩 차이가 있다. 다만 별도의 제명이 없는 신촌의 가좌책(3월)은 여타 마을과 구분될 수 있는 내용과 형식을 가지고 있다. 통호(統戶), 성명, 연령, 결명(結名), 호명(戶名), 타지파정,

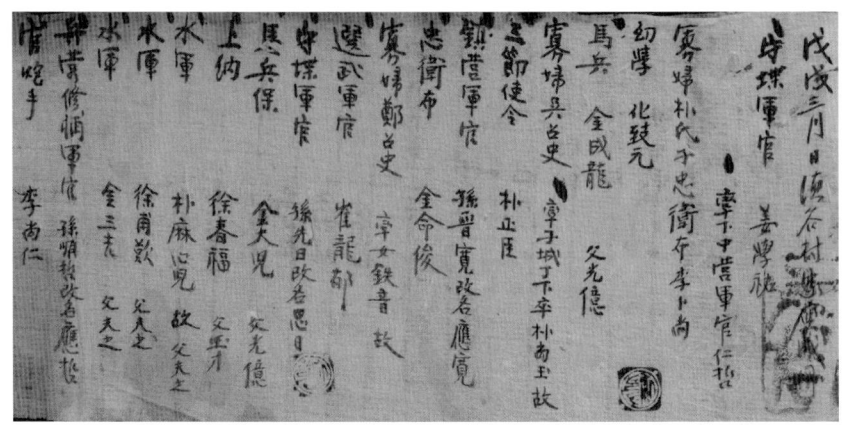

그림 1 『덕곡촌가좌성책』(3월)의 일부

부담 형태, 도노고(逃老故), 이래이거, 자녀, 노비, 협호 등에 대한 정보 외에 가옥 칸수, 소유우척(所有牛隻), 호명당결부수(戶名當結卜數)와 관련된 내역이 기재되어 있다.

다음으로 촌별존망책의 경우, 'ㅇㅇ촌각군역성명성책(村各軍役姓名成冊)'・'ㅇㅇ촌군포성책(村軍布成冊)'・'ㅇㅇ촌각군포존망성책(村各軍布存亡成冊)'・'ㅇㅇ촌각군병존망성책(村各軍兵存亡成冊)'・'ㅇㅇ촌군포역성명성책(村軍布役姓名成冊)'・'ㅇㅇ촌역명생존무망성책(村役名生存無亡成冊)'・'ㅇㅇ촌군병생존무망성책(村軍兵生存無亡成冊)' 등과 같이 마을별로 조금씩 표제가 다르다. 형식과 내용도 마을마다 약간씩 차이가 난다.

3월에 작성된 촌별존망책에는 촌별가좌책과 마찬가지로 공원 강창문(姜昌文), 동장(洞長) 김당사리(金談沙里・가정촌), 공원 김성옥, 동장 김노랑금(金老郎金・대동촌), 공원 하일구, 동장 김다방(金多方・덕교촌), 공원 박정신(朴正臣・덕곡촌), 동장 허장용(許長用・신촌), 공원 구신국(具臣國), 동장 김성옥(金成玉・중촌), 공원 문상택(文尙宅・유곡촌), 공원 서원유, 동장 김수득(金水得・하촌) 등으로 작성자가 나타난다. 촌별가좌책에 공원만 이름 올렸던 데 반해 촌별촌망책에는 동장이 함께 나타나는 경우가 많다. 이 또한 3월 촌별존망책류가 마을 내부에서 자체적으로 작성되었음을 확인해 준다. 형식은 3·4월 공히 생존질과 무망질로 나누어 직역자별 명단을 구성한 것이 일반적이다. 중앙 소속 역종을 정리한 상납질(上納秩), 수군 명단인 수군질(水軍秩), 나머지 다양한 역종으로 구성된 병포질(兵布秩)로 구성된 경우도 있다.

직역자별로 부명·이래이거·타처파정(他處疤定)·대정(代定)·누적(漏籍) 여부 등과 관련된 정보를 비롯해 3월 '누(漏)'·'생(生)'·'고(考)'·'망(亡)'·'존(存)'·'누고(漏考)'·'생고(生考)'·'고(故)' 등의 표기가 달리기도 했다. 마을에 따라 '리중분배무망(里中分排無亡)'·'리중춘등분배조(里中春等分排條)'·'리중무망분재조(里中無亡分排條)' 등의 주기(註記)도 나타난다. 생존질 없이 무망질만 정리되어 있거나 생존·무망질의 구분이 아예 없이 직역자별로 '도망(逃亡)'·'무망(無亡)' 등을 기재한 경우도 있다. 이는 성책 자체가 부실하게 작성되거나 마을별 군역 부담 방식의 미묘한 차이 때문일 수 있다.

〈표 4〉는 3월과 4월 촌별존망성책류를 비교한 것이다. 두 가지가 모두 남아 있는 성책을 보면 일단 4월본이 3월본에 비해 등재 인원이 늘어나고 있다. 좀 더 자세히 내용을 들여다보면 '생존(生存)'으로 파악된 인원은 증가하고 '무망(無亡)'에 등재된 직역자가 줄어들고 있음을 알 수 있다.[14] 3월본이 총 151명 중 '생존'이 76명으로 전체의 50.3%를 점한 반면 4월본은 총 212명 중 155명이 '생존'으로 그 비중이 73.1%으로 크게 늘어나고 있었던 것이다.[15] 4월본에는 '리중분배(里中分排)'로 파악된 인물이 나타나는

---

14 덕곡은 '무망' 외에 다른 표기가 없기 때문에 모두 '무망'으로 처리했지만 실제 결락이나 '무망' 내부에 '생존'으로 파악될 수 있는 사람이 있을 수도 있다.

15 19세기 군역의 허액·궐액의 문제는 전국적인 현상이기도 했다. 1813년(순조 13) 평안도의 경우 전체 군총 40만 6,386명의 약 20%에 달하는 8만 198명이 궐액이었고(『備邊司謄錄』, 純祖 13年 9月 5日), 1842년(헌종 8) 공주 지역 '납호정군(納戶正軍)' 6,000여 명 가운데 약 4,000명이 허액이었다(『日省錄』, 憲宗 8年 7月 3日). 1854년(철종 5) 전라도 담양의 각군보 4,328명 중 '생존무탈군(生存無頉軍)'은 2,810명에 불과했고(『秋成三政考錄』,「軍保査正秩 甲寅冬」) 철종 13년(1862) 공충도 지역 군총 10만 5,386명 중 64.1%에 해당하는 6만 7,577명이 허액이었다(『壬戌錄』,「釐整廳謄錄」). 1867년(고종 2) 담양군 남부면의 경우 군액 49.1%에 해당하는 57명의 역가 136.13냥이 이른바 '무망'으로 궐액이었다(『南部面各軍兵無亡生存區別成冊』). 이 같은 사례에 비추어 진주 대곡의 무망자 문제는 당시 군역 운영의 일반적인 현상으로 간주해도 좋을 듯하다.

표 4 3·4월 촌별존망성책류의 비교

구분	3월				4월			
	생존	무망	기타	합계	생존	무망	리중분배	합계
가정촌	24	9		33	37	5	1	43
대동촌	16	15		31	26	14	2	42
덕곡촌		16		16	20	11		31
덕교촌	2	3	2	7	13	5		18
유곡촌	8	2		11				
신촌	7	7		14				
중촌	5	10		15	23	6	1	30
하촌	14	10		24	32	10		42
죽방촌					4	2		6
마진촌								
합	76	72	2	151	155	53	4	206

데 이는 대곡의 면(面=里) 차원에서 충당할 군액이 추려지고 있는 증거이다. 어쨌든 촌별존망성책류는 촌락 차원에서 군역 자원의 생존과 무망 등을 마을별로 파악하여 성책한 것으로 이후 하나로 종합되는 것으로 판단된다.

3~4월 기간 군역 파악과 관련하여 만들어진 가좌의 작성과 군역자에 대한 현황 파악은 아마도 매년 진행되는 절차로 촌락 내부에서 자체적으로 성책되어 진주목에 제출된 것으로 이후 당해 군적 개수의 근거 자료로 활용된 것으로 생각된다. 하지만 촌별가좌나 촌별존망책의 내용에서 보듯이때 3~4월 공히 군역 대상자 가운데 '무망'의 비율이 대략 1/3~1/2을 점할 정도로 부실의 정도가 심했다. 군적 작성을 위한 기초 자료로 활용하기에 심각한 하자를 안고 있었던 것으로 이는 다른 리(면)도 마찬가지였으리라 여겨진다. 진주목 차원의 대대적인 사정 작업이 추진되지 않으면 안되는 이유였다.

3. 사정의 추진과 군역 수괄

1838년 7월 진주 목사 이겸수가 추진한 대대적인 사정 작업은 오랫동안 손놓고 있었던 지역의 군역 문제에 대한 대책이었고, 재령이씨가의 이우모는 훈장으로 대곡의 면 단위 업무를 총괄했다.[16] 훈장을 중심으로 한 사정 조직은 목사 예하의 도훈장 밑에 각기 복수의 리(里=面)가 소속되어 운영되었으며 그 말단서에는 각동(各洞)의 동수(洞首)가 실무를 담당했다. 대곡의 경우 〈그림 2〉에서 보는 바와 같이 용봉·사죽·운곡과 함께 4개 리(면)가 하나의 조직으로 묶여 있었다. 훈장의 예하에는 집강(執綱)과 풍헌(風憲)을 중심으로 한 행정조직이 편제되어 업무를 수행하도록 짜였다.[17]

훈장은 사괄 작업을 총괄하고 실무자를 지휘·통제하는 위치에 있었다. 책임이 막중했던 만큼 훈장은 '청렴강직하고 근면성실하며 문필(文筆)이 있으며 폐를 끼치지 않고 먹고 살 만한 자'를 임명하여 모름지기 '한마음

---

16 진주의 행정구역은 동·서·남·북 4개의 방위면이 나타나는데 동면(東面)과 남면(南面)은 각각 23개 리, 서면(西面)은 29개 리, 북면(北面)은 12개 리로 구성되어 있었다. 하지만 이들 면은 행정적 통제력과 조직적 연계를 가진 실체로 볼 수는 없고 단순히 방위 표시 이상의 의미는 없었다(이해준, 「17세기 초 진주지방의 里坊編制와 士族」, 『규장각』 95, 1982, 93~95쪽). 『사정약조(査定約條)』에는 대곡과 함께 용봉·운곡·사죽리가 나타나는데 이중 대곡·용봉은 동면, 운곡은 서면, 사죽은 북면 소속이었던 데에서도 이 점은 명확히 드러난다. 따라서 진주의 리는 사실상 면에 해당하는 행정조직이었던 것이다. 참고로 『진양지』(1871)에 나타난 면리 편제를 소개하면 다음과 같다. [東面] 猪洞里·槽洞里·法輪里·屈谷里·火谷里·晉城里·耳川里·班城里·柯樹介里·丁樹介里·陽田里·非羅洞里·富多里·上寺里·龍鳳里·淸原里·加佐村里·班東山里·大谷里·吳谷里·代如村里·琴山里·月牙彌里; [南面] 涉川里·鼎村里·豆毛谷里·陳樹介里·枝貢里·於牙里·世谷里·杻洞里·杻谷里·末叱洞里·內坪里·班龍浦里·夫火谷里·末文里·角山里·昌善島里·獜潭里·金冬於里·溟珠里·陽山里·吾邑谷里·省乙山里·永申大里; [西面] 平居里·於背谷里·西申大里·針谷里·加乙洞里·大坪里·巴只里·子梅谷里·沙月里·斷俗里·矢川里·三壯里·佳耳谷里·馬洞里·元堂里·水谷里·籬下里·栢谷里·芽房谷里·加西里·宗化里·雲谷里·五臺里·田頭里·鐥川里·桐谷里·陳畓里·岳陽里·花開縣里; [北面] 冬物谷里·沙竹里·新堂里·禿川里·雪梅谷里·月背谷里·芿玉谷里·毛台谷里·迷谷里·井谷里·省台洞里·鳴石里.

17 『査定約條』.

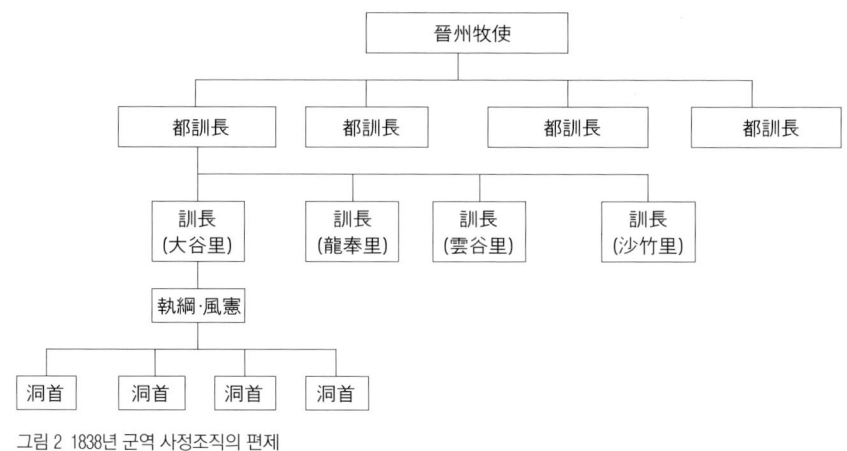

그림 2 1838년 군역 사정조직의 편제

으로 정밀하고 결백하여 반드시 공정하고 반드시 균평해야' 하며 '조금이라도 공(公)을 배반하고 사(私)를 따르는 일이 있다면' 처벌이 따르는 자리였다. 집강과 풍헌은 서역(書役), 동수는 사환(使喚)을 맡았다.[18] 훈장은 일회성이 아닌 목사와 면리 사이에 행정을 담당하는 상시적인 직임으로 1854년 진주 동면 대여촌(代如村)의 해주정씨 효행자 포상을 요청하는 품목을 올리고 있는 사례[19]와 19세기 후반 훈장의 직임이 광범위하게 나타나는 데서 알 수 있다. 훈장은 대정 과정에서 촌락 내부의 사정을 세심히 고려하고 소통하면서 업무를 수행하도록 규정되었다.

훈장이 애초에 공평하고 상세히 살피지 못한 책임은 면하기 어려우니 바야흐로 충대(充代)할 때 어떤 역명(役名)에 어떤 사람을 대신 충정(充定)한다는 뜻을 해당 백성과 해당 동수처(洞首處)에 일일이 면유(面諭)하여 숙지시키고 혹 해당 백성에게 고지하지 않고 은밀히 충역(充役)하여 끝내

---

18 『査定約條』.
19 「代如村訓長稟目」, 경상국립대 고문헌도서관 농포문고 소장.

어지러이 호소하는 데 이르는 폐단으로 훈장의 논책(論責)을 야기하는 일이 없도록 할 것.[20]

훈장은 공평하고 상세히 업무를 처리하되 대정(代定)은 구체적인 내역을 대면을 통해 상세히 해당 민과 동수에게 숙지시키는 과정을 거쳐야 했다. 당사자와 해당 마을에 알리지 않고 음성적으로 대정을 진행할 경우 민원과 소요를 불러올 수 있었다. 훈장은 각 마을을 직접 방문하여 해당 동중의 노소민인을 모아놓고 하나하나 호를 조사하도록 했다. 호구는 반민(班民)·상민(常民)·과호(寡戶)·협호(挾戶)와 노약(老弱)·장건(壯健)·친속(親屬)·솔정(率丁) 등을 따지지 않고 연돌(煙堗)의 차례에 따라 빠짐없이 파악하고 역 부담자에 대한 상세한 정보를 기재하도록 했다. 서류는 대면을 통해 이름과 나이 등을 직접 묻는 방식으로 작성하도록 했다.[21]

7월에 접어들면 목사가 각리에 시달한 『사정약조(查定約條)』에 따라 가좌책이 새롭게 작성된다. 이때 만든 『대곡가좌(大谷家坐)』는 7월본이 있고 8월본이 있는데 전자는 가정촌·덕곡촌·덕교촌·마진촌·용동촌·유곡촌·중촌·하촌·대동촌·죽방촌 등 10개 마을에 총 534명이 등재되어 있고 후자는 가정촌·마진촌·용동촌·유곡촌·하촌 등 5개 마을에 총 102명이 올라 있다. 두 가좌의 인물이 거의 겹치지 않는 것으로 보아 7월본과 8월본은 상호 보완 관계에 있는 하나의 문서로 보아도 좋다.[22] 7·8월의 『대곡가좌』에 도훈장(都訓長) 허모(許某)와 훈장 이우모의 착압이 있는 것으로 보아

---

[20] 『查定約條』, "一旣定之後 如有一簡民呼冤之訴 則當查其虛實而處之而訓長初不能公平詳審之責 在所難免 方其充代時 以某役名某人代充定之意 ㅡㅡ面論於該民及該洞首處 使之洞知是遣 無或不告該民暗自充役 至於畢竟紛紜呼訴之弊 致有訓長之論責爲齊."

[21] 『查定約條』.

[22] 『전대성책』도 두 가지 종류가 존재하는데 이는 아마도 관의 독촉에 각 마을이 일차 보고가 이루어진 후 추가로 자료를 제출했기 때문이 아니었나 생각된다. 실제로 두 문건은 2~3명 이외에 겹치는 인물이 없다. 따라서 두 문건을 하나로 통합하여 살펴보는 것이 보다 유익할 것으로 판단된다.

이 문서는 사정 조직의 최상위인 도훈장 단계까지 재가를 받은 문서임을 알 수 있다. 결락이 많아 전체 현황을 온전히 파악하기는 힘들지만 마을 단위 호구·군역과 관련된 항목을 종합해 놓은 이상(已上)·도이상조(都已上條)는 나름 유용한 정보를 전해 준다. 〈표 5〉를 통해 7·8월『대곡가좌』에 나타나는 특징을 살펴보자.

우선 7·8월 호구수가 모두 나타나는 마을 중 유곡촌의 경우 8월의 액수가 과소한데 이것은 7월의 액수를 보완한 차원에 작성되었기 때문으로 생각된다. 호당 구수는 대부분 1~2명 선으로 호적대장의 그것이 대체로 4명 내외인 것과 비교하여 크게 낮은 수준이다. 신역 파악에 중점을 두면서 나타난 현상으로 생각된다. 가좌책의 수치는 자료상의 결락을 감안해도 호총과 구총의 산술합이 각각 293호, 531구로 이상조의 244호·504구

표 5 7·8월『대곡가좌』도이상의 호구 파악

마을	월	호	구	호당 구수	항목 비율(%)	老弱 老弱	寡戶	冒錄	空閑	幼學	班戶 人口	賤口	移居 各軍兵	軍役者 無亡	軍役者 在
가정촌	7	30	47	1.56	29.8	6	1	3	4					6	8
덕곡촌	7	31	52	1.67	61.5	8	5			19				23	28
덕교촌	7	13	25	1.92	48.0	6	1		5					5	7
마진촌	7	49	98	2.00							21				
마진촌	8	28	73	2.60	135.6		15		2	23		48	21	11	17	17
용동촌	7	10	12	1.20	25.0	2			1					2	2
용동촌	8	9	19	2.11											
유곡촌	7	22	31	1.40	25.0									6	
유곡촌	8	4	14	3.50											
중촌	7	39	64	1.64	64.1	18	6	17						12	38
하촌	8	3	6	2.00											
대동촌	7	40	82	2.05	78.0	26	4	32	2					23	64
죽방촌	7	5	8	1.60	12.5				1					5	2
계산합		283	531	1.86	54.8	107	21	115	35	19	48	42	11	99	166

* 항목 비율은 구수 대비 班戶人口·幼學·寡戶·冒錄·空閑·移居各軍兵을 합한 액수의 백분율임.

를 상회한다. 아마도 가좌책의 호구 파악 이후 마을별 호총·구총의 산술합은 대곡리 차원의 호총·구총에 다시금 맞추어졌을 터이다.

이들 호구는 노약(老弱), 과호(寡戶), 모록(冒錄), 공한(空閑), 반호인구(班戶人口), 천구(賤口), 유학(幼學), 이거각군병(移居各軍兵) 등이 별도 항목으로 정리되어 있는데 천구를 제외하고 이들은 모두 면역자거나 해당마을의 군역부과 대상이 아니었다. 이들에 대한 조사는 7월에 이루어졌고 마진촌만 8월에 추가된 것으로 나타난다. 호총에서 차지하는 이들의 비율은 마을별로 차이가 커서 죽방촌의 12.5%에서부터 마진촌의 135%에 이르기까지 다양한 분포를 보인다. 8월 구총만 놓고 보면 마진촌의 경우 이들의 인원수가 구수(口數)의 135.6%에 달하는데 아마도 호총을 7월과 8월을 합한 171명(98+73)으로 잡아야 할 듯하다. 이를 적용하면 이들 항목의 비율은 57.9% 정도로 산정된다. 반호인구, 천구, 이거각군병의 항목은 마진촌, 유학은 덕곡촌만 나타난다.

『사정약조』에는 역 부과 시 양천을 구분하고 속오(束伍)·성정(城丁)·아병하마군(牙兵下馬軍) 등은 모두 사천으로 충정하도록 하면서 사천을 은닉하거나 양정(良丁)을 사천을 대상으로 하는 역에 배정할 경우 훈장을 처벌하도록 규정했다.[23] 사천이 가장 많았던 마진촌에만 천구가 나타난 것은 이 때문이 아닌가 생각된다. 역시 마진촌에만 나타나는 반호인구 또한 이와 연동하여 파악된 것으로 추측된다. 이거각군병은 군역부담자가 다른 리로 이거할 경우 해당 리의 훈장이 거주지 리의 훈장의 확인을 받도록 한 규정과 관련된 것으로 생각된다.[24] 한편, 덕곡촌에만 나타나는 유학(19명)은 명실상부한 사족으로 보기에 의심스러운 부류였으리라 추측되는데 가좌를 통해 비로소 자신들의 직역을 인증받은 것이 아닌가 생각된다. 관의 입

---

23 『査定約條』.

24 『査定約條』.

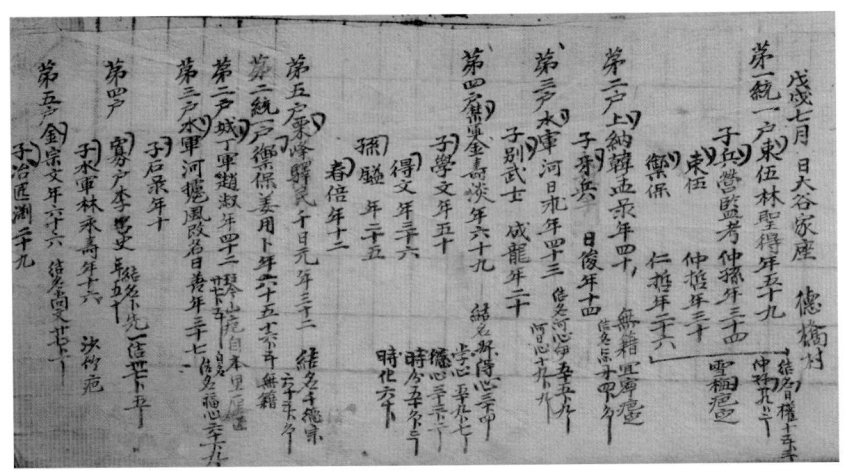

그림 3 7월 『대곡가좌』의 일부

장에서 본다면 '유학'으로 인한 면역자의 증가를 마냥 허용할 수는 없었고 이 같은 방식으로 묶어 놓지 않으면 안 되었던 것이다.[25]

한편, 노약(107명), 과호(21명), 모록(115명), 공한(35명) 등 항목에 해당하는 부류는 역에서 제외되거나 군역의 예비 자원에 해당하는 범주로 이들의 액수를 여하히 설정할 것인가는 군역 운영과 관련하여 매우 중요한 문제가 아닐 수 없었다. 가좌책에는 일단 역에서 제외되는 대상으로 연령 10세 이하와 59세 이상에 해당하는 노약과 함께 과호를 지목했다['十歲前除 五十九歲後除 寡戶除']. 노약의 액수(107명)가 큰 것은 군역 충정 대상자가 부족한 상황에서 이들이 대거 가좌나 군안에 유입되고 있었던 현실을 보여주는 것이기도 했다.

7·8월 『대곡가좌』에서 주력한 또 한 가지는 모록의 색출과 공한의 확보였다. 모록은 단일항목으로는 가장 많은 115명에 달했다. 『사정약조』에

---

25 이러한 유학 직역을 둘러싼 성씨별 동향에 대해서는 김준형, 「19세기 진주의 신흥계층 '幼學'호의 성격」, 『조선시대사학보』 47, 2008 참조.

서는 모록을 통해 면역(免役)하는 부류로 가칭군관(假稱軍官)·모속(募屬)·교원생(校院生)·역보(驛保)·계방(楔房)·향청별향(鄕廳別鄕) 등을 지목했다.[26] 이들이야말로 사정의 집중 표적이었다. 중촌(17명)과 대동촌(32명)에서 가장 많은 모록이 색출당했는데 이는 마을의 모록자들이 다른 마을에 비해 상대적으로 실력이 약했음을 보여주는 것일 수도 있다. 모록과 함께 파악되고 있는 것이 공한(35명)으로 이는 유사시에 채워 넣을 수 있는 군역의 예비 자원 확보라는 차원에서 이루어진 것으로 판단된다. 한정(閑丁)의 여유가 있는 면은 공한정(空閑丁) 몇 명의 형태로 각동의 말단에 상세히 기재하도록 하여 차례대로 부족한 액수를 충당하도록 했다.[27] 공한이 가장 많은 마을은 마진촌이었다(23명).

이제 7·8월 『대곡가좌』에 나타난 직역 분포상의 특징을 살펴보자.[28] 전체 733명 중 사비(私婢·4명)·환과고독류(鰥寡孤獨類·23명)·무직역(220명) 등을 제외하고 직역이 분명한 경우만 추려내면 총 486명이 남는데 이에 대한 마을별 직역군의 분포를 정리한 것이 〈표 6〉이다. 우선 A그룹 직역자 비율이 22.9% 정도로 비슷한 시기 호적대장의 비율에 비해 상대적으로

---

26 『査定約條』, "冒錄免役之類 假稱各所軍官各所募屬各校院生各驛保之類 或稱各廳楔房鄕廳別鄕之屬 一一查括 一幷汰入於軍額中是矣 冒錄考籍 勿限式爲之爲齊."

27 『査定約條』, "一各洞闕額自各其洞充代是矣 眞有不足分排之患則移定於該面隣洞 又有不足之患則訓長據實論報 以爲區處之道是矣 閑丁稍裕之面則亦以空閑丁幾名是如 詳細懸錄於各其洞之末端 以爲次次充不足之道是遣 若謂以本洞之已充代 雖一二空閑丁如有掩置者則訓長 亦施以大段責罰爲齊."

28 A그룹은 유학, B그룹은 교생·원생·관군관·기패관·업무·기패관·지구관·군관·장관·충위·위포·충익·한량·동몽·동몽선무군관·동몽성정·별무군관·별무사·별무사군관·별무사한량·역리·선무군관·속오장관·수보군관·수첩군관·수첩선무군관·영수·재가군관·아병장관·액내군관 등으로 구성되었다. C그룹은 금군·금보·금위군·어영군보·어영군·어영자보·어영자포·포보·병포·경상납·상납·상납포·모군·공조군·공조장보·복마군·기수·대기수·마군·마군하노·마병·마병보·모장보·무부·백정·사령·속오군·속오대장·속오하졸·수군·관포수·선방포수·별포수·성정군·성정하졸·하졸·감고·모군·강고전(强庫錢)·쇄자장·쇄장보·아병·아병대기수·아병대기총·아병하졸·아병하졸·야장·야장보·양여포·양여포·역인·염초군·감초·군뢰·영순령·순령수·옹장보·위영군·자모군·의자보·죽석장·하졸·대기수·취반군·충어·남군·취타수·칠장보·필장공·필장보 등이고 CD그룹은 사노겸역자, D그룹은 노·사노이고 X그룹은 맹인·무직역자 등이다.

낮은 수준이다. 군역·신역의 중추인 C·CD그룹은 각각 117명, 75명으로 총 192명에 49.4%의 비율로 B그룹의 군관·장관류를 포함하면 대략 7할에 육박하는 수준이다. 7·8월 두 가좌를 나누어 보면 두 자료는 직역분포상 약간의 차이를 보인다. A그룹의 경우, 가정촌은 7월과 8월이 각각 5명과 4명으로 인원이 비슷하지만 마진촌과 용동촌은 7월 A그룹 직역자가 없고 8월은 각각 26명, 3명으로 나타난다. 유곡촌도 7월이 1명, 8월이 11명으로 차이가 심하다. 하촌은 7월이 4명으로 8월의 2명보다 많지만 크게 의미를 부여하기는 힘들다. B·C그룹의 경우 7월본이 67·117명이 파악된 반면 8월본에는 전혀 등재되어 있지 않다. CD그룹의 경우 마친촌

표6 7·8월 『대곡가좌』에 나타난 직역 분포

마을	월	A	B	C	CD	D	합계
가정촌	7	5	11	24	2		49
	8	4				1	13
덕곡촌	7	19	11	16			53
덕교촌	7		2	15			24
마진촌	7			3	38	35	83
	8	26			20	1	55
용동촌	7		2	4	6		19
	8	3				1	12
유곡촌	7	1	3	11	2		24
	8	11			3	2	24
중촌	7	3	13	16			39
하촌	7	4	16	18	1		46
	8	2			2	1	13
대동촌	7	6	7	9	1		30
죽방촌	8	5	2	1			16
7월 합		43	67	117	50	35	312
8월 합		46			25	6	77
총 합계		89	67	117	75	41	389
직역 비율(%)		22.9	17.2	30.1	19.3	10.5	100

* 자료: 『대곡가좌』(7월·8월).

의 사노가 각각 38·20명으로 두드러지고 여타 마을은 대체로 비슷한 분포를 보인다. D그룹 직역자의 경우 마진촌이 대부분이고 나머지 마을은 숫자가 미미하다. 8월에 마진촌의 사노가 대거 군역자로 충원되고 있는 것이다. 〈표 6〉에는 넣지 않았지만 여성은 7월에는 29명, 8월에는 3명으로 환과고독류는 7월에 22명, 8월에는 1명에 불과하다. 무직역자의 비율 또한 7월 196명에서 8월 24명으로 줄었다. 7월 가좌의 파악이 미흡하다는 진주목의 독촉에 8월에는 유학을 중심으로 한 반호층을 사노층과 함께 파악하는 데 초점을 맞춘 것이 아닌가 생각된다.

4. 대정의 실태와 소첩 발송

각 마을의 가좌와 인구성책의 수정이 마무리된 다음에는 해당 마을의 군역부과 실태를 세밀히 조사하여 새로운 부담자를 채워 넣는 대정(代定)=전대(塡代)의 단계로 넘어간다. 군역 운영은 기본적으로 이를 부담하는 인적 자원의 끊임없는 충원을 전제로 했다. 매년 사망, 노제(老除), 도망, 이거 등 갖가지 사유로 발생하는 결원, 즉 궐액을 채워 넣는 작업은 군역 운영의 핵심이라 해도 좋았다. 특히 18세기 초부터 적용된 이정법(里定法)은 군액의 결원을 해당 마을의 연대책임으로 돌려 자체적으로 충당하도록 한 것으로 촌락 차원의 공동납이 확산되는 중요한 계기가 되었다.[29] 다음의 규정을 보자.

---

[29] 김준형, 「18세기 이정법의 전개: 촌락의 기능강화와 관련하여」, 『진단학보』 58, 1984; 백승철, 「17·18세기 군역제의 변동과 운영」, 『이재룡박사환력기념한국사학논총』, 이재룡박사환력기념한국사학논총간행위원회, 1990; 송양섭, 「19세기 양역수취법의 변화: 동포제의 성립과 관련하여」, 『한국사연구』 89, 1995.

각동의 가좌와 인구성책이 수정을 마친 후 해당 마을의 군보(軍保)·노제·아약(兒弱)·물고(物故)·도망·허명(虛名)·첩역(疊役) 등을 하나하나 조사하여 전대한다. 반드시 젊고 건실한 사람을 택하여 채워 넣되 만약 궐액의 수가 많고 한정(閑丁)의 수가 적기 때문에 응당 탈하(頉下)해야 할 것을 탈하하지 않고 응당 충정(充定)해야할 것을 충정하지 않거나 또 혹 아침에 모였다가 저녁에 흩어지는 무리를 구차히 충대(充代)하여 스스로 액수를 채웠다고 하였다가 번전(番錢)을 거두어 낼 때 발각될 경우 훈장은 마땅히 논책을 당하고 징봉(徵捧)하도록 할 것.[30]

대정자는 '젊고 건실한 사람[壯健實民]'을 채워 넣는 것이 원칙이었다. 한정의 부족을 이유로 군역에서 제외되어야 함에도 인정해 주지 않고 군역 대상자임에도 이를 부담에서 제외하거나 유민(流民) 따위를 채워 넣는 것도 금지되었다. 이 조항이 어느 정도 실효가 있었는지 의문이지만 이러한 행태는 아마도 당시 대정 과정에서 만연한 현상이었으리라 생각된다. 해당 역을 감당할 수 있을지 여부에 따라 공정하게 역의 고헐을 따져 채워 넣는 것도 하나의 원칙이었던 듯하다. 가령 서울 소속 역종인 경상납(京上納)의 역을 궁잔민(窮殘民)에게 배정하지 못하도록 한 것이 예이다.[31]

구체적인 대정=전대 사유를 살펴보자.『전대성책』에는 탈하사유를 알 수 있는 인원이 총 160명으로 마을별로는 마진촌 40건, 대동촌 30건, 하촌 23건, 덕곡촌 16건, 상중촌 13건, 유곡촌 9건, 가정·덕교촌 8건, 죽방촌 4건, 중촌 5건, 용동촌 3건 순으로 나타난다.[32] 건수에서 대동촌과 마진촌이 두드러지거니와 당시 대곡에 배정된 군액이 대략 217명이었던 점을 감안한다면 7할 가량의 군역부담자가 대정되고 있음을 알 수 있다. 실로

---

30 『査定約條』.
31 『査定約條』, "一充代之際 隨其人之可堪不可堪 從公壙充於苦歇之役是矣 如有挾私不公 京上納之役歸於至窮殘之民則訓長當有大段責罰爲齊."

대대적인 군역 사정이었다. 대정 사유를 살펴보면 구체적인 내용 없이 '대(代)'로만 기재된 것이 151건으로 압도적 비중을 차지하고 나머지 사망[故] 17건, 노제(老除) 7건, 첩역[疊] 5건, 질병[病廢] 2건 등이 뒤를 잇는다. 도망은 한 건도 없다. 사유불명의 '대(代)'가 대부분이기 때문에 별다른 의미를 부여하기는 힘들다. 같은 해인지는 확실치 않지만 또 하나의 『전대성책』에서도 결락을 제외한 전대의 사유는 '대(代)'가 49건으로 가장 많고 고대(故代)

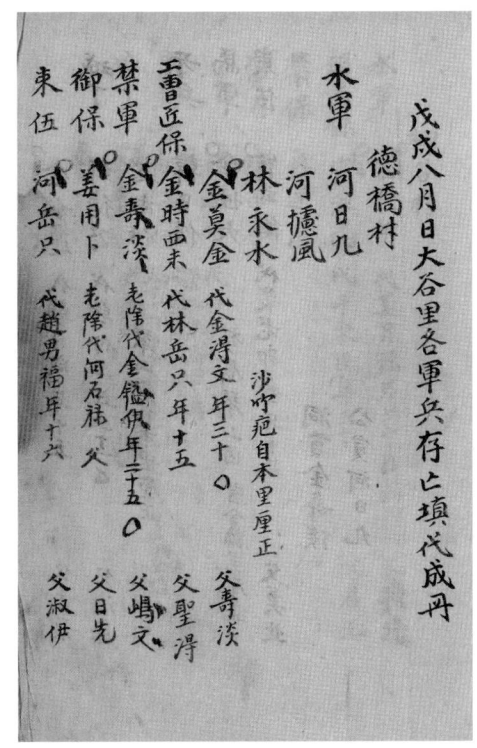

그림 4 『대곡리각군병존망전대성책(大谷里各軍兵存亡墳代成冊)』의 일부

17건, 노제 2건, 기타 2건으로 집계된다. 구체적인 탈하 사유로 확인되는 사례는 하촌 청암포보 황십서아의 충열모군 첩역, 대곡수군 배막북의 칠장보 첩역 등이다. 마진의 경우, 청암성정 김응옥의 병폐(病廢), 청암속오 정비영과 청암아병 성원철의 속오군 첩역, 청암성정 정택준과 노 몽돌의 두고(痘故)가 있다. 대전자의 충원 사유가 대단히 소략하게 기재되었음은 촉박한 사정 사업의 추진에 따라 대정도 기일에 맞춰 실적 위주로 진행되었음을 방증한다.[33]

32 『大谷里各軍兵存亡墳代成冊』.
33 부명(父名)의 경우 전체 113명 가운데 '부지(夫之)'가 가장 많은 15명으로 나타나는 데서 보듯 정보가 매우 부실했다. 전대자 아버지의 정보가 겹치는 경우는 대손 2명, 만춘 2명, 봉익 2명, 쾌

7월에 작성된 『대곡군도관좌성책초(大谷軍都官座成冊抄)』에는 1793~1836년 기간의 대정(代定=塡代) 실태가 담겨 있다. 여기에서 부정확하거나 허위가 확실시되는 사례를 제외한 157명의 대정 연도 분포를 마을별로 정리한 것이 〈표 7〉이다. 정보의 신뢰도가 의심스러운 점이 근본적으로 문제지만 대곡의 대정은 그것이 시행된 해만을 국한한다면 연간 5회 미만 이루어진 것이 대부분으로 대체로 매년 진행된 세초와 이를 바탕으로 한 군적(개도안) 작성의 결과를 담고 있는 것으로 생각된다. 〈표 7〉에 나타나는 바와 같이 1794~99년, 1801·1804·1811·1815·1822·1831·1832·1834·1835년의 15개년에는 전대가 아예 없는데 이는 일단 잦은 세초·개도안의 중지와 관련되었을 가능성이 크다. 마을별로는 마진촌의 대정 횟수가 총 60건으로 가장 많고 다음이 가정(21건)·하촌(15건) 순이다. 나머지 마을은 비슷한 수준이다.

　다른 마을과 전대 건수에서 별 차이가 없었던 마진촌은 1816년을 기점으로 그 횟수가 갑자기 늘어난다. 특히 1816년과 1833년 두 해가 각각 28회와 67회로 다른 해보다 두드러지게 많다. 1816년의 경우, 28건 중 마진이 14건으로 반을 차지하며 1833년에도 총 67건 가운데 마진은 근 1/3인 22건이 확인된다. 1833년에는 가정(8건)·대동(10건)·덕곡(7건)·하촌(6건)에서도 전보다 많은 대정이 이루어지고 있다. 1834년이 군적 개도안의 식년으로 이를 위한 예비 작업이 벌어졌을 수도 있지만 앞 시기 군적 작성 연도의 횟수를 검토해 보면 반드시 그렇다고 보기도 힘들다. 일단 대규모 사정 작업을 떠올릴 수 있지만 한편으로는 연도의 편의적으로 기입 때문일 수도 있다. 마진촌의 대정 횟수가 많은 이유는 추측컨대 지역의 대표적인 반촌으로 많은 노비를 거느리고 있었던 재령이씨 가문과 연관되

　　육 2명, 학손 2명으로. 이들을 한 집에서 2명을 대정한 것으로 볼 수 있지만 대정자 또한 허명(虛
　　名)이 많은 상태에서 반드시 그렇다고 단언하기도 힘들다.

표 7 마을별 대정 횟수의 연도별 분포

마을 연도	가정	대동	덕곡	덕교	마진	신촌	유곡	죽방	중촌	하촌	불명	합
1793			1									1
1800	1											1
1801												0
1802	1											1
1803				1								1
1804												0
1805		1			1							2
1806	1											1
1807					1	1				1		3
1808				1								1
1809								1				1
1810									1			1
1811												0
1812	1									1		2
1813				1								1
1814					2							2
1815												0
1816	5	2			14	1	3		1	2		28
1817		1					2					3
1818			1	1	1							3
1819	1											1
1820					2							2
1821										1		1
1822												0
1823					5							5
1824					1	1	1					3
1825		1			4							5
1826	1				2							3
1827				1	1							2
1828										1		1
1829					2							2
1830		1			1		1			2		5
1831												0
1832												0
1833	8	10	7	2	22	1	4	2	3	6	2	67
1834												0
1835												0
1836										1		1
기타	2	2	1		1		1					7
합	21	18	10	7	60	4	12	3	5	15	2	157

* 자료: 『大谷軍都錄官座成冊抄』.

었을 가능성이 높다. 시간적으로 가까운 시기에 초정된 인원들에 대한 정보의 신뢰도가 상대적으로 높다고 본다면 마진촌과 재령이씨 가문이 군역 운영에 주도적인 역할을 했다고 말해도 좋다.

대정자의 연령별 분포는 어떨까? 〈표 8〉은 이를 정리한 것이다. 여기에 나타나는 특징은 우선 대정자의 연령이 15~20세에 집중되고 있는 점이다. 특히 15세의 경우 38명으로 16~20세를 합한 41명에 육박할 정도이고 16세도 12명으로 두드러지게 많다. 특히 익년에 입역 단계에 접어드는 15세 연령자를 집중적으로 확보해 놓기 위한 의도가 두드러진다. 물론 신역 부담이 시작되는 16세 연령자도 집중적인 사괄 대상에 올려놓았다. 원칙적으로 대상이 될 수 없는 12세와 14세도 3명 충정되었는데 이는 그만큼 이해의 사괄 작업이 급박하게 진행되었음을 보여준다. 또는 『대곡가좌』에서 '아약(兒弱)'의 기준 연령을 10세로 잡은 것과 관련된 것일 수도 있다. 당시 관행처럼 시행되던 대년군(待年軍) 방식의 예비적 군역 파악이었다. 연령상 드러나는 또 하나의 특징은 20세(9명), 25세(13명), 30세(8명), 35세(8명), 45세(4명) 등 5세 단위로 대정자가 집중된다는 점이다. 이러한 패턴은 연령 정보에 대한 신뢰도를 크게 떨어뜨리는 것으로 연령 기재에 상당 부분 작위가 가해졌음을 보여준다.[34] 그런데 이 같은 연령 분포, 특히 막 입역 연령이 되는 15세의 경우 실제 나이가 아님을 보여주는 증거가 남아 있다.

『전대성책』귀퉁이에는 타면 소속 군역자에 대한 대정자가 기재되어 있는데 이를 정리한 것이 〈표 9〉이다. 여기에는 이들의 유탈 사유와 함께

---

[34] 또 하나의『전대성책』에서도 연령별 분포는 아래에서 보는 바와 같이 총 49명 중 15~20세에 29명이 집중되어 있는데 이 역시 15세가 가장 많다. 나머지 연령대에는 25세(3명), 35세와 37세(각 2명)를 제외하고 모두 1명씩이다.

연령	15	16	17	18	19	20	22	23	25	27	28	30	32	33	34	35	37	45	47	50	52	57
인원	19	2	3	2	1	2	1	1	3	1	1	1	1	1	1	2	2	1	1	1	1	1

표 8 대정자의 연령 분포

연령	12	14	15	16	17	18	19	20	21	22	23	24	25	26	27	28	29	30
인원	1	2	38	12	8	10	2	9	1	3	3	1	13	1	2	2	1	8
연령	32	33	34	35	37	38	39	40	41	42	43	45	47	48	50	52	56	57
인원	2	2	1	8	5	1	3	1	1	1	3	1	4	3	3	1	2	1	2

* 자료: 『大谷里各軍兵存亡塡代成冊』; 『塡代成冊』.

 연령에 대한 부가 정보가 본년의 형태로 기재되어 있다. 군역자들은 모두 타면 소속으로 대정자는 대동의 청암어보 윤현일을 제외하고 모두 사노로 마진촌 소속이다. 마진촌의 대정자는 모두 15세지만 이와 함께 부기된 본년에는 9세와 10세가 각각 5건, 6세·7세·8세·12세·15세가 각각 1명씩 총 15건으로 이들 모두 입역 연령에 미달하는 나이였다. 이는 『전대성책』에 대거 기재된 15세 연령자들이 상당 부분 연령을 올려 잡았을 가능성을 강력히 시사한다. 이는 아마도 이 시기 세초나 군적 작성에서 광범위하게 행해진 방식이었을 것으로 생각된다.

 한편 각 면의 훈장은 궐액을 채워 넣고 이를 성책으로 만든 후 도훈장에게 재가를 받아 직접 진주목사에게 제출했다.[35] 대정자가 확정된 다음 절차는 역 부담자에 대한 통지이다. 10~11월 '소첩(小帖)'으로 불리는 일종의 개인별 군역 부과 통지서의 마을별 발송이 그것이다. 소첩은 목사가 발급하여 면리의 행정 계통을 통해 군역·신역 대상자들에게 전달되었다. 소첩에는 군역을 담당할 사람과 함께 유탈자, 탈하 사유가 함께 기재되었다. 진주목사는 10월 13일 대곡훈장에게 소첩 147장을 발급했다. 소첩은 해당 민에게 직접 지급하여[面給] 착오나 지체를 막고자 했다. 이때 소첩

---

35 『査定約條』, "一 塡闕修成冊之後 各該訓長 先爲往示于都訓長 得其着啣後 該訓長 始爲親自袖呈爲齊."

표9 대정자 연령의 이중 기재 실태

마을	직역	성명	대정자 정보				
			이름	연령	본 연령	사유	비고
마진	金冬於束伍	朴太元	奴 光泉	15	8	代	
	金冬於牙兵	金白連	奴 春成	15	9	代	
	金冬於束伍	金允石	奴 七用	15	10	代	
	靑岩牙兵	李仁哲	奴 賤童	15	12	代	
	靑岩城丁	鄭卞加里	奴 以哲	15	6	老除	
	靑岩束伍	奴 連三	奴 明哲	15	10	代	
	靑岩城丁	奴 得只	奴 萬哲	15	9	代	
	靑岩束伍	朴時同	奴 萬春	15	9	代	
	靑岩城丁	趙玉金	奴 驗守	15	9	代	
	靑岩城丁	鄭宅俊	奴 守元	15	9	代	痘故
	靑岩城丁	朴永業	奴 春曄	15	7	代	
	靑岩城丁	朴尙權	奴 哲元	15	10	代	
	靑岩城丁	奴 夢㐗	奴 㐗金	15	10	代	痘故
	靑岩城丁	張朱業	奴 貴同金	15	10	代	故
대동	靑岩御保	姜昌得	尹玄日	45	15	代	

* 자료: 『墳代成冊』.

  21장에 부명이 기재되어 있지 않았고 4장에는 본명이 아닌 '악지(岳只)' 명의로 된 것이 발견되자 목사는 문제가 된 25장의 소첩을 하나하나 해당 지역에 사문(査問)한 후 다시 내용을 작성하여 출급하도록 조치했다.[36]

  소첩의 형식을 〈그림 5〉를 통해 살펴보자. 첫 행에 대정자의 정보가 노(奴) 칠용(七用), 나이 15세, 아버지 유일(有日)의 방식으로 기재되어 있고 다음 행에 '대곡면(大谷面) 마진리(麻津里)'라고 거주지가 나와 있다. 다음 3~4행은 우기인(右記人)을 '금동어면 리(金冬於面 里)' 속오군 김윤석의 물고(物故)로 대신 충정한다는 내용이다. 5~6행에는 '무술십월십삼일(戊戌十月十三日)'로 발급 연월일(무술년은 1838년)과 목사의 수결이 있다. 말미에 기재

---

[36] 「下帖 大谷訓長」.

 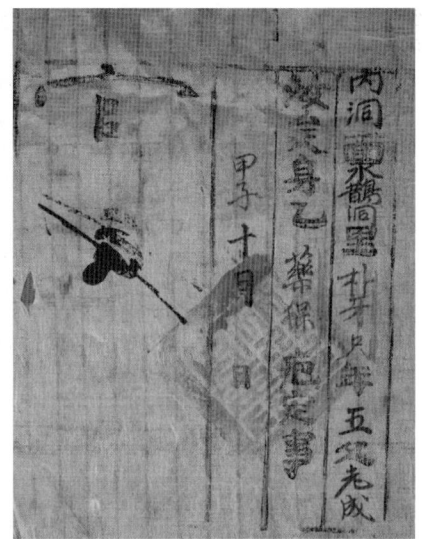

그림 5 진주 마진촌 소첩   그림 6 공주 내동 소첩

된 '경오팔월간판(庚午八月刊板)'으로 보아 소첩의 양식은 대량 인쇄하여 활용된 듯하다. 가장 가까운 경오년은 1810년으로 무려 28년 전 만들어진 양식이 활용되고 있었다. 타 지역의 것으로 공주 내동의 소첩이 있는데, 〈그림 6〉에서 보는 바와 같이 형식과 내용이 진주 대곡과 대동소이하다. 이 같은 소첩의 발급은 그 외 다른 지역에서도 확인되거니와 1866년 거제도 구조라 마을에서는 여러 해 무망(無亡)으로 내려온 봉수군(烽燧軍) 고금손(高今孫)·김원택(金元宅)·김시언(金時彦) 등 3명에 대해 이임(里任)이 거제부사에게 한정(閑丁) 김운택(金云宅)·박원접(朴元接)·박춘득(朴春得) 등 3명을 지명, 소첩 발급을 요청하여 허락을 받아내고 있는 것이 그 예이다.[37] 이 같이 소첩은 대정자와 유탈자에 대한 정보를 담아 군역 담당자에게 발급되어 이를 최종 확인하는 문서적 절차였다.

---

[37] 『項里里任書目』(『고문서집성』 35, 538쪽), "本里烽燧軍高今孫·金元宅·金時彦三名段, 無亡多年不得塡代, 每每有洞侵, 故本里閑丁金云宅·朴元接·朴春得三名等指名文報爲去乎, 小帖下送事. 丙寅十一月十四日 里任金(着名) [題辭] 小帖成送向事. 丙寅十一月十五日 使(押)."

〈표 10〉은 7월 『대곡가좌』에 부기된 10개 마을 소첩 132장의 분배 현황을 정리한 것으로, 여기에는 전체 217명 군액의 약 57% 정도에 해당하는 분량만 발급된 것으로 나타나는데 그 이유는 확실치 않다. 중촌·죽방촌·마진촌의 경우를 보면 소첩은 대체로 10월 하순에서 11월 사이의 기간에 발급된 것으로 확인된다. 면 단위에서 발급한 소첩은 주로 동수·공원이나 두민(頭民)과 같이 마을 행정의 담당자들이 받아 갔다. 덕곡의 이연철과 같이 본인이 직접 받아 가는 경우도 있었다. 이연철은 4월의 『대곡리각군보역성명성책』에 교생 직역을 가지고 있었던 것으로 보아 사정 과정에서 다시 군역 부담자가 된 것이 아닌가 추측된다. 공동납 과정에서 직

표10 마을별 소첩 분배 현황

마을	군액	소첩 수	수령자[持去者]	분급일	비고
덕교촌	10	8	公員洞首 金鎭祿		他里小帖 1丈 還上
하촌	27	22	洞首公員 朴守成		他里小帖 4丈 還上
유곡촌	14	7	洞首 文尙宅		
중촌	17	16	崔之宇		
중촌	17	3	洞首	10월 25일	青岩禁保鄭萬興代吳成八小帖 青岩禁保金石梟代吳文甲小帖 北坪御資保金石能代李元宅小帖
가정촌	25	7	洞首 姜現俊		
덕곡촌	22	11			
덕곡촌	22	1	李連喆		青岩砲保崔洞右代李連喆小帖
덕곡촌	22	3	李思佑		青岩小帖
대동촌	33	21	公員 金化春		
신촌	8	3	洞首 姜月叐		
죽방촌	6	4	頭民 宋守方	10월 21일	
마진촌	68	7	日同	11월 21일	
마진촌	68	8	得用	11월 21일	
마진촌	68	11	貴云		
합	230	132			

* 자료: 『대곡가좌』(7월).
** 마을별 군액은 7월의 『大谷軍都錄官座成冊抄』의 수치임.

역의 상위(相違)가 있었을 수도 있다. 수령자 중 덕곡촌 최지우의 경우 소첩에 기재된 대정자인지는 확실치 않지만 『군안』에 직역이 금위영 자보로 나타나고 8월 『대곡가좌』에는 별무사군관, 『대곡리원문합부』에는 유학으로 기재되어 있었다. 마진의 일동(日同)은 7월 『대곡가좌』에 속오노(束伍奴)로 61세, 득용과 귀운은 모두 『마진촌가좌성책』에 사노로 나타나며 나이도 59세 동갑이었다. 대체로 노숙한 사노들이었다. 덕교촌과 하촌은 소첩이 잘못 전달되었던 듯 각각 1장, 4장을 반납했다.

〈표 11〉은 현재 남아 있는 소첩의 내용을 마을별로 정리한 것이다. 진주의 마진촌 8건, 가정촌 1건 외에 공주 수작동 6건(공주 조창하씨 소장)을 추가로 입수하여 제시했다. 발급년은 진주는 1838년, 공주는 갑자년으로 1804년 또는 1864년일 것으로 추측된다. 분급 날짜는 대체로 10~11월 초에 전달되었고 타 지역에서도 마찬가지였던 듯하다. 공주본은 소첩의 내용이 상대적으로 소략하여 부명이나 유탈인에 대한 정보가 거의 기재되어 있지 않다. 진주본은 중앙역과 지방역이 섞여 있는데 상당수의 역종이 금동어면·청암면·대야천면에서 넘어온 것이었다. 공주본은 중앙 소속 신역만 나타난다. 탈하 사유는 진주본만 기재되어 있는데 모두 물고(物故)이다. 파정자(疤定者)와 유탈자(有頉者)의 정보에 대해 보다 구체적으로 살펴보자.

진주 대곡의 경우 9명의 파정자 중 6명이 사노로 역종은 속오군 3명, 성정군 3명이다. 유탈자에는 양인도 섞여 있는 듯하지만 새롭게 파정되어 군역을 떠안은 사람은 모두 사노였다. 반면 양인으로 보이는 김정명·강백철·김종백의 신역은 강씨 일가 3명에게 넘어가고 있다. 이들은 모두 중앙 소속 군역이었던 점도 특징적이다. 공주의 경우, 유탈자의 성명은 노성(老成) 1명만 기재되어 있고 파정자도 이름과 나이만 나타난다. 역종은 모두 중앙 소속 신역이었다. 진주와 공주 두 지역을 통틀어 나이의 분포를 보면 5·16·23·25·27·50세가 각 1명씩, 30·39·40세가 각 2명, 15세가 3명

표 11 마진촌에 분급된 소첩의 내용

	수작동	발급일	파정자	나이	파정자 부명	직역	유탈자 성명	탈하 사유
진주 대곡면	마진촌	10월 3일	奴 五得	39	福萬	束伍軍	奴 有日	物故
		10월 10일	奴 乙得	39	福萬	束伍軍	奴 有日	物故
		10월 13일	奴 七用	15	有日	金冬於面 束伍軍	金允石	物故
			奴 驗	15	甲孫	靑岩面 城丁軍	趙五金	物故
			奴 東	15		靑岩面 城丁軍	奴 得哲	物故
			奴 奉必	15		靑岩面 城丁軍	姜三孫	物故
		11월 12일	姜渭尙	23	姜昌齊	靑岩面 禁保	金正明	物故
			姜連卜	27	姜昌八	靑岩面 禁保	姜白哲	物故
	가정촌		姜連宗	25	姜昌八	大也川面 兵布	金宗卜	物故
공주 내동면	수작동	갑자 10월	李沙淡	30		禁停軍		
			朴老成	50		軍器保		
			申正老	40		騎兵		
			朴牙只	5		藥保	老成	
			申正老	40		騎兵		
			姜永云	30		御作米		

* 자료: 『대곡가좌』(7월).
** 촌별 군액은 7월의 『大谷軍都錄官座成冊抄』의 수치임.

이다. 5세의 아약충정이 확인되고 5와 10단위의 나이 기재가 집중되는 점도 관찰된다. 막 입역 연령으로 접어드는 15세가 다수를 차지하는 점도 각종 군안의 연령 분포와 비슷하다. 소첩 내용의 신뢰도가 어느 정도인지 가늠하기 어렵지만 다수의 대곡 자료에 일정하게 허명이 섞여 있었음을 시사하는 문서가 적지 않은 점을 감안할 때 이 또한 마찬가지였으리라 생각된다.

5. 군액의 리중분배

　18세기 이후 군역은 실역으로서 의미가 크게 퇴색하고 전정(田政)·환정(還政)과 함께 삼정(三政)의 한 축을 차지하는 재정·부세로서의 의미가 더욱 명확해졌다. 이 시기 군역의 개별 인신에 대한 지배는 사실상 허구화되어 군적에 기재된 이름과 역명은 사실상 무의미한 상태로 "가령 나라에 위급함이 있으면 포보(砲保)는 포수(砲手)를 따르고 금보(禁保)는 금위(禁衛)를 따르겠는가? 이것은 모두 명목을 만들어서 장차 포를 징수하려는 것이 목적인데 포를 이미 징수하였으면 명목은 장차 무엇에 쓰겠는가?"[38]라는 정약용의 말 그대로였다. 〈표 12〉에서 보는 바와 같이 대곡의 주요 군액 총 233명은 10개 마을에 배정되었다. 이 가운데 마진촌에 할당된 군액 70명은 다른 마을에 비해 압도적으로 많다.[39] 여타 마을 중 가정·대동·덕곡·하촌 등이 20~30명 수준이고 나머지 마을은 그 이하 수치를 보인다.

　배정 군액이 가장 많은 마진의 역종에는 나름의 특징이 있다. 군액의 상당수가 지방 소속 성정군과 속오군으로 중앙 소속 역종은 병포(兵布) 1명에 불과했다. 대신 성정군 22명, 속오군 37명에 아병 7명까지 포함하면 마진에 배정된 군액 총 70명 중 이들 역종이 66명으로 압도적 비중을 점하고 있음을 알 수 있다. 이는 33명의 군액이 배정된 대동의 중앙 소속 군액이 11명, 17명·27명에 불과한 중촌·하촌이 각 6명씩 배정된 것과 대비된다. 이는 아마도 이곳에 재령이씨를 중심으로 한 사족가의 노비가 대거 거주했기 때문으로 생각된다. 속오군과 성정군은 정기적인 훈련과 점

38　丁若鏞, 『與猶堂全書』, 「應旨論農政疏」.
39　앞서 잠깐 언급한 바 있지만 여타 자료에 나타나는 역종이 보이지 않는 것으로 보아 〈표 12〉의

표 12 대곡리에 배정된 주요 군액

경외	소속처	역종	가정	대동	덕곡	덕교	마진	신촌	유곡	죽방	중촌	하촌	합계
중앙	훈련도감	포보								1			1
	금위영	금군				1							1
		금보	2	5	2				1		1	2	13
	어영청	어군	1									1	2
		어보		2	1	1					4	1	9
		자보		3					2	1			6
	병조	병포		1			1			1	1	2	6
	공조	공조장				1							1
	합계		3	11	3	3	1	0	3	3	6	6	38
지방	좌수영·진보	수군	3	8	9	3	1		1	1	5	7	38
	진주목 우병영 진주진영	마군	2	5	1	1	2		3		1	1	16
		성정군	5	8	5	1	22	5	2		3	2	53
		속오군	8	1	3	1	37	3		2	1	6	62
		쇄장보	1						1				2
		아병	4			1	7		4		1	3	20
		양여			1							2	3
	합계		23	22	19	7	69	8	11	3	11	21	229
	합계		26	33	22	10	70	8	14	6	17	27	233

* 자료: 『大谷軍都錄官座成冊抄』.

고(點考)를 받는 조련군으로 대부분 사노가 부담했다.

사노 신분으로 군역을 부담하는 사노겸역자의 경우, 고역(苦役)인 훈련도감·금위영·어영청의 삼군문 등 중앙의 역종은 배정하지 않고 속오군, 성정군 등을 부과하는 것이 암묵적 관행이었던 듯하다. 1827년 이웅천댁(李熊川宅) 사노가 어영청 자포(資布 또는 資保)에 충당되어 억울하다는 소지를 올리자 목사 또한 이것이 '천만의외(千萬意外)'라고 하면서 집강에게 어

액수를 대곡에 배정된 군액 전체로 볼 수는 없는 듯하다. 4월 역명성책에 나타난 역종만 해도 이보다 훨씬 많은 306명으로 이를 크게 웃돌고 있다.

영청 자포와 속오군을 바꾸도록 지시하고 있는 것이 일례이다.[40] 물론 성정군의 경우 춘추의 성역이나 연간 6회의 점고를 받아야 하는 처지로 이 또한 그리 만만한 역은 아니었다.[41] 일률적으로 그러하다고 말하기는 힘들지만 군액이 집중되고 있는 마진촌에 중앙 소속 군역 배정을 최소화하고 성정군·속오군을 집중 배정하고 있는 것은 이때 사괄된 군역자들이 거의 사노들이었던 점과 무관치 않을 것이다.

대정 과정에서 면 단위 자율적 논의 구조를 통한 '공의(公議)'의 수렴은 매우 중요한 절차였다.[42] 1833년 군역 부담의 과중함을 호소하는 대곡민의 등장에 대해 목사는 '해당 리에서 공의에 따라 전대할 일[自該里從公議塡代事]'이라는 제음(題音)을 내리고 있거니와[43] 앞서『사정약조』에서 사정과 대정 과정에서 대면을 통해 해당 민과 동수에게 숙지시키도록 하여 음성적인 전대로 민원과 소요를 야기하지 않도록 강조하고 있었던 점,[44] 군정을 채워 넣을 때 동수를 참여시켜 민원을 반영하도록 한 것[45]도 이를 잘 보여준다. 진주 차원에서 이루어진 향회(鄕會)의 군역 논의도 마찬가지였다. 군역에 대한 대책을 강구하기 위해 5~6월 어간 여러 차례 향회가 열리고 각 리의 훈장들도 여기에 참여했는데 논의 과정에서 제기된 것은 무망자에 대한 대정을 결렴을 통해 해결하는 방안이었다. 논의 끝에 목사

40 「所志」, 4月 日, "右謹陳所志事段 矣身李熊川宅私奴 以爲御營廳資布出秩是白乎所 前已呈訴是乎則 題音內 他人私奴束伍軍 的實是乎矣 千萬意外 資布對答 極爲冤痛 故緣由仰訴爲白去乎 參商敎是後 執綱的只 御營廳資布及束伍軍換易之地 嚴題積善行下爲只爲."

41 「所志」, 8月 日, "右謹陳冤痛事段 矣身等 旣仰役於矣宅 而軍役則城丁對答是乎所 盖此城丁 春秋城役是遣 且以春秋灰? 百餘里之外 六點於一年之內 其爲赴役 有甚於布保是乎所 矣等一身兩役 已極冤枉 而又答以役中之最苦者 玆豈非重冤者乎 玆敢仰訴爲去乎 伏乞參商敎是後 矣身等城丁 易之以行伍中歇役者 無至苦役流散之地. 題音 二十一日 大谷之民 謀避之習 非但前所未聞 亦一邑所未有之事 避苦就歇 人皆有是心 反於何處是旅."

42 19세기 대정 방식의 변화와 면리분징을 통한 공동납의 전개에 대해서는 송양섭,「19세기 양역수취법의 변화: 동포제의 성립과 관련하여」,『한국사연구』89, 1995 참조.

43 『大谷里居民等狀』, 8月 日.

44 『査定約條』.

45 「帖」, 1838年 8月 16日.

는 결역(結役)을 통해 해결하기로 하고 대소 민인의 의견을 수렴하도록 했지만 향론이 합의에 이르지 못하고 결렴의 시행은 끝내 무산되었다. 대곡리 주민들은 흉황 등으로 호구가 줄어든 어려운 상황에서 이를 해소할 수 있는 방안은 결렴의 시행밖에 없다고 등장을 올려 재차 요구하기도 했지만 실현되지는 못했다.⁴⁶ 대곡의 대정 방식은 다음과 같이 규정되었다.

> 각 마을의 궐액(闕額)은 마을 자체에서 충대(充代)하되 진실로 자체적으로 분배하는 데 부족할 염려가 있는 경우에는 해당 면의 인근 마을에 이정(移定)하고, 그래도 부족할 염려가 있으면 훈장이 실상에 근거해 보고하여 조처할 방도를 찾아보되, 한정(閑丁)이 약간 여유가 있는 면은 공한정(空閑丁)의 이름을 각 마을의 말단에 상세하게 기록하여 차차 부족한 부분을 충당하는 방도로 삼도록 하고 만약 본동(本洞)이 이미 충대되었다고 하면서 한두 한정이라도 숨겨 둔 경우가 있다면 훈장이 또한 크게 책벌할 것.⁴⁷

진주의 궐액은 마을에서 자체적으로 채워 내는 것이 원칙이었다. 하지만 마을 차원에서 해결되지 않을 경우 해당 면내의 인근 마을에 부담을 옮기도록 하고 그것도 여의치 않을 경우에는 훈장 차원에서 별도의 조치를 강구해야 했다. 이러한 상황에 대비하기 위해 한정이 여유가 있을 경우에는 마을 단위로 '공한정(空閑丁)'의 명목으로 예비 자원을 확보해 궐액이 발생할 경우 순차대로 채워 넣도록 조치했다. 이 시기 대곡의 대정은 동·

---

46 김준형, 「19세기 전반 군역충정과정과 각 계층의 대응: 진주·대곡리 지역 사례를 중심으로」, 『한국사연구』 170, 2015.

47 『査定約條』, "一各洞闕額自各其洞充代是矣 眞有不足分排之患則移定於該面隣洞 又有不足之患則訓長據實論報 以爲區處之道是矣 閑丁稍裕之面則亦以空閑丁幾名 如 詳細懸錄於各其洞之末端 以爲次次充不足之道是遣 若謂以本洞之已充代 雖一二空閑丁如有掩置者則訓長 亦施以大段責罰爲齊."

촌 단위의 대정을 기본으로 면 대정을 함께 적용했다. 마을 차원의 군액 증감은 촌락민들에게 매우 민감한 문제일 수밖에 없었다. 유곡촌 동장 천군욱의 수본(手本)을 보자.

> 무망(無亡) 박갑순(朴甲順)은 본래 가정촌에서 봉파(捧疤)된 사람이므로 전대의 단서가 있으면 가정촌에서 대파(代疤)하는 것이 사리에 당연하거늘 갑순의 매부가 본촌(本村: 유곡촌)에 거주하므로 가정촌의 사람이 간사한 속임수를 쓰는 흉악한 습속으로 갑순의 신역 어자보(御資保)를 본촌으로 이송하니 이것이 어찌 나루를 건넌 후 배를 타는 형국이 아니겠습니까? 대저 군역을 전대하는 법은 부자 형제 간에 서로 대신하여 역을 따르는 것이 사체에 마땅하거늘 어찌 남매 간의 거촌(居村)을 따라 역을 다른 마을로 보낼 수 있습니까? 일이 매우 원통하고 억울합니다.[48]

마을 내부에서 대정자를 충당하는 원칙에 따르면, 무망에 해당하는 박갑순의 대정자도 해당 마을인 가정촌에서 충당해야 했다. 하지만 가정촌의 마을 주민들은 이를 기화로 마을의 군역 부담을 줄이기 위해 박갑순의 매부가 있는 유곡촌으로 어자보를 옮기려 기도했다. 어자보는 고중(苦重)한 것으로 간주되는 중앙역이기도 해서 이를 꺼리는 것은 당연했다. 나름의 원칙에 의해 마을민이 납득할 수 있는 촌·동 단위의 군역 배정은 매우 중요한 문제였다. 따라서 이러한 대정 방식에 따른 군역 파악과 마을별 배정이 어떠한 방식으로 이루어지고 있는지 살펴볼 필요가 있다.

공동납의 준비 작업은 4월부터 시작되었다. 이때 작성된 『대곡리각군

---

[48] 『大谷里柳谷村洞長手本』, "無亡朴甲順 本是佳亭村捧疤之人也 如有塡代之端 則自佳亭村代疤 於理當然也是去乙 甲順之妹夫 居在本村是如 佳亭之人 以奸譎之凶習 甲順之身役御資保 移送于本村 此豈非越津乘船乎. 大抵軍役塡代之法 父子兄弟間相代隨役事體當當是去乙 何其從姊妹間居村送役乎. 事甚寃鬱 敢冒手本爲白去乎 參商敎是後 奴萬卜實以疊役 則一役頉下是遣 甲順之役 元是佳亭村之役 移疤於佳亭村之意 嚴明 題音行下爲白只爲. 行下向敎是事."

보역성명성책(大谷里各軍保役姓名成冊)』(이하 4월역성명책)에는 역종별 군액이 정리되어 있는데 여기서 주목되는 것이 '관질(官秩)'과 '리질(里秩)' 항목이다. 〈표 13〉에서 보는 바와 같이 면 차원에서 이루어지는 액수의 조정과 관련된 것으로 생각되는 관질·리질의 구분은 속오군·마군·경상납·병포·아병·쇄장보·어영군 등의 역종에서 확인된다. 이를 자세히 살펴보면 속오군 69명은 관질 62명에 리질 7명을 더한 값이었고 마군 13명은 관질 16명에 리질 3명을 뺀 숫자였다. 나머지 경상납 21명[관질 22명-리질 1명], 병포 6명[관질 6명-리질 3명] 등도 마찬가지였다. 즉 관질의 숫자에 리질의 액수를 더하거나 덜어내는 방식이었다. 속단할 수는 없지만 관질은 진주목 차원에서 관리되었던 명단이며 리질은 대곡 차원에서 별도로 파악한 액수가 아닌가 생각된다. 리질이 있는 경우만 관질을 표시하고 별도의 구분이 없는 경우는 군액 그대로 관질일 가능성도 있다. 4월역성명책에서 대곡 차원 군액은 7명 증가, 21명 감소로 결과적으로는 총 16명의 군액이 줄어들고 있는 것으로 나타난다. 구체적인 과정을 전해주는 정보는 없지만 관질의 액수는 리질의 파악을 통해 조절되고 있었고 이는 진주목과 대곡면 사이에 일정한 절충으로도 이해할 수 있다.

하지만 파악은 매우 부실했다. 역종별 액수를 보더라도 마군, 수군, 양여보, 쇄장보, 염초군, 선무군관 등과 같이 실제 등재된 인원(본문합)과 일치하지 않는 경우가 많다. 총 인원 299명도 고(故)·도(逃)·이거(移居)·생존(生存)을 합한 인원 287명을 상회한다. 역종별로 보면 속오군의 경우, 고·도·이거·생존의 합계는 60명이지만 실제 본문의 인원을 계산하면 69명이며 성정군도 전자 53명에 대해 후자가 49명이지만 본문은 53명으로 일치한다. 하지만 마군과 수군의 경우는 전자와 후자가 각각 13명과 14명, 38명과 37명으로 차이가 난다. 역종별 인원이 어느 정도 정해진 상태에서 고, 도, 이거, 생존 등 유탈자에 대한 파악이 부정확하고 형식적으로 이루어졌을 가능성이 크다.

표 13 대곡의 역종별 군액의 파악 방식

역종	인원	관질	리질	故	逃	移居	生存	계산합	본문합
砲保	1							1	1
禁衛軍	1			1				1	1
御營軍	1	2	1(減)	1				1	1
京上納	21	22	1(減)	9			12	21	21
兵布	3	6	3(減)	1			2	3	5
工曹匠	1							1	1
束伍軍	69	62	7(加)	17	2	7	34	60	69
城丁軍	53			13	2		34	49	53
馬軍	13	16	3(減)	3	1		9	13	14
水軍	38			19			19	38	37
大旗手	9			1			8	9	9
良余軍	2			3				3	4
牙兵	7	20	13(減)	1			6	7	7
募軍	13			7			6	13	19
忠翊	10						10	10	10
冶匠保	2							2	2
筆匠保	3							3	3
漆匠保	1							1	1
鎖匠保	1	2						1	3
焰焇軍	3			3				3	1
布保	1							1	1
官軍官	1							1	1
額內軍官	1							1	1
選武軍官	4							4	5
別武軍官	20							20	20
守堞軍官	19							19	19
中營軍官	1							1	2
束伍將官	3							3	3
知穀官	2							2	1
院生	5							5	5
합	299	130		79	5	7	140	287	320

* 자료: 『大谷里各軍保役姓名成冊』(4월).
** 계산합은 故·逃·移居·生存을 합한 인원이며 본문 합은 성책 본문의 등재인원을 합산한 수치임.
*** 京上納의 官秩 22명은 禁保 13명과 御保 9명을 합한 수치이며 砲保와 工曹匠은 별도 표기된 것을 표에 산입했음.

한편 관질의 액수는 상당 부분 7월에 작성된 『대곡군도록관좌성책(大谷軍都錄官座成冊)』(이하 7월도록초)의 군액과 일치한다.[49] 속오군·마군·경상납·병포·아병·쇄장보·어영군이 그러하다. 작성 과정에서 누락된 것으로 생각되는 내역이 "官秩砲保一名鄭以官 里秩無 工曹匠金時西未一名 里秩無."라고 기재되어 있는데 여기에서 포보와 공조장의 인원은 성명을 특정한 각 1명으로 이 역시 7월도록초의 군액과 일치한다. 어느 정도 설정된 군액수를 바탕으로 관질의 파악이 일부 병행되고 여기에 이질의 조정을 거친 후 이루어지던 리중의 공동납은 7~8월 대대적인 사정 작업으로 전면 재추진되고 새롭게 작성된 가좌와 군안을 바탕으로 역종별 군액과 마을별 부담이 확정되어 간 것으로 생각된다. 9월 이후 약간의 보완이 가해지지만 미미한 수준이었을 것으로 보인다.

4월역성명책에 나타나는 군역자의 성명과 관질명, 7월도록초의 성명 세 가지를 대조해 보면 대체로 동일하지만 구체적인 기재 방식은 조금씩 다르다. 성이 탈락하고 이름만 기재되는 경우, 성이 다른 경우, 4월역성명책의 성명과 관질명이 다른데 7월도록초에는 관질명이 기재되는 사례 등 다양하다. 특히 관질에 역종만 기재되고 이름이 없는 경우 대부분 4월역성명책의 명의가 그대로 7월도록초에 기재되었다. 가령 덕교의 대기수 한일준은 관질에 아병 한일준으로 역종이 바뀌어 기재되어 있고 유곡의 별포수 강동내개는 관질에 아병이라는 역종만 나타나고 7월도록초에 다시 아병 강동내개로 기재된다.

4월역성명책에 '고(故)'로 기재되어 당시 이미 사망한 것으로 판명된 군역자들의 명의가 7월도록초에 그대로 이어지는 경우도 많다. 이들 상당수

---

[49] 역종별·마을별 군액은 7월도록초 작성 단계에 사실상 굳어지는 것으로 보이는데 7월도록초는 물론 4월역성명책도 지역의 군액 전체를 수록한 것은 아니었다. 두 자료의 역종 파악 방식도 4월역성명책에는 없지만 7월도록초에는 기재되어 있는 어영청 자보 6명, 훈련도감 포보 1명 등과 같은 사례에서 보듯 상이했다.

는 관질에 이름이 없다. 유곡의 별포수 강동내개, 양여포 서덕내, 신촌의 양여포 강세우, 중촌의 경상납 이예손, 쇄장보 김명수, 하촌의 수군 최개노미, 마군 김악지, 경상납 이영춘 등이 그 예이다. 이 과정에서 역명의 변경도 빈번히 이루어지고 있다. 또한 마진촌의 성정군 노 억지는 관질에서 의령으로 이거한 것으로 나타나고 성정군 김선득은 관질에 도망노 선덕으로 확인되는데 두 이름 모두 그대로 7월도록초에 기재되어 있다. 중촌 수군 이상삼은 관질에 이철미로 무망성책(無亡成冊)에 오른 것으로 주기(註記)되어 있는데 7월도록초에는 이철미가 그대로 등재되어 있다. 이같이 4월역성명책의 성명과 관질, 7월도록초의 성명은 서로 혼재되어 뚜렷한 패턴을 찾기가 쉽지 않다. 사망자와 도망자조차 명의가 그대로 이어지고 있었던 것이다. 대곡의 군역자 상당수가 실제 부담자와는 크게 괴리되어 있음에도 공동납의 관행에서 이 같은 형태의 파악 방식은 군포 수취에 별다른 지장을 가져오지 않는 하나의 관행으로 자리잡고 있었던 것이다. 이 같은 점은 1842년 대곡리 거민(居民)들의 등장에서도 실제 확인된다.

> 저희들 리중의 주진군 홍우신(洪右信)이라는 명의의 가포(價布)를 출패(出牌)하여 독납(督納)하도록 하온데 이는 허명으로 주거지가 없는 한정입니다. 오랫동안 리중에서 수합하여 비납(備納)하였는데 금년 봄에 이르러 궁민(窮民)들의 몰골이 백척(白尺)에서 홀로 서 있는 형세이기 때문에 수합할 수 없기에 갖추어 낼 방법이 없다는 뜻입니다.[50]

대곡리의 리중이 주진군 홍우신이라는 허명으로 리중에서 군포를 수합하여 비납하고 있음을 말했다. 리=면 단위에서 가공의 명의를 만들어 자

---

[50] 『大谷里居民等狀』, 壬寅 3月 日, "右謹陳所志情由段 矣徒等里中 住鎭軍洪右信爲名價布出牌督納是乎矣 虛名無住之閑丁也 流來累年自里中收合備納矣 至于今春 窮民爻象 百尺赤立之勢故不能收合乙仍于 無路備納之意."

체적으로 재원을 만들어 군포를 납부하고 있는 것이다. 1838년 8월 유곡촌 동장 천군욱은 수본을 통해 사노 만복이 사람은 하나인데 군명이 두 가지라고 하면서 마진촌의 만복이 마군하졸(馬軍下卒)을 지고 있는 반면 유곡촌의 속오노 만복은 허명이라고 하면서 이 중 하나를 탈급해 줄 것을 요청했고 실제 대전성책에 유곡의 속오 만복은 첩역으로 수정 기재되고 있음이 확인된다.[51]

〈표 14〉는 7월에 작성된 『대곡리각군각자리중분배(大谷里各軍名自里中分排)』(이하 '리중분배')의 군역 부담자를 기준으로 전후 시기 각종 성책류에 이들이 어떠한 방식으로 파악·배정되는지 정리한 것이다.[52] '리중분배'는 문자 그대로 '리중=면중'이 주도하여 마을별로 배정하는 군액으로 여기에서 우리는 대곡면 차원에서 사망, 도망 등의 사유로 탈하 처리된 군액에 대한 공동납의 구체적인 실상을 엿볼 수 있다.

〈표 14〉에서 보는 바와 같이 '리중분배'에 등재된 인물들이 3~4월의 가좌를 비롯한 각종 성책류와 7~8월의 군안류에 어떠한 방식으로 파악되고 있는지 살펴보면 몇 가지 특징이 드러난다. 우선 첫 번째 유형이다(Ⅰ). 이 경우는 총 10명으로 소속 마을의 변화 없이 3월 가좌 작성 시부터 8월 전대까지 이어지는 경우로 대체로 3~4월 단계부터 무망(無亡)이나 리중으로 처리된 경우가 많다. 최타관과 오일첨은 이미 1804년 작성된 『갑자무

---

[51] 『大谷里柳谷村洞長手本』, "右手本爲白內等 本里各村良中 奴萬卜之人一也 軍名二矣 故詳考軍案 則麻津村奴萬卜 馬軍下卒 丁寧對答是遣 柳谷村束伍奴萬卜 實爲虛名也 以一人兩役對答 極爲寃枉 該色處別般分付 一役卽爲頉給是白乎旀."; 『大谷里各軍兵存亡頉代成冊』.

[52] 자료는 『大谷里各軍名自里中分排』의 군역자를 기준으로 1804는 『甲子無亡抄』, 3월가좌책(三月家座冊)은 『大谷里家座役姓名成冊』, 3·4월생존무망책(三四月生存無亡冊)은 『佳亭村各軍布兵存成冊』; 『德谷村各軍布存成冊』; 『德橋村各軍布存亡』; 『大洞村軍布成』; 『柳谷村各軍兵存亡成冊』; 『新村各軍布存亡成冊』; 『中村各軍布存亡成冊』; 『下村軍布役姓名成冊』; 『麻津村軍丁成冊』(이상 3월); 『佳亭村各軍役姓名成冊』; 『德谷村役姓名生存無亡冊』; 『德橋村役姓名生存無亡冊』; 『大洞村役名生存無亡冊』; 『中村各軍役姓名成冊』; 『下村各軍役姓名成冊』; 『竹方村軍兵生存無亡成冊』(이상 4월), 4월역성명책(四月役姓名冊)은 『大谷里各軍保役姓名成冊』, 7월도록초(7月都錄抄)는 『大谷軍都錄官座成冊抄』, 8월전대책(八月頉代冊)은 『大谷里各軍兵存亡頉代成冊』 등을 활용했다.

표 14 『대곡리각군자리중분배』 군액의 시기별 파악과 배정

유형	역종	성명	1804	3月家座冊	3·4月生存無亡冊	4月役姓名冊	7月都錄抄	8月塡代冊
I	束伍	金水應				덕교촌	덕교촌	덕교촌
	束伍	崔永伊		가정촌		가정촌	가정촌	가정
	御軍	金興泉		가정촌(故)	가정(無亡)	가정촌	가정촌(該村條)	가정
	馬軍	金尙世		중촌	중촌(無亡)	중촌(故)	중촌	중촌
	城丁	朴水卜		중촌(里中)		중촌	중촌	중촌
	水軍	崔他官	무망	하촌(里中)		하촌(故)	하촌	하촌
	牙兵	奴萬春				하촌	하촌	
	禁保	吳日添	무망	대동촌(故 里中)		대동촌(故)	대동촌	대동촌
	城丁	金水卜		대동촌			대동촌	대동촌
	御保	朴聖業		덕곡촌(里中)		덕곡촌	덕곡촌	
II	工曹匠保	金時西未				無村名	덕교촌	덕교촌
	御軍	李東曄		無村名		하촌	하촌	
	資保	金汝彦		無村名			대동촌	대동촌
	城丁	奴卜只		無村名			하촌	
III	水軍	金莫金	무망	유곡촌	유곡촌(故 無亡)	유곡촌	덕교촌	덕교촌
	城丁	李德老		유곡촌(無亡)			덕곡촌	덕곡촌
	束伍	朴切金		유곡촌(無亡)			죽방촌	죽방촌
	鎖匠保	徐德乃		유곡촌	유곡촌(無亡)	유곡촌(故)	가정촌	가정촌
	馬軍	姜永哲	무망	가정촌		가정촌	가정촌	중촌
	水軍	金連伊	무망	가정촌(里中)	가정촌(無亡)	가정촌(故)	유곡촌	유곡촌
	鎖匠保	崔江尙	무망	가정촌(里中)		가정촌	유곡촌	유곡촌
	戍軍	河命春		가정촌(故)	가정촌	가정촌(里中)	중촌	중촌
	良余保	吳日用	무망	가정촌(里中)	가정촌	가정촌	하촌	하촌
	水軍	朴武斤	무망	가정촌(첩역)		가정촌		덕곡촌
	良余保	文白云	무망	가정촌	중촌(里中無亡)	가정촌(故)	가정촌(故)	덕곡촌
	水軍	柳七甫		하촌(故)		하촌(里中)	덕곡촌	덕곡촌
	禁保	李永春	무망	하촌(故)		하촌(故))	덕곡촌	덕곡촌
	馬軍	奴岳只		하촌			유곡촌	유곡촌
	城丁	奴点卜		신촌			유곡촌	유곡촌
	良余保	姜世右		신촌	신촌	신촌	하촌	하촌
IV	馬丁	奴哲得					중촌	중촌
	束伍	朴岳得					중촌	중촌
	馬丁	奴連哲					대동촌	대동
	水軍	尹介金					대동촌	대동촌

1838년 진주 대곡리의 군역 운영과 리중=면중의 역할

	水軍	金西萬				대동촌	대동촌
	馬軍	洪岳只				하촌	유곡
	良余保	崔渭連				하촌	하촌
	束伍	文卜只				마진촌	마진촌
	束伍	徐鳳大				마진촌	
	束伍	南復興				마진촌	
	束伍	金大哲				마진촌	
Ⅳ	束伍	林鳳守				마진촌	
	束伍	林泰守				마진촌	
	束伍	金漢日				마진촌	
	束伍	金夢儀				마진촌	
	束伍	李應天				마진촌	
	束伍	朴萬檄				마진촌	
	束伍	全道化				마진촌	
	束伍	徐致夢				마진촌	
	馬軍	李風長				마진촌	

망초(甲子無亡抄)』에 올라 있는 것으로 보아 이미 오랫동안 무망으로 처리되어 이때까지 명의가 이어져 온 것으로 생각된다. 대체로 이들은 3월 단계부터 '리중'으로 파악되거나(박수복·최타관·오일첨·박성업) 3·4월 단계에 '무망' 또는 사망으로 분류된 사람(김상세·최타관)이다. 4월역명성책에서 관질로 파악된 경우도 있다(김수응·최영이). 이들 명의가 대부분 허명으로 짐작되는 근거이다. 특히 어영군 김흥록의 경우 3·4월생존무망책에는 '무망', 3월가좌종합에 사망자로 파악되었고 7월 '리중분배'에 '해촌조(該村條)'로 기재되었다가 8월전대책에는 '도거환래(逃去還來)'라는 메모가 달려있다. 김흥록이 다시 돌아왔는지는 지극히 의심스럽거니와 분명한 것은 김흥록 명의의 어영군 1명 군역이 해당 마을의 부담으로 끝까지 남았다는 점이다. 이 중에는 직역이 변동하는 경우도 있다. 3월가좌책에 리중으로 파악된 성정 박수복은 7월 '리중분배'에서 마군(馬軍)으로 직역이 바뀌고 김수복도 3월가좌책에는 성정군으로 나타났으나 8월전대책에는 직역이 속오하졸(束伍下卒)로 변경되었다. 어보 박성업은 '리중분배'에 마군으로 나타

난다.

두 번째 유형은 3~4월 단계에 소속 마을 없이 무촌명(無村名)으로 나타나는 형태로 총 4명이다(Ⅱ). 7~8월이 되자 이들은 덕교(김시서미)·하촌(이동엽, 복지)·대동촌(김여언)으로 배정되고 있다. 아마도 이들 4명은 애초에 면 단위에서 전체 군액을 마을별로 조절하기 위한 목적으로 파악된 부류로 '자리중구처차(自里中區處次)'라는 주기가 달린 것도 이를 방증한다(이동엽, 복지). 세 번째 유형은 소속 마을이 변경되는 경우로 총 16명이다(Ⅲ). 이들 중 8명은 이미 1804년 무망으로 파악되었고(김막금·김연이·최강상·하명춘·오일용·박무근·문백운·이영춘) 3~4월 단계에서 전원 '고', '무망', '리중', '첩역' 등 구체적인 유탈 사유가 제시되고 있다. 이들 모두 7~8월에 소속 마을이 바뀌는데 아마도 이때 진행된 대대적 사정 작업 및 군액 재배정과 관련된 것으로 생각된다. 양여보 문백운의 경우 3~4월에 소속 마을이 가정촌에서 중촌으로 변경되었다가 다시 가정촌으로 환원되고 8월전대책에는 덕곡촌으로 바뀌었다. '리중분배'에 신촌으로 나타나는 박절금은 3월가좌책에는 유곡, 7~8월에는 죽방에 소속된 것으로 나타난다. 이 과정에서 직역이 바뀌기도 했다. 양여포 서덕내는 소속 마을이 유곡에서 가정으로 바뀌면서 직역도 쇄장보로 변경되고 있다. 수군 박무근은 특징적이다. 이미 1804년에 무망으로 파악된 박무근은 가정촌의 4월역명성책에 반성(班城)에 파정된 것으로 기재되어 있다. 그런데 박무근은 중촌의 3월가좌책에 '고'로 표기되었고 3월생존무망책에 '무망'으로 파악되어 있었다. 이중 등재로 첩역이 분명했다. 결국 7월도록초에서 이를 첩역으로 판정했고 소속은 중촌도 가정촌도 아닌 덕곡촌으로 바뀌었다. 직역도 수군에서 속오군으로 변경되었다.

네 번째 유형은 앞 시기 어떠한 자료에도 나타나지 않다가 7~8월 어간에 새롭게 등재되는 부류이다(Ⅳ). 이는 훈장과 리중을 중심으로 진행된 사정 과정에서 새롭게 뽑아 올린 군역자로 생각된다. 총 20명 가운데 대동촌 소속이 3명, 중촌과 하촌 소속이 각 2명이고 마진촌이 가장 많은 13명이다. 아마도 급박한 사정의 추진으로 훈장이 거주하는 마진촌에서 할당된 군액을 집중적으로 채워 넣은 것이 아닌가 생각된다. 이들의 대부분이 마진촌의 사노 신분이었던 점이 이를 뒷받침한다. 더구나 마진촌에서 새롭게 파악한 군역자들은 8월전대책에 1명을 제외하고 나타나지 않는다. 이때 새롭게 파정했기 때문에 굳이 대정할 필요가 없었던 것이다. 이들 가운데에서도 허명은 여전히 많았을 것으로 보인다. 가령 속오 문복지의 경우 이미 사망한 자로 리중에서 관리하던 군액이 무술년 환거했다는 모순적 서술이 함께 나오는데[自里中來 故 戊戌還去] 이는 문복지가 허명일 가능성을 강하게 시사한다. 소속 마을이나 직역이 바뀌는 경우도 있다. 마군 홍악지는 7월 '리중분배'에 하촌 소속이었다가 8월전대책에서 유곡으로 옮겨갔고 마군 박악득의 경우 7월도록초에 속오군·마군이 병기되다가 8월전대책에 아병으로 바뀌었다.

〈표 15〉는 8월에 접어들어 진행된 유탈자에 대한 대정(=전대) 과정에서 '리중분배'로 파악된 군역자들의 대정자를 정리한 것이다. 총 50명 중 35명에 대한 대정자가 기재되고 있는데 대정자가 없는 15명 중 12명이 마진촌 소속이다. 이들은 7~8월 사정 작업 과정에서 새롭게 등장한 부류로 그 자체로 새롭게 충당한 경우이기 때문에 대정자나 마찬가지였다. 대정자들에 대한 정보를 살펴보면 몇 가지 의심쩍은 구석이 있다. 특히 연령의 분포에서 15세가 7건, 30세와 25세가 각 4건, 20세가 3건, 45세가 2건, 35세와 40세가 각 1건으로 15·20·25·30·35·40·45세의 5단위 숫자에 연령대가 집중되어 있다. 특히 15세는 7건이고 입역이 막 시작되는 16세도 3건으로 나타난다. 입역을 전후한 시점의 연령자가 많은 비중을 차지하고 있다. 35명 중 22명이 5단위 숫자의 연령이 기재되고 있는 것은 이것이 편의에 따라 자의적으로 기재된 것임을 짐작케 해 준다. 앞서 살펴본 대정자 연령 분포와 매우 비슷한 패턴이다. 이름의 경우도 마찬가지

이다. 대동촌 수군 윤금개의 대정자가 윤개금으로, 신촌 양여보 강세우의 대정자가 세우로 기재된 것은 작위의 냄새를 짙게 풍긴다. 유곡 성정군 이덕로의 대정자 서연득은 다른 문서에서는 보이지 않는데 같은 마을에 성명이 유사한 박연득이라는 인물이 확인된다. 박연득은 3월촌별가좌에 의령으로 도망간 것으로 기재되어 있다. 도망으로 파악된 사람의 명의가 약간의 변형을 거쳐 대정자로 쓰이는 것으로 이해할 수 있는 대목이다. 대정자의 부명 또한 대부분 '부지(夫之)'로 나타난다.

대정자 강복지는 3~4월가좌책과 4월 생존무망책에 성정군 직역을 가진 것으로 확인되지만 이후 자료에서는 사라진다. 중촌 수군 김상세의 대정자 이상삼은 3월 촌별가좌에 '삼가파정(三嘉疤定)'으로 기재되어 다른 지역의 군역부담자로 확인되고 하촌 금보 이영춘의 대정자 이춘득은 3월촌별존망책에 도망속오군으로, 3월가좌책에 '고'로 표기되어 있었다. 타 지역 군역자나 이미 도망·사망으로 판정된 인물의 명의가 대정자의 이름으로 쓰이고 있었음은 '리중분배'와 마찬가지이다.

이 같이 유탈자는 물론 대정자의 명의도 실제와는 동떨어진 허명이 광범위하게 활용되었던 점은 대정 또한 공동납의 방식을 염두에 두고 이루어졌음을 보여준다. 이정법 이래 진행된 공동납이 이 시기 군역 수취 방식으로 확고히 자리를 잡고 있었거니와 군역자의 성격도 역종과 개인의 개별 파악보다는 군근(軍根), 즉 군역 부담의 근거이자 단위로서의 의미가 무엇보다도 우선했음을 알 수 있다. 당시 군역제의 성격 변화를 감안한다면 허명 활용을 통한 공동납 운영은 지역 차원에서는 사실상 제도화되었다고 해도 좋을 만큼 정착된 관행의 하나로 깊숙이 뿌리를 내리고 있었음을 확인할 수 있다. 군사제도의 운영을 위한 인적 자원 확보가 아닌 부세 영역의 하나로 자리잡은 군역제 운영의 현실이었다.

표 15 '리중분배'자의 8월 대정자 현황

마을	역종	성명	대정자(연령)	마을	역종	성명	대정자(연령)
무명촌	공조장보	김시서미	임악지(15)	중촌	마군	김상세	이상삼(17)
	어군	이동엽			마정	노 철득	이악지(35)
	자보	김여언	최주손(15)		성정	박수복	정석록(18)
가정촌	마군	강영철	최신옥(30)		속오	박악득	김일가미(18)
	속오	최영이	김백문(15)	하촌	금보	이영춘	이춘득(25)
	쇄장보	최강상	최동신(30)		마군	홍악지	강지성(20)
	수군	김연이	강월손(20)		마군	노 악지	김복지(20)
	수군	박무근	김이득(25)		성정	노 복지	
	戌軍	하명춘	김축서(45)		수군	최타관	김돌철(31)
	양여보	오일용	서기리개(28)		수군	유칠보	하도준(45)
	양여보	문백운	김후삼(25)		아병	노 만춘	노 수랑(18)
	어군	김흥록			양여보	최위연	박득화(40)
대동촌	금보	오일첨	김은중(16)	마진촌	마군	이풍장	
	마정	노 연철	하악지(16)		속오	문복지	노 우득(30)
	성정	김수복	서육이(18)		속오	서봉대	
	수군	윤개금	윤금개(25)		속오	남복흥	
	수군	김서만	이선득(16)		속오	김대철	
덕곡촌	어보	박성업	김삼복(41)		속오	임봉수	
덕교촌	속오	김수응	한일성(15)		속오	임태수	
신촌	성정	노 점복	오작지(15)		속오	김한일	
	양여보	강세우	세우(37)		속오	김몽의	
유곡촌	성정	이덕로	서연득(15)		속오	이응천	
	속오	박절금	한광로(18)		속오	박만직	
	쇄장보	서덕내	권동내개(15)		속오	전도화	
	수군	김막금	김득문(30)		속오	서치몽	

* 자료: 『大谷里各軍兵存亡塡代成冊』(8월).

6. 맺음말

　진주 대곡리 마진촌에 전해지는 가좌·군안을 비롯한 각종 성책류는 지금까지 제대로 알려지지 않았던 향촌사회 내부의 일상적 군영 운영의 실상뿐 아니라 국가의 부세 압력에 대응하는 향촌 사회 밑바닥의 움직임이 어떠했는지 생생하게 전해 준다. 진주 지역의 호구와 군역 운영은 거듭된 흉년과 재해로 심각한 난맥상을 드러내고 있었다. 지역의 군역 운영은 3·4월 가좌 계통의 촌별가좌류와 군적 계통의 촌별존망성책류가 작성되면서 사실상 시작된다. 전자는 호적과 유사한 직역 분포와 여성의 제한적 등재라는 특징을 보이며 후자는 군역자의 현황 파악에 집중하고 있음이 확인된다. 두 자료 공히 촌락 차원에서 작성되어 진주목에서 종합되는 과정을 거친다.
　진주목 차원에서 군역의 폐단은 더 이상 방치할 수 없는 문제였다. 6월 향회에서 결렴이 진지하게 검토되었으나 채택되지 못했고 이제 남은 선택은 전면적인 군정사괄(軍丁査括)뿐이었다. 7월에 접어들어 추진된 대대적인 사정 작업은 오랫동안 지역의 골칫거리였던 군역 문제에 대한 대책이었다. 마진마을 재령이씨가의 이우모는 훈장의 직임을 맡아 대곡의 업무를 총괄했다. 사정을 위해 목사 예하에 도훈장이 배치되었고 그 밑에 복수의 훈장이 각기 면 단위의 업무를 관장하는 방식으로 조직이 짜였다. 훈장에게는 집강·풍헌 등 면임이 배속되었고 각동의 동수는 말단의 실무를 담당했다.
　7·8월 두 차례 걸쳐 작성된 『대곡가좌』의 직역 구성은 군역과 신역이 대략 7할로 압도적 비중을 차지했다. 가좌의 작성과 함께 군적이 만들어진 다음에는 궐액에 대한 대정(=전대)의 단계로 넘어갔다. 대정 횟수는 마진촌의 사례가 두드러지게 많은데 이는 지역의 대표적인 반촌으로 많은

노비를 거느리고 있었던 재령이씨가의 역할과 관련된 것으로 이해된다. 대정자의 연령별 분포는 15~20세와 5세 단위로 집중되는 패턴을 보이는데 이는 상당수의 연령 기재가 허위였음을 짐작케 해 준다. 각면 훈장은 대정 결과를 도훈장의 재가를 거쳐 진주목사에게 제출하고 소첩을 발급하여 이를 역 부담자에게 통지했다. 소첩은 10~11월 목사가 면리의 행정계통을 통해 군역·신역 대상자들에게 전달되어 이를 최종 확인하는 문서적 절차였다. 현존하는 소첩의 내용도 상당 부분 부실한 정보로 채워진 듯하다.

훈장을 중심으로 한 일련의 사정 작업에서 면중=리중의 논의 구조는 관과 촌락 사회를 매개하면서 군역 자원을 확보하고 배정하는 중심적 역할을 수행했다. 지역 차원에서 이루어지는 공동납의 다양한 내용에 대한 규명은 동 시기 촌락 사회의 부세 운영에 대한 구체적인 접근이라는 점에서 의미를 부여할 수 있으리라 판단된다. 대곡의 주요 군액 총 230명은 10개 마을에 배정되었는데 마진촌에 할당된 군액 70명은 다른 마을에 비해 압도적으로 많은 수준이었다. 이 또한 재령이씨를 중심으로 한 사족가의 노비가 대거 거주했던 마을의 사정과 관련된 것으로 생각된다. 대정 과정에서 진주목-면리 등 각급 단위의 자율적 논의 구조를 통한 공의의 수렴은 매우 중요한 절차였다. 진주 차원의 향회를 통해 군역의 결렴화 논의 또한 대표적인 예였다.

대곡의 대정은 동·촌 단위의 대정을 기본으로 면대정을 함께 적용하고 있었다. 마을 차원에서 군액의 배정은 매우 민감하고도 중요한 문제였다. 공동납은 4월부터 시작되었다. 4월 작성된 『대곡리각군보역성명성책』에는 관질과 리질의 항목을 통해 진주목과 대곡면 사이에서 군액의 절충이 일정하게 이루어지고 있었다. 7~8월 사정 작업으로 가좌와 군안이 새롭게 작성되고 이를 바탕으로 군액의 마을별 부담이 확정되어 갔다. 9월에도 이후 약간의 조정이 가해졌다.

리중에서 분배하는 군액을 정리한 『대곡리각군명자리중분배』(7월)에 수록된 50명의 군액은 사정 작업이 본격화함에 따라 기존에 배정된 마을과 무관하게 다른 마을로 옮겨 부과되거나 새롭게 사괄된 군역 부담자들로 대체되는 모습을 보인다. 이 과정에서 직역이 변화하는 경우도 심심찮게 보인다. 이들 가운데 10명은 소속 마을의 변화 없이 3월 가좌 작성 시부터 8월 전대까지 이어졌고 4명은 3~4월 단계에 '무촌명(無村名)'으로 나타나다가 이후 마을에 배정되었다. 16명은 소속 마을이 변경되는 경우로 사정 과정에서 군액의 재배정이 이루어졌다. 20명은 3~4월의 어떠한 자료에도 나타나지 않다가 7~8월 어간에 새롭게 등재되는 부류로 사괄 과정에서 새롭게 뽑아 올린 군역자들이다. 3~4월 단계부터 파악된 군역자들은 '고', '무망'이나 '리중'으로 처리된 경우가 많고 상당수는 이미 1804년에 '무망'으로 이미 오래전부터 허명이었다. 이는 잦은 군적 개수의 연기와 형식적 작성의 산물로 이들 군액은 아마 오래전부터 리중에 의해 공동납의 방식으로 운영되었을 것이다. 이때 새롭게 등장한 대정자들도 대부분 허명으로 채워졌다.

이는 이정법 이래 진행된 공동납이 하나의 군역 수취 방식으로 확고히 자리를 잡고 있었으며 개별 군역자의 성격도 실제 군역 운영 과정에서는 군근, 즉 군역 부담의 근거이자 단위로서의 의미가 무엇보다도 우선했음을 보여준다. 당시 군역이 실역(實役)으로서 의미가 크게 퇴색하고 재정·부세로서의 성격이 노골화함에 따라 군적에 기재된 이름과 역명의 사실 여부는 그리 중요하지 않은 상황이었던 것이다.

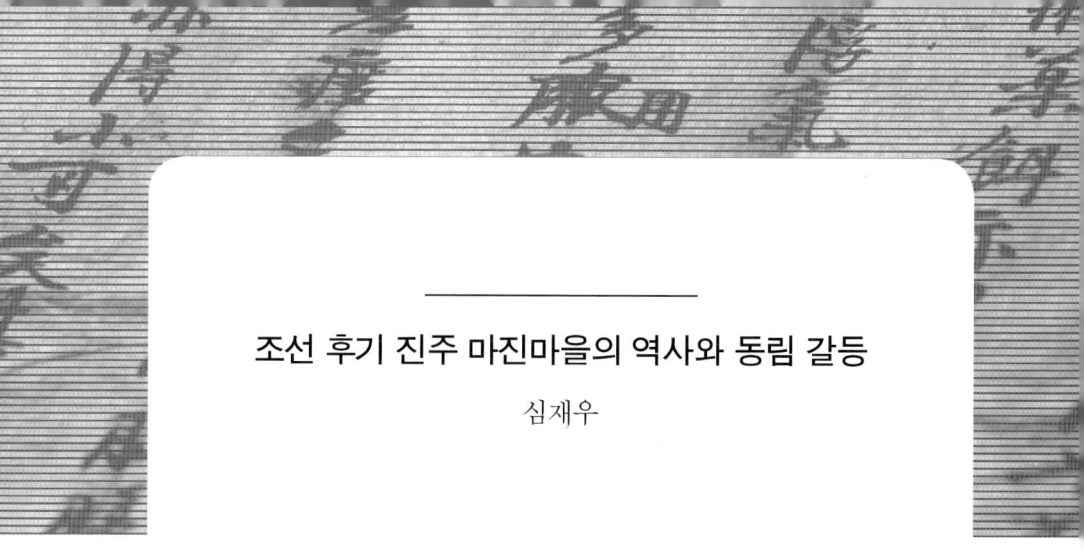

조선 후기 진주 마진마을의 역사와 동림 갈등

심재우

1. 머리말

경남 진주시 대곡면 마진마을의 재령이씨 마호당(磨湖堂) 종택에는 현재 경상남도 유형문화재 522호로 지정된 자료가 성책류(成冊類) 43책, 호구(戶口) 관련 문서 129건, 분재기(分財記) 20건, 교지(敎旨) 등 기타 문서 3건 총 195건에 달한다.[1] 그런데 이 집안에는 이외에도 17세기부터 20세기 초에 걸쳐 재령이씨 가문에서 작성한 방대한 양의 고문서와 고서가 전해지고 있는데, 한국학중앙연구원 장서각 연구진의 최근 조사에 따르면, 그 전체

---

* 이 글은 필자의 「조선후기 진주 대곡 마진마을의 역사와 동림(洞林) 갈등」, 『한국문화』 100, 2022를 수정·보완한 것이다.
1 문화재청의 시도유형문화재 정보에 따르면, 구체적으로 2012년 7월 26일에 '진주 마호당 고문서 일괄'이라는 이름으로 경상남도 유형문화재로 지정되었다.

규모는 1만여 점을 훨씬 상회한다. 한 집안에서 이 정도 규모의 자료가 전해지는 것은 희귀하다고 할 수 있는데, 이는 토지와 노비 등 재산 규모, 세대별 활동 등 재령이씨 가문의 역사뿐만 아니라 성씨 구성과 부세 문제, 각종 법적 분쟁 등 조선 후기 마진마을의 변화상까지 살펴볼 수 있는 귀중한 자료이다.

이 마호당 종택 자료에 대해서는 2000년대 초반 경상대학교 연구자들에 의해 조사·정리작업이 진행되어 자료의 유형과 현황, 중요 자료에 대한 간단한 해제가 이루어진 바 있다.[2] 자료에 대한 기초 조사, 정리 작업에 이어 일부 자료에 대해서는 김준형에 의해 본격적인 연구가 이루어졌다. 그는 마호당 종택에 소장되어 있는 가좌성책(家座成冊)을 비롯한 대곡리의 군역(軍役) 충정(充定) 과정을 담은 각종 성책 자료를 활용하여 19세기 전반 진주 신흥계층의 성장 양상을 분석했고, 이 과정에서 면과 마을 단위 계층, 가문 간 갈등 양상도 살펴보았다.[3] 또한 『대곡가좌(大谷家座)』를 분석 대상 자료로 삼아 1830년대 진주 대곡리 주민들의 토지 소유 상황을 상세히 정리하기도 했다.[4]

이상의 연구를 통해 마호당 종택 자료의 현황은 물론이고, 이들 자료가 대곡리 지역 주민과 부세 행정에 대한 상세한 정보를 제공해 준다는 사실을 확인할 수 있었다. 필자는 마호당 자료를 효과적으로 검토하기 위해서는 재령이씨와 마진마을의 역사에 대한 검토가 일차적으로 진행될 필요가 있다는 판단에 따라 마진마을의 동림(洞林) 조성과 갈등 양상을 집중적

---

[2] 이상필·김해영·채휘균·원창애·황영신·김준형이 분담하여 집필한 책자인 경상대학교 경남문화연구원 편, 『경남 서부지역의 고문헌 Ⅲ: 함양·함안·통영·거제 지역을 중심으로』, 가람출판사, 2008에서 마호당 종택 자료에 대해 유형별로 개괄적으로 소개했다.

[3] 김준형, 「19세기 진주 신흥계층 '幼學'호의 성격」, 『조선시대사학보』 47, 2008; 김준형, 「19세기 전반 軍役充定 과정과 각계층의 대응: 진주 대곡리 지역사례를 중심으로」, 『한국사연구』 170, 2015a.

[4] 김준형, 「19세기 전반 晉州 大谷里의 토지소유 양상과 신흥계층」, 『南冥學研究』 33, 2012.

으로 조명하고자 한다. 이를 위해 마진마을의 동계(洞契)와 금송(禁松) 관련 문서, 재령이씨 가문의 마을 입향과 산림천택 사점(私占) 과정에서 일어난 다양한 갈등과 분쟁 양상을 보여주는 소지(所志) 등 고문서를 분석하려고 한다.

재령이씨와 마진마을에 대해서는 본문에서 자세히 살펴보기로 하고, 여기서는 이 연구의 필요성과 관련하여 간략히 언급해 두고자 한다. 진주 마진 재령이씨의 마호당은 도산공(道山公) 이강(李堈)의 후손들로 이루어진 도산공파 소종택으로 현재 이영(李永)이 종택을 지키고 있다. 마진(磨津) 마을은 한자로 나루 진(津)이 있는 데서 알 수 있듯이 마을에 나루가 있었고 남강 하류에 위치하여 강물이 자주 범람하던 곳이었다. 이 마을은 17세기 이전까지 민촌이었는데, 도산공 이강이 마진마을로 입향한 후 점차 재령이씨 집성촌으로 자리잡게 되었다. 재령이씨의 입향 이후 마진마을은 강의 범람으로 인한 수해를 막기 위해 동림을 조성하고 토지를 개간하면서 본격적으로 형성되었는데, 이 과정에서 본문에서 살펴볼 동림 소유를 둘러싼 여러 성씨들 간의 제반 분쟁이 발생했다.

주지하듯이 조선왕조에서는 '산림천택(山林川澤) 여민공지(與民共之)'라는 이념 아래 산림천택의 사적인 점유를 금지한 바 있지만, 조선 후기 묏자리 마련 및 땔감 확보 등을 위한 산림 이용이 확대되면서 산림의 소유 문제를 둘러싼 갈등은 갈수록 확대되었음이 역사적 사실이다.[5] 마진마을 재령이씨가의 경우도 묘지 분쟁, 소나무와 대나무 벌목 등 산림 이용을 둘러싼 갈등이 19세기 초에 표출된 것으로 확인되는데, 이를 분석함으로써 마을 내 재령이씨가의 위상, 산림 경영을 통한 이 집안의 재부 축적 양상을 구체적으로 살펴볼 수 있을 것으로 기대한다.

사실 이 산림 관련 다툼은 마진마을의 지역적 입지와 밀접하게 연관되

---

5 조선 후기 산림천택의 개발 및 사점 양상, 조선왕조의 산림천택 정책 전반에 대해서는 김선경, 『조선후기 山林川澤 私占에 관한 연구』, 경희대학교 박사학위논문, 1999 참조.

어 있다. 마진마을은 남강과 목계천 등 강과 하천이 교차하고 있어서 수해를 자주 겪던 지역이었다. 이에 따라 제방 축조와 임수(林藪) 설치를 통해 수해를 예방하는 것이 당시 마을 주민의 주요 현안이었다. 이렇게 해서 설치된 송죽(松竹) 등 임야에 대해서는 지속적으로 이권 다툼이 돌출되었음은 고문서에서 드러난다.

이 글은 재령이씨가 고문서를 통해 이 문제를 추적함으로써 조선 후기 마진마을의 지역적 특징과 주요 현안을 아울러 파악하고자 한다.[6]

2. 재령이씨의 마을 입향과 동림 조성 과정

1) 마진마을의 입지와 재령이씨의 입향

서두에서도 간략히 밝힌 것처럼 진주 마진마을은 17세기 초 재령이씨가 입향한 이후 그 호구가 크게 번성하며 반촌(班村)으로 성장한 마을이다. 진주 남강이 돌아나가는 하류에 위치한 이 마을은 마을 이름에 '나루[津]'가 있는 것에서도 짐작 가능하듯이 큰 강과 하천이 가까이 있었기 때문에 홍수 때에 물이 범람하여 농경지가 피해를 보는 등 조선시대 내내 수해로부터 자유롭지 못했다. 뒤에 살펴보겠지만 조선 후기 재령이씨를 중심으로 마을 주민들이 공동으로 동계를 조직하여 방수림 역할의 동림을 수호한 것도 이와 같은 마을이 처한 자연환경을 극복하기 위한 노력의 일환이

---

[6] 조선시대 마진촌(麻津村)은 해방 이후 현재에는 마진마을과 마호마을로 분리되었으나, 이 글에서 마진마을이라고 할 때는 두 마을이 분리되기 전인 조선시대의 마진촌을 의미한다는 점을 밝혀 둔다.

었다. 재령이씨의 마을 입향 및 정착 과정을 살펴보기에 앞서 먼저 마을의 입지부터 검토하기로 한다.

1632년(인조 10)에 만들어진 『진양지(晉陽誌)』의 기사에 따르면, 경상도 진주목 동면 대곡리의 속방(屬坊)으로 대동(大洞)·소동(小洞)·압곡동(鴨谷洞)·마진(麻津)·관내동(官內洞)이 보이는데, 여기에서 알 수 있듯이 마진마을은 당시 행정구역상 대곡리의 여러 자연촌락 가운데 하나였다. 『진양지』에는 당시 대곡리의 사정이 다음과 같이 언급되어 있다.

> 토지가 낮은 곳에 있어 수해를 많이 입는다. 옛부터 사족(士族)이 살지 않아 풍속이 완악하고 어리석다. 그 뒤로 사족을 두어 집이 가좌촌(加佐村)으로부터 들어와 살았다.[7]

이 읍지의 기사는 대곡리 일대의 경우 수재를 자주 입을 정도로 지대가 낮았으며, 조선 전기만 해도 사족은 거의 살지 않는 민촌(民村)이었음을 환기시킨다. 이와 같은 대곡리의 자연환경은 속방(屬坊)인 마진마을에도 그대로 적용된다.

조선시대 마진의 형세를 자세히 보여주는 지도는 없기 때문에 일제시기에 제작된 지도를 참고하기로 한다. 〈그림 1〉을 보면 마진마을 입구에 서쪽에서 동쪽으로 남강이 흐르고 있으며, 그 아래 남북 방향으로 목계천이 보인다. 이 남강과 목계천이 만나는 바로 위에 넓은 동림이 조성되어 있으며, 마을의 서북쪽으로는 오음산(五音山)이 위치하고 있다. 이 마을 앞 동림과 마을 뒤편 오음산 아래 산림은 뒤에 살펴볼 마을 주민 간의 격렬한 분쟁 대상이 된다.

---

[7] 『晉陽誌』卷1,「各里」; 참고로 당시 대곡리의 호구·전답 규모는 88호 630명에 논 53결, 밭 20결로 확인된다. 『晉陽誌』卷1,「戶口田結」.

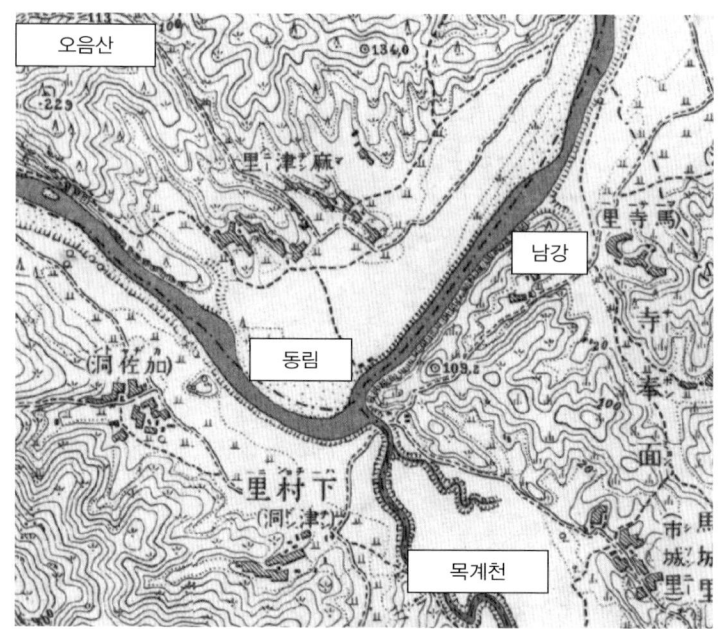

그림 1 마진리 일대 지도. 출처: 〈1910~1930〉 지형도, 국토지리정보원(ngii.go.kr)

    그런데 마진마을의 자연환경은 19세기 초 마을 입구에 조성된 방수림 역할의 동림을 두고 분쟁이 발생했을 당시 마진마을 상·하민이 관아에 올린 소장에서 잘 묘사되어 있다. 이를 정리하면 마진마을은 큰 강[남강]과 큰 하천[목계천]의 두 물이 서로 모여 세차게 흐르는 땅에 위치하여 있는데다 지대가 낮아 수해에 취약하다는 내용이다. 특히 마을 앞 상습 침수지역에는 '수삼원(水三員)'이라는 들판이 있는데, 과거 3개의 섬이 있었다가 뒤에 제방을 쌓아 없앴던 데서 이와 같은 이름이 비롯되었다고 한다. 다행히 마을 앞의 밭 주변에 오래전부터 숲[大藪]이 넓게 조성되어 방수림 겸 방풍림의 역할을 하여 수백 호의 마을을 보호해 주고 있었는데, 이 숲은 양안(量案)상에는 16여 결에 달할 정도로 넓은 금림(禁林)이었다.[8] 이와

---

8 「경상도 진주 동면 대곡리 마진촌 대소인민 등장(慶尙道 晉州 東面 大谷里 麻津村 大小人民

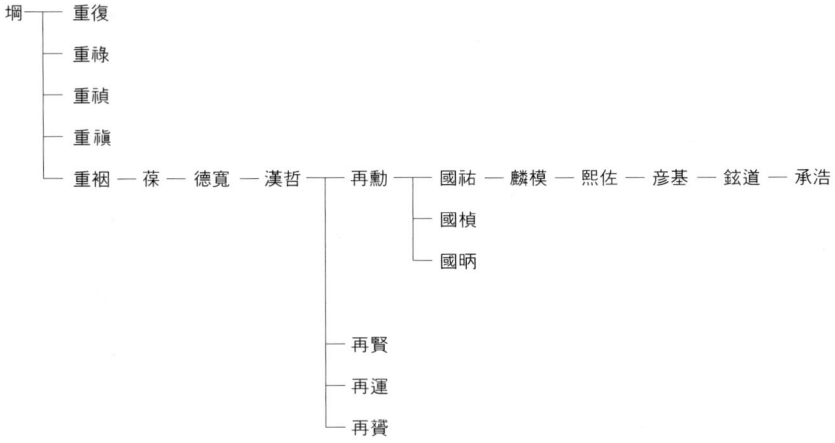

그림 2 마진마을 재령이씨 계보

같은 입지 때문에 이 넓은 금림의 조성과 경영은 마진마을 농업 경영과 재해 예방을 위해 매우 긴요한 일이었다. 동시에 금림의 나무들은 중요한 이권의 하나였으므로 후술하듯이 이와 관련한 분쟁이 19세기 초반 치열하게 전개된다.

이상으로 마을 입지를 간략히 살펴보았는데, 이어서 재령이씨의 마진마을 입향과 이후 이들 집안이 세를 불려 나가는 과정을 보기로 한다.[9] 당초 진주 재령이씨가 영해 재령이씨와 분기하여 진주로 옮겨 온 것은 조선 초기 모은공(茅隱公) 이오(李午)의 손자 이계현(李季賢) 대로 알려진다. 이오가 웅천에서 함안 모곡촌으로 들어온 이후, 손자 이계현의 아들 3형제 이침(李琛)·이종(李棕)·이전(李琠)이 진주의 여러 곳에 자리를 잡았으며 이

等狀)」, 19세기 초, 진주 마진 재령이씨 마호당 고문서, 소차계장류 173이 분류번호는 최근 장서각에서 마호당 재령이씨 전적류 조사·촬영을 진행하며 붙인 것으로 이하 마찬가지이다.

9   이하 마진마을 재령이씨 관련 내용은 다음을 참고했다. 『載寧李氏誠齋公派譜』, 광제정, 2004; 대곡면지편찬위원회, 『대곡면지』, 대곡면지편찬위원회, 2019, 752쪽; 경상대학교 경남문화연구원 편, 『경남 서부지역의 고문헌 Ⅲ: 함양·함안·통영·거제 지역을 중심으로』, 가람출판사, 2008, 161-166쪽; 김준형(2008), 앞의 논문, 160쪽.

와 함께 이계현의 형 이맹현(李孟賢)·이중현(李仲賢)의 후손들도 진주로 들어왔다. 이처럼 여러 갈래로 진주에 들어온 재령이씨가 진주 여러 곳에 정착하고 번성했다.

이어 모은공 이오의 5대손 성재공(誠齋公) 이예훈(李禮勛)은 진주 진성면 동산에 정착한 것으로 알려졌는데, 그는 학행과 문장이 있었지만 생원시에 그친 것으로 나온다. 이 성재공의 두 아들 가운데 차자인 도산공 이강은 동계(桐溪) 정온(鄭蘊)을 종유한 인물인데, 대곡 마진마을로 들어왔으니 이분이 바로 마진 재령이씨의 입향조이다.[10] 이강의 다섯째 아들 이중인(李重絪)을 거쳐 손자인 이보(李葆) 대에 오면 토지와 노비 등 재령이씨 집안의 재부가 크게 번성했다. 특히 뒤에 보듯이 이보는 마진마을의 현안인 마을 앞 동림 보호 활동에 적극적으로 참여하는데, 이 무렵 마진마을은 점차 재령이씨 집성촌으로 변모했다.

분재기를 비롯한 여러 기록을 토대로 할 때 이보의 뒤를 이어 아들 이덕관(李德寬) 대에 이르기까지 재령이씨는 많은 토지와 노비를 매득하여 큰 재산을 축적한 것으로 확인된다. 이 때문에 후대에 종중에서는 이들 부자가 치산(治産)에 능력을 발휘하여 가계를 잘 경영한 것으로 평가한다.

한편 이한철(李漢哲)을 거쳐 이재훈(李再勳)·이국우(李國祐) 대인 18세기 말에서 19세기 초에 마을 앞의 동림과 관련한 지역민과의 극심한 분쟁이 집중적으로 일어나 집안에 큰 어려움이 닥치게 된다. 마호당 종택 자료 가운데 각종 소송 관련 고문서가 대부분 이재훈·이국우 대의 것으로 확인되는 것도 이 때문인데, 이 문제는 다음 장에서 집중적으로 다룰 예정이다.

이어서 집안 가계는 이인모(李麟模)·이희좌(李熙佐)·이언기(李彦基)·이현

---

10 「태록(胎錄)」, 진주 마진 재령이씨 마호당 고문서, 치부기록류 9242에는 도산공 이강의 마진마을 입향 연대를 1634년(인조 12)으로 기록하고 있다.

도(李鉉道)·이승호(李承浩)·이병희(李秉)를 거쳐 현재의 종손 이영(李永)으로 이어온다.

〈그림 1〉에는 표시하지 않았지만 과거를 거쳐 중앙 관료로 진출한 인물로 이덕관의 셋째 아들 이한익(李漢翼)이 있다. 그는 무과에 급제하여 조정에서 사헌부 감찰을 거치고, 웅천(熊川) 수령도 역임하는 등 진주 향안(鄕案)에도 자주 입록된 인물이었다. 이한익 이후에 과거 합격자가 배출되지는 않았지만, 재령이씨는 여러 대에 걸쳐 안동권의 유력 사족들과의 통혼(通婚)을 통해 족세(族勢)를 강화할 수 있었다. 이처럼 마진 재령이씨는 지역 내에서 일정한 영향력을 행사할 수 있는 명문 사족 가문으로 성장했지만, 이한익 외에는 과거를 통해 중앙 관직에 진출한 인물이 나오지 않아 지역 향반(鄕班)으로 자족했다고 볼 수 있다.

그렇다면 마진마을에서 재령이씨는 어느 정도의 위세를 누렸을까? 입향 이후 재령이씨 가세가 크게 번성하던 17~18세기의 마을 상황에 대해서는 관련 기록이 부족하여 분명히 알 수 없다. 다만 19세기 재령이씨 집안이 마을 경영에 큰 영향력을 행사했음을 짐작케 하는 자료로 1838년에 작성된 『대곡가좌』가 마호당 종택에 남아 있으므로 이 자료를 통해 대략적인 마을 상황을 파악할 수 있다.

『대곡가좌』에는 마진마을 이외에도 대곡리 여러 촌락들의 가호 규모와 토지 소유 현황이 기재되어 있다. 서두에서 밝힌 것처럼 경상대학교 김준형 교수가 이를 분석하여 마을별 호구와 토지 현황을 상세히 정리해 놓았으므로, 이를 바탕으로 마진마을의 신분 구성과 토지 소유 상황을 개괄적으로 소개하기로 한다.[11]

먼저 〈표 1〉에서 보듯이 1830년대 마진촌의 전체 호수는 양반호 28호,

---

11 마호당 소장 『대곡가좌』는 치부기록류 7321로 분류되어 있으며, 이하 〈표 1〉, 〈표 2〉는 김준형(2012), 앞의 논문, 206-217쪽의 내용을 필자가 정리한 것이다.

표 1 『대곡가좌』 수록 마진촌의 호수, 토지 보유 현황

구분	토지 소유 호수[戶]		호당 평균 토지 소유[負]	
	전체	재령이씨	전체	재령이씨
양반	25	17	171.2	203.7
평천민	14	–	701.2	–

* 전체 호수는 양반 28호, 평천민 45호임.

표 2 『대곡가좌』 수록 마을별 양반호 규모와 호당 평균 토지 소유

구분	유곡촌	용동촌	가정촌	하촌	마진촌
양반호[戶]	4	9	5	3	28
호당 평균 토지 소유[負]	110.4	106.0	50.5	49.1	171.2

평천민호 45호를 합한 73호로 확인된다. 〈표 1〉에는 표시하지 않았지만 이 중 양반호 28호 가운데 재령이씨 호는 18호이므로 전체의 64.2%를 차지했다. 이들 18호 가운데 토지를 소유하지 못한 1호를 뺀 나머지 17호의 호당 평균 토지 소유는 〈표 1〉에서 보듯이 203.7부(負)로, 마진마을 재령이씨의 경우 평균 2결의 넓은 토지를 소유한 지주였다.[12] 또한 평천민 45호 가운데 상당수는 재령이씨의 노비였다.

이어 〈표 2〉는 대곡리 10개 마을 가운데 마진촌을 포함하여 양반호가 기재된 5개 마을의 양반호 규모와 이들 양반호의 호당 평균 토지 소유 상황을 정리한 것이다. 〈표 2〉에서 보듯이 마진촌 외에도 유곡촌(柳谷村)·용동촌(龍洞村)이 대곡리에서 양반호의 호당 평균 소유 규모가 큰 마을이었다. 예컨대 유곡촌은 양반호 4호의 평균 토지 소유 110.4부, 용동촌은 양반호 9호의 평균 토지 소유 106.0부로 집계되었다. 이를 통해 볼 때 대곡리의 다른 마을에 비해 마진촌 양반호의 토지 소유 규모가 훨씬 컸음을

[12] 김준형에 따르면 이인모(李麟模) 797.0부, 이규병(李圭秉) 469.4부, 이정모(李廷模) 466.9부 등 재령이씨 17호 가운데 1결 이상 소유한 호가 11호, 이 중 2결 이상 소유한 호도 6호에 달했다고 한다. 김준형(2012), 앞의 논문, 212쪽.

알 수 있다.

이상의 분석 결과를 종합해 보면, 전체적으로 조선 후기 마진마을에서 재령이씨는 매우 탄탄한 경제적 기반을 바탕으로 마을 내에서 영향력을 행사할 수 있었다고 본다. 이제 이와 같은 내용을 전제로 하여 마진마을 재령이씨의 금송계 운영을 통한 동림 조성·경영 과정을 살펴보기로 한다.

2) 동계 설치와 동림 경영

마진촌의 마을 앞에는 남강과 목계천의 범람 피해를 막을 수 있게 오래 전부터 조성된 마을 숲이 있었다는 사실은 앞서 언급한 바 있는데, 이 숲은 일종의 방수림이자 방풍림의 역할을 하는 동림이었다.[13] 양안상에 금림으로 기재된 이 동림은 매우 길고 넓은 면적에 걸쳐 형성되었다. 재령이씨 입향 이후 본격적으로 전개된 동림 수호 활동은 수해 예방과 농작물 보호를 위해 재령이씨를 비롯한 사족들이 주도하여 많은 마을 주민들이 참여한 지역 개발 운동의 일환이었다. 먼저 마호당 고문서를 바탕으로 동림 보호 활동을 복원해 보기로 한다.

〈그림 3〉은 지역민들 간의 치열한 다툼의 대상인 마을 앞 동림의 모습을 보여 준다. 그림 일부가 여기저기 찢겨 나간 상태에 연대도 분명히 알 수 없지만 분쟁이 본격화되기 전인 19세기 이전의 상황을 보여주는 것으로 추정된다.[14]

그림의 중앙에 큰 들판 표시가 있고, 그 위로 인가(人家), 그 아래로 대강

---

[13] 이 동림은 원래 해평부원군(海平府院君) 윤모(尹某)에게 은사(恩賜)한 땅이었는데, 마진촌 사람들이 매득하여 금양(禁養)한 것이라는 기록이 있다. 다만 해평부원군이 누구이고 어느 시기 인물인지는 분명하지 않다. 진주 마진 재령이씨 마호당 고문서, 치부기록류 9274 참조.

[14] 이민재는 '마법(麻法)'이라는 지명을 아직도 사용하고 있는 점, 동림이 넓고 길게 존재한다는 점에서 동림이 본격적으로 개간되는 19세기보다는 이전 시기에 이 문서가 작성된 것으로 추정한다. 이에 대해서는 이민재, 「1960년대 마진리 농업 변화」, 『2022년 장서각 학술대회: 진주 마진마을과 재령이씨가 고문서 발표자료집』, 2022, 173쪽 참조.

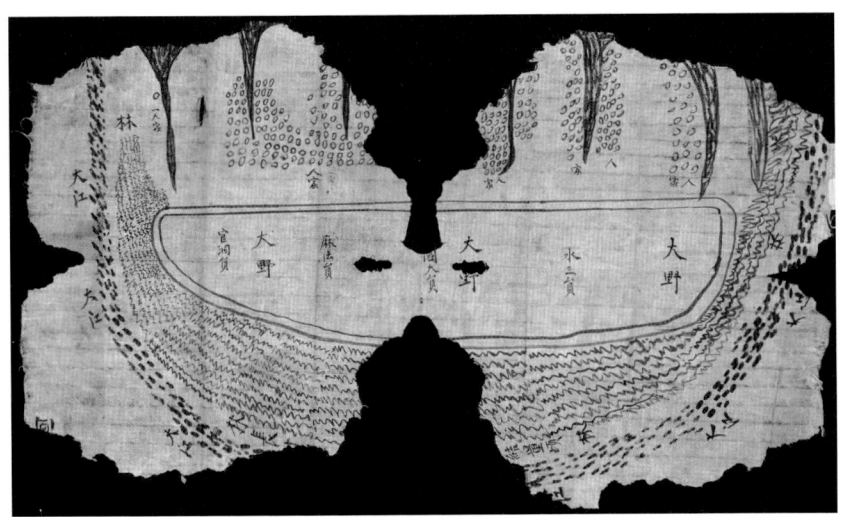

그림 3 마호당 고문서, 소차계장류 86. 마진촌 마을 앞 동림 모습

(大江), 즉 남강이 있다. 강 위쪽에 맞닿아 있는 길고 둥글게 형성된 숲이 바로 동림이다. 그림은 광활하게 우거진 동림의 규모를 잘 보여준다.

기록에 따르면, 이 동림은 그 유래가 매우 오래된 것이라 한다. 그런데 마을 사람들이 동림을 보호하기 위해 본격적으로 금양을 한 시점은 대략 16세기로 추정된다.[15] 이 시기는 마진마을이 아직 반촌으로 자리잡기 이전인데, 어떤 인물들이 주도했고 어느 정도 효과를 거두었는지를 비롯하여 이 시기 마을 주민들의 활약상은 분명히 알 수 없다. 그런데 본격적인 금림 보호 활동이 재령이씨 입향 이후인 17세기에 이루어졌다는 사실은 여러 기록에서 나타난다. 특히 17세기 후반에 활동한 이보 대를 시작으로 마을 주민들이 금림 보호를 위해 활발한 활동을 한 사실이 완문(完文) 형태

[15] 마호당 고문서 중에는 재령이씨가의 분쟁 내력을 후대에 기록해 놓은 것들이 많다. 이는 선대의 일을 잊지 않기 위해 후손 중 누군가가 정리한 것으로 보이는데, 종손의 구술 등을 종합할 때 20세기 초에 활동했던 이현도(李鉉道) 대의 일이 아닌가 추정된다. 분쟁의 시말을 정리한 문서 중 마호당 고문서, 치부기록류 9275의 앞부분에는 마진촌의 동림을 400년 동안 금양했다는 기록이 나오는데, 이 기록을 신뢰한다면 16세기 초반부터 마진마을 동림에 대한 마을민의 보호 활동이 시작된 것이 아닌가 짐작된다.

의 기록으로 남아 있다.¹⁶

　필자가 확인한 이와 관련한 가장 오래된 완문은 앞부분이 탈락되어서 정확한 작성 연대나 배경을 전혀 파악할 수 없다. 다만 뒷부분에 금림 보호를 위한 절목(節目)의 조문 두 개가 다음과 같이 전해지고 있어 일부 내용을 짐작할 수 있다.

> 1. 양반 및 상한 중에 비록 사생(死生) 간에 나무가 필요한 곳이 있더라도 지금부터는 절대 베는 것을 허락하지 않을 것.
> 2. 임중(林中)에 말라죽은 나무가 있더라도 절대로 베는 것을 허락하지 않을 것.¹⁷

　위의 절목에는 상·하민 할 것 없이 모두 동림의 벌목 행위를 엄격히 제한하는 내용으로 설사 말라죽은 나무조차도 함부로 베지 못하도록 하는 원칙이 담겨 있다. 숲의 보존을 위한 매우 철저한 관리가 이루어지고 있는 모습이다. 한편 완문의 말미에는 참여한 인물들의 명단도 남아 있는데, 이를 통해 금송계(禁松契) 활동의 주체를 짐작할 수 있다. 명단은 상·하민을 상·하단으로 구분하여 기재했는데, 양반 12명, 평천민 35명을 합하여 모두 47명이다. 양반은 강육(姜堉) 등 강씨 3명, 이보(李葆)·이장(李莊)·이덕현(李德玄) 등 이씨 9명이다. 평천민은 평민 3명(吳玉生 등) 외에 나머지 32명(奴 戒仁 등)은 '노(奴)'라 표기한 것에서 알 수 있듯이 마진촌 양반가의 노비들이다. 성씨 분포를 볼 때 이보를 비롯한 재령이씨들이 마을 동림 보호에 적극적으로 참여하고 있었음을 보여준다고 하겠다.

---

16 이때 이미 마진마을에서 금송 활동을 위한 동계가 조직되어 있었는지는 기록이 남아 있지 않아 분명하지 않다. 다만 조선 후기 어느 시점에서 마을 주민의 금림 보호 노력이 동계 결성으로 이어졌다는 사실은 충분히 추론 가능하다.

17 「완문(完文)」, 진주 마진 재령이씨 마호당 고문서, 치부기록류 660.

그런데 금송계 조직을 통한 동림 보호 활동은 이보 대에서 그치지 않고 이덕관·이한철 대에까지 계속 이어지고 있었는데, 현재 남아 있는 완문이 이덕관·이한철의 참여 사실을 입증한다. 특히 이덕관은 마을 동림 보호를 위해 크게 노력한 인물이었다.[18]

먼저 이보의 뒤를 이어 아들 이덕관이 참여한 1733년(영조 9)의 「동중상하금림완문(洞中上下禁林完文)」을 살펴보자.[19] 이 완문은 비교적 완전한 형태로 남아 있어 내용의 전모를 파악할 수 있는데, 먼저 앞부분에 동림 보호를 위한 절목을 만들게 된 배경이 나온다. 동림 주변에 위치한 관동촌(官洞村)과 마법촌(麻法村)의 집과 전답이 큰 강 가까이에 있어서 물에 침수되는 피해를 늘 입었기 때문에 수백 년 전부터 임목(林木)을 길러 왔다는 내용과 더불어, 최근 들어 인심이 변해 벌목이 심해져서 이 때문에 100석 땅과 100호 대촌이 큰 피해를 입게 될 것이라는 우려를 표명하고 금림 보호를 위해 상·하민이 완문을 만들어 동림 보존을 위해 준수할 제반 지침을 마련한다는 내용이다. 특히 이전에는 구두로 동림 보호를 위해 합의한 바 있는데 지금에 와서 이 합의가 잘 이행되지 않아 금양 조치를 규정화한다는 언급이 있다. 마을 숲의 이권을 둘러싼 갈등이 심화되고 있는 당시 상황을 지적한 것이다.

이렇게 해서 만들어진 절목은 모두 6개 조문으로 이루어졌는데, 관동, 마법 두 촌을 2패(牌)로 나눠 매일 한 명씩 돌아가며 동림을 지키는 일, 마을의 지침을 무시하고 벌목을 자행할 경우 관에 고발하는 문제, 동임(洞任)의 역할에 대한 사항, 노비의 벌목 행위를 상전이 비호할 경우 출동(出洞) 처벌을 내리도록 하는 내용, 과녀(寡女)와 어린이의 잘못은 절린(切隣), 즉

18 순조 대 경상우병사 조문언(趙文彦)의 진술에 따르면, 마을의 전주이씨 이명범의 5대조와 이재훈의 조부, 즉 이덕관이 힘을 합쳐 마을 앞 동림 관리에 애썼다고 한다(『日省錄』, 純祖 6年 6月 4日). 이 동림을 둘러싼 다툼과 경상우병사 조문언에 관한 내용은 다음 장에서 살펴보기로 한다.
19 진주 마진 재령이씨 마호당 고문서, 치부기록류 656 참조.

이웃이 책임지도록 하는 조치 등이 언급되어 있다. 이처럼 절목에는 동림 수호 방식과 규칙을 어긴 자에 대한 처벌 방식을 구체적으로 담고 있다.

앞서 소개한 것과 마찬가지로 해당 완문의 말미에는 참여한 인물 27명의 명단이 기재되어 있는데, 일부의 이름에는 착명(着名)이 있다. 이 중에 노비는 없으며, 강창재(姜昌載) 등 강씨 8명, 배윤길(裵胤吉) 등 2명이다. 또 정씨는 정홍로(鄭弘老) 1명이고 나머지 16명은 이덕관(李德寬) 등 모두 이씨이다. 이덕관 대에도 금송계 활동에 재령이씨가 주도적으로 참여하고 있었음을 뒷받침해 주는 자료이다.

이어서 이덕관의 아들인 이한철이 참여한 1769년(영조 45) 작성한 완문[20]은 동림 보호를 위해 선대부터 여러 규정을 만들어 노력해 왔음을 강조하고, 약속을 어기고 벌목을 범하는 동리 구성원에 대한 출동 조치를 명문화하고 있다. 참여한 인물은 모두 13명으로 이한철을 비롯한 이씨 8명, 허장(許璋) 등 허씨 2명, 강씨는 강주갑(姜周甲) 1명, 배씨는 배봉조(裵奉祖) 1명, 정씨는 정례익(鄭禮益) 1명 등이다. 이씨 성을 가진 모두가 재령이씨라고 볼 수는 없지만, 지역 내 재령이씨의 가세로 볼 때 이들의 참여 인원이 가장 많았음은 분명하다. 이 밖에도 동림 수호를 위해 마을 주민 간의 합의 사항을 담은 완문이 마호당 고문서 중에 2건 더 남아 있는데, 정확한 연대를 파악할 수 없어 생략한다.

이상에서 본 것처럼 재령이씨는 17세기 후반부터 18세기 후반에 활동한 이보·이덕관·이한철 3대에 걸쳐 마을 앞 동림 보호를 위한 금송계 활동에 참여했다. 이처럼 입향 이후 재령이씨들이 마을의 당면 현안인 수재를 막기 위해 마을 앞 동림 보호 활동에 적극적으로 나선 것은 경주 황성동의 갓뒤마을에서 사족들이 동계를 조직하여 마을 숲인 말림갓 수호 활동을 전개한 것과 유사하다. 최근 이 사례를 분석한 정수환은 경주 갓뒤마

---

20 진주 마진 재령이씨 마호당 고문서, 치부기록류 657.

을에서 사족들은 마을 숲이라는 공유자산을 조성하여 수해 방지, 거주 환경 개선, 농작물 보호라는 호혜의 기반을 마련했음을 지적하고, 사족들의 이 같은 숲 수호 활동을 지역과 마을 개발의 일환으로 파악한 바 있다.[21] 마진마을 재령이씨의 동림 보호 활동도 같은 맥락에서 그 의의를 둘 필요가 있다고 생각한다.

지금까지 살펴본 마을 앞 동림 보호 활동 외에도 재령이씨의 마호당 뒤편 산림 내 식수(植樹) 노력도 간략히 덧붙이기로 한다. 이들이 마을 뒤쪽 산림에도 관심을 갖고 식수 활동을 적극적으로 전개한 사실은 산송(山訟)의 시말을 정리해 놓은 고문서에 나온다. 이에 따르면 재령이씨는 1634년(인조 12)에 도산공이 마진마을에 이주한 이래 집 뒤에 소나무 등 방풍림을 심어 양송(養松)했는데, 그 결실로 큰 나무는 판재(板材), 작은 나무는 동량(棟樑)으로 활용하기도 했다는 것이다.[22] 요컨대 재령이씨의 치산(治山) 활동과 이를 통한 산림천택 활용은 마을 앞 동림과 마을 뒤 산림 두 갈래로 전개되었다. 이하에서 살펴보겠지만 관련 분쟁 또한 이 두 갈래 모두에서 나타나게 된다.

3. 마을 앞 동림을 둘러싼 갈등 양상

지금까지 마진마을의 입지와 재령이씨의 입향, 그리고 재령이씨 사람들이 마을 주민들과 함께 마을 숲을 보호하고 관리하는 과정을 살펴보

---

[21] 경주 갓뒤마을 사례에 대해서는 정수환, 「18세기 경주 갓뒤마을 동계의 말림갓을 위한 호혜와 협동」, 『歷史學報』 252, 2021 참조.

[22] 이에 대해서는 「태록(胎錄)」, 진주 마진 재령이씨 마호당 고문서, 치부기록류 9242 참조.

앗다. 마진마을은 산림 자원이 매우 풍부했는데, 마을 앞으로는 매우 넓은 면적의 동림이 형성되어 있었고, 마을 뒤로도 산지가 있었기 때문이다. 앞서 본 것처럼 재령이씨를 비롯한 마을 주민들은 강변에 위치하여 수해에 취약한 마을의 약점을 극복하기 위해 서로 협력하여 마을 앞 동림 보호에 특별히 노력했다. 그런데 마을의 숲과 산림은 목재와 땔감이라는 중요한 자원의 원천이었기 때문에 이를 확보하는 것은 막대한 부의 축적으로 연결될 수 있었고, 결국 재령이씨가 마을 산림 이용과 관련하여 분쟁에 휘말리는 것은 불가피했다고 하겠다.

이하 분쟁의 내용을 살펴보기에 앞서 조선시대 산림 이용과 관련한 제반 갈등이 발생하게 된 배경을 짚어 보기로 한다. 결론부터 이야기하면 그것은 목재와 땔감 등 이권이 존재함에도 불구하고 산림의 소유권이 명확하지 않았기 때문이다. 원래 '산림천택 여민공지'라 하여 산림천택은 백성들이 함께 이용해야 할 것이라 인식한 조선 정부는 기본적으로 공동 이용 방식의 산림천택 제도를 채택했다. 그래서 조선 전기에는 극히 일부의 토지를 제외하고는 사점을 억제하는 정책을 펼쳤다. 그러나 정부 정책은 도전을 받았고, 조선 후기에 오면 여러 형태로 산림의 사점이 이루어지게 되었다. 양반들의 사점에 따른 불만 외에도 마을 단위의 배타적 금양 구역 설정에 따른 마을 간의 갈등도 발생했다. 이 과정에서 국가적인 소유권 보호 장치도 존재하지 않다 보니 소유를 둘러싼 갈등과 다툼이 일어나게 된 것이다.[23] 산림이 풍부한 마진마을에서 발생한 분쟁도 이런 맥락에서 우선 이해할 수 있다.

---

[23] 이상의 내용은 김선경, 「조선전기 산림제도: 조선국가의 산림정책과 인민지배」, 『국사관논총』 56, 1994; 김선경(1999), 앞의 논문 참조.

1) 동림의 병영 속공 과정

마진마을 앞 남강변 동림을 둘러싼 다툼은 여러 형태로 발생했는데, 먼저 목재 획득을 목적으로 인근 마을 사람과 재령이씨 사이에 일어난 분쟁부터 검토하기로 한다. 이 분쟁은 재령이씨 집안에서 마을 앞 동림 수호 동계 운영을 주도하고 있는 것에 대해 인근 가좌촌 및 마진촌에 살고 있던 전주이씨 인물들이 반발하며 일으킨 것인데, 한마디로 목재에 대한 자신들의 이권을 확보하려는 차원에서 관에 소송을 제기한 것이다.

동림 다툼의 주모자와 사실 관계를 관련 고문서를 통해서 살펴보면 분란을 일으킨 핵심 인물이 바로 마진촌에서 10여 리 떨어진 가정촌(加亭村)에 사는 전주이씨 이명범(李命範)임을 알 수 있다. 그는 마진마을 임수의 가치가 수만금에 달하는데, 이 동림을 보호하는 데는 자신들의 집안에서도 중요한 역할을 했음에도 불구하고 이를 부호(富豪)인 재령이씨 이재훈(李再勳)이 혼자 차지하고 있다는 것이 불만이었다. 이에 그 이권을 빼앗기 위해서 경상우병영의 아객(衙客) 김일순(金一淳), 비장(裨將) 심장지(沈章之), 조윤문(趙允門) 등과 짜고 동림을 속공(屬公)시킬 계획을 세웠다. 동림을 속공하여 재령이씨에게서 동림에 대한 권리를 박탈한다면, 그들이 손쉽게 이곳 나무를 베어 팔고 임토(林土)를 개간하여 병둔(兵屯)으로 삼아서 큰 재화를 얻을 수 있다는 판단 때문이었다. 결국 이명범은 경상감영에 이재훈의 죄를 거짓으로 보고하여 동림이 병영에 속공되도록 하는 데 성공했다.[24]

그럼 이명범이 구체적으로 이재훈의 죄를 엮은 과정을 살펴보자. 재령이씨 집안에서 분쟁의 시말을 기록한 문서에 따르면, 이명범은 당초 큰 빚을 안고 있었던 것으로 보인다. 그는 마진마을 동림을 차지함으로써 빚을

---

[24] 「경상도(慶尙道) 진주(晉州) 동면(東面) 대곡리(大谷里) 마진촌(麻津村) 대소인민(大小人民) 등장(等狀)」, 진주 마진 재령이씨 마호당 고문서, 소차계장류 173.

갚기 위해 일찍부터 병영에 속공하려 시도했다. 그러다 병사(兵使) 조문언(趙文彦)이 부임한 이후인 1805년(순조 5)에 이를 실현했다. 방법은 마동(麻洞)의 이성준(李成俊)·이택준(李宅俊)과 합세하여 이재훈을 관에 무고하는 식이었는데, 이명범은 바로 이들에게는 족숙(族叔)[25]이 된다.

즉 이명범은 이성준과 이택준이 종을 거느리고 동림에 있는 큰 나무를 베고는 이를 금하는 동네 사람들에게 도끼를 휘두르며 소란을 피우도록 지시한다. 동림을 둘러싼 큰 분란을 일으켜 재령이씨를 논란에 끌어들이기 위함이었다. 결국 벌목 금지 규정을 어긴 이 둘을 처벌하기 위해 마을에서는 동회(洞會)가 열렸고, 동규(洞規)에 따라 이들에게 훼가출동(毁家出洞) 처벌이 내려졌다. 그러자 이를 핑계로 이명범은 재령이씨 이재훈을 마을의 토호로 몰았다. 이재훈이 넓은 동림을 차지하고 마을의 여론을 주도하며 두 사람을 훼가출동시켰다고 관아에 소장을 올린 것인데, 이런 과정을 거쳐 마침내 동림을 속공시키는 데 성공했다.[26]

속공 과정에서 많은 마을 사람들은 이를 막기 위해 여러 차례 병영에 소장을 올린 것으로 확인된다. 당시 마을 주민들이 동림 속공을 강하게 반대한 이유에 대해서는 마을 주민들이 병영에 올린 소지에서 알 수 있다. 이들은 상하 수백여 호, 밭 200여 석락 규모의 대촌(大村)에 수해를 막기 위해서는 10리 넘게 장림(長林)으로 이루어진 16여 결 규모의 방수(防藪)에 절대적으로 의존할 수밖에 없음을 강조했다.[27] 그러나 마을 사람들의 노력에도 병영의 속공을 막을 수 없었다.

병영에서는 토지가 없는 가난한 백성들이 동림의 개간을 원한다는 점,

---

25 정확히는 7촌숙이다. 진주 마진 재령이씨 마호당 고문서, 치부기록류 9241 참조.

26 이상의 서술은 진주 마진 재령이씨 마호당 고문서, 치부기록류 9275(연대 미상)와 「화민(化民) 이재훈(李再勳)-대곡리(大谷里)」 소지, 진주 마진 재령이씨 마호당 고문서, 소차계장류 10(1805년 5월)에 의거했다.

27 「경상도(慶尙道) 진주(晉州) 동면(東面) 대곡리(大谷里) 마진촌(麻津村) 대소인민(大小人民) 등장(等狀)」, 진주 마진 재령이씨 마호당 고문서, 소차계장류 11(1805년경).

또한 강 건너 주민들은 이 동림 때문에 오히려 큰 수해를 입는다는 점을 구실로 속공을 통한 벌채를 합리화했다.[28] 즉 속공 이후 병영에서 마음대로 벌목하여 동림을 훼손한 것이다. 그리고 다수의 주민들이 속공에 반대하며 감영에 소를 올리자 병영에서는 소를 올린 양반들을 잡아 곤장으로 다스리며 마을을 쑥대밭으로 만들었다.[29] 이와 같은 과정에서 결국 이재훈은 병영에 체포되어 형문(刑問)을 당하는 등 재령이씨 집안은 큰 고초를 겪게 된다. 이재훈의 둘째 아들 이국정(李國楨)이 아버지를 대신하여 잠시 병영에 수금(囚禁)되기도 했고,[30] 이어 이재훈 본인이 결국 수감되어 옥고를 치렀다.[31]

이런 우여곡절을 거치면서 마을 앞 동림이 1805년에 병영에 속공되었지만, 주민들의 노력으로 얼마 지나지 않아 마진마을에 다시 환속될 수 있었다.[32] 그러나 5년 뒤인 1810년에 동림을 둘러싼 또 다른 시련이 찾아오는데, 장릉(長陵)의 향탄지(香炭地)로 편입되어 또다시 왕릉 제사 때 땔감을 공급하는 땅으로 속공되게 된 것이다. 이에 대해서는 다음 절에서 살펴보기로 한다.

2) 장릉 향탄지로의 편입 논란

마을 앞 남강변 동림을 둘러싸고 치열한 다툼이 일어난 것에서도 알 수

---

[28] 이는 경상우병사 조문언이 나중에 의금부에서 진술한 공초에서 나오는 내용이다. 『日省錄』, 純祖 6年 6月 4日.
[29] 진주 마진 재령이씨 마호당 고문서, 치부기록류 9275(연대 미상).
[30] 「옥수(獄囚) 상인(喪人) 이국정(李國楨)」 소지, 진주 마진 재령이씨 마호당 고문서, 소차계장류 117, 1805년 8월.
[31] 「죄인(罪人) 이후(李垕)」, 진주 마진 재령이씨 마호당 고문서, 소차계장류 13(1805년경). 여기서 이후(李垕)는 이국정(李國楨)을 말한다.
[32] 이에 대해서는 마호당 소장 간찰 자료에 나온다. 경상대학교 경남문화연구원 편(2008), 앞의 책, 417쪽.

있듯이 동림은 마을 사람들에게 매우 중요한 임수였다. 이 숲은 읍기(邑基)로 물이 흘러들어오고 나가는 수구(水口)에 위치해 있었기 때문에 사람들은 이 숲이 사라지면 마을도 사라질 것이라 생각할 정도로 숲의 보존을 중요시했다. 하지만 이 숲에 조성된 풍부한 산림을 차지하려는 중앙 관청의 속공 시도는 18세기 초반에 이미 있었다. 즉 1711년(영조 37)에 중앙의 호조(戶曹) 은점(銀店)에서 이 숲을 절수받아 나무를 벌목하여 숲을 확보하고자 했던 것이다. 그러나 이때는 마을 주민들이 호조에 사정을 적극 하소연하여 그 시도를 좌절시키는 데 성공할 수 있었다.[33]

하지만 1810년(순조 10)에는 동림이 장릉 향탄지로 편입되는 운명을 피할 수 없었다. 이 해 1월에 예조판서 심상규(沈象奎)는 최종적으로 국왕 순조의 허가를 받았는데, 이때 마을 앞 넓은 동림 외에도 마을 뒤 서북쪽에 위치한 오음산 일대 일부 임수도 장릉 향탄지로 속공되었다.[34]

이처럼 동림을 비롯한 마을 산림이 왕릉의 땔감 확보용 토지로 속공됨으로써 기존에 재령이씨를 비롯한 마을민들의 이곳 산림에 대한 이용 권한은 사실상 박탈되었다. 다음에 제시할 1813~14년 진주목사가 내린 전령에 재령이씨 집안에서 금령에도 불구하고 동림을 벌목하다가 적발되어 처벌받는 상황이 나타나는데, 마을 산림의 장릉 편입 이후에도 여러 해 동안 재령이씨 집안에서 이 조치에 반발하고 있었음을 보여준다.

예컨대 1813년(순조 13) 9월에 진주목사가 대곡의 집강(執綱), 풍헌(風憲) 및 마진촌의 동수(洞首)에게 내린 전령을 보자.[35] 전령에서는 먼저 장릉의 향탄위(香炭位) 명목으로 절수된 땅으로 마진촌의 임수와 좌우 차령 오음

---

[33] 「경상도(慶尙道) 진주(晉州) 동면(東面) 대곡리(大谷里) 마진촌(麻津村) 대소인민(大小人民) 등장(等狀)」, 진주 마진 재령이씨 마호당 고문서, 소차계장류 173.

[34] 『承政院日記』, 純祖 10年 1月 14日 ; 「전령(傳令) 대곡(大谷) 집강풍헌(執綱風憲) 마진촌(麻津村) 동수(洞首)」, 진주 마진 재령이씨 마호당 고문서, 첩관통고류 433(1813년).

[35] 「전령(傳令) 대곡(大谷) 집강풍헌(執綱風憲) 마진촌(麻津村) 동수(洞首)」, 진주 마진 재령이씨 마호당 고문서, 첩관통고류 433(1813년).

산의 임수 두 곳을 거론하며, 왕릉의 땔감 조달용 토지로 편입되었으므로 이들 임수 관리가 더욱 철저해야 함을 강조했다. 그런데 근처 주민들이 몰래 벌목을 하는 일이 있으므로 감관(監官)과 산직(山直)을 정하여 더 철저히 산림을 보호하고 범벌(犯伐) 행위를 단속할 것을 지시하고 있다. 1810년(순조 10) 장릉에 절수된 이후에도 암암리에 주민들의 벌목 행위가 행해지고 있었음을 보여준다.

이어 1814년(순조 14) 3월 진주목사의 전령에는 장릉에 편입된 마을 앞 동림에 대한 재령이씨 집안의 투작(偸斫) 행위가 적발된 사실이 구체적으로 언급되어 있다. 이재훈의 동생 이재빈(李再賓)이 대목(大木) 113주, 중목(中木) 690주 등 많은 송죽을 몰래 베어 처분했다는 것이다. 이런 행위를 한 재령이씨 집안을 무단토호(武斷土豪)로 규정한 중앙 조정에서는 나무 값을 추심하는 것은 물론이고 이재빈을 엄히 처벌할 것을 주문했다.[36]

이상 보았듯이 1810년 장릉에 마을 앞 동림과 오음산 일대 산림을 절수함으로써 재령이씨를 비롯한 마을민들의 전답 경작 행위를 금지하고 산림 이용을 제한하는 일은 마을 주민들의 큰 반발을 불러올 수밖에 없었다. 이 과정에서 이재빈을 비롯한 재령이씨가는 금림을 투작하는 토호로 몰려 다시 한번 시련을 겪게 되었다. 다행히 1814년과 1815년 두 해에 걸친 대홍수를 계기로 장릉 향탄지로 편입된 마을 임수가 다시 마진마을 주민들에게 환속됨으로써[37] 산림 이용권을 둘러싼 마을주민과 관(官)과의 갈등은 봉합될 수 있었다.

---

36 「갑술(甲戌) 삼월(三月) 십팔일(十八日) 조사시(朝仕時) 전령(傳令)」, 진주 마진 재령이씨 마호당 고문서, 첩관통고류 437(1814년). 이때 예조에서 이재빈을 엄형원배(嚴刑遠配)에 처하도록 지시했다. 하지만 뒤에 살펴보듯이 이재빈은 1818년에 산송으로 인해 진주의 옥에 수감되고 있었는데, 이로 볼 때 1814년에 다른 지역에 유배되는 벌을 받지는 않았던 것으로 추정된다.
37 이에 대해서는 경상대학교 경남문화연구원 편(2008), 앞의 책, 417-418쪽 참조.

4. 재령이씨와 창녕성씨의 산송 전개

1) 산송의 대상과 발단

지금까지 마을 앞 동림을 둘러싸고 벌어진 갈등을 살펴보았다. 광활하게 조성된 동림에는 소나무 등 귀한 목재가 많았기 때문에 그 소유권을 차지하기 위한 주민들의 다툼은 어찌 보면 불가피한 것이었다. 이 다툼은 요약하자면 동림에 대한 재령이씨의 기득권을 박탈하기 위한 전주이씨 이명범 측의 대응으로 볼 수 있는데, 그 과정에서 동림은 때로는 병영에 속공되어 훼손되기도 했고, 때로는 왕릉인 장릉의 향탄지로 편입되는 등의 우여곡절을 겪었다. 재령이씨 집안에서는 본의 아니게 논란의 중심에 서게 되면서 이재훈 등이 관아의 조사를 받는 등 큰 시련을 겪게 되었다.[38]

그런데 마진마을 산림을 둘러싼 다툼은 또 하나의 형태로 전개되었는데, 그것은 재령이씨와 창녕성씨의 산송으로 표출되었다. 산송은 재령이씨 이재훈이 살고 있는 집 뒤편에 있는 창녕성씨의 옛 무덤의 금양(禁養) 범위를 둘러싸고 전개되었는데, 이는 19세기 초 재령이씨가와 창녕성씨 성사열(成師說)과의 오랜 법적 다툼으로 이어졌다.

앞서 살펴본 마을 앞 동림 갈등을 주도한 전주이씨 이명범은 이 산송 사건에서 재령이씨가에 대항한 창녕성씨 성사열의 종매부였다.[39] 즉 이

---

[38] 한편 19세기에 마진리 일대 범람원이 개간되면서 동림이 축소되는 과정을 거쳐 현대에 이른 것으로 보인다. 마진마을의 동림 개간과 20세기 농업 경영 양상에 대해서는 이민재(2022), 앞의 논문, 169-178쪽 참조.

[39] 진주목사 조정현(趙廷鉉)의 원정(原情)에 따르면, 성사열과 그의 종매부 이명범이 병영 아속(衙屬)들과 결탁하여 마을 앞 동림과 마을 뒤 산림을 차지하려 했다는 언급이 있다. 진주 마진 재령이씨 마호당 고문서, 소차계장류 341 참조; 즉 마을 앞 동림 다툼과 마을 뒤 산림을 둘러싼 산송은 같은 목적에서 이루어진 사건이라 할 수 있다. 조정현에 대해서는 후술하기로 한다.

산송은 마을 앞 동림 갈등과 연관이 있는 산림 소유권 다툼의 연장선상에서 발생했다. 기록에 따르면 산송은 1798년(정조 22)에 처음 시작되었는데,[40] 그 후 1806년(순조 6) 성사열 집안에서 서울로 상경해 국왕에 상언(上言)을 올리면서 중앙 조정에까지 알려지며 사안이 확대되었고, 결국 진주목사 등 이들의 산송에 관여한 관련 지방관이 처벌받는 상황으로까지 비화했다. 이하에서는 산송의 전개 과정을 소개하기로 한다.

먼저 산송의 발단부터 살펴보자.[41] 처음 마진마을에 입향한 재령이씨가는 산기슭 끝자락의 야산을 터전으로 삼았는데, 집 뒤에 방풍림 목적으로 소나무를 심어 숲을 조성했다. 이에 따라 이재훈 대에 오면 동량(棟樑)과 판재(板材)로 쓸 나무로 많이 자란 것으로 확인된다. 사건은 재령이씨 집 뒤의 가까운 곳에 창녕성씨의 무덤이 있었던 데서 비롯되었는데,[43] 창녕성씨 집안에서는 재령이씨가 조성한 나무들이 자신들의 조상 묘소를 침범한다는 이유를 들어 관에 소를 제기한 것이다.

당시 진주목에 소송을 제기한 인물은 진주 읍내에 거주하는 창녕성씨의 후손 성사열이었다. 문제가 된 된 분묘는 성사열의 9대 조부모와 종7대 조모 3기의 묘소였다.[43] 당초 이 무덤은 실전(失傳)된 상태였는데, 이재훈의 선조가 우연히 비석을 찾아 성씨 집에 전언하여 찾게 된 무덤이었다고 한다. 재령이씨의 입장에서는 조상의 무덤을 찾아준 공덕이 있어 한동안 세의(世誼)가 두터웠던 창녕성씨가 성사열이 은혜를 무시하고 산송을 일으킨 셈이다. 성씨 측은 재령이씨 집안에서 조성한 소나무 그늘이 자

---

40 진주 마진 재령이씨 마호당 고문서, 치부기록류 9275 참조.

41 이하의 내용은 산송의 시말을 정리해 놓은 진주 마진 재령이씨 마호당 고문서, 치부기록류 9275;「태록(胎錄)」, 진주 마진 재령이씨 마호당 고문서, 치부기록류 9242;「마진록(麻津錄)」, 진주 마진 재령이씨 마호당 고문서, 치부기록류 9251 등의 자료에 의거했다.

42 필자의 현지 답사 결과, 현재도 마호당 건물 뒤편으로 100여 미터 남짓 떨어진 곳에 이때 논란이 되었던 창녕성씨의 무덤이 현존하는 것을 확인할 수 있었다.

43 「태록(胎錄)」에는 성사열의 11대조 및 종9대조 묘소로 기록되어 있으나,『일성록』에 나오는 형조판서 김희순(金羲淳)의 상소에 의거하여 수정했다. 이에 대해서는『日省錄』, 純祖 6年 10月 4日 참조.

신들의 무덤을 뒤덮는다는 점을 문제 삼아 무덤 주위의 금양을 위해 재령이씨가 조성한 산림의 벌목이 필요하다는 논리를 내세웠다.

성사열은 1798년(정조 22) 진주목사 남인로(南寅老)에게 소송을 제기한 이래 여러 차례 바뀐 목사에게 자신들의 문제를 호소했다. 그러나 진주목에서는 성씨 측 주장과 달리 재령이씨의 산림이 창녕성씨의 무덤에 영향을 주지 않았다는 판단에서 매번 재령이씨의 손을 들어 주었다. 이후 소송이 격화되면서 성씨 측은 이재훈이 자신들의 무덤 비석 면을 쪼고 상석을 훼손했다고 감영에 무고하는 일까지 감행했다. 아울러 이들은 경상우병사 조문언(趙文彦)의 비호 아래 앞서 동림 분쟁을 주도한 이명범 등과 함께 분쟁 주변 산림을 병영에 속공시켰다. 이 과정에서 창녕성씨 측은 병영을 뒷배로 삼아 자신들의 노비를 풀어 산림을 마음대로 벌채했는데, 기록에 따르면 배나무·밤나무·뽕나무·앵두나무·복숭아나무 등 오랜 세월 재령이씨 측에서 키운 나무들이 훼손되기에 이르렀다. 이제 산송은 창녕성씨와 재령이씨의 사활을 건 다툼이 되었다.

2) 창녕성씨의 상언 이후 산송의 전개 과정

앞서 본 것처럼 창녕성씨 측은 경상우병사 조문언의 비호로 재령이씨가에서 오랫동안 관리했던 마을 뒤 산림을 속공시키는 성과를 거두니 이 해가 1805년(순조 5)이었다. 하지만 재령이씨 측의 끈질긴 호소로 진주목사 조정현(趙廷鉉)과 경상감사 윤광안(尹光顔)은 이듬해 최종적으로 재령이씨의 손을 들어주었고, 재령이씨 집에서 금양하는 소나무와 대나무 밭을 함부로 빼앗은 죄목으로 성사열을 강원도 간성군(杆城郡)에 도배(徒配)시켰다.[44] 이에 더하여 감사 윤광안은 경상우병사 조문언이 재임 중 마진마

---

[44] 『日省錄』, 純祖 6年 8月 24日.

을 동림을 속공하여 이득을 챙겼을 뿐만 아니라 환곡의 횡령, 매관매직 등의 탐학(貪虐)을 일삼았다는 이유로 조정에 그의 처벌을 요구하여 결국 조문언이 의금부의 조사를 받기에 이르렀다.[45] 이로써 사건은 일단락되는 듯했다.

재령이씨의 승소로 마무리되는 듯하던 산송이 다시 수면 위로 급부상한 것은 성사열의 아들 유학(幼學) 성치상(成致祥)이 서울에 올라서 국왕 순조에게 상언하면서부터이다.[46] 이제 두 집안의 산송은 진주 지역의 문제가 아닌 중앙 조정의 논란으로 비화하면서 두 집안의 소송전도 새로운 반전을 맞이하게 되었다.

성치상의 상언이 올라온 이후 진주목사 조정현과 경상감사 윤광안의 산송 판결에 문제를 제기한 인물이 형조판서 김희순(金羲淳)이었다. 그는 바로 윤광안의 직전 경상감사, 즉 전임자였는데, 해당 산송을 처리하면서 창녕성씨 측 입장을 지지했다. 김희순은 진주목사 조정현이 산송과 관련해서 경상감사이던 자신에게 올린 보고와 후임 윤광안에게 넘긴 보고가 일치하지 않는 점을 문제 삼으며 조정현을 탄핵했다.[47] 김희순이 경상감사에서 형조판서로 자리를 옮긴 후 목사 조정현이 후임 감사 윤광안에게 재령이씨 측에 유리하게 보고를 꾸몄다는 죄목이었다.

결국 사건은 형조판서 김희순의 주장대로 흘러갔다. 성사열은 석방되고, 이재훈과 진주목의 형리(刑吏)들에 대해서는 문서를 위조한 혐의로 처벌하라는 지시가 내려졌다.[48] 재령이씨 측을 손을 들어준 진주목사 조정현 또한 의금부에 압송되어 조사를 받고 징계에 처해지기에 이른다.[49]

45 『日省錄』, 純祖 6年 5月 28日.
46 『日省錄』, 純祖 6年 8月 24日.
47 『日省錄』, 純祖 6年 10月 4日.
48 『日省錄』, 純祖 6年 10月 8日.
49 『日省錄』, 純祖 6年 11月 3日.

표 3 산송에 관여한 관리 현황

원고·피고	관리 명단	처벌 내역
재령이씨 측	경상감사 윤광언	
	진주목사 조정현	장팔십수속(杖八十收贖) 탈고신삼등(奪告身三等) 공의 각감일등(功議 各減一等)
창녕성씨 측	형조판서 김희순	
	경상우병사 조문언	장흥군(長興郡) 정배(定配)

〈표 3〉은 지금까지 언급한 재령이씨와 창녕성씨의 산송에 관련된 관리들의 명단, 그리고 이후 처벌을 받은 구체적인 내역을 정리한 것이다. 〈표 3〉에서 보듯이 산송에서 재령이씨 측에 승소 처분을 내린 진주목사 조정현, 동림과 산림을 병영에 속공하고 창녕성씨 편에 섰던 경상우병사 조문언 등 양측 지방관들이 모두 처벌받았음을 알 수 있다.[50] 재령이씨 측에서는 1806년 10월 위에서 언급한 조정의 처분으로 인해 산송의 국면이 역전되는 뼈아픈 결과를 받아들이지 않을 수 없었다.

한편 재령이씨에게 산송은 이것으로 끝이 아니었다. 마호당 고문서에는 이후에도 재령이씨 집안의 인물들이 산송에 연루되어 분쟁을 겪는 상황이 등장한다. 예컨대 창녕성씨 측과의 산송이 있은 지 십여 년이 지난 1818년(순조 18) 3월에는 이재훈의 막내동생 이재빈(李再贇)이 옥에 수감된 자신을 풀어줄 것을 진주목사에게 호소하는 소지가 전해진다.[51] 또 문서가 일부 결락되어 정확한 연대는 알 수 없지만 이번에는 이재훈의 막내아들 이국준(李國準)이 산송 때문에 옥에 갇히자 그의 아들 동몽(童蒙) 이의엽(李義曄)이 그 해결을 감영에 요청하는 문서도 있다.[52] 이들 문서로는 산송

---

[50] 진주목사 조정현에 대한 처벌은 『日省錄』, 純祖 6年 11月 11日; 경상우병사 조문언에 대한 처벌은 『承政院日記』, 純祖 6年 11月 8日과 『承政院日記』, 純祖 7年 5月 1日.

[51] 진주 마진 재령이씨 마호당 고문서, 소차계장류 149(1818년 3월) 참조.

[52] 「진주(晉州) 옥수(獄囚) 이국준(李國準) 자(子) 동몽(童蒙) 의엽(義曄)」, 진주 마진 재령이씨

의 상대방이 누구인지 확실히 알 수는 없다. 다만 창녕성씨와의 산송의 여파가 재령이씨 집안에 꽤 오래 지속되었음은 분명해 보인다. 19세기 재령이씨 집안에 진행된 일련의 산송은 마진마을의 산림 이용과 점유를 둘러싼 지역민 간의 갈등 양상을 적나라하게 보여주는 사례가 아닐까 싶다.

5. 맺음말

지금까지 경남 진주시 대곡면 마진마을의 재령이씨 마호당 종택 고문서를 통하여 조선시대 마진마을의 역사와 지역 주민들 간의 동림을 둘러싼 분쟁 양상을 개괄적으로 살펴보았다. 본문의 분석 결과를 간략히 정리하면 다음과 같다.

먼저 마진마을의 불리한 자연환경과 지역 입지의 확인이다. 마을 앞쪽에는 남강과 목계천 등 강과 하천이 교차하고 있었기 때문에 마을 주민들은 오랫동안 수해로부터 자유롭지 못했고, 홍수로 인해 막대한 침수 피해를 입는 일이 다반사였다. 당시 주민들이 강둑에 제방을 쌓고 광활한 임수를 관리하기 위해 노력한 것은 수해 극복을 위한 주민들의 힘겨운 노력의 일환이었다.

다음으로 살펴본 것은 조선시대 마진마을의 역사와 관련해서 빼놓을 수 없는 재령이씨의 입향이다. 조선 전기까지만 해도 작은 민촌이었던 마진마을은 17세기 전반 재령이씨의 입향으로 반촌으로 성장했다. 마진마을 재령이씨는 과거를 통한 중앙 관료로 진출하기보다는 향권(鄕權)을 차

마호당 고문서, 소차계장류 25.

지하고 향론을 주도하는 지역 사족으로서 성장했는데, 특히 많은 전답과 노비의 확보를 통한 부의 축적에서도 볼 수 있듯이 이재(理財)에 능했다. 아울러 마을의 현안인 수재를 극복하고 산림천택의 혜택을 극대화하기 위한 숲의 조성 활동에도 큰 노력을 경주했는데, 그것은 마을 주민과 함께 동계(洞契)를 결성해 마을 앞 동림을 보호·관리하고 재령이씨 집 뒤 산림에 나무를 심는 노력으로 표출되었다.

그런데 마진마을에서도 여타 지역에서와 마찬가지로 큰 이권이 되는 산림의 소유·점유를 둘러싸고 주민들 간의 다툼을 피해갈 수 없었다. 오히려 더욱 치열하게 전개되었다고 볼 수 있는데, 이는 19세기 초에 집중되었다.

다툼은 크게 두 갈래로 이어졌는데, 하나는 마을 앞 동림을 둘러싼 임야 소송으로, 다른 하나는 마을 뒤 산림을 둘러싼 산송으로 전개되었다. 전자는 10리가 넘게 넓게 조성된 동림을 대상으로 전주이씨 이명범이 주도했고, 후자는 자신들의 조상 분묘의 경계를 수호하기 위해 창녕성씨 성사열이 주도했다. 이들이 소를 제기한 배경은 재령이씨가에서 마을 숲의 이권을 독차지하고 있다는 불만이었다. 한마디로 이야기하면 이들은 모두 마진마을 동림·산림에 대한 권한을 재령이씨가로부터 자신들에게 가져오기 위해 소송을 일으켰다고 할 수 있다.

분쟁이 전개되는 과정에서 동림·산림이 병영에 속공되어 훼손되는 우여곡절도 거쳤고, 마을 앞 넓은 동림은 왕릉 제사에 쓸 땔감의 조달용 토지로 편입되기도 했다. 재령이씨가에서도 이재훈을 비롯한 여러 인물들이 옥고를 치르며 큰 화를 입기도 했다.

이상이 본문의 내용을 요약한 부분이다. 필자는 마호당 종택 낱장 고문서 속의 사실들을 조각조각 이어붙여서 종합적으로 살펴봄으로써 마을의 역사와 숲을 둘러싼 현안을 어느 정도 복원해 볼 수 있었다. 이제 마지막으로 소송의 성격을 어떻게 볼 것인가에 대한 질문을 던져 볼 필요가 있다. 이는 조선 후기 마진마을 재령이씨가의 성격 규정과 직결되는 문제이다.

재령이씨가가 마을 동림 등 산림천택의 이득을 무단으로 독차지한 탐욕스런 토호였는지, 이 때문에 일부 지역민의 반발은 불가피했는지는 분명하지 않다. 관련 기록이 충분하지 않고, 남아 있는 기록도 소송 상대마다 주장이 너무 다르기 때문이다. 다만 분명한 것은 조선 후기 마진마을의 동림·산림 경영의 역사에는 마을의 불리한 자연 입지를 극복하기 위한 주민들의 끊임없는 지역 개발과 마을 만들기 과정이 담겨 있다는 점이다. 또한 그 노력에 재령이씨 집안이 주도적으로 참여했다는 점에서 이와 관련한 이들의 역할은 적극적인 평가가 가능하다고 본다.

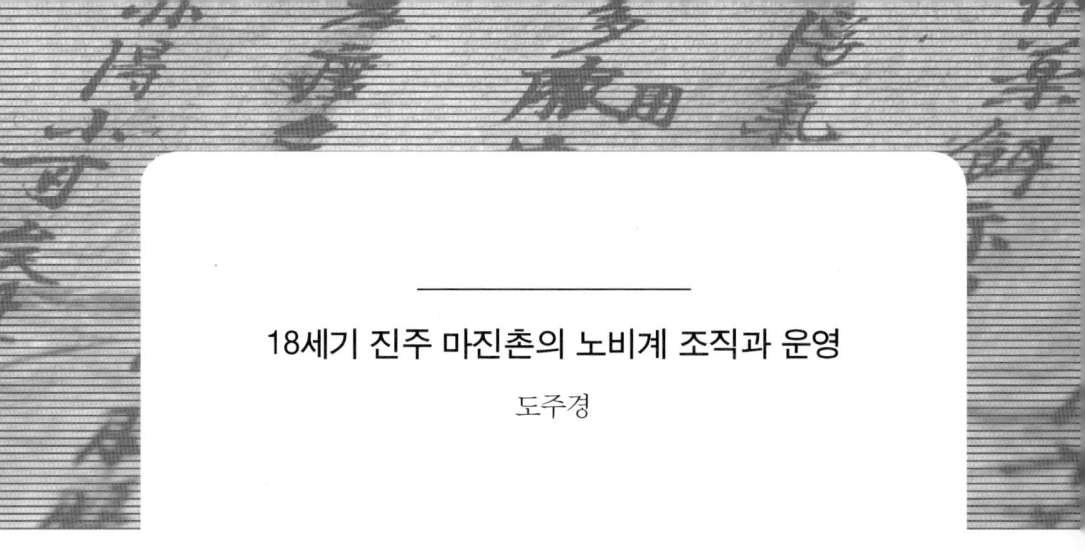

18세기 진주 마진촌의 노비계 조직과 운영

도주경

1. 머리말

진주시 대곡면 마진리에 위치한 마호당 종택에는 재령이씨 일가가 이곳에 이거한 17세기 이래 작성한 2만여 건의 고문서가 전하며, 이 가운데는 노비들이 계원으로 참여했던 노비계(奴婢契) 관련 한글 고문서도 있다.[1] 재령이씨의 노비인 돌상·시삼·만익 등이 주도해 이 계를 운영하다가 알 수 없는 이유로 더 이상 존속이 어려워지자 주인가가 이를 일괄 인수하면

---

* 이 글은 필자의 「조선후기 노비의 계 조직과 운영: 18세기 진주 마진촌 한글 노비계 문서를 중심으로」, 『조선시대사학보』105, 2023을 수정·보완한 것이다.
[1] 재령이씨 고문서에서는 본 계가 '노계(奴契)'로 지칭되어 있다. 계에 남성인 노(奴)만 참여했기 때문에 여성을 가리키는 비(婢)는 굳이 명칭에 포함시키지 않은 것으로 보인다. 그러나 통상적으로 신분을 가리킬 때는 노비라고 하며 이 글도 하층 신분으로서 노비가 향촌 사회 내에서 어떠한 위상을 갖고 계 운영에 임했는가를 살펴보고자 하므로, 노계 대신 노비계라는 용어를 쓰기로 한다.

서 계문서도 함께 넘어간 것으로 보인다.² 위의 노비들은 1784년 재령이씨 분재기에서도 확인되는 만큼 계문서는 18세기 후반에서 19세기 전반에 작성된 것으로 추정된다. 노비계는 공동으로 기금을 조성해 운영했으며, 부·모·기·처 등의 상을 당한 계원에게 정해진 액수만큼 현물을 부조하는 상포계 성격을 띠었다.

노비계가 활발하게 운영되었던 18세기 후반은 조선의 노비제가 중요한 변곡점을 맞이한 시기였다. 노비제는 기본적으로 국가의 역 체제와 긴밀하게 연동된 상태에서 운영되었으며, 노비는 그동안 주인가의 호에 편제되어 의식주를 해결했고 신역·요역 등 국역을 면제받았다. 그러나 17세기 후반 이래 이들에게도 역을 부과하려는 국가의 정책이 본격화됨에 따라 노비들도 점차 양인과 같은 공민(公民)으로 포섭되어 갔다.

노가 양인 여자와 혼인하여 후손을 양인으로 만들 수 있게 된 것이나 겸역의 형태로 군역을 지는 것은 향촌 사회 내 노비의 위상을 크게 달라지게 했다. 주인가로서는 노비 이탈의 요인이 커지는 이와 같은 상황에서 노비를 놓치지 않기 위한 방법을 다방면으로 모색했다. 노비는 여전히 토지 경작을 믿고 맡길 수 있는 주체이자 각종 업무를 도맡아 처리하는 수족이었고, 사족을 사족답게 만들어 주는 이념적·물리적 존재였기 때문이다. 일부 논자는 노비와 주인을 군신관계에 비유하며 일천즉천의 복구나 엄격한 상하 간 등급 구별[辨等]을 강조하기도 했다.³ 그렇지만 이러한 주장이 현실성을 띠기는 어려웠으며, 노비를 주인가에 묶어 두고자 한다면 새로운 상하 결합의 원리가 요청되었다.

계는 사람들 간의 사회적 결합으로 다양한 관계에서 성립했다. 향촌 사

---

2 안승준, 「노비가 쓴 한글 계문서: 진주 마진(麻津) 마을 상포계(喪布契) 고문서」, 『2016년 장서각아카데미 역사문화강좌: 한글, 소통과 배려의 문자』, 2016.

3 도주경, 「정약용의 향촌통치구상과 사족 위상 강화론: 『목민심서』 변등절을 중심으로」, 『조선시대사학보』 92, 2020.

회를 배경으로 상하층을 묶어 내는 매개체로서 동계(洞契)가 주목된다. 상하합계의 동계는 17세기 이후 전란을 수습하는 과정에서 사족 중심 조직에 기층민 조직을 편입시키며 등장했으며, 향안·향약·유향소와 함께 사족의 향촌 지배기구로 기능했다. 그리고 18세기 후반이 되면 부세 공동납으로 인해 기층민이 분동(分洞)을 요구하면서 해체되고 사족만의 기구가 되었다고 이해된다.[4] 이때 기층민 조직은 촌계(村契) 또는 하계(下契)라 하여 향촌 사회의 여러 가지 변화에도 불구하고 독자적 성격을 유지하며 오랫동안 제사·생활·노동공동체로서 존재했다고 여겨진다.[5] 특히 상하합계의 파기 이후, 촌계는 기층민이 변혁의 주체로 활약하는 토대가 되었다고 했다.[6]

그러나 평천민과 촌계를 순수한 존재로 상정하는 것은 그들을 향촌 사회 변화와 무관한 진공 상태에 두는 것으로, 기층민의 역사적 성격을 탈각시킨다. 게다가 최근 들어 동계를 사족의 향촌 지배기구로 규정하는 대신, 시대별로 그 성격과 기능이 변화한 역사적 산물임에 주목한 연구도 제기되었다. 19세기 이후 동계는 사족만의 기구로 축소된 것이 아니라 분동으로 형성된 개별 마을의 내부 통합을 꾀하는 자치 조직이 되면서 오히려 번성했다는 것이다.[7] 이렇게 볼 때 평천민이 중심이 된 조직이라도 그것을 촌계라는 말에 가두기보다 당대 향촌 사회의 동향 속에서 누구와 결합하며 어떠한 결합 원리를 취했는지 그 가능성을 다양하게 타진할 필요가 있다.

무엇보다 계를 계로서 규정하는 것은 재물에 의한 협력의 방식을 취

---

4   정진영, 『조선시대 향촌사회사』, 한길사, 1988; 김인걸, 『조선후기 향촌사회 지배구조의 변동』, 경인문화사, 2017.
5   이해준, 「朝鮮時代 香徒와 村契類 村落組織」, 『역사민속학』 1, 1991; 박경하, 「조선후기 촌락민 조직과 촌계」, 『정신문화연구』 16, 1993.
6   이해준, 「朝鮮後期 洞契·洞約과 村落共同體組織의 성격」, 『조선후기향약연구』, 민음사, 1991.
7   이용기, 「19세기 동계의 마을자치조직으로 전환에 관한 시론」, 『사학연구』 128, 2017.

한다는 데 있다.⁸ 사람들을 묶는 매개체로 공동의 토지 또는 기금이 존재한다는 사실은 18세기 후반 이후 사회 조직 원리를 이해하는 데 중요한 시사점을 준다. 17~18세기 반상 간 상장례 부조 양상을 분석한 연구⁹에 따르면, 사족과 하인층의 부조는 대체로 균등하게 이루어졌다. 하지만 균등 부조의 양상은 약간씩 달랐다. 17세기에는 상·하인이 동일한 액수의 현물과 노동력을 부조했다면, 18세기가 되면 사족은 자신들이 주로 출자한 동곡(洞穀)을 바탕으로 하인에게 현물을 집중적으로 부조하며 하인들은 노동력을 집중적으로 부조했다. 사족이 동계 자산을 통해 하인층의 노동력을 구입하는 형태를 띠는 것으로, 상하 결합에 경제적 교환이 중시되었음을 보여준다.

사족이 노비들과의 관계를 계속 유지하기 위해 기금을 출자하고 계의 운영 원리를 적극적으로 도입한 양상도 확인된다. 노비와 주인이 계를 맺은 사례로 대표적인 것은 18세기 후반 경주 옥산리에 존재했던 노주계(奴主契)이다.¹⁰ 노비주 여강이씨 이희성은 앙역노비 10명과 함께 공동으로 곡물을 모아 노주계를 결성했으며, 조성한 공동기금으로 전답을 구매하여 노비에게 경작시켰다. 이를 통해 노비의 재생산을 돕는 한편 주인가의 담장 수리나 사역에 필요한 비용을 충당하기도 했다. 그러나 노비들이 계답 경작을 포기하고 잇따라 도망갔으므로 노주계는 1801년 파기되었으며, 자산은 이희성에게 귀속되었다.

18~19세기 예천 대저리의 사례를 통해서는 함양박씨가 문중의 각종 사역에 종사하던 하인들과 일대일로 체결한 50여 개 이상의 2인계가 주

---

8   鈴木榮太郎, 「朝鮮の契とプマシ」, 『民族學研究』 27-3, 1963.
9   박현순, 「17~18세기 향약의 반상간 부조에 대한 고찰: 사족층과 하인층의 결합 양상을 중심으로」, 『조선시대사학보』 82, 2017.
10 정진영, 「18·19세기 동계·동약 실시의 한계」, 『조선시대 향촌사회사』, 한길사, 1988, 428-429쪽.

목되었다.[11] 2인계는 사족과 하인이 공동으로 전답을 마련한 후, 하인이 그것을 경작하는 방식으로 운영되었다. 노비제가 동요하는 상황에서 소농으로서 하인들의 안정성을 제고하여 그들의 도주를 막고 충직한 봉사를 계속 받고자 하던 과도기적 형태의 지배 질서를 발견할 수 있다. 한편 노비제 해체로 인한 노동력 공백은 사족이 하인과 일대일로 계를 맺는 방식 외에, 마을 동민 전체를 공동으로 사역하고 값을 치르는 두레에 의해 해소되었다는 연구도 제기되었다.[12]

이상의 연구는 상하층 내부의 예속 정도에 대해 이견이 있지만, 18세기 후반에 들어 향촌 사회의 상하 결합이 하인층에게 경제적 대가를 지급하는 원리로 이행했음을 보여준다. 기존에도 주인은 노비에게 의식주를 공급하고 국역 등을 지지 않게 비호했으며, 노비는 그 대가로 각종 사환에 응했다. 이러한 관계는 노주=군신이라는 도덕적 명분으로 설명되었다. 그렇지만 이 시기가 되면 주인은 노비에 대한 단순한 보호를 넘어, 노비를 부리는 대가를 화폐로 환산해 직접 지불해야만 했다. 노비제의 존속을 위해 경제적 보상이 더욱 강조되었던 것이다. 노비계 역시 노비와 주인의 결합에 계곡 또는 계답이라는 경제적 요소가 바탕이 되었음을 보여주는 사례이다. 이 글에서는 이러한 점을 염두에 두며 1760년대부터 1820년대까지 60여 년에 걸친 마진촌 노비계의 사례를 분석하고, 노비제 해체기의 실상과 그 역사적 의미에 대해 고민해 보고자 한다.

---

11 이영훈, 「18·19세기 大渚里의 身分構成과 自治秩序」, 『맛질의 농민들』, 일조각, 2001.
12 김건태, 「두레 생성과 해체 원인」, 『한국문화』 97, 2022.

2. 재령이씨의 마진촌 정착과 노비 확보

현재 마진촌은 진주시 대곡면 마진리에 편제되어 있으나 18세기까지만 해도 이곳은 동면 대곡리 아래 있는 여러 자연촌 가운데 하나였다. 진주의 면리제는 여타 지역과 다른 방식으로 운영되었다. 면은 동서남북의 방위를 가리키며, 실제 다른 지역의 면과 같은 행정적 기능은 리에서 수행했다.[13] 당시 대곡리는 마진촌을 비롯해 가정촌·대동촌·죽방촌·덕교촌·신촌·유곡촌·중촌·하촌·덕곡촌·용동촌 등 11개의 마을을 관할하며 광범위한 지역을 아울렀다.

마진촌은 남강이 돌아나가는 하류에 위치했다. 강물이 자주 범람해 거주지로는 적합하지 않았으며, 17세기 이전만 해도 평민이 많은 민촌으로 분류되었다. 재령이씨 일가는 이예훈(李禮勛) 대 함안에서 진주로 이거하여 가좌촌, 진성 등 여러 곳으로 옮겼다가 이보(李葆) 대에 이르러 가좌촌에서 마진촌에 정착했다.[14] 강물의 범람을 막기 위한 동림이 조성되고 토지가 개간되면서 마진촌은 명실상부한 재령이씨 반촌으로 자리매김했다.[15]

노비계와 관련된 재령이씨 계통은 이보의 아들인 이덕관(李德寬)-이한철(李漢哲)-이재훈(李再勳)-이국우(李國祐)-이인모(李麟模)로 이어지는 쪽이며, 노비계 문서를 보관했던 마호당은 바로 이덕관이 지은 종택이다. 이덕관은 마진촌에 정착한 이보의 뒤를 이어 토지와 노비를 적극적으로 늘리면서 문중의 경제적 토대를 갖추었다. 그의 아들인 이한익(李漢翼)은 무과

---

[13] 이해준, 「17世紀初 晉州地方의 里坊再編과 士族」, 『규장각』 6, 1982.
[14] 김준형, 「19세기 진주의 신흥계층 '幼學'호의 성격」, 『조선시대사학보』 47, 2008, 159쪽.
[15] 재령이씨의 마진촌 입성과 동림 형성 과정에 대해서는 심재우, 「조선후기 진주 대곡 마진마을의 역사와 동림(洞林) 갈등」, 『한국문화』 100, 2022 참고.

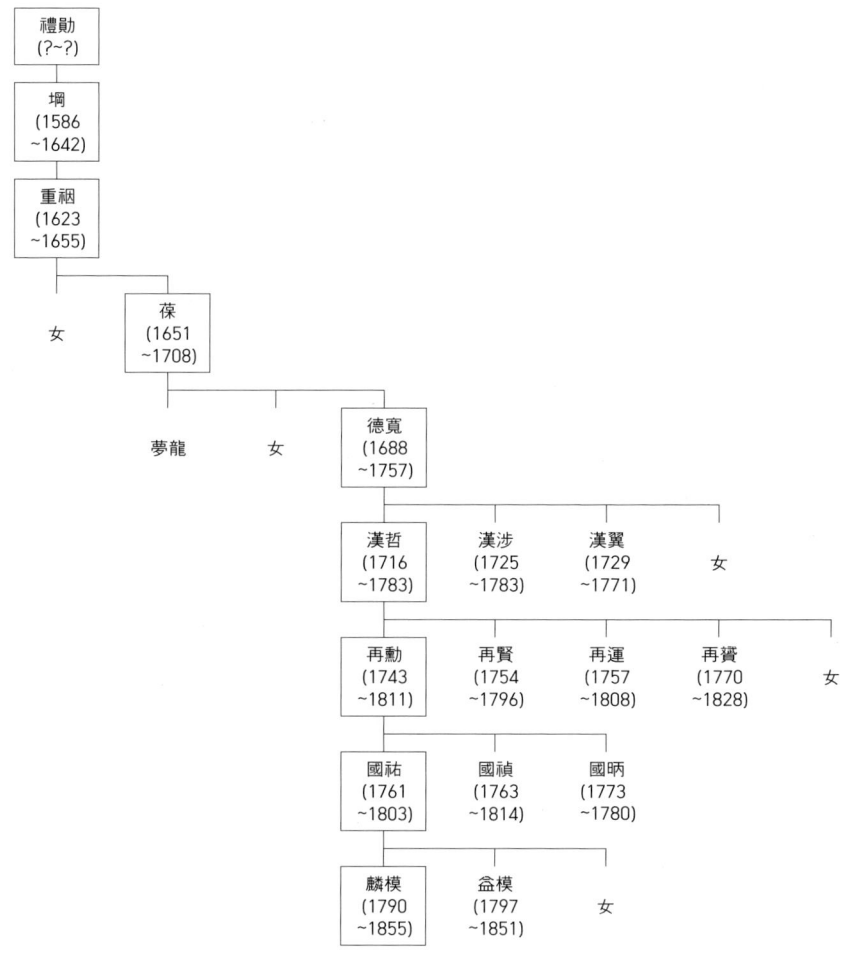

그림 1 마진촌 재령이씨 계보

를 거쳐 웅천현감을 역임하면서 문중이 지역사회 내 위상을 다지는 데 기여했던 것으로 보인다.

　재령이씨 문중이 마진촌에 정착한 후 집적한 노비 규모는 그간의 분재기를 성책한 『유서도문기(遺書都文記)』를 통해 추적해 볼 수 있다. 『유서도문기』는 이중인부터 이재훈까지 5대 100여 년에 걸친 토지·노비 분급문기를 일일이 필사하여 한 권으로 만든 책이다. 이에 따르면 재령이씨의 경재력은 이중인이 사위로서 그의 처가 울산김씨로부터 분급받은 토지·노비에 의해 토대가 갖추어졌다. 이중인은 1661년과 1669년 2차에 걸쳐 총 24명의 노비를 받았으며, 노비는 대를 거듭하며 계속해서 증가했다. 이보는 1699년과 1710년 2차에 걸쳐 43명의 노비를, 이덕관은 1757년 78명의 노비를 자녀들에게 물려주었다.[16] 17세기 후반에서 18세기 중반 사이에는 일천즉천의 노비세습제가 적용되어 노와 양인 여자를 혼인시키는 것만으로도 노비의 자연 증식을 기대할 수 있었던 데다, 이덕관은 가산 경영에 지대한 관심을 가져 토지와 노비 매입에 매우 적극적이었으므로 노비 소유 규모도 계속해서 확대될 수 있었다.

그렇다면 노비계 운영이 활발했던 18세기 후반 재령이씨 노비 규모는 어땠을까? 재령이씨가 남긴 호구단자를 활용해 시기별로 촘촘하게 노비 규모 추이를 살펴보고자 한다.[17] 이한철이 이덕관을 대신하여 주호가 된 1762년 이후의 호구단자를 대상으로, 도망·물고는 제외하고 현존노비만 헤아렸다.

이에 따르면 1762년 이한철 호구단자에 수록된 노비는 102명이었으며 그 후 80~90명 정도의 수준을 유지했다. 그런데 이는 이한철의 형제인 이한익·이한성이 한 호에 편제된 상태의 노비 규모였다. 1771년부터는 3형제가 각자 분호(分戶)했으며 이한철의 소유 노비는 39명으로 대폭 줄어들었다. 3형제는 아버지 이덕관으로부터 노비를 고르게 상속받았기 때문이다. 이한철이 실제로 소유한 노비는 30~40명 정도였던 것으로 보

[16] 『유서도문기』, 진주 마진 재령이씨 마호당 고문서, F20201-01-W002485에 나타난 재산 분할 현황은 부록 참고.

[17] 『유서도문기』에는 1782년 12월 22일 이한철이 이재훈 등에게 분급한 노비 내역도 실려 있다. 그런데 선조인 이중인·이보·이덕관의 분재기에는 현존노비만 수록된 것과 달리 이한철 분재기에는 현존노비와 도망노비가 구별 없이 수록되어 재령이씨 노비의 실제 규모가 어떠했는지 살펴보기에 적합하지 않다. 호구단자는 재령이씨 호에 편제된 노비만 수록하여 별도로 입호(立戶)한 노비는 확인할 수 없다는 한계가 있지만, 재령이씨가 소유한 노비의 전반적 추세를 짐작하기에는 충분하다고 생각된다.

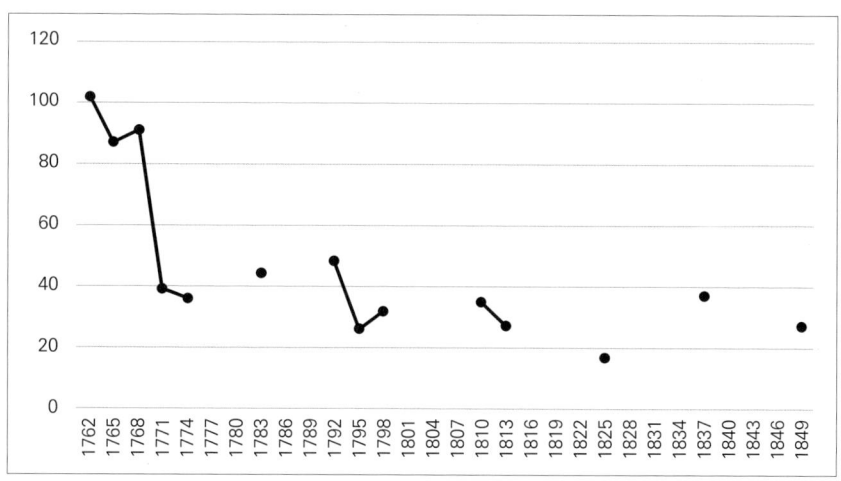

그림 2 재령이씨 호구단자를 통해 본 노비 소유 현황

* 분석 대상은 1762~83년까지는 이한철, 1792~1810년까지는 이재훈(이만형으로 개명), 1813~58년까지는 이인보 (이인모로 개명)가 주호인 호구단자임.

인다.

 1784년부터는 이재훈이 새롭게 주호가 되었지만 호구단자가 전하지 않으며, 1792년부터 다시 노비의 규모를 확인할 수 있다. 이때 이재훈이 소유한 노비는 48명으로 이한철 대와 비교하면 비슷한 정도였다. 재령이씨는 본래 균분 상속을 지향했지만, 이한철이 재주(財主)로서 실시한 분재부터는 장자 중심으로 토지와 노비를 집중시켰기 때문에 이재훈은 상속에 의해서는 노비를 거의 손실하지 않았다.[18] 그 후 이재훈이 소유한 노비 규모를 보면 약간 줄어들기는 하나 큰 변화는 아니었고, 대체로 20~30명 수준을 유지했다. 1813년부터는 이재훈의 뒤를 이어 손자 이인보가 주호가 되었으며, 1859년까지 20~30명의 노비를 소유했다.

 재령이씨 일가는 18세기 후반 노비의 감소를 겪었지만 그것은 형제의

---

[18] 1782년 12월 22일에 실시한 분재에 따르면, 이한철은 이재훈에게 현존·도망노비를 아울러 총 73명을 주었으며, 나머지 아들들에게는 1-3명씩만 주었다.

분할상속으로 인한 것이었으며, 그 이후로는 장자 우대 상속을 시행하면서 노비를 종가에서 일괄적으로 관리했다. 그리고 19세기까지는 20~30명 규모의 노비를 계속해서 유지했다. 조선의 노비제가 해체 국면에 접어든 시대적 상황을 고려하면 재령이씨의 큰 부침 없는 노비 소유 현황은 특징적이다.

조선의 노비제는 본래 국가의 역 체제와 긴밀하게 연동된 상태에서 운영되었다. 사노비는 국가가 아닌 개인(주인)에게 역을 바쳤지만, 이것은 노비가 국역을 직접 담당할 경제력을 갖추지 못했기 때문에 개인에게 속해 의식주를 해결하도록 하고, 노동력이나 신공도 국가 대신 개인에게 바치게 한 것이었다. 노비들은 주인의 호에 편제되어 신역을 비롯한 요역 등을 면제받으며 안정적인 경영을 도모했다. 그러나 17세기 후반부터는 역 체제 운영에 변화의 조짐이 드러나기 시작했다. 국가는 이제 노비에게도 직접 역을 부과하고자 했으며, 이러한 정책은 100여 년에 걸쳐 진행된 양역 변통을 통해 제도화되었다.

우선 노비들에게도 겸역(兼役)의 형태로 군역을 부담하게 했다.[19] 군역을 부담하는 사람의 총액을 정하면서 노비로 채워야 하는 군역 부문을 확대했고, 1748년 작성된 『양역실총(良役實摠)』에는 '사모속양천구분(私募屬良賤區分)'이라는 항목으로 사노겸역자의 숫자를 명시했다.[20] 1750년에 실시된 균역법 역시 내용 자체는 양역의 부담을 1년에 1필로 대폭 삭감한 것이었으나, 그것은 모든 역을 통틀어 가장 헐한 수준에 맞춘 것이었으므로 고역을 피해 세력가에 투탁했던 노비들이 다시 양인으로 돌아오게 하는 효과를 낳았다.[21]

---

19 平木実, 『朝鮮後期奴婢制研究』, 知識産業社, 1982, 185-187쪽; 전형택, 『朝鮮後期奴婢身分研究』, 一潮閣, 1989, 169-178쪽.
20 손병규, 「18세기 良役政策과 지방의 軍役運營」, 『軍史』 39, 1999.
21 도주경, 「18세기 내시노비 비총제의 시행과 운영」, 『조선시대사학보』 88, 2019, 205-207쪽.

무엇보다 1731년 시행된 노양처소생종모종량법(奴良妻所生從母從良法, 이하 종모종량법)은 노비가 되어야 할 이들을 양인으로 전환함으로써 노비제 존속에 큰 균열을 가져왔다. 종래의 노비세습제는 종모역을 원칙으로 하면서도 노와 양인 여자의 소생에 대해서는 종부역을 적용하여 사실상 일천즉천과 다를 바 없었다. 종모종량법은 이러한 예외 조항을 삭제해 일괄적으로 종모역을 적용함으로써 노비 후손을 양인으로 포섭하고 양역을 부담하도록 꾀했다. 노와 양인 여자의 혼인을 권하면서 자신이 소유한 노비의 숫자를 늘리던 노비주 입장에서 종모종량법은 달가운 조치일 수 없었다. 이 때문에 종모종량법은 1669년 처음 실시된 이후 1675년 폐지, 1681년 재개, 1689년 폐지 등의 혼선을 빚었으며, 종모종량법이 시행되는 기간이더라도 노비주는 양인 여자를 '반비(班婢)'라 속이며 그 소생을 계속해서 노비로 삼고자 했다. 그러나 양역변통의 큰 흐름 앞에서 종모종량법은 1731년 이후 더 이상 폐지되지 않았으며, 법의 정착과 함께 노의 신분 세습성은 사실상 소멸했다.[22] 30여 년이 흐른 시점부터는 노비의 재생산이 잘 이루어지지 않아 노비가 거의 사라질 지경이라는 지적이 나오기도 했다.[23]

이처럼 국가가 노비를 양인화하거나 군역을 겸역하게 하는 등 적극적으로 국역을 부과하게 됨에 따라 노비들은 더 이상 주인가의 비호를 기대하기 어려워졌다. 대신 마을별로 할당된 군역·요역에 양인과 동일한 위상을 갖고 참여하게 되었다. 또한 양인 여자와의 혼인을 통해 후손을 양인으로 만들 수 있게 됨에 따라 스스로를 '노비'보다는 '양인의 아버지' 등 양인에 더 가깝게 인식했다. 노비 내부에서도 종법 원리에 입각한 가족 개념이 성립했으며 성(姓)의 활용도 일반화되었다. 사족에 직접 예속되는 노비

---

22 이영훈, 「18~19세기 奴婢 世襲原理의 변화: 江原道 原州牧 權氏 兩班家의 事例分析」, 『韓國中世史論叢: 李樹健敎授停年紀念』, 2000.

23 『備邊司謄錄』, 英祖 37年 12月 5日.

는 줄어드는 대신 신분적으로 자유로운 동리민이 늘어나면서 하인층의 성격도 새롭게 정립되어 갔다.[24]

주인가로서는 노비의 이탈 요인이 커지는 이와 같은 상황에서 노비를 놓치지 않기 위해 더 많은 비용을 치를 수밖에 없었다. 사족을 사족답게 만들어 주는 명분과 물리력(노동력)은 노비에 있었기 때문이며, 노비가 사라진다면 이를 대체할 새로운 하인층이 필요했다. 재령이씨 역시 이러한 사회적 변화 앞에 우선 노비의 이탈을 막고 노비를 주인가에 묶어 두기 위한 여러 가지 방법을 시도했다. 몇 가지 예를 들어보면, 재령이씨는 18세기 후반부터 장자 우대 상속을 실시해 노비를 여러 군데로 분산하기보다는 종가가 중심이 되어 일원적으로 관리함으로써 노비 이탈을 막고자 했다.[25]

종모종량법에 따라 노의 신분 세습성이 사실상 소멸되자, 매득이라는 인위적인 수단을 빌려 이를 만회하려는 시도도 이루어졌다. 재령이씨의 노였던 돌상·정선·귀발에게는 각각 백산·옥재·귀천이라는 아들이 있었는데, 노비주는 아들들을 다시 매득하여 노비로 삼은 바 있다. 매득이 노비의 유출이나 손실을 막기 위한 수단으로 활용되던 사정을 잘 보여준다.[26]

---

[24] 양천교혼과 종모종량법으로 인해 새롭게 생겨난 하민(下民)의 복잡한 성격은 대저리의 사례를 통해 지적된 바 있다. 종모종량법 이후 사족에 예속된 노비는 지속적으로 줄어들고 신분적으로 자유로운 동리민이 증가했으며, 이들에게도 성의 보유가 일반화되고 종법 원리에 기초한 가계와 친족 집단이 성립했다. 그렇지만 이들은 대부분 사족의 노처(奴妻)나 비부(婢夫) 출신의 후예였다. 사족 집단에 의해 '하민'이라 칭해진 것은 이러한 신분적·혈연적 인연에 의해서였다. 이영훈(2001), 앞의 책.

[25] 17~19세기 사이에 개별 가계의 종법 수용 및 경제력 축소에 따른 한정된 자원의 효율적 배분 차원에서 장자를 우대하는 상속 방식이 일반화되었다. 권내현, 「17~19세기 조선의 재산 상속 관행: 종법과 경제력 변동을 중심으로」, 『한국사학보』 70, 2018.

[26] 매득을 통해 노비 세대를 계속해서 이어 나감으로써 주인가가 노비의 유지·존속을 꾀하는 시도는 필암서원 노비보를 통해서도 자세히 확인된다. 안승준, 「1745·6년의 筆巖書院 奴婢譜」, 『고문서연구』 4, 1993; 문숙자, 「조선후기 노비 家系와 婢: 筆巖書院 〈奴婢譜〉의 분석을 통하여」, 『여성과역사』 11, 2009.

노비에 대한 통제 외에 노비의 생계를 지원함으로써 그들의 도망을 막으려는 시도도 이루어졌다. 노비들이 도망가는 이유는 대부분 먹고 사는 일이 어려워서였으며, 경제적으로 독립할 여건을 갖추지 않는 이상 다른 주인의 밑에서 예속 생활을 할 수밖에 없었다.[27] 도망가더라도 노비의 삶이 개선된다는 보장이 없었던 것인데, 이 때문에 당시 주인들은 '도망가더라도 금방 돌아올 것'을 전망하거나 '도망가서 얻어먹기가 주인집보다 어려울 텐데 돌아오지 않는 이유가 무엇일까?'라고 의아해했다.[28] 이러한 사정은 주인가가 노비에게 약간의 재생산만 보조하더라도 그들의 도망을 방지하는 데 효과가 있었음을 보여준다. 실제로 재령이씨는 노비들에게 달마다 급료 개념의 곡물을 약간씩 나누어 주었으며 관련 기록을 150쪽에 달하는 1권의 성책으로 남겼다.[29]

노비계의 운영 역시 노비들이 짧은 기간 내에 많은 지출을 요하는 상장례를 무사히 넘길 수 있도록 넉넉한 비용을 제공하는 데 초점이 맞추어졌다. 급료를 받는 노비와 노비계 계원이 다수 겹치는 것으로 보아 이 두 가지 모두 재령이씨의 노비 재생산 보장과 궤를 같이하는 전략이었던 것으로 보인다. 노비에 대한 주인의 직접적인 보상이 급료라면 간접적 보상이 바로 노비계 운영이었다. 그렇다면 노비계에는 어떤 노비들이 가입했으며, 노비들이 지원받는 혜택은 그들의 재생산에 얼마나 도움이 되었을까?

---

27 전경목, 「도망노비에 대한 새로운 시선」, 『전북사학』 40, 2012.
28 嚴慶遂, 『孚齋日記』, 1717년 12월 15일; 盧尙樞, 『盧尙樞日記』, 1815년 7월 12일.
29 '五月料七月初七日給', '八月料七月廿八日給' 등의 제목 아래 누구에게 얼마를 지급했는지 등이 실려 있다. 진주 마진 재령이씨 마호당 고문서, F2020-01-W0007105.

3. 노비계 규모와 계원의 특징

인간이 태어나서 죽을 때까지 겪는 여러 통과의례 가운데 상례는 단기간에 특히 많은 비용을 소요하는 행사였다. 노비들이 염습이나 상여의 마련, 운구, 조묘, 조문객 접대 등의 예를 그대로 따르진 않았겠으나, 그들에게도 상을 치르는 것이 경제적으로 많은 부담이 되었다. 이 때문에 노비들 사이에서도 상을 대비하는 계가 일찍부터 결성되었다. 17세기 초반 경상도 예안에서는 김령의 노비들끼리 모여 계를 운영했으며, 상이 발생하면 재원을 갹출해 부조했다. 계원 간 관계는 폐쇄적이었으며, 비용은 그때마다 남김없이 썼기 때문에 계의 존속 기간도 긴 편은 아니었다.[30]

마진촌의 노비계 역시 지출 내역 대부분이 계원의 상장례 부조와 관련되었다. 부조는 보통 '보자[保資, 補上]'라고 했으며, 조와 누룩, 마포 등의 현물로 구성되었다. 전액을 지급하면 원보자, 반액을 지급하면 반보자라 했다. 노비계는 안정적인 계원 및 재정 확보를 바탕으로 60여 년 이상 부조 활동을 지속했다.

노비계의 전체적인 분위기를 파악하기 위해 우선 계의 규모와 계원들의 특징을 살펴보기로 한다. 이를 위해 우선 참고되는 것은 노비계 계원 명단으로, 노비들이 직접 작성한 문건이었다. 명단은 모두 한글로 작성되었고 계원들은 모두 성을 보유한 것으로 나타난다. 재령이씨가 작성한 호구단자나 분재기가 노비의 이름만 기재한 것과 대비되는 지점이다. 한편

---

[30] 金坽, 『溪巖日錄』, 1607年 5月 22日, "우리 집 노비들이 계모임을 하여 환난을 당했을 때 서로 돌보아 주곤 했다. 지난 달 그믐쯤에 이동(李同)이 그의 계집 상을 당했다(이동은 오랫동안 호적에 들어 있어서 노와 다름없기 때문에 또한 계에 들었다). 그들이 계모임에서 각자 힘을 보태어 도와주었는데, 장례를 치른 뒤 남은 무명을 술로 바꾸어 모였다. 모인 자들은 모두 계원이라 다른 사람은 참여할 수도 없었다."

노비들은 명단에 자신임을 증빙할 때, 손가락을 먹으로 따라 그리는 수결(手決) 대신 이름을 한글로 써서 착명(着名)했다. 일부 계원은 한자로 자신의 성과 이름을 기입하기도 했다. '崔仲만이', '吳末三', '金水三'이 대표적이다. 계원들은 노비계 운영에 상층 신분의 상징을 적극적으로 활용하고 있다.

표1 노비계 계원 명단

	연도	수록 인원(A)	재령이씨 노비로 확인된 인원(B)	B/A*100	계원의 출생 연도
1	경진년(1760) 12월 일	25	20	80.0	1681~1744
2	갑오년(1774) 8월 13일	26	21	80.8	1672~1744
3	병신년(1776) 1월 7일	12	5	41.7	1723~1748
4	무술년(1778) 4월 1일	4	3	75.0	1737~1749
5	계묘년(1783) 12월	1	1	100.0	1733
6	갑진년(1784) 윤3월	32	18	53.1	1735~1765

* 재령이씨 노비 여부는 분재기와 호구단자, 소지 발급자에 의거해 판단함.
** 출생 연도는 재령이씨 호구단자에 의거함.

계안은 크게 두 책으로 구성되었다. 첫 번째 책은 '경진년十二月일 자목ᄒᆞ거온', 즉 '경진년 12월에 좌목한다'는 표제 아래 1번 명단을 수록했으며[31] 두 번째 책은 '계안'이라는 표제 아래 2~6번 명단을 수록했다.[32] 계원의 이름이 재령이씨 분재기나 호구단자에 나오는 노비와 겹치므로 위의 명단은 18세기 후반인 1760~84년에 작성된 것으로 추정된다.

1~6번 명단을 비교해 보면 1·2번에는 다수의 동일 인물이 나타나며[33] 3·4·5·6번에는 앞선 명단에 없던 새로운 인물이 나타난다. 1760년에 좌목 형태로 계원을 일단 기록해 두었다가, 1774년을 전후해 정식으로 계안

31 진주 마진 재령이씨 마호당 고문서, F20201-01-W007243.
32 진주 마진 재령이씨 마호당 고문서, F20201-01-W007239.
33 1·2번 명단에 서로 겹치는 인명은 총 23명이다.

그림 3 2번 명단 1~2장

을 만들기로 하면서 이를 첨삭했으며 그 후 신입이 들어올 때마다 가입 날짜와 이름을 추가한 것으로 보인다.

시기별로 살펴보면 우선 1760년에는 계원이 25명이었으며, 분재기나 호구단자, 소송 문서에 재령이씨 노비로 나타난 이들은 총 20명이었다. 계원 가운데 재령이씨 노비로 판명된 이들의 비중은 80%로 높은 편이었으며, 연령대도 10대 후반에서 80대까지 폭넓게 분포했다. 노비계가 재령이씨 노비를 전체적으로 아우르는 모임이었음을 알 수 있다.

1774년에는 계원이 26명이었지만 이 가운데 23명이 앞선 명단과 겹쳐, 구성원에 큰 변화를 보이지는 않았다. 한 가지 주목되는 것은 일부 계원의 이름 밑에 또 다른 이름이 기록되어 있다는 점이다. 강돌상 아래 백산, 손귀세 - 흡시, 노막산 - 시삼, 이봉선 - 이삼, 문육정 - 명선, 최봉 - 중태, 최귀발 - 귀만, 이시동 - 험석이 그 예인데, 호구단자를 통해 확인한 결과 상·하단부는 부자 또는 형제 등의 혈연관계로 얽혀 있었다. 하단부의 인물은 이후 추록된 계안에 차례로 나타나는 것으로 보아 노비계가 부계 혈연을 따라 계원을 확보했음을 알 수 있다.[34]

1776년부터 1783년까지는 3차에 걸쳐 비정기적으로 신입이 들어왔다.

---

[34] 노시삼은 1783년 계안, 문명선은 1774년 계안, 최귀만과 이험석은 1784년 계안에 계원으로 나타난다. 계안에 수록된 계원의 신상 정보는 부록 참고.

3·4·5번 명단에는 각각 12명, 4명, 1명의 신입이 수록되었으며, 출생연도를 살펴보면 1749년생이 최연소자였다. 1번 명단(1760년에 작성)의 최연소자가 1744년생인 것을 감안하면 별반 차이가 없었다. 재령이씨 노비로 판명할 수 있는 인원에도 상관관계가 잘 드러나지는 않는다.

그런데 1784년에는 계에 32명이 대거 가입하면서 양적·질적으로 큰 변화가 일어났다. 신입 가운데 최연소자는 1765년생이고 연령도 대부분 20~30대의 젊은 층이었다. 그동안 중단되다시피 했던 젊은 층의 유입이 이때 재개됨으로써 세대교체가 이루어지고 노비계가 계속해서 유지·존속될 수 있는 기반이 마련되었다. 이때 신입 가운데 재령이씨 노비로 판명할 수 있는 이들은 18명이고, 나머지 14명은 실체가 불분명하다. 14명에 대해서는 여러 가지 가능성을 생각해 볼 수 있다. 재령이씨 노비지만 사료의 한계상 파악되지 않았을 수도 있고,[35] 다른 가문 노비였을 수도 있고, 애초에 노비가 아니었을 수도 있다. 예를 들어, 재령이씨 노비의 후손이지만 본인은 종모종량법을 통해 양인이 된 부류이다.

사실 18세기 후반은 양천교혼과 종모종량법으로 인해 노비의 후손이라도 양인이 되는 경우가 많았으며, 재령이씨가 소유한 노비도 1762년을 정점으로 줄어드는 추이였다. 노비계의 가입 대상인 남자[奴]에 국한해 보면, 도망·물고를 제외한 현존노비는 44명(1762년), 35명(1765년), 44명(1768년), 34명(1771년)[36] 정도였다. 여기에는 다양한 연령층이 섞여 있으므로 젊은 층만 추리면 더 적어진다. 재령이씨 노비만으로 1784년과 같이 젊은 신입을 32명이나 받아들이는 것은 현실적으로 어려운 일이었다. 신입 가운데

35 재령이씨 호에 편제되지 않고 별도로 입호했거나 재령이씨가 장자 우대 상속을 시행하기 전에 여타 자녀에게 분급한 노비의 후손이면, 현전하는 종가 중심의 호구단자를 통해서는 이름을 확인할 수 없다. 또는 노비의 한자 표기와 이두가 다르거나 아예 개명하여 동일인임을 파악할 수 없을 가능성도 있다.

36 이한철 3형제는 1771년 분호했으며 1774년부터는 이한철의 호구단자만 전하기 때문에 재령이씨 문중 전체의 노비 규모를 파악하기는 어렵다.

는 재령이씨 노비가 아닌 이들, 즉 다른 가문의 노비나 양인이 된 재령이씨 노비의 후손이 다수 섞여 있었다고 하겠다.

후술하겠지만 계원들은 대부분 마진촌에 거주했으며, 19세기에 들어서도 마진촌 동장(洞長)·동원(洞員)으로 활동했다. 계원들을 하나로 묶어 주는 주요한 정체성은 마진촌에 거주한다는 사실이었다. 마진촌은 재령이씨의 영향력이 강하게 유지되는 반촌이었으며, 경제적 기반도 재령이씨가 소유한 토지 경영에 의지했다. 이곳 동리민은 양천의 구별이 있을지언정, 재령이씨 노비의 후손이거나 재령이씨 토지를 경작하는 등 재령이씨에게 신분적·경제적으로 의지한다는 점에서 동일했다. 설령 노비의 후손이 종모종량법이나 기타 경로를 통해 양인이 되었더라도, 양인이라는 신분이 그들의 경제적 지위까지 높여 주지는 않았으며 여전히 재생산은 재령이씨의 토지에 의지했다. 그렇기 때문에 이들은 양천에 상관없이 재령이씨의 영향력 안에 기꺼이 포섭되고자 했을 것이다. 재령이씨 입장에서도 마진촌에 대한 영향력을 유지하기 위해 갈수록 줄어드는 노비에만 집중하기보다는, 토지를 경영하는 하인층 전반을 포섭할 필요가 있었다. 이러한 양자의 이해가 부합하는 가운데 1784년과 같이 재령이씨 노비가 아닌 이들도 대규모로 노비계에 받아들이는 변화가 가능하지 않았나 생각된다. 다만 이 이후의 계안이 전하지 않기 때문에 훗날의 사정을 더 따져보기는 어렵다.

이제 계원들 개개인의 특징을 살펴보기 위해 재령이씨 호구단자에 주목해 보기로 한다. 계안에는 이름만 실려 있지만 호구단자에는 노비의 근파와 나이, 거주지, 부담하는 역의 종류 등이 구체적으로 제시되기 때문이다. 계원 전체가 아니라 재령이씨 노비인 계원에 대한 분석이 되겠으나, 노비계가 재령이씨 노비 중심으로 구성되었던 1760~70년대의 상황을 짐작하는 데는 도움이 될 것이다.

계원들의 거주지는 기본적으로 마진촌의 경계를 벗어나지 않았다. 1번 명단에 수록된 강돌상과 손귀세가 각각 1·2동장으로 나타나 노비계가 마진촌을 거점으로 삼았음을 알 수 있다. 도망·사망한 노비를 제외하고 재령이씨 호구단자에 수록된 노비 가운데 계원인 이들을 추려서 거주지를 정리해 보면 〈표 2〉와 같다.

표 2 계원인 재령이씨 노비의 거주지

호구단자	호내	대곡	설매곡	신풍	미상	합계
1762년	20	1		1		22
1765년	17	2		1		20
1768년	19	3	1	1		24
1771년*	10		1			11
1774년	9		1			10
1783년	13		1			14
1792년**	8	1			3	12

* 1771년부터 이한철 3형제 분호.
** 1792년부터 이재훈이 주호.

이에 따르면 계원인 노비는 대부분 재령이씨 호에 편제된 호내노비였다. 호내노비라고 해서 반드시 주인과 같은 가옥에 거주하는 것은 아니나 그 경계가 주인의 마을[里]을 넘어서지는 않는다.[37] 진주의 경우 다른 지역의 리(里)에 해당하는 것이 촌(村)이므로 재령이씨 호내노비 거주지도 마진촌을 벗어나지 않았다고 할 수 있다. 그리고 18세기뿐만 아니라 19세기에도 노비계의 활동 범위는 마진촌에 있었다. 계원이면서 마진촌 동중의 일을 맡아본 이들이 계속해서 등장하기 때문이다. 1807년과 1808년에 각각 동장을 지낸 양몽돌과 권석봉, 이 당시 마진촌·병영이 임수(林藪)를 둘러싸고 분쟁을 벌이는 가운데 마진촌 대표로 옥살이를 치

---

[37] '호(戶)'란 국역 부과의 최소단위이며 국역은 중앙→도→군현→면·리 단위로 분배되므로, 호가 면이나 리를 뛰어넘어 성립하기는 어렵다. 김건태, 「18세기 중엽 사노비의 사회·경제적 성격: 경상도 안동 금계리 의성김씨가 사례」, 『대동문화연구』 75, 2011.

른 동원(洞員) 김수삼은 모두 노비계 계원이었다.³⁸

일부 계원은 마진촌에 거주하지 않았지만 그렇다고 해서 진주 경내를 벗어나지는 않았다. 그런데 마진촌 이외의 지역에 거주하는 계원들은 재령이씨의 요구가 있으면 언제든지 주인가에 와서 사환하는 등 주인가의 지배를 강하게 받는 편이었다. 예컨대 이홍손은 1756년 이래 자신의 어머니 그리고 형제·자매까지 총 6명이 함께 신풍에 거주했지만 1771년부터는 호내로 불려와 사환했다. 그의 이름을 결명(結名)으로 하는 토지 장부가 작성된 것으로 보아 이홍손은 재령이씨의 토지 관리에도 깊숙이 관여했음을 알 수 있다. 강만익은 설매곡리에 거주하면서 묘지기로서 재령이씨의 묘소를 관리했으며 그 대가로 묘위답 소출의 일부를 차지했다.³⁹ 이풍득 역시 가좌촌리에 거주하면서 주인인 이재훈을 대신해 관아에 소지를 올리는 일을 수차례 담당했다. 이처럼 계원은 마진촌 주민을 중심으로 하되, 마진촌 주민이 아니더라도 진주 경내에 머무르며 재령이씨가에 와서 언제든 사환할 수 있는, 재령이씨와 긴밀한 지배관계로 얽힌 이들로 충원되었다.

계원인 재령이씨 노비들은 부담하는 역도 많은 편이었다. 사노비의 경우 노비역은 주인에게 바치는 사역(私役)과 국가에 바치는 국역(國役)으로 구별되며, 원래는 사역만 부담하고 국역은 면제받았다. 그렇지만 국가가 역 체제 운영에 이들 노비까지 포함시킴에 따라 국역과 사역을 동시에 지는 노비들도 늘어났다. 주인가도 이러한 변화에 동참하여 자신의 노비들이 국역을 지는 데 협조했다. 노비에게 군역을 겸하게 함으로써 그들에 대한 소유를 공인받는 한편, 군역이 동리 공동의 책임이 되어 가는 상황에서 자신의 노비를 통해 일정한 역할을 수행함으로써 향촌 내 사회적 위상도

---

38 진주 마진 재령이씨 마호당 고문서, F20201-01-W007103.
39 진주 마진 재령이씨 마호당 고문서, F20201-01-W000088.

표 3 18세기 후반 재령이씨 사노겸역자와 계원 비교

계원	이름	출생연도	비고	양역	1756년	1759년	1762년	1765년	1768년	1771년	1774년	1783년
	만중	1735	도망		속오군	도망						
	복남	1738	도망		속오군	도망						
○	강돌상	1681		양역/호노			·					
	백산	1716				통영친병	통영친병	통영친병	통영친병	통영친병		
○	손귀세	1690		양역/호노		·	·					
○	김정선	1700			속오군	·						
	옥재	1730	정선 4남, 도망	양역	속오군	속오군	속오군	속오군	속오군	속오군	속오군	도망
○	이봉선	1700	도망	양역/호노	속오군	속오군	속오군	도망				
	이삼	1723	봉선 1남	양역		속오군	속오군			속오군	속오군	속오군
	삼태	1726	봉선 2남, 도망			성정군	성정군	도망				
	상중	1730	봉선 3남, 도망			속오군보	속오군보	도망				
○	이봉세	1712	도망		속오군	속오군	도망					
	중천	1730	봉세 1남, 도망			속오군보	도망					
○	김금태	1735	봉진 2남	양역	속오군	속오군	속오군	속오군	속오군	속오군	속오군	속오군
	최봉	1701		호노	속오군	속오군		속오군				
	양원적	1711					성정군	성정군	성정군	성정군		
○	이수재	1738	원금 2남			속오군	속오군	속오군	속오군	속오군	속오군	속오군
○	이수담	1740	원금 3남			속오군보	속오군보	속오군	속오군보	속오군보	속오군보	
○	문육정	1711		양역	속오군	속오군	속오군	속오군	속오군	물고		
○	박한재	1712			속오군	속오군	속오군	속오군	속오군			
○	황강아지	1717			속오군	속오군	속오군	속오군		속오군	속오군	
○	황열쇠	1737	강아지 1남	양역	아병	아병	아병	아병	아병	아병		
○	최귀발	1719	월량 2남	호노	성정군	성정군	성정군	성정군	물고			
	점재	1721	월량 3남		성정군	성정군	성정군		성정군	성정군	성정군	
	점홍	1724	월량 4남		기수군	기수군	기수군		기수군	기수군	기수군	
○	윤점쇠	1723			속오군	속오군	속오군	속오군	속오군	속오군		
○	오천삼	1724	도망 후 복귀		속오군		속오군	속오군	속오군	도망	속오군	
○	김만수	1725		양역	통영화포	속오군	속오군		속오군	속오군	속오군	
○	노시삼	1733		양역		속오군	속오군	속오군	속오군	속오군		
○	이흥손	1733		양역/결명						속오군	속오군	

	이름	연도							
○	최중재	1737	앙역	속오군보	속오군보	속오군보	속오군	속오군	속오군	속오군
○	김일천	1744	앙역				·	·	·	
	홍삼	1746	앙역							
○	강만익	1748	호노/묘지기							
○	김수삼	1748	앙역				속오군보	속오군보	속오군보	
○	이복이	1748	앙역							
○	박모질	1757								속오군

제고하고자 했던 것이다. 18세기 후반이 되면 사노 군역이 노주관계가 확실한 노비에게 부과되는 경향을 띠는 것도 이 때문이다.[40]

〈표 3〉은 1756년부터 1783년까지 재령이씨 호구단자에 근거하여 국역이나 사역을 지는 노비를 정리한 것이다. 호구단자에 나오는 '앙역'은 주인과 별도의 독립된 호를 갖추었지만 수시로 불려가 사환한다[41]는 의미로, 주인가가 개인적으로 중요한 업무를 맡길 수 있는 노비임을 가리켰다. 실제로 앙역노로서 호노와 묘지기를 역임하거나 재령이씨의 토지를 관리하는 경우가 많다. 이렇게 앙역노나 호노를 역임한 노비는 19명 정도인데, 이들 중 3명(옥재·이삼·홍삼)을 제외하고는 모두 노비계 계원으로 파악된다.

한편 재령이씨 호내노비 가운데 군역을 겸하는 이는 1760~70년대까지 과반 정도였으며[42] 성정군·기수군·통영친병·통영화포·아병·속오군·

---

[40] 손병규, 「18세기 지방의 私奴軍役 파악과 운영: 慶尙道丹城縣戶籍大帳의 기재상황」, 『한국사학보』 13, 2002.

[41] 대구호적을 분석한 결과에 따르면, 앙역이라 표기된 노비는 본인이 주호인 호와 주인호 두 곳에 기재되는 경향을 띤다. 앙역은 주인가에 노동력이 부족하거나 납공을 거부하는 노비를 징치하기 위해 실시한 것으로 이해된다. 전형택, 「조선후기 고문서에 나타난 앙역노비의 성격」, 『역사학연구』 17, 2001.

[42] 재령이씨 호구단자에 나오는 사노겸역 비율은 1760~70년대까지 과반이었으나 1783년부터 급격히 하락하는 모습을 보이고 있다. 그러나 사노겸역이 일반화되었던 당대 사회상을 고려하면 사노겸역 자체가 줄어든 것이 아니라, 겸역하는 노비가 주인가로부터 별도로 입호한 것으로 생각된다. 단성호적을 통해 사노겸역 현황을 분석한 연구에서도 18세기 후반에 들어 호내노비 및

속오군보 등의 역종을 담당했다. 그리고 사노겸역자는 일단 군역을 담당하면 같은 직역을 갖고 호구단자에 계속 등장했다. 위의 표에서 제시한 1756~83년 8개 식년을 기준으로 역을 지는 나이(16~60세)였던 이들을 살펴보면, 평균 4.6개 식년 동안 겸역했고, 일찍이 도망간 노비를 제외하면 평균 6개 식년 동안 겸역한 것으로 나타난다. 특별한 사유가 있지 않은 한 겸역하는 노비는 연속해서 재령이씨의 호구단자에 수록된 것으로, 이들이 재령이씨의 영향력 아래 긴박되었음을 보여준다.

그런데 이들 겸역자 31명 가운데 21명이 노비계 계원이었다. 나머지 10명에게도 저마다 계에 가입하지 않을 만한 사정이 있었다. 만중과 복남은 계안이 처음 작성되었던 1760년 이전에 이미 도망간 상태였다. 백산은 아버지인 강돌상이 마진촌 1동장이자 계수로서 노비계에서 활동 중이었고, 옥재도 아버지인 김정선이, 이삼·삼태·상중도 아버지인 이봉선이, 중천도 아버지인 이봉세가, 점재·점홍은 큰형인 최귀발이 노비계에서 활동 중이었다. 상포계가 보통 호의 대표 세대인 세대주 1인에게 가입을 허락하므로[43] 이들 부자나 형제가 다 같이 계에 가입할 필요는 없었던 것으로

주인가와 같은 군현에 거주하는 외거노비, 즉 별도로 입호한 노비의 겸역 비율이 나란히 증가했음이 고찰되었다. 이때 전자보다는 후자의 비율이 훨씬 급격하게 늘었다. 손병규(2002), 앞의 논문, 394-397쪽.

연도	겸역(명)	호내노비(명)	겸역 비율(%)
1756	20	38	52.6
1762	23	44	52.3
1765	16	35	45.7
1768	19	44	43.2
1771	16	34	47.1
1774	16	31	51.6
1783	5	16	31.3
1792	3	20	15.0
1795	2	12	16.7

43 19세기 장흥 유치면의 상포계는 운영 관련 세칙이 규례, 계칙, 약조 등을 통해 자세히 밝혀져 있다. 이에 따르면 ① 계원은 마을에 거주하되 ② 세대주이고 ③ 거주지가 10리 이내일 것이 요구되었다. 김경옥,「19~20세기 장흥 유치상포계의 조직과 운영」,『인천학연구』8, 2008, 45-46쪽.

보인다.

　황강아지·황열쇠 부자, 이수재·이수담·이진만 형제, 〈표 3〉에서는 나타나지 않지만 이시동·이험석·이복이 형제 등 부자 또는 형제가 모두 계원인 경우도 있다. 그렇지만 이들이 동시에 계에 가입한 적은 없었다. 한 사람이 사망하거나 모종의 이유로 계안에서 사라지면 그 다음에 아들이나 동생이 가입했다. 즉 도망간 이, 세대주가 아닌 이를 제외하면 군역을 겸하는 재령이씨 노비 모두 노비계에 가입했다고 할 수 있다. 사노겸역자는 노비계 계원이 되는 충분조건으로, 이들이 겸역하면서 부담하게 되는 납포 또는 조련에 따르는 비용을 주인가가 노비계를 통해 어느 정도 상쇄해 주고자 하는 의도도 있지 않았을까 생각된다.

　정리하면 노비계는 결성된 초반에는 재령이씨 노비들을 중심으로 구성되었다. 계원들은 재령이씨의 호적에 편제된 노비들이거나, 마진촌이 아니더라도 진주 경내에 거주하며 재령이씨의 요청이 있으면 언제든지 주인가에 돌아와 사환하는 노비들이었다. 계원들이 부담하는 역의 종류를 살펴보면, 주인가의 호노나 앙역노, 묘지기 등으로서 문중의 여러 사업을 담당[私役]할 뿐만 아니라 겸역의 형태로 군역[國役]까지 지는 경우가 많았다. 특히 사노겸역자들은 아버지나 형이 계원으로 활동 중인 이들을 제외하면 모두 노비계 계원임이 확인된다. 재령이씨의 영향력을 강하게 받는 노비, 재령이씨에 의해 국역·사역 수행을 요구받는 노비들이 노비계의 주요 구성원이었던 것이다.

4. 노비계의 재정 운영과 상장례 부조

계의 기구는 ① 대표부[契長, (上)尊位, 執綱, 都有司 등] ② 집행부(有司, 所任, 掌務, 公員, 公事員, 色掌) ③ 사역인(使喚, 庫直, 山直) 등으로 이루어지며, 이 가운데 집행부만 있는 경우도 많았다.[44] 노비계에는 대표부로 계수(契首)·동장(洞長), 집행부로 유사(有司)·공원(公員)·색장(色掌)의 직임이 있었다. 계의 전답을 구매할 때, 계원에게 부조금을 지급할 때, 공동 역사(役事)에 불참한 벌금을 부과할 때 매번 담당자를 기재해 두었으므로 노비계를 운영한 이들의 명단은 시기별로 파악 가능하다. 이를 보면 계수나 동장은 거의 등장하지 않았고, 대부분의 일은 공원과 유사, 색장에 의해 처리되었다.

집행부는 계원 간의 연락, 문서 관리, 계금 및 계답 운영과 관계된 재정 업무를 주로 처리했으며, 계원끼리 돌아가며 맡았다.[45] 노비계 집행부의 임기는 1년이 안 되었지만, 특정인이 같은 직임을 자주 맡아 원활한 계 운영을 도모했다. 예를 들어, 안덕태는 유사(2)·공원(1), 최중재는 공원(2)·동장(1), 이진만은 색장(1)·유사(2)·공원(1), 양몽돌은 색장(1)·유사(2)·공원(3), 이수재는 공원(3)·계수(1)을 역임했다. 색장을 역임한 후 유사, 공원, 계수가 되는 것이 일반적이었다.

노비계의 집행부는 재령이씨 호노(戶奴) 또는 호비(戶婢)의 아들, 앙역노(仰役奴) 등 주인가와 긴밀한 관계를 가진 이들이 맡는 경우가 많았다. 노비계가 존속한 기간 동안 계임을 역임한 이는 총 33명이었으며 그중 11명이 여기에 해당했다.[46] 호노나 앙역노 등은 주인가의 여러 가지 업무를 처

---

44 김필동, 「朝鮮時代 契組織의 構造와 變動」, 『韓國社會組織史研究』, 一潮閣, 1992, 140쪽.

45 김필동(1992), 앞의 책.

46 계의 초창기 임원이었던 김위홍(1746~47년 계임), 이봉세(1759년 계임, 1778년 유사), 강돌상

리하면서 얻은 신임을 바탕으로 마진촌 내부에서도 사회적 지위와 경제력을 갖추었으며, 노비계 운영에도 적극적으로 개입할 수 있었던 것으로 보인다.

한편 계는 기금에 의한 협력의 방식이므로 계의 성격을 이해하기 위해서는 해당 기구의 재정 운영 양상을 분석할 필요가 있다. 계원들이 공동으로 기금을 모으는 과정과 목적이 무엇이었는지 살피는 것은 계를 분석하기 위한 기초 작업이다.

노비계의 수입은 크게 ① 계곡(契穀)의 식리 활동에 따른 이자 ② 계답(契畓)의 지주 경영에 의한 지대로 구성되었다. 우선 식리 활동부터 살펴보면, 노비계는 2~3월에 곡물을 나누어 주고, 추수가 끝나는 9~10월에 원금과 이자를 함께 거두었다. 재령이씨 고문서에는 제목 없이 곡물을 분급한 치부기가 많아서 이 가운데 노비계의 것을 가려내기 쉽지 않다. 일단 내용에 '노계'라는 용어가 확인되는 5종의 치부기를 추려서 정리해 보면 〈표 4〉와 같다. 참고로 1774년의 기록에는 '노계조斗분급긔', 즉 노비계에서 계곡을 큰 말로 분급하는 문서라는 제목이 있어 노비계에서 곡물을 운용한 내역임을 알 수 있다.

노비계에서 곡물을 분급하는 인원은 고르지 않았고, 계원이 아닌 이들도 많았다. 곡물을 분급하는 액수도 일단 1774년과 1778년에는 조 46두이고, 나머지 해에는 조 69~70두였다. 1774년의 제목을 보면 비두(조斗), 즉 큰말로 분급했다고 되어 있어서, 분급 액수의 차이는 쓰는 됫박의 여하에 따른 것이 아닐까 싶다.

(1760년 계수 및 마진촌 1동장), 손귀세(마진촌 2동장) 등은 모두 이덕관의 호노로서 주인을 대신하여 여러 가지 업무를 돌보던 인물들이었다. 이흥손(1782년 공원)은 재령이씨의 토지장부에 결명으로 등장하는 등 토지의 수입 및 지출 내역을 담당하던 노비였다. 이수재(1792·1798년 공원, 1811년 계수)와 이진만(1797년 색장, 1805년 유사, 1810년 공원)은 호비였던 원금의 아들들이었다. 이들은 재령이씨가 소송이나 관과의 연락, 토지·노비의 매매, 문중 재산의 수입·지출 관리 등 다양한 업무를 직접 처리했다. 황열쇠(1760·1782년 유사), 김일천(1763년 유사), 김수삼(1795년 유사, 1799년 공원), 최중재(1797·1802년 공원, 1812년 동장) 등은 모두 양역노였다.

표 4 노비계의 계곡 분급 내역

날짜	자료명	분급 대상	분급 내역	비고
1774년 2월 22일	노계조斗분급기	옥재 포함 23명	(조) 46두	
1775년 3월 16일		옥재 포함 46명	(조) 69두	3석 9두의 利: 5석 3두 5승
1776년 2월 14일	계곡租치부기	옥재 포함 36명	조 70두	4석 7두
미상		옥재 포함 49명	조 69두, 피 16두	합하여 8석 17두 5승
1778년 3월 22일		옥재 포함 47명	(조) 46두, 보리 2두	

이자율은 1775년의 기록을 통해 알 수 있다. 계는 이 해에 조 69두를 분급했으며 이자로 5석 3두 5승, 즉 103.5두를 거두었다. 이자가 반년이 조금 넘는 사이에 원금의 1.5배에 이르게 된 것으로 이자율이 상당히 높은 편이었다. 18세기 후반 들어 서울과 지방에서는 향도미(香徒米) 또는 향도계(香徒契), 상도계(喪徒契)라고 하여 상장례 때 쓰는 기구와 상여 메는 상두꾼 비용을 조달하는 계가 집중적으로 등장했다.[47] 그런데 향도미의 이자는 매달 2할씩이어서 5개월이면 이자와 원금이 같은 액수에 이르렀다.[48] 이러한 사례로 볼 때 노비계도 여느 향도미(향도계·상도계)와 비슷한 방식으로 식리 활동을 했다고 하겠다. 이렇게 해서 노비계가 식리 명목으로 원금과 이자를 합하여 얻는 수입은 8석 12두 5승 정도였다.

노비계가 계곡의 식리 외에 또 주요하게 수입을 얻는 통로는 바로 계답의 지대 수취였다. 재령이씨 고문서 가운데는 18세기 중·후반을 중심으

---

[47] 李圭景, 『五洲衍文長箋散稿』, 經史篇 5, 論史類 1, 論史.

[48] 尹愭, 『無名子集』 문고 제6책 문 집안의 금계 "① 사채를 쓴 이가 부담하는 1개월 치 이자는 1할이니 10개월이 되면 본전과 이자가 같아지게 된다. 본전과 이자가 같아지면 더 이상 이자를 붙일 수 없다. 그렇기 때문에 심한 경우에는 본전과 이자가 같아져 이자를 더 이상 받을 수 없게 되면 본전과 이자를 합쳐서 본전으로 삼고, 여기에 다시 이자를 붙이기도 한다. ② 더 심한 경우에는 별도로 하나의 방법을 만든다. 그것을 '日受'라고 하는데, 날마다 이자와 본전을 받는다는 뜻이다. 가령 이번 달에 100문을 빌려주었다면 그날로부터 날마다 2문씩 받아 2개월에 걸쳐 120문을 받고서 끝낸다. ③ '香徒米'라는 것이 있다. 예컨대 쌀 1두이면 1개월에 이자가 2승인데, 이럴 경우 5개월이 되면 이자와 본전이 같아진다. 이렇게 하면 또 금전 사채보다 이자가 배나 높다."

로 노비계 계원들이 계임의 직함을 띠고 매입한 토지매매문기가 다수 전한다. 노비계의 계답도 이 시기를 전후하여 형성된 것으로 보인다.

노비계가 계답으로부터 얻은 소출은 여러 종류의 추수기가 남아 있어 정확히 파악된다. 1763년에는 추수곡이 도합 조 10석 11두였으며 여기서 묵은 빚(2석 5두)과 부조금(1석), 계답 구입 비용(상사논의 값 7두), 그해 결복가(18두), 이듬해 종자 값(18두), 계원에게 분급할 곡물(2석) 등을 공제한 것이 실질적인 수입으로 잡혔다.[49]

이로부터 30여 년이 흐른 후, 계답 추수곡은 2배 가까이 증가했다. 1789~92년까지의 추수 내역이 담겨 있는 ① 노계기유추수(奴契己酉秋收) ② 경술추수(庚戌秋收) ③ 신해추수(辛亥秋收) ④ 임자추수(壬子秋收)(이상 한문 문건), ① 己酉十月日 츄슈긔라 ② 경슐十月츄슈긔 ③ 신ᄒᆞ연 츄슈곡 ④ 壬子十一月추수긔라(이상 한글 문건)에는 작인별로 종자, 반분, 초개, 결복가 내역과 함께 도이상조가 정리되어 있다.[50]

추수기에 따르면, 1789~92년 사이 노비계가 작인에게 분급한 종자는 34.6~41.6두로 대략 2석 정도였으며, 수확한 곡물의 양은 풍흉에 따라 매

표 5 노비계의 전답 운영 이익

연도	경작자별 추수 현황						추수곡 도이상(두)
	작인(명)	종자(두)	결복(두)	반분(두)	초개(두)	총합(두)	
1789	15	37.5	85	332.1	10	454.6	451.5
1790	15	41.6	88	463	16.3	511.9	507.4
1791	15	34.6	80.5	212.1	0	327.2	325.9
1792	17	41.3	95.5	79.5	0	216.5	203.6
평균	15.5	38.1	87.3	248.2	13.2	380.1	372.1

* 추수곡에서 조 이외의 곡물은 편의상 생략함.

49 진주 마진 재령이씨 마호당 고문서, F2020-01-W007244.
50 진주 마진 재령이씨 마호당 고문서, F2020-01-W007078; F2020-01-W007241.

년 상이했다. 조(租)를 기준으로 추수곡이 가장 적을 때는 203.6두(1792년), 가장 많을 때는 507.4두(1790년)로 2배 이상 차이가 났는데, 평균적으로는 380두, 즉 19석 정도의 소출을 냈다. 노비계는 여기에서 계답 매입 비용, 그해 결복가와 내년 종자가, 그동안 진 채무 등 계답 운영 관련 비용을 공제해 수입을 확정했다.

　노비계가 전답으로부터 거두는 소출의 액수나 납부하는 전결세 액수를 보면 계답의 규모를 대략 유추해 볼 수 있다. 보통 1결의 소출이 400두에 전결세는 100두 정도인데, 계답의 수확이 평균 조 380두에 전결세는 1790년을 기준으로 서안댁 명목으로 부과된 37두, 노비계 명목으로 부과된 64두 등을 합해 대략 100두였다. 노비계 계원이 계임의 직함으로 구매한 전답의 면적도 합산해 보면 1결 8속으로 1결에 가까웠다.[51] 이러한 점으로 미루어 보면 노비계는 1결에 상당하는 면적의 토지를 공동으로 운영한 듯한데, 마진촌의 대부분 민호(양인·노비)가 토지를 하나도 갖고 있지 않았던 것을 감안하면 특이한 현상이다.[52] 개인 소유의 토지는 없는데 공동 소유의 토지가 1결에 가깝다는 것은, 노비계 전답이 계원 각자 여력이 있어서 재원을 내어 구입했다기보다 거의 재령이씨의 경제력에 기대어 형성되었음을 시사한다. 계답의 매매문기가 최종적으로 재령이씨 일가에 귀속되어 재령이씨 토지매매문기에 포함되어 있는 것도 계답이 재령이씨에 의해 구입되었다는 추정에 신빙성을 더해 준다.

　한편 계답을 경작한 작인은 매년 15명 정도였고 4년을 통틀어 30명에 달했는데, 여기에는 계원이 아닌 이들도 다수 포함되었다. 사족으로 보이는 고성댁과 영산댁도 노비계 작인으로 나타난다. 작인들의 경작 햇수를

51　계원이 계임의 명함으로 구매한 전답 내역은 부록 참고.

52　19세기 전반 대곡리의 가좌책인 『대곡가좌』를 분석한 연구에 따르면, 마진촌에 거주하는 민호 45호 가운데 토지를 소유하지 못한 호가 31호나 되며, 토지 미소유호의 대부분은 노비호였다. 김준형, 「19세기 전반 晉州 大谷里의 토지소유 양상과 신흥계층」, 『남명학연구』 33, 2012, 206-207쪽 표.

살펴보면 1789~92년 사이 4년이 8명, 3년이 1명, 2년이 6명, 1년이 15명이었다. 절반 정도는 4년 가운데 1년밖에 경작하지 못한 것으로 작인 교체는 상당히 빈번한 편이었다. 노비계는 전답을 운영할 때 계원을 별도로 우대하지 않았으며, 작인도 자주 바꾸었다. 계답 운영은 경작에 임하는 자세나 정해진 액수대로 지대를 납부하는지의 여부를 따짐으로써 더 많은 수입을 올리는 데 중점을 두었던 것으로 보인다.[53]

이상의 내용을 종합하면 노비계는 18세기 후반을 기준으로 매년 계곡을 분급하여 원금과 이자를 합하여 대략 8석, 계답을 병작하여 종자·지대·결복가·초개 가운데 결복가를 공제한 후 대략 15석(300두) 정도를 매년 확보했다. 그렇다면 노비계는 매년 발생하는 20여 석의 수입을 어떤 부문에 주로 지출했을까?

노비계의 지출 내역은 상당히 파편적으로 남아 있어서 전체적인 모습을 복원하기는 힘들지만, 일단 치부기에서 양으로 따질 때 가장 많은 기록은 계원에게 지급한 상장례 부조와 관련된 것이다. 보통 부조가 실시된 날짜, 부조를 받은 계원 이름, 부조 액수, 이를 처리한 집행부의 이름이 하나의 형식을 갖추고 있다.

노비계는 기록상 1756년부터 1825년까지 70여 년간 93명에게 119회의 부조를 실시한 것으로 나타난다. 1년에 평균 1.7회 정도 부조가 이루어졌으며, 계원은 1명당 평균 1.3회 정도의 혜택을 누렸다. 노비계가 부조를 지급하는 이들을 보면 사족은 없고 대부분 재령이씨 노비들이었다. 노비

---

[53] 이는 경주 옥산리에서 결성된 노주계의 계답 운영 양상과는 뚜렷한 차이를 드러낸다. 여강이씨의 노주계는 전답의 경작권을 주인인 이희성의 앙역노비에게만 주었다. 노주계는 노비의 재생산을 보장해 이탈을 막는 데 목적을 두었으므로 지대의 확보보다는 노비들이 토지를 경작하는 것 자체를 중시했고, 경작권도 노비의 자자손손에게 물려주게 했다. 그럼에도 불구하고 노비들은 도망가거나 후손 없이 사망했으며, 양인 여자나 타비(他婢)와 혼인하면서 여강이씨의 영향력에서 벗어났다. 여강이씨도 더 이상의 계 존속은 의미가 없다고 하여 논의 후 파계했다. 반면 재령이씨의 노비계는 지대의 확보를 노비 재생산보다 중요하게 간주했으나 19세기 전반까지 오랫동안 존속했다.

로 확인되지 않는 경우 마진촌 주민이었을 것으로 생각된다. 노비계는 하인에 대한 부조를 전담하는 기구였다.

표 6 노비계에서 부조한 상의 종류

1756~1825년	부상	모상	본인상	처상	기타	합계
부조 횟수	29	35	7	9	39	119

계원이 부조받은 상을 종류에 따라 나누어 보면 부모상이 64회로 전체의 53.8%에 해당하여 노비계가 주로 부모상을 대비하는 기구였음을 알 수 있다. 경우에 따라서는 장인상·장모상·형님상·며느리상·아주머니상 등도 지원했다. 부조 대상이 되는 부모나 처가 없을 경우 가까운 일가친척의 상을 부조함으로써 계에서 제공하는 혜택을 고르게 누리도록 한 것이다. 일부 상에 대해서는 초기와 재기까지 지원해 주기도 했다. 그러나 어느 경우든 1명에게 이루어지는 지원은 1~2회에 그쳤다. 노비계가 유일하게 남긴 절목을 통해 노비계의 상장례 부조 금액 규정을 살펴보면 다음과 같다.

> 계미년(1763) 9월 13일
> 익커받는 계원이면 원보자를 주고, 쌀[米] 1승, 갈이 1승, 까 1승, 콩[太] 1승을 매원 정단(呈單)에 의거한다. 매원 누룩은 4개이다.
> 반보타는 계원이면 조 30두씩 정단에 의거한다.
> 계에서 절목한 후에 잡담하는 계원이 있으면 관에 고하여 바로잡을 일이다.[54]

---

[54] 진주 마진 재령이씨 마호당 고문서, F2020-01-W007245.

이 절목은 계미년(1763) 9월에 작성되었으며, 노비계는 상이 발생했을 시 계원을 익커받는 이와 반보타는 이로 나누어 현물을 지급했다. 익커받는 계원에게는 ① 원보자 ② 매원으로부터 수취한 각종 곡물 ③ 누룩 4개를 주었고, 반보타는 계원에게는 통틀어 조 30두를 주기로 정했다. 그러나 이후의 여러 치부기를 검토해 보면 갹출한 곡물에 대한 내용은 거의 없고, 원보자 명목으로 '조 1석과 상포 1필, 누룩 4개', 반보자 명목으로 '조 10두와 상포 20척, 누룩 2개'[55]가 지급된 것으로 나타난다. 반보자는 조 30두로 계산되므로, 원보자는 그 두 배인 조 60두에 상응했다.

원보자와 반보자의 구별은 계원들이 당한 상의 종류에 따른 것으로 보인다. 노비계의 부조 치부기를 전체적으로 살펴보면 부·모·처상에 대해서는 원보자, 그 외 장인·장모상이나 며느리상, 아주머니상 등에는 반보자를 지급하는 경향이 확인된다.

경술년(1790) 7월 4일
김일천 모상 때 조 1석, 곡자 4개, 상포 1필 전급하다
풍득이 모상 때 조 1석, 곡자 4개, 상포 1필 전급하다
험석이 모상 때 조 1석, 곡자 4개, 상포 1필 전급하다
홍발이 모상 초기에 조 1석, 상포 1필, 곡자 4개 전급하다 […]

을축년(1805) ? 1일
진만이 처모상 때 조 10두 곡자 2개 전급 계수 정 공원 중태 […]

정묘년(1807) 2월 30일

---

[55] 진주 마진 재령이씨 마호당 고문서, F2020-01-W007241, "戊子七月二十一日 辛乭父喪時 半保資租十斗麻布二十尺曲子三色代四兩給."

진만이 아주머니 장사 때 조 10두 곡자 2개 전급 계수 최 공원 뭉치 색 정 순삼[56]

노비계의 부조 내역 가운데 일부를 인용한 것이다. 전급은 부조를 현물이 아닌 동전으로 바꿔 지급했다는 의미이다.[57] 이를 보면 1790년 김일천·이풍득·이험석·홍발의 모상에 대해 원보자가 지급되었고, 1805년과 1807년 이진만의 처모상과 아주머니상 때는 반보자가 지급되었다. 김일천·이풍득·이험석은 모두 계안에 등장하는 인물이나 홍발은 계안은 물론 재령이씨 호구단자에서도 확인되지 않는다. 그럼에도 불구하고 이 네 사람 모두 모상에 대해 동일한 액수를 지원받았다.

이진만은 부모상을 지원받지는 못했지만 그 대신 처모상과 아주머니상에 대해 각각 반보자에 해당하는 지원을 받았다. 반보자 2번을 통해 원보자 1번과 똑같은 혜택을 누릴 수 있었다. 이러한 부조 방식으로 볼 때, 계원들은 노비계로부터 최소 1번의 원보자, 즉 조 60두에 해당하는 경제적 지원을 기대할 수 있었을 것이다.

노비계는 계원의 상장례 부조에 많은 비용을 지출했으며, 이를 제외한 나머지 지출은 계답이나 계곡의 운영 과정에서 파생되었다. 계답에 부과된 각종 전결세, 계답 구입에 들어가는 비용, 이듬해 경작을 위해 작인들에게 나누어 줄 종자 등이 계답 운영과 관련된 비용이라면, 계원들에게 이자를 받기 위해 나누어 주는 이곡(利穀)은 계곡 식리와 관련된 비용이었다. 계회 개최나 계임에게 지급하는 임금은 계의 운영과 관련된 비용이었다. 이와 별개로 노비계는 조 1석 16두를 1790년 '노계 환자' 명목으로 지출했는데, 노비계가 계원들을 대신해 부세 납부를 대행하기도 한다는 점에

56 진주 마진 재령이씨 마호당 고문서, F2020-01-W007243.
57 조 1석은 4냥, 상포 1필은 3냥, 누룩 1개는 1전 1푼으로 환산되었으며, 치부기에 '전급[錢給]'이나 '몰수전급[沒數錢給]'이라고 별도로 기록했다. 동전은 계임이 장시에 가서 바꿔 왔다.

표 7 노비계 추수기에 기록된 지출 내역

범주		날짜	내역	비고
노비계 운영	노비계 환자미	1790년 12월 7일	노계 환자미 조 1석 16두	
	계답 전결세	1790년 12월 일	서안댁 결복가 1석 17두	
		1790년 12월 26일	노비계 결복가 3석 4두	
		1791년 1월 25일	정대원이 복개가 조 3두 5승	
		1791년	복가 9냥 8전	
	계답 구입 및 경작	1791년 2월 28일	설매곡 논값 조 13석 7두	
		1791년	답가 46냥 1전 지급	
		1791년	종자 1석 19두 7승 지급	이와 별도로 大宅에 9두 3승 빌려줌
	계곡 분급	1791년	利穀 2석 10두 지급	
	계임 임금	1791년	계회할 때 所任當次에게 7두 지급	
		1791년	書價로 모지리에게 1전 4푼 지급	

* 부조 내역은 생략함.

서 주목된다.

한편 이러한 재정 운영 가운데 주목되는 한 가지는, 노비계가 재령이씨 종가로 추정되는 큰댁[大宅]에도 일정 액수를 납부했다는 사실이다. 예를 들어, 1789년 노비계는 추수한 곡물로 그간의 밀린 돈 처리를 하고 남은 몫을 작전해 21냥 5전 6푼을 확보했고, 이 가운데 14냥 2전을 큰댁에 바쳤다. 1790년에도 노비계는 추수곡으로 각종 비용을 처리한 후 6푼을 댁에 들였다. 1791년 노비계가 지급한 종자는 총 2석 6두 9승이었는데 이 가운데 9두 6승은 큰댁에 빌려준 것이었다. 노비계가 회계하고 남은 내역을 큰댁에 바친다는 점이나, 노비계가 지급하는 종자와 재령이씨가 자기 작인들에게 지급하는 종자[家種]가 섞여서 운영된다는 점은 노비계와 재령이씨의 재정이 명확히 분리되지 않았음을 보여준다. 노비계가 매득한 계답이 결국 재령이씨가에 귀속된 것 등과 연계해 봤을 때, 이러한 사례들은 노비계가 운영한 재정의 출처가 재령이씨였을 가능성을 보여준다.

노비계 활동은 재정 이외의 부문에서도 재령이씨의 필요에 따라 조정되고 있었다. 노비계는 계원을 동원하여 마을 차원의 공동 노동을 수행하곤 했는데, 이러한 동원은 나름대로 강제성을 가져 불참할 경우 벌금이 부과되었다. 불참 계원은 다음에 공동 노동을 하러 나오면 그때 백주 2동과 청주 1병, 육기(고기안주) 15기, 소안주(채소안주) 5기를 가져와야 했다. 치부기에서는 보통 '실예신참'이라고 해서 불참 사유를 밝히지 않은 채 불참자의 이름과 벌금 액수를 기록했지만, 가끔씩 사유를 밝힐 때도 있었다. 이를 보면 노비계에서는 ① 契會를 열 때 ② 곳집 등 공동시설을 마련할 때 ③ 논 역사할 때 ④ 못할 때 ⑤ 山役할 때 ⑥ 담 역사할 때 계원을 동원했다.[58]

　계회 개최나 곳집·차양 마련은 노비계 공동의 생활을 위한 것이며, 논 역사는 토지 경작과 관련된 노동이었다. 그런데 곡을 하거나 산역, 즉 묘를 조성하는 것 등은 상례의 일환이기는 해도 주로 사족들의 상에서 나타

58　진주 마진 재령이씨 마호당 고문서, F2020-01-W007241; F2020-01-W007242; F2020-01-W007245.

날짜	본문 내용	불참자	불참한 공동 노동
신사년 5월 7일	곡시예 손정술리 실예	손정술	못할 때
경자년 3월 25일	제중츄호시예 덕태 제중의실예신참	덕태	契會 열 때
정미년 1월 20일	고집일대예 셔안이 실예	서안	곳집 만들 때
임자년	차양을■긔예 최완이 실예신참	최완	차양을 ?
신미년 7월 10일	최일동이 한실산억셔예 실예신참	최일동	山役 할 때
정사년 3월 1일	논칠닷예 원복이 실예신참	원복	논 역사할 때
무오년	무오연 논역ᄉ시예 구수복이 실예신참	구수복	
무오년	무오연 진널이 논역셧싯예 중태실예신참	중태	
무오년 4월 1일	담개셕ᄒ오니닷예 이태워이 실예신참	이태원	담 역사할 때
무오년 7월	담개역셰 신돌즁이 실예신참	신돌중	
무오년	위삼이 담역시시 실예신참	위삼	
무오년	상용이 실예신참ᄒ외디 개셕운내싯예	김상용	
무오년	치손이담역ᄉ시싯예실예신참	치손	
무오년	戊午年 金宗元 개셕새예실어신	김종원	
임술년 1월 24일	담시예 한원샹이 실예신참	한원상	
임술년 2월 6일	담역ᄉ시싯예 흥이 실예신참	흥이	

나는 관행이라 노비보다는 주인가인 재령이씨와 관련된 활동이 아니었을까 생각된다. 담 역사는 담을 고치는 것으로, 불참에 따른 벌금이 가장 많이 부과된 노동이었는데 이 역시 주인가의 담장을 고치는 일로 보인다. 경주 옥산리 노주계에서도 노비들이 주인을 위해 하는 사역으로 종가의 담장 수리가 제시된 바 있다. 이처럼 노비계 운영과 직접 관련된 일이 아닌 이상 노비계가 계원을 동원하는 일은 주인가와 관련될 때가 많았다. 노비계는 재령이씨가 필요한 노동력을 마련하는 수단이기도 했던 것이다. 이러한 사실들은 계원들이 노비계를 통해 상장례 부조를 받으며 일정한 경제적 혜택을 기대할 수 있었지만, 또 노비계로 인해 마진촌 그리고 주인가에 긴박되며 여러 가지 사역에 동원될 수밖에 없었음을 보여준다.

5. 맺음말

노비계는 노비의 지위가 법제적으로 양인과 비슷하게 수렴하나, 사회·경제적으로는 주인가에 여전히 속박되어 있던 18세기 반촌을 배경으로 성립했다. 계원의 대부분이 재령이씨의 노비이며 포괄하는 연령도 10대부터 80대까지 매우 넓어 노비계가 재령이씨 노비의 전체를 아우르는 조직이었음을 알 수 있었다.

노비계는 계곡의 식리와 계답의 지대를 통해 경비를 확보했으며, 이를 바탕으로 계원들이 부·모·기·처의 상을 당했을 때 조·마포·곡자 등 현물을 부조해 주었다. 부조하는 액수는 부모상이면 조 60두 정도, 그 이외의 상이면 조 30두로 책정되었으며, 계원들은 평생 동안 1~2회 정도의 부조를 지원받았다. 이를 통해 계원들은 소농으로서 안정성에 큰 손상을 입지 않고, 단기간에 많은 비용을 소요하는 상을 무사히 치를 수 있었다.

노비계는 재령이씨 노비들이 주도적으로 참여했으며, 그들 내부에서 계임을 선출하고 수입·지출 등을 회계하는 조직이었다. 그렇지만 이러한 운영을 가능하게 한 경제적 기반은 주인가인 재령이씨로부터 마련되었던 것으로 보인다. 노비계가 계원을 공동으로 사역하는 부문도 재령이씨가의 필요에 의할 때가 많았다. 기본적으로는 노비의 재생산을 위한 조직이지만, 노비계 활동 이면에는 주인가의 필요와 지원이 광범위하게 존재했던 것이다.

노비계의 결성과 운영은 18세기 후반에 들어 본격적으로 동요한 노비제를 배경으로 했다. 이 시기를 전후하여 국가는 노비에게도 역을 부과하고자 했으며, 종모종량법 등을 통해 노비를 양인화했다. 이 과정에서 노비의 숫자가 크게 줄어드는 것은 물론, 노비 자체도 다양한 부세 부담의 주체가 되어 양인과 비슷한 사회적 지위를 갖춘 백성으로 거듭나게 되었다. 이와 같은 상황에서 사족이 노비를 노비로 묶어 두기 위해서는, 다시 말해 최소한 반촌의 하인으로 묶어 두기 위해서는 기존에 비해 더 많은 경제적 보상을 해 줄 필요가 있었다. 재령이씨가 18세기 후반에 들어 노비에게 급료를 지급하고 노비계 운영에 드는 각종 비용을 보조해 이들이 상장례나 환곡 등의 부세를 부담하는 데 도움을 받게 한 것은 바로 이 때문이다. 재령이씨와 노비의 안정적인 관계 유지를 위해 선택된 사회적 결합 방식이 계라는 점은 특히 주목된다. 계는 기금이라는 경제적 요소를 바탕에 둔 협력체이다. 이 시기가 되면 노주관계를 묶는 매개체로서 경제적 요소가 상당히 중요해졌음을 알 수 있다.

물론 이 과정에서 노비계의 혜택이 재령이씨 노비들에게만 국한되지는 않았다. 노비제 해체로 인해 노비 자체가 줄어들었으므로 노비에만 한정해서는 재령이씨의 향촌사회 내 영향력이 협소해질 수밖에 없었다. 노비계는 변화하는 하인층의 성격에 맞추어 가입 대상을 확장함으로써 노비와 주인의 관계를 하인과 사족의 관계로 재편했으며, 19세기 전반까지도 이러한 상하 결합은 마진촌이라는 공간에서 강하게 작용했다. 재령이씨는 19세기 이후에도 20~30명 수준의 노비를 계속해서 보유했으며, 1808년 재령이씨 일가가 병영과 산림을 둘러싼 갈등을 벌일 때에는 상·하동 103인이 함께 연명하여 등장을 올리기도 했다. 마진촌 내에 여전히 강고한 상하 위계질서가 남아 있었음을 보여준다. 이렇듯 재령이씨는 노비뿐만 아니라 마진촌 하인과의 관계를 밀접하게 유지해 나가며 지역 사회 내 위상을 놓치지 않고자 했으며 노비계는 이러한 노력의 산물이었다.

부록 1 『유서도문기』에 나타난 재령이씨의 노비 분급 현황

분급일	재주	상속인	노비(구)	총합(구)
1661년 8월 20일 1669년 9월 1일	이중인의 처가 울산김씨	이중인	24	24
1678년 2월 10일	이중인의 처 울산김씨	제사위	5	24
		장녀 사위	9	
		차남 이보	10	
1699년 1월 21일 1710년 9월 10일	이보	부모 제사위	8	43
		장남 제사위	8	
		장녀 사위	4	
		차녀 사위	2	
		삼녀 사위	4	
		사녀 사위	4	
		오남 이덕관	13	
1757년 3월 9일	이덕관	제사위	7	78
		서모 제사위	2	
		계녀 제사위	1	
		장남 이한철	16	
		차남 이한섭	22	
		삼남 이한익	21	
		장녀	3	
		첩	6	
1782년 12월 22일	이한철	제사위	3	85
		장남 이재훈	70	
		차남 이재헌	3	
		삼남 이재운	3	
		사남 이재환	1	
		오남 이재윤	3	
		장녀	1	
		차녀	1	

18세기 진주 마진촌의 노비계 조직과 운영

부록 2 노비계 계원이 구입한 계답 내역

문서 번호	연도	직임	구매자	토지 규모			
				부	속	실종(두)	실종(승)
2314	건륭 11(1746)	계공사원	김위홍	4	2	1	
2323	건륭 11(1746)	계공사원	김위홍	2	2	2	4
2323	건륭 11(1746)	계공사원	김위홍	4	4		
2315	건륭 12(1747)	계임	김위홍		9	1	5
2313	건륭 16(1751)	반중 계공원	최봉	7	2	3	
2327	건륭 19(1754)	계임	노막산	2		1	
2326	건륭 20(1755)	계임	노막산	2	4	1	
2325	건륭 20(1755)	계임	노막산	4	1	1	5
2321	건륭 24(1759)	계공원	이봉세	5	5	3	
2320	건륭 25(1760)	계유사	황열쇠	1			6
2324	건륭 25(1760)	계수	강돌상	6	2	3	
2324	건륭 25(1760)	계수	강돌상	2	3		
2371	건륭 38(1773)	계소임	손흡시	6	3	3	8
2371	건륭 38(1773)	계소임	손흡시		8		
2371	건륭 38(1773)	계소임	손흡시		9		
2371	건륭 38(1773)	계소임	손흡시	6	2		
2376	건륭 42(1777)	계유사	손정술	8	2	4	
2376	건륭 42(1777)	계유사	손정술	?	1		
2307	건륭 42(1777)	계임	이봉세	3	5	6	
2356	건륭 47(1782)	계공원	이흥손	3	7		7
2356	건륭 47(1782)	계유사	황열쇠				
2366	건륭 49(1784)	계공원	김바위	2	5	1	
2368	건륭 49(1784)	공원	김바위	4	3	2	6
2368	건륭 49(1784)	공원	김바위	3			
2364	가경 1(1796)	계공원	김뭉치	1	7	6	
2364	가경 1(1796)	계공원	김뭉치	5			
2364	가경 1(1796)	계공원	김뭉치	8	2		
2364	가경 1(1796)	계공원	김뭉치	4			

부록 3 노비계 계안 내용

작성 날짜	번호	이름(원본)	이름(현대식)	비고	생년 간지	생년
1760년 12월 20일	1	강돌상이	강돌상	1동장, 황지로 가림	신유	1681
	2	손귀셰	손귀세	2동장	경오	1690
	3	김정션이	김정선		경진	1700
	4	노막산이	노막산			
	5	니봉션이	이봉선		경진	1700
	6	문육졍이	문육정		신사	1701
	7	최봉	최봉	종이 붙였다 뗀 흔적	신사	1701
	8	김근챵이	김근창			
	9	양원져기	양원적		신묘	1711
	10	님도리	임돌이		계사	1713
	11	니봉셰	이봉세		임진	1712
	12	양명셔기	양명석			
	13	황개아지	황강아지		정유	1717
	14	박한지	박한재		임진	1712
	15	최	최	순서상 귀발	기해	1719
	16	만쉬	김만수		을사	1725
	17	점쇠	윤점쇠	황지로 가림	계묘	1723
	18	김험돌이	김험돌			
	19	손정술이	손정술	착압		
	20	오천사미	오천삼		갑진	1724
	21	이흥손이	이흥손	착압	갑인	1734
	22	니슈재	이수재		무오	1738
	23	최시만이	최시만	황지로 가림	기미	1739
	24	니시동이	이시동		기미	1739
	25	김일천이	김일천		갑자	1744
1774년 8월 13일	1	최천셕	최천석	황지로 가림	임자	1672
	2	강돌상	강돌상	황지로 가림	신유	1681
	3	손귀셰	손귀세		경오	1690
	4	김정선	김정선		경진	1700
	5	노막산	노막산			
	6	니봉션	이봉선		경진	1700
	7	문육졍	문육정		신사	1701
	8	최봉	최봉	황지로 가림	신사	1701
	9	김근창	김근창	황지로 가림		

작성 날짜	번호	이름(원본)	이름(현대식)	비고	생년 간지	생년
	10	양원적	양원적	오체미슈파	신묘	1711
	11	임도리	임돌이	황지로가림, 오체미슈파	계사	1713
	12	니봉세	이봉세	오체미슈파	임진	1712
	13	양명석	양명석	황지로 가림		
	14	황강아지	황강아지		정유	1717
	15	박한지	박한재		임진	1712
	16	최귀바리	최귀발	황지로 가림	기해	1719
	17	김만쉬	김만수	황지로 가림	을사	1725
	18	김험도리	김험돌	황지로 가림		
	19	손정술	손정술	착압		
	20	오천삼	오천삼	황지로 가림	갑진	1724
	21	니흥손이	이흥손	황지로 가림	계축	1733
	22	황열쇠	황열쇠		정사	1737
	23	니슈지	이수재	착압	무오	1738
	24	니시동	이시동	삭제 표시	기미	1739
	25	김일천	김일천		갑자	1744
	26	문명션이	문명선	문육정 아들?		
1776년 1월 7일	1	윤점쇠	윤점쇠	황지로 가림	계묘	1723
	2	귀귀태	귀귀태		정묘	1747
	3	정갑이	정갑			
	4	김정쇠	김정쇠			
	5	권일담	권일담		을묘	1735
	6	정악이	정악	착압		
	7	김바회	김바회	·		
	8	김뭉치	김뭉치	·		
	9	정천이	정천	·		
	10	니슈담이	이수담		경신	1740
	11	권석봉	권석봉	황지로 가림		
	12	니복이	이복		무진	1748
1778년 4월 1일	1	최즁재	최중재	착압	정사	1737
	2	손흥돌이	손흥돌	착압	기사	1749
	3	박정민이	박정민	착압		
	4	안덕태	안덕태	착압		
1783년 12월 일	1	노시삼이	노시삼		계축	1733

작성 날짜	번호	이름(원본)	이름(현대식)	비고	생년 간지	생년
	1	김슈삼이	김수삼	착압, 金守三	무진	1748
	2	최귀만이	최귀만	착압, 황지로 가림	경오	1750
	3	니창이	이창	착압	계유	1753
	4	박모질이	박모질이	착압	정축	1757
	5	김짐태	김짐태		을묘	1735
	6	니흥태	이흥태	착압		
	7	양몽도리	양몽돌			
	8	니험셕이	이험석	착압	갑자	1744
	9	양득발이	양득발			
	10	崔仲만이	최중만	황지로 가림		
	11	이복동이	이복동	착압		
	12	정월	정월	착압		
	13	강만익이	강만익	착압	무오	1748
	14	오미삼이	오미삼	착압, 吳未三		
	15	니슌삼이	이순삼	착압		
1784년 윤3월 일	16	권담이	권담	착압		1744
	17	이풍득이	이풍득	착압		
	18	손갑쳔이	손갑천	착압		
	19	짐셔만이	짐서만	착압		
	20	구일만이	구일만	착압		
	21	정정태	정정태	착압		
	22	이진만이	이진만	착압	계유	1753
	23	김슈바리	김수발	착압		
	24	손삭담이	손삭담	착압		
	25	윤흥발이	윤흥발	착압		
	26	김슈벅이	김수벅	착압		
	27	김명용이	김명용	착압		
	28	김덩용이	김덕용		을유	
	29	최일삼이	최일삼	착압	경진	1760
	30	崔오ᄂ이	최원	착압		
	31	정??	정	착압		
	32	?종빅이	종백	착압		

참고문헌

원전

『佳亭村各軍役姓名成冊』.
『佳亭村各軍布兵存亡成冊』.
『甲午式成冊規式』.
『甲子無亡抄』.
『甲辰 安石』.
『經國大典』.
『경남신문』.
『南部面各軍兵無亡生存區別成冊』.
『大谷家坐』.
『大谷軍都錄官座成冊抄』.
『大谷里家座役姓名成冊』.
『大谷里各軍名自里中分排』.
『大谷里各軍兵存亡塡代成冊』.
『大谷里各軍保役姓名成冊』.
『大谷里居民等狀』.
『大谷里原文合部』.
『大谷里柳谷村洞長手本』.
『大洞村軍布成』.
『大洞村役名生存無亡成冊』.
『東國文獻備考』.
『代塡成冊』.
『德橋村各軍布存亡』.
『德橋村役名生存無亡成冊』.
『德谷村各軍布存亡成冊』.
『德谷村役姓名生存無亡成冊』.
『馬山日報』.

『麻津村』.

『麻津村軍丁成冊』.

『매일경제』.

『牧綱』.

『戊辰 安石』.

『文書都錄』.

『丙申 安石伊』.

『丙午 安石』.

『丙午種子』.

『備邊司謄錄』.

『詞訟類聚』.

『四政考』.

『山林經濟』.

『査定約條』.

『順天府西面家坐冊』.

『承政院日記』.

『辛巳 安石伊』.

『新村各軍布存亡成冊』.

『牛賭記』.

『柳谷村各軍兵存亡成冊』.

『遺書都文記』.

『乙秋巳』.

『日省錄』.

『壬戌錄』.

『田畓文案十七丈』.

『載寧李氏家藏(附碣誌銘)』.

『載寧李氏族譜』.

『載寧李氏派譜草單』.

『丁卯』.

『丁卯年日記』.

『政要』.

『丁酉 安石伊』.

『竹方村軍兵生存無亡成冊』.
『中村各軍役姓名成冊』.
『中村各軍布存亡成冊』.
『晉陽誌』.
『晉陽續誌』.
진주 마진 재령이씨 마호당 고문서 일괄.
『秋成三政考錄』.
『下村各軍役姓名成冊』.
『下村軍布役姓名成冊』.

權宅容, 『惕窩遺稿』.
金坽, 『溪巖日錄』.
大韓民國農林部, 『檀紀4288年 版農林統計年報』, 大韓民國農林部, 1955.
盧尙樞, 『盧尙樞日記』.
李家源, 『玉溜山莊詩話』.
李源祚, 『凝窩集』.
李一海, 『屈川文集』.
李一海, 『晦峯先生年譜』.
朴龍秀, 『嘉林報草』.
成海應, 『研經齋全集』.
成煥赫, 『于亭集』.
嚴慶遂, 『孚齋日記』.
尹愭, 『無名子集』.
李圭景, 『五洲衍文長箋散稿』.
丁若鏞, 『牧民心書』.
丁若鏞, 『與猶堂全書』.
正祖, 『群書標記』.
晋州郡, 『郡勢一班』, 晋州郡, 1930.
崔兢敏, 『俛門承教錄』.
沈遠權, 『沈遠權日記』.
河龍煥, 『晦峯先生年譜』.

논저

『載寧李氏誠齋公派譜』, 광제정, 2004.

경상대학교 경남문화연구원 편, 『경남 서부지역의 고문헌 Ⅲ: 함양·함안·통영·거제 지역을 중심으로』, 가람출판사, 2008.
국토해양부 국립지리정보원, 『한국지명유래집: 경상편』, 국토해양부 국토지리정보원, 2011.
권기중, 「조선후기 경주 최부자댁의 가족구성과 노비경영: 호구단자를 중심으로」, 『사림』 76, 2021.
길기현, 「錦江下流의 汎濫原 地域에 對한 景觀: 扶餘平野를 중심으로」, 『응용지리』 5, 1981.
김건태, 「조선후기 칠곡 석전(石田) 광주이씨가(廣州李氏家)의 농업경영문서」, 『역사와현실』 25, 1997.
김건태, 「호구출입을 통해 본 18세기 호적대장의 편제방식」, 『대동문화연구』 42, 2003.
김건태, 『조선시대 양반가의 농업경영』, 역사비평사, 2004.
김건태, 「19세기 후반: 20세기 초 부재지주지 경영」, 『대동문화연구』 49, 2005.
김건태, 「18세기 중엽 사노비의 사회·경제적 성격: 경상도 안동 금계리 의성김씨가 사례」, 『대동문화연구』 75, 2011a.
김건태, 「19세기 어느 성리학자의 가작과 그 지향」, 『한국문화』 55, 2011b.
김건태, 「19세기 농민경영의 추이와 지향」, 『한국문화』 57, 2011c.
김건태, 「19세기 집약적 농법의 확산과 작물의 다각화」, 『역사비평』 101, 2012.
김건태, 「19세기 회계자료에 담긴 實像과 虛像」, 『고문서연구』 43, 2013.
김건태, 「결부제의 사적 추이」, 『대동문화연구』 108, 2019.
김건태, 「조선후기 호적대장 호구차정 원리: 언양현 가좌책을 중심으로」, 『대동문화연구』 110, 2020.
김건태, 「두레 생성과 해체 원인」, 『한국문화』 97, 2022.
김건태, 「19세기 농업생산성과 농민경영의 특성: 진주 마진동 이씨가 사례」, 『한국사론』 69, 2023.
김기주, 「회봉 하겸진의 학문 활동과 성리학적 특징」, 『한국학논집』 70, 2018.
김길성, 「1910년대 유길준의 경남지역 토지경영: 晉州, 宜寧, 咸安을 중심으로」, 『한국사연구』 177, 2017.
김대길, 「조선후기 牛禁에 관한 연구」, 『사학연구』 52, 1996.
김동일, 「18·19세기 진주 재령이씨가의 牛賭記와 牛賭經營」, 『한국문화』 102, 2023.

김명화, 「조선시대 수령의 소송지침서 《詞訟類聚》의 편찬과 활용」, 『書誌學硏究』 66, 2016.

김미영, 「종가문화의 전승기반과 변화양상」, 『국학연구』 33, 2017.

김범수, 「진양지 해제」, 『국역 진양지』, 진주문화원, 1991.

김봉좌, 「왕실 의례를 위한 발기의 제작과 특성」, 『서지학연구』 65, 2016.

김봉좌 외, 『한국 고문서 입문 2』, 국사편찬위원회, 2021.

김선경, 「조선전기 산림제도: 조선국가의 산림정책과 인민지배」, 『국사관논총』 56, 1994.

김선경, 『조선후기 山林川澤 私占에 관한 연구』, 경희대학교 박사학위논문, 1999.

김순희, 「沙溪 金長生 학파의 禮書 연구: 김장생의 『疑禮問解』·김집의 『疑禮問解續』·강석기의 『疑禮問解』을 중심으로」, 『서지학연구』 77, 2019.

김용섭, 『조선후기농업사연구 Ⅰ』, 일조각, 1970.

김용섭, 『조선후기농업사연구 Ⅱ』, 일조각, 1971.

김용섭, 「18·9세기의 농업실정과 새로운 농업경영론」, 『대동문화연구』 9, 1972.

김용섭, 『조선후기농학사연구』, 일조각, 1988.

김용섭, 「조선후기 無田農民의 문제: 『林川郡家座草冊』의 분석」, 『증보판 조선후기 농업사연구 I』, 지식산업사, 1995.

김윤정, 「조선후기 사례의 전형: 『사례편람』을 중심으로」, 『민족문화연구』 86, 2020.

김의환, 「17~19세기 진천 평산 신씨의 노비 소유와 노비의 존재양상」, 『韓國學論叢』 44, 2015.

김인걸, 『조선후기 향촌사회 지배구조의 변동』, 경인문화사, 2017.

김재호, 「自賣奴婢와 인간에 대한 재산권, 1750-1905」, 『경제사학』 38, 2005.

김재호, 「낙동강 개발의 역사와 민속의 토대 변화」, 『한국민속학회』 54, 2011.

김종진, 「우정 성환혁의 생애와 문학의 성취」, 『남명학연구』 70, 2021.

김준형, 「18세기 里定法의 전개: 촌락의 기능강화와 관련하여」, 『진단학보』 58, 1984.

김준형, 「19세기 진주 신흥계층 '幼學'호의성격」, 『조선시대사학보』 47, 2008.

김준형, 「19세기 전반 晉州 大谷里의 토지소유 양상과 신흥계층」, 『南冥學硏究』 33, 2012.

김준형, 「19세기 전반 軍役充定 과정과 각계층의 대응: 진주 대곡리 지역사례를 중심으로」, 『한국사연구』 170, 2015a.

김준형, 「조선후기 경상도 별무사의 운영과 경제적 지위」, 『역사와 경계』 97, 2015b.

김준형, 「조선후기 수첩군관의 신분적 지위: 진주의 수첩군관과 성정군의 비교에 초점을 맞추어」, 『역사교육논집』 64, 2017.

김준형, 「19세기 진주의 신흥계층 '幼學'호의 성격」, 『朝鮮時代史學報』 47, 2018.

김진균, 「식민지시기 경향 한학자들의 교유」, 『한문학논집』 60, 2021.
김진수, 『칡소를 묻다: 토종 얼룩소에 대한 왜곡과 진실』, 도서출판 잉걸, 2015.
김택규, 「水沒民生活의 文化人類學的 硏究: 댐 水沒地域 住民의 移住와 再適應」, 『人文硏究』 12-1, 1990.
김택규·이영진, 「陜川댐 水沒地域 住民의 移住와 適應에 관한 硏究」, 『人文硏究』 10-1, 1988.
김필동, 『韓國社會組織史硏究』, 一潮閣, 1992.
김현숙, 「19세기 중반 양반가 일기에 나타난 노비와 노비노동: 호서지역 김호근 가를 중심으로」, 『조선시대사학보』 67, 2013.
김희주, 「일제하 진주지역의 수해와 남강치수사업」, 『지역과 역사』 47, 2020.
노인환, 「조선후기 진주지역 훈장의 위상과 역할」, 『2022년 장서각 학술대회: 진주 마진마을과 재령이씨가 고문서 발표자료집』, 2022.
대곡면지편찬위원회, 『대곡면지』, 대곡면지편찬위원회, 2017.
대곡면지편찬위원회, 『대곡면지』, 대곡면지편찬위원회, 2019.
도주경, 「정약용의 향촌통치구상과 사족 위상 강화론: 『목민심서』 변등절을 중심으로」, 『조선시대사학보』 92, 2020.
도주경, 「조선후기 노비계 조직과 계원의 특징: 18세기 진주 마친촌 노계 계안을 중심으로」, 『2022년 장서각 학술대회: 진주 마진마을과 재령이씨가 고문서 발표자료집』, 2022.
도주경, 「조선후기 노비의 계 조직과 운영: 18세기 진주 마진촌 한글 노비계 문서를 중심으로」, 『조선시대사학보』 105, 2023.
문숙자, 『조선시대 재산상속과 가족』, 景仁文化社, 2004.
문숙자, 「18~19세기 載寧李氏家 호구단자를 통해 본 노비 家系」, 『藏書閣』 21, 2009a.
문숙자, 「조선후기 노비 家系와 婢: 筆巖書院 〈奴婢譜〉의 분석을 통하여」, 『여성과역사』 11, 2009b.
문숙자, 「17~18세기 초 海南尹氏家의 노비 매입 양상: 노비 매입 목적과 流入 노비의 성격에 대한 추론」, 『藏書閣』 28, 2012.
문숙자, 「17~18세기 해남윤씨가의 토지 확장 방식과 사회·경제적 지향」, 『고문서연구』 28, 2012.
문숙자, 『조선 양반가의 치산(治産)과 가계경영』, 한국학중앙연구원출판부, 2016.
문숙자, 「조선시대 分財文記의 작성과정과 그 특징: 草文書原文書複文書의 제작과 수취를 중심으로」, 『嶺南學』 18, 2018.

문숙자, 「舊文記 분석을 통해 본 조선시대 토지매매 양상」, 『지역과 역사』 51, 2022.
박경하, 「조선후기 촌락민조직과 촌계」, 『정신문화연구』 16, 1993.
박경하, 「조선후기 향촌사회사 연구의 성과와 과제」, 『중앙사론』 53, 2021.
박경하·황기준, 「조선 후기 忠淸 懷德縣 宋村里 지역의 私奴婢 존재 양상: 恩津宋氏 同春堂 後孫家 호적자료를 중심으로」, 『역사민속학』 53, 2017.
박병호, 『韓國法制史攷: 近世의 法과 社會』, 法文社, 1974.
박성용, 「지명의 정치학」, 『지방사와 지방문화』 21-2, 2018.
박은정, 「〈車原頫雪冤記〉 異本의 流通과 그 背景」, 『한국사론』 56, 2010.
박현순, 「17~18세기 향약의 반상간 부조에 대한 고찰: 사족층과 하인층의 결합 양상을 중심으로」, 『조선시대사학보』 82, 2017.
백승철, 「17·18세기 군역제의 변동과 운영」, 『이재룡박사환력기념한국사학논총』, 동간행위원회, 1990.
서유구 저, 임원경제연구소 역, 『임원경제지 예규지』, 풍석문화재단, 2019.
세종대왕기념사업회 역주, 『국역 증보문헌비고』, 세종대왕기념사업회, 2000.
손병규, 「18세기 良役政策과 지방의 軍役運營」, 『軍史』 39, 1999.
손병규, 「18세기 지방의 私奴軍役 파악과 운영: 慶尙道丹城縣戶籍大帳의 기재상황」, 『한국사학보』 13, 2002.
손혜리, 「과거를 통해 본 조선후기 서얼가의 학지생성과 가학의 성립」, 『대동한문학』 38, 2013.
송양섭, 「19세기 양역수취법의 변화: 동포제의 성립과 관련하여」, 『한국사연구』 89, 1995.
송양섭, 「18~19세기 동래부 동하면의 '면중(面中)'과 잡역운영」, 『역사와 현실』 112, 2019.
송양섭, 「정약용의 호구운영론: 『목민심서』를 중심으로」, 『대동문화연구』 110, 2020.
송양섭, 「1838년 진주 대곡리의 군역운영과 리중=면중의 역할」, 『2022년 장서각 학술대회: 진주 마진마을과 재령이씨가 고문서 발표자료집』, 2022.
송정숙, 「경남 합천지역 목활자본 문집의 간행양상」, 『서지학연구』 73, 2018.
송정숙, 「경남 함안지역의 목활자본 문집 간행양상」, 『서지학연구』 84, 2020.
신이나, 「마진 재령이씨 마호당 전적의 보존상태 조사」, 『2022년 장서각 학술대회: 진주 마진마을과 재령이씨가 고문서 발표자료집』, 2022.
심재우, 「조선시대 향촌 사회조직 연구의 현황과 과제」, 『조선시대사학보』 90, 2019.
심재우, 「조선후기 진주 대곡 마진마을의 역사와 동림(洞林) 갈등」, 『한국문화』 100, 2022.
안병직·이영훈 편저, 『맛질의 농민들』, 일조각, 2001.

안승준, 「1745·6년의 筆岩書院 奴婢譜」, 『고문서연구』 4, 1993.
안승준, 「노비가 쓴 한글 계문서: 진주 마진(麻津) 마을 상포계(喪布契) 고문서」, 『2016년 장서각아카데미 역사문화강좌: 한글, 소통과 배려의 문자』, 2016.
안승준, 「마진 재령이씨 마호당의 가계와 고문서」, 『2022년 장서각 학술대회: 진주 마진마을과 재령이씨가 고문서 발표자료집』, 2022.
안승택, 「양수리에서의 지역의 시공간적 구성: 기술의 도입과 문화적 전유에 대한 역사인류학적 접근」, 서울대학교 석사학위논문, 1999.
여희정, 『정인보의 글쓰기와 민족문화 기획』, 학자원, 2023.
오이환, 「『晉陽誌』의 출판」, 『동방학지』 155, 2011.
오인택, 「조선후기 量案과 토지문서」, 『조선후기 경자양전 연구』, 혜안, 2008.
우대형, 「조선 후기 곡물시장의 통합에 관한 재검토, 1743~1910」, 『한국경제학보』 29, 2022.
윤상기, 「경남 진주의 서원판본에 대한 연구」, 『서지학연구』 40, 2008.
윤호필, 「경작유구를 통해 본 중·근세 농업의 경지이용방식 연구」, 『중앙고고연구』 10, 2012.
이민재, 「1960년대 마진리 농업 변화」, 『2022년 장서각 학술대회: 진주 마진마을과 재령이씨가 고문서 발표자료집』, 2022.
이민재, 「진주 마진리의 지역 개관」, 『공동학술대회 자료집: 진주 마진마을과 재령이씨가 고문서』, 2022.
이병주, 『동서양고전탐사』, 생각의나무, 2002.
이상욱, 「방각본 『사요취선(史要聚選)』 내용 연구」, 『어문연구』 51-2, 2023.
이상현, 「댐수몰 이주민의 새로운 생활과 동제전통」, 『실천민속학연구』 2, 2001.
이성규, 「한국의 자연초지」, 『한국초지학회지』 12, 1992.
이세영, 『조선시대 지주제 연구』, 혜안, 2018.
이수건, 『嶺南士林派의 形成』, 嶺南大學校出版部, 1979.
이승연, 「조선조 예학사에 있어서 『사례편람』의 위치」, 『동양예학』 3, 1999.
이영호, 「1862년 진주농민항쟁의 연구」, 『한국사론』 19, 1988.
이영훈, 『조선후기 사회경제사』, 한길사, 1988.
이영훈, 「호남고문서에 나타난 장기추세와 중기파동」, 『호남지방 고문서 기초연구』, 한국정신문화연구원, 1999.
이영훈, 「18~19세기 奴婢 世襲原理의 변화: 江原道 原州牧 權氏 兩班家의 事例分析」, 『韓國中世史論叢: 李樹健敎授停年紀念』, 2000.

이영훈, 「18·19세기 大渚里의 身分構成과 自治秩序」, 『맛질의 농민들』, 일조각, 2001.
이영훈 편, 『수량경제사로 다시 본 조선후기』, 서울대학교 출판부, 2004.
이영훈·박이택, 「농촌 미곡시장과 전국적 시장통합: 1713-1937」, 『조선시대사학보』 16, 2001.
이영훈·조영준, 「18-19세기 농가의 가계계승의 추이」, 『경제사학』 39, 2005.
이용기, 「19세기 동계의 마을자치조직으로 전환에 관한 시론」, 『사학연구』 128, 2017.
이용훈, 「18-19세기 조선 토지가격의 변화와 그 의미」, 『한국사론』 62, 2016.
이용훈, 「조선후기 토지거래의 비교사적 의미: 인간관계와 가격윤리의 측면에서」, 『古文書硏究』 60, 2022.
이유진, 「18세기 대구 호적을 통하여 본 도시지역의 특징」, 『한국사론』 57, 2011.
이일해 저, 이경 역, 『屈川詩集』, 다원, 2020.
이재수, 『朝鮮中期 田畓賣買硏究』, 集文堂, 2003.
이정수, 「16세기 奴婢의 記上田畓과 性格」, 『역사와 경계』 59, 2006.
이정수, 「조선후기 盧尙樞家 奴婢의 역할과 저항」, 『지역과 역사』 34, 2014.
이정수·김희호, 『조선시대 노비와 토지 소유방식』, 경북대학교출판부, 2006.
이정수·김희호, 『조선후기 토지소유계층과 지가 변동』, 혜안, 2006.
이정수·김희호, 「조선후기 奴婢賣買 자료를 통해 본 奴婢의 사회·경제적 성격과 奴婢價의 변동」, 『韓國民族文化』 31, 2008.
이정수·김희호, 「19세기 중후반 언양 지역 노비의 노동성격 변화: 『慶尙道彦陽戶籍大帳』을 중심으로」, 『지역과 역사』 37, 2015.
이정수·김희호, 『조선후기 노동양식 연구: 奴婢, 雇工과 挾戶의 비교』, 민속원, 2016.
이종범, 「19세기 후반 부세제도의 운영과 사회구조: 전라도 구례현의 사례」, 『동방학지』 89·90, 1995.
이진교, 「'80년대' 저항 문화와 민속의 지역사회 귀환: 경북 영양군 '장파천 문화제'에 대한 민속지적 연구」, 『한국민속학』 73, 2021.
이창환, 「근대 이후 상운암 주민들의 수몰의 역사와 좌절의 경험」, 『지방사와 지방문화』 17-2, 2014.
이해준, 「17세기 초 진주지방의 里坊編制와 士族」, 『규장각』 95, 1982.
이해준, 「朝鮮時代 香徒와 村契類 村落組織」, 『역사민속학』 1, 1991.
이헌창·차명수, 「우리나라의 논가격 및 생산성, 1700-2000」, 『경제사학』 36, 2004.
이혜정, 「마진 재령이씨 마호당 소장 고서의 현황과 특징」, 『2022년 장서각 학술대회: 진주 마진마을과 재령이씨가 고문서 발표자료집』, 2022.

이혜정, 「마진 재령이씨 마호당의 가계와 고문서」, 『2022년 장서각 학술대회: 진주 마진마을과 재령이씨가 고문서 발표자료집』, 2022.
임학성, 「조선시대 奴婢制의 推移와 노비의 존재 양태: 동아시아의 奴婢史 비교를 위한 摸索」, 『역사민속학』 41, 2013.
재령이씨대동보편찬회, 『載寧李氏族譜』, 2000.
전경목, 「도망노비에 대한 새로운 시선」, 『전북사학』 40, 2012a.
전경목, 「양반가에서의 노비 역할」, 『지방사와 지방문화』 15-1, 2012b.
전경목, 「조선후기 소 도살의 실상」, 『조선시대사학보』 70, 2014.
전병철, 「河溍의 정치적 활동과 『台溪集』의 간행 양상」, 『남명학연구』 71, 2021.
전형택, 『朝鮮後期奴婢身分研究』, 一潮閣, 1989.
全炯澤, 「朝鮮後期 奴婢의 土地所有: 記上田畓을 중심으로」, 『韓國史研究』 71, 1990.
정구복, 『고문서와 양반사회』, 일조각, 2022.
정윤영, 「개발 주체들의 불화와 농가의 기회 박정희 정부 시기 기업형 축산정책의 굴절, 1964-1969」, 『역사문제연구소』 44, 2020.
정소영 외, 「조선왕조실록 밀납본의 보존상태 조사」, 『보존과학연구』 25, 2004.
정수환, 「17세기 화폐유통과 전답매매양상의 변화」, 『藏書閣』 23, 2010.
정수환, 「16세기 영해 무안박씨의 매매와 분재를 통한 가계경영 전략」, 『인문학연구』 27, 2019a.
정수환, 「18세기 강릉 전주이씨 선교장의 전답매매활동과 전략」, 『東洋古典研究』 75, 2019b.
정수환, 「18세기 경주 갓뒤마을 동계의 말림갓을 위한 호혜와 협동」, 『歷史學報』 252, 2021a.
정수환, 「조선후기 분재와 가정경영 그리고 지역사회」, 『민족문화논총』 79, 2021b.
정수환·이헌창, 「조선후기 구례 문화류씨가의 토지매매명문에 관한 연구」, 『古文書研究』 33, 2008.
정승진, 「19~20세기 전반 농민경영의 변동양상」, 『경제사학』 25, 1998.
정인보 저, 정양완 역, 『薝園文錄』, 태학사, 2006.
정진영, 『조선시대 향촌사회사』, 한길사, 1988.
정진영, 「19~20세기전반 한 '몰락양반'가의 중소지로의 성장과정」, 『대동문화연구』 52, 2005.
정진영, 「19세기 중반~20세기 초반 재촌 양반지주가의 농업경영」, 『대동문화연구』 62, 2008a.

정진영, 「19세기 중반~20세기 초반 재촌 양반지주가의 농업경영(2)」, 『역사와경계』 67, 2008b.
정진영, 「조선후기 호적자료를 통해 본 사노비의 존재양태: 대구 경주최씨가를 중심으로」, 『지방사와 지방문화』 11-1, 2008c.
정진영, 「18세기 일기자료를 통해본 사노비의 존재형태: 百弗庵 崔興遠의 《曆中日記》(1735~1786)를 중심으로」, 『古文書研究』 53, 2018.
최정은 외, 「스테이플러 철심에 의한 종이손상의 원인 연구」, 『보존과학회지』 29-2, 2013.
한국정신문화연구원, 『光山金氏烏川古文書』, 한국정신문화연구원, 1982.
한국정신문화연구원, 『扶安金氏愚磻古文書』, 한국정신문화연구원, 1983.
함영대, 「오학론으로 읽는 경전학의 이면: 경학과 과거문장학의 조응」, 『한국한문학회』 83, 2019.
허원영, 「18세기 후반 순천부 농민의 존재양태와 농업경영: 『順天府西面家座冊』(1774) 분석을 중심으로」, 『역사문화연구』 47, 2013.
허원영, 「조선후기 강릉 船橋莊의 지주경영 연구」, 『인문과학연구』 61, 2019.
허원영, 『한국 근대 양반지주가의 경제활동』, 혜안, 2022.
허원영, 「조선후기 晋州 疏津 載寧李氏 磨湖堂의 노비경영」, 『경제사학』 82, 2023.
홍금수, 「흥해평의 치수와 관개」, 『문화역사지리』 33-3, 2021.

鈴木栄太郎, 「朝鮮の契とプマシ」, 『民族學硏究』 27-3, 1963.
周藤吉之, 「朝鮮後期の田畓文記に關する硏究(一)」, 『歷史學硏究』 7-7~7-9, 1937.
平木実, 『朝鮮後期奴婢制硏究』, 知識産業社, 1982.

Chayanov, A. V, *The Theory of Peasant Economy*, Madison, Wis.: University of Wisconsin Press, 1986.
Kim, Sungwoo, "Successive Volcanic Eruptions (1809-1815) and Two Severe Famines of Korea (1809-1810, 1814-1815) Seen through Historical Records," *Climatic Change* 176(1), 2023.

구술 자료

대곡리 주민, 2022년 8월 3일 면담.
마진마을 주민, 2022년 8월 4일 면담.
이동일, 2022년 9월 13일 구술.

이상호, 2022년 8월 4일 구술.
이영, 2021년 10월 13일 구술.
이영, 2021년 12월 3일 구술.
이영, 2021년 12월 13일 구술.
이영, 2022년 11월 3일 구술.
이영 외 3인, 2022년 10월 7일 구술.
이인섭, 2022년 8월 3일 구술.
이일호, 2021년 12월 14일 구술.

웹사이트

경상국립대학교 고문헌도서관 남명학고문헌시스템, nmh.gnu.ac.kr.
국가기록원, archivers.go.kr.
국토지리정보원, ngii.go.kr.
네이버 블로그 포명헌, blog.naver.com/streamjr.
한국고문서자료관, archive.aks.ac.kr.
한국고전번역원DB, db.itkc.or.kr.
한국민족문화대백과, encykorea.aks.ac.kr.
한국향토문화전자대전, grandculture.net/korea.
흙토람 토양환경지도, soil.rda.go.kr/geoweb/soilmain.do#.

장서각 한국사 강의 31

진주 마진마을과 재령이씨가 고문서

지음 허원영·이민재·라연재·이혜정·신이나·함영대·김승룡·이미진·김건태·정수환·김동일·송양섭·심재우·도주경
제1판 1쇄 발행일 2023년 12월 30일   발행인 임치균   발행처 한국학중앙연구원 출판부
출판등록 제1979-000002호(1979년 3월 31일)   주소 경기도 성남시 분당구 하오개로 323
전화 031-730-8773   팩스 031-730-8775   전자우편 akspress@aks.ac.kr   홈페이지 www.aks.ac.kr
ⓒ 한국학중앙연구원 2023
ISBN 979-11-5866-757-3 94910
　　　979-11-86178-07-2 (세트)

・이 책의 출판권 및 저작권은 한국학중앙연구원에 있습니다. 이 책 내용의 전부 또는 일부를 재사용하려면 반드시 서면 동의를 받아야 합니다.
・값은 뒤표지에 있습니다. 잘못된 책은 바꿔드립니다.
・이 책은 2022년도 한국학중앙연구원 장서각 연구사업의 지원을 받아 수행된 연구입니다.